环境、社会、治理（ESG）信息披露操作手册

Operating Manual of Environmental,
Social and Governance(ESG)
Information Disclosure

北京ESG研究院　主编

中国人民大学出版社
·北京·

编委会

主　编　黄　勃

编委会成员　（以姓氏首字母排序）

　　　　　　　胡启超　雷敬华　李维吏　刘　凯

　　　　　　　刘海琦　田雅琴　王　涵　张　红

推荐序

改革开放以来,中国用几十年的时间,走完了西方发达国家几百年走过的工业化道路,创造了经济持续快速发展和社会长期稳定两个奇迹。党的十八大以来,随着中国特色社会主义进入新时代,我国社会主要矛盾已转化为人民日益增长的美好生活需要和不平衡不充分的发展之间的矛盾,要求在继续推动发展的基础上,加快转变经济发展方式,大力提升发展质量和效益。党的十九大首次对高质量发展提出了明确要求,并强调要坚持以创新、协调、绿色、开放、共享的发展理念(即新发展理念)为指导。党的二十大报告进一步提出"高质量发展是全面建设社会主义现代化国家的首要任务"。

ESG理念主张环境保护、强调社会责任、重视公司治理能力提升,与高质量发展、新发展理念的内在逻辑一脉相承。习近平总书记多次强调"绿水青山就是金山银山",生态文明建设是社会主义现代化建设的重要内容,也是高质量发展的应有之义。同时,ESG理念也与我国推进"双碳"目标的战略部署不谋而合。

ESG之树虽已在华夏大地生根发芽,但还需更多甘霖浇灌。近年来,ESG理念在中国落地生根、茁壮成长,政府积极推动,企业主动披露,机构踊跃参与,市场反响热烈。但ESG毕竟是新生事物,不仅时间不长,而且来自海外,其在国内的实践如同咿呀学语的孩子,步履依然蹒跚,发展远未成熟,主动披露ESG信息的企业尚不够普遍,信息质量也良莠不齐,评级机构也基本都以企业一厢情愿披露的信息作为评级依据,其客观性或难服众。

北京ESG研究院主编的《环境、社会、治理(ESG)信息披露操作手册》(以下简称《手册》),是我国第一本系统介绍ESG信息披露框架、披露内容及披露标准的指南,为我国ESG实践提供了索骥之图。本书每一条标准均对标在实践中被广泛参考的国际组织、监管机构、交易所等制定的指引文件,对ESG实践的各相关主体均具有指导意义。对企业而言,全面、清晰、可执行的ESG信息披露框架,可以为企业厘清ESG实践的千头万绪,并消除与利益相关者之间的信息不对称。对投资者而言,《手册》是可供参考的标尺和工具书,一方面可用于检视企业ESG信息披露水平,另一方面能够帮助投资者更好地理解企业披露的信息。对监管者而言,《手册》勾勒了ESG各项指标的全景图,帮助决策者制定ESG政策时更加有的放矢。

《手册》针对我国 ESG 实践中存在的标准不明确、不全面之不足，系统梳理了国内外各类 ESG 信息披露指引，全面介绍了 ESG 信息披露内容和标准，有效填补了相关空白。路漫漫其修远兮，希望北京 ESG 研究院以此书为契机，继续加强 ESG 相关研究，取得更多更好的成果，争取成为国内领先的一流 ESG 研究智库，为我国 ESG 实践和高质量发展做出应有的贡献。同时，祝愿《手册》能为各实践主体所知所察所用，推动中国 ESG 实践走深走实。

黄汉权
中国宏观经济研究院院长

院长寄语

尊敬的读者：

ESG，即"环境、社会和治理"，是推动我国高质量发展、建设向好型社会的重要抓手，其理念强调企业要注重生态环境保护、履行社会责任和提高治理水平。在全球可持续发展的大背景下，ESG 评价体系和信息披露机制将为投资者和金融机构提供参考，提高企业的长期价值创造能力，更是实现"双碳"目标的重要工具。

现如今，世界之变、时代之变、历史之变正以前所未有的方式展开，发展方式的选择成为全球关注的焦点。作为可持续发展理念的具象化，各国政府和社会不断加强对企业在环境、社会和治理方面的监管和要求，ESG 的内涵不断深化、评价体系逐渐完善。因此，在这机遇和挑战并存的时间坐标上，建立符合我国国情并与国际接轨的 ESG 体系愈发重要。诚然，国内 ESG 相关工作起步相对较晚，在实践过程中各主体也必然、已然进入生产方式转型、监管理念转变的阵痛期，但道阻且长，行则将至，志之所向，无坚不入。我国作为全球可持续发展的倡导者、参与者和推动者，在日益完善的政策引领下，各类 ESG 实践如星火燎原之势在这片赤色大地上开展，成果斐然，为我国达成"3060"目标、赓续中华民族文明之火、实现中华民族永续发展的根本大计提供宝贵的经验。

"立志而圣则圣矣，立志而贤则贤矣"。北京 ESG 研究院致力于打造国家级 ESG 智库，业已在 ESG 体系构建和数字化应用两方面取得丰硕成果，这些成果将为企业更好地理解和应用 ESG 理念提供帮助，促进企业的高质量发展，并为 ESG 相关研究开辟新的方向和思路。其中，这份手册是构建起中国 ESG 生态的基础，是国内首个全面介绍 ESG 信息披露标准的指南，也是一项重要的尝试与创新之举。我们希望这份手册不仅能为国内 ESG 实践提供引导，更能推动构建具有中国特色的 ESG 生态体系，助力可持续发展。

时代滔滔江水永不休，今中流击水，奋楫者先。ESG 踩中了时代发展的鼓点，是顺应高质量发展需要的发展理念、投资理念，更是构建中国可持续发展生态体系的重要抓手、实现经济高质量发展的必要手段。北京 ESG 研究院必将在 ESG 领域探索更多的机遇与价值，不驰于空想，不骛于虚声，坚持把金融服务实体经济作为根本宗旨，淬炼好"中国特色""成本内化"的强力工具，积极推进 ESG 投资与 ESG 实践，打造我国高质量发展的强劲引擎。最后，我们由衷希望各界的支持和参与，合力为我国ESG事业添砖加瓦，助推中国式现代化行稳致远。

黄　勃
北京 ESG 研究院院长
中国人民大学财政金融学院教授

使用说明

本手册是一本旨在协助企业理解和执行ESG标准、实践与信息披露的综合指南手册，在全国范围内具有指导价值，对于监管机构、企业和投资者都具有重要的意义。

作为ESG指标体系权威性指导手册，本手册对ESG指标体系从环境（E）、社会（S）和治理（G）三个主要维度进行了全面系统的分析，共包含3个一级指标、9个二级指标、34个三级指标、92个四级指标和297个细分指标。其中，环境维度包含碳排放与管理、污染物排放及处理、资源消耗与管理、环境管理与环境保护共4个二级指标，下设15个三级指标、38个四级指标与107个细分指标。社会维度包含员工、供应链管理与负责任生产、社会责任共3个二级指标，下设8个三级指标、22个四级指标与91个细分指标。治理维度包含治理结构和治理机制共2个二级指标，下设11个三级指标、32个四级指标与99个细分指标。在本手册中，每个细分指标包含了以下六大要素：

要素一，指标定义。本手册基于法律法规、政策文件与相关书籍，给出了最为正规的定义，保证指标的准确性与法理性。同时，本手册囊括了指标内涵与外延，谋求指标定义的最大共识。

要素二，企业为何考察该指标。站在企业视角，本手册旨在帮助企业管理人员了解各项指标对企业自身可持续发展的重要性，调动企业遵循ESG标准并践行ESG实践的主观能动性。

要素三，指标披露方式。本手册从多维度明确了企业披露该指标的方式方法，包括定性还是定量披露、统计方法及其计算公式，为协助企业更好地披露ESG信息提供方法论依据。

要素四，为何披露该指标。本手册站在利益相关者视角，分析投资者、政府、供应链上下游、民众等外部相关方如何通过企业ESG披露行为和披露内容，从而对企业的可持续发展能力形成判断，帮助企业更好地理解为何要披露该指标。

要素五，与该指标相关的主要指导机构及法律法规、政策规范。本手册从法律与政策的角度明确企业ESG实践与ESG信息披露依据。这将帮助企业更好地了解相关法律法规与政策要求，提高企业ESG实践与信息披露的合规性。

要素六，指标披露等级及主要适用范围。每条指标均注明了披露等级及主要适用范围,以提高本书的有效性。由于不同行业、不同性质、不同规模的企业在进行ESG实践时可能存在较大差异,明确指标的披露等级和适用范围将有助于企业更好地理解这些指标的适用性。

作为国内首部ESG信息披露指南手册,本书为ESG生态圈各要素提供了重要的指导价值。对于监管机构,本手册将为政府推广ESG标准打造清晰、准确、高效的工具,帮助统一各方对ESG指标体系的认知,提供评价企业的准确依据,助力实质性改革措施落地见效并持续释放政策效果,打造"有为政府"。对于投资者,本手册将帮助企业缓解投资者与企业的信息不对称,为投资者提供更为明晰的判断企业可持续发展能力的依据,促进ESG投资,提高资产抗风险能力。对于企业,本手册将指导企业考察自身可持续发展能力、有效披露ESG信息,并为企业的ESG实践提供方法论依据,助力企业实现可持续发展。

总之,本手册旨在为ESG生态圈各方提供全方位的指导和帮助,促进ESG标准的推广和实践,助力企业实现可持续发展,同时也为投资者提供更为明晰的投资判断依据,促进资产的可持续增长。

目录

什么是 ESG? — 1

一、ESG 的定义 — 2
二、ESG 生态圈的构建 — 2

为什么要进行 ESG 信息披露? — 5

ESG 信息披露是 ESG 投资与 ESG 实践的逻辑起点 — 6

我国 ESG 信息披露现状 — 7

一、我国 ESG 信息披露的主要渠道 — 8
二、披露数量与披露率统计 — 10
三、A 股上市企业 ESG 报告编制参考的信息披露标准 — 12

ESG 信息披露指标框架 — 14

一、基本原则 — 15
二、指标体系 — 16

环境（E） — 27
 E1 碳排放与管理 — 27
  E1.1 碳排放 — 27
  E1.2 碳排放管理 — 55
 E2 污染物排放及处理 — 63
  E2.1 废水排放与管理 — 64
  E2.2 废气排放与管理 — 85
  E2.3 固体废弃物排放与处理 — 99
  E2.4 危险废弃物排放与处理 — 113
  E2.5 噪声污染排放与治理 — 128
  E2.6 放射性污染排放与治理 — 132
  E2.7 光污染水平与治理 — 138

E3 资源消耗与管理 …… 142
E3.1 水资源使用与管理 …… 142
E3.2 能源使用与管理 …… 164
E3.3 物料使用与管理 …… 183
E3.4 其他自然资源的使用与管理 …… 190

E4 环境管理与环境保护 …… 205
E4.1 环境管理 …… 205
E4.2 环境保护 …… 212

环境（E）参考资料 …… 241
书籍 …… 241
法律法规及政策规范 …… 242
标准及指引 …… 244

社会（S）
S1 员工 …… 246
S1.1 员工与劳动关系 …… 247
S1.2 员工权益 …… 265
S1.3 员工福利与满意度 …… 332
S1.4 员工成长与激励机制 …… 343

S2 供应链管理与负责任生产 …… 352
S2.1 供应链与合作伙伴 …… 352
S2.2 产品责任 …… 372

S3 社会责任 …… 394
S3.1 社会责任承担 …… 395
S3.2 社会影响 …… 406

社会（S）参考资料 …… 415
书籍 …… 415
法律法规及政策规范 …… 416
标准及指引 …… 418

治理（G) …… 419
G1 治理结构 …… 419
G1.1 股东会 …… 419
G1.2 董事会 …… 429
G1.3 监事会 …… 476
G1.4 高级管理层 …… 501

G2 治理机制 ··· 521
  G2.1 合规管理 ·· 521
  G2.2 风险管理 ·· 545
  G2.3 监督管理 ·· 566
  G2.4 商业道德 ·· 583
  G2.5 ESG管理 ·· 602
  G2.6 组织建设与先进性教育 ·· 609
  G2.7 利益相关方的参与及沟通 ·· 616

治理（G）参考资料 ·· 634
  书籍 ··· 634
  法律法规及政策规范 ·· 635
  标准及指引 ··· 636

什么是ESG?

一、ESG 的定义

狭义上，ESG 对于企业而言，是履行环境（environmental）、社会（social）以及治理（governance）责任的核心框架，是企业评估环境、社会和治理风险的评估体系；对于投资者而言，ESG 是关注环境、社会和治理等非财务绩效的企业价值与风险的系统方法论。ESG 作为一种工具或方法，不仅可以赋能企业探索长期可持续发展，而且可以指导资本进行可持续投资，以获取长时间维度的正向收益。广义上，ESG 是一种兼顾经济、环境、社会和治理效益可持续协调发展的价值观，是一种追求长期价值增长的投资理念。

联合国始终是 ESG 理念的引导者与推动者。2004 年，联合国全球契约组织（UN Global Compact）首次提出 ESG 概念。在后续年份中，陆续成立联合国责任投资原则组织（UN PRI）（2006 年）、发起可持续证券交易所（Sustainable Stock Exchange）倡议（2009 年）等，引导更多人关注经济发展、环境保护与社会责任之间的内在联系。2015 年，联合国成员国通过了《2030 年可持续发展议程》，统筹考虑社会各个方面的发展，目标更加具体详细，为所有人提供实现更好和更可持续的未来的蓝图；其中的 17 个全球可持续发展目标（SDGs）旨在解决贫困、社会不平等、气候变化、环境退化等全球挑战。自此，越来越多投资者和资产管理机构将 ESG 引入公司研究和投资决策的框架；全球范围内政府和交易所开始制定相关规则政策，鼓励或强制上市公司披露 ESG 信息；上市公司参与 ESG 实践的积极性也愈加强烈。可以说，ESG 在全球范围内得到广泛认可与迅速普及，不仅源于企业追求自身可持续发展、投资者追求长期投资效益，更是因为 ESG 理念在某种程度上凝聚了社会对于向善向好的最大共识。

ESG 理念在我国同样有着广泛的应用场景与重要的战略意义。2017 年，中国共产党第十九次全国代表大会首次提出"高质量发展"的概念，标志着中国经济从高速增长阶段转向高质量发展阶段。党的十九大报告提出"建立健全绿色低碳循环发展的经济体系"，则为我国高质量发展路线探索提出了极为重要的时代课题。2022 年，党的二十大报告更是将高质量发展定位为"全面建设社会主义现代化国家的首要任务"，并对推动绿色发展、促进人与自然和谐共生、实现我国全面高质量发展做出明确部署。可以说，ESG 理念体现出的"可持续发展""绿色"等核心思想与我国"绿色可持续"的发展理念、"五位一体"的总布局不谋而合，是我国承担"大国责任"的重要体现，是实现"人类命运共同体"宏伟愿景的必经途径，更是实现高质量发展的原则遵循。

二、ESG 生态圈的构建

根据使用主体的不同，ESG 可分为 ESG 实践与 ESG 投资。

ESG 投资指资金方（投资者）依据被投资对象在环境、社会和治理等非财务绩效方面的表现，进行投资的过程。而 ESG 实践指实体企业（被投资对象）履行环境、社会以及治理责任，实现可持续发展的过程。两个主题并不是简单割裂的关系，而是相辅相成、互相影响的。此外，还有为两大主题服务的 ESG 信息披露标准或原则、ESG 评价以及 ESG 投资产品等，明确生产和投资应该关注的事项和方向。其中，高质量的 ESG 信息披露为前提条件，ESG 评价体系提供了衡量企业 ESG 绩效的评估和比较方法，而 ESG 投资产品是基于两者的实践。由 ESG 投资与 ESG 实践共同构成的 ESG 生态圈图谱如图表 1 所示。

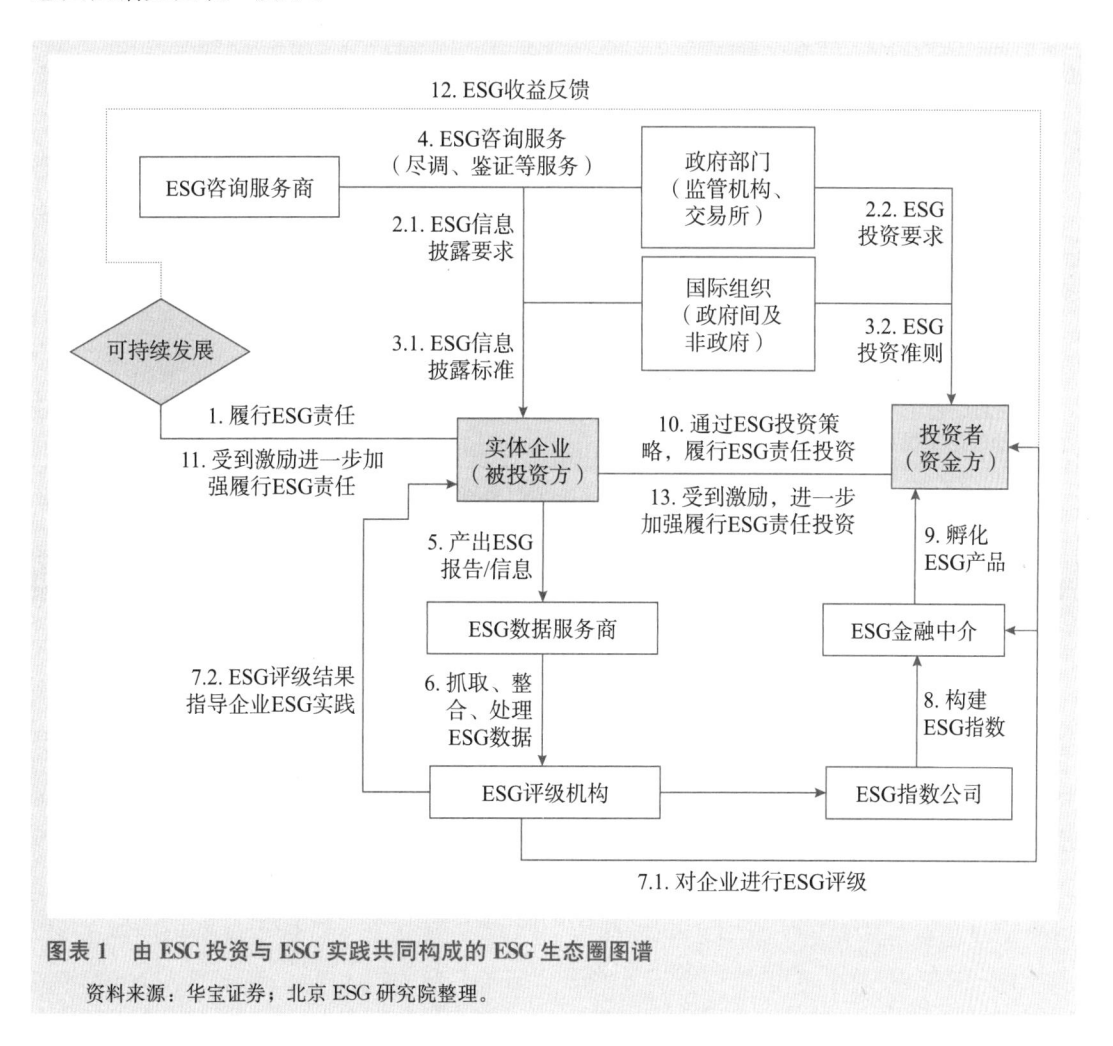

图表 1　由 ESG 投资与 ESG 实践共同构成的 ESG 生态圈图谱

资料来源：华宝证券；北京 ESG 研究院整理。

完整的 ESG 生态圈可分为直接参与者——实体企业（或项目）、投资者，以及间接参与者——政府部门、国际组织、ESG 咨询服务商、ESG 数据服务商、ESG 评级机构、ESG 指数公司、ESG 金融中介。每个参与主体通过对应的 ESG 活动或 ESG 产品（例如 ESG 信息披露、ESG 评价评级、ESG 研究咨询、ESG 投资产品等）相互影响、相互衔接。监管主体制定政策、国际组织制定标准；企业积极执行 ESG 战略，并在咨询机构的帮助下披露高质量的 ESG 信息；数据服务商对 ESG 信息进行整合，提供给评级机构、资管机构、投资者；评级机构对企业 ESG 绩效进行评级，随着市场、资本对 ESG 理念认同的加强，评级结果将影响 ESG 产品策略以及投资者决策，投资者决策又会反过来影响企业 ESG 实践，进而影响投资收益，呈现闭环结构，市场各主体在 ESG 上的努力在达成可持续发展目标的过程中均有所呈现。人们在关心 ESG 信息披露时会探讨的话题如图表 2 所示。

图表 2 当人们关心 ESG 信息披露时，都会探讨哪些话题？

1	披露内容：应当披露什么信息？	A	企业围绕环境、社会、治理等各方面议题，面向企业内部或外部各利益相关方披露相关信息
2	披露性质：强制披露还是自愿披露？	A	从全球范围内来看，ESG 报告披露分为强制披露、半强制披露、不披露即解释，以及自愿披露四种性质
3	重要性：哪些事项是重点？	A	不同行业及其不同细分领域的企业需披露的重点事项有所不同；具体重点事项可参考各类 ESG 指引文件
4	主体范围：哪些主体应当披露 ESG 信息？	A	主要为上市企业
5	验证：如何对企业披露信息进行验证？	A	ESG 报告可由第三方鉴证机构进行鉴证；当前全球大多数国家或地区并未强制要求 ESG 报告需进行鉴证
6	披露渠道：信息披露方式有哪些？	A	企业年报、定期报告、可持续发展报告、社会责任报告、环境责任报告等
7	报告标准：如何实现 ESG 信息的可比性？	A	各企业参照统一的 ESG 标准，如 GRI 标准，并严格按照指标体系进行披露；定性指标需专业人员主观评判并转化为定量指标后，再进行比较

资料来源：北京 ESG 研究院整理。

为什么要进行ESG信息披露?

ESG 信息披露是 ESG 投资与 ESG 实践的逻辑起点

如前所述，自联合国全球契约组织于 2004 年提出 ESG 概念以来，市场对非财务业绩信息的关注愈发聚焦于企业在环境、社会和治理方面的表现。伴随着 ESG 信息披露制度在全球范围内多个国家的建立和完善，越来越多的企业重视 ESG 表现，并通过企业社会责任报告、可持续发展报告或 ESG 报告披露 ESG 信息。

上市企业通过披露 ESG 信息，为评级机构提供 ESG 评级依据；ESG 信息和评级结果成为投资者选择投资标的的重要参考；这又为上市企业提升 ESG 表现、完善 ESG 信息披露提供动力，由此形成一个正反馈机制的闭环（见图表 3）。

其中，能否形成闭环的关键在于：企业披露的 ESG 信息是否能准确、有效地帮助投资者做出决策。目前主流的 ESG 投资方式为：剔除 ESG 负面企业（如 ESG 评级较低、短期内大幅下调、受到相关处罚等），或寻找 ESG 发展机遇。

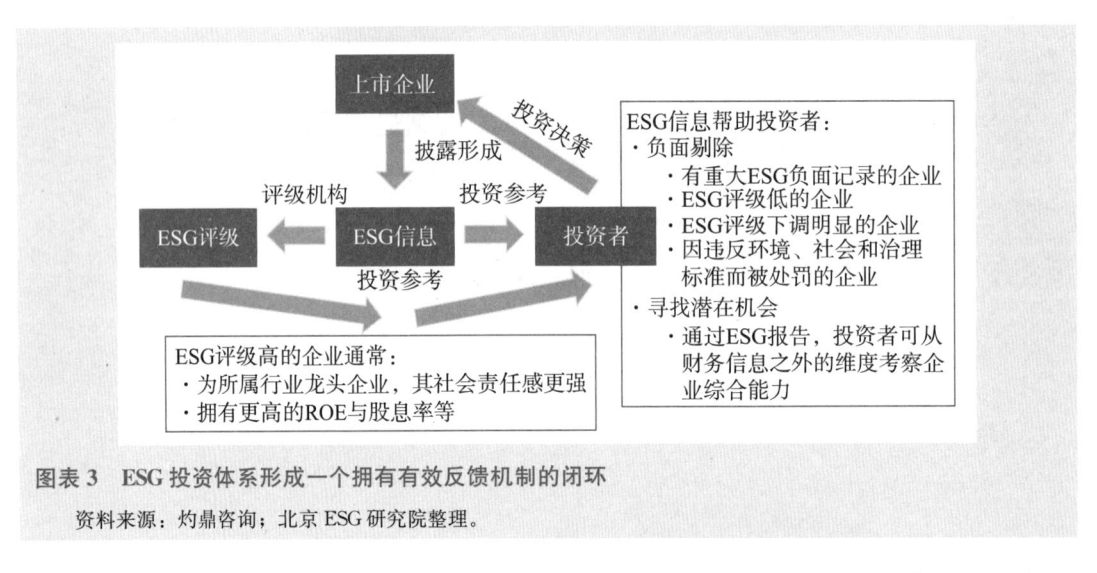

图表 3　ESG 投资体系形成一个拥有有效反馈机制的闭环

资料来源：灼鼎咨询；北京 ESG 研究院整理。

综上，ESG 信息披露在提高企业信息透明度方面发挥着至关重要的作用，不仅可以有效提高企业的风险管理能力，还有利于市场更精准地评估企业的可持续发展能力，进而提升投资者的信心。现阶段，资本市场双向开放政策以及区域联合趋势的加强，均推动了 ESG 信息披露在全球范围内的发展。

我国ESG信息披露现状

一、我国 ESG 信息披露的主要渠道

年报和企业社会责任报告（CSR 报告）是国内 ESG 信息披露的主要渠道。现阶段我国主流 ESG 评价体系所使用的数据主要为企业自主披露数据，包括定期报告（年报、半年报等）、临时公告、CSR 报告、环境报告等。其中，临时公告与半年报中并未有明确的 ESG 信息披露要求，且临时公告涉及的 ESG 数据主要包括企业偶发事件，半年报内容与年报类似，ESG 信息主要是与财务相关的治理信息、重点排污单位的环境信息；而环境报告的强制披露要求仅限于重污染行业企业，不具有代表性。因此，目前我国 A 股上市企业的自主披露 ESG 数据主要来自年报与 CSR 报告。本手册根据我国 2022 年最新 A 股年报披露准则和上交所、深交所对 CSR 报告内容的要求，整理目前从年报和 CSR 报告中可获取的 ESG 信息披露数据如下：

（1）E（环境）层面：对环境保护部门公布的重点排污单位，强制披露部分环境指标；鼓励其余企业披露履行环境责任相关的信息（见图表 4）。

图表 4　A 股上市企业环境指标披露要求

形式	披露要求	指标名称	是否强制
年报	重点排污单位强制披露 & 非重点排污单位不披露即解释	主要污染物及特征污染物名称	√（仅重点排污单位强制）
		排放方式	√（仅重点排污单位强制）
		排放口数量与分布情况	√（仅重点排污单位强制）
		排放浓度	√（仅重点排污单位强制）
		排放总量	√（仅重点排污单位强制）
		超标排放情况	√（仅重点排污单位强制）
		污染物排放标准	√（仅重点排污单位强制）
		核定排放总量	√（仅重点排污单位强制）
		防治污染设施建设运行情况	√（仅重点排污单位强制）
		环境管理体系认证	√（仅重点排污单位强制）
		突发环境事件应急预案	√（仅重点排污单位强制）
		环境自行监测方案	√（仅重点排污单位强制）
		环境行政处罚情况	√（仅重点排污单位强制）
	所有企业鼓励披露	保护生态相关信息	×
		防治污染相关信息	×
		履行环境责任相关信息	×
		环境信息核查机构、鉴证机构、评级机构、指数公司等第三方机构对公司环境信息存在核查、鉴定、评级的信息	×
		为减少其碳排放所采取的措施及效果	×

续表

形式	披露要求	指标名称	是否强制
CSR报告	如果披露CSR报告应至少包括	企业在促进环境及生态可持续发展方面的工作（例如如何防止并减少环境污染、如何保护水资源及能源、如何保证所在区域的适合居住性，以及如何保护并提高所在区域的生物多样性等）	×

资料来源：上交所、深交所；北京ESG研究院整理。

（2）S（社会）层面：鼓励A股上市企业在年报中披露的信息如图表5所示。

图表5　A股上市企业社会指标披露要求

形式	披露要求	指标名称	是否强制
年报	所有企业鼓励披露	企业履行社会责任的宗旨和理念	×
		股东和债权人权益保护	×
		职工权益保护	×
		供应商、客户和消费者权益保护	×
		环境保护与可持续发展	×
		公共关系	×
		社会公益事业	×
		社会责任报告查询索引	×
		巩固拓展脱贫攻坚成果	×
		乡村振兴	×
CSR报告	如果披露CSR报告，应至少包括	企业在促进社会可持续发展方面的工作（例如对员工健康及安全的保护、对所在社区的保护及支持、对产品质量的把关等）	×
		企业在促进经济可持续发展方面的工作（例如如何通过其产品及服务为客户创造价值、如何为员工创造更好的工作机会及未来发展、如何为其股东带来更高的经济回报等）	×

资料来源：上交所、深交所；北京ESG研究院整理。

（3）G（治理）层面：相比E、S层面的数据，A股上市企业治理类的披露要求更高。可通过年报获取的治理类指标如图表6所示。

图表6　A股上市企业治理指标披露要求

形式	披露要求	指标名称	是否强制
年报	所有企业强制披露	男女董事数量与高管数量	√
		独立董事数量	√
		董事会专业人士数量	√
		董监高年龄与离职率	√

续表

形式	披露要求	指标名称	是否强制
年报	所有企业强制披露	领导架构	√
		董监高薪酬	√
		年度股东大会通知期	√
		员工多样性	√
		员工薪酬	√
		社会保险费	√
		住房公积金	√
		职工福利费	√
		连续审计年限	√

资料来源：上交所、深交所；北京 ESG 研究院整理。

目前我国对 ESG 信息披露数据获取的渠道有限，且除部分内容外无强制披露要求，因此督促企业进行更多 ESG 信息披露是我国推动企业践行 ESG 理念、促进 ESG 投资的重中之重。

二、披露数量与披露率统计

A 股上市企业的总体 ESG 披露水平与沪深 300 成分股企业的披露状况存在明显区别。虽然从披露数量来看，A 股上市企业与沪深 300 成分股企业的 ESG 披露报告数量均呈现出逐年递增的趋势，但从披露率来看，2022 年之前 A 股上市企业整体披露率水平长期维持在 25% 左右，截至 2023 年 6 月，披露率才攀升至 32.9%。

分析其原因，ESG 概念引入国内时间较短、相关产品在中国市场培育不完善、ESG 披露指引指标建设起步晚，使得 A 股上市企业 ESG 信息披露意识薄弱、企业缺乏自主性，加之市场监管缺乏统一且明确的报告披露要求等因素的影响，使得 A 股上市企业整体 ESG 披露水平不容乐观。但进入 2022 年后，总体披露率开始出现较大幅度提升，且突破了 30% 大关。预计通过完善 ESG 披露框架与制度建设，能够起到提升企业 ESG 披露率、培养企业 ESG 披露意识的作用。

与之相对应，沪深 300 成分股企业 ESG 披露率自 2009 年呈现稳步且迅速增长趋势，由 2009 年的 43% 已经发展至如今的 93.3%。可以认为在沪深 300 中的绝大多数企业已经建立了 ESG 披露的自主意识，并且能通过寻求外部指引、内部自查自省初步运用 ESG 披露报告控制内部风险，主动承担企业社会责任。究其原因，沪深 300 成分股企业本身就具有其他 A 股上市企业所不具备的得天独厚的先天优势，能够敏捷捕捉并吸收企业管理先进办法，并划分对应的运营资源。在当前绿色金融大环境与"碳中和"等可持续发展战略提出的背景下，有关部门与相关组织正不断创新推出政策与市场标准，鼓励上市企业披露 ESG 信息，加强头部企业的示范作用。预计未来沪深 300 成分股企业的 ESG 披露情况持续向好，并且是国内 ESG 产品市场完善建设的主力军。A 股上市企业 ESG 披露情况和沪深 300 成分股企业 ESG 披露情况分别如图表 7 和图表 8 所示。

图表 7　A 股上市企业 ESG 披露情况，2009 年—2023 年第二季度
资料来源：CSMAR 企业数据库、商道咨询；北京 ESG 研究院整理。

图表 8　沪深 300 成分股企业 ESG 披露情况，2009 年—2023 年第二季度
资料来源：CSMAR 企业数据库、商道咨询；北京 ESG 研究院整理。

三、A 股上市企业 ESG 报告编制参考的信息披露标准

A 股上市企业参考信息披露指引呈现出两大特点。第一，具有极强的行业属性，例如金融业常参考《关于加强银行业金融机构社会责任的意见》《中国银行业金融机构企业社会责任指引》等政策指引，而以环境治理、新能源为主营业务的企业更加倾向于以 ISO26000、联合国可持续发展目标为参照；第二，极大程度受公司上市地点的影响，如上交所《上海证券交易所上市公司自律监管指引第 14 号——可持续发展报告（试行）》与《关于加强上市公司社会责任承担工作暨发布〈上海证券交易所上市公司环境信息披露指引〉的通知》、港交所《环境、社会及管治报告指引》、深交所《深圳证券交易所上市公司自律监管指引第 17 号——可持续发展报告（试行）》《上市公司规范运作指引》分别影响了不同交易所上市地点企业的披露报告参照标准。

商道纵横人工数据统计显示，目前 A 股上市企业（沪深 300）参考的主要指引可以分为以下几类：

（1）国际组织提出的环境与社会责任目标。

全球报告倡议组织（Global Reporting Initiative）提出的 GRI 标准目前是全球范围内上市企业广泛应用的 ESG 标准，并且是 A 股上市企业参考得最多的一套标准，约 75.4% 的沪深 300 上市企业 ESG 披露参考了这一指南，具有较为广泛的指导价值。

ISO26000 是由国际标准化组织（International Organization for Standardization）牵头，54 个国家和 24 个国际组织参与制定的国际标准，约 25.9% 的 A 股上市企业以其作为参考。

联合国可持续发展目标是一套联合国制定的有关社会层面的全球发展工作指引，共 28.9% 的沪深 300 上市企业将其纳入 ESG 披露内容。

（2）国内证券交易所披露指引。

国内证券交易所披露指引主要包括上交所、深交所、港交所制定的一系列准则与事宜程序规定，占比较高的为上交所《关于加强上市公司社会责任承担工作暨发布〈上海证券交易所上市公司环境信息披露指引〉的通知》（38.6%）与港交所《环境、社会及管治报告指引》（32.1%）。

（3）国内监管机构与组织的披露要求。

A 股上市企业参考指引的国内范围主要为《社会责任报告编写指南》和《上市公司治理准则》。

《社会责任报告编写指南》由中国标准化研究院制定，明确给出了社会责任报告的基本原则、步骤和方法，约 16.4% 的沪深 300 上市企业参照了这一指南。

A 股（沪深 300）上市企业编制指南参考指引统计如图表 9 所示。

参考指引	比例
可持续核算准则理事会（SASB）标准	3.90%
联合国全球契约十项原则	6.80%
气候变化相关财务信息披露指南（TCFD）	7.90%
《社会责任报告编写指南》	16.40%
ISO26000	19.60%
深交所《上市公司社会责任指引》或《深圳证券交易所上市公司自律监管指引第1号——主板上市公司规范运作》	26.80%
联合国可持续发展目标	28.90%
港交所《环境、社会及管治报告指引》	32.10%
上交所《<公司履行社会责任的报告>编制指引》或《上海证券交易所上市公司自律监管指引第1号——规范运作》	38.60%
GRI标准	75.40%

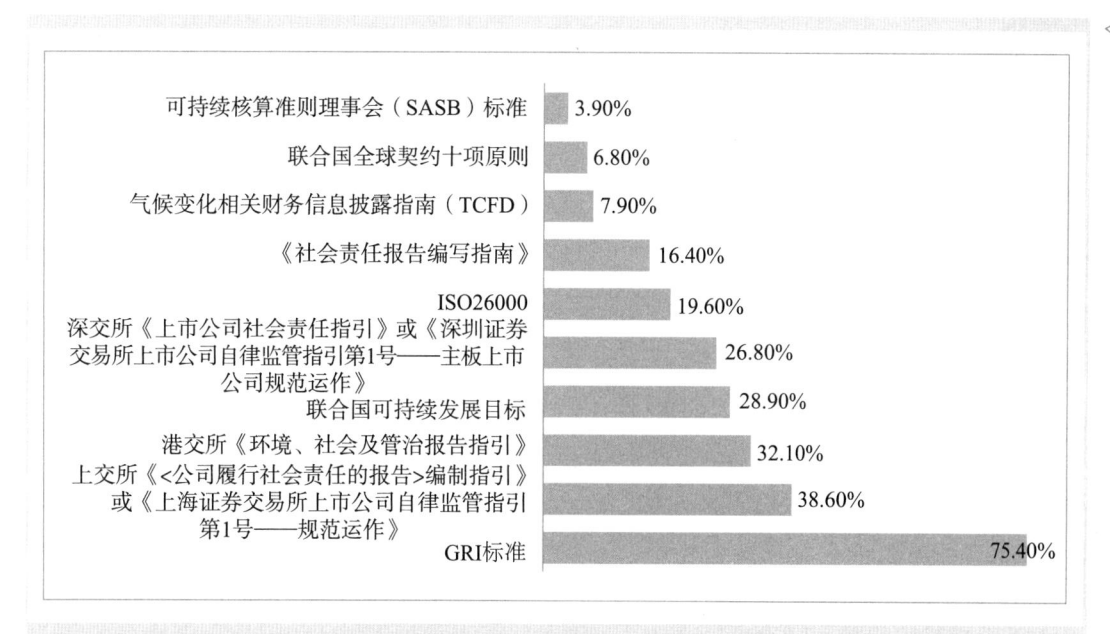

图表9　A股（沪深300）上市企业编制指南参考指引统计，2022年

资料来源：商道纵横统计，北京ESG研究院整理。

ESG信息披露指标框架

一、基本原则

实质性。企业披露的信息应能对企业、利益相关方的决策和价值创造能力产生实质性影响。

全面性。ESG 报告应符合以下要求：

a）覆盖报告范围内企业的重要相关决策和活动，全面、系统、完整地披露环境、社会及治理目标，将 ESG 融入企业的实践及其绩效信息。

b）全面反映企业决策和活动给利益相关方带来（或可能带来）的积极和消极影响，全面披露企业在环境、社会和治理各个方面的正面和负面信息，不得有任何隐瞒或重大遗漏，避免漏报少报引起投资者决策或判断的偏差。

c）应反映 ESG 活动过程、目标及绩效。在确定信息披露的详尽程度时，必须考虑利益相关方的需求，以确保所披露的信息是有用且合适的，并且利益相关方能够根据此信息做出判断、决策和行动。

准确性。ESG 报告的信息来源应真实、可靠，信息收集和处理方法应科学、合理。信息与实际状况和事实完全相符，或基于实际状况和事实，经严密的科学推断而得到结论。

客观性。ESG 报告中所披露的信息应是对实际状况和事实的客观描述，未带任何偏见或主观臆断，避免人为加工或臆造，不得有虚假披露和误导性陈述。

公正性。企业披露可遵循公正性原则，对所有利益相关方所公开的内容都是统一的、客观的，应确保其可以公正地、平等地获取同一内容。

时效性。ESG 报告具有较强的时效性，反映最新时段企业在环境、社会及治理方面的活动及绩效。

可比性。ESG 报告应具有可比性，ESG 信息披露的数据计算、披露方法和披露内容在不同时期应保持一致性、连贯性。

可读性。ESG 报告的编写应考虑利益相关方的文化、社会、教育和经济的不同背景，具有易读性并易于利益相关方理解。内容应通俗易懂、言简意赅，尽可能采用大众化语言进行阐述。当需使用专业术语或缩略语时，可在出现之处加脚注或尾注进行解释说明，或者在尾页集中单设"术语解释或索引"。

可得性。ESG 报告的信息应便于利益相关方获取。ESG 报告的发布和提供方式宜考虑利益相关方中各类人群的获取能力及其局限性，例如对电子文件或互联网的使用能力及受限条件等。

二、指标体系

ESG 信息披露指标体系如图表 10 所示。

图表 10　ESG 信息披露指标体系

一级指标	二级指标	三级指标	四级指标	细分指标	
环境（E）	E1　碳排放与管理	E1.1　碳排放	E1.1.1　碳排放基本信息	E1.1.1.1	碳排放设施
				E1.1.1.2	温室气体来源与类型
				E1.1.1.3	温室气体核算方法
			E1.1.2　范围一碳排放	E1.1.2.1	直接温室气体排放量
				E1.1.2.2	直接温室气体排放强度
			E1.1.3　范围二碳排放	E1.1.3.1	间接温室气体排放量
			E1.1.4　范围三碳排放	E1.1.4.1	其他间接温室气体排放量
		E1.2　碳排放管理	E1.2.1　温室气体减排计划	E1.2.1.1	企业温室气体减排管理办法
				E1.2.1.2	温室气体减排费用
			E1.2.2　温室气体减排效果	E1.2.2.1	温室气体减排量
			E1.2.3　碳资产管理	E1.2.3.1	碳排放权交易额
	E2　污染物排放及处理	E2.1　废水排放与管理	E2.1.1　废水排放	E2.1.1.1	废水中含污染物种类
				E2.1.1.2	废水中污染物浓度
				E2.1.1.3	废水排放许可证持有情况
				E2.1.1.4	废水排放量
				E2.1.1.5	废水排放达标情况
				E2.1.1.6	废水排放强度
				E2.1.1.7	废水减排量
			E2.1.2　废水治理	E2.1.2.1	企业废水治理办法
				E2.1.2.2	废水处理设施情况
				E2.1.2.3	水质检测与监测机制
		E2.2　废气排放与管理	E2.2.1　废气排放	E2.2.1.1	废气排放许可证持有情况
				E2.2.1.2	废气中含污染物种类
				E2.2.1.3	废气中污染物浓度
				E2.2.1.4	废气排放达标情况
				E2.2.1.5	废气排放强度
				E2.2.1.6	废气减排量

续表

一级指标	二级指标	三级指标	四级指标	细分指标
环境（E）	E2 污染物排放及处理	E2.2 废气排放与管理	E2.2.2 废气治理	E2.2.2.1 企业废气治理办法
				E2.2.2.2 废气处理设施情况
				E2.2.2.3 空气质量检测与监测机制
		E2.3 固体废弃物排放与处理	E2.3.1 固体废弃物排放	E2.3.1.1 固体废弃物种类
				E2.3.1.2 固体废弃物排放许可证持有情况
				E2.3.1.3 一般固体废弃物排放量
				E2.3.1.4 一般固体废弃物处置量
				E2.3.1.5 固体废弃物排放达标情况
				E2.3.1.6 固体废弃物排放强度
				E2.3.1.7 固体废弃物减排量
			E2.3.2 固体废弃物治理	E2.3.2.1 企业固体废弃物治理办法
				E2.3.2.2 固体废弃物处理设施情况
		E2.4 危险废弃物排放与处理	E2.4.1 危险废弃物排放	E2.4.1.1 危险废弃物种类
				E2.4.1.2 危险废弃物排放量
				E2.4.1.3 危险废弃物处置量
			E2.4.2 危险废弃物治理	E2.4.2.1 危险废弃物管理
		E2.5 噪声污染排放与治理	E2.5.1 噪声污染排放	E2.5.1.1 噪声污染情况
			E2.5.2 噪声污染治理	E2.5.2.1 噪声污染管理
		E2.6 放射性污染排放与治理	E2.6.1 放射性污染排放	E2.6.1.1 放射性污染排放情况
			E2.6.2 放射性污染治理	E2.6.2.1 放射性污染治理办法
				E2.6.2.2 放射性污染处理设施情况
		E2.7 光污染水平与治理	E2.7.1 光污染水平	E2.7.1.1 光污染情况
			E2.7.2 光污染治理	E2.7.2.1 光污染管理
	E3 资源消耗与管理	E3.1 水资源使用与管理	E3.1.1 水资源使用	E3.1.1.1 总耗水量
				E3.1.1.2 新鲜水用量
				E3.1.1.3 循环水用量
				E3.1.1.4 循环水用量占总耗水量比例
				E3.1.1.5 水资源消耗强度

续表

一级指标	二级指标	三级指标	四级指标	细分指标
环境（E）	E3 资源消耗与管理	E3.1 水资源使用与管理	E3.1.2 水资源管理	E3.1.2.1 水资源使用管理办法
				E3.1.2.2 节水管理办法
				E3.1.2.3 企业节水培训
				E3.1.2.4 企业节水效果
				E3.1.2.5 节水费用
		E3.2 能源使用与管理	E3.2.1 能源使用	E3.2.1.1 能源消耗总量
				E3.2.1.2 能源消耗强度
				E3.2.1.3 清洁能源占比
			E3.2.2 能源管理	E3.2.2.1 能源使用管理办法
				E3.2.2.2 能源消耗统计监测设施
				E3.2.2.3 节能管理办法
				E3.2.2.4 企业节能培训
				E3.2.2.5 企业节能效果
				E3.2.2.6 节能费用
		E3.3 物料使用与管理	E3.3.1 物料使用	E3.3.1.1 物料消耗量
				E3.3.1.2 物料消耗强度
				E3.3.1.3 不可再生物料消耗量
			E3.3.2 物料管理	E3.3.2.1 绿色包装使用情况
				E3.3.2.2 循环使用材料占消耗原材料比重
		E3.4 其他自然资源的使用与管理	E3.4.1 土地资源	E3.4.1.1 土地资源使用情况
				E3.4.1.2 土地资源保护与管理
				E3.4.1.3 土地资源维护与修复成效
			E3.4.2 森林资源	E3.4.2.1 森林资源使用情况
				E3.4.2.2 森林资源保护与管理
				E3.4.2.3 森林资源维护与修复成效
			E3.4.3 湿地资源	E3.4.3.1 湿地资源使用情况
				E3.4.3.2 湿地资源保护与管理
				E3.4.3.3 湿地资源维护与修复成效
	E4 环境管理与环境保护	E4.1 环境管理	E4.1.1 环境管理观念	E4.1.1.1 环境管理部门与制度设计

续表

一级指标	二级指标	三级指标	四级指标	细分指标
环境（E）	E4 环境管理与环境保护	E4.1 环境管理	E4.1.2 环境信息披露	E4.1.2.1 环境信息披露情况
				E4.1.2.2 环境信息披露第三方机构核查
			E4.1.3 低碳经济转型风险	E4.1.3.1 低碳经济转型风险评估
				E4.1.3.2 低碳经济转型风险应对
		E4.2 环境保护	E4.2.1 生产环保投入	E4.2.1.1 环保设施投资
				E4.2.1.2 污染物减排费用
				E4.2.1.3 环境污染责任保险投保费用
				E4.2.1.4 绿色研发投入占总体研发投入比例
			E4.2.2 生态保护	E4.2.2.1 生态保护、修复与治理办法
				E4.2.2.2 生态保护、修复与治理投入
			E4.2.3 生物多样性保护	E4.2.3.1 对生物多样性造成的影响
				E4.2.3.2 生物多样性保护管理办法
				E4.2.3.3 生物多样性遗传资源的获取与使用
				E4.2.3.4 生物多样性保护投入
			E4.2.4 绿色生产与绿色办公	E4.2.4.1 绿色生产与办公情况
				E4.2.4.2 绿色生产审核情况
				E4.2.4.3 绿色生产与办公培训
				E4.2.4.4 绿色生产与办公投入
				E4.2.4.5 绿色建筑运行情况
			E4.2.5 环境保护负面事件	E4.2.5.1 突发环境事件应急预案
				E4.2.5.2 环保争议事件
				E4.2.5.3 环境诉讼
				E4.2.5.4 环境行政处罚

续表

一级指标	二级指标	三级指标	四级指标	细分指标
社会（S）	S1 员工	S1.1 员工与劳动关系	S1.1.1 员工招聘	S1.1.1.1 员工招聘决策
				S1.1.1.2 员工数量
				S1.1.1.3 员工人才构成
				S1.1.1.4 全体员工中签订工作合同员工比例
				S1.1.1.5 劳动争议与劳务纠纷（含临时工与实习生）情况
				S1.1.1.6 雇佣童工情况
			S1.1.2 员工流动	S1.1.2.1 员工流动率
				S1.1.2.2 关键岗位人才流动率
				S1.1.2.3 主动离职率
				S1.1.2.4 被动离职率
				S1.1.2.5 离职和裁员补偿办法及额度
		S1.2 员工权益	S1.2.1 员工平等就业权益	S1.2.1.1 反歧视条例与政策
				S1.2.1.2 全体员工中女性员工占比
				S1.2.1.3 新增员工中女性员工占比
				S1.2.1.4 全体员工中少数民族占比
				S1.2.1.5 新增员工中少数民族占比
				S1.2.1.6 全体员工中残障人士就业比例
				S1.2.1.7 新增员工中残障人士就业比例
				S1.2.1.8 全体员工中来自中西部地区比例
				S1.2.1.9 新增员工中来自中西部地区比例
				S1.2.1.10 全体员工中国际员工比例
				S1.2.1.11 新增员工中国际员工比例
			S1.2.2 员工获得劳动报酬权益	S1.2.2.1 男女基本工资比例
				S1.2.2.2 最低工资标准与地方行业平均工资之差
			S1.2.3 员工休息休假权益	S1.2.3.1 员工工作时间与休息休假安排

续表

一级指标	二级指标	三级指标	四级指标	细分指标
社会（S）	S1 员工	S1.2 员工权益	S1.2.3 员工休息休假权益	S1.2.3.2 员工工作时间
				S1.2.3.3 员工加班权益保障
				S1.2.3.4 员工带薪假天数
				S1.2.3.5 员工产假与育儿假政策
				S1.2.3.6 员工生育保障制度
				S1.2.3.7 公司产假/陪产假后回到工作岗位和保留工作的员工比例
			S1.2.4 员工社会与安全保障	S1.2.4.1 员工五险一金缴纳情况
				S1.2.4.2 员工健康与安全生产管理体系建设
				S1.2.4.3 员工健康服务和健康培训办法建立及实施情况（含心理健康）
				S1.2.4.4 安全生产培训时数
				S1.2.4.5 和工作相关的健康问题及职业疾病发生情况
				S1.2.4.6 工伤情况
				S1.2.4.7 因工死亡人数
			S1.2.5 工会	S1.2.5.1 工会设立情况
				S1.2.5.2 职工代表大会相关办法
				S1.2.5.3 员工依法组织和参与工会情况
				S1.2.5.4 工会与员工集体组织活动次数
		S1.3 员工福利与满意度	S1.3.1 员工福利	S1.3.1.1 员工福利计划
				S1.3.1.2 全职员工福利
				S1.3.1.3 特殊员工关怀
				S1.3.1.4 高级人才政策
			S1.3.2 员工满意度及其调查情况	S1.3.2.1 员工满意度调查情况
				S1.3.2.2 员工满意度
		S1.4 员工成长与激励机制	S1.4.1 员工培训	S1.4.1.1 员工培训部门设置
				S1.4.1.2 员工培训情况
			S1.4.2 员工激励	S1.4.2.1 员工激励机制
				S1.4.2.2 员工晋升与选拔机制

续表

一级指标	二级指标	三级指标	四级指标	细分指标
社会（S）	S2 供应链管理与负责任生产	S2.1 供应链与合作伙伴	S2.1.1 供应商管理	S2.1.1.1 供应商情况
				S2.1.1.2 供应商选择标准
				S2.1.1.3 供应商培训计划
				S2.1.1.4 供应商考核标准
				S2.1.1.5 供应商督查政策
			S2.1.2 供应链评估	S2.1.2.1 供应商环境影响评估
				S2.1.2.2 供应商风险评估
				S2.1.2.3 供应商候补与紧急替换机制
			S2.1.3 供应链管理	S2.1.3.1 招标采购办法
				S2.1.3.2 供应中断防范与应急预案
				S2.1.3.3 物流、交易、信息系统等服务商选择与考核标准
				S2.1.3.4 绿色供应链建设
				S2.1.3.5 供应商质量追溯机制
		S2.2 产品责任	S2.2.1 生产规范	S2.2.1.1 生产规范管理办法
				S2.2.1.2 生产设备更新情况
				S2.2.1.3 生产设备维护情况
			S2.2.2 产品安全与质量	S2.2.2.1 生产规范制定
				S2.2.2.2 产品与服务质量保障与管理办法
				S2.2.2.3 产品与服务质量管理认证机制
				S2.2.2.4 产品与服务健康安全风险排查机制
				S2.2.2.5 客户权益保障
				S2.2.2.6 产品保险与再保险投保额
				S2.2.2.7 因质量问题招致的产品召回事件
				S2.2.2.8 涉及产品与服务质量、健康与安全的消费者投诉事件
			S2.2.3 科技创新与知识产权保护	S2.2.3.1 知识产权保护办法
				S2.2.3.2 研发投入占总营收额比例
				S2.2.3.3 累计专利数
	S3 社会责任	S3.1 社会责任承担	S3.1.1 社会责任意识	S3.1.1.1 社会责任战略
				S3.1.1.2 社会责任战略决策与执行机构

续表

一级指标	二级指标	三级指标	四级指标	细分指标
社会（S）	S3　社会责任	S3.1　社会责任承担	S3.1.2　国家战略响应	S3.1.2.1　乡村振兴响应
				S3.1.2.2　共同富裕响应
				S3.1.2.3　西部大开发战略响应
			S3.1.3　捐赠捐助行为	S3.1.3.1　慈善捐赠
				S3.1.3.2　公益性捐赠
		S3.2　社会影响	S3.2.1　积极社会影响	S3.2.1.1　爱国主义宣传教育活动
				S3.2.1.2　社会公益活动参与
				S3.2.1.3　产品与服务的社会功能
			S3.2.2　负面社会影响	S3.2.2.1　社会舆情
				S3.2.2.2　市场营销及社会领域的违法违规事件
治理（G）	G1　治理结构	G1.1　股东会	G1.1.1　股东与股东结构	G1.1.1.1　股东构成
				G1.1.1.2　股东持股情况
			G1.1.2　股东会运作程序与情况	G1.1.2.1　股东会议事规则
				G1.1.2.2　股东会召开情况说明
		G1.2　董事会	G1.2.1　董事会成员构成	G1.2.1.1　董事会成员产生方式
				G1.2.1.2　女性董事占比
				G1.2.1.3　董事会成员平均任期
				G1.2.1.4　董事离职率
				G1.2.1.5　董事长兼职情况
				G1.2.1.6　独立董事占比
				G1.2.1.7　非执行董事占比
			G1.2.2　董事会运作	G1.2.2.1　董事会建设情况
				G1.2.2.2　董事会议事规则
				G1.2.2.3　董事会召开情况说明
				G1.2.2.4　董事会评估情况
				G1.2.2.5　独立董事履职情况
				G1.2.2.6　董事培训情况
			G1.2.3　董事会下辖专门委员会	G1.2.3.1　审计委员会设立情况
				G1.2.3.2　专门委员会成员构成
				G1.2.3.3　专门委员会运作情况

续表

一级指标	二级指标	三级指标	四级指标	细分指标
治理（G）	G1 治理结构	G1.3 监事会	G1.3.1 监事会成员构成	G1.3.1.1 监事会成员产生方式
				G1.3.1.2 女性监事占比
				G1.3.1.3 监事会成员平均任期
				G1.3.1.4 监事离职率
				G1.3.1.5 外部监事占比
			G1.3.2 监事会运作	G1.3.2.1 监事会建设情况
				G1.3.2.2 监事会议事规则
				G1.3.2.3 监事会召开情况说明
				G1.3.2.4 监事会意见采纳率
				G1.3.2.5 监事会质询与提议次数
		G1.4 高级管理层	G1.4.1 高级管理层人员构成	G1.4.1.1 女性高管占比
				G1.4.1.2 高管平均任期
				G1.4.1.3 高管离职率
			G1.4.2 高管工作与高管绩效	G1.4.2.1 高管培训情况
				G1.4.2.2 高管工作情况
				G1.4.2.3 高管绩效评价体系
			G1.4.3 高管激励	G1.4.3.1 高管薪酬办法
				G1.4.3.2 高管平均薪酬
				G1.4.3.3 高管持股情况
	G2 治理机制	G2.1 合规管理	G2.1.1 合规管理体系建设	G2.1.1.1 合规经营制度
				G2.1.1.2 合规管理体系
				G2.1.1.3 合规管理培训
				G2.1.1.4 合规管理有效性评估
				G2.1.1.5 合规改进与纠正
			G2.1.2 合规风险识别与应对	G2.1.2.1 合规风险识别与评估
				G2.1.2.2 合规风险应对机制
				G2.1.2.3 合规风险引致的损失情况
			G2.1.3 客户隐私保护	G2.1.3.1 企业保护客户隐私的管理办法体系
				G2.1.3.2 发生客户隐私泄露情况

续表

一级指标	二级指标	三级指标	四级指标	细分指标
治理（G）	G2 治理机制	G2.1 合规管理	G2.1.4 数据安全	G2.1.4.1 企业保护数据安全管理办法体系
				G2.1.4.2 数据安全培训
				G2.1.4.3 发生数据泄露情况
		G2.2 风险管理	G2.2.1 风险管理与控制体系	G2.2.1.1 风险管理与控制办法
				G2.2.1.2 风险管理与控制部门设置
				G2.2.1.3 重大风险识别与防范机制
			G2.2.2 关联交易风险	G2.2.2.1 关联交易情况
				G2.2.2.2 关联交易风险识别机制
				G2.2.2.3 防范不当关联交易的程序与管理办法
			G2.2.3 投资决策风险	G2.2.3.1 投资决策风险识别机制
				G2.2.3.2 防范投资决策风险的程序与制度安排
			G2.2.4 转型风险	G2.2.4.1 转型风险识别机制
				G2.2.4.2 防范转型风险的程序与制度安排
			G2.2.5 ESG风险	G2.2.5.1 ESG风险识别机制
				G2.2.5.2 防范ESG风险的程序与制度安排
		G2.3 监督管理	G2.3.1 审计制度	G2.3.1.1 内外部审计制度
				G2.3.1.2 内外部年度审计次数
				G2.3.1.3 内外部审计意见
				G2.3.1.4 内外部审计发现的问题及整改情况
				G2.3.1.5 财务报告审计费用
				G2.3.1.6 非财务报告审计费用
			G2.3.2 问责	G2.3.2.1 问责制度规范
				G2.3.2.2 问责数量
			G2.3.3 投诉与举报	G2.3.3.1 员工投诉举报办法
				G2.3.3.2 举报人保护办法

续表

一级指标	二级指标	三级指标	四级指标	细分指标
治理（G）	G2 治理机制	G2.4 商业道德	G2.4.1 商业道德遵守情况	G2.4.1.1 商业道德准则和行为规范
				G2.4.1.2 商业道德培训
				G2.4.1.3 因违反商业道德所受处罚
			G2.4.2 公平竞争	G2.4.2.1 公平竞争制度规范
				G2.4.2.2 公平竞争措施成效
			G2.4.3 廉洁建设践行情况	G2.4.3.1 廉洁建设制度规范
				G2.4.3.2 廉洁建设措施成效
				G2.4.3.3 因贪污、欺诈、腐败所受处罚
		G2.5 ESG管理	G2.5.1 ESG能力提升	G2.5.1.1 ESG治理架构
				G2.5.1.2 ESG工作评价和绩效考核机制
				G2.5.1.3 ESG培训
		G2.6 组织建设与先进性教育	G2.6.1 党建	G2.6.1.1 党支部建设情况
				G2.6.1.2 党建工作会召开情况
				G2.6.1.3 党委理论学习情况
				G2.6.1.4 特色支部创建情况
			G2.6.2 理论学习	G2.6.2.1 国家大政方针与地方政府产业政策等学习情况
		G2.7 利益相关方的参与及沟通	G2.7.1 投资者与股东权益	G2.7.1.1 股东与债权人利益保护机制
				G2.7.1.2 中小股东利益保护机制
			G2.7.2 利益相关方识别	G2.7.2.1 利益相关方识别机制
				G2.7.2.2 利益相关方筛选机制
			G2.7.3 利益相关方维护	G2.7.3.1 利益相关方关切问题回应机制
				G2.7.3.2 运营变更的提前通知期
			G2.7.4 信息披露	G2.7.4.1 公司重大事件披露情况
				G2.7.4.2 ESG信息披露情况
				G2.7.4.3 信息披露真实性承诺与外部鉴证情况

环境（E）

E1 碳排放与管理

E1.1 碳排放

什么是碳排放

依照《碳排放权交易管理办法（试行）》第四十二条规定，碳排放（carbon emission）是指煤炭、石油、天然气等化石能源燃烧活动和工业生产过程以及土地利用变化与林业等活动产生的温室气体排放，也包括因使用外购的电力和热力等所导致的温室气体排放。温室气体是指大气中吸收和重新放出红外辐射的自然和人为的气态成分，包括二氧化碳（CO_2）、甲烷（CH_4）、氧化亚氮（N_2O）、氢氟碳化物（HFCs）、全氟化碳（PFCs）、六氟化硫（SF_6）和三氟化氮（NF_3）。其中最主要的气体是二氧化碳，因此用碳一词作为代表。依照《中华人民共和国国民经济和社会发展第十三个五年规划纲要》第四十六章，有效控制温室气体排放，即有效控制电力、钢铁、建材、化工等重点行业碳排放，推进工业、能源、建筑、交通等重点领域低碳发展。

怎样计算温室气体排放量

依照中华人民共和国国家标准 GB/T 32150—2015《工业企业温室气体排放核算和报告通则》，应选择能得出准确、一致、可再现的结果的核算方法。企业应参照行业确定的核算方法进行核算；如果行业无确定的核算方法，则应在报告中对所采用的核算方法加以说明。如果核算方法有变化，报告主体应在报告中对变化进行说明，并解释变化原因。核算方法包括两种类型：a) 计算：排放因子法；物料平衡法。b) 实测。

采用排放因子法计算时，温室气体排放量为活动数据与温室气体排放因子的乘积，见式（1）：

$$E_{GHG} = AD \times EF \times GWP \tag{1}$$

式中：

E_{GHG}——温室气体排放量，单位为吨二氧化碳当量（tCO_2e）；

AD ——温室气体活动数据，单位根据具体排放源确定；

EF ——温室气体排放因子，单位与活动数据的单位相匹配；

GWP——全球变暖潜势，数值可参考联合国政府间气候变化专门委员会（IPCC）提供的数据。

注：在计算燃料燃烧排放二氧化碳时，排放因子也可为含碳量、碳氧化率及二氧化碳折算系数（44/12）的乘积。

使用物料平衡法计算时，根据质量守恒定律，用输入物料中的含碳量减去输出物料中的含碳量进行平衡计算得到二氧化碳排放量，见式（2）：

$$E_{\text{GHG}} = \left[\sum (M_1 \times CC_1) - \sum (M_0 \times CC_0)\right] \times \omega \times GWP \tag{2}$$

式中：

E_{GHG}——温室气体排放量，单位为吨二氧化碳当量；

M_1——输入物料的量，单位根据具体排放源确定；

M_0——输出物料的量，单位根据具体排放源确定；

CC_1——输入物料的含碳量，单位与输入物料的量的单位相匹配；

CC_0——输出物料的含碳量，单位与输出物料的量的单位相匹配；

ω——碳质量转化为温室气体质量的转换系数；

GWP——全球变暖潜势，数值可参考联合国政府间气候变化专门委员会提供的数据。

注：本公式只适用于含碳温室气体的计算。如需计算其他温室气体排放量，可根据具体情况确定计算公式。

使用实测法时，通过安装监测仪器、设备［如烟气排放连续监测系统（CEMS）］，并采用相关技术文件中要求的方法测量温室气体源排放到大气中的温室气体排放量。

报告主体应根据所选定的核算方法对温室气体排放量进行计算。所有温室气体的排放量均应折算为二氧化碳当量。

（1）燃料燃烧排放。

按照燃料种类分别计算其燃烧产生的温室气体排放量，并以二氧化碳当量为单位进行加总，见式（3）：

$$E_{\text{燃烧}} = \sum_i E_{\text{燃烧}i} \tag{3}$$

式中：

$E_{\text{燃烧}}$——燃料燃烧产生的温室气体排放量总和，单位为吨二氧化碳当量；

$\sum_i E_{\text{燃烧}i}$——第 i 种燃料燃烧产生的温室气体排放，单位为吨二氧化碳当量。

（2）过程排放。

按照过程分别计算其产生的温室气体排放量，并以二氧化碳当量为单位进行加总，见式（4）：

$$E_{\text{过程}} = \sum_i E_{\text{过程}i} \tag{4}$$

式中：

$E_{\text{过程}}$——过程温室气体排放量总和，单位为吨二氧化碳当量；

$\sum_i E_{\text{过程}i}$——第 i 个过程产生的温室气体排放，单位为吨二氧化碳当量。

（3）购入的电力、热力产生的排放。

购入的电力、热力产生的二氧化碳排放通过报告主体购入的电力、热力量与排放因子的乘积获得，见式（5）、式（6）：

$$E_{购入电} = AD_{购入电} \times EF_{电} \times GWP \tag{5}$$

$$E_{购入热} = AD_{购入热} \times EF_{热} \times GWP \tag{6}$$

式中：

$E_{购入电}$——购入的电力所产生的二氧化碳排放，单位为吨二氧化碳（tCO_2）；

$AD_{购入电}$——购入的电力量，单位为兆瓦时（MWh）；

$EF_{电}$——电力生产排放因子，单位为吨二氧化碳每兆瓦时（tCO_2/MWh）；

$E_{购入热}$——购入的热力所产生的二氧化碳排放，单位为吨二氧化碳；

$AD_{购入热}$——购入的热力量，单位为吉焦（GJ）；

$EF_{热}$——热力生产排放因子，单位为吨二氧化碳每吉焦（tCO_2/GJ）；

GWP——全球变暖潜势，数值可参考联合国政府间气候变化专门委员会提供的数据。

（4）输出的电力、热力产生的排放。

输出的电力、热力产生的二氧化碳排放通过报告主体输出的电力、热力量与排放因子的乘积获得，见式（7）、式（8）：

$$E_{输出电} = AD_{输出电} \times EF_{电} \times GWP \tag{7}$$

$$E_{输出热} = AD_{输出热} \times EF_{热} \times GWP \tag{8}$$

式中：

$E_{输出电}$——输出的电力所产生的二氧化碳排放，单位为吨二氧化碳；

$AD_{输出电}$——输出的电力量，单位为兆瓦时；

$EF_{电}$——电力生产排放因子，单位为吨二氧化碳每兆瓦时；

$E_{输出热}$——输出的热力所产生的二氧化碳排放，单位为吨二氧化碳；

$AD_{输出热}$——输出的热力量，单位为吉焦；

$EF_{热}$——热力生产排放因子，单位为吨二氧化碳每吉焦；

GWP——全球变暖潜势，数值可参考联合国政府气候变化专门委员会提供的数据。

（5）温室气体的总排放。

温室气体排放总量见式（9）：

$$E = E_{燃烧} + E_{过程} + E_{购入电} - E_{输出电} + E_{购入热} - E_{输出热} - E_{回收利用} \tag{9}$$

式中：

E——温室气体排放总量，单位为吨二氧化碳当量；

$E_{燃烧}$——燃料燃烧产生的温室气体排放量总和,单位为吨二氧化碳当量;

$E_{过程}$——过程温室气体排放量总和,单位为吨二氧化碳当量;

$E_{购入电}$——购入的电力所产生的二氧化碳排放,单位为吨二氧化碳当量;

$E_{输出电}$——输出的电力所产生的二氧化碳排放,单位为吨二氧化碳当量;

$E_{购入热}$——购入的热力所产生的二氧化碳排放,单位为吨二氧化碳当量;

$E_{输出热}$——输出的热力所产生的二氧化碳排放,单位为吨二氧化碳当量;

$E_{回收利用}$——燃料燃烧、工艺过程产生的温室气体经回收作为生产原料自用或作为产品外供所对应的温室气体排放量,单位为吨二氧化碳当量。

此外,企业可根据自身所处行业,依照国家发展改革委发布的行业温室气体排放核算指南进行核算(见图表 11),针对那些尚没有针对性指南的行业,企业可依照《工业其他行业企业温室气体排放核算方法与报告指南(试行)》进行核算。

图表 11 不同行业对应的温室气体排放核算指南

行业	对应文件
发电企业	《中国发电企业温室气体排放核算方法与报告指南(试行)》
电网企业	《中国电网企业温室气体排放核算方法与报告指南(试行)》
钢铁生产企业	《中国钢铁生产企业温室气体排放核算方法与报告指南(试行)》
化工生产企业	《中国化工生产企业温室气体排放核算方法与报告指南(试行)》
电解铝生产企业	《中国电解铝生产企业温室气体排放核算方法与报告指南(试行)》
镁冶炼企业	《中国镁冶炼企业温室气体排放核算方法与报告指南(试行)》
平板玻璃生产企业	《中国平板玻璃生产企业温室气体排放核算方法与报告指南(试行)》
水泥生产企业	《中国水泥生产企业温室气体排放核算方法与报告指南(试行)》
陶瓷生产企业	《中国陶瓷生产企业温室气体排放核算方法与报告指南(试行)》
民航企业	《中国民航企业温室气体排放核算方法与报告指南(试行)》
石油和天然气生产企业	《中国石油和天然气生产企业温室气体排放核算方法与报告指南(试行)》
石油化工企业	《中国石油化工企业温室气体排放核算方法与报告指南(试行)》
独立焦化企业	《中国独立焦化企业温室气体排放核算方法与报告指南(试行)》
煤炭生产企业	《中国煤炭生产企业温室气体排放核算方法与报告指南(试行)》
造纸和纸制品生产企业	《造纸和纸制品生产企业温室气体排放核算方法与报告指南(试行)》
有色金属冶炼和压延加工业企业	《其他有色金属冶炼和压延加工业企业温室气体排放核算方法与报告指南(试行)》
电子设备制造企业	《电子设备制造企业温室气体排放核算方法与报告指南(试行)》
机械设备制造企业	《机械设备制造企业温室气体排放核算方法与报告指南(试行)》
矿山企业	《矿山企业温室气体排放核算方法与报告指南(试行)》
食品、烟草及酒、饮料和精制茶企业	《食品、烟草及酒、饮料和精制茶企业温室气体排放核算方法与报告指南(试行)》
公共建筑运营单位(企业)	《公共建筑运营单位(企业)温室气体排放核算方法和报告指南(试行)》

续表

行业	对应文件
陆上交通运输企业	《陆上交通运输企业温室气体排放核算方法与报告指南（试行）》
氟化工企业	《氟化工企业温室气体排放核算方法与报告指南（试行）》

E1.1.1 碳排放基本信息

E1.1.1.1 碳排放设施

什么是碳排放设施

碳排放设施（carbon emission facility），一般被认为是能够产生大量二氧化碳等温室气体排放的工业、能源或其他生产和处理设施。这些设施通常涉及燃烧化石燃料（如煤、石油和天然气）、工业过程（如水泥生产、钢铁生产）或其他活动，导致大量温室气体排放进入大气中。

为什么要考察碳排放设施

考察企业的碳排放设施，能够为企业减少温室气体排放、监管机构进行监管提供合理依据。

怎样披露碳排放设施

【定性】企业披露产生碳排放的设施，包括设备名称及数量、运行时长。

为什么要披露碳排放设施

企业披露碳排放设施，不仅可增强信息披露的透明度，而且有助于追踪和管理其可持续性目标。

与碳排放设施相关的主要指导机构及法律法规、政策规范

中华人民共和国生态环境部〔2022〕[①]**《企业环境信息依法披露管理办法》第十二条：**

——企业年度环境信息依法披露报告应当包括以下内容：……（三）污染物产生、治理与排放信息，包括污染防治设施，污染物排放，有毒有害物质排放，工业固体废物和危险废物产生、贮存、流向、利用、处置，自行监测等方面的信息；（四）碳排放信息，包括排放量、排放设施等方面的信息；……

上海证券交易所〔2024〕《上海证券交易所上市公司自律监管指引第 14 号——可持续发展报告（试行）》第二十五条：

——为提高温室气体排放透明度和可比性，本所鼓励披露主体按照下列分类提供不同范围温室气体排放情况：（一）业务单位或设施；（二）国家或地区；（三）来源类型（燃烧、加工、电力、供暖、制冷和蒸汽等）。

---

① 括号中数字为相关文件生效或施行年份，下同。

深圳证券交易所〔2024〕《深圳证券交易所上市公司自律监管指引第17号——可持续发展报告（试行）》第二十五条：

——为提高温室气体排放透明度和可比性，本所鼓励披露主体按照下列分类提供不同范围温室气体排放情况：（一）业务单位或设施；（二）国家或地区；（三）来源类型（燃烧、加工、电力、供暖、制冷和蒸汽等）。

本指标披露等级及主要适用范围

【基础披露】 适用于所有行业企业。

E1.1.1.2　温室气体来源与类型

什么是温室气体来源与类型

温室气体来源（source of greenhouse gases），一般被认为是燃烧排放、过程排放、购入/输出电力热力排放等。温室气体类型（type of greenhouse gases），一般包含二氧化碳、甲烷、氧化亚氮、氢氟碳化物、全氟碳化物、六氟化硫和三氟化氮等。

为什么要考察温室气体来源与类型

考察温室气体来源与类型，有利于确定企业主要的排放源以便于进一步有针对性地制定减排策略、开展减排工作，同时也有助于政府了解各类温室气体的主要排放部门与活动以便于制定措施。

怎样披露温室气体来源与类型

【定性】 企业根据实际从事的产业活动和设施类型识别并披露温室气体的排放源与类型。

为什么要披露温室气体来源与类型

企业披露排放的温室气体来源与类型，一方面能够增强透明度使政府、投资者、公众更清楚地了解温室气体排放的根本原因和性质，有助于建立信任关系。另一方面，披露温室气体来源与类型信息有助于确定排放的热点区域和行业。这可以帮助监管机构和企业集中资源解决最重要的排放问题。

与温室气体来源与类型相关的主要指导机构及法律法规、政策规范

国务院国有资产监督管理委员会〔2023〕《央企控股上市公司ESG专项报告参考指标体系》E.3.1.1：

——温室气体来源与类型

指标性质：定性

披露等级：基础披露

指标说明：描述公司排放温室气体的生产运营活动，并列出排放的温室气体类型，纳入考虑的气体包括：CO_2、CH_4、N_2O、HFC、PFC、SF_6、NF_3

香港交易所〔2023〕《环境、社会及管治报告指引》A1：

——有关废气及温室气体排放、向水及土地的排污、有害及无害废弃物的产生等的：(a) 政策；及 (b) 遵守对发行人有重大影响的相关法律及规例的资料。
注：废气排放包括氮氧化物、硫氧化物及其他受国家法律及规例规管的污染物。温室气体包括二氧化碳、甲烷、氧化亚氮、氢氟碳化合物、全氟化碳及六氟化硫。有害废弃物指国家规例所界定者。

Global Reporting Initiative〔2022〕Consolidated Set of the GRI Standards 305-1：

——The reporting organization shall report the following information：a. Gross direct (Scope 1) GHG emissions in metric tons of CO_2 equivalent. b. Gases included in the calculation; whether CO_2, CH_4, N_2O, HFCs, PFCs, SF_6, NF_3, or all. c. Biogenic CO_2 emissions in metric tons of CO_2 equivalent. d. Base year for the calculation, if applicable, including：i. the rationale for choosing it; ii. emissions in the base year; iii. the context for any significant changes in emissions that triggered recalculations of base year emissions. e. Source of the emission factors and the global warming potential (GWP) rates used, or a reference to the GWP source. f. Consolidation approach for emissions; whether equity share, financial control, or operational control. g. Standards, methodologies, assumptions, and/or calculation tools used.

——组织应报告以下信息：a. 直接（范围1）温室气体排放总量，以二氧化碳当量公吨数表示。b. 纳入计算的气体：是 CO_2、CH_4、N_2O、HFCs、PFCs、SF_6、NF_3，还是全部包括在内。c. 生物性 CO_2 排放，以二氧化碳当量公吨数表示。d. 用于计算的基准年（如适用），包括：i. 选择此年份的理由；ii. 基准年中的排放；iii. 导致重新计算基准年排放的重大排放变化背景。e. 排放因子的来源，以及使用的全球变暖潜势（GWP），或对GWP来源的引用。f. 排放的合并方法；是股权比例、财务控制，还是运营控制。g. 使用的标准、方法、假设和/或计算工具。

本指标披露等级及主要适用范围

【基础披露】 适用于所有行业企业。

E1.1.1.3 温室气体核算方法

什么是温室气体核算方法

温室气体核算方法（calculation of greenhouse gases），一般被认为是用来测量和记录温室气体排放量的方法。温室气体主要包含二氧化碳、甲烷、氧化亚氮、氢氟碳化物、全氟化碳、六氟化硫和三氟化氮等，核算的主要目的是跟踪和评估这些气体的排放，以便制定和实施政策来减少温室气体排放，应对气候变化。目前，主要的核算方法有排放因子法、物料平衡法与实测法。联合国政府间气候变化专门委员会提供了详细的指南和工具，以帮助国家和组织执行这些步骤，并确保温室气体排放核算的一致性和可比性，各个国家和地区在此基础上出台各自的标准。

为什么要考察温室气体核算方法

考察企业的温室气体核算方法有助于提高企业关于排放量数据的透明度和可信度，这对于企业建立信任关系、吸引投资者和客户以及满足社会责任要求非常重要。

怎样披露温室气体核算方法

【定性】 企业披露其具体使用的温室气体核算方法。

为什么要披露温室气体核算方法

企业披露其温室气体核算方法，一方面能够增加关于其排放情况的透明度，有利于与广泛的利益相关方建立信任关系；另一方面，有利于企业应对监管机构的监督。

与温室气体核算方法相关的主要指导机构及法律法规、政策规范

上海证券交易所〔2024〕《上海证券交易所上市公司自律监管指引第 14 号——可持续发展报告（试行）》第二十六条：

——披露主体应当披露核算温室气体排放量所依据的标准、方法、假设或计算工具，并说明排放量的合并方法（如股权比例、财务控制、运营控制等）。报告期内核算标准、方法、假设等发生变化的，应当说明原因并披露具体影响。

深圳证券交易所〔2024〕《深圳证券交易所上市公司自律监管指引第 17 号——可持续发展报告（试行）》第二十六条：

——披露主体应当披露核算温室气体排放量所依据的标准、方法、假设或计算工具，并说明排放量的合并方法（如股权比例、财务控制、运营控制等）。报告期内核算标准、方法、假设等发生变化的，应当说明原因并披露具体影响。

本指标披露等级及主要适用范围

【基础披露】 适用于所有行业企业。

E1.1.2 范围一碳排放

E1.1.2.1 直接温室气体排放量

什么是直接温室气体排放

直接温室气体排放（direct greenhouse gas emissions），或称范围一碳排放，一般被认为是来自企业拥有或控制的排放源的排放。依照《温室气体核算体系：企业核算与报告标准（修订版）》[①] 第四章，直接温室气体排放产生自一家企业拥有或控制的排放源，例如企业拥有或控制的锅炉、熔炉、车辆等产生的燃烧排放；拥有或控制的工艺设备进行化工生产所产生的排放。

---

① 世界可持续发展工商理事会，世界资源研究所. 温室气体核算体系：企业核算与报告标准（修订版）. 北京：经济科学出版社，2012.

为什么要考察直接温室气体排放量

直接温室气体排放量的核算确保两家或更多企业在统一范围内不会重复核算排放量，为管理和减少直接排放提供了全面的核算框架。对企业价值链的温室气体排放量进行核算，可以发现进一步改进效率、降低成本的潜力。

怎样披露直接温室气体排放量

【定量】 企业披露其直接温室气体排放量的相关信息。企业描述其直接温室气体排放情况，即企业拥有或控制的温室气体排放源产生的排放，包括：固定源燃烧排放、移动源燃烧排放、逸散排放、生产过程排放等。单位：吨二氧化碳当量。

为什么要披露直接温室气体排放量

通过披露直接温室气体排放量，从经济发展和金融机构投资两个角度来看，可以更好地服务"双碳"目标，为重点行业企业低碳转型和气候友好项目提供支持。通过气候信息披露提供的翔实碳排放数据，能够为区域制定减缓气候变化的政策提供参考，评估行业在国家减排目标约束下所做出的贡献。

与直接温室气体排放量相关的主要指导机构及法律法规、政策规范

中华人民共和国生态环境部〔2021〕《碳排放权交易管理办法（试行）》第二十五条：

——重点排放单位应当根据生态环境部制定的温室气体排放核算与报告技术规范，编制该单位上一年度的温室气体排放报告，载明排放量，并于每年 3 月 31 日前报生产经营场所所在地的省级生态环境主管部门。排放报告所涉数据的原始记录和管理台账应当至少保存五年。重点排放单位对温室气体排放报告的真实性、完整性、准确性负责。重点排放单位编制的年度温室气体排放报告应当定期公开，接受社会监督，涉及国家秘密和商业秘密的除外。

国务院国有资产监督管理委员会〔2023〕《央企控股上市公司 ESG 专项报告参考指标体系》E.3.1.3：

——范围一排放

指标性质：定量

披露等级：建议披露

指标说明：描述公司直接温室气体排放情况，即公司拥有或控制的温室气体排放源产生的排放，包括：固定源燃烧排放、移动源燃烧排放、逸散排放、生产过程排放等（以吨二氧化碳当量计）

上海证券交易所〔2024〕《上海证券交易所上市公司自律监管指引第 14 号——可持续发展报告（试行）》第二十四条：

——披露主体应当核算并披露报告期内的温室气体排放总量，并将不同温室气体排放量换算成二氧化碳当量公吨数。披露主体应当披露温室气体范围 1 排放

量、范围 2 排放量，鼓励有条件的披露主体披露温室气体范围 3 排放量。披露主体涉及使用碳信用额度的，应当披露所使用的碳信用额度的来源与数量。披露主体参与碳排放权交易的，应当披露报告期内是否完成清缴以及是否存在被有关部门要求整改或立案调查的情形。本所鼓励有条件的披露主体聘请第三方机构对公司温室气体排放等数据进行核查或鉴证。

深圳证券交易所〔2024〕《深圳证券交易所上市公司自律监管指引第 17 号——可持续发展报告（试行）》第二十四条：

——披露主体应当核算并披露报告期内的温室气体排放总量，并将不同温室气体排放量换算成二氧化碳当量公吨数。披露主体应当披露温室气体范围 1 排放量、范围 2 排放量，鼓励有条件的披露主体披露温室气体范围 3 排放量。披露主体涉及使用碳信用额度的，应当披露所使用的碳信用额度的来源与数量。披露主体参与碳排放权交易的，应当披露报告期内是否完成清缴以及是否存在被有关部门要求整改或立案调查的情形。本所鼓励有条件的披露主体聘请第三方机构对公司温室气体排放等数据进行核查或鉴证。

香港交易所〔2023〕《环境、社会及管治报告指引》A1：

——有关废气及温室气体排放、向水及土地的排污、有害及无害废弃物的产生等的：(a) 政策；及 (b) 遵守对发行人有重大影响的相关法律及规例的资料。

London Stock Exchange〔2019〕ESG Disclosure Score 8.1：

——Three years of total operational Green House Gas (GHG) emissions data (Scope 1 & 2) typically via CDP. Scope 1 emissions are direct emissions from company owned or controlled sources. Scope 2 emissions are indirect emissions from the generation of purchased energy.

——三年的总运营温室气体（GHG）排放数据（范围 1 和 2），通常通过 CDP 获取。范围 1 排放是公司拥有或受控来源的直接排放。范围 2 排放是购买能源产生的间接排放。

National Association of Securities Dealers Automated Quotations〔2019〕ESG Reporting Guide 2.0 E1 GHG Emissions：

——Total amount, in CO_2 equivalents, for Scope 1 (if applicable)

Total amount, in CO_2 equivalents, for Scope 2 (if applicable)

Total amount, in CO_2 equivalents, for Scope 3 (if applicable)

——范围 1 的总量，以二氧化碳当量为单位（如适用）

范围 2 的总量，以二氧化碳当量为单位（如适用）

范围 3 的总量，以二氧化碳当量为单位（如适用）

Global Reporting Initiative〔2022〕Consolidated Set of the GRI Standards 305-1：

——The reporting organization shall report the following information: a. Gross direct (Scope 1) GHG emissions in metric tons of CO_2 equivalent. b. Gases included in the calculation; whether CO_2, CH_4, N_2O, HFCs, PFCs, SF_6, NF_3, or all. c. Biogenic CO_2 emissions in metric tons of CO_2 equivalent. d. Base year for the calculation, if applicable, including: i. the rationale for choosing it; ii. emissions in the base year; iii. the context for any significant changes in emissions that triggered recalculations of base year emissions. e. Source of the emission factors and the global warming potential (GWP) rates used, or a reference to the GWP source. f. Consolidation approach for emissions; whether equity share, financial control, or operational control. g. Standards, methodologies, assumptions, and/or calculation tools used. When compiling the information specified in Disclosure 305 - 1, the reporting organization shall: exclude any GHG trades from the calculation of gross direct (Scope 1) GHG emissions; report biogenic emissions of CO_2 from the combustion or biodegradation of biomass separately from the gross direct (Scope 1) GHG emissions. Exclude biogenic emissions of other types of GHG (such as CH_4 and N_2O), and biogenic emissions of CO_2 that occur in the lifecycle of biomass other than from combustion or biodegradation (such as GHG emissions from processing or transporting biomass).

——组织应报告以下信息：a. 直接（范围1）温室气体排放总量，以二氧化碳当量公吨数表示。b. 纳入计算的气体：是 CO_2、CH_4、N_2O、HFCs、PFCs、SF_6、NF_3，还是全部包括在内。c. 生物性 CO_2 排放，以二氧化碳当量公吨数表示。d. 用于计算的基准年（如适用），包括：i. 选择此年份的理由；ii. 基准年中的排放；iii. 导致重新计算基准年排放的重大排放变化背景。e. 排放因子的来源，以及使用的全球变暖潜势（GWP），或对GWP来源的引用。f. 排放的合并方法；是股权比例、财务控制，还是运营控制。g. 使用的标准、方法、假设和/或计算工具。编制披露项305 - 1中规定的信息时，组织应：在计算直接（范围1）温室气体排放总量时，排除任何温室气体交易；分别报告直接（范围1）温室气体排放总量中因生物质燃烧或生物降解而产生的生物性 CO_2 排放。排除其他类型温室气体（例如 CH_4 和 N_2O）的生物性排放，以及生物质生命周期中非燃烧和生物降解（例如加工或运输生物质产生的温室气体排放）导致的生物性 CO_2 排放。

Singapore Exchange〔2023〕Starting with a Common Set of Core ESG Metrics 1：

——Metric: Absolute emissions by: (a) Total; (b) Scope 1, Scope 2; and (c) Scope 3, if appropriate

Unit: tCO_2e

Framework Alignment: GRI 305 - 1, GRI 305 - 2, GRI 305 - 3, TCFD,

SASB 110、WEF core metrics

Description: Metric tons of carbon dioxide equivalent (tCO$_2$e) of relevant GHG emissions. Report the Total, Scope 1 and Scope 2 GHG emissions and, if appropriate, Scope 3 GHG emissions. GHG emissions should be calculated in line with internationally recognised methodologies (e. g. GHG Protocol).

——指标名称：按排放量分列的绝对排放量：（a）总量；（b）范围1、范围2；以及（c）范围3（如适用）

单位：公吨二氧化碳当量

框架体系：GRI 305 - 1、GRI 305 - 2、GRI 305 - 3、TCFD、SASB 110、WEF 核心指标

描述：相关温室气体排放量的公吨二氧化碳当量（tCO$_2$e）。报告总量、范围1和范围2温室气体排放量，以及范围3温室气体排放量（如适用）。温室气体排放量应按照国际公认的方法（例如《温室气体核算体系》）计算。

European Financial Reporting Advisory Group〔2022〕ESRS E1 Climate Change E1 - 6，41、45：

——The undertaking shall disclose its: (a) gross Scope 1 GHG emissions; (b) gross Scope 2 GHG emissions; (c) gross Scope 3 GHG emissions; and (d) total GHG emissions.

——The disclosure on gross Scope 1 GHG emissions required by paragraph (a) shall include: (a) the gross Scope 1 GHG emissions in metric tonnes of CO$_2$eq; and (b) the percentage of Scope 1 GHG emissions from regulated emission trading schemes.

——承诺应披露其：（a）范围1温室气体排放总量；（b）范围2温室气体排放总量；（c）范围3温室气体排放总量；以及（d）温室气体排放总量。

——（a）款要求披露的范围1温室气体排放总量应包括：（a）范围1温室气体排放总量，单位为公吨二氧化碳当量；以及（b）受管制的排放交易计划产生的范围1温室气体排放的百分比。

The International Sustainability Standards Board〔2023〕IFRS S2 Climate-related Disclosures 29（a）：

——An entity shall disclose information relevant to the cross-industry metric categories of: greenhouse gas emissions—the entity shall: (i) disclose its absolute gross greenhouse gas emissions generated during the reporting period, measured in accordance with the Greenhouse Gas Protocol Corporate Standard, expressed as metric tonnes of CO$_2$ equivalent, classified as: (1) Scope 1 greenhouse gas emissions; (2) Scope 2 greenhouse gas emissions; and (3) Scope 3 greenhouse gas emissions; (ii) measure its greenhouse gas emissions in accordance with the Greenhouse Gas Protocol: A Corporate Accounting and Reporting Standard (2004) unless required by a jurisdictional authority or an exchange on which the entity is listed to use a different method for measuring its greenhouse gas emissions (see paragraphs B23 – B25); (iii) disclose the approach it uses to measure its greenhouse gas emissions (see paragraphs B26 – B29) including: (1) the measurement approach, inputs and assumptions the entity uses to measure its greenhouse gas emissions; (2) the reason why the entity has chosen the measurement approach, inputs and assumptions it uses to measure its greenhouse gas emissions; and (3) any changes the entity made to the measurement approach, inputs and assumptions during the reporting period and the reasons for those changes; (iv) for Scope 1 and Scope 2 greenhouse gas emissions disclosed in accordance with paragraph 29 (a) (i) (1) – (2), disaggregate emissions between: (1) the consolidated accounting group (for example, for an entity applying IFRS Accounting Standards, this group would comprise the parent and its consolidated subsidiaries); and (2) other investees excluded from paragraph 29 (a) (iv) (1) (for example, for an entity applying IFRS Accounting Standards, these investees would include associates, joint ventures and unconsolidated subsidiaries); (v) for Scope 2 greenhouse gas emissions disclosed in accordance with paragraph 29 (a) (i) (2), disclose its location-based Scope 2 greenhouse gas emissions, and provide information about any contractual instruments that is necessary to inform users' understanding of the entity's Scope 2 greenhouse gas emissions (see paragraphs B30 – B31); and (vi) for Scope 3 greenhouse gas emissions disclosed in accordance with paragraph 29 (a) (i) (3), and with reference to paragraphs B32 – B57, disclose: (1) the categories included within the entity's measure of Scope 3 greenhouse gas emissions, in accordance with the Scope 3 categories described in the Greenhouse Gas Protocol Corporate Value Chain (Scope 3) Accounting and Reporting Standard (2011); and (2) additional information about the entity's Category 15 greenhouse gas emissions or those associated with its investments (financed emissions), if the entity's activities include asset management, commercial banking or insurance (see paragraphs B58 – B63).

——实体应披露与以下跨行业指标类别相关的信息：温室气体排放——该实体应：(i) 披露其在报告期内产生的绝对温室气体总排放量，根据《温室气体核算体系企业标准》测量，以二氧化碳当量公吨数表示，分类为：（1）范围 1 温室气体排放；（2）范围 2 温室气体排放；和（3）范围 3 温室气体排放。（ii）根据《温室气体核算体系：企业会计和报告标准》（2004 年）测量其温室气体排放量，除非该实体所属的管辖当局或交易所要求使用不同的方法测量其温室气排放量（见第 B23~B25 款）。（iii）披露其用于测量温室气体排放量的方法（见第 B26~B29 款），包括：（1）该实体用于测量其温室气体排放的测量方法、投入和假设；（2）实体选择测量方法、投入和假设来测量其温室气体排放的原因；以及（3）报告期内实体对计量方法、投入和假设所做的任何变更，以及这些变更的原因。（iv）对于根据第 29（a）（i）（1）~（2）款披露的范围 1 和范围 2 温室气体排放量，将排放量分解为：（1）合并会计集团（例如，对于适用《国际财务报告准则》会计准则的实体，该集团将包括母公司及其合并子公司）；以及（2）第 29（a）（iv）（1）款中排除的其他被投资方（例如，对于适用《国际财务报告准则》会计准则的实体，这些被投资方将包括联营公司、合资公司和未合并子公司）。（v）对于根据第 29（a）（i）（2）款披露的范围 2 温室气体排放，披露其基于位置的范围 2 的温室气体排放量，并提供有关任何必要的合同文书的信息，以告知用户对实体范围 2 温室气排放的了解（见第 B30~B31 款）。（vi）对于根据第 29（a）（i）（3）款披露的范围 3 温室气体排放量，并参考第 B32~B57 款，披露：（1）根据《温室气体核算体系企业价值链（范围 3）会计和报告标准》（2011 年）中描述的范围 3 类别；以及（2）关于该实体的第 15 类温室气体排放或与其投资相关的其他信息（融资排放），如果该实体的活动包括资产管理、商业银行或保险（见第 B58~B63 款）。

本指标披露等级及主要适用范围

【基础披露】 适用于所有行业企业。

E1.1.2.2　直接温室气体排放强度

什么是温室气体排放强度

温室气体排放强度（greenhouse gas emission intensity），或称碳排放强度，依照中华人民共和国自然资源部，是指每单位国民生产总值的增长所带来的二氧化碳排放量。该指标主要是用来衡量一国经济增长同碳排放量增长之间的关系，如果一国在经济增长的同时，每单位国民生产总值所带来的二氧化碳排放量在下降，那么说明该国就实现了一个低碳的发展模式。

为什么要考察直接温室气体排放强度

在碳约束环境下，直接温室气体排放强度决定了企业所面临监管风险的大小。碳信息披露是企业与利益相关者沟通的重要桥梁。从实施碳信息披露企业的角度来看：一方面，碳信息披露质量作用于资金成本而直接影响企业对自身投资项目的评价标准，间接地影响企业预期的现金流量；另一方面，高质量的碳信息披露可能被资本市场看作企业将碳减排纳入其长期战略规划和运营系统的一种"承诺",从而形成企业的竞争优势。

怎样披露直接温室气体排放强度

【定量】企业披露其直接温室气体排放强度的相关信息。

【计算方式】直接温室气体排放强度＝直接温室气体排放量÷营业收入。单位:吨二氧化碳当量/万人民币。

为什么要披露直接温室气体排放强度

通过披露直接温室气体排放强度情况,利益相关者可以更加全面地了解被投资企业的经营状况。对于外部利益相关者来说,企业真实的碳管理绩效具有不可观察性,他们只能凭借所搜集的碳管理信息分析被投资企业可能面临的与气候变化相关的风险和机遇,据此来预测被投资者未来预期的现金流量和评估投资对象的价值,从而决定自己预期所要求的投资报酬。

与直接温室气体排放强度相关的主要指导机构及法律法规、政策规范

国务院国有资产监督管理委员会〔2023〕《央企控股上市公司ESG专项报告参考指标体系》E.3.1.6:

——温室气体排放强度

指标性质:定量

披露等级:建议披露

指标说明:描述公司温室气体排放强度,可按照产品数量、总产值、销售额或职工人数等计算

National Association of Securities Dealers Automated Quotations〔2019〕ESG Reporting Guide 2.0　E2:

——Total GhG emissions per output scaling factor

Total non-GhG emissions per output scaling factor

——每个输出比例因子的温室气体总排放量

每个输出比例因子的非温室气体总排放量

Singapore Exchange〔2023〕Starting with a Common Set of Core ESG Metrics　1:

——Metric:Emission intensities by:(a) Total;(b) Scope 1,Scope 2;and (c) Scope 3,if appropriate

Unit:tCO_2e/organisation-specific metrics

Framework Alignment:GRI 305-4,TCFD,SASB 110

Description:Emission intensity ratios in GHG emissions(tCO_2e) per unit of organisation-specific metrics(e.g. revenue, units of production, floor space, number of employees, number of passengers). This is calculated from the absolute emissions reported. Denominators should be clearly defined and disclosed.

——指标名称：按以下各项分列的排放强度：（a）总量；（b）范围1、范围2；以及（c）范围3（如适用）

单位：吨二氧化碳当量/组织特定指标

框架体系：GRI 305-4、TCFD、SASB 110

描述：单位组织特定指标（例如收入、生产单位、占地面积、员工人数、乘客人数）的温室气体排放（tCO_2e）强度比率。这是根据报告的绝对排放量计算得出的。分母应明确界定和披露。

Global Reporting Initiative〔2022〕Consolidated Set of the GRI Standards 305-4：

——The reporting organization shall report the following information：a. GHG emissions intensity ratio for the organization. b. Organization-specific metric（the denominator）chosen to calculate the ratio. c. Types of GHG emissions included in the intensity ratio; whether direct（Scope 1），energy indirect（Scope 2），and/or other indirect（Scope 3）. d. Gases included in the calculation; whether CO_2，CH_4，N_2O，HFCs，PFCs，SF_6，NF_3，or all. When compiling the information specified in Disclosure 305-4，the reporting organization shall：calculate the ratio by dividing the absolute GHG emissions（the numerator）by the organization-specific metric（the denominator）; if reporting an intensity ratio for other indirect（Scope 3）GHG emissions，report this intensity ratio separately from the intensity ratios for direct（Scope 1）and energy indirect（Scope 2）emissions.

——组织应报告以下信息：a. 组织的温室气体排放强度比率。b. 选定的用于计算此比率的组织特定指标（分母）。c. 强度比率中包含的温室气体排放类型；直接（范围1）温室气体排放、能源间接（范围2）温室气体排放和/或其他间接（范围3）温室气体排放。d. 纳入计算的气体：是CO_2、CH_4、N_2O、HFCs、PFCs、SF_6、NF_3，还是全部包括在内。编制披露项305-4中规定的信息时，组织应：将绝对温室气体排放量（分子）除以组织特定指标（分母），由此计算比率；如果报告其他间接（范围3）温室气体排放的强度比率，则将此强度比率与直接（范围1）和能源间接（范围2）排放的强度比率分别报告。

European Financial Reporting Advisory Group〔2022〕ESRS E1 Climate Change E1-6，50、51：

——The undertaking shall disclose its GHG emissions intensity（total GHG emissions per net revenue）.

——The disclosure on GHG intensity required by paragraph 50 shall provide the total GHG emissions in metric tonnes of CO_2eq（required by paragraph（d））per net revenue.

——企业应披露其温室气体排放强度（每净收入的温室气体总排放量）。

——第 50 款要求的温室气体强度披露应提供每净收入的温室气体总排放量，单位为公吨二氧化碳当量（第（d）款要求）。

The International Sustainability Standards Board〔2023〕IFRS S2 Climate-related Disclosures 33：

——An entity shall disclose the quantitative and qualitative climate-related targets it has set to monitor progress towards achieving its strategic goals, and any targets it is required to meet by law or regulation, including any greenhouse gas emissions targets. For each target, the entity shall disclose：(a) the metric used to set the target (see paragraphs B66 - B67); (b) the objective of the target (for example, mitigation, adaptation or conformance with science-based initiatives); (c) the part of the entity to which the target applies (for example, whether the target applies to the entity in its entirety or only a part of the entity, such as a specific business unit or specific geographical region); (d) the period over which the target applies; (e) the base period from which progress is measured; (f) any milestones and interim targets; (g) if the target is quantitative, whether it is an absolute target or an intensity target; and (h) how the latest international agreement on climate change, including jurisdictional commitments that arise from that agreement, has informed the target.

——实体应披露其为监测实现其战略目标的进展而设定的与气候相关的定量和定性目标，以及法律或法规要求其实现的任何目标，包括任何温室气体排放目标。对于每个目标，实体应披露：(a) 用于设定目标的指标（见第 B66～B67 款）；(b) 目标的目的（例如，缓解、适应或与基于科学的举措相一致）；(c) 目标适用于实体的部分（例如，目标是适用于实体整体还是仅适用于实体的一部分，如特定业务部门或特定地理区域）；(d) 目标适用的期限；(e) 衡量进度的基准期；(f) 任何里程碑和临时目标；(g) 如果目标是定量的，那么它是绝对目标还是强度目标；以及 (h) 关于气候变化的最新国际协议，包括该协议产生的管辖权承诺，如何为目标提供信息。

本指标披露等级及主要适用范围

【建议披露】 适用于所有行业企业。

E1.1.3　范围二碳排放

E1.1.3.1　间接温室气体排放量

什么是间接温室气体排放

间接温室气体排放（indirect greenhouse gas emissions），也称范围二碳排放。依

照《温室气体核算体系：企业核算与报告标准（修订版）》[①]第四章，间接温室气体排放是指由企业活动导致的但发生在其他企业拥有或控制的排放源的排放。范围二碳排放核算一家企业所消耗的外购能源（包括电力、蒸汽、加热和冷却）所产生的间接排放。其中对于大多数企业而言，外购电力是其最大的温室气体排放源之一，也是减少其排放的最主要机会。

为什么要考察间接温室气体排放量

各企业通过核算间接温室气体排放量，可以评估改变用电方式和温室气体排放成本的相关风险与机会，实现温室气体排放核算的透明化。各企业可通过投资能效技术和节能，减少其用电量，也可安装高效的现场热电联产设备，尤其是以此替代从电网或电力供应商购买的温室气体强度较高的电力。

怎样披露间接温室气体排放量

【定量】企业披露其间接温室气体排放量的相关信息。企业描述其间接温室气体排放情况，即企业所消耗的外部电力、热力或蒸汽的生产所产生的温室气体排放。单位：吨二氧化碳当量。

为什么要披露间接温室气体排放量

通过披露间接温室气体排放量，可以帮助全行业改善用电方式，使其朝低碳、清洁、高效的方向健康发展。此外，披露间接温室气体排放量可以减少温室气体排放成本，有助于行业降本增效。对于外部利益相关者而言，可以降低观察被投资企业环境信息的成本，实现温室气体排放透明化，从而有效控制相关投资风险。

与间接温室气体排放量相关的主要指导机构及法律法规、政策规范

中华人民共和国生态环境部〔2021〕《企业温室气体排放报告核查指南（试行）》2.2 温室气体排放报告：

——重点排放单位根据生态环境部制定的温室气体排放核算方法与报告指南及相关技术规范编制的载明重点排放单位温室气体排放量、排放设施、排放源、核算边界、核算方法、活动数据、排放因子等信息，并附有原始记录和台账等内容的报告。

国务院国有资产监督管理委员会〔2023〕《央企控股上市公司 ESG 专项报告参考指标体系》E.3.1.4：

——范围二排放
指标性质：定量
披露等级：建议披露

---

① 世界可持续发展工商理事会，世界资源研究所. 温室气体核算体系：企业核算与报告标准（修订版）. 北京：经济科学出版社，2012.

指标说明：描述公司间接温室气体排放情况，即公司所消耗的外部电力、热力或蒸汽的生产所产生的温室气体排放（以吨二氧化碳当量计），可参照最新版国家标准《工业企业温室气体排放核算和报告通则》，并分行业测算

上海证券交易所〔2024〕《上海证券交易所上市公司自律监管指引第 14 号——可持续发展报告（试行）》第二十四条：

——披露主体应当核算并披露报告期内的温室气体排放总量，并将不同温室气体排放量换算成二氧化碳当量公吨数。披露主体应当披露温室气体范围 1 排放量、范围 2 排放量，鼓励有条件的披露主体披露温室气体范围 3 排放量。披露主体涉及使用碳信用额度的，应当披露所使用的碳信用额度的来源与数量。披露主体参与碳排放权交易的，应当披露报告期内是否完成清缴以及是否存在被有关部门要求整改或立案调查的情形。本所鼓励有条件的披露主体聘请第三方机构对公司温室气体排放等数据进行核查或鉴证。

深圳证券交易所〔2024〕《深圳证券交易所上市公司自律监管指引第 17 号——可持续发展报告（试行）》第二十四条：

——披露主体应当核算并披露报告期内的温室气体排放总量，并将不同温室气体排放量换算成二氧化碳当量公吨数。披露主体应当披露温室气体范围 1 排放量、范围 2 排放量，鼓励有条件的披露主体披露温室气体范围 3 排放量。披露主体涉及使用碳信用额度的，应当披露所使用的碳信用额度的来源与数量。披露主体参与碳排放权交易的，应当披露报告期内是否完成清缴以及是否存在被有关部门要求整改或立案调查的情形。本所鼓励有条件的披露主体聘请第三方机构对公司温室气体排放等数据进行核查或鉴证。

香港交易所〔2023〕《环境、社会及管治报告指引》A1：

——有关废气及温室气体排放、向水及土地的排污、有害及无害废弃物的产生等的：（a）政策；及（b）遵守对发行人有重大影响的相关法律及规例的资料。

London Stock Exchange〔2019〕ESG Disclosure Score 8.1：

——Three years of total operational Green House Gas（GHG）emissions data（Scope 1 & 2）typically via CDP. Scope 1 emissions are direct emissions from company owned or controlled sources. Scope 2 emissions are indirect emissions from the generation of purchased energy.

——三年的总运营温室气体（GHG）排放数据（范围 1 和 2），通常通过 CDP 获取。范围 1 排放是公司拥有或受控来源的直接排放。范围 2 排放是购买能源产生的间接排放。

National Association of Securities Dealers Automated Quotations〔2019〕ESG Reporting Guide 2.0　E1 GHG Emissions：

——Total amount, in CO_2 equivalents, for Scope 1 (if applicable)

Total amount, in CO_2 equivalents, for Scope 2 (if applicable)

Total amount, in CO_2 equivalents, for Scope 3 (if applicable)

——范围1的总量，以二氧化碳当量为单位（如适用）

范围2的总量，以二氧化碳当量为单位（如适用）

范围3的总量，以二氧化碳当量为单位（如适用）

Singapore Exchange〔2023〕Starting with a Common Set of Core ESG Metrics　1：

——Metric：Absolute emissions by：(a) Total；(b) Scope 1, Scope 2；and (c) Scope 3, if appropriate

Unit：tCO_2e

Framework Alignment：GRI 305 - 1, GRI 305 - 2, GRI 305 - 3, TCFD, SASB 110, WEF core metrics

Description：Metric tons of carbon dioxide equivalent (tCO_2e) of relevant GHG emissions. Report the Total, Scope 1 and Scope 2 GHG emissions and, if appropriate, Scope 3 GHG emissions. GHG emissions should be calculated in line with internationally recognised methodologies (e.g. GHG Protocol).

——指标名称：按排放量分列的绝对排放量：（a）总量；（b）范围1、范围2；以及（c）范围3（如适用）

单位：公吨二氧化碳当量

框架体系：GRI 305 - 1、GRI 305 - 2、GRI 305 - 3、TCFD、SASB 110、WEF核心指标

描述：相关温室气体排放量的公吨二氧化碳当量（tCO_2e）。报告总量、范围1和范围2温室气体排放量，以及范围3温室气体排放量（如适用）。温室气体排放量应按照国际公认的方法（例如《温室气体核算体系》）计算。

Global Reporting Initiative〔2022〕Consolidated Set of the GRI Standards　305 - 2：

——The reporting organization shall report the following information：a. Gross location-based energy indirect (Scope 2) GHG emissions in metric tons of CO_2 equivalent. b. If applicable, gross market-based energy indirect (Scope 2) GHG emissions in metric tons of CO_2 equivalent. c. If available, the gases included in the calculation; whether CO_2, CH_4, N_2O, HFCs, PFCs, SF_6, NF_3, or all. d. Base year for the calculation, if applicable, including：i. the rationale for choosing it; ii. emissions in the base year; iii. the context for any significant changes in emissions that triggered recalculations of base year emissions. e. Source of the emission factors and the global warming potential (GWP) rates used, or a reference to the GWP source. f. Consolidation approach for emissions; whether equity share, financial control, or operational control. g. Standards, methodologies, assumptions, and/or calculation tools used. When compiling the information specified in Disclosure 305 – 2, the reporting organization shall: exclude any GHG trades from the calculation of gross energy indirect (Scope 2) GHG emissions; exclude other indirect (Scope 3) GHG emissions that are disclosed as specified in Disclosure 305 – 3; account and report energy indirect (Scope 2) GHG emissions based on the location-based method, if it has operations in markets without product or supplier-specific data; account and report energy indirect (Scope 2) GHG emissions based on both the location-based and market-based methods, if it has any operations in markets providing product or supplier-specific data in the form of contractual instruments.

——组织应报告以下信息：a. 基于位置的能源间接（范围2）温室气体排放总量，以二氧化碳当量公吨数表示。b. 基于市场（如适用）的能源间接（范围2）温室气体排放总量，以二氧化碳当量公吨数表示。c. 纳入计算的气体（如适用）：是 CO_2、CH_4、N_2O、HFCs、PFCs、SF_6、NF_3，还是全部包括在内。d. 用于计算的基准年（如适用），包括：i. 选择此年份的理由；ii. 基准年中的排放；iii. 导致重新计算基准年排放的重大排放变化背景。e. 排放因子的来源，以及使用的全球变暖潜势（GWP）或对 GWP 来源的引用。f. 排放的合并方法；是股权比例、财务控制，还是运营控制。g. 使用的标准、方法、假设和/或计算工具。编制披露项305-2中规定的信息时，组织应：在计算间接（范围2）温室气体排放总量时，排除任何温室气体交易；排除按披露项305-3披露的其他间接（范围3）温室气体排放；如果组织在没有产品或供应商特定数据的市场中运营，则根据基于位置的方法，核算并报告能源间接（范围2）温室气体排放；如果组织在以合同文件形式提供产品或供应商特定数据的市场中运营，则根据基于位置和基于市场的方法，核算并报告能源间接（范围2）温室气体排放。

European Financial Reporting Advisory Group 〔2022〕ESRS E1 Climate Change E1-6, 41、46:

——The undertaking shall disclose its: (a) gross Scope 1 GHG emissions; (b) gross Scope 2 GHG emissions; (c) gross Scope 3 GHG emissions; and (d) total GHG emissions.

——The disclosure on gross Scope 2 GHG emissions required by paragraph

(b) shall include: (a) the gross location-based Scope 2 GHG emissions in metric tonnes of CO_2 eq; and (b) the gross market-based Scope 2 GHG emissions in metric tonnes of CO_2 eq.

——企业应披露其:(a) 范围1温室气体排放总量;(b) 范围2温室气体排放总量;(c) 范围3温室气体排放总量;以及(d) 温室气体排放总量。

——第(b) 款要求披露的范围2温室气体排放总量应包括:(a) 基于地点的范围2温室气体排放总量,单位为公吨二氧化碳当量;以及(b) 基于市场的范围2温室气体排放总量,单位为公吨二氧化碳当量。

The International Sustainability Standards Board 〔2023〕IFRS S2 Climate-related Disclosures 29（a）:

——An entity shall disclose information relevant to the cross-industry metric categories of: greenhouse gas emissions—the entity shall: (i) disclose its absolute gross greenhouse gas emissions generated during the reporting period, measured in accordance with the Greenhouse Gas Protocol Corporate Standard, expressed as metric tonnes of CO_2 equivalent, classified as: (1) Scope 1 greenhouse gas emissions; (2) Scope 2 greenhouse gas emissions; and (3) Scope 3 greenhouse gas emissions; (ii) measure its greenhouse gas emissions in accordance with the Greenhouse Gas Protocol: A Corporate Accounting and Reporting Standard (2004) unless required by a jurisdictional authority or an exchange on which the entity is listed to use a different method for measuring its greenhouse gas emissions (see paragraphs B23–B25); (iii) disclose the approach it uses to measure its greenhouse gas emissions (see paragraphs B26–B29) including: (1) the measurement approach, inputs and assumptions the entity uses to measure its greenhouse gas emissions; (2) the reason why the entity has chosen the measurement approach, inputs and assumptions it uses to measure its greenhouse gas emissions; and (3) any changes the entity made to the measurement approach, inputs and assumptions during the reporting period and the reasons for those changes; (iv) for Scope 1 and Scope 2 greenhouse gas emissions disclosed in accordance with paragraph 29（a）(i)(1)–(2), disaggregate emissions between: (1) the consolidated accounting group (for example, for an entity applying IFRS Accounting Standards, this group would comprise the parent and its consolidated subsidiaries); and (2) other investees excluded from paragraph 29（a）(iv)(1) (for example, for an entity applying IFRS Accounting Standards, these investees would include associates, joint ventures and unconsolidated subsidiaries); (v) for Scope 2 greenhouse gas emissions disclosed in accordance with paragraph 29（a）（i）（2）, disclose its location-based Scope 2 greenhouse gas emissions, and provide information about any contractual instruments that is necessary to inform users' understanding of the entity's Scope 2 greenhouse gas emissions（see paragraphs B30 – B31）; and（vi）for Scope 3 greenhouse gas emissions disclosed in accordance with paragraph 29（a）（i）（3）, and with reference to paragraphs B32 – B57, disclose:（1）the categories included within the entity's measure of Scope 3 greenhouse gas emissions, in accordance with the Scope 3 categories described in the Greenhouse Gas Protocol Corporate Value Chain（Scope 3）Accounting and Reporting Standard（2011）; and（2）additional information about the entity's Category 15 greenhouse gas emissions or those associated with its investments（financed emissions）, if the entity's activities include asset management, commercial banking or insurance （see paragraphs B58 – B63）.

——实体应披露与以下跨行业指标类别相关的信息：温室气体排放——该实体应：(i) 披露其在报告期内产生的绝对温室气体总排放量，根据《温室气体核算体系企业标准》测量，以二氧化碳当量公吨数表示，分类为：(1) 范围1温室气体排放；(2) 范围2温室气体排放；和 (3) 范围3温室气体排放。(ii) 根据《温室气体核算体系：企业会计和报告标准》（2004年）测量其温室气体排放量，除非该实体所属的管辖当局或交易所要求使用不同的方法测量其温室气排放量（见第 B23~B25 款）。(iii) 披露其用于测量温室气体排放量的方法（见第 B26~B29 款），包括：(1) 该实体用于测量其温室气体排放的测量方法、投入和假设；(2) 实体选择测量方法、投入和假设来测量其温室气体排放的原因；以及 (3) 报告期内实体对计量方法、投入和假设所做的任何变更，以及这些变更的原因。(iv) 对于根据第 29（a）(i)（1）~（2）款披露的范围1和范围2温室气体排放量，将排放量分解为：(1) 合并会计集团（例如，对于适用《国际财务报告准则》会计准则的实体，该集团将包括母公司及其合并子公司）；以及 (2) 第 29（a）(iv)（1）款中排除的其他被投资方（例如，对于适用《国际财务报告准则》会计准则的实体，这些被投资方将包括联营公司、合资公司和未合并子公司）。(v) 对于根据第 29（a）(i)（2）款披露的范围2温室气体排放，披露其基于位置的范围2的温室气体排放量，并提供有关任何必要的合同文书的信息，以告知用户对实体范围2温室气体排放的了解（见第 B30~B31 款）。(vi) 对于根据第 29（a）(i)（3）款披露的范围3温室气体排放量，并参考第 B32~B57 款，披露：(1) 根据《温室气体核算体系企业价值链（范围3）会计和报告标准》（2011年）中描述的范围3类别；以及 (2) 关于该实体的第15类温室气体排放或与其投资相关的其他信息（融资排放），如果该实体的活动包括资产管理、商业银行或保险（见第B58～B63款）。

本指标披露等级及主要适用范围

【基础披露】适用于所有行业企业。

E1.1.4 范围三碳排放

E1.1.4.1 其他间接温室气体排放量

什么是其他间接温室气体排放

其他间接温室气体排放（other indirect greenhouse gas emissions），或称范围三碳排放。依照《温室气体核算体系：企业核算与报告标准（修订版）》① 第四章，其他间接温室气体排放是一家企业活动的结果，但并不是产生于该企业拥有或控制的排放源。范围三碳排放用于核算企业价值链中产生的所有其他间接排放量，如外购商品和服务、商务旅行、雇员通勤、垃圾处理、售出产品的使用、运输和配送、投资以及租赁资产与特许经营。

为什么要考察其他间接温室气体排放量

通过考察其他间接温室气体排放量，企业可以评估供应链中的排放热点；识别供应链中的资源和能源风险；识别哪些供应商在可持续发展绩效方面领先，哪些供应商落后，从而选择合适的优质供应商；识别供应链中的能源效率和成本削减机会；与供应商合作并协助供应商执行可持续发展倡议；提高产品的能源效率；积极调动员工参与减少商务旅行和通勤的排放，最终实现企业碳排放降本增效，树立绿色经营的可持续发展理念。

怎样披露其他间接温室气体排放量

【定量】企业披露其他间接温室气体排放量的相关信息。单位：吨二氧化碳当量。

为什么要披露其他间接温室气体排放量

披露其他间接温室气体排放量，有助于加深外部利益相关者对被投资企业的环境乃至经营状况的了解，一方面增强投资者与被投资者的商业合作信心，降低投资风险；另一方面，披露其他间接温室气体排放量促使碳排放管理精细化、准确化，有助于全行业乃至社会对碳排放追根溯源，实现低碳、低能耗的绿色经济发展，为实现"双碳"目标打下坚实基础。

与其他间接温室气体排放量相关的主要指导机构及法律法规、政策规范

国务院国有资产监督管理委员会〔2023〕《央企控股上市公司 ESG 专项报告参考指标体系》E.3.1.5：

——范围三排放

---

① 世界可持续发展工商理事会，世界资源研究所. 温室气体核算体系：企业核算与报告标准（修订版）. 北京：经济科学出版社，2012.

指标性质：定性/定量

披露等级：建议披露

指标说明：描述公司其他间接温室气体排放情况，即因公司活动引起的、由其他公司拥有或控制的温室气体排放源所产生的温室气体排放，不包括间接温室气体排放（以吨二氧化碳当量计）

上海证券交易所〔2024〕《上海证券交易所上市公司自律监管指引第14号——可持续发展报告（试行）》第二十四条：

——披露主体应当核算并披露报告期内的温室气体排放总量，并将不同温室气体排放量换算成二氧化碳当量公吨数。披露主体应当披露温室气体范围1排放量、范围2排放量，鼓励有条件的披露主体披露温室气体范围3排放量。披露主体涉及使用碳信用额度的，应当披露所使用的碳信用额度的来源与数量。披露主体参与碳排放权交易的，应当披露报告期内是否完成清缴以及是否存在被有关部门要求整改或立案调查的情形。本所鼓励有条件的披露主体聘请第三方机构对公司温室气体排放等数据进行核查或鉴证。

深圳证券交易所〔2024〕《深圳证券交易所上市公司自律监管指引第17号——可持续发展报告（试行）》第二十四条：

——披露主体应当核算并披露报告期内的温室气体排放总量，并将不同温室气体排放量换算成二氧化碳当量公吨数。披露主体应当披露温室气体范围1排放量、范围2排放量，鼓励有条件的披露主体披露温室气体范围3排放量。披露主体涉及使用碳信用额度的，应当披露所使用的碳信用额度的来源与数量。披露主体参与碳排放权交易的，应当披露报告期内是否完成清缴以及是否存在被有关部门要求整改或立案调查的情形。本所鼓励有条件的披露主体聘请第三方机构对公司温室气体排放等数据进行核查或鉴证。

National Association of Securities Dealers Automated Quotations〔2019〕ESG Reporting Guide 2.0　E1：

——Total amount, in CO_2 equivalents, for Scope 1 (if applicable)

Total amount, in CO_2 equivalents, for Scope 2 (if applicable)

Total amount, in CO_2 equivalents, for Scope 3 (if applicable)

——范围1的总量，以二氧化碳当量为单位（如适用）

范围2的总量，以二氧化碳当量为单位（如适用）

范围3的总量，以二氧化碳当量为单位（如适用）

Singapore Exchange〔2023〕Starting with a Common Set of Core ESG Metrics　1：

——Metric: Absolute emissions by: (a) Total; (b) Scope 1, Scope 2; and (c) Scope 3, if appropriate

Unit: tCO_2e

Framework Alignment: GRI 305 – 1, GRI 305 – 2, GRI 305 – 3, TCFD, SASB 110, WEF core metrics

Description: Metric tons of carbon dioxide equivalent (tCO_2e) of relevant GHG emissions. Report the Total, Scope 1 and Scope 2 GHG emissions and, if appropriate, Scope 3 GHG emissions. GHG emissions should be calculated in line with internationally recognised methodologies (e. g. GHG Protocol).

——指标名称：按排放量分列的绝对排放量：(a) 总量；(b) 范围1、范围2；以及 (c) 范围3 (如适用)

单位：公吨二氧化碳当量

框架体系：GRI 305 – 1、GRI 305 – 2、GRI 305 – 3、TCFD、SASB 110、WEF 核心指标

描述：相关温室气体排放量的公吨二氧化碳当量（tCO_2e）。报告总量、范围1和范围2温室气体排放量，以及范围3温室气体排放量（如适用）。温室气体排放量应按照国际公认的方法（例如《温室气体核算体系》）计算。

Global Reporting Initiative〔2022〕Consolidated Set of the GRI Standards 305 – 3:

——The reporting organization shall report the following information: a. Gross other indirect (Scope 3) GHG emissions in metric tons of CO_2 equivalent. b. If available, the gases included in the calculation; whether CO_2, CH_4, N_2O, HFCs, PFCs, SF_6, NF_3, or all. c. Biogenic CO_2 emissions in metric tons of CO_2 equivalent. d. Other indirect (Scope 3) GHG emissions categories and activities included in the calculation. e. Base year for the calculation, if applicable, including: i. the rationale for choosing it; ii. emissions in the base year; iii. the context for any significant changes in emissions that triggered recalculations of base year emissions. f. Source of the emission factors and the global warming potential (GWP) rates used, or a reference to the GWP source. g. Standards, methodologies, assumptions, and/or calculation tools used. When compiling the information specified in Disclosure 305 – 3, the reporting organization shall: exclude any GHG trades from the calculation of gross other indirect (Scope 3) GHG emissions; exclude energy indirect (Scope 2) GHG emissions from this disclosure. Energy indirect (Scope 2) GHG emissions are disclosed as specified in Disclosure 305 – 2; report biogenic emissions of CO_2 from the combustion or biodegradation of biomass that occur in its value chain separately from the gross other indirect (Scope 3) GHG emissions. Exclude biogenic emissions of other types of GHG (such as CH_4

and N_2O), and biogenic emissions of CO_2 that occur in the life cycle of biomass other than from combustion or biodegradation (such as GHG emissions from processing or transporting biomass).

——组织应报告以下信息：a. 其他间接（范围3）温室气体排放总量，以二氧化碳当量公吨数表示。b. 纳入计算的气体（如适用）：是 CO_2、CH_4、N_2O、HFCs、PFCs、SF_6、NF_3，还是全部包括在内。c. 生物性 CO_2 排放，以二氧化碳当量公吨数表示。d. 纳入计算的其他间接（范围3）温室气体排放类别和活动。e. 用于计算的基准年（如适用），包括：i. 选择此年份的理由；ii. 基准年的排放；iii. 导致重新计算基准年排放的重大排放变化背景。f. 排放因子的来源，以及使用的全球变暖潜势（GWP），或对 GWP 来源的引用。g. 使用的标准、方法、假设和/或计算工具。编制披露项305-3中规定的信息时，组织应：在计算其他间接（范围3）温室气体排放总量时，排除任何温室气体交易；排除能源间接（范围2）温室气体排放。能源间接（范围2）温室气体排放按披露项305-2中的规定进行披露；分别报告其他间接（范围3）温室气体排放总量中发生在其价值链中的生物质燃烧或生物降解所产生的生物性 CO_2 排放。排除其他类型温室气体（例如 CH_4 和 N_2O）的生物性排放，以及生物质生命周期中非燃烧和生物降解（例如加工或运输生物质产生的温室气体排放）导致的生物性 CO_2 排放。

European Financial Reporting Advisory Group〔2022〕ESRS E1 Climate Change E1-6, 41、48：

——The undertaking shall disclose its: (a) gross Scope 1 GHG emissions; (b) gross Scope 2 GHG emissions; (c) gross Scope 3 GHG emissions; and (d) total GHG emissions.

——The disclosure of gross Scope 3 GHG emissions required by paragraph (c) shall include GHG emissions in metric tonnes of CO_2 eq from each significant Scope 3 category (i.e., each Scope 3 category that is a priority for the undertaking).

——企业应披露其：(a) 范围1温室气体排放总量；(b) 范围2温室气体排放总量；(c) 范围3温室气体排放总量；以及(d) 温室气体排放总量。

——第(c)款要求的范围3温室气体排放总量的披露应包括范围3每个重要类别（即，作为企业优先事项的范围3每个类别）的温室气体排放量，单位为公吨二氧化碳当量。

The International Sustainability Standards Board〔2023〕IFRS S2 Climate-related Disclosures 29 (a)：

——An entity shall disclose information relevant to the cross-industry metric categories of: greenhouse gas emissions—the entity shall: (i) disclose its absolute gross greenhouse gas emissions generated during the reporting period, measured in accordance with the Greenhouse Gas Protocol Corporate Standard, expressed as metric tonnes of CO_2 equivalent, classified as: (1) Scope 1 greenhouse gas emissions; (2) Scope 2 greenhouse gas emissions; and (3) Scope 3 greenhouse gas emissions; (ii) measure its greenhouse gas emissions in accordance with the Greenhouse Gas Protocol: A Corporate Accounting and Reporting Standard (2004) unless required by a jurisdictional authority or an exchange on which the entity is listed to use a different method for measuring its greenhouse gas emissions (see paragraphs B23 – B25); (iii) disclose the approach it uses to measure its greenhouse gas emissions (see paragraphs B26 – B29) including: (1) the measurement approach, inputs and assumptions the entity uses to measure its greenhouse gas emissions; (2) the reason why the entity has chosen the measurement approach, inputs and assumptions it uses to measure its greenhouse gas emissions; and (3) any changes the entity made to the measurement approach, inputs and assumptions during the reporting period and the reasons for those changes; (iv) for Scope 1 and Scope 2 greenhouse gas emissions disclosed in accordance with paragraph 29 (a) (i) (1) – (2), disaggregate emissions between: (1) the consolidated accounting group (for example, for an entity applying IFRS Accounting Standards, this group would comprise the parent and its consolidated subsidiaries); and (2) other investees excluded from paragraph 29 (a) (iv) (1) (for example, for an entity applying IFRS Accounting Standards, these investees would include associates, joint ventures and unconsolidated subsidiaries); (v) for Scope 2 greenhouse gas emissions disclosed in accordance with paragraph 29 (a) (i) (2), disclose its location-based Scope 2 greenhouse gas emissions, and provide information about any contractual instruments that is necessary to inform users' understanding of the entity's Scope 2 greenhouse gas emissions (see paragraphs B30 – B31); and (vi) for Scope 3 greenhouse gas emissions disclosed in accordance with paragraph 29 (a) (i) (3), and with reference to paragraphs B32 – B57, disclose: (1) the categories included within the entity's measure of Scope 3 greenhouse gas emissions, in accordance with the Scope 3 categories described in the Greenhouse Gas Protocol Corporate Value Chain (Scope 3) Accounting and Reporting Standard (2011); and (2) additional information about the entity's Category 15 greenhouse gas emissions or those associated with its investments (financed emissions), if the entity's activities include asset management, commercial banking or insurance (see paragraphs

B58－B63）。

——实体应披露与以下跨行业指标类别相关的信息：温室气体排放——该实体应：(i) 披露其在报告期内产生的绝对温室气体总排放量，根据《温室气体核算体系企业标准》测量，以二氧化碳当量公吨数表示，分类为：（1）范围 1 温室气体排放；（2）范围 2 温室气体排放；和（3）范围 3 温室气体排放。(ii) 根据《温室气体核算体系：企业会计和报告标准》（2004 年）测量其温室气体排放量，除非该实体所属的管辖当局或交易所要求使用不同的方法测量其温室气体排放量（见第 B23～B25 款）。(iii) 披露其用于测量温室气体排放量的方法（见第 B26～B29 款），包括：（1）该实体用于测量其温室气体排放的测量方法、投入和假设；（2）实体选择测量方法、投入和假设来测量其温室气体排放的原因；以及（3）报告期内实体对计量方法、投入和假设所做的任何变更，以及这些变更的原因。(iv) 对于根据第 29（a）(i)（1）～（2）款披露的范围 1 和范围 2 温室气体排放量，将排放量分解为：（1）合并会计集团（例如，对于适用《国际财务报告准则》会计准则的实体，该集团将包括母公司及其合并子公司）；以及（2）第 29（a）(iv)（1）款中排除的其他被投资方（例如，对于适用《国际财务报告准则》会计准则的实体，这些被投资方将包括联营公司、合资公司和未合并子公司）。(v) 对于根据第 29（a）(i)（2）款披露的范围 2 温室气体排放，披露其基于位置的范围 2 的温室气体排放量，并提供有关任何必要的合同文书的信息，以告知用户对实体范围 2 温室气体排放的了解（见第 B30～B31 款）。(vi) 对于根据第 29（a）(i)（3）款披露的范围 3 温室气体排放量，并参考第 B32～B57 款，披露：（1）根据《温室气体核算体系企业价值链（范围 3）会计和报告标准》（2011 年）中描述的范围 3 类别；以及（2）关于该实体的第 15 类温室气体排放或与其投资相关的其他信息（见融资排放），如果该实体的活动包括资产管理、商业银行或保险（见第 B58～B63 款）。

本指标披露等级及主要适用范围

【基础披露】适用于所有行业企业。

E1.2 碳排放管理

什么是碳排放管理

碳排放管理（carbon emission management），一般被认为是提供碳排放监测、核算、核查服务，对企业的碳排放（主要是温室气体二氧化碳的排放）情况进行量化的监测核算、核查，帮助政府部门掌握企业碳排放情况，以此制定碳排放配额的分配方案，对企业的碳排放进行有效监督管理。

E1.2.1 温室气体减排计划

什么是温室气体减排

依照 GRI 制定的《GRI 标准汇编》(Consolidated Set of the GRI Standards) 305，温室气体减排 (greenhouse gas emission reduction) 是指减少温室气体排放或增加从大气中清除或封存的温室气体（相对基线排放而言）。温室气体减排是国际社会为应对气候危机而采取的共同行动，能源行业是二氧化碳排放的主要来源，同时也是全球减排工作的重点和难点。温室气体减排主要包括碳达峰和碳中和。碳达峰指二氧化碳排放量在某一年达到最大值，之后进入下降阶段；碳中和则指一段时间内，特定组织或整个社会活动产生的二氧化碳，通过植树造林、海洋吸收、工程封存等自然、人为手段被吸收和抵消掉，实现人类活动二氧化碳相对"零排放"。

E1.2.1.1 企业温室气体减排管理办法

什么是企业温室气体减排管理办法

企业温室气体减排管理办法 (management measures for enterprise greenhouse gas emission reduction)，是指企业为实现温室气体减排目标而制定的各类措施和行动等。

为什么要考察企业温室气体减排管理办法

考察企业温室气体减排管理办法（降碳计划）对企业的生产、消费和进出口具有较为重大的影响。从生产端角度，众多大型跨国企业纷纷宣布碳中和目标，这将通过产业链、供应链影响企业发展；从消费端角度，消费者对低碳、环保产品购买偏好倒逼并且激励企业增强碳减排的社会责任和意识；从出口端角度，通过企业温室气体减排管理办法，企业可以寻找新的经济增长点，扩大企业在国际市场上针对新型赛道的竞争力，同时对传统高碳市场形成限制。

怎样披露企业温室气体减排管理办法

【定性】企业披露针对温室气体的减排目标及各类措施和行动，如制定能源结构调整战略、减排投资战略、绿色价值链战略、循环经济战略以及打造碳足迹数字化管理平台等。

为什么要披露企业温室气体减排管理办法

通过披露企业温室气体减排管理办法，提高企业环境信息的透明度，投资者可以对被投资企业的降碳计划做深入的了解，增强利益相关者的投资信心；供应商可以选择提供合适的原材料，以便更加高效地达成交易，提高双方效率；政府能够评价企业在节能减碳方面所做出的成就，进而给出相应的奖惩。

与企业温室气体减排管理办法相关的主要指导机构及法律法规、政策规范

国务院国有资产监督管理委员会〔2008〕《关于中央企业履行社会责任的指导意见》（十一）：

——加强资源节约和环境保护。认真落实节能减排责任，带头完成节能减排任务。发展节能产业，开发节能产品，发展循环经济，提高资源综合利用效率。增加环保投入，改进工艺流程，降低污染物排放，实施清洁生产，坚持走低投入、低消耗、低排放和高效率的发展道路。

国务院国有资产监督管理委员会〔2023〕《央企控股上市公司 ESG 专项报告参考指标体系》E.3.2.1：

——温室气体减排管理

指标性质：定性

披露等级：建议披露

指标说明：描述公司针对范围一、二、三的温室气体减排目标及各类措施和行动等

中国证券监督管理委员会〔2021〕《公开发行证券的公司信息披露内容与格式准则第 2 号—年度报告的内容与格式》第四十一条：

——属于环境保护部门公布的重点排污单位的公司或其主要子公司，应当根据法律、行政法规、部门规章及规范性文件的规定披露以下主要环境信息：（一）排污信息。包括但不限于主要污染物及特征污染物的名称、排放方式、排放口数量和分布情况、排放浓度和总量、超标排放情况、执行的污染物排放标准、核定的排放总量。（二）防治污染设施的建设和运行情况。（三）建设项目环境影响评价及其他环境保护行政许可情况。（四）突发环境事件应急预案。（五）环境自行监测方案。（六）报告期内因环境问题受到行政处罚的情况。（七）其他应当公开的环境信息。重点排污单位之外的公司应当披露报告期内因环境问题受到行政处罚的情况，并可以参照上述要求披露其他环境信息，若不披露其他环境信息，应当充分说明原因。鼓励公司自愿披露有利于保护生态、防治污染、履行环境责任的相关信息。环境信息核查机构、鉴证机构、评价机构、指数公司等第三方机构对公司环境信息存在核查、鉴定、评价的，鼓励公司披露相关信息。鼓励公司自愿披露在报告期内为减少其碳排放所采取的措施及效果。

上海证券交易所〔2024〕《上海证券交易所上市公司自律监管指引第 14 号——可持续发展报告（试行）》第二十七条：

——披露主体应当披露温室气体减排实践的相关信息，包括参与各项减排机制的情况、减排目标、减排措施（如管理措施、资金投入、技术开发等）及其成效等。披露主体应当按照不同温室气体排放范围分类披露因重新设计生产流程、改造设备、改进工艺、更换燃料等减排措施直接减少的温室气体排放量，并换算成二氧化碳当量公吨数，披露主体可以按照不同减排措施分别披露减排情况。披露主体应当披露其在全国温室气体自愿减排项目和核证自愿减排量（CCER）的登记与交易情况、参与其他减排机制的项目和减排量登记与交易情况等内容（如有）。

深圳证券交易所〔2024〕《深圳证券交易所上市公司自律监管指引第 17 号——可持续发展报告（试行）》第二十七条：

——披露主体应当披露温室气体减排实践的相关信息，包括参与各项减排机制的情况、减排目标、减排措施（如管理措施、资金投入、技术开发）及其成效等。披露主体应当按照不同温室气体排放范围分类披露因重新设计生产流程、改造设备、改进工艺、更换燃料等减排措施直接减少的温室气体排放量，并换算成二氧化碳当量公吨数，披露主体可以按照不同减排措施分别披露减排情况。披露主体应当披露其在全国温室气体自愿减排项目和核证自愿减排量（CCER）的登记与交易情况、参与其他减排机制的项目和减排量登记与交易情况等内容（如有）。

European Financial Reporting Advisory Group〔2022〕ESRS E1 Climate Change E1 – 2, 20：

——The undertaking shall disclose the policies it has adopted to manage its material impacts, risks and opportunities related to climate change mitigation and adaptation.

——企业应披露其为管理与减缓和适应气候变化有关的物质影响、风险和机遇而采取的政策。

本指标披露等级及主要适用范围

【基础披露】适用于所有行业企业。

E1.2.1.2 温室气体减排费用

什么是温室气体减排费用

温室气体减排费用（greehouse gas emission reduction costs），是指企业为实现温室气体减排目标而支付的费用。

为什么要考察温室气体减排费用

从效益论角度，考察企业的温室气体减排费用是为了精确衡量企业为实现节能减排所需要付出的成本，其中包括经济成本（即由于课税而使纳税人被迫改变经济行为所造成的效率损失）、市场成本和技术成本。通过对温室气体减排费用的精细化处理，企业可以分析采用何种节能减排措施能够尽可能地节省减排费用，获得更多的收入，由此实现企业利润最大化的目标。企业是市场交易的主体，是减排的主力军。在生产的各个环节和各种耗能设备管理等方面有可靠的、准确的数据，才能支持企业的管理、技术的改造和新技术的研发。数据的准确性和可靠性是企业制定绿色发展战略、提升能源效率的基础。

怎样披露温室气体减排费用

【定量】企业披露因研发温室气体减排技术而产生的研究费用。单位：元。

【定量】企业披露因投资温室气体减排相关资产或技术产生的折旧和摊销。单位：元。

为什么要披露温室气体减排费用

对于利益相关者而言，披露温室气体减排费用可以使投资者更加了解被投资企业目前节能减排的进程，掌握企业的实时信息。温室气体减排费用较高，说明该企业为研发温室气体减排技术做出了较大的努力；相反地，温室气体减排费用较低甚至为零，说明该企业尚未实现节能减排。投资者可以根据上述信息做出对应的投资决策，从而降低投资风险。开展碳信息披露，为市场相关方提供全面准确的信息，有利于发挥市场对环境资源的配置作用，有利于绿色技术的研发应用和环境污染治理第三方市场的发展。

与温室气体减排费用相关的主要指导机构及法律法规、政策规范

上海证券交易所〔2024〕《上海证券交易所上市公司自律监管指引第 14 号——可持续发展报告（试行）》第二十七条：

——披露主体应当披露温室气体减排实践的相关信息，包括参与各项减排机制的情况、减排目标、减排措施（如管理措施、资金投入、技术开发等）及其成效等。披露主体应当按照不同温室气体排放范围分类披露因重新设计生产流程、改造设备、改进工艺、更换燃料等减排措施直接减少的温室气体排放量，并换算成二氧化碳当量公吨数，披露主体可以按照不同减排措施分别披露减排情况。披露主体应当披露其在全国温室气体自愿减排项目和核证自愿减排量（CCER）的登记与交易情况、参与其他减排机制的项目和减排量登记与交易情况等内容（如有）。

深圳证券交易所〔2024〕《深圳证券交易所上市公司自律监管指引第 17 号——可持续发展报告（试行）》第二十七条：

——披露主体应当披露温室气体减排实践的相关信息，包括参与各项减排机制的情况、减排目标、减排措施（如管理措施、资金投入、技术开发）及其成效等。披露主体应当按照不同温室气体排放范围分类披露因重新设计生产流程、改造设备、改进工艺、更换燃料等减排措施直接减少的温室气体排放量，并换算成二氧化碳当量公吨数，披露主体可以按照不同减排措施分别披露减排情况。披露主体应当披露其在全国温室气体自愿减排项目和核证自愿减排量（CCER）的登记与交易情况、参与其他减排机制的项目和减排量登记与交易情况等内容（如有）。

本指标披露等级及主要适用范围

【基础披露】 适用于所有行业企业。

E1.2.2　温室气体减排效果

E1.2.2.1　温室气体减排量

什么是温室气体减排量

依照《基于项目的温室气体减排量评估技术规范 通用要求》，温室气体减排量（reduction of greenhouse gas emissions）是指经计算得到的一定时期内项目所产生的温室气体排放量与基准线情景的排放量相比较的减少量。基准线情景指的是用来提供参照的，在不实施项目的情景下可能发生的假定情景。

为什么要考察温室气体减排量

通过考察温室气体减排量，企业能更加全面地计算自己的碳足迹，确定最高排放源，从而实施更适合自己的减排战略，减少企业碳足迹，助力实现全球净碳排放。此外，过度或低效的能源使用都会增加温室气体排放，因此温室气体排放量的考察能够帮助企业更加环保、合理地获取、分配和使用资源，从而提高生产效率和成本效益。同时，企业也能根据自身情况享受所在地碳中和补贴奖励政策。同时，采取温室气体减排相关措施对于提高企业 ESG 评级有着重大意义。

怎样披露温室气体减排量

【定量】企业披露温室气体减排量，可依照《基于项目的温室气体减排量评估技术规范 通用要求》进行计算。

【计算方式】项目产生的减排量：

$$ER = BE - PE$$

式中：

ER——一定时期内项目温室气体减排量，单位为吨二氧化碳当量；

BE——同一时期内基准线排放量，单位为吨二氧化碳当量；

PE——同一时期内项目排放量，单位为吨二氧化碳当量。

为什么要披露温室气体减排量

随着环境问题变得日益严峻，从监管机构、投资者，到消费者——各方利益相关者越来越关注企业在环保、可持续发展方面的立场和行动，披露温室气体减排量可以使利益相关者更加了解被投资企业目前节能减排的进程，掌握企业的实时信息。在减轻碳足迹、实现碳中和方面有着积极举措的企业将受到利益相关者的更多青睐。

与温室气体减排量相关的主要指导机构及法律法规、政策规范

国务院国有资产监督管理委员会〔2008〕《关于中央企业履行社会责任的指导意见》（十一）：

——加强资源节约和环境保护。认真落实节能减排责任，带头完成节能减排任务。发展节能产业，开发节能产品，发展循环经济，提高资源综合利用效率。增加环保投入，改进工艺流程，降低污染物排放，实施清洁生产，坚持走低投入、低消耗、低排放和高效率的发展道路。

国务院国有资产监督管理委员会〔2023〕《央企控股上市公司 ESG 专项报告参考指标体系》E.3.2.2：

——温室气体减排量

指标性质：定量

披露等级：建议披露

指标说明：描述公司温室气体减排情况，需明确基准情景，并对取得的减排效果进行量化

上海证券交易所〔2024〕《上海证券交易所上市公司自律监管指引第14号——可持续发展报告（试行）》第二十七条：

——披露主体应当披露温室气体减排实践的相关信息，包括参与各项减排机制的情况、减排目标、减排措施（如管理措施、资金投入、技术开发等）及其成效等。披露主体应当按照不同温室气体排放范围分类披露因重新设计生产流程、改造设备、改进工艺、更换燃料等减排措施直接减少的温室气体排放量，并换算成二氧化碳当量公吨数，披露主体可以按照不同减排措施分别披露减排情况。披露主体应当披露其在全国温室气体自愿减排项目和核证自愿减排量（CCER）的登记与交易情况、参与其他减排机制的项目和减排量登记与交易情况等内容（如有）。

深圳证券交易所〔2024〕《深圳证券交易所上市公司自律监管指引第17号——可持续发展报告（试行）》第二十七条：

——披露主体应当披露温室气体减排实践的相关信息，包括参与各项减排机制的情况、减排目标、减排措施（如管理措施、资金投入、技术开发等）及其成效等。披露主体应当按照不同温室气体排放范围分类披露因重新设计生产流程、改造设备、改进工艺、更换燃料等减排措施直接减少的温室气体排放量，并换算成二氧化碳当量公吨数，披露主体可以按照不同减排措施分别披露减排情况。披露主体应当披露其在全国温室气体自愿减排项目和核证自愿减排量（CCER）的登记与交易情况、参与其他减排机制的项目和减排量登记与交易情况等内容（如有）。

Global Reporting Initiative〔2022〕Consolidated Set of the GRI Standards 305-3：

——The reporting organization shall report the following information: a. GHG emissions reduced as a direct result of reduction initiatives, in metric tons of CO_2 equivalent. b. Gases included in the calculation; whether CO_2, CH_4, N_2O, HFCs, PFCs, SF_6, NF_3, or all. c. Base year or baseline, including the rationale for choosing it. d. Scopes in which reductions took place; whether direct (Scope 1), energy indirect (Scope 2), and/or other indirect (Scope 3). e. Standards, methodologies, assumptions, and/or calculation tools used. When compiling the information specified in Disclosure 305-5, the reporting organization shall: exclude reductions resulting from reduced production capacity or outsourcing; use the inventory or project method to account for reductions; calculate an initiative's total reductions of GHG emissions as the sum of its associated primary effects and

——组织应报告以下信息：a. 因减排举措直接减少的温室气体排放，以二氧化碳当量公吨数表示。b. 纳入计算的气体：是 CO_2、CH_4、N_2O、HFCs、PFCs、SF_6、NF_3，还是全部包括在内。c. 基准年或基线，包括选择的理由。d. 减排的类型：直接（范围1）、能源间接（范围2），以及/或其他间接（范围3）。e. 使用的标准、方法、假设和/或计算工具。编制披露项305-5中规定的信息时，组织应：排除因产能下降或外包实现的减排；使用库存法或项目法来说明减排；计算一项举措的温室气体减排总量，作为相关主要影响与任何重大次要影响之和；如果报告两种或更多的范围类型，分别报告每种范围的减排；单独报告因排放抵消实现的减排。

European Financial Reporting Advisory Group〔2022〕ESRS E1 Climate Change E1-7, 53：

——The undertaking shall disclose：(a) GHG removals and storage from its own operations and its upstream and downstream value chain it may have developed in metric tonnes of CO_2 eq；and（b）the amount of GHG emission reductions or removals from climate change mitigation projects outside its value chain it has financed through any purchase of carbon credits.

——企业应披露：（a）其自身经营及其可能形成的上下游价值链的温室气体清除量和储存量，单位为公吨二氧化碳当量；以及（b）其通过购买碳信用额度资助的价值链之外的气候变化缓解项目的温室气体减排量或清除量。

本指标披露等级及主要适用范围

【基础披露】适用于所有行业企业。

E1.2.3　碳资产管理

E1.2.3.1　碳排放权交易额

什么是碳排放权交易额

碳排放权（carbon emission rights），是指政府或国际组织授予企业和组织的碳排放配额。这些配额规定了排放设施可以排放的最大数量。碳排放权交易额（trading volumes of carbon emission rights），一般是指在碳市场上进行的碳排放权交易的总额。碳排放权交易是一种市场机制，旨在通过建立市场价格来鼓励企业和组织减少温室气体排放。

为什么要考察碳排放权交易额

考察企业的碳排放权交易额对于多方面的气候行动和可持续发展具有重要意义，了解企业卖出或购买额外的排放权可以间接地评估企业是否采取了积极的减排措施。

怎样披露碳排放权交易额

【定性】企业披露购买和销售碳排放权的数量、价格和时间。

为什么要披露碳排放权交易额

企业披露其卖出或买入的额度有助于提升自身信息披露的透明度和可信度,以佐证企业是否积极履行了在气候问题上的社会责任。

与碳排放权交易额相关的主要指导机构及法律法规、政策规范

上海证券交易所〔2024〕《上海证券交易所上市公司自律监管指引第 14 号——可持续发展报告（试行）》第二十四条：

——披露主体应当核算并披露报告期内的温室气体排放总量,并将不同温室气体排放量换算成二氧化碳当量公吨数。披露主体应当披露温室气体范围 1 排放量、范围 2 排放量,鼓励有条件的披露主体披露温室气体范围 3 排放量。披露主体涉及使用碳信用额度的,应当披露所使用的碳信用额度的来源与数量。披露主体参与碳排放权交易的,应当披露报告期内是否完成清缴以及是否存在被有关部门要求整改或立案调查的情形。本所鼓励有条件的披露主体聘请第三方机构对公司温室气体排放等数据进行核查或鉴证。

深圳证券交易所〔2024〕《深圳证券交易所上市公司自律监管指引第 17 号——可持续发展报告（试行）》第二十四条：

——披露主体应当核算并披露报告期内的温室气体排放总量,并将不同温室气体排放量换算成二氧化碳当量公吨数。披露主体应当披露温室气体范围 1 排放量、范围 2 排放量,鼓励有条件的披露主体披露温室气体范围 3 排放量。披露主体涉及使用碳信用额度的,应当披露所使用的碳信用额度的来源与数量。披露主体参与碳排放权交易的,应当披露报告期内是否完成清缴以及是否存在被有关部门要求整改或立案调查的情形。本所鼓励有条件的披露主体聘请第三方机构对公司温室气体排放等数据进行核查或鉴证。

本指标披露等级及主要适用范围

【建议披露】适用于所有行业企业。

E2 污染物排放及处理

什么是污染物

依照《环境法学》[①]，污染物（pollutant），是指以高于天然浓度和一定滞留时间存在于环境中,从而影响环境的正常组成和性质,对人、生物及社会物质财富等造成直接或间接有害效应的物质。

---

① 汪劲. 环境法学. 4 版. 北京：北京大学出版社, 2018.

什么是污染物排放

污染物排放（pollutant discharge），一般被认为是污染物排入环境或其他设施。根据《排污许可管理条例》第一章第二条，依照法律规定实行排污许可管理的企业事业单位和其他生产经营者，应当依照本条例规定申请取得排污许可证；未取得排污许可证的，不得排放污染物。根据《中华人民共和国环境保护法》第四章第四十三条，排放污染物的企业事业单位和其他生产经营者，应当按照国家有关规定缴纳排污费。

什么是污染物管理

污染物管理（pollutant management），一般被认为是运用行政、法律、经济、教育和科学技术等手段对污染的形成及控制污染过程进行管理。包括对污染物及污染源进行调查、评价和预测，制定污染控制和防治规划，监督检查污染物的排放，确定污染控制的技术路线和政策、环境科学技术发展方向等。

E2.1 废水排放与管理

什么是废水

废水（wastewater），一般被认为是居民活动过程中排出的水及径流雨水的总称，指经过一定技术处理后不能再循环利用或者一级污染后制纯处理难度达不到一定标准的水。

E2.1.1 废水排放

什么是废水排放

依照《ESRS E3 水资源与海洋资源》（ESRS E3 Water and Marine Resources），废水是指由于其质量、数量或发生时间而对使用它的目的或生产目的没有进一步直接价值的水。废水排放（wastewater discharge）包括工业废水、生活废水、污水处理设施以及垃圾填埋场、堆肥厂、焚烧厂、危险废物处置厂等设施的排水。

E2.1.1.1 废水中含污染物种类

什么是废水中含污染物种类

废水中含污染物种类（type of pollutants in wastewater），是指废水中水污染物的种类。水污染物，依照《中华人民共和国水污染防治法》第一百零二条规定，是指直接或者间接向水体排放的，能导致水体污染的物质。

为什么要考察废水中含污染物种类

废水中含污染物种类是衡量一个排污单位对环境造成影响的重要指标之一，针对企业排放废水中的污染物，国家规定了种类、最高允许排放浓度及部分行业最高允许排放量。考察废水中含污染物种类，有利于企业进行排放管理、制定环保措施；有利于监管部门进行高效的监管，进而保护江河、湖泊、运河、渠道、水库和海洋等地面水以及地下水水质的良好状态。

怎样披露废水中含污染物种类

【定性】企业披露废水中含污染物种类,参考《污水综合排放标准》列出废水中所含各类污染物名称,可包括原始检测监测数据记录、检测报告、评估报告等说明材料并应提供量化数据。

为什么要披露废水中含污染物种类

企业披露排放的废水中含污染物种类,便于政府、公众进行监管和监督,进而确保企业的废水排放符合国家相关法律法规的要求,达到减少污染、保护环境及公众健康的目的。

与废水中含污染物种类相关的主要指导机构及法律法规、政策规范

国家环境保护总局〔2003〕《关于企业环境信息公开的公告》二、必须公开的环境信息:

——公开的环境信息内容必须如实、准确,有关数据应有3年连续性。(一)企业环境保护方针。(二)污染物排放总量,包括:1、废水排放总量和废水中主要污染物排放量;2、废气排放总量和废气中主要污染物排放量;3、固体废物产生量、处置。……

国务院国有资产监督管理委员会〔2023〕《央企控股上市公司 ESG 专项报告参考指标体系》E.2.1.4:

——废水污染物排放量

指标性质:定量

披露等级:基础披露

指标说明:描述公司废水中污染物排放情况,包括化学需氧量 COD、氨氮等(以污染物当量值/总排放量计)

上海证券交易所〔2024〕《上海证券交易所上市公司自律监管指引第 14 号——可持续发展报告(试行)》第三十条:

——披露主体或者其重要控股子公司被列入环境信息依法披露企业名单的,应当披露下列信息:(一)排污信息,包括但不限于主要污染物、特征污染物以及国际环境公约规定的受控物质的种类、名称、排放总量、核定的排放总量、超标排放情况、环保绩效等级情况(如有)等,鼓励披露主体按照业务单位或设施、来源类型、活动类型等分类披露污染物排放的具体情况;……

深圳证券交易所〔2024〕《深圳证券交易所上市公司自律监管指引第 17 号——可持续发展报告(试行)》第三十条:

——披露主体或者其重要控股子公司被列入环境信息依法披露企业名单的,应当披露下列信息:(一)排污信息,包括但不限于主要污染物、特征污染物以及国际环境公约规定的受控物质的种类、名称、排放总量、核定的排放总量、超标排放情况、环保绩效等级情况（如有）等，鼓励披露主体按照业务单位或设施、来源类型、活动类型等分类披露污染物排放的具体情况；……

香港交易所〔2023〕《环境、社会及管治报告指引》A1：

——有关废气及温室气体排放、向水及土地的排污、有害及无害废弃物的产生等的：(a) 政策；及 (b) 遵守对发行人有重大影响的相关法律及规例的资料。

Global Reporting Initiative〔2022〕Consolidated Set of the GRI Standards 305－4：

——The reporting organization shall report the following information：a. Total water discharge to all areas in megaliters, and a breakdown of this total by the following types of destination, if applicable：i. Surface water; ii. Groundwater; iii. Seawater; iv. Third-party water, and the volume of this total sent for use to other organizations, if applicable. b. A breakdown of total water discharge to all areas in megaliters by the following categories：i. Freshwater (≤1,000 mg/L Total Dissolved Solids); ii. Other water (>1,000 mg/L Total Dissolved Solids). c. Total water discharge to all areas with water stress in megaliters, and a breakdown of this total by the following categories：i. Freshwater (≤1,000 mg/L Total Dissolved Solids); ii. Other water (>1,000 mg/L Total Dissolved Solids). d. Priority substances of concern for which discharges are treated, including：i. how priority substances of concern were defined, and any international standard, authoritative list, or criteria used; ii. the approach for setting discharge limits for priority substances of concern; iii. number of incidents of non-compliance with discharge limits. e. Any contextual information necessary to understand how the data have been compiled, such as any standards, methodologies, and assumptions used. When compiling the information specified in Disclosure 303－4, the reporting organization shall use publicly available and credible tools and methodologies for assessing water stress in an area. The reporting organization should report the following additional information：The number of occasions on which discharge limits were exceeded; A breakdown of total water discharge to all areas in megaliters by level of treatment, and how the treatment levels were determined; Percentage of suppliers with significant water-related impacts from water discharge that have set minimum standards for the quality of their effluent discharge.

——组织应提供以下信息：a. 向所有地区的总排水量（兆升），以及按以下去向的明细数据（如适用）：i. 地表水；ii. 地下水；iii. 海水；iv. 第三方水，以及输送至其他组织使用的此等总量（如适用）。b. 按以下类别，向所有地区的总排水量明细数据（兆升）：i. 淡水（总溶解固体≤1 000 毫克/升）；ii. 其他水（总溶解固体＞1 000 毫克/升）。c. 向存在水资源压力的所有地区的总排水量（兆升），以及按以下类别的明细数据：i. 淡水（总溶解固体≤1 000 毫克/升）；ii. 其他水（总溶解固体＞1 000 毫克/升）。d. 排水处理中的重点关注物质，包括：i. 确定重点关注物质的方法，所用的任何国际标准、权威清单或标准；ii. 对重点关注物质设定排放限额的方法；iii. 排放限额不合规的次数。e. 理解数据编制方式的必要背景信息，例如采用的任何标准、方法和假设。编制披露项 303-4 规定的信息时，组织应使用公开、可靠的工具和方法，来评估一个地区的水资源压力。组织宜提供以下补充信息：超过排放限制的次数；按照处理级别，向所有地区的总排水量明细数据（兆升），以及确定处理级别的方式；排水造成重大水资源相关影响，且已制定污水排放质量最低标准的供应商比例。

E2.1.1.2 废水中污染物浓度

什么是废水中污染物浓度

废水中污染物浓度（concentration of pollutants in wastewater），一般被认为是废水中特定污染物的浓度水平，通常以单位体积中的污染物的质量（例如，毫克每升或微克每升）来表示。这种浓度表示了废水中污染物的含量，用于衡量废水的水质污染程度。

为什么要考察废水中污染物浓度

考察废水中污染物浓度的目的是确保废水排放在环境法规和标准的要求范围内，以防止对自然环境和公众健康造成危害。浓度数据通常通过废水处理设施、环境监测站点或实验室分析获得。监测和报告废水中的污染物浓度是环境保护和水资源管理的重要组成部分。

怎样披露废水中污染物浓度

【定性】企业披露废水中污染物的排放浓度，包括实际排放浓度（以毫克/升计）及许可排放浓度限值（以毫克/升计），可包括原始检测监测数据记录、检测报告、评估报告、相应国家或行业标准达标情况等说明材料并提供量化数据。

为什么要披露废水中污染物浓度

企业披露废水中污染物浓度，有利于政府通过公开透明的监测数据确保环境安全和保护公众健康。投资者和公众能够了解废水污染物浓度有助于评估潜在的环境风险，促进企业在环保方面的自律和责任落实，以及引导投资者做出更明智的决策。

与废水中污染物浓度相关的主要指导机构及法律法规、政策规范

全国人民代表大会常务委员会〔2015〕《中华人民共和国环境保护法》第五十五条：

——重点排污单位应当如实向社会公开其主要污染物的名称、排放方式、排放浓度和总量、超标排放情况，以及防治污染设施的建设和运行情况，接受社会监督。

中华人民共和国生态环境部办公厅〔2022〕《企业环境信息依法披露格式准则》第十三条：

——企业应当披露主要水污染物、大气污染物排放相关信息（包括有组织排放和无组织排放）：（一）水污染物和大气污染物排污口的数量；主要排污口各项污染物的实际排放总量、水污染物日均浓度的年度平均值、大气污染物小时浓度的年度平均值；各排污口安装污染源在线自动监测设备及与生态环境部门联网情况；（二）无组织排放监测点位名称，各监测点位主要水污染物和大气污染物实际排放总量、实际排放浓度；（三）全年生产天数、自行监测天数（次数）、达标次数、超标次数；委托的第三方检（监）测机构进行自行监测的，应当提供第三方机构名称、资质等相关信息。

国务院国有资产监督管理委员会〔2023〕《央企控股上市公司 ESG 专项报告参考指标体系》E.2.1.5：

——废水污染物排放浓度

指标性质：定量

披露等级：建议披露

指标说明：描述公司废水中污染物的排放浓度，包括实际排放浓度（以毫克/升计）及许可排放浓度限值（以毫克/升计）

本指标披露等级及主要适用范围

【建议披露】适用于所有行业企业。

E2.1.1.3 废水排放许可证持有情况

什么是废水排放许可证

废水排放许可证（wastewater discharge permit），是指排污单位向环境保护行政主管部门提出申请后，环境保护行政主管部门经审查发放的允许排污单位排放一定数量废水的凭证。

为什么要考察废水排放许可证持有情况

废水排放许可证是有排放需求的企事业单位依法所须持有的许可凭证，排污单位必须按期持证排污、按证排污，不得无证排污，保证排污许可证申请材料的真实性、准确性和完整性，落实污染物排放控制措施和其他各项环境管理要求，确保污染物排放种类、浓度和排放量等达到许可要求，否则将承担对应的法律责任。实行排污许可管理有助于推动企业积极履行社会责任，加强环境管理，树立绿色企业形象，促进可持续发展。

怎样披露废水排放许可证持有情况

【定性】企业披露是否持有在有效期内的排污许可证。

为什么要披露废水排放许可证持有情况

考察企业的废水排放许可证持有情况，便于政府对企业的废水排放进行监管，了解企业的污染物排放种类、排放浓度和排放量，以及污染防治设施、污染物排放口位置和数量等信息，确保企业的废水排放符合国家相关法律法规的要求，达到减少污染、保护环境及公众健康的目的。

与废水排放许可证持有情况相关的主要指导机构及法律法规、政策规范

全国人民代表大会常务委员会〔2015〕《中华人民共和国环境保护法》第四十五条：

——国家依照法律规定实行排污许可管理制度。实行排污许可管理的企业事业单位和其他生产经营者应当按照排污许可证的要求排放污染物；未取得排污许可证的，不得排放污染物。

全国人民代表大会常务委员会〔2018〕《中华人民共和国水污染防治法》第二十一条：

——直接或者间接向水体排放工业废水和医疗污水以及其他按照规定应当取得排污许可证方可排放的废水、污水的企业事业单位和其他生产经营者，应当取得排污许可证；城镇污水集中处理设施的运营单位，也应当取得排污许可证。排污许可证应当明确排放水污染物的种类、浓度、总量和排放去向等要求。排污许可的具体办法由国务院规定。

中华人民共和国生态环境部〔2024〕《排污许可管理办法》第三条：

——依照法律规定实行排污许可管理的企业事业单位和其他生产经营者（以下简称排污单位），应当依法申请取得排污许可证，并按照排污许可证的规定排放污染物；未取得排污许可证的，不得排放污染物。依法需要填报排污登记表的企业事业单位和其他生产经营者（以下简称排污登记单位），应当在全国排污许可证管理信息平台进行排污登记。

中华人民共和国生态环境部〔2022〕《企业环境信息依法披露管理办法》第四条：

——企业是环境信息依法披露的责任主体。企业应当建立健全环境信息依法披露管理制度，规范工作规程，明确工作职责，建立准确的环境信息管理台账，妥善保存相关原始记录，科学统计归集相关环境信息。企业披露环境信息所使用的相关数据及表述应当符合环境监测、环境统计等方面的标准和技术规范要求，优先使用符合国家监测规范的污染物监测数据、排污许可证执行报告数据等。

中华人民共和国生态环境部办公厅〔2022〕《企业环境信息依法披露格式准则》第八条、第十八条：

——企业应当披露有效期内或正在申请核发或变更的全部生态环境行政许可（包括但不限于排污许可、建设项目环境影响评价、危险废物经营许可、废弃电器电子产品处理资格许可等）的相关信息：（一）许可名称、编号、获得许可的审批文件、核发机关、获取时间和有效期限；（二）主要许可事项。

——属于排污许可管理的企业，应当披露排污许可证执行报告应编制公开的次数、实际编制公开的次数和发布信息。

本指标披露等级及主要适用范围

【建议披露】适用于所有行业企业。

E2.1.1.4 废水排放量

什么是废水排放量

废水排放量（wastewater discharge），一般被认为是企业或机构通过排放口所排出的废水量，通常以每日或每年排出的数量来表示。依照《中华人民共和国水污染防治法》，国务院有关部门和县级以上地方人民政府应当合理规划工业布局，要求造成水污染的企业进行技术改造，采取综合防治措施，提高水的重复利用率，减少废水和污染物排放量。

为什么要考察废水排放量

废水排放量是衡量一个排污单位对环境造成影响的重要指标之一，在环保监管中，针对不同类型的排污单位，通常会制定相应的废水排放标准和限值。若企业废水排放量及污染物排放总量超出环保部门的规定，则可能会被责令停产整改并处以高额罚款，导致企业生产停摆，严重影响企业的经济效益。考察企业的废水排放量有助于企业评估生产中的资源浪费情况以及对环境的负面影响，进而优化生产流程、制定更好的环保计划和措施，达到节约资源成本、减少废水排放、降低环境污染的效果。

怎样披露废水减排量

【定量】企业披露废水排放量。

【计算方式】依照《工业废水处理与回用技术评价导则》，废水减排量＝统计期废水排放量－比较期同期废水排放量。

为什么要披露废水排放量

披露废水排放量的信息有助于政府对企业的环保行为进行监管，若企业的废水排放量超过了规定的排放标准，政府可以对其进行处罚，以保护环境和公众健康。公众可以通过了解企业的废水排放量评估企业的环保水平，并在购买、投资等决策中考虑环保因素。

与废水排放量相关的主要指导机构及法律法规、政策规范

全国人民代表大会常务委员会〔2018〕《中华人民共和国水污染防治法》第十条：

——排放水污染物，不得超过国家或者地方规定的水污染物排放标准和重点水污染物排放总量控制指标。

国家环境保护总局〔2003〕《关于企业环境信息公开的公告》二、必须公开的环境信息：

——公开的环境信息内容必须如实、准确，有关数据应有3年连续性。（一）企业环境保护方针。（二）污染物排放总量，包括：1、废水排放总量和废水中主要污染物排放量；2、废气排放总量和废气中主要污染物排放量；3、固体废物产生量、处置量。……

国务院国有资产监督管理委员会〔2023〕《央企控股上市公司ESG专项报告参考指标体系》E.2.1.3：

——废水排放量

指标性质：定量

披露等级：基础披露

指标说明：描述公司废水排放情况，可分别计算工业废水排放量和生活废水排放量（以吨计）

上海证券交易所〔2024〕《上海证券交易所上市公司自律监管指引第14号——可持续发展报告（试行）》第三十条：

——披露主体或者其重要控股子公司被列入环境信息依法披露企业名单的，应当披露下列信息：（一）排污信息，包括但不限于主要污染物、特征污染物以及国际环境公约规定的受控物质的种类、名称、排放总量、核定的排放总量、超标排放情况、环保绩效等级情况（如有）等，鼓励披露主体以业务单位或设施、来源类型、活动类型等分类披露污染物排放的具体情况；……

深圳证券交易所〔2024〕《深圳证券交易所上市公司自律监管指引第17号——可持续发展报告（试行）》第三十条：

——披露主体或者其重要控股子公司被列入环境信息依法披露企业名单的，应当披露下列信息：（一）排污信息，包括但不限于主要污染物、特征污染物以及国际环境公约规定的受控物质的种类、名称、排放总量、核定的排放总量、超标排放情况、环保绩效等级情况（如有）等，鼓励披露主体以业务单位或设施、来源类型、活动类型等分类披露污染物排放的具体情况；……

香港交易所〔2023〕《环境、社会及管治报告指引》A1：

——有关废气及温室气体排放、向水及土地的排污、有害及无害废弃物的

产生等的：(a) 政策；及 (b) 遵守对发行人有重大影响的相关法律及规例的资料。

Global Reporting Initiative〔2022〕Consolidated Set of the GRI Standards 305－4：

——The reporting organization shall report the following information：a. Total water discharge to all areas in megaliters, and a breakdown of this total by the following types of destination, if applicable：i. Surface water；ii. Groundwater；iii. Seawater；iv. Third-party water, and the volume of this total sent for use to other organizations, if applicable. b. A breakdown of total water discharge to all areas in megaliters by the following categories：i. Freshwater（≤1,000 mg/L Total Dissolved Solids）；ii. Other water（>1,000 mg/L Total Dissolved Solids）. c. Total water discharge to all areas with water stress in megaliters, and a breakdown of this total by the following categories：i. Freshwater（≤1,000 mg/L Total Dissolved Solids）；ii. Other water（>1,000 mg/L Total Dissolved Solids）. d. Priority substances of concern for which discharges are treated, including：i. how priority substances of concern were defined, and any international standard, authoritative list, or criteria used；ii. the approach for setting discharge limits for priority substances of concern；iii. number of incidents of non-compliance with discharge limits. e. Any contextual information necessary to understand how the data have been compiled, such as any standards, methodologies, and assumptions used. When compiling the information specified in Disclosure 303－4, the reporting organization shall use publicly available and credible tools and methodologies for assessing water stress in an area. The reporting organization should report the following additional information：The number of occasions on which discharge limits were exceeded；A breakdown of total water discharge to all areas in megaliters by level of treatment, and how the treatment levels were determined；Percentage of suppliers with significant water-related impacts from water discharge that have set minimum standards for the quality of their effluent discharge.

——组织应提供以下信息：a. 向所有地区的总排水量（兆升），以及按以下去向的明细数据（如适用）：i. 地表水；ii. 地下水；iii. 海水；iv. 第三方水，以及输送至其他组织使用的此等总量（如适用）。b. 按以下类别，向所有地区的总排水量明细数据（兆升）：i. 淡水（总溶解固体≤1 000 毫克/升）；ii. 其他水（总溶解固体>1 000 毫克/升）。c. 向存在水资源压力的所有地区的总排水量（兆升），以及按以下类别的明细数据：i. 淡水（总溶解固体≤1 000 毫克/升）；ii. 其他水（总溶解固体>1 000 毫克/升）。d. 排水处理中的重点关注物质，包括：

i. 确定重点关注物质的方法，所用的任何国际标准、权威清单或标准；ii. 对重点关注物质设定排放限额的方法；iii. 排放限额不合规的次数。e. 理解数据编制方式的必要背景信息，例如采用的任何标准、方法和假设。编制披露项 303-4 规定的信息时，组织应使用公开、可靠的工具和方法，来评估一个地区的水资源压力。组织宜提供以下补充信息：超过排放限制的次数；按照处理级别，向所有地区的总排水量明细数据（兆升），以及确定处理级别的方式；排水造成重大水资源相关影响，且已制定污水排放质量最低标准的供应商比例。

The International Sustainability Standards Board〔2023〕IFRS S1 General Requirements for Disclosure of Sustainability-related Financial Information D5：

——Sustainability-related financial information has predictive value if it can be used as an input to processes employed by primary users to predict future outcomes. Sustainability-related financial information need not be a prediction or forecast to have predictive value. Sustainability-related financial information with predictive value is employed by primary users in making their own predictions. For example，information about water quality，which can include information about the water being polluted，could inform the expectations of users about the ability of an entity to meet local water-quality requirements.

——如果与可持续性相关的财务信息可以作为主要用户预测未来结果的过程的输入，那么它就具有预测价值。与可持续性相关的财务信息不必是具有预测价值的预测。具有预测价值的可持续发展相关财务信息被主要用户用于进行自己的预测。例如，关于水质的信息（可以包括关于被污染的水的信息）可以告知用户对实体满足当地水质要求的能力的期望。

本指标披露等级及主要适用范围

【基础披露】适用于所有行业企业。

E2.1.1.5 废水排放达标情况

什么是废水排放达标情况

废水排放达标（compliance with wastewater discharge standards），一般被认为是废水中污染物浓度、排放量等符合国家和地方制定的相关环境保护法律法规以及行业标准的要求。

为什么要考察废水排放达标情况

考察废水排放达标情况有助于企业意识到自己的社会责任、塑造企业的社会形象。企业根据自己的废水排放达标情况来采取积极的环保措施，可以帮助企业获得政府部门的认可和支持，赢得公众的信任和好评，更好地开展经济活动、实现企业的可持续发展。若企业不能达到国家或地方政府制定的废水排放标准，可能会面临环保罚款等惩罚措施，甚至导致企业关停，对企业的信誉和经济利益造成损失。

怎样披露废水排放达标情况

【定性】 企业披露是否符合相应国家（行业）废水污染物排放标准要求，以及确定达标的依据。

为什么要披露废水排放达标情况

通过披露企业的废水排放达标情况，政府可以及时发现未达标的企业并采取相应的治理措施，以免对周围的水源、土壤和空气等环境造成污染，进而危害生态系统平衡和人民身体健康。公众有权了解自己所在区域周围企业的废水排放达标情况及影响，并对危害个人身体健康的违规排放行为提出质疑和举报，同时可以针对企业的排污情况进行监督和评价，推动企业加强环保措施，维护公众的合法权益。

与废水排放达标情况相关的主要指导机构及法律法规、政策规范

全国人民代表大会常务委员〔2015〕《中华人民共和国环境保护法》第四十四条：

——国家实行重点污染物排放总量控制制度。重点污染物排放总量控制指标由国务院下达，省、自治区、直辖市人民政府分解落实。企业事业单位在执行国家和地方污染物排放标准的同时，应当遵守分解落实到本单位的重点污染物排放总量控制指标。对超过国家重点污染物排放总量控制指标或者未完成国家确定的环境质量目标的地区，省级以上人民政府环境保护主管部门应当暂停审批其新增重点污染物排放总量的建设项目环境影响评价文件。

全国人民代表大会常务委员会〔2018〕《中华人民共和国水污染防治法》第十条：

——排放水污染物，不得超过国家或者地方规定的水污染物排放标准和重点水污染物排放总量控制指标。

中华人民共和国生态环境部办公厅〔2022〕《企业环境信息依法披露格式准则》第十三条：

——企业应当披露主要水污染物、大气污染物排放相关信息（包括有组织排放和无组织排放）：……（三）全年生产天数、自行监测天数（次数）、达标次数、超标次数；委托的第三方检（监）测机构进行自行监测的，应当提供第三方机构名称、资质等相关信息。

国家环境保护总局〔2003〕《关于企业环境信息公开的公告》二、必须公开的环境信息：

——公开的环境信息内容必须如实、准确，有关数据应有 3 年连续性。……（三）企业环境污染治理，包括：……2、污染物排放是否达到国家或地方规定的排放标准；3、污染物排放是否符合国家规定的排放总量指标；……

国务院国有资产监督管理委员会〔2023〕《央企控股上市公司 ESG 专项报告参考指标体系》E.2.1.1：

——废水排放达标情况

指标性质：定性

披露等级：建议披露

指标说明：描述公司是否符合本行业的废水排放标准以及确定达标的依据

上海证券交易所〔2024〕《上海证券交易所上市公司自律监管指引第 14 号——可持续发展报告（试行）》第三十条：

——披露主体或者其重要控股子公司被列入环境信息依法披露企业名单的，应当披露下列信息：（一）排污信息，包括但不限于主要污染物、特征污染物以及国际环境公约规定的受控物质的种类、名称、排放总量、核定的排放总量、超标排放情况、环保绩效等级情况（如有）等，鼓励披露主体按照业务单位或设施、来源类型、活动类型等分类披露污染物排放的具体情况；……

深圳证券交易所〔2024〕《深圳证券交易所上市公司自律监管指引第 17 号——可持续发展报告（试行）》第三十条：

——披露主体或者其重要控股子公司被列入环境信息依法披露企业名单的，应当披露下列信息：（一）排污信息，包括但不限于主要污染物、特征污染物以及国际环境公约规定的受控物质的种类、名称、排放总量、核定的排放总量、超标排放情况、环保绩效等级情况（如有）等，鼓励披露主体按照业务单位或设施、来源类型、活动类型等分类披露污染物排放的具体情况；……

本指标披露等级及主要适用范围

【基础披露】适用于所有行业企业。

E2.1.1.6 废水排放强度

什么是废水排放强度

废水排放强度（wastewater discharge intensity），一般被认为是每生产单位产量的产品、服务或能源所排放的废水量。在环境管理和监测中，通过计算企业的废水排放强度可以评估企业的环境影响及可持续发展性能。

为什么要考察废水排放强度

首先，考察废水排放强度可以帮助企业遵守国家相关的环保法律法规，确保企业的生产活动不会对环境造成过多负面影响，从而避免受到处罚和罚款。其次，废水排放强度也与企业的生产成本息息相关，如果排放强度过高，需进行额外的处理，这就增加了企业的经营成本，因此通过考察废水排放强度，企业可以发现并改进生产过程中存在的环境问题，从而优化生产流程和节约资源，促进企业的可持续发展。

怎样披露废水排放强度

【定量】企业披露废水排放强度。

【计算方式】废水排放强度＝废水排放量÷产量。单位：公吨/单位产量。

为什么要披露废水排放强度

披露废水排放强度信息可以有效地监管企业的污染排放行为，促进环境保护和生态文明建设。政府部门可以据此对企业进行约束和督查，及时发现和处理违法排污行为，强化环境执法力度，保障人民群众的健康和安全。从公众的角度来看，披露废水排放强度信息可以增加公众对企业的监督能力，提高公众的知情权、参与权和监督权。公众通过了解企业的污染排放情况，可以更好地保护自身的健康和权益，同时也可以促进企业的环境责任感和社会信誉度，实现企业和公众共赢。

与废水排放强度相关的主要指导机构及法律法规、政策规范

中华人民共和国国务院〔2015〕《水污染防治行动计划》（十六）（三十三）：

——建立激励机制。健全节水环保"领跑者"制度。鼓励节能减排先进企业、工业集聚区用水效率、排污强度等达到更高标准，支持开展清洁生产、节约用水和污染治理等示范。……

——依法公开环境信息。……各省（区、市）人民政府要定期公布本行政区域内各地级市（州、盟）水环境质量状况。国家确定的重点排污单位应依法向社会公开其产生的主要污染物名称、排放方式、排放浓度和总量、超标排放情况，以及污染防治设施的建设和运行情况，主动接受监督。研究发布工业集聚区环境友好指数、重点行业污染物排放强度、城市环境友好指数等信息。

本指标披露等级及主要适用范围

【建议披露】适用于所有行业企业。

E2.1.1.7　废水减排量

什么是废水减排量

废水减排量（reduction in wastewater discharge），一般被认为是在一定时期内通过采取技术措施或管理措施等方式，使废水排放量较没有采取减排措施的基准排放量所减少的数量。废水减排量的计算需要对废水排放量进行监测和统计，确保达到减少排放的目标，并且通常会通过申报、审批等程序进行管理和监管。按照《中华人民共和国环境保护法》第二十二条规定，在污染物排放符合法定要求的基础上，进一步减少污染物排放的企业事业单位和其他生产经营者，将依法获取财政、税收、政府采购等方面的鼓励和支持。

为什么要考察废水减排量

废水减排量是考察企业环保行为有效性的重要指标。通过优化污水处理工艺，降

低用水强度、回收废水等方式，可以减少水资源的使用量和废水的排放量，促进资源利用效率的提高，达到降低企业运作成本和提高效益的目的。考察企业的废水减排量可以使企业避免因违反法律而受到处罚，减排效果显著的企业能获取政府在财政、税收、政府采购等方面给予的鼓励和支持。此外，废水减排亦是企业承担社会责任的体现，符合企业可持续发展的原则。

怎样披露废水减排量

【定量】企业披露实际废水排放量。

【计算方式】废水减排量＝废水基准排放量－实际废水排放量。单位：公吨。

为什么要披露废水减排量

通过披露企业废水减排量可以使政府更好地了解企业的排污量变化趋势，检验企业环保行为及技术优化的有效性，对企业的环境责任承担进行评估，并对企业的违规行为进行惩罚和问责，从而促使企业更加认真地履行环保责任，减少对水资源的消耗和对环境的影响，维护自然生态系统的稳定和健康。公众可以通过企业废水减排量了解企业的环保情况，支持积极履行社会责任的企业。

与废水减排量相关的主要指导机构及法律法规、政策规范

全国人民代表大会常务委员会〔2018〕《中华人民共和国水污染防治法》第四十四条：

——国务院有关部门和县级以上地方人民政府应当合理规划工业布局，要求造成水污染的企业进行技术改造，采取综合防治措施，提高水的重复利用率，减少废水和污染物排放量。

上海证券交易所〔2024〕《上海证券交易所上市公司自律监管指引第 14 号——可持续发展报告（试行）》第三十条：

——披露主体或者其重要控股子公司被列入环境信息依法披露企业名单的，应当披露下列信息：……（二）对污染物的处理技术和处理方式，污染防治设施的建设、运行情况和实施成果（例如排放浓度、强度或排放总量的降幅）；……

深圳证券交易所〔2024〕《深圳证券交易所上市公司自律监管指引第 17 号——可持续发展报告（试行）》第三十条：

——披露主体或者其重要控股子公司被列入环境信息依法披露企业名单的，应当披露下列信息：……（二）对污染物的处理技术和处理方式，污染防治设施的建设、运行情况和实施成果（例如排放浓度、强度或排放总量的降幅）；……

本指标披露等级及主要适用范围

【建议披露】适用于所有行业企业。

E2.1.2 废水治理

什么是废水治理

废水治理（wastewater treatment），一般被认为是对生产、生活和其他领域中产生的含污染物的废水进行收集、处理和排放的过程。废水治理的目的是减少废水对环境的危害，保障人类健康和生态安全。《水污染防治行动计划》提出了对废水治理的目标和任务，明确了各级政府和有关部门的职责和义务，推动了废水治理工作的深入开展。《中华人民共和国水污染防治法》规定了废水的排放标准、废水处理的责任主体、废水治理的技术要求等。

E2.1.2.1 企业废水治理办法

什么是企业废水治理办法

企业废水治理办法（measures for enterprise wastewater treatment），一般被认为是为了控制和治理工业废水对环境的污染，在国家法律法规的基础上企业内部为规范废水排放行为而制定的一系列措施。包括企业内部废水治理的各个方面，如生产用水管理、废水产生防治、废水收集、废水处理、废水排放等方面的规定，以及相应的技术措施和行政措施。各企业必须严格执行企业废水治理办法，确保废水排放符合《中华人民共和国环境保护法》《中华人民共和国水污染防治法》等国家法律法规的要求。

为什么要考察企业废水治理办法

制定企业废水治理办法有利于促进企业推行废水综合治理，加强企业环境管理，促进企业环境管理规范化。考察企业废水治理办法可以确保企业严格遵守国家环保政策和法规，避免违法行为带来的罚款、停业整顿等风险；还可以通过优化生产过程、采用资源化利用技术等方式节约企业生产用水，减少废水排放量，达到节能减排、可持续发展的效果。此外，制定企业废水治理办法也是企业承担社会责任的体现，有助于树立企业良好的社会形象和品牌形象，增强消费者、客户、员工对企业的信任和认可。

怎样披露企业废水治理办法

【定性】企业描述针对废水管理和减少废水排放的相关措施和效果等，提供管理办法名称、实施时间、相关条款内容。

为什么要披露企业废水治理办法

披露企业废水治理办法有助于政府了解企业废水治理的具体情况，监督企业是否符合相关法律法规的规定以及是否存在环境污染问题，并针对性地给出调整建议；有助于促进企业间的相互学习和借鉴，帮助企业了解行业内的最佳实践和技术，提升企业的环境管理水平，推动行业内的协同创新和可持续发展；公众可以通过了解企业废水治理办法来认识企业的环保理念和社会责任感，监督企业的环境行为，促进企业遵守有关法律法规，维护生态环境和公共利益。

与企业废水治理办法相关的主要指导机构及法律法规、政策规范

全国人民代表大会常务委员会〔2015〕《中华人民共和国环境保护法》第四十二条：

——排放污染物的企业事业单位和其他生产经营者，应当采取措施，防治在生产建设或者其他活动中产生的废气、废水、废渣、医疗废物、粉尘、恶臭气体、放射性物质以及噪声、振动、光辐射、电磁辐射等对环境的污染和危害。排放污染物的企业事业单位，应当建立环境保护责任制度，明确单位负责人和相关人员的责任。重点排污单位应当按照国家有关规定和监测规范安装使用监测设备，保证监测设备正常运行，保存原始监测记录。严禁通过暗管、渗井、渗坑、灌注或者篡改、伪造监测数据，或者不正常运行防治污染设施等逃避监管的方式违法排放污染物。

全国人民代表大会常务委员会〔2018〕《中华人民共和国水污染防治法》第四十五条：

——排放工业废水的企业应当采取有效措施，收集和处理产生的全部废水，防止污染环境。含有毒有害水污染物的工业废水应当分类收集和处理，不得稀释排放。工业集聚区应当配套建设相应的污水集中处理设施，安装自动监测设备，与环境保护主管部门的监控设备联网，并保证监测设备正常运行。向污水集中处理设施排放工业废水的，应当按照国家有关规定进行预处理，达到集中处理设施处理工艺要求后方可排放。

国务院国有资产监督管理委员会〔2023〕《央企控股上市公司 ESG 专项报告参考指标体系》E.2.1.2：

——废水管理与减排措施

指标性质：定性/定量

披露等级：建议披露

指标说明：描述公司废水管理和减少废水排放的相关措施和效果等

中华人民共和国财政部〔2010〕《企业内部控制应用指引第 4 号——社会责任》第十三条：

——企业应当重视生态保护，加大对环保工作的人力、物力、财力的投入和技术支持，不断改进工艺流程，降低能耗和污染物排放水平，实现清洁生产。企业应当加强对废气、废水、废渣的综合治理，建立废料回收和循环利用制度。

上海证券交易所〔2023〕《上海证券交易所上市公司自律监管指引第 1 号——规范运作》8.8：

——上市公司应当将生态环保要求融入发展战略和公司治理过程，并根据自身生产经营特点，对环境的影响程度等实际情况，履行下列环境保护责任：（一）遵

守环境保护法律法规与行业标准；（二）制订执行公司环境保护计划；（三）高效使用能源、水资源、原材料等自然资源；（四）合规处置污染物；（五）建设运行有效的污染防治设施；（六）足额缴纳环境保护相关税费；（七）保障供应链环境安全；（八）其他应当履行的环境保护责任事项。

深圳证券交易所〔2023〕《深圳证券交易所上市公司自律监管指引第 1 号——主板上市公司规范运作》8.6：

——上市公司应当将生态环保要求融入发展战略和公司治理过程，并根据自身生产经营特点、对环境的影响程度等实际情况，履行下列环境保护责任：（一）遵守环境保护法律法规与行业标准；（二）制订执行公司环境保护计划；（三）高效使用能源、水资源、原材料等自然资源；（四）合规处置污染物；（五）建设运行有效的污染防治设施；（六）足额缴纳环境保护相关税费；（七）保障供应链环境安全；（八）其他应当履行的环境保护责任事项。

上海证券交易所〔2024〕《上海证券交易所上市公司自律监管指引第 14 号——可持续发展报告（试行）》第三十条：

——披露主体或者其重要控股子公司被列入环境信息依法披露企业名单的，应当披露下列信息：……（二）对污染物的处理技术和处理方式，污染防治设施的建设、运行情况和实施成果（例如排放浓度、强度或排放总量的降幅）；（三）主要污染物减排目标及为达到相关目标所采取的具体措施；……

深圳证券交易所〔2024〕《深圳证券交易所上市公司自律监管指引第 17 号——可持续发展报告（试行）》第三十条：

——披露主体或者其重要控股子公司被列入环境信息依法披露企业名单的，应当披露下列信息：……（二）对污染物的处理技术和处理方式，污染防治设施的建设、运行情况和实施成果（例如排放浓度、强度或排放总量的降幅）；（三）主要污染物减排目标及为达到相关目标所采取的具体措施；……

本指标披露等级及主要适用范围

【建议披露】适用于所有行业企业。

E2.1.2.2 废水处理设施情况

什么是废水处理设施

废水处理设施（wastewater treatment facilities），一般被认为是通过物理、化学和生物等处理方法，将废水中所含污染物分离出来或将其转化为无害物，从而使废水得到净化、达到排放标准的工程设施。废水处理设施通常包括收集系统、初级处理系统、二级处理系统、三级处理系统以及排放和回用系统等几个部分。依照《中华人民共和国水污染防治法》和《水污染防治行动计划》，各类排污单位要严格执行环保法律法规和制度，加强污染治理设施建设和运行管理，开展自行监测，落实治污减排、环境风险防范等责任。

为什么要考察废水处理设施情况

废水处理设施的建设和运营管理是保障环境水质安全和可持续发展的重要手段，也是企业落实环保责任和推动产业升级的必要条件。建设废水处理设施不仅在于遵守环保法规，还可降低企业运营成本，通过回收和再利用水资源，减少用水量，降低废水排放量，从而降低企业的排污费用。通过考察企业废水处理设施情况，可以加强企业形象和社会责任感，展示企业的环保意识和可持续发展能力，提高企业在市场中的竞争力。

怎样披露废水处理设施情况

【定性】企业披露废水处理设施情况，主要包括：废水处理设施的建设及运行情况，如废水收集、处理设施的规模、设备类型和技术选型；废水处理设施正常运转率；废水处理设施对废水净化的有效性、排放的水质达标情况等。

为什么要披露废水处理设施情况

披露废水处理设施情况可以敦促企业承担、落实排污单位主体责任，移除或减少废水中的有害物质达到环境中的浓度，进而降低对自然环境的污染，保障员工及周围居民的健康。政府可以通过企业的废水处理设施情况对其企业环保工作进行评估、管理和监管，以促进企业发展和维护社会公共利益。此外，公众和投资者能够更全面地了解上市公司的运营情况，特别是涉及环境保护方面的信息，帮助他们更好地评估公司的风险和价值，从而做出更加明智的投资决策。

与废水处理设施情况相关的主要指导机构及法律法规、政策规范

全国人民代表大会常务委员会〔2015〕《中华人民共和国环境保护法》第四十一条、第五十五条：

——建设项目中防治污染的设施，应当与主体工程同时设计、同时施工、同时投产使用。防治污染的设施应当符合经批准的环境影响评价文件的要求，不得擅自拆除或者闲置。

——重点排污单位应当如实向社会公开其主要污染物的名称、排放方式、排放浓度和总量、超标排放情况，以及防治污染设施的建设和运行情况，接受社会监督。

全国人民代表大会常务委员会〔2018〕《中华人民共和国水污染防治法》第四十五条：

——排放工业废水的企业应当采取有效措施，收集和处理产生的全部废水，防止污染环境。含有毒有害水污染物的工业废水应当分类收集和处理，不得稀释排放。工业集聚区应当配套建设相应的污水集中处理设施，安装自动监测设备，与环境保护主管部门的监控设备联网，并保证监测设备正常运行。向污水集中处理设施排放工业废水的，应当按照国家有关规定进行预处理，达到集中处理设施处理工艺要求后方可排放。

中华人民共和国国务院〔2015〕《水污染防治行动计划》（三十一）（三十三）：

——落实排污单位主体责任。各类排污单位要严格执行环保法律法规和制度，加强污染治理设施建设和运行管理，开展自行监测，落实治污减排、环境风险防范等责任。中央企业和国有企业要带头落实，工业集聚区内的企业要探索建立环保自律机制。

——依法公开环境信息。……国家确定的重点排污单位应依法向社会公开其产生的主要污染物名称、排放方式、排放浓度和总量、超标排放情况，以及污染防治设施的建设和运行情况，主动接受监督。研究发布工业集聚区环境友好指数、重点行业污染物排放强度、城市环境友好指数等信息。

中华人民共和国生态环境部〔2022〕《企业环境信息依法披露管理办法》第十二条、第十三条：

——企业年度环境信息依法披露报告应当包括以下内容：……（三）污染物产生、治理与排放信息，包括污染防治设施，污染物排放，有毒有害物质排放，工业固体废物和危险废物产生、贮存、流向、利用、处置，自行监测等方面的信息；……

——重点排污单位披露年度环境信息时，应当披露本办法第十二条规定的环境信息。

国家环保总局〔2003〕《关于企业环境信息公开的公告》二、必须公开的环境信息：

——公开的环境信息内容必须如实、准确，有关数据应有3年连续性。……（五）环境管理，包括：1、依法应当缴纳排污费金额；2、实际缴纳排污费金额；3、是否依法进行排污申报；4、是否依法申领排污许可证；5、排污口整治是否符合规范化要求；6、主要排污口是否按规定安装了主要污染物自动监控装置，其运行是否正常；7、污染防治设施正常运转率；8、"三同时"执行率。

上海证券交易所〔2024〕《上海证券交易所上市公司自律监管指引第14号——可持续发展报告（试行）》第三十条：

——披露主体或者其重要控股子公司被列入环境信息依法披露企业名单的，应当披露下列信息：……（二）对污染物的处理技术和处理方式，污染防治设施的建设、运行情况和实施成果（例如排放浓度、强度或排放总量的降幅）；……

深圳证券交易所〔2024〕《深圳证券交易所上市公司自律监管指引第17号——可持续发展报告（试行）》第三十条：

——披露主体或者其重要控股子公司被列入环境信息依法披露企业名单的，应当披露下列信息：……（二）对污染物的处理技术和处理方式，污染防治设施的建设、运行情况和实施成果（例如排放浓度、强度或排放总量的降幅）；……

本指标披露等级及主要适用范围

【建议披露】适用于所有行业企业。

E2.1.2.3 水质检测与监测机制

什么是水质检测与监测机制

依照《水质监测质量和安全管理办法》第三条规定，水质监测，是指依据相关标准等规定，运用科学技术方法和专业技能，对水体的物理、化学、生物等指标进行检测和分析评价的活动。企业的水质检测与监测机制（water quality detection and monitoring mechanism），一般被认为是对自身生产、用水环节中的水源、水质、水量等因素进行监测、评估、控制和管理的一系列措施，旨在确保企业用水、排水符合国家和地方水质标准和要求，保护环境和保障生产安全。

为什么要考察水质检测与监测机制

考察水质检测与监测机制对于企业生产流程的稳定性和可持续性、企业形象的维护和提升等方面都有重要意义和应用价值，不仅能够保证其检测计划和方法的科学性和准确性，而且能够确保其用水和排放废水符合国家及地方的水质标准要求，并且及时发现和解决存在的环境问题，降低环保风险和成本，避免可能的污染和违规处罚。

怎样披露水质检测与监测机制

【定性】企业披露水质检测与监测机制，主要包括水质监测计划、监测方法、监测设施和设备、检测数据和评估结果、水质控制措施和治理方案等方面。

为什么要披露水质检测与监测机制

披露水质检测与监测机制有助于政府监督和评估企业的水质状况，特别是排放口和污染源附近的水质状况，可以促进企业依法合规用水和排水，保障公众健康和环境安全；可以促进企业信息公开和公众参与，增强公众的环境意识和保护意识。此外，还可以为科学研究和技术创新提供数据和参考，促进环境保护技术和治理技术的发展和应用。

与水质检测与监测机制相关的主要指导机构及法律法规、政策规范

全国人民代表大会常务委员会〔2015〕《中华人民共和国环境保护法》第四十二条：

——排放污染物的企业事业单位和其他生产经营者，应当采取措施，防治在生产建设或者其他活动中产生的废气、废水、废渣、医疗废物、粉尘、恶臭气体、放射性物质以及噪声、振动、光辐射、电磁辐射等对环境的污染和危害。排放污染物的企业事业单位，应当建立环境保护责任制度，明确单位负责人和相关人员的责任。重点排污单位应当按照国家有关规定和监测规范安装使用监测设备，保

证监测设备正常运行，保存原始监测记录。严禁通过暗管、渗井、渗坑、灌注或者篡改、伪造监测数据，或者不正常运行防治污染设施等逃避监管的方式违法排放污染物。

全国人民代表大会常务委员会〔2018〕《中华人民共和国水污染防治法》第二十三条：

——实行排污许可管理的企业事业单位和其他生产经营者应当按照国家有关规定和监测规范，对所排放的水污染物自行监测，并保存原始监测记录。重点排污单位还应当安装水污染物排放自动监测设备，与环境保护主管部门的监控设备联网，并保证监测设备正常运行。具体办法由国务院环境保护主管部门规定。应当安装水污染物排放自动监测设备的重点排污单位名录，由设区的市级以上地方人民政府环境保护主管部门根据本行政区域的环境容量、重点水污染物排放总量控制指标的要求以及排污单位排放水污染物的种类、数量和浓度等因素，商同级有关部门确定。

中华人民共和国国务院〔2015〕《水污染防治行动计划》第三十一条：

——落实排污单位主体责任。各类排污单位要严格执行环保法律法规和制度，加强污染治理设施建设和运行管理，开展自行监测，落实治污减排、环境风险防范等责任。中央企业和国有企业要带头落实，工业集聚区内的企业要探索建立环保自律机制。

中华人民共和国生态环境部〔2022〕《企业环境信息依法披露管理办法》第四条：

——企业是环境信息依法披露的责任主体。企业应当建立健全环境信息依法披露管理制度，规范工作规程，明确工作职责，建立准确的环境信息管理台账，妥善保存相关原始记录，科学统计归集相关环境信息。企业披露环境信息所使用的相关数据及表述应当符合环境监测、环境统计等方面的标准和技术规范要求，优先使用符合国家监测规范的污染物监测数据、排污许可证执行报告数据等。

国家环境保护总局〔2007〕《环境监测管理办法》第二十一条：

——排污者必须按照县级以上环境保护部门的要求和国家环境监测技术规范，开展排污状况自我监测。排污者按照国家环境监测技术规范，并经县级以上环境保护部门所属环境监测机构检查符合国家规定的能力要求和技术条件的，其监测数据作为核定污染物排放种类、数量的依据。不具备环境监测能力的排污者，应当委托环境保护部门所属环境监测机构或者经省级环境保护部门认定的环境监测机构进行监测；接受委托的环境监测机构所从事的监测活动，所需经费由委托方承担，收费标准按照国家有关规定执行。经省级环境保护部门认定的环境监测机构，是指非环境保护部门所属的、从事环境监测业务的机构，可以自愿向所在地省级环境保护部门申请证明其具备相适应的环境监测业务能力认定，经认定合格者，即为经省级环境保护部门认定的环境监测机构。经省级环境保护部门认定的环境监测机构应当接受所在地环境保护部门所属环境监测机构的监督检查。

Global Reporting Initiative〔2022〕Consolidated Set of the GRI Standards 302-2：

——The reporting organization shall report the following information：a. A description of any minimum standards set for the quality of effluent discharge，and how these minimum standards were determined，including：i. how standards for facilities operating in locations with no local discharge requirements were determined；ii. any internally developed water quality standards or guidelines；iii. any sector-specific standards considered；iv. whether the profile of the receiving waterbody was considered.

——组织应报告以下信息：a. 说明污水排放质量的最低标准，以及确定这些标准的方式，包括：i. 对于在没有地方性排放要求的地点运营的设施，如何确定标准；ii. 任何内部制定的水质标准或准则；iii. 考虑使用的任何具体行业标准；iv. 是否考虑了受纳水体的情况。

本指标披露等级及主要适用范围

【建议披露】适用于所有行业企业。

E2.2 废气排放与管理

什么是废气

废气（exhaust gas），一般被认为是指人类在生产和生活过程中排出的有毒有害的气体。特别是化工厂、钢铁厂、制药厂以及炼焦厂和炼油厂等，排放的废气气味大，严重污染环境和影响人体健康。

E2.2.1 废气排放

什么是废气排放

关于废气排放（exhaust gas emission），一般认为各类生产企业排放的工业废气是大气污染物的重要来源。大量工业废气如果未经处理达标后排入大气，必然使大气环境质量下降，给人体健康带来严重危害，给国民经济造成巨大损失。

E2.2.1.1 废气排放许可证持有情况

什么是废气排放许可证

废气排放许可证（exhaust gas emission permit），是指排污单位向环境保护行政主管部门提出申请后，环境保护行政主管部门经审查发放的允许排污单位排放一定数量废气的凭证。依照《中华人民共和国大气污染防治法》第十九条规定，排放工业废气或者本法第七十八条规定名录中所列有毒有害大气污染物的企业事业单位、集中供热设施的燃煤热源生产运营单位以及其他依法实行排污许可管理的单位，应当取得排污许可证。排污许可的具体办法和实施步骤由国务院规定。

为什么要考察废气排放许可证持有情况

废气排放许可证是有排放需求的企事业单位依法所须持有的排污许可凭证，排污单位必须按期持证排污、按证排污，不得无证排污，保证排污许可证申请材料的真实性、准确性和完整性，落实污染物排放控制措施和其他各项环境管理要求，确保污染物排放种类、浓度和排放量等达到许可要求，否则将承担对应的法律责任。实行排污许可管理有助于推动企业积极履行社会责任，加强环境管理，树立绿色企业形象，促进可持续发展。

怎样披露废气排放许可证持有情况

【定性】企业需要披露是否持有在有效期内的排污许可证。

为什么要披露废气排放许可证持有情况

通过考察企业的废气排放许可证持有情况，政府可以对企业的废气排放进行监管，了解企业的污染物排放种类、排放浓度和排放量，以及污染防治设施、污染物排放口位置和数量等信息，确保企业的废气排放符合国家相关法律法规的要求，达到减少污染、保护环境及公众健康的目的。

与废气排放许可证持有情况相关的主要指导机构及法律法规、政策规范

全国人民代表大会常务委员会〔2015〕《中华人民共和国环境保护法》第四十五条：

——国家依照法律规定实行排污许可管理制度。实行排污许可管理的企业事业单位和其他生产经营者应当按照排污许可证的要求排放污染物；未取得排污许可证的，不得排放污染物。

中华人民共和国生态环境部〔2024〕《排污许可管理办法》第三条：

——依照法律规定实行排污许可管理的企业事业单位和其他生产经营者（以下简称排污单位），应当依法申请取得排污许可证，并按照排污许可证的规定排放污染物；未取得排污许可证的，不得排放污染物。依法需要填报排污登记表的企业事业单位和其他生产经营者（以下简称排污登记单位），应当在全国排污许可证管理信息平台进行排污登记。

中华人民共和国生态环境部〔2022〕《企业环境信息依法披露管理办法》第四条：

——企业是环境信息依法披露的责任主体。企业应当建立健全环境信息依法披露管理制度，规范工作规程，明确工作职责，建立准确的环境信息管理台账，妥善保存相关原始记录，科学统计归集相关环境信息。企业披露环境信息所使用的相关数据及表述应当符合环境监测、环境统计等方面的标准和技术规范要求，优先使用符合国家监测规范的污染物监测数据、排污许可证执行报告数据等。

中华人民共和国生态环境部办公厅〔2022〕《企业环境信息依法披露格式准则》第八条、第十八条：

——企业应当披露有效期内或正在申请核发或变更的全部生态环境行政许可（包括但不限于排污许可、建设项目环境影响评价、危险废物经营许可、废弃电器电子产品处理资格许可等）的相关信息：（一）许可名称、编号、获得许可的审批文件、核发机关、获取时间和有效期限；（二）主要许可事项。

——属于排污许可管理的企业，应当披露排污许可证执行报告应编制公开的次数、实际编制公开的次数和发布信息。

本指标披露等级及主要适用范围

【建议披露】适用于所有行业企业。

E2.2.1.2 废气中含污染物种类

什么是废气中含污染物种类

废气中含污染物种类（type of pollutants in exhaust gas），一般被认为包括氮氧化物、二氧化硫和颗粒物等（以千克计）。其中工业废气，一般被认为是企业厂区内燃料燃烧和生产工艺过程中产生的各种排入空气的含有污染物气体的总称。这些废气有二氧化碳、二硫化碳、硫化氢、氟化物、氮氧化物、氯、氯化氢、一氧化碳、硫酸（雾）铅汞、铍化物、烟尘及生产性粉尘，排入大气会污染空气。

为什么要考察废气中含污染物种类

考察企业的废气中含污染物种类，有助于企业评估生产过程中产生的污染物以及对环境的负面影响，进而优化生产工艺及流程、制定更好的环保计划和措施、减少污染物排放、降低环境污染。

怎样披露废气中含污染物种类

【定量】企业披露废气中污染物的排放情况，包括氮氧化物、二氧化硫和颗粒物等（以千克计）。可包括原始检测监测数据记录、检测报告、评估报告等说明材料，应提供量化数据。

为什么要披露废气中含污染物种类

企业披露废气中含污染物种类的信息有助于政府对企业的环保行为进行监管，以保护环境和公众健康。

与废气中含污染物种类相关的主要指导机构及法律法规、政策规范

国务院国有资产监督管理委员会〔2023〕《央企控股上市公司 ESG 专项报告参考指标体系》E.2.2.2：

——废气污染物排放量

指标性质：定量

披露等级：建议披露

指标说明：描述公司废气中污染物的排放情况，包括氮氧化物（NOx）、SO_2 和颗粒物等（以千克计）

上海证券交易所〔2024〕《上海证券交易所上市公司自律监管指引第 14 号——可持续发展报告（试行）》第三十条：

——披露主体或者其重要控股子公司被列入环境信息依法披露企业名单的，应当披露下列信息：（一）排污信息，包括但不限于主要污染物、特征污染物以及国际环境公约规定的受控物质的种类、名称、排放总量、核定的排放总量、超标排放情况、环保绩效等级情况（如有）等，鼓励披露主体按照业务单位或设施、来源类型、活动类型等分类披露污染物排放的具体情况；……

深圳证券交易所〔2024〕《深圳证券交易所上市公司自律监管指引第 17 号——可持续发展报告（试行）》第三十条：

——披露主体或者其重要控股子公司被列入环境信息依法披露企业名单的，应当披露下列信息：（一）排污信息，包括但不限于主要污染物、特征污染物以及国际环境公约规定的受控物质的种类、名称、排放总量、核定的排放总量、超标排放情况、环保绩效等级情况（如有）等，鼓励披露主体按照业务单位或设施、来源类型、活动类型等分类披露污染物排放的具体情况；……

Global Reporting Initiative〔2022〕Consolidated Set of the GRI Standards 305－7：

——The reporting organization shall report the following information：a. Significant air emissions, in kilograms or multiples, for each of the following：i. NOx；ii. SOx；iii. Persistent organic pollutants（POP）；iv. Volatile organic compounds（VOC）；v. Hazardous air pollutants（HAP）；vi. Particulate matter（PM）；vii. Other standard categories of air emissions identified in relevant regulations. b. Source of the emission factors used. c. Standards, methodologies, assumptions, and/or calculation tools used.

——组织应报告以下信息：a. 以下各项的重大气体排放，以公斤或倍数表示：i. NOx；ii. SOx；iii. 持久性有机污染物（POP）；iv. 挥发性有机化合物（VOC）；v. 危害性空气污染物（HAP）；vi. 颗粒物质（PM）；vii. 相关法规中确定的气体排放的其他标准类别。b. 使用的排放因子的来源。c. 使用的标准、方法、假设和/或计算工具。

本指标披露等级及主要适用范围

【建议披露】适用于所有行业企业。

E2.2.1.3 废气中污染物浓度

什么是废气中污染物浓度

废气中污染物浓度（concentration of pollutants in exhaust gases），一般被认为是企业排放的废气中特定污染物的浓度水平，通常以单位体积（通常是立方米）中的污染物的质量（通常是毫克或其他质量单位）来表示。这种浓度通常用于描述工业、交通、生产和其他活动产生的废气中的污染物水平。

为什么要考察废气中污染物浓度

考察废气中污染物浓度的目的是评估空气质量、监测污染物的排放、制定环境政策和采取适当的控制措施以减少污染物排放。通常，这些浓度数据由环境监测站点或设备收集，并用于监督和管理空气质量，以确保公众和生态系统的健康与安全。

怎样披露废气中污染物浓度

【定性】企业披露废气中污染物的排放浓度，包括实际排放浓度（以毫克/立方米计）及许可排放浓度限值（以毫克/立方米计），可包括原始检测监测数据记录、检测报告、评估报告等说明材料。

为什么要披露废气中污染物浓度

企业披露废气中污染物浓度，可以及早发现潜在问题并采取纠正措施，降低环境风险，有助于确保其排放在法定限值内，以避免罚款或其他法律后果。同时，监管机构需要准确的废气污染物数据来监控和评估企业的环境影响，确保环境质量和公众健康不受影响。

与废气中污染物浓度相关的主要指导机构及法律法规、政策规范

全国人民代表大会常务委员会〔2015〕《中华人民共和国环境保护法》第五十五条：

——重点排污单位应当如实向社会公开其主要污染物的名称、排放方式、排放浓度和总量、超标排放情况，以及防治污染设施的建设和运行情况，接受社会监督。

国务院国有资产监督管理委员会〔2023〕《央企控股上市公司ESG专项报告参考指标体系》E.2.2.3：

——废气污染物排放浓度

指标性质：定量

披露等级：建议披露

指标说明：描述公司废气中污染物的排放浓度，包括实际排放浓度（以毫克/立方米计）及许可排放浓度限值（以毫克/立方米计）

中华人民共和国生态环境部办公厅〔2022〕《企业环境信息依法披露格式准则》第十三条：

——企业应当披露主要水污染物、大气污染物排放相关信息（包括有组织排放和无组织排放）：（一）水污染物和大气污染物排污口的数量；主要排污口各项污染物的实际排放总量、水污染物日均浓度的年度平均值、大气污染物小时浓度的年度平均值；各排污口安装污染源在线自动监测设备及与生态环境部门联网情况；（二）无组织排放监测点位名称，各监测点位主要水污染物和大气污染物实际排放总量、实际排放浓度；（三）全年生产天数、自行监测天数（次数）、达标次数、超标次数；委托的第三方检（监）测机构进行自行监测的，应当提供第三方机构名称、资质等相关信息。

本指标披露等级及主要适用范围

【建议披露】适用于所有行业企业。

E2.2.1.4 废气排放达标情况

什么是废气排放达标情况

废气排放达标情况（status of compliance with emission standards for waste gases），一般被认为是企业达到废气排放标准的证明，可以避免因违法排放而被罚款或者被停业整顿，也可以减少因污染物超标而需要采取的排放治理措施和治理费用等成本，从而降低企业经营成本，还可以促进企业技术创新和产业升级，提高企业竞争力。企业达到废气排放标准，能够提高社会形象和声誉，有利于与客户、投资者等各方建立良好关系，保障长期发展。

为什么要考察废气排放达标情况

考察废气排放达标情况有助于企业意识到自己的社会责任、塑造企业的社会形象。企业根据自己的废气排放达标情况来采取积极的环保措施，可以帮助企业获得政府部门的认可和支持，赢得公众的信任和好评，更好地开展经济活动、实现企业的可持续发展。若企业不能达到国家或地方政府制定的废气排放标准，可能会面临环保罚款等惩罚措施，甚至导致企业关停，对企业的信誉和经济利益造成伤害。

怎样披露废气排放达标情况

【定性】企业披露自有固定源/移动源设备设施的排放是否符合本行业废气排放标准以及确定达标的依据。

为什么要披露废气排放达标情况

废气排放达标情况可以使政府及时掌握企业废气排放情况，有利于对企业实行排放标准的监督和管理，及时发现和纠正废气排放超标的问题，保障环境和公众健康。公众了解企业废气达标排放情况，可以监督企业环保行为，避免自身暴露在有害废气排放区域，保障个人安全。

与废气排放达标情况相关的主要指导机构及法律法规、政策规范

全国人民代表大会常务委员会〔2018〕《中华人民共和国大气污染防治法》第十八条：

——企业事业单位和其他生产经营者建设对大气环境有影响的项目，应当依法进行环境影响评价、公开环境影响评价文件；向大气排放污染物的，应当符合大气污染物排放标准，遵守重点大气污染物排放总量控制要求。

国家环境保护总局〔2003〕《关于企业环境信息公开的公告》二、必须公开的环境信息：

——公开的环境信息内容必须如实、准确，有关数据应有 3 年连续性。……（三）企业环境污染治理，包括：1、企业主要污染治理工程投资；2、污染物排放是否达到国家或地方规定的排放标准；3、污染物排放是否符合国家规定的排放总量指标；4、固体废物处置利用量；5、危险废物安全处置量。

国务院国有资产监督管理委员会〔2023〕《央企控股上市公司 ESG 专项报告参考指标体系》E.2.2.1：

——废气排放达标情况

指标性质：定性

披露等级：基础披露

指标说明：描述公司自有固定源/移动源设备设施的排放是否符合本行业废气排放标准以及确定达标的依据

上海证券交易所〔2024〕《上海证券交易所上市公司自律监管指引第 14 号——可持续发展报告（试行）》第三十条：

——披露主体或者其重要控股子公司被列入环境信息依法披露企业名单的，应当披露下列信息：（一）排污信息，包括但不限于主要污染物、特征污染物以及国际环境公约规定的受控物质的种类、名称、排放总量、核定的排放总量、超标排放情况、环保绩效等级情况（如有）等，鼓励披露主体按照业务单位或设施、来源类型、活动类型等分类披露污染物排放的具体情况；……

深圳证券交易所〔2024〕《深圳证券交易所上市公司自律监管指引第 17 号——可持续发展报告（试行）》第三十条：

——披露主体或者其重要控股子公司被列入环境信息依法披露企业名单的，应当披露下列信息：（一）排污信息，包括但不限于主要污染物、特征污染物以及国际环境公约规定的受控物质的种类、名称、排放总量、核定的排放总量、超标排放情况、环保绩效等级情况（如有）等，鼓励披露主体按照业务单位或设施、来源类型、活动类型等分类披露污染物排放的具体情况；……

本指标披露等级及主要适用范围

【基础披露】 适用于所有行业企业。

E2.2.1.5　废气排放强度

什么是废气排放强度

废气排放强度（exhaust gas emission intensity），一般被认为是单位时间内生产单位产量（如单位产量的产品、服务或能源）所排放的废气量。它通常用于衡量一个生产过程或设备的环境影响程度，也可以用于评估企业的环保水平和可持续发展性能。

为什么要考察废气排放强度

考察废气排放强度可以促进企业优化生产工艺，节约能源成本，提高经济效益。了解企业废气排放强度可以避免企业缴纳环保罚款，降低成本。降低废气排放强度可以响应政府政策，获取政府支持，享受政府税收优惠和财政补贴，同时可以提高企业品牌形象，增强消费者信任度，吸引投资者。

怎样披露废气排放强度

【定量】 企业披露废气排放量及产量信息。

【计算方式】 废气排放强度＝废气排放量÷产量。单位：千克/单位产量。

为什么要披露废气排放强度

政府评估废气排放强度有助于监测和控制废气排放和污染。政府根据废气排放强度制定和执行减排政策和标准，切实减少管理区域内大气污染物的排放，实现环境目标，改善环境质量。公众了解企业废气排放强度，可以监督企业排放废气的行为，促使企业为降低排放强度进行产业转型升级，从而提升空气质量，让大众享受清洁空气。

与废气排放强度相关的主要指导机构及法律法规、政策规范

国家环境保护总局〔2003〕《关于企业环境信息公开的公告》三、自愿公开的环境信息：

——……（二）企业污染物排放强度（指生产单位产品或单位产值的主要污染物排放量），包括烟尘、粉尘、二氧化硫、二氧化碳等大气污染物和化学需氧量、氨氮、重金属等水污染物。……

本指标披露等级及主要适用范围

【建议披露】 适用于所有行业企业。

E2.2.1.6　废气减排量

什么是废气减排量

废气减排量（reduction of exhaust emission），一般被认为是在工业生产、能源消费或交通运输等活动中，通过采取净化设施、改善工艺、使用更清洁的燃料等技术措施，使废气排放污染物总量减少的数量。这是一种环境保护和可持续发展的行动，旨

在降低空气污染和减少温室气体排放，保护生态环境和公共健康。

为什么要考察废气减排量

考察废气减排量，可以推动企业建立健全内部环保管理体系，提升员工环保意识和环保动力；可以为企业赢得排污权交易市场的主动权，将减排的废气量在市场交易，增加企业收入；能够提升信息公开度，有助于企业获得政策上的优惠和支持。

怎样披露废气减排量

【定量】企业披露废气减排量。

【计算方式】废气减排量＝纳入计算的废气量－实际测量排放废气量。单位：千克。

为什么要披露废气减排量

企业的废气减排量信息可以使政府更好地了解企业的环保情况，加强环境监管的有效性和可行性，政府可以监督企业的环保行为是否有效，有利于政府科学合理分配本区域污染物总量，实现区域总体达标。同时可以增加公众对企业环保行动的了解，促进公众参与和监督环保事业。

与废气减排量相关的主要指导机构及法律法规、政策规范

上海证券交易所〔2024〕《上海证券交易所上市公司自律监管指引第 14 号——可持续发展报告（试行）》第三十条：

——披露主体或者其重要控股子公司被列入环境信息依法披露企业名单的，应当披露下列信息：……（二）对污染物的处理技术和处理方式，污染防治设施的建设、运行情况和实施成果（例如排放浓度、强度或排放总量的降幅）；……

深圳证券交易所〔2024〕《深圳证券交易所上市公司自律监管指引第 17 号——可持续发展报告（试行）》第三十条：

——披露主体或者其重要控股子公司被列入环境信息依法披露企业名单的，应当披露下列信息：……（二）对污染物的处理技术和处理方式，污染防治设施的建设、运行情况和实施成果（例如排放浓度、强度或排放总量的降幅）；……

本指标披露等级及主要适用范围

【建议披露】适用于所有行业企业。

E2.2.2　废气治理

什么是废气治理

废气治理（exhaust gas treatment），一般被认为是对生产、工业、能源等领域产生的废气进行收集、处理、净化和排放的过程，以达到保护环境和人类健康的目的。废气治理通常涉及控制大气污染物的排放，包括二氧化硫、氮氧化物、臭氧、颗粒物、挥发性有机物等。

E2.2.2.1 企业废气治理办法

什么是企业废气治理办法

企业废气治理办法（measures for enterprise exhaust gases treatment），一般被认为是一个管理和控制企业废气排放的体系，包括了企业在生产、运营、排放等各个环节上的规范要求和管理制度。它涵盖了企业废气排放的监测、数据收集、分析、评估、治理、报告等环节，旨在通过有效的监管和控制，减少企业废气排放的数量和浓度，降低对环境和公众健康的影响。

为什么要考察企业废气治理办法

考察企业废气治理办法有利于促进企业推行废气综合治理，促进企业环境管理规范化。完备的废气治理办法有助于企业更好地遵守国家和地方的环境保护法规和标准，降低其环境诉讼风险。完善的废气治理办法是企业防范大气污染、承担环境责任与社会责任的表现，有助于企业获得更广泛的社会认可。

怎样披露企业废气治理办法

【定性】企业披露其废气治理办法，包括废气排放数据的监测、收集、分析、评估、治理、报告等信息。

为什么要披露企业废气治理办法

企业废气治理办法的披露能够为政府进行环境管理提供依据，同时促进社会公众对企业环保行为的监督。政府可以根据企业废气治理办法制定相应管理办法，提高治理效能，督促区域内所有排污企业制定个性化废气治理办法，进而降低大气污染，改善空气质量并推动企业合规经营，有效实现减排目标。公众可以通过企业废气治理办法了解企业的废气排放与处理情况，进而监督企业的环保行为。

与企业废气治理办法相关的主要指导机构及法律法规、政策规范:

全国人民代表大会常务委员会〔2018〕《中华人民共和国大气污染防治法》第七条、第八十条：

——企业事业单位和其他生产经营者应当采取有效措施，防止、减少大气污染，对所造成的损害依法承担责任。公民应当增强大气环境保护意识，采取低碳、节俭的生活方式，自觉履行大气环境保护义务。

——企业事业单位和其他生产经营者在生产经营活动中产生恶臭气体的，应当科学选址，设置合理的防护距离，并安装净化装置或者采取其他措施，防止排放恶臭气体。

全国人民代表大会常务委员会〔2015〕《中华人民共和国环境保护法》第四十二条：

——排放污染物的企业事业单位和其他生产经营者，应当采取措施，防治在生产建设或者其他活动中产生的废气、废水、废渣、医疗废物、粉尘、恶臭气体、放射性物质以及噪声、振动、光辐射、电磁辐射等对环境的污染和危害。排放污染物的企业事业单位，应当建立环境保护责任制度，明确单位负责人和相关人员的责任。重点排污单位应当按照国家有关规定和监测规范安装使用监测设备，保证监测设备正常运行，保存原始监测记录。严禁通过暗管、渗井、渗坑、灌注或者篡改、伪造监测数据，或者不正常运行防治污染设施等逃避监管的方式违法排放污染物。

中华人民共和国财政部〔2010〕《企业内部控制应用指引第 4 号——社会责任》第十三条：

——企业应当重视生态保护，加大对环保工作的人力、物力、财力的投入和技术支持，不断改进工艺流程，降低能耗和污染物排放水平，实现清洁生产。企业应当加强对废气、废水、废渣的综合治理，建立废料回收和循环利用制度。

上海证券交易所〔2024〕《上海证券交易所上市公司自律监管指引第 14 号——可持续发展报告（试行）》第三十条：

——披露主体或者其重要控股子公司被列入环境信息依法披露企业名单的，应当披露下列信息：……（二）对污染物的处理技术和处理方式，污染防治设施的建设、运行情况和实施成果（例如排放浓度、强度或排放总量的降幅）；（三）主要污染物减排目标及为达到相关目标所采取的具体措施；……

深圳证券交易所〔2024〕《深圳证券交易所上市公司自律监管指引第 17 号——可持续发展报告（试行）》第三十条：

——披露主体或者其重要控股子公司被列入环境信息依法披露企业名单的，应当披露下列信息：……（二）对污染物的处理技术和处理方式，污染防治设施的建设、运行情况和实施成果（例如排放浓度、强度或排放总量的降幅）；（三）主要污染物减排目标及为达到相关目标所采取的具体措施；……

本指标披露等级及主要适用范围

【建议披露】适用于所有行业企业。

E2.2.2.2 废气处理设施情况

什么是废气处理设施

废气处理设施（exhaust gas treatment facilities），一般被认为是对废气进行收集、输送、处理、利用、排放、监控等的一系列工程设施，包括处理设备、管道、阀门、泵站等。该设施的建设、运营和管理应当符合国家和地方的环境保护法规的规定，并应当确保达到排放标准要求。

为什么要考察废气处理设施情况

废气处理设施可以对废气进行有效处理，降低废气的污染物排放浓度，减少环境污染，有助于提升企业的生产效率和质量。是否拥有废气处理设施是企业是否具有废气处理能力的重要象征，废气处理设施的先进与否也显示着企业生产工艺的先进性与科学性，有助于为企业树立环保形象，保障其合法排污、合规经营，进而增强社会公众认可度。

怎样披露废气处理设施情况

【定性】企业披露环保设施的建设和运行情况，包括对废气进行收集、输送、处理、利用、排放、监控等的一系列工程设施信息。

为什么要披露废气处理设施情况

废气处理设施情况能够展现企业是否拥有良好的废气治理能力，根据废气处理设施情况，政府可以评估企业废气处理的有效性，提高环境管理效能，公众可以通过了解企业的废气排放情况，监督企业的环保行为。

与废气处理设施情况相关的主要指导机构及法律法规、政策规范

全国人民代表大会常务委员会〔2015〕《中华人民共和国环境保护法》第五十五条：

——重点排污单位应当如实向社会公开其主要污染物的名称、排放方式、排放浓度和总量、超标排放情况，以及防治污染设施的建设和运行情况，接受社会监督。

全国人民代表大会常务委员会〔2018〕《中华人民共和国大气污染防治法》第七十九条：

——向大气排放持久性有机污染物的企业事业单位和其他生产经营者以及废弃物焚烧设施的运营单位，应当按照国家有关规定，采取有利于减少持久性有机污染物排放的技术方法和工艺，配备有效的净化装置，实现达标排放。

中华人民共和国生态环境部〔2022〕《企业环境信息依法披露管理办法》第十二条：

——企业年度环境信息依法披露报告应当包括以下内容：……（三）污染物产生、治理与排放信息，包括污染防治设施，污染物排放，有毒有害物质排放，工业固体废物和危险废物产生、贮存、流向、利用、处置，自行监测等方面的信息；……

上海证券交易所〔2023〕《上海证券交易所上市公司自律监管指引第1号——规范运作》8.8：

——上市公司应当将生态环保要求融入发展战略和公司治理过程，并根据自身生产经营特点，对环境的影响程度等实际情况，履行下列环境保护责任：……（五）建设运行有效的污染防治设施；……

深圳证券交易所〔2023〕《深圳证券交易所上市公司自律监管指引第1号——主板上市公司规范运作》8.6：

——上市公司应当将生态环保要求融入发展战略和公司治理过程，并根据自身生产经营特点，对环境的影响程度等实际情况，履行下列环境保护责任：……

（五）建设运行有效的污染防治设施；……

上海证券交易所〔2024〕《上海证券交易所上市公司自律监管指引第14号——可持续发展报告（试行）》第三十条：

——披露主体或者其重要控股子公司被列入环境信息依法披露企业名单的，应当披露下列信息：……（二）对污染物的处理技术和处理方式，污染防治设施的建设、运行情况和实施成果（例如排放浓度、强度或排放总量的降幅）；……

深圳证券交易所〔2024〕《深圳证券交易所上市公司自律监管指引第17号——可持续发展报告（试行）》第三十条：

——披露主体或者其重要控股子公司被列入环境信息依法披露企业名单的，应当披露下列信息：……（二）对污染物的处理技术和处理方式，污染防治设施的建设、运行情况和实施成果（例如排放浓度、强度或排放总量的降幅）；……

本指标披露等级及主要适用范围

【建议披露】适用于所有行业企业。

E2.2.2.3 空气质量检测与监测机制

什么是空气质量检测与监测机制

空气质量检测与监测机制（air quality detection and monitoring mechanism），一般被认为是这样的一种机制，即通过检测和监测大气中的污染物和其他有害物质，评估和监测空气质量，以确保公众的健康和安全。空气质量监测通常由政府机构、环保组织、研究机构、大型工业企业等机构负责，它们通常部署监测站来收集有关大气中各种污染物的数据，并将这些数据分析和评估，以确定是否存在超过法定限制的污染物浓度，以及确定其潜在影响。

为什么要考察空气检测与监测机制

空气检测与监测机制可以保障本企业废气中污染物的种类和浓度排放符合国家和地方的法律法规，避免企业收到罚款处理或承担法律责任。同时，企业通过空气检测可以及时发现并解决生产过程中出现的意外情况，有效降低意外造成的损失。通过空气监测，可以实时了解工作场所的空气质量状况，确保员工不受空气污染危害。空气检测与监测机制是良好的企业自我管理机制，有利于促进企业进行产业升级，寻求污染物产生最小、对环境最友好的生产方式，从而提高企业竞争力。

怎样披露空气检测与监测机制

【定性】企业披露空气检测与监测机制，包括收集的大气中污染物的数据及其分析评估结果。

为什么要披露空气检测与监测机制

空气检测与监测机制能够辅助政府对环境的监管，同时确保企业和机构的环保行为符合法规要求。依据企业披露的检测数据，政府可以评估该企业的生产活动对大气环境和公众健康的影响，为制定和调整环保政策提供依据。此外，社会公众可以通过空气检测与监测机制提供的信息来对企业进行监督。

与空气检测与监测机制相关的主要指导机构及法律法规、政策规范

全国人民代表大会常务委员会〔2015〕《中华人民共和国环境保护法》第四十二条：

——排放污染物的企业事业单位和其他生产经营者，应当采取措施，防治在生产建设或者其他活动中产生的废气、废水、废渣、医疗废物、粉尘、恶臭气体、放射性物质以及噪声、振动、光辐射、电磁辐射等对环境的污染和危害。排放污染物的企业事业单位，应当建立环境保护责任制度，明确单位负责人和相关人员的责任。重点排污单位应当按照国家有关规定和监测规范安装使用监测设备，保证监测设备正常运行，保存原始监测记录。

全国人民代表大会常务委员会〔2018〕《中华人民共和国大气污染防治法》第二十四条、第七十八条：

——企业事业单位和其他生产经营者应当按照国家有关规定和监测规范，对其排放的工业废气和本法第七十八条规定名录中所列有毒有害大气污染物进行监测，并保存原始监测记录。其中，重点排污单位应当安装、使用大气污染物排放自动监测设备，与生态环境主管部门的监控设备联网，保证监测设备正常运行并依法公开排放信息。监测的具体办法和重点排污单位的条件由国务院生态环境主管部门规定。重点排污单位名录由设区的市级以上地方人民政府生态环境主管部门按照国务院生态环境主管部门的规定，根据本行政区域的大气环境承载力、重点大气污染物排放总量控制指标的要求以及排污单位排放大气污染物的种类、数量和浓度等因素，商有关部门确定，并向社会公布。

——国务院生态环境主管部门应当会同国务院卫生行政部门，根据大气污染物对公众健康和生态环境的危害和影响程度，公布有毒有害大气污染物名录，实行风险管理。排放前款规定名录中所列有毒有害大气污染物的企业事业单位，应当按照国家有关规定建设环境风险预警体系，对排放口和周边环境进行定期监测，评估环境风险，排查环境安全隐患，并采取有效措施防范环境风险。

国家环境保护总局〔2007〕《环境监测管理办法》第二十一条：

——排污者必须按照县级以上环境保护部门的要求和国家环境监测技术规范，开展排污状况自我监测。排污者按照国家环境监测技术规范，并经县级以上环境保护部门所属环境监测机构检查符合国家规定的能力要求和技术条件的，其监测数据作为核定污染物排放种类、数量的依据。不具备环境监测能力的排污者，应当委托环境保护部门所属环境监测机构或者经省级环境保护部门认定的环境监测机构进行监测；接受委托的环境监测机构所从事的监测活动，所需经费由委托

方承担，收费标准按照国家有关规定执行。经省级环境保护部门认定的环境监测机构，是指非环境保护部门所属的、从事环境监测业务的机构，可以自愿向所在地省级环境保护部门申请证明其具备相适应的环境监测业务能力认定，经认定合格者，即为经省级环境保护部门认定的环境监测机构。经省级环境保护部门认定的环境监测机构应当接受所在地环境保护部门所属环境监测机构的监督检查。

本指标披露等级及主要适用范围

【建议披露】适用于所有行业企业。

E2.3 固体废弃物排放与处理

什么是固体废弃物

固体废弃物（solid waste），也称固体废物。依照《中华人民共和国固体废物污染环境防治法》第一百二十四条规定，固体废物是指在生产、生活和其他活动中产生的丧失原有利用价值或者虽未丧失利用价值但被抛弃或者放弃的固态、半固态和置于容器中的气态的物品、物质以及法律、行政法规规定纳入固体废物管理的物品、物质。经无害化加工处理，并且符合强制性国家产品质量标准，不会危害公众健康和生态安全，或者根据固体废物鉴别标准和鉴别程序认定为不属于固体废物的除外。

E2.3.1 固体废弃物排放

什么是固体废弃物排放

固体废弃物排放（solid waste discharge），或称固体废物排放，一般被认为是人类在生产、消费、生活和其他活动中产生的固态、半固态废弃物质，通过倾倒、燃烧释放等手段，扩散、放置、排出到环境中的行为。

E2.3.1.1 固体废弃物种类

什么是固体废弃物种类

固体废弃物种类（type of solid waste），依照《中华人民共和国固体废物污染环境防治法》第一百二十四条规定，包括工业固体废物、生活垃圾、建筑垃圾、农业固体废物与危险废物。

工业固体废物是指在工业生产活动中产生的固体废物；生活垃圾是指在日常生活中或者为日常生活提供服务的活动中产生的固体废物，以及法律、行政法规规定视为生活垃圾的固体废物；建筑垃圾是指建设单位、施工单位新建、改建、扩建和拆除各类建筑物、构筑物、管网等，以及居民装饰装修房屋过程中产生的弃土、弃料和其他固体废物；农业固体废物是指在农业生产活动中产生的固体废物；危险废物是指列入国家危险废物名录或者根据国家规定的危险废物鉴别标准和鉴别方法认定的具有危险特性的固体废物。

为什么要考察固体废弃物种类

考察固体废弃物的种类的主要目的为确保环境合规、优化废物管理流程、减少处理成本，并履行企业社会责任。通过了解不同废弃物的性质和处理方法，企业可以有效减少环境污染，提高资源回收利用率，同时遵守相关环保法规，避免因不当处理废弃物而产生的法律风险和负面社会影响。

怎样披露固体废弃物种类

【定性】企业披露其排放的固体废弃物种类。具体参照《一般工业固体废物贮存和填埋污染控制标准》。

为什么要披露固体废弃物种类

基于对固体废弃物的不当处理可能导致环境污染、健康风险和法律责任，客户、投资者、当地社区和政府机构等相关利益者对企业如何处理固体废弃物保持高度关注。通过有效管理固体废弃物，企业不仅能满足这些利益相关者的期望，促进可持续发展，还能建立其作为负责任和环境友好型企业的形象。

与固体废弃物种类相关的主要指导机构及法律法规、政策规范

全国人民代表大会常务委员会〔2020〕《中华人民共和国固体废物污染环境防治法》第三十六条：

——产生工业固体废物的单位应当建立健全工业固体废物产生、收集、贮存、运输、利用、处置全过程的污染环境防治责任制度，建立工业固体废物管理台账，如实记录产生工业固体废物的种类、数量、流向、贮存、利用、处置等信息，实现工业固体废物可追溯、可查询，并采取防治工业固体废物污染环境的措施。禁止向生活垃圾收集设施中投放工业固体废物。

Global Reporting Initiative〔2022〕Consolidated Set of the GRI Standards 306-3：

——The reporting organization shall report the following information：a. Total weight of waste generated in metric tons，and a breakdown of this total by composition of the waste. b. Contextual information necessary to understand the data and how the data has been compiled. Compilation requirements：2.1 When compiling the information specified in Disclosure 306-3-a，the reporting organization shall：2.1.1 exclude effluent，unless required by national legislation to be reported under total waste；2.1.2 use 1,000 kilograms as the measure for a metric ton.

——组织应报告以下信息：a. 产生的废弃物总重量（公吨），并按废弃物的成分细分。b. 理解数据及编制方法的必要背景信息。编制要求：2.1 编制披露项306-3-a 所规定的信息时，组织应：2.1.1 排除废水，除非国家法律要求在废弃物总量中报告；2.1.2 使用 1 000 公斤作为公吨的计量单位。

本指标披露等级及主要适用范围

【基础披露】适用于所有行业企业。

E2.3.1.2 固体废弃物排放许可证持有情况

什么是固体废弃物排放许可证

固体废弃物排放许可证（solid waste discharge permit），是指排污单位向环境保护行政主管部门提出申请后，环境保护行政主管部门经审查发放的允许排污单位排放一定数量固体废弃物的凭证。

向环境排放固体废弃物的企业事业单位、城镇或工业固体废弃物处理设施的运营单位及其他依法应当取得排污许可管理的其他排污单位向环境保护主管部门申请、承诺获取排污许可方可排放固体废弃物。

为什么要考察固体废弃物排放许可证持有情况

固体废弃物排放许可证是有排放需求的企业事业单位依法所持有的许可凭证，排污单位必须按期持证排污、按证排污，不得无证排污，保证排污许可证申请材料的真实性、准确性和完整性。通过考察固体废弃物排放许可证持有情况，企业可以评估自身固体废弃物排放是否符合国家标准，在标准规定限度内进行排放，确保污染物排放种类、浓度和排放量等达到许可要求，否则将承担相应的法律责任。排污许可证是对排污单位进行生态环境监管的主要依据。通过考察固体废弃物排放许可证持有情况，企业可以规范自身的排污行为，向投资者展现企业的规范化、合法化，树立绿色企业形象，促进可持续发展。

怎样披露固体废弃物排放许可证持有情况

【定性】 企业披露是否持有固体废弃物排放许可证/排污许可证。

为什么要披露固体废弃物排放许可证持有情况

披露固体废弃物排放许可证持有情况，一方面有助于加深外部利益相关者对被投资企业的废弃物排放情况的了解，增强投资者与被投资企业的商业合作信心，降低投资风险；另一方面，有助于规范固体废弃物和危险废物治理行业的污染物控制，以满足污染物排放控制的精细化、科学化管理。

与固体废弃物排放许可证持有情况相关的主要指导机构及法律法规、政策规范

全国人民代表大会常务委员会〔2015〕《中华人民共和国环境保护法》第四十五条：

——国家依照法律规定实行排污许可管理制度。实行排污许可管理的企业事业单位和其他生产经营者应当按照排污许可证的要求排放污染物；未取得排污许可证的，不得排放污染物。

全国人民代表大会常务委员会〔2020〕《中华人民共和国固体废物污染环境防治法》第三十九条：

——产生工业固体废物的单位应当取得排污许可证。排污许可的具体办法和实施步骤由国务院规定。产生工业固体废物的单位应当向所在地生态环境主管部门提供工业固体废物的种类、数量、流向、贮存、利用、处置等有关资料，以及减少工业固体废物产生、促进综合利用的具体措施,并执行排污许可管理制度的相关规定。

中华人民共和国国务院〔2021〕《排污许可管理条例》第二条:

——依照法律规定实行排污许可管理的企业事业单位和其他生产经营者(以下称排污单位),应当依照本条例规定申请取得排污许可证;未取得排污许可证的,不得排放污染物。根据污染物产生量、排放量、对环境的影响程度等因素,对排污单位实行排污许可分类管理:(一)污染物产生量、排放量或者对环境的影响程度较大的排污单位,实行排污许可重点管理;(二)污染物产生量、排放量和对环境的影响程度都较小的排污单位,实行排污许可简化管理。实行排污许可管理的排污单位范围、实施步骤和管理类别名录,由国务院生态环境主管部门拟订并报国务院批准后公布实施。制定实行排污许可管理的排污单位范围、实施步骤和管理类别名录,应当征求有关部门、行业协会、企业事业单位和社会公众等方面的意见。

中华人民共和国生态环境部〔2024〕《排污许可管理办法》第三条:

——依照法律规定实行排污许可管理的企业事业单位和其他生产经营者(以下简称排污单位),应当依法申请取得排污许可证,并按照排污许可证的规定排放污染物;未取得排污许可证的,不得排放污染物。依法需要填报排污登记表的企业事业单位和其他生产经营者(以下简称排污登记单位),应当在全国排污许可证管理信息平台进行排污登记。

本指标披露等级及主要适用范围

【建议披露】适用于产生污染排放的行业企业。

E2.3.1.3　一般固体废弃物排放量

什么是一般固体废弃物排放量

一般固体废弃物排放量(general solid waste discharge),一般被认为是企业事业单位、城镇或工业固体废弃物处理设施的运营单位所产生的固体废物排到固体废物污染防治设施、场所以外的数量,通常以每年排出的数量来表示。

为什么要考察一般固体废弃物排放量

一般固体废弃物排放量是衡量一个排污单位对环境造成影响的重要指标之一,在环保监管中,针对不同类型的排污单位,通常会制定相应的固体废弃物排放标准和限值。通过考察一般固体废弃物排放量,企业可以评估自身一般固体废弃物排放是否符合国家排放标准,企业应在标准规定限度内进行排放,确保污染物排放种类、浓度和排放量等达到许可要求,否则可能会被责令停产整改并处以高额罚款,更有甚者会承担相应的法律责任。通过考察一般固体废弃物排放量,企业可以规范自身的排污行为,评估生产中的浪费情况,优化生产工艺及流程,达到降低资源成本的效果,促进企业健康、绿色、可持续发展。

怎样披露一般固体废弃物排放量

【定量】企业披露其每年的一般固体废弃物排放量。

【计算方式】一般固体废弃物排放量＝当期应税一般固体废弃物的产生量－当期应税一般固体废弃物的综合利用量－当期应税一般固体废弃物的贮存量－当期应税一般固体废弃物的处置量。单位：吨。

为什么要披露一般固体废弃物排放量

通过披露一般固体废弃物排放量的信息，政府能够对企业的环保行为进行监管。若企业的一般固体废弃物排放量超过了规定的排放标准，政府可以对其进行处罚，以规范一般固体废弃物的污染物控制，保护环境和公众健康。公众可以通过了解企业的一般固体废弃物排放量评估企业的环保水平，并在购买、投资等决策中考虑环保因素。

与一般固体废弃物排放量相关的主要指导机构及法律法规、政策规范

全国人民代表大会常务委员会〔2020〕《中华人民共和国固体废物污染环境防治法》第三十九条：

——产生工业固体废物的单位应当取得排污许可证。排污许可的具体办法和实施步骤由国务院规定。产生工业固体废物的单位应当向所在地生态环境主管部门提供工业固体废物的种类、数量、流向、贮存、利用、处置等有关资料，以及减少工业固体废物产生、促进综合利用的具体措施，并执行排污许可管理制度的相关规定。

中华人民共和国生态环境部办公厅〔2022〕《企业环境信息依法披露格式准则》第六条：

——企业应当对遵守生态环境法律法规情况、生态环境行政许可变更情况、污染物排放以及碳排放情况等进行摘要说明，包括但不限于以下信息：（一）年度生态环境行政许可变更，包括新获得、变更、延续、撤销和正在申请等情况；（二）年度主要污染物排放和碳排放情况，包括各种污染物的实际排放量，工业固体废物和危险废物的产生量及利用处置量，有毒有害物质的排放量，碳排放量等；（三）年度受到的生态环境行政处罚、司法判决等情况。

上海证券交易所〔2023〕《上海证券交易所上市公司自律监管指引第 1 号——规范运作》8.9：

——上市公司可以根据自身实际情况，在公司年度社会责任报告中披露或者单独披露如下环境信息：……（四）公司排放污染物种类、数量、浓度和去向；……

深圳证券交易所〔2023〕《深圳证券交易所上市公司自律监管指引第 1 号——主板上市公司规范运作》8.7：

——上市公司可以根据自身实际情况，在公司年度社会责任报告中披露或者单独披露如下环境信息：……（四）公司排放污染物种类、数量、浓度和去向；……

Global Reporting Initiative〔2022〕Consolidated Set of the GRI Standards 306-3：

——The reporting organization shall report the following information：a. Total weight of waste generated in metric tons, and a breakdown of this total by composition of the waste. b. Contextual information necessary to understand the data and how the data has been compiled. Compilation requirements：2.1 When compiling the information specified in Disclosure 306-3-a, the reporting organization shall：2.1.1 exclude effluent, unless required by national legislation to be reported under total waste; 2.1.2 use 1,000 kilograms as the measure for a metric ton.

——组织应报告以下信息：a. 产生的废弃物总重量（公吨），并按废弃物的成分细分。b. 理解数据及编制方法的必要背景信息。编制要求：2.1 编制披露项306-3-a 所规定的信息时，组织应：2.1.1 排除废水，除非国家法律要求在废弃物总量中报告；2.1.2 使用1 000公斤作为公吨的计量单位。

本指标披露等级及主要适用范围

【基础披露】 适用于所有行业企业。

E2.3.1.4 一般固体废弃物处置量

什么是一般固体废弃物处置

一般固体废弃物处置（general solid waste disposal），依照《中华人民共和国固体废物污染环境防治法》第一百二十四条，是指将固体废物焚烧和用其他改变固体废物的物理、化学、生物特性的方法，达到减少已产生的固体废物数量、缩小固体废物体积、减少或者消除其危险成分的活动，或者将固体废物最终置于符合环境保护规定要求的填埋场的活动。

为什么要考察一般固体废弃物处置量

企业考察一般固体废弃物处置量是为了有效管理环境影响、控制运营成本、确保合规并提升企业形象。通过监测和分析废弃物产生量，企业可以识别减少废物、提高资源回收和再利用的机会，从而减少处置成本和环境足迹。同时，这也帮助企业遵守相关环境法规，避免因违规而产生的罚款或法律责任。此外，有效的废物管理体现了企业的社会责任，有助于提升其在公众和利益相关者中的声誉。

怎样披露一般固体废弃物处置量

【定量】 企业披露一般工业固体废物的处理情况。具体参照《一般工业固体废物贮存和填埋污染控制标准》。单位：吨。

为什么要披露一般固体废弃物处置量

基于利益相关者的视角，企业披露一般固体废弃物处置量是为了展现透明度和负责任的态度，增强公众、投资者、客户和监管机构对企业的信任和支持。这种披露有助于利益相关者评估企业的环境绩效和可持续性实践，确保其符合环保法规和社会责任标准。透明的信息公开还能促进企业内部对环境影响的关注和改进，同时提升企业品牌形象，吸引环境意识较强的消费者和投资者。

与一般固体废弃物处置量相关的主要指导机构及法律法规、政策规范

全国人民代表大会常务委员会〔2020〕《中华人民共和国固体废物污染环境防治法》第三十六条：

——产生工业固体废物的单位应当建立健全工业固体废物产生、收集、贮存、运输、利用、处置全过程的污染环境防治责任制度，建立工业固体废物管理台账，如实记录产生工业固体废物的种类、数量、流向、贮存、利用、处置等信息，实现工业固体废物可追溯、可查询，并采取防治工业固体废物污染环境的措施。禁止向生活垃圾收集设施中投放工业固体废物。

国务院国有资产监督管理委员会〔2023〕《央企控股上市公司 ESG 专项报告参考指标体系》E.2.3.3：

——一般工业固废处置量

指标性质：定量

披露等级：建议披露

指标说明：描述公司一般工业固废的处理情况，以吨计；可参照最新版国家标准《一般工业固体废物贮存、处置场污染控制标准》

本指标披露等级及主要适用范围

【基础披露】 适用于所有行业企业。

E2.3.1.5　固体废弃物排放达标情况

什么是固体废弃物排放达标情况

固体废弃物排放达标情况（status of compliance with solid waste disposal standards），一般被认为是企业事业单位、城镇或工业固体废弃物处理设施的运营单位符合固体废弃物排放标准，准许申请排污许可证，并依照排污许可证排放固体废弃污染物的情况。

为什么要考察固体废弃物排放达标情况

通过考察固体废弃物排放达标情况，企业可以评估自身固体废弃物排放是否符合国家标准，企业应在标准规定限度内进行排放，确保污染物排放种类、浓度和排放量等达到许可要求，否则将承担相应的法律责任。固体废弃物排放达标是评价一个排污单位能否落实环保责任、保证环境安全的重要指标之一。固体废弃物排放达标，可以增强企业社会责任感，树立企业绿色环保形象，展示企业的环保意识和可持续发展能力，提高企业在市场中的竞争力。

怎样披露固体废弃物排放达标情况

【定性】企业披露是否符合《一般工业固体废物贮存和填埋污染控制标准》国家标准或相应行业标准固体废物处理处置或污染控制等标准要求，以及确定达标的依据。

为什么要披露固体废弃物排放达标情况

披露固体废弃物排放达标情况的信息，有助于加深外部利益相关者对被投资企业的废弃物排放情况的了解，增强对被投资企业的合作或投资信心，降低投资风险。政府可以通过企业的固体废弃物排放达标情况对其环保工作进行评估和监管，以促进企业健康发展，保护和改善生态环境。

与固体废弃物排放达标情况相关的主要指导机构及法律法规、政策规范

中华人民共和国生态环境部〔2022〕《企业环境信息依法披露管理办法》第十二条、第十三条：

——企业年度环境信息依法披露报告应当包括以下内容：（一）企业基本信息，包括企业生产和生态环境保护等方面的基础信息；（二）企业环境管理信息，包括生态环境行政许可、环境保护税、环境污染责任保险、环保信用评价等方面的信息；（三）污染物产生、治理与排放信息，包括污染防治设施，污染物排放，有毒有害物质排放，工业固体废物和危险废物产生、贮存、流向、利用、处置，自行监测等方面的信息；（四）碳排放信息，包括排放量、排放设施等方面的信息；（五）生态环境应急信息，包括突发环境事件应急预案、重污染天气应急响应等方面的信息；（六）生态环境违法信息；（七）本年度临时环境信息依法披露情况；（八）法律法规规定的其他环境信息。

——重点排污单位披露年度环境信息时，应当披露本办法第十二条规定的环境信息。

中华人民共和国生态环境部办公厅〔2022〕《企业环境信息依法披露格式准则》第六条：

——企业应当对遵守生态环境法律法规情况、生态环境行政许可变更情况、污染物排放以及碳排放情况等进行摘要说明，包括但不限于以下信息：（一）年度生态环境行政许可变更，包括新获得、变更、延续、撤销和正在申请等情况；（二）年度主要污染物排放和碳排放情况，包括各种污染物的实际排放量，工业固体废物和危险废物的产生量及利用处置量，有毒有害物质的排放量，碳排放量等；（三）年度受到的生态环境行政处罚、司法判决等情况。

全国人民代表大会常务委员会〔2020〕《中华人民共和国固体废物污染环境防治法》第三十六条：

——产生工业固体废物的单位应当建立健全工业固体废物产生、收集、贮存、运输、利用、处置全过程的污染环境防治责任制度，建立工业固体废物管理台账，如实记录产生工业固体废物的种类、数量、流向、贮存、利用、处置等信息，实现工业固体废物可追溯、可查询，并采取防治工业固体废物污染环境的措施。禁止向生活垃圾收集设施中投放工业固体废物。

全国人民代表大会常务委员会〔2015〕《中华人民共和国环境保护法》第五十五条：

——重点排污单位应当如实向社会公开其主要污染物的名称、排放方式、排放浓度和总量、超标排放情况，以及防治污染设施的建设和运行情况，接受社会监督。

本指标披露等级及主要适用范围

【基础披露】企业需满足固体废弃物处置基本要求，特定行业需满足行业要求。

E2.3.1.6 固体废弃物排放强度

什么是固体废弃物排放强度

固体废弃物排放强度（solid waste discharge intensity），一般被认为是单位时间内，企业事业单位、城镇或工业固体废弃物处理设施的运营单位所产生的固体废物排到固体废物污染防治设施、场所以外的数量。它通常用于衡量一个企业的环境影响程度，也可以用于评估企业的环保水平和可持续发展性能。

为什么要考察固体废弃物排放强度

固体废弃物排放强度是衡量一个排污单位对环境造成影响的重要指标之一，在环保监管中，针对不同类型的排污单位，通常会制定相应的固体废弃物排放标准和限值。通过考察固体废弃物排放强度，企业可以评估自身固体废弃物排放是否符合国家排放标准，企业应在标准规定限度内进行排放，确保固体废弃物排放种类、浓度和排放量等达到许可要求，否则可能会被责令停产整改并处以高额罚款，更有甚者会承担相应的法律责任。同时，降低固体废弃物排放强度，优化生产工艺及流程，能够达到降低资源成本的效果，提高企业健康、绿色品牌形象，增强民众信任度，吸引投资者。

怎样披露固体废弃物排放强度

【定量】企业披露固体废弃物排放强度。

【计算方式】固体废弃物排放强度＝固体废弃物的排放量÷当期营业收入。单位：吨/万元。

为什么要披露固体废弃物排放强度

通过披露固体废弃物排放强度的信息，政府可以对企业的环保工作进行评估、监督和管理，规范企业排污行为，制定切实可行的减排政策，减少管理区域内固体污染物的排放，改善环境质量，促进可持续发展。通过披露固体废弃物排放强度的信息，公众可以更加全面地了解企业的环保行为，监督企业固体废弃物排放行为，从而促使企业为降低固体废弃物优化工艺流程，提高环境质量，促进公众健康生活和发展。

与固体废弃物排放强度相关的主要指导机构及法律法规、政策规范

全国人民代表大会常务委员会〔2015〕《中华人民共和国环境保护法》第五十五条：

——重点排污单位应当如实向社会公开其主要污染物的名称、排放方式、排放浓度和总量、超标排放情况，以及防治污染设施的建设和运行情况，接受社会监督。

中华人民共和国国务院〔2021〕《排污许可管理条例》第二条：

——……根据污染物产生量、排放量、对环境的影响程度等因素，对排污单位实行排污许可分类管理：（一）污染物产生量、排放量或者对环境的影响程度较大的排污单位，实行排污许可重点管理；（二）污染物产生量、排放量和对环境的影响程度都较小的排污单位，实行排污许可简化管理。……

本指标披露等级及主要适用范围

【建议披露】适用于所有行业企业。

E2.3.1.7　固体废弃物减排量

什么是固体废弃物减排量

固体废弃物减排量（solid waste reduction），一般被认为是在一定时期内通过采取技术措施或管理措施等方式，使固体废弃物排放量较没有采取减排措施的基准排放量所减少的数量。依照《中华人民共和国环境保护法》第二十二条，企业事业单位和其他生产经营者，在污染物排放符合法定要求的基础上，进一步减少污染物排放的，人民政府应当依法采取财政、税收、价格、政府采购等方面的政策和措施予以鼓励和支持。

为什么要考察固体废弃物减排量

固体废弃物减排量是衡量一个排污单位对环境造成影响的重要指标之一。通过考察企业在特定时间段内的固体废弃物减排量，监管机构、投资者与广大的社会公众能够对企业是否积极践行环境保护的责任、履行可持续发展承诺进行评估。同时有助于企业规范自身的排污行为，优化废弃物处理工艺及流程，提高资源利用率，树立健康、绿色、可持续发展的优秀企业形象。

怎样披露固体废弃物减排量

【定量】企业披露固体废弃物减排量。

【计算方式】固体废弃物减排量＝固体废弃物基准排放量－实际固体废弃物排放量。单位：吨。

为什么要披露固体废弃物减排量

通过固体废弃物减排量的信息，政府能够更好地了解企业排污量的变化趋势，检

验企业工艺处理流程是否有效，评估企业的环保水平，落实排污单位主体责任，保障环境及民众健康。公众可以通过固体废弃物减排量了解企业是否有效地提升固体废弃物处理水平，进而支持积极履行社会与环境责任的企业。

与固体废弃物减排量相关的主要指导机构及法律法规、政策规范

全国人民代表大会常务委员会〔2015〕《中华人民共和国环境保护法》第二十二条：

——企业事业单位和其他生产经营者，在污染物排放符合法定要求的基础上，进一步减少污染物排放的，人民政府应当依法采取财政、税收、政府采购等方面的政策和措施予以鼓励和支持。

全国人民代表大会常务委员会〔2020〕《中华人民共和国固体废物污染环境防治法》第四条、第五条：

——固体废物污染环境防治坚持减量化、资源化和无害化的原则。任何单位和个人都应当采取措施，减少固体废物的产生量，促进固体废物的综合利用，降低固体废物的危害性。

——固体废物污染环境防治坚持污染担责的原则。产生、收集、贮存、运输、利用、处置固体废物的单位和个人，应当采取措施，防止或者减少固体废物对环境的污染，对所造成的环境污染依法承担责任。

中华人民共和国财政部〔2010〕《企业内部控制应用指引第 4 号——社会责任》第十三条：

——企业应当重视生态保护，加大对环保工作的人力、物力、财力的投入和技术支持，不断改进工艺流程，降低能耗和污染物排放水平，实现清洁生产。企业应当加强对废气、废水、废渣的综合治理，建立废料回收和循环利用制度。

本指标披露等级及主要适用范围

【建议披露】适用于所有行业企业。

E2.3.2　固体废弃物治理

什么是固体废弃物治理

固体废弃物治理（treatment of solid waste），或称固体废弃物管理，一般被认为是政府与社会共同处理固体废弃物事务的所有方式方法与行动的总和，需要政府、社会及社会各利益相关者之间良性互动，坚持"政府引导、市场导向、分级处理、逐级减量，因地制宜、多措并举，社会自治、注重绩效"的指导原则，发挥政府的宏观管理作用，发挥社会的自我管理作用，发挥自然规律、社会规律和经济规律等客观规律的作用，妥善处理固体废弃物事务，保护资源环境，保障生产生活安全，维护社会秩序、效率、正义与公平，促进和谐社会和循环型社会建设，为社会经济可持续发展服

务。根据《中华人民共和国固体废物污染环境防治法》第九条，国务院生态环境主管部门对全国固体废物污染环境防治工作实施统一监督管理。

E2.3.2.1 企业固体废弃物治理办法

什么是企业固体废弃物治理办法

企业固体废弃物治理办法（measures for enterprise solid waste treatment），一般被认为是泛指企业事业单位、城镇或工业固体废弃物处理设施的运营单位为规范管理运输、贮存、利用、处置固体废弃物，其自身制定的且仅针对企业内部的制度。企业固体废弃物治理办法一般包含与固体废弃物排放有关的法律法规、政策要求、行业标准、人员管理、企业管理运行标准等。

为什么要考察企业固体废弃物治理办法

通过考察企业固体废弃物治理办法，企业可以规范固体废弃物控制，减少固体废弃物的产生，评估生产中的浪费情况，降低运行成本，优化生产工艺及流程，促进企业健康、绿色、可持续发展。此外，企业可以评估自身对固体废弃物的运输、贮存、利用或处置等环节是否符合国家标准，以确保在标准规定限度内运行。企业也可以通过此办法明确企业内部各部门工作职责，避免因工作重复或分配不均，降低员工工作效率。

怎样披露企业固体废弃物治理办法

【定性】企业披露在一般工业固废管理和减量化方面的相关措施和效果等，比如管理办法名称、实施时间、相关条款内容等。

为什么要披露企业固体废弃物治理办法

通过企业固体废弃物治理办法的信息，政府能够对企业的环保行为进行监管。若企业的固体废弃物治理出现问题，不符合国家标准，政府可以对其进行处罚，以规范固体废弃物和危险废物治理行业的污染物控制，保护环境和公众健康。此外，也有助于提高企业公开信息透明度，促进公众对企业的认识，评估企业的环保水平，从而在购买、投资等行为中做出更明智的决策。

与企业固体废弃物治理办法相关的主要指导机构及法律法规、政策规范

全国人民代表大会常务委员会〔2020〕《中华人民共和国固体废物污染环境防治法》第二十九条、第三十六条：

——设区的市级人民政府生态环境主管部门应当会同住房城乡建设、农业农村、卫生健康等主管部门，定期向社会发布固体废物的种类、产生量、处置能力、利用处置状况等信息。产生、收集、贮存、运输、利用、处置固体废物的单位，应当依法及时公开固体废物污染环境防治信息，主动接受社会监督。利用、处置固体废物的单位，应当依法向公众开放设施、场所，提高公众环境保护意识和参与程度。

——产生工业固体废物的单位应当建立健全工业固体废物产生、收集、贮存、运输、利用、处置全过程的污染环境防治责任制度，建立工业固体废物管理台账，如实记录产生工业固体废物的种类、数量、流向、贮存、利用、处置等信息，实现工业固体废物可追溯、可查询，并采取防治工业固体废物污染环境的措施。禁止向生活垃圾收集设施中投放工业固体废物。

国务院国有资产监督管理委员会〔2023〕《央企控股上市公司 ESG 专项报告参考指标体系》E.2.3.2：

——一般工业固废管理

指标性质：定性/定量

披露等级：建议披露

指标说明：描述公司在一般工业固废管理和减量化方面的相关措施和效果等

Global Reporting Initiative〔2022〕Consolidated Set of the GRI Standards 306-2：

——The reporting organization shall report the following information：a. Actions, including circularity measures, taken to prevent waste generation in the organization's own activities and upstream and downstream in its value chain，and to manage significant impacts from waste generated. b. If the waste generated by the organization in its own activities is managed by a third party，a description of the processes used to determine whether the third party manages the waste in line with contractual or legislative obligations. c. The processes used to collect and monitor waste-related data.

——组织应报告以下信息：a. 组织为预防在自身活动及价值链上、下游产生废弃物，以及管理所产生废弃物的重大影响而采取的行动，包括循环措施。b. 如果组织自身活动产生的废弃物由第三方管理，说明组织采取了何种流程，以确定第三方是否根据合约或法律义务来管理废弃物。c. 用于收集和监测废弃物相关数据的流程。

European Financial Reporting Advisory Group〔2022〕ESRS E2 Pollution E2-1：

——The undertaking shall disclose its policies implemented to manage its material impacts，risks and opportunities related to pollution prevention and control.

——企业应披露其为管理其与污染预防和控制相关的物质影响、风险和机遇而实施的政策。

本指标披露等级及主要适用范围

【建议披露】适用于所有行业企业。

E2.3.2.2 固体废弃物处理设施情况

什么是固体废弃物处理设施

固体废弃物处理设施（solid waste disposal facilities），一般被认为是通过物理、

化学、生物、物化及生化方法把固体废弃物转化为适于运输、贮存、利用或处置的物质的工程设施。根据固体废弃物产生的源头和对环境的危害程度，固体废弃物处理的主要设施通常可分为生活垃圾处理设施、一般工业固体废物处理设施、危险废物处理设施三大类。

为什么要考察固体废弃物处理设施情况

固体废弃物处理设施情况是评价一个排污单位能否落实环保责任、保证环境安全的重要指标之一。通过考察固体废弃物处理设施情况，企业可以评估自身固体废弃物处理设施是否需要更新迭代，是否符合国家标准，避免因固体废弃物处理设施不符合要求违反法律法规，承担法律责任。建设固体废弃物处理设施，企业可以在长期经营中降低自身运营成本，通过回收和再利用固体废弃物，减少固体废弃物排放量，降低企业的排污费用。

怎样披露固体废弃物处理设施情况

【定性】产生、收集、贮存、运输、利用、处置固体废弃物的单位，应当依法向公众开放设施、场所，及时公开固体废弃物污染环境防治信息，主动接受社会监督。

为什么要披露固体废弃物处理设施情况

通过固体废弃物处理设施情况的信息，政府能够对企业的环保行为进行监管，落实排污单位主体责任，保障环境及民众健康。公众可以通过了解企业的固体废弃物处理设施情况了解企业环境保护方面的信息，评估企业的环保水平，从而在购买、投资中考虑环保因素，做出更加明智的决策。

与固体废弃物处理设施情况相关的主要指导机构及法律法规、政策规范

全国人民代表大会常务委员会〔2015〕《中华人民共和国环境保护法》第四十一条、第五十五条：

——建设项目中防治污染的设施，应当与主体工程同时设计、同时施工、同时投产使用。防治污染的设施应当符合经批准的环境影响评价文件的要求，不得擅自拆除或者闲置。

——重点排污单位应当如实向社会公开其主要污染物的名称、排放方式、排放浓度和总量、超标排放情况，以及防治污染设施的建设和运行情况，接受社会监督。

全国人民代表大会常务委员会〔2020〕《中华人民共和国固体废物污染环境防治法》第十九条：

——收集、贮存、运输、利用、处置固体废物的单位和其他生产经营者，应当加强对相关设施、设备和场所的管理和维护，保证其正常运行和使用。

中华人民共和国生态环境部〔2022〕《企业环境信息依法披露管理办法》第十二条、第十三条：

——企业年度环境信息依法披露报告应当包括以下内容：……（三）污染物

产生、治理与排放信息，包括污染防治设施，污染物排放，有毒有害物质排放，工业固体废物和危险废物产生、贮存、流向、利用、处置，自行监测等方面的信息；……

——重点排污单位披露年度环境信息时，应当披露本办法第十二条规定的环境信息。

中华人民共和国生态环境部办公厅〔2022〕《企业环境信息依法披露格式准则》第十二条：

——企业应当披露安装和运行的全部污染防治设施信息：（一）污染防治设施的名称、对应的产污环节、处理的污染物、对应排污口的名称、编号；（二）年度非正常运行的设施名称、排放的污染物、次数、日期及时长、主要原因；（三）污染防治设施由第三方负责运行维护的应当提供运维方信息。

本指标披露等级及主要适用范围

【**基础披露**】适用于所有行业企业。

E2.4 危险废弃物排放与处理

什么是危险废弃物

危险废弃物（hazardous waste），或称有害废弃物，一般被认为是对人体健康或环境造成现实危害或潜在危害的废弃物。依照《中华人民共和国固体废物污染环境防治法》第九章第一百二十四条，危险废物，是指列入国家危险废物名录或者根据国家规定的危险废物鉴别标准和鉴别方法认定的具有危险特性的固体废物。

E2.4.1 危险废弃物排放

什么是危险废弃物排放

危险废弃物排放（emissions of hazardous waste），一般被认为是产生、处理、存储或处置可能对人类健康或环境构成威胁的废弃物的过程。这些废弃物可能包含有害的化学物质、重金属、放射性物质，或其他具有毒性、腐蚀性、易燃性或反应性特性的物质。

E2.4.1.1 危险废弃物种类

什么是危险废弃物种类

危险废弃物种类（type of hazardous waste），依照《国家危险废物名录（2021年版）》第五条规定，是指在《控制危险废物越境转移及其处置巴塞尔公约》划定的类别基础上，结合我国实际情况对危险废物进行的分类。依照《中华人民共和国固体废物污染环境防治法》第六章第七十五条规定，国务院生态环境主管部门应当会同国务院有关部门制定国家危险废物名录，规定统一的危险废物鉴别标准、鉴别方法、识别标志和鉴别单位管理要求。国家危险废物名录应当动态调整。国务院生态环境主管部门根据危险废物的危害特性和产生数量，科学评估其环境风险，实施分级分类管理，建立信息化监管体系，并通过信息化手段管理、共享危险废物转移数据和信息。

为什么要考察危险废弃物种类

通过考察危险废弃物种类，企业能够对自身产生的危险废弃物有更加精细化的了解，从而可以依据危险废弃物不同种类的特点制定适宜的处置方法，降低因触犯法律和政策法规而承担法律和行政责任的风险；此外，危险废弃物与企业的安全相关，明确危险废弃物种类是进行合规处置的前提，有助于保障企业稳定的经营环境，推动企业健康、良性发展。

怎样披露危险废弃物种类

【定性】企业披露危险废弃物的种类，参照《危险废物贮存污染控制标准》。

为什么要披露危险废弃物种类

生态环境保护的公共属性引发了对企业环境信息披露的外部合规性需要。对于投资者而言，企业披露危险废弃物种类的信息有助于投资者更好地观察被投资企业的相关经营情况是否符合法律法规标准，以及被投资企业潜在的环境风险情况，进而有助于做出更合理的投资决策。对于政府而言，企业主动披露危险废弃物种类的信息，有助于政府更进一步掌握全社会危险废弃物情况，评估可能对社会带来的有害性风险，有助于保障社会稳定与人民安全。

与危险废弃物种类相关的主要指导机构及法律法规、政策规范

全国人民代表大会常务委员会〔2015〕《中华人民共和国环境保护法》第五十五条：

——重点排污单位应当如实向社会公开其主要污染物的名称、排放方式、排放浓度和总量、超标排放情况，以及防治污染设施的建设和运行情况，接受社会监督。

全国人民代表大会常务委员会〔2020〕《中华人民共和国固体废物污染环境防治法》第七十五条：

——国务院生态环境主管部门应当会同国务院有关部门制定国家危险废物名录，规定统一的危险废物鉴别标准、鉴别方法、识别标志和鉴别单位管理要求。国家危险废物名录应当动态调整。国务院生态环境主管部门根据危险废物的危害特性和产生数量，科学评估其环境风险，实施分级分类管理，建立信息化监管体系，并通过信息化手段管理、共享危险废物转移数据和信息。

中华人民共和国生态环境部〔2018〕《关于坚决遏制固体废物非法转移和倾倒进一步加强危险废物全过程监管的通知》五、建立健全监管长效机制：

——（一）完善源头严防、过程严管、后果严惩监管体系。地方各级生态环境部门要根据本地区产业结构，对照《国家危险废物名录（2016年版）》，对重点建设项目环评报告书（表）中危险废物种类、数量、污染防治措施等开展技术校核，对环评报告书（表）中存在弄虚作假的环评机构及行政审批人员，依法依规予以惩处，并督促相关责任方采取措施予以整改。各省级生态环境部门要结合排污许可制度改革工作安排，鼓励有条件的地方和行业开展固体废物纳入排污许可管理试点。各省级生态环境部门要结合省以下环保机构监测监察执法垂直管理制度改革，落实环境执法机构对固体废物日常执法职责，将固体废物纳入环境执法"双随机"计划，加大抽查力度，严厉打击非法转移、倾倒、处置固体废物行为。……

上海证券交易所〔2024〕《上海证券交易所上市公司自律监管指引第14号——可持续发展报告（试行）》第三十一条：

——披露主体报告期内生产经营活动产生的废弃物对环境产生重大影响的，应当披露报告期内产生的废弃物的基本情况：（一）产生的有害废弃物、无害废弃物的总量（以吨计算）及密度（如以单位营收、单位产量、每项设施计算）；（二）有害废弃物、无害废弃物的处理方法、处置情况；（三）废弃物减排目标及为达到目标所采取的具体措施。

深圳证券交易所〔2024〕《深圳证券交易所上市公司自律监管指引第17号——可持续发展报告（试行）》第三十一条：

——披露主体报告期内生产经营活动产生的废弃物对环境产生重大影响的，应当披露报告期内产生的废弃物的基本情况：（一）产生的有害废弃物、无害废弃物的总量（以吨计算）及密度（如以单位营收、单位产量、每项设施计算）；（二）有害废弃物、无害废弃物的处理方法、处置情况；（三）废弃物减排目标及为达到目标所采取的具体措施。

香港交易所〔2023〕《环境、社会及管治报告指引》A1.1：

——排放物种类及相关排放数据。

London Stock Exchange〔2019〕ESG Disclosure Score 8.3：

——Disclosure of three years of hazardous waste generation（tonnes）. This refers to substances released to land and water only: those released to air such as Green House Gases, SOx & NOx should be reported separately. Hazardous waste is usually treated/diverted for treatment（sometimes it is clinical waste which is incinerated）and disposed of separately to other wastes. Clarity and transparency is vital in your disclosure, being as specific as possible, reflecting recognised categories of hazardous waste.

——披露三年危险废弃物产生量（吨）。这是指仅释放到陆地和水中的物质：释放到空气中的物质，如温室气体、硫氧化物和氮氧化物，应单独报告。危险废物通常被处理/转移处理（有时是焚烧的医疗废弃物），并与其他废弃物分开处理。在您的披露中，清晰和透明至关重要，尽可能具体，反映公认的危险废弃物类别。

Global Reporting Initiative〔2022〕Consolidated Set of the GRI Standards 306-3：

——The reporting organization shall report the following information：a. Total weight of waste generated in metric tons, and a breakdown of this total by composition of the waste. b. Contextual information necessary to understand the data and how the data has been compiled. Compilation requirements：2.1 When compiling the information specified in Disclosure 306-3-a, the reporting organization shall：2.1.1 exclude effluent, unless required by national legislation to be reported under total waste；2.1.2 use 1,000 kilograms as the measure for a metric ton.

——组织应报告以下信息：a. 产生的废弃物总重量（公吨），并按废弃物的成分细分。b. 理解数据及编制方法的必要背景信息。编制要求：2.1 编制披露项 306-3-a 所规定的信息时，组织应：2.1.1 排除废水，除非国家法律要求在废弃物总量中报告；2.1.2 使用 1 000 公斤作为公吨的计量单位。

European Financial Reporting Advisory Group〔2022〕ESRS E5 Resource Use and Circular Economy E5-5, 38：

——The undertaking shall disclose the following information on its total amount of waste on its own operations at the reporting period, in tonnes or kilogrammes：(a) the total amount of waste generated；(b) for each type of hazardous and non-hazardous waste, the amount by weight diverted from disposal by recovery operation type and the total amount summing all three types. The recovery operation types to be reported on are：i. preparation for reuse；ii. recycling；and iii. other recovery operations；(c) for each type of hazardous and non-hazardous waste, the amount by weight directed to disposal by waste treatment type and the total amount summing all three types. The waste treatment types to be disclosed are：i. incineration；ii. land filling；and iii. other disposal operations；(d) the total amount and percentage of non-recycled waste.

——企业应披露以下信息，说明其在报告期内自行处理的废弃物总量，单位为吨或公斤：(a) 产生的废弃物总量。(b) 对于每种类型的危险废弃物和非危险废弃物，按回收作业类型从处置中转移的重量，以及所有三种类型的总量。要报告的回收作业类型有：i. 为重复使用做准备；ii. 回收利用；以及 iii. 其他回收作业。(c) 对于每种类型的危险废弃物和非危险废弃物，按废弃物处理类型以重量计算的处置量以及所有三种类型的总量。要公开的废弃物处理类型有：i. 焚化 ii. 填土；以及 iii. 其他处置作业。(d) 未回收废弃物的总量和百分比。

本指标披露等级及主要适用范围

【基础披露】适用于产生危险废弃物的行业企业。

E2.4.1.2 危险废弃物排放量

什么是危险废弃物排放量

危险废弃物排放量（hazardous waste discharge），一般被认为是在一定时间内，由工业、农业、医疗、科研等活动产生并排放到环境中的危险废弃物的总量。这些废弃物由于其化学、物理或生物特性，可能对环境和人类的健康构成威胁。依照《中华人民共和国固体废物污染环境防治法》第六章第七十八条规定，产生危险废物的单位，应当按照国家有关规定制定危险废物管理计划；建立危险废物管理台账，如实记录有关信息，并通过国家危险废物信息管理系统向所在地生态环境主管部门申报危险废物的种类、产生量、流向、贮存、处置等有关资料。

为什么要考察危险废弃物排放量

危险废弃物排放量是衡量一个排污单位对环境造成影响的重要指标之一，在环保监管中，通常会制定相应的危险废弃物排放标准和限值。通过考察危险废弃物排放量，企业可以评估自身危险废弃物排放是否符合国家排放标准，企业应在标准规定限度内进行排放，确保污染物排放种类、浓度和排放量等达到许可要求，否则可能会被责令停产整改并处以高额罚款，更有甚者会承担相应的法律责任。

怎样披露危险废弃物排放量

【定量】企业披露危险废弃物的排放量，以吨计。

【计算方式】可参照《危险废物贮存污染控制标准》。

为什么要披露危险废弃物排放量

通过披露危险废弃物排放量的信息，政府能够对企业的环保行为进行监管。若企业的危险废弃物排放量超过了规定的排放标准，政府可以对其进行处罚，以规范危险废物治理行业的污染物控制，保护环境和公众健康。公众可以通过了解企业的危险废弃物排放量评估企业的环保水平，并在购买、投资等决策中考虑环保因素。

与危险废弃物排放量相关的主要指导机构及法律法规、政策规范

全国人民代表大会常务委员会〔2015〕《中华人民共和国环境保护法》第五十五条：

——重点排污单位应当如实向社会公开其主要污染物的名称、排放方式、排放浓度和总量、超标排放情况，以及防治污染设施的建设和运行情况，接受社会监督。

全国人民代表大会常务委员会〔2020〕《中华人民共和国固体废物污染环境防治法》第七十八条：

——产生危险废物的单位，应当按照国家有关规定制定危险废物管理计划；

建立危险废物管理台账，如实记录有关信息，并通过国家危险废物信息管理系统向所在地生态环境主管部门申报危险废物的种类、产生量、流向、贮存、处置等有关资料。前款所称危险废物管理计划应当包括减少危险废物产生量和降低危险废物危害性的措施以及危险废物贮存、利用、处置措施。危险废物管理计划应当报产生危险废物的单位所在地生态环境主管部门备案。产生危险废物的单位已经取得排污许可证的，执行排污许可管理制度的规定。

中华人民共和国生态环境部〔2018〕《关于坚决遏制固体废物非法转移和倾倒进一步加强危险废物全过程监管的通知》五、建立健全监管长效机制：

——（一）完善源头严防、过程严管、后果严惩监管体系。地方各级生态环境部门要根据本地区产业结构，对照《国家危险废物名录（2016年版）》，对重点建设项目环评报告书（表）中危险废物种类、数量、污染防治措施等开展技术校核，对环评报告书（表）中存在弄虚作假的环评机构及行政审批人员，依法依规予以惩处，并督促相关责任方采取措施予以整改。各省级生态环境部门要结合排污许可制度改革工作安排，鼓励有条件的地方和行业开展固体废物纳入排污许可管理试点。各省级生态环境部门要结合省以下环保机构监测监察执法垂直管理制度改革，落实环境执法机构对固体废物日常执法职责，将固体废物纳入环境执法"双随机"计划，加大抽查力度，严厉打击非法转移、倾倒、处置固体废物行为。……

上海证券交易所〔2024〕《上海证券交易所上市公司自律监管指引第14号——可持续发展报告（试行）》第三十一条：

——披露主体报告期内生产经营活动产生的废弃物对环境产生重大影响的，应当披露报告期内产生的废弃物的基本情况：（一）产生的有害废弃物、无害废弃物的总量（以吨计算）及密度（如以单位营收、单位产量、每项设施计算）；（二）有害废弃物、无害废弃物的处理方法、处置情况；（三）废弃物减排目标及为达到目标所采取的具体措施。

深圳证券交易所〔2024〕《深圳证券交易所上市公司自律监管指引第17号——可持续发展报告（试行）》第三十一条：

——披露主体报告期内生产经营活动产生的废弃物对环境产生重大影响的，应当披露报告期内产生的废弃物的基本情况：（一）产生的有害废弃物、无害废弃物的总量（以吨计算）及密度（如以单位营收、单位产量、每项设施计算）；（二）有害废弃物、无害废弃物的处理方法、处置情况；（三）废弃物减排目标及为达到目标所采取的具体措施。

香港交易所〔2023〕《环境、社会及管治报告指引》A1.1：

——排放物种类及相关排放数据。

London Stock Exchange〔2019〕ESG Disclosure Score 8.3：

——Disclosure of three years of hazardous waste generation (tonnes). This refers to substances released to land and water only; those released to air such as Green House Gases, SOx & NOx should be reported separately. Hazardous waste is usually treated/diverted for treatment (sometimes it is clinical waste which is incinerated) and disposed of separately to other wastes. Clarity and transparency is vital in your disclosure, being as specific as possible, reflecting recognised categories of hazardous waste.

——披露三年危险废物产生量（吨）。这是指仅释放到陆地和水中的物质；释放到空气中的物质，如温室气体、硫氧化物和氮氧化物，应单独报告。危险废物通常被处理/转移处理（有时是焚烧的医疗废物），并与其他废物分开处理。在您的披露中，清晰和透明至关重要，尽可能具体，反映公认的危险废物类别。

Singapore Exchange〔2023〕Starting with a Common Set of Core ESG Metrics 1：

——Metric：Total waste generated

Unit：t

Framework Alignment：GRI 306-3, SASB 150, TCFD, WEF expanded metrics

Description：Total weight of waste generated, in metric tons (t), within organization and where possible, to include relevant information of waste composition (e.g. hazardous vs non-hazardous, recycled vs non-recycled).

——指标名称：废弃物总量

单位：公吨

框架体系：GRI 306-3、SASB 150、TCFD、WEF 扩展指标

描述：企业内产生的废弃物的总量，单位为公吨（t），并尽可能披露废弃物的相关信息（例如危险与非危险、回收与非回收）。

Global Reporting Initiative〔2022〕Consolidated Set of the GRI Standards 306-3：

——The reporting organization shall report the following information: a. Total weight of waste generated in metric tons, and a breakdown of this total by composition of the waste. b. Contextual information necessary to understand the data and how the data has been compiled. Compilation requirements: 2.1 When compiling the information specified in Disclosure 306-3-a, the reporting organization shall: 2.1.1 exclude effluent, unless required by national legislation to be reported under total waste; 2.1.2 use 1,000 kilograms as the measure for a metric ton.

——组织应报告以下信息：a. 产生的废弃物总重量（公吨），并按废弃物的成分细分。b. 理解数据及编制方法的必要背景信息。编制要求：2.1 编制披露项

306-3-a 所规定的信息时，组织应：2.1.1 排除废水，除非国家法律要求在废弃物总量中报告；2.1.2 使用 1 000 公斤作为公吨的计量单位。

European Financial Reporting Advisory Group〔2022〕ESRS E5 Resource Use and Circular Economy E5-5，38：

——The undertaking shall disclose the following information on its total amount of waste on its own operations at the reporting period, in tonnes or kilograms：(a) the total amount of waste generated；(b) for each type of hazardous and non-hazardous waste, the amount by weight diverted from disposal by recovery operation type and the total amount summing all three types. The recovery operation types to be reported on are：i. preparation for reuse；ii. recycling；and iii. other recovery operations；(c) for each type of hazardous and non-hazardous waste, the amount by weight directed to disposal by waste treatment type and the total amount summing all three types. The waste treatment types to be disclosed are：i. incineration；ii. land filling；and iii. other disposal operations；(d) the total amount and percentage of non-recycled waste.

——企业应披露以下信息，说明其在报告期内自行处理的废弃物总量，单位为吨或公斤：(a) 产生的废弃物总量。(b) 对于每种类型的危险废弃物和非危险废弃物，按回收作业类型从处置中转移的重量，以及所有三种类型的总量。要报告的回收作业类型有：i. 为重复使用做准备；ii. 回收利用；以及 iii. 其他回收作业。(c) 对于每种类型的危险废弃物和非危险废弃物，按废弃物处理类型以重量计算的处置量以及所有三种类型的总量。要公开的废弃物处理类型有：i. 焚化；ii. 填土；以及 iii. 其他处置作业。(d) 未回收废弃物的总量和百分比。

本指标披露等级及主要适用范围

【基础披露】适用于产生危险废弃物的行业企业。

E2.4.1.3 危险废弃物处置量

什么是危险废弃物处置

危险废弃物处置（hazardous waste disposal），一般被认为是列入国家危险废物名录或者根据国家规定的危险废物鉴别标准和鉴别方法认定的具有危险特性的固体废物，通过倾倒、燃烧释放等手段，扩散、放置、排出到环境中的行为。根据《中华人民共和国固体废物污染环境防治法》第六章第七十九条，产生危险废物的单位，应当按照国家有关规定和环境保护标准要求贮存、利用、处置危险废物，不得擅自倾倒、堆放。

为什么要考察危险废弃物处置量

通过考察危险废弃物处置量，企业可以对自身的环境管理政策有更为全面的了解，从而降低因触犯法律和政策法规而承担法律和行政责任的风险；此外，危险废弃物与企业的安全相关，符合规范的危险废弃物处置有助于保障企业经营环境，优化供应链上下游之间的联系，推动企业健康、良性发展。

怎样披露危险废弃物处置量

【定性】企业披露其管理和减量化、无害化方面的相关措施和效果等。具体参照《危险废物贮存污染控制标准》。

为什么要披露危险废弃物处置量

生态环境保护的公共属性引发了对企业环境信息披露的外部合规性需要。对于投资者而言，企业披露危险废弃物处置量的信息有助于投资者更好地观察被投资企业的相关经营情况是否符合法律法规标准，从而判断企业是否值得投资，降低投资风险。对于政府而言，企业披露危险废弃物处置量的信息，践行了可持续发展理念，是对环境保护这一国策的精准执行，保障了社会稳定与人民安全。

与危险废弃物处置量相关的主要指导机构及法律法规、政策规范

全国人民代表大会常务委员会〔2015〕《中华人民共和国环境保护法》第五十五条：

——重点排污单位应当如实向社会公开其主要污染物的名称、排放方式、排放浓度和总量、超标排放情况，以及防治污染设施的建设和运行情况，接受社会监督。

全国人民代表大会常务委员会〔2020〕《中华人民共和国固体废物污染环境防治法》第七十八条：

——产生危险废物的单位，应当按照国家有关规定制定危险废物管理计划；建立危险废物管理台账，如实记录有关信息，并通过国家危险废物信息管理系统向所在地生态环境主管部门申报危险废物的种类、产生量、流向、贮存、处置等有关资料。前款所称危险废物管理计划应当包括减少危险废物产生量和降低危险废物危害性的措施以及危险废物贮存、利用、处置措施。危险废物管理计划应当报产生危险废物的单位所在地生态环境主管部门备案。产生危险废物的单位已经取得排污许可证的，执行排污许可管理制度的规定。

中华人民共和国生态环境部〔2022〕《企业环境信息依法披露管理办法》第十二条：

——企业年度环境信息依法披露报告应当包括以下内容：……（三）污染物产生、治理与排放信息，包括污染防治设施，污染物排放，有毒有害物质排放，工业固体废物和危险废物产生、贮存、流向、利用、处置，自行监测等方面的信息；……

上海证券交易所〔2023〕《上海证券交易所上市公司自律监管指引第1号——规范运作》8.9：

——上市公司可以根据自身实际情况，在公司年度社会责任报告中披露或者

单独披露如下环境信息：……（三）公司环保投资和环境技术开发情况；……

深圳证券交易所〔2023〕《深圳证券交易所上市公司自律监管指引第 1 号——主板上市公司规范运作》8.7：

——上市公司可以根据自身实际情况，在公司年度社会责任报告中披露或者单独披露如下环境信息：……（三）公司环保投资和环境技术开发情况；……

上海证券交易所〔2024〕《上海证券交易所上市公司自律监管指引第 14 号——可持续发展报告（试行）》第三十一条：

——披露主体报告期内生产经营活动产生的废弃物对环境产生重大影响的，应当披露报告期内产生的废弃物的基本情况：……（二）有害废弃物、无害废弃物的处理方法、处置情况；……

深圳证券交易所〔2024〕《深圳证券交易所上市公司自律监管指引第 17 号——可持续发展报告（试行）》第三十一条：

——披露主体报告期内生产经营活动产生的废弃物对环境产生重大影响的，应当披露报告期内产生的废弃物的基本情况：……（二）有害废弃物、无害废弃物的处理方法、处置情况；……

香港交易所〔2023〕《环境、社会及管治报告指引》A1：

——有关废气及温室气体排放、向水及土地的排污、有害及无害废弃物的产生等的：(a) 政策；及 (b) 遵守对发行人有重大影响的相关法律及规例的资料。注：废气排放包括氮氧化物、硫氧化物及其他受国家法律及规例规管的污染物。温室气体包括二氧化碳、甲烷、氧化亚氮、氢氟碳化合物、全氟碳化物及六氟化硫。有害废弃物指国家规例所界定者。

London Stock Exchange〔2019〕ESG Disclosure Score 8.3：

——Disclosure of three years of hazardous waste generation（tonnes）. This refers to substances released to land and water only：those released to air such as Green House Gases，SOx & NOx should be reported separately. Hazardous waste is usually treated/diverted for treatment（sometimes it is clinical waste which is incinerated）and disposed of separately to other wastes. Clarity and transparency is vital in your disclosure，being as specific as possible，reflecting recognised categories of hazardous waste.

——披露三年危险废弃物产生量（吨）。这是指仅释放到陆地和水中的物质：释放到空气中的物质，如温室气体、硫氧化物和氮氧化物，应单独报告。危险废弃物通常被处理/转移处理（有时是焚烧的医疗废弃物），并与其他废弃物分开处理。在您的披露中，清晰和透明至关重要，尽可能具体，反映公认的危险废弃物类别。

Singapore Exchange〔2023〕Starting with a Common Set of Core ESG Metrics 1:

——Metric: Total waste generated

Unit: t

Framework Alignment: GRI 306-3, SASB 150, TCFD, WEF expanded metrics

Description: Total weight of waste generated, in metric tons (t), within organization and where possible, to include relevant information of waste composition (e.g. hazardous vs non-hazardous, recycled vs non-recycled).

——指标名称：废弃物总量

单位：公吨

框架体系：GRI 306-3、SASB 150、TCFD、WEF 扩展指标

描述：企业内产生的废弃物的总量，单位为公吨（t），并尽可能披露废弃物的相关信息（例如危险与非危险、回收与非回收）。

Global Reporting Initiative〔2022〕Consolidated Set of the GRI Standards 306-3:

——The reporting organization shall report the following information: a. Total weight of waste generated in metric tons, and a breakdown of this total by composition of the waste. b. Contextual information necessary to understand the data and how the data has been compiled. Compilation requirements: 2.1 When compiling the information specified in Disclosure 306-3-a, the reporting organization shall: 2.1.1 exclude effluent, unless required by national legislation to be reported under total waste; 2.1.2 use 1,000 kilograms as the measure for a metric ton.

——组织应报告以下信息：a. 产生的废弃物的总重量（公吨），并按废弃物的成分细分。b. 理解数据及编制方法的必要背景信息。编制要求：2.1 编制披露项 306-3-a 所规定的信息时，组织应：2.1.1 排除废水，除非国家法律要求在废弃物总量中报告；2.1.2 使用 1 000 公斤作为公吨的计量单位。

European Financial Reporting Advisory Group〔2022〕ESRS E5 Resource Use and Circular Economy E5-5, 38:

——The undertaking shall disclose the following information on its total amount of waste on its own operations at the reporting period, in tonnes or kilogrammes: (a) the total amount of waste generated; (b) for each type of hazardous and non-hazardous waste, the amount by weight diverted from disposal by recovery operation type and the total amount summing all three types. The recovery operation types to be reported on are: i. preparation for reuse; ii. recycling; and iii. other recovery operations; (c) for each type of hazardous and non-hazardous waste, the amount by weight directed to disposal by waste treatment type and the total amount summing all three types. The waste treatment types to be disclosed are: i. incineration; ii. land filling; and iii. other disposal operations; (d) the total amount and percentage of non-recycled waste.

——企业应披露以下信息，说明其在报告期内自行处理的废弃物总量，单位为吨或公斤：(a) 产生的废弃物总量。(b) 对于每种类型的危险废弃物和非危险废弃物，按回收作业类型从处置中转移的重量，以及所有三种类型的总量。要报告的回收作业类型有：i. 为重复使用做准备；ii. 回收利用；以及 iii. 其他回收作业。(c) 对于每种类型的危险废弃物和非危险废弃物，按废弃物处理类型以重量计算的处置量以及所有三种类型的总量。要公开的废弃物处理类型有：i. 焚化；ii. 填土；以及 iii. 其他处置作业。(d) 未回收废弃物的总量和百分比。

本指标披露等级及主要适用范围

【基础披露】适用于产生危险废弃物的行业企业。

E2.4.2　危险废弃物治理

什么是危险废弃物治理

危险废弃物治理（hazardous waste treatment），一般被认为是对那些因其化学、生物或物理特性而可能对人类健康或环境造成危害的废弃物进行有效的管理和处理的过程。

E2.4.2.1　危险废弃物管理

什么是危险废弃物管理

危险废弃物管理（hazardous waste management），或称危险废物管理，一般被认为是对列入国家危险废物名录或者根据国家规定的危险废物鉴别标准和鉴别方法认定的具有危险特性的固体废物进行相应的管理，包括产生、运输和处置三个环节。根据《中华人民共和国固体废物污染环境防治法》第六章第七十八条，产生危险废物的单位，应当按照国家有关规定制定危险废物管理计划；建立危险废物管理台账，如实记录有关信息，并通过国家危险废物信息管理系统向所在地生态环境主管部门申报危险废物的种类、产生量、流向、贮存、处置等有关资料。

为什么要考察危险废弃物管理

从保障企业持续经营角度，考察企业的危险废弃物管理，一方面可以保障企业员工安全，减少因危险废弃物管理不当致使的安全隐患；另一方面，随着国际生态文明战略的不断深化，国家对与环保密切相关的企业危险废弃物的监管也呈现出前所未有的高压态势。加强危险废弃物管理，有助于保障企业经营不受相关处罚和限制，降低因危险废弃物管理不当导致的相关违法风险。

怎样披露危险废弃物管理

【定性】企业披露有关危险废弃物管理情况的具体信息，如危险废弃物源头分类管理、贮存设施管理、处置设施管理的情况等。

为什么要披露危险废弃物管理

对于投资者而言，当被投资企业因危险废弃物管理不当而受到行政、民事处罚时可以及时得知，从而降低投资风险。对于政府而言，通过企业的危险废弃物管理信息，可以准确把握并实施适当的行政条例来进行规制，从而为改善环境质量、防范环境风险、维护生态环境安全和保障人体健康做出贡献。

与危险废弃物管理相关的主要指导机构及法律法规、政策规范

全国人民代表大会常务委员会〔2015〕《中华人民共和国环境保护法》第四十二条：

——排放污染物的企业事业单位和其他生产经营者，应当采取措施，防治在生产建设或者其他活动中产生的废气、废水、废渣、医疗废物、粉尘、恶臭气体、放射性物质以及噪声、振动、光辐射、电磁辐射等对环境的污染和危害。排放污染物的企业事业单位，应当建立环境保护责任制度，明确单位负责人和相关人员的责任。重点排污单位应当按照国家有关规定和监测规范安装使用监测设备，保证监测设备正常运行，保存原始监测记录。严禁通过暗管、渗井、渗坑、灌注或者篡改、伪造监测数据，或者不正常运行防治污染设施等逃避监管的方式违法排放污染物。

全国人民代表大会常务委员会〔2020〕《中华人民共和国固体废物污染环境防治法》第七十八条：

——产生危险废物的单位，应当按照国家有关规定制定危险废物管理计划；建立危险废物管理台账，如实记录有关信息，并通过国家危险废物信息管理系统向所在地生态环境主管部门申报危险废物的种类、产生量、流向、贮存、处置等有关资料。前款所称危险废物管理计划应当包括减少危险废物产生量和降低危险废物危害性的措施以及危险废物贮存、利用、处置措施。危险废物管理计划应当报产生危险废物的单位所在地生态环境主管部门备案。产生危险废物的单位已经取得排污许可证的，执行排污许可管理制度的规定。

中华人民共和国生态环境部〔2022〕《企业环境信息依法披露管理办法》第十二条：

——企业年度环境信息依法披露报告应当包括以下内容：（一）企业基本信息，包括企业生产和生态环境保护等方面的基础信息；（二）企业环境管理信息，包括生态环境行政许可、环境保护税、环境污染责任保险、环保信用评价等方面的信息；（三）污染物产生、治理与排放信息，包括污染防治设施，污染物排放，有毒有害物质排放，工业固体废物和危险废物产生、贮存、流向、利用、处置，自行监测等方面的信息；……

中华人民共和国生态环境部、中华人民共和国公安部、中华人民共和国交通运输部〔2022〕《危险废物转移管理办法》第十条：

——移出人应当履行以下义务：……（二）制定危险废物管理计划，明确拟转移危险废物的种类、重量（数量）和流向等信息；（三）建立危险废物管理台账，对转移的危险废物进行计量称重，如实记录、妥善保管转移危险废物的种类、重量（数量）和接受人等相关信息；……

国务院国有资产监督管理委员会〔2023〕《央企控股上市公司 ESG 专项报告参考指标体系》E2.3.4、E2.3.5：

——危险废物管理

指标性质：定性/定量

披露等级：基础披露

指标说明：描述公司在危险废物管理和减量化、无害化方面的相关措施和效果等

——危险废物处置量

指标性质：定量

披露等级：基础披露

指标说明：描述公司危险废物的处理情况，以吨计

上海证券交易所〔2024〕《上海证券交易所上市公司自律监管指引第 14 号——可持续发展报告（试行）》第三十一条：

——披露主体报告期内生产经营活动产生的废弃物对环境产生重大影响的，应当披露报告期内产生的废弃物的基本情况：……（二）有害废弃物、无害废弃物的处理方法、处置情况；……

深圳证券交易所〔2024〕《深圳证券交易所上市公司自律监管指引第 17 号——可持续发展报告（试行）》第三十一条：

——披露主体报告期内生产经营活动产生的废弃物对环境产生重大影响的，应当披露报告期内产生的废弃物的基本情况：……（二）危险废物等有害废弃物的处理方法、处置情况；……

香港交易所〔2023〕《环境、社会及管治报告指引》A1：

——有关废气及温室气体排放、向水及土地的排污、有害及无害废弃物的产生等的：(a) 政策；及 (b) 遵守对发行人有重大影响的相关法律及规例的资料。注：废气排放包括氮氧化物、硫氧化物及其他受国家法律及规例规管的污染物。温室气体包括二氧化碳、甲烷、氧化亚氮、氢氟碳化合物、全氟碳及六氟化硫。有害废弃物指国家规例所界定者。

National Association of Securities Dealers Automated Quotations〔2019〕ESG Reporting Guide 2.0　E7：

——Does your company follow a formal Environmental Policy? Yes/No

Does your company follow specific waste, water, energy, and/or recycling polices? Yes/No

Does your company use a recognized energy management system? Yes/No

——贵公司是否遵循正式的环境政策？是/否

贵公司是否遵循特定的废物、水、能源和/或回收政策？是/否

贵公司是否使用公认的能源管理系统？是/否

London Stock Exchange〔2019〕ESG Disclosure Score　8.3：

——Disclosure of three years of hazardous waste generation (tonnes). This refers to substances released to land and water only: those released to air such as Green House Gases, SOx & NOx should be reported separately. Hazardous waste is usually treated/diverted for treatment (sometimes it is clinical waste which is incinerated) and disposed of separately to other wastes. Clarity and transparency is vital in your disclosure, being as specific as possible, reflecting recognised categories of hazardous waste.

——披露三年危险废弃物产生量（吨）。这是指仅释放到陆地和水中的物质：释放到空气中的物质，如温室气体、硫氧化物和氮氧化物，应单独报告。危险废弃物通常被处理/转移处理（有时是焚烧的医疗废弃物），并与其他废弃物分开处理。在您的披露中，清晰和透明至关重要，尽可能具体，反映公认的危险废弃物类别。

Global Reporting Initiative〔2022〕Consolidated Set of the GRI Standards　306－2：

——The reporting organization shall report the following information: a. Actions, including circularity measures, taken to prevent waste generation in the organization's own activities and upstream and downstream in its value chain, and to manage significant impacts from waste generated. b. If the waste generated by the organization in its own activities is managed by a third party, a description of the processes used to determine whether the third party manages the waste in line with contractual or legislative obligations. c. The processes used to collect and monitor waste-related data.

——组织应报告以下信息：a. 组织为预防在自身活动及价值链上、下游产生废弃物，以及管理所产生废弃物的重大影响而采取的行动，包括循环措施。b. 如果组织自身活动产生的废弃物由第三方管理，说明组织采取了何种流程，以确定

第三方是否根据合约或法律义务来管理废弃物。c. 用于收集和监测废弃物相关数据的流程。

European Financial Reporting Advisory Group〔2022〕ESRS E5 Resource Use and Circular Economy E5-5,38:

——The undertaking shall disclose the following information on its total amount of waste on its own operations at the reporting period, in tonnes or kilogrammes: (a) the total amount of waste generated; (b) for each type of hazardous and non-hazardous waste, the amount by weight diverted from disposal by recovery operation type and the total amount summing all three types. The recovery operation types to be reported on are: i. preparation for reuse; ii. recycling; and iii. other recovery operations; (c) for each type of hazardous and non-hazardous waste, the amount by weight directed to disposal by waste treatment type and the total amount summing all three types. The waste treatment types to be disclosed are: i. incineration; ii. land filling; and iii. other disposal operations; (d) the total amount and percentage of non-recycled waste.

——企业应披露以下信息,说明其在报告期内自行处理的废弃物总量,单位为吨或公斤:(a) 产生的废弃物总量。(b) 对于每种类型的危险废弃物和非危险废弃物,按回收作业类型从处置中转移的重量,以及所有三种类型的总量。要报告的回收作业类型有:i. 为重复使用做准备;ii. 回收利用;以及 iii. 其他回收作业。(c) 对于每种类型的危险废弃物和非危险废弃物,按废弃物处理类型以重量计算的处置量以及所有三种类型的总量。要公开的废弃物处理类型有:i. 焚化;ii. 填土;以及 iii. 其他处置作业。(d) 未回收废弃物的总量和百分比。

本指标披露等级及主要适用范围

【基础披露】适用于产生危险废弃物的行业企业。

E2.5 噪声污染排放与治理

什么是噪声污染

噪声污染(noise pollution),依照《中华人民共和国噪声污染防治法》第二条,是指超过噪声排放标准或者未依法采取防控措施产生噪声,并干扰他人正常生活、工作和学习的现象。

E2.5.1 噪声污染排放

什么是噪声污染排放

噪声污染排放(noise pollution emission),一般被认为是由各种来源(如工业活动、交通运输、建筑施工和日常生活活动)产生并释放到环境中的噪声,这些噪声超过了一定的强度和持续时间，足以对人类的正常生活、工作和生态环境造成干扰或危害。

E2.5.1.1　噪声污染情况

什么是噪声污染情况

噪声污染情况（noise pollution situation），一般被认为是在某个特定环境内，存在过多的噪音，超过了人们可以接受的程度，对人类和其他生物造成不利影响的情况。

为什么要考察噪声污染情况

噪声污染情况可以证明企业是否违反了国家和地区关于噪声污染的法律法规，企业若不合规经营会面临罚款或法律诉讼等风险。噪声污染会对员工的身体健康造成不良影响，导致听力受损、心理压力增加等问题，进而影响工作效率和生产质量。噪声污染还会对周围环境和居民造成负面影响，引发公众不满，造成舆论压力。考察噪声污染情况有利于企业加强环保治理，提升社会认可度，实现长期发展。

怎样披露噪声污染情况

【定量】企业披露昼间、夜间等不同时段，不同厂界外声环境功能区频发与偶发噪声声级。具体环境噪声排放限值参考《工业企业厂界环境噪声排放标准》。

【计算方式】$L_{eq} = 10\lg\left(\frac{1}{T}\int_0^T 10^{0.1 \cdot L_A} dt\right)$

式中：

L_{eq}——等效声级，指在规定测量时间 T 内 A 声级的能量平均值，单位：dB(A)；

L_A——t 时刻的瞬时 A 声级；

T——规定的测量时间段。

为什么要披露噪声污染情况

对于政府而言，了解企业的噪声污染情况，可以帮助政府制定出更为精准的环保政策，管理企业噪声污染，对违反法规的企业进行处罚，提高环保治理效率，推动企业合规经营，有效保护周围环境和居民健康。对于社会公众而言，通过了解企业的噪声污染情况，能够保护自身权益，避开噪声污染严重区域；还有利于公众参与环保治理，监督企业的环境保护行为，形成社会监督合力。

与噪声污染情况相关的主要指导机构及法律法规、政策规范

全国人民代表大会常务委员会〔2015〕《中华人民共和国环境保护法》第五十五条：

——重点排污单位应当如实向社会公开其主要污染物的名称、排放方式、排放浓度和总量、超标排放情况，以及防治污染设施的建设和运行情况，接受社会监督。

全国人民代表大会常务委员会〔2022〕《中华人民共和国噪声污染防治法》第九条：

——任何单位和个人都有保护声环境的义务，同时依法享有获取声环境信息、参与和监督噪声污染防治的权利。排放噪声的单位和个人应当采取有效措施，防止、减轻噪声污染。

中华人民共和国生态环境部〔2022〕《企业环境信息依法披露管理办法》第十二条：

——企业年度环境信息依法披露报告应当包括以下内容：（一）企业基本信息，包括企业生产和生态环境保护等方面的基础信息；（二）企业环境管理信息，包括生态环境行政许可、环境保护税、环境污染责任保险、环保信用评价等方面的信息；（三）污染物产生、治理与排放信息，包括污染防治设施，污染物排放，有毒有害物质排放，工业固体废物和危险废物产生、贮存、流向、利用、处置，自行监测等方面的信息；……

上海证券交易所〔2024〕《上海证券交易所上市公司自律监管指引第14号——可持续发展报告（试行）》第三十条：

——披露主体或者其重要控股子公司被列入环境信息依法披露企业名单的，应当披露下列信息：（一）排污信息，包括但不限于主要污染物、特征污染物以及国际环境公约规定的受控物质的种类、名称、排放总量、核定的排放总量、超标排放情况、环保绩效等级情况（如有）等，鼓励披露主体按照业务单位或设施、来源类型、活动类型等分类披露污染物排放的具体情况；……

深圳证券交易所〔2024〕《深圳证券交易所上市公司自律监管指引第17号——可持续发展报告（试行）》第三十条：

——披露主体或者其重要控股子公司被列入环境信息依法披露企业名单的，应当披露下列信息：（一）排污信息，包括但不限于主要污染物、特征污染物以及国际环境公约规定的受控物质的种类、名称、排放总量、核定的排放总量、超标排放情况、环保绩效等级情况（如有）等，鼓励披露主体以业务单位或设施、来源类型、活动类型等分类披露污染物排放的具体情况；……

本指标披露等级及主要适用范围

【建议披露】适用于所有行业企业。

E2.5.2 噪声污染治理

什么是噪声污染治理

噪声污染治理（treatment of noise pollution），一般被认为是采取一系列措施和技术手段来控制和减少环境中的噪音水平，以防止或减轻噪音对人类健康、生活质量和生态环境的负面影响。

E2.5.2.1 噪声污染管理

什么是噪声污染管理

噪声污染管理（noise pollution management），一般被认为是通过对噪声污染源的控制和管理，以及对受噪声污染的环境和人群进行保护和治理，达到减少或消除噪声对人类健康和环境的不良影响的过程。噪声污染管理通常涉及噪声监测、评估和规划，以及实施噪声控制措施和制定相关政策法规等方面。

为什么要考察噪声污染管理

噪声污染管理是企业响应国家号召，遵守相关噪声污染防治法的证明。若企业未进行噪声管理，则有违反法律法规的风险，会导致企业面临罚款或行政处罚。进行噪声污染管理可以促进企业进行产业升级，寻求产生噪声最小的生产方式，保护员工身心健康，提高工作效率。进行噪声污染管理有利于提升企业形象，增强消费者、投资者信任度。

怎样披露噪声污染管理

【定性】企业披露包括噪声监测、评估和规划，以及实施噪声污染控制措施和效果等的信息。

为什么要披露噪声污染管理

政府可以依据企业噪声污染管理水平为企业制定合理政策，督促企业进行噪声污染治理，避免噪声污染违法行为引发公众不满和社会矛盾，有利于维护公众健康和社会稳定。公众根据企业噪声污染管理可以避免暴露在高噪声环境下，合理选择工作、生活区域，提升生活质量。同时，公众可以对企业噪声污染管理水平进行监督，督促企业有序开展环保行动。

与噪声污染管理相关的主要指导机构及法律法规、政策规范

全国人民代表大会常务委员会〔2015〕《中华人民共和国环境保护法》第四十二条：

——排放污染物的企业事业单位和其他生产经营者，应当采取措施，防治在生产建设或者其他活动中产生的废气、废水、废渣、医疗废物、粉尘、恶臭气体、放射性物质以及噪声、振动、光辐射、电磁辐射等对环境的污染和危害。排放污染物的企业事业单位，应当建立环境保护责任制度，明确单位负责人和相关人员的责任。重点排污单位应当按照国家有关规定和监测规范安装使用监测设备，保证监测设备正常运行，保存原始监测记录。严禁通过暗管、渗井、渗坑、灌注或者篡改、伪造监测数据，或者不正常运行防治污染设施等逃避监管的方式违法排放污染物。

全国人民代表大会常务委员会〔2022〕《中华人民共和国噪声污染防治法》第三十六条：

——排放工业噪声的企业事业单位和其他生产经营者，应当采取有效措施，减少振动、降低噪声，依法取得排污许可证或者填报排污登记表。实行排污许可管理的单位，不得无排污许可证排放工业噪声，并应当按照排污许可证的要求进行噪声污染防治。

上海证券交易所〔2024〕《上海证券交易所上市公司自律监管指引第 14 号——可持续发展报告（试行）》第三十条：
——披露主体或者其重要控股子公司被列入环境信息依法披露企业名单的，应当披露下列信息：……（二）对污染物的处理技术和处理方式，污染防治设施的建设、运行情况和实施成果（例如排放浓度、强度或排放总量的降幅）；……

深圳证券交易所〔2024〕《深圳证券交易所上市公司自律监管指引第 17 号——可持续发展报告（试行）》第三十条：
——披露主体或者其重要控股子公司被列入环境信息依法披露企业名单的，应当披露下列信息：……（二）对污染物的处理技术和处理方式，污染防治设施的建设、运行情况和实施成果（例如排放浓度、强度或排放总量的降幅）；……

本指标披露等级及主要适用范围

【建议披露】适用于所有行业企业。

E2.6　放射性污染排放与治理

什么是放射性污染

放射性污染（radioactive contamination），一般被认为是由于人类活动而造成物料、人体、场所、环境介质表面或者内部出现超过国家标准的放射性物质或者射线。

E2.6.1　放射性污染排放

E2.6.1.1　放射性污染排放情况

什么是放射性污染排放情况

放射性污染排放情况（radioactive contamination discharge situation），一般被认为是核工业、核动力、核武器生产和试验以及医疗、机械、科研等单位在放射性同位素应用时排放的含放射性物质的粉尘、废水和废弃物超过国家标准的放射性物质或者射线的情况。

为什么要考察放射性污染排放情况

放射性污染是一种极为严重的环境污染问题，对人类和生态系统具有严重的威胁，因此企业必须高度重视放射性污染问题。考察企业的放射性污染排放情况可以评判企业是否会违反国家相关法律法规，避免可能的污染和违规处罚，同时也可避免员工长期在放射性污染环境中作业，危害身体健康和生命安全。考察企业放射性污染排放情况并采取适当的措施，可以促进公众对企业的信任和满意度，并提升企业的美誉度。

怎样披露放射性污染排放情况

【定性】/【定量】企业披露放射性污染排放情况，包括放射性污染类型、放射性污染剂量等信息。放射性污染类型和放射性污染剂量可参考《核辐射环境质量评价一般规定》《放射性废物管理规定》。

为什么要披露放射性污染排放情况

披露放射性污染排放情况是为了保障公众和生态环境的安全。考察企业的放射性污染排放情况可以帮助政府加强对企业的监管，推动企业合法运营，依据考察结果制定相应的法规和标准，要求企业在生产过程中严格控制放射性污染物的排放，提高放射性防治能力，防止事故发生。公众可以通过了解企业的放射性污染情况，判断企业是否存在安全隐患，从而采取相应的防护措施，避免受到放射性污染的危害。同时，公众还可以通过诉讼等途径来维护自身的权益，保障自身的利益。

与放射性污染排放情况相关的主要指导机构及法律法规、政策规范

全国人民代表大会常务委员会〔2015〕《中华人民共和国环境保护法》第五十五条：

——重点排污单位应当如实向社会公开其主要污染物的名称、排放方式、排放浓度和总量、超标排放情况，以及防治污染设施的建设和运行情况，接受社会监督。

全国人民代表大会常务委员会〔2018〕《中华人民共和国核安全法》第六十四条、第六十六条：

——核设施营运单位应当公开本单位核安全管理制度和相关文件、核设施安全状况、流出物和周围环境辐射监测数据、年度核安全报告等信息。具体办法由国务院核安全监督管理部门制定。

——核设施营运单位应当就涉及公众利益的重大核安全事项通过问卷调查、听证会、论证会、座谈会，或者采取其他形式征求利益相关方的意见，并以适当形式反馈。核设施所在地省、自治区、直辖市人民政府应当就影响公众利益的重大核安全事项举行听证会、论证会、座谈会，或者采取其他形式征求利益相关方的意见，并以适当形式反馈。

中华人民共和国生态环境部〔2022〕《企业环境信息依法披露管理办法》第十二条：

——企业年度环境信息依法披露报告应当包括以下内容：（一）企业基本信息，包括企业生产和生态环境保护等方面的基础信息；（二）企业环境管理信息，包括生态环境行政许可、环境保护税、环境污染责任保险、环保信用评价等方面的信息；（三）污染物产生、治理与排放信息，包括污染防治设施，污染物排放，有毒有害物质排放，工业固体废物和危险废物产生、贮存、流向、利用、处置，自行监测等方面的信息；……

上海证券交易所〔2023〕《上海证券交易所上市公司自律监管指引第 1 号——规范运作》8.9：

——上市公司可以根据自身实际情况，在公司年度社会责任报告中披露或者单

独披露如下环境信息：……（四）公司排放污染物种类、数量、浓度和去向；……

深圳证券交易所〔2023〕《深圳证券交易所上市公司自律监管指引第 1 号——主板上市公司规范运作》8.7：

——上市公司可以根据自身实际情况，在公司年度社会责任报告中披露或者单独披露如下环境信息：……（四）公司排放污染物种类、数量、浓度和去向；……

上海证券交易所〔2024〕《上海证券交易所上市公司自律监管指引第 14 号——可持续发展报告（试行）》第三十条：

——披露主体或者其重要控股子公司被列入环境信息依法披露企业名单的，应当披露下列信息：（一）排污信息，包括但不限于主要污染物、特征污染物以及国际环境公约规定的受控物质的种类、名称、排放总量、核定的排放总量、超标排放情况、环保绩效等级情况（如有）等，鼓励披露主体按照业务单位或设施、来源类型、活动类型等分类披露污染物排放的具体情况；……

深圳证券交易所〔2024〕《深圳证券交易所上市公司自律监管指引第 17 号——可持续发展报告（试行）》第三十条：

——披露主体或者其重要控股子公司被列入环境信息依法披露企业名单的，应当披露下列信息：（一）排污信息，包括但不限于主要污染物、特征污染物以及国际环境公约规定的受控物质的种类、名称、排放总量、核定的排放总量、超标排放情况、环保绩效等级情况（如有）等，鼓励披露主体按照业务单位或设施、来源类型、活动类型等分类披露污染物排放的具体情况；……

本指标披露等级及主要适用范围

【基础披露】适用于产生放射性污染的行业企业。

E2.6.2　放射性污染治理

E2.6.2.1　放射性污染治理办法

什么是放射性污染治理办法

放射性污染治理办法（radioactive contamination treatment measures），一般被认为是为防止、控制放射性物质对环境和人体的危害，促进核能、核技术可持续发展而采取的一系列技术和措施。

为什么要考察放射性污染治理办法

《中华人民共和国放射性污染防治法》和有关规定要求企业必须严格控制和管理放射性物质的使用、储存、运输和处理等全过程，保证废物不对环境造成危害。因此考察企业的放射性污染治理办法，可以敦促企业遵守法律法规，确保其合法经营，避免其面临政府的处罚。此外，考察企业的放射性污染治理办法要求企业为从事放射性工作的员工提供良好的劳动条件、专业培训和相关防护用品，保障员工的健康安全。规范的放射性污染管理可以展现企业的社会责任感和环保意识，提高企业形象和社会信誉度，有利于企业的可持续发展。

怎样披露放射性污染治理办法

【定性】 企业需要披露放射性污染治理办法，包括放射性污染管理办法名称、实施时间、相关条款内容；放射性废物的产生、贮存、利用和处置情况；辐射环境监测和辐射剂量监测情况；有关设备、仪器、工具和劳动保护用品的管理情况；员工培训和健康状况监测情况；放射性污染应急预案等。具体参考《核辐射环境质量评价一般规定》。

为什么要披露放射性污染治理办法

披露企业的放射性污染治理办法，可以让政府和公众了解企业对环境保护的态度和措施，及时监督企业是否遵守法律法规和规范操作，从而减少企业环境违法行为。透明公开企业的放射性污染治理情况，也可促进科普教育的开展，提高公众对放射性污染的认知水平，让公众了解放射性物质在生产、使用或废弃时产生的潜在危害，及时采取措施避免对人类健康造成损害。

与放射性污染治理办法相关的主要指导机构及法律法规、政策规范

全国人民代表大会常务委员会〔2015〕《中华人民共和国环境保护法》第四十二条：

——排放污染物的企业事业单位和其他生产经营者，应当采取措施，防治在生产建设或者其他活动中产生的废气、废水、废渣、医疗废物、粉尘、恶臭气体、放射性物质以及噪声、振动、光辐射、电磁辐射等对环境的污染和危害。排放污染物的企业事业单位，应当建立环境保护责任制度，明确单位负责人和相关人员的责任。重点排污单位应当按照国家有关规定和监测规范安装使用监测设备，保证监测设备正常运行，保存原始监测记录。严禁通过暗管、渗井、渗坑、灌注或者篡改、伪造监测数据，或者不正常运行防治污染设施等逃避监管的方式违法排放污染物。

中华人民共和国生态环境部〔2022〕《企业环境信息依法披露管理办法》第十二条：

——企业年度环境信息依法披露报告应当包括以下内容：（一）企业基本信息，包括企业生产和生态环境保护等方面的基础信息；（二）企业环境管理信息，包括生态环境行政许可、环境保护税、环境污染责任保险、环保信用评价等方面的信息；（三）污染物产生、治理与排放信息，包括污染防治设施，污染物排放，有毒有害物质排放，工业固体废物和危险废物产生、贮存、流向、利用、处置，自行监测等方面的信息；……

上海证券交易所〔2023〕《上海证券交易所上市公司自律监管指引第1号——规范运作》8.9、8.12：

——上市公司可以根据自身实际情况，在公司年度社会责任报告中披露或者

单独披露如下环境信息：（一）公司环境保护方针、年度环境保护目标及成效；（二）公司年度资源消耗总量；（三）公司环保投资和环境技术开发情况；（四）公司排放污染物种类、数量、浓度和去向；（五）公司环保设施的建设和运行情况；（六）公司在生产过程中产生的废物的处理、处置情况，废弃产品的回收、综合利用情况；（七）与环保部门签订的改善环境行为的自愿协议；（八）公司受到环保部门奖励的情况；（九）企业自愿公开的其他环境信息。……

——上市公司或者其主要子公司属于环境保护部门公布的重点排污单位的，应当在环保部门公布名单后及时披露下列信息：（一）公司污染物的名称、排放方式、排放浓度和总量、超标、超总量情况；（二）公司环保设施的建设和运行情况；（三）公司环境污染事故应急预案；（四）公司为减少污染物排放所采取的措施及今后的工作安排。公司不得以商业秘密为由，拒绝公开前款所列的环境信息。……

深圳证券交易所〔2023〕《深圳证券交易所上市公司自律监管指引第 1 号——主板上市公司规范运作》8.7：

——上市公司可以根据自身实际情况，在公司年度社会责任报告中披露或者单独披露如下环境信息：（一）公司环境保护方针、年度环境保护目标及成效；（二）公司年度资源消耗总量；（三）公司环保投资和环境技术开发情况；（四）公司排放污染物种类、数量、浓度和去向；（五）公司环保设施的建设和运行情况；（六）公司在生产过程中产生的废物的处理、处置情况，废弃产品的回收、综合利用情况；（七）与环保部门签订的改善环境行为的自愿协议；（八）公司受到环保部门奖励的情况；（九）公司自愿公开的其他环境信息。……

上海证券交易所〔2024〕《上海证券交易所上市公司自律监管指引第 14 号——可持续发展报告（试行）》第三十条：

——披露主体或者其重要控股子公司被列入环境信息依法披露企业名单的，应当披露下列信息：……（二）对污染物的处理技术和处理方式，污染防治设施的建设、运行情况和实施成果（例如排放浓度、强度或排放总量的降幅）；（三）主要污染物减排目标及为达到相关目标所采取的具体措施；……

深圳证券交易所〔2024〕《深圳证券交易所上市公司自律监管指引第 17 号——可持续发展报告（试行）》第三十条：

——披露主体或者其重要控股子公司被列入环境信息依法披露企业名单的，应当披露下列信息：……（二）对污染物的处理技术和处理方式，污染防治设施的建设、运行情况和实施成果（例如排放浓度、强度或排放总量的降幅）；（三）主要污染物减排目标及为达到相关目标所采取的具体措施；……

本指标披露等级及主要适用范围

【基础披露】 适用于产生放射性污染的行业企业。

E2.6.2.2 放射性污染处理设施情况

什么是放射性污染处理设施

放射性污染处理设施（radioactive contamination treatment facilities），一般被认为是用于处理、减少、控制或消除放射性物质污染的设备和系统。这些设施的主要目的是保护人类健康和环境免受放射性物质的有害影响。

为什么要考察放射性污染处理设施情况

放射性污染处理设施关系到企业的合规性、员工安全、环境保护责任以及公众形象。首先，合规性是企业运营的基础，遵守相关的核安全和环境保护法规是必须的，否则可能面临法律诉讼和罚款。其次，确保员工安全是企业的道德和法律责任，良好的放射性污染处理设施情况可以有效降低员工因工作环境导致的健康风险。此外，企业需要承担环境保护的社会责任，合理处理放射性废物以减少对环境的影响。最后，企业的公众形象和品牌声誉也与其环境保护和安全措施紧密相关，良好的放射性污染处理设施情况有助于树立企业的正面形象，增强公众信任。

怎样披露放射性污染处理设施情况

【定性】 企业需要披露放射性污染处理设施情况。具体参考《核辐射环境质量评价一般规定》《放射性废物管理规定》。

为什么要披露放射性污染处理设施情况

披露放射性污染处理设施情况有助于与利益相关方建立信任，确保企业合规，并展示企业对公共健康、环境保护和社会责任的承诺。对于居住在附近的社区、环保组织、投资者、员工以及监管机构来说，了解企业如何管理和减轻其运营对环境的潜在影响，是评估企业可持续性和道德责任的关键。此外，透明的信息披露有助于减少误解和不信任，同时提升企业的公共形象和品牌价值。

与放射性污染处理设施情况相关的主要指导机构及法律法规、政策规范

全国人民代表大会常务委员会〔2003〕《中华人民共和国放射性污染防治法》第二十一条、第三十五条：

——与核设施相配套的放射性污染防治设施，应当与主体工程同时设计、同时施工、同时投入使用。放射性污染防治设施应当与主体工程同时验收；验收合格的，主体工程方可投入生产或者使用。

——与铀（钍）矿和伴生放射性矿开发利用建设项目相配套的放射性污染防治设施，应当与主体工程同时设计、同时施工、同时投入使用。放射性污染防治设施应当与主体工程同时验收；验收合格的，主体工程方可投入生产或者使用。

全国人民代表大会常务委员会〔2015〕《中华人民共和国环境保护法》第四十二条：

——排放污染物的企业事业单位和其他生产经营者，应当采取措施，防治在生产建设或者其他活动中产生的废气、废水、废渣、医疗废物、粉尘、恶臭气体、放射性物质以及噪声、振动、光辐射、电磁辐射等对环境的污染和危害。排放污染物的企业事业单位，应当建立环境保护责任制度，明确单位负责人和相关人员的责任。重点排污单位应当按照国家有关规定和监测规范安装使用监测设备，保证监测设备正常运行，保存原始监测记录。严禁通过暗管、渗井、渗坑、灌注或者篡改、伪造监测数据，或者不正常运行防治污染设施等逃避监管的方式违法排放污染物。

上海证券交易所〔2024〕《上海证券交易所上市公司自律监管指引第14号——可持续发展报告（试行）》第三十条：

——披露主体或者其重要控股子公司被列入环境信息依法披露企业名单的，应当披露下列信息：……（二）对污染物的处理技术和处理方式，污染防治设施的建设、运行情况和实施成果（例如排放浓度、强度或排放总量的降幅）；……

深圳证券交易所〔2024〕《深圳证券交易所上市公司自律监管指引第17号——可持续发展报告（试行）》第三十条：

——披露主体或者其重要控股子公司被列入环境信息依法披露企业名单的，应当披露下列信息：……（二）对污染物的处理技术和处理方式，污染防治设施的建设、运行情况和实施成果（例如排放浓度、强度或排放总量的降幅）；……

本指标披露等级及主要适用范围

【基础披露】适用于产生放射性污染的行业企业。

E2.7 光污染水平与治理

什么是光污染

光污染（light pollution），一般被认为是环境中光照射（辐射）过强，对人类或其他生物的正常生存和发展产生不利影响的现象。从其污染性质来看，光污染属于物理性污染，在环境中不会有残余物存在，在污染源停止作用后，污染也就立即消失。同时，污染范围一般是局部性的。

E2.7.1 光污染水平

什么是光污染水平

光污染水平（light pollution level），一般被认为是人造光源（如街灯、广告牌、建筑照明等）对自然环境和夜空的影响程度。这种影响主要体现在不必要或过度的人造光对周围环境造成的干扰，包括对夜间天空的照明（天空辉光）、对生物节律的干扰、对人类健康的潜在影响，以及对能源资源的浪费。

E2.7.1.1 光污染情况

什么是光污染情况

光污染情况（light pollution conditions），一般被认为是现代城市建筑和夜间照明产生的滥散光、反射光和眩光等对人、动物、植物造成的干扰或负面影响程度。

为什么要考察光污染情况

通过考察光污染情况，企业能够评估自身选择的照明器具的色温、显色性、光源的照度值、灯具的配光曲线、光源的发光效率、灯具效率、眩光、频闪、安全性、节能性等指标是否符合国家相关政策的要求。避免因照明器具选择不当，造成光污染，侵害他人权益，而使企业自身承受经济损失。

怎样披露光污染情况

【定性】企业披露照明器具的色温、显色性、频闪、安全性、节能指标，以及是否采用反光性强的建筑材料等。

为什么要披露光污染情况

通过披露企业的光污染情况的信息，政府能够了解企业是否按照要求规范使用照明器具。对于未规范使用照明器具并造成严重光污染后果的企业，政府会给予相应的整改要求和惩罚措施。通过披露企业的光污染情况的信息，政府能够评估企业的光污染水平，发挥政府的宏观管理作用，妥善处理光污染事务，完善光污染防治条例，保护资源环境，保障人民群众生产生活安全。

与光污染情况相关的主要指导机构及法律法规、政策规范

全国人民代表大会常务委员会〔2015〕《中华人民共和国环境保护法》第五十五条：

——重点排污单位应当如实向社会公开其主要污染物的名称、排放方式、排放浓度和总量、超标排放情况，以及防治污染设施的建设和运行情况，接受社会监督。

中华人民共和国生态环境部〔2022〕《企业环境信息依法披露管理办法》第十二条：

——企业年度环境信息依法披露报告应当包括以下内容：……（三）污染物产生、治理与排放信息，包括污染防治设施，污染物排放，有毒有害物质排放，工业固体废物和危险废物产生、贮存、流向、利用、处置，自行监测等方面的信息；……

上海证券交易所〔2024〕《上海证券交易所上市公司自律监管指引第14号——可持续发展报告（试行）》第三十条：

——披露主体或者其重要控股子公司被列入环境信息依法披露企业名单的，

应当披露下列信息：（一）排污信息，包括但不限于主要污染物、特征污染物以及国际环境公约规定的受控物质的种类、名称、排放总量、核定的排放总量、超标排放情况、环保绩效等级情况（如有）等，鼓励披露主体按照业务单位或设施、来源类型、活动类型等分类披露污染物排放的具体情况；……

深圳证券交易所〔2024〕《深圳证券交易所上市公司自律监管指引第 17 号——可持续发展报告（试行）》第三十条：

——披露主体或者其重要控股子公司被列入环境信息依法披露企业名单的，应当披露下列信息：（一）排污信息，包括但不限于主要污染物、特征污染物以及国际环境公约规定的受控物质的种类、名称、排放总量、核定的排放总量、超标排放情况、环保绩效等级情况（如有）等，鼓励披露主体按照业务单位或设施、来源类型、活动类型等分类披露污染物排放的具体情况；……

本指标披露等级及主要适用范围

【建议披露】适用于所有行业企业。

E2.7.2　光污染治理

什么是光污染治理

光污染治理（treatment of light pollution），一般被认为是旨在减少或控制由过度或不适当的人造照明引起光污染的措施和办法。

E2.7.2.1　光污染管理

什么是光污染管理

光污染管理（light pollution management），一般被认为是为防止、控制光照射（辐射）对环境和人体的危害，促进国家绿色健康、可持续发展而采取的一系列技术和措施。

为什么要考察光污染管理

通过考察光污染管理情况，企业能够评估自身是否造成光污染，使用的照明灯具是否符合国家规范要求，是否节约能源。同时，企业能够了解自身选择的照明器具的色温、显色性、光源的照度值、灯具的配光曲线、光源的发光效率、灯具效率、眩光、频闪、安全性、节能指标等，采用适于企业发展、安全节能且不会造成光污染的照明器具。

怎样披露光污染管理

【定性】企业披露是否采用反光性强的建筑材料，是否采用节能灯具，以及照明器具的色温、显色性、频闪、安全性、节能指标等。

为什么要披露光污染管理

通过披露企业的光污染管理的信息，政府能够了解企业为光污染管理和环保事业做出的努力，评估企业的光污染水平，发挥政府的宏观管理作用，妥善处理光污染事务，保护资源环境，保障生产生活安全，维护社会秩序、效率、正义与公平。通过披露企业的光污染管理的信息，公众能够了解企业情况，支持未造成光污染、有社会责任心的企业，并在购买、投资等决策中考虑环保因素。

与光污染管理相关的主要指导机构及法律法规、政策规范

全国人民代表大会常务委员会〔2015〕《中华人民共和国环境保护法》第四十二条：

——排放污染物的企业事业单位和其他生产经营者，应当采取措施，防治在生产建设或者其他活动中产生的废气、废水、废渣、医疗废物、粉尘、恶臭气体、放射性物质以及噪声、振动、光辐射、电磁辐射等对环境的污染和危害。排放污染物的企业事业单位，应当建立环境保护责任制度，明确单位负责人和相关人员的责任。重点排污单位应当按照国家有关规定和监测规范安装使用监测设备，保证监测设备正常运行，保存原始监测记录。严禁通过暗管、渗井、渗坑、灌注或者篡改、伪造监测数据，或者不正常运行防治污染设施等逃避监管的方式违法排放污染物。

中华人民共和国生态环境部〔2022〕《企业环境信息依法披露管理办法》第十二条：

——企业年度环境信息依法披露报告应当包括以下内容：……（三）污染物产生、治理与排放信息，包括污染防治设施，污染物排放，有毒有害物质排放，工业固体废物和危险废物产生、贮存、流向、利用、处置，自行监测等方面的信息；……

上海证券交易所〔2024〕《上海证券交易所上市公司自律监管指引第14号——可持续发展报告（试行）》第三十条：

——披露主体或者其重要控股子公司被列入环境信息依法披露企业名单的，应当披露下列信息：……（二）对污染物的处理技术和处理方式，污染防治设施的建设、运行情况和实施成果（例如排放浓度、强度或排放总量的降幅）；（三）主要污染物减排目标及为达到相关目标所采取的具体措施；……

深圳证券交易所〔2024〕《深圳证券交易所上市公司自律监管指引第17号——可持续发展报告（试行）》第三十条：

——披露主体或者其重要控股子公司被列入环境信息依法披露企业名单的，应当披露下列信息：……（二）对污染物的处理技术和处理方式，污染防治设施的建设、运行情况和实施成果（例如排放浓度、强度或排放总量的降幅）；（三）主要污染物减排目标及为达到相关目标所采取的具体措施；……

本指标披露等级及主要适用范围

【建议披露】 适用于所有行业企业。

E3　资源消耗与管理

什么是资源

资源（resource），一般被认为是在一定时期、地点条件下能够产生经济价值，以提高人类当前和将来福利的因素和条件。资源可分为自然资源和社会资源两大类。前者如阳光、空气、水、土地、森林、草原、动物、矿藏等；后者包括人力资源、信息资源以及经过劳动创造的各种物质财富等。

E3.1　水资源使用与管理

什么是水资源

水资源（water resource），一般被认为是地球上具有一定数量和可用质量能从自然界获得补充并可资利用的水。根据《中华人民共和国水法》第二条，水资源是指地表水和地下水。

E3.1.1　水资源使用

什么是水资源使用

水资源使用（water resource utilization），一般被认为是水资源用于生活饮用、农业灌溉、工业用水、水力发电、航运、港口运输、淡水养殖、城市建设、旅游、防洪、防涝等。

E3.1.1.1　总耗水量

什么是总耗水量

总耗水量（total water consumption），一般被认为是企业在输水、用水过程中消耗掉的全部水量。总耗水量可以分为直接用水量（从自然资源中获取）和间接用水量（由供水部门供给），或者分为新鲜水用量和循环水用量。

为什么要考察总耗水量

考察企业的总耗水量是为了更好地管理和保护水资源，促进水资源的节约与合理开发利用，并提高水资源利用的经济效益。通过监测企业的总耗水量，可以了解企业对水资源的使用情况，促使企业采取节水措施，对耗水量进行有效管理，提高用水效率，有助于企业及时优化水源需求结构、理解与用水情况有关的潜在影响和风险。

怎样披露总耗水量

【定量】企业披露一定时期的总耗水量。企业耗水的信息可来自水表、水费账单或用其他现有数据计算。

【计算方式】总耗水量＝直接用水量＋间接用水量，或：总耗水量＝新鲜水用量＋循环水用量。单位：吨或立方米。

为什么要披露总耗水量

披露企业的总耗水量信息是为了展现企业在水资源节约方面的实践，这些信息有助于投资者和消费者了解企业在环境保护方面的表现。较高的耗水量可能意味着企业缺乏节水意识或者用水技术较低，甚至面临政策管控风险。

与总耗水量相关的主要指导机构及法律法规、政策规范

上海证券交易所〔2023〕《上海证券交易所上市公司自律监管指引第 1 号——规范运作》8.9：

——上市公司可以根据自身实际情况，在公司年度社会责任报告中披露或者单独披露如下环境信息：……（二）公司年度资源消耗总量；……

深圳证券交易所〔2023〕《深圳证券交易所上市公司自律监管指引第 1 号——主板上市公司规范运作》8.7：

——上市公司可以根据自身实际情况，在公司年度社会责任报告中披露或者单独披露如下环境信息：……（二）公司年度资源消耗总量；……

上海证券交易所〔2024〕《上海证券交易所上市公司自律监管指引第 14 号——可持续发展报告（试行）》第三十六条：

——披露主体应当披露报告期内使用水资源的具体情况，包括但不限于下列内容：（一）水资源使用的基本情况，包括但不限于总耗水量（以吨计算）及使用强度（如以每产量单位计算）等；……

深圳证券交易所〔2024〕《深圳证券交易所上市公司自律监管指引第 17 号——可持续发展报告（试行）》第三十六条：

——披露主体应当披露报告期内使用水资源的具体情况，包括但不限于下列内容：（一）水资源使用的基本情况，包括但不限于总耗水量（以吨计算）及使用强度（如以每产量单位计算）等；……

香港交易所〔2023〕《环境、社会及管治报告指引》A2：

——一般披露有效使用资源（包括能源、水及其他原材料）的政策。

London Stock Exchange〔2019〕ESG Disclosure Score 8.11：

——Three years of total water use is disclosed in an appropriate, consistently measured unit, including both freshwater and salt water. Best practice is to disclose water data separated into water withdrawal, water used and water discharged (at same levels of quality). Normalized data such as water use per unit of production is acceptable provided your company only produces one thing, e.g. cars, aircraft, computers, etc, otherwise water consumption per unit of revenue can be accepted irrespective of the number of types of products produced-as revenue can be consolidated at a corporate level. This data should be relevant to your business and may be in more relevant units e. g. a water utility company may report in litres/day.

——三年的总用水量以适当、一致的计量单位公布,包括淡水和盐水。最佳做法是披露分为取水、用水和排水(质量水平相同)的水数据。如果贵公司只生产一种产品,如汽车、飞机、电脑等,则可以接受单位生产用水等标准化数据,否则,无论生产的产品类型如何,单位收入的用水量都可以接受,因为收入可以在公司层面进行合并。这些数据应该与您的业务相关,并且可使用更相关的单位,例如供水公司可能以升/天为单位进行报告。

National Association of Securities Dealers Automated Quotations〔2019〕ESG Reporting Guide 2.0 E6:

——Total amount of water consumed

Total amount of water reclaimed

——总耗水量

再生水总量

Singapore Exchange〔2023〕Starting with a Common Set of Core ESG Metrics 1:

——Metric: Total water consumption

Unit: ML or m^3

Framework Alignment: GRI 303-5, SASB 140, TCFD, WEF core metrics

Description: Total Water consumption, in megalitres or cubic metres (ML or m^3), across all operations.

——指标名称:总用水量

单位:兆升或立方米

框架体系:GRI 303-5、SASB 140、TCFD、WEF 核心指标

描述:总耗水量,单位为兆升或立方米(ML 或 m^3)。

Global Reporting Initiative〔2022〕Consolidated Set of the GRI Standards 303-1:

——The reporting organization shall report the following information: a. A description of how the organization interacts with water, including how and where water is withdrawn, consumed, and discharged, and the water-related impacts the organization has caused or contributed to, or that are directly linked to its operations, products, or services by its business relationships (e. g., impacts caused by runoff). b. A description of the approach used to identify water-related impacts, including the scope of assessments, their timeframe, and any tools or methodologies used. c. A description of how water-related impacts are addressed, including how the organization works with stakeholders to steward water as a shared resource, and how it engages with suppliers or customers with significant water-related impacts. d. An explanation of the process for setting any water-related goals and targets that are part of the organization's approach to managing water and effluents, and how they relate to public policy and the local context of each area with water stress.

——组织应提供以下信息：a. 组织如何与水资源相互影响，包括取水、耗水和排水的方式与地点，造成的或促成的水资源相关影响，或组织的运营、产品或服务通过业务关系直接产生的水资源相关影响（如，径流造成的影响）。b. 用于识别水资源相关影响的方针，包括评估范围、时间框架、采用的任何工具或方法。c. 描述处理与水资源相关影响的方法，包括组织如何与利益相关方合作，可持续管理作为共有资源的水，如何与具有重大水资源相关影响的供应商或客户合作。d. 说明在组织的管理方法中，制定任何水资源相关目标的过程，以及在存在水资源压力的地区，此等管理方法如何适应公共政策和地方背景。

European Financial Reporting Advisory Group〔2022〕ESRS E3 Water and Marine Resources E3-4，25、27：

——The undertaking shall disclose information on its water consumption performance related to its material impacts, risks and opportunities.

——The disclosure required by paragraph 25 relates to own operations and shall include：(a) total water consumption in m^3；(b) total water consumption in m^3 in areas at material water risk, including areas of high-water stress；(c) any contextual information necessary regarding the local basins' water quality and quantity, how the data have been compiled, such as any standards, methodologies, and assumptions used, including whether the information is calculated, estimated, modelled, or sourced from direct measurements, and the approach taken for this, such as the use of any sector-specific factors.

——企业应披露其为管理其与水和海洋资源有关的物质影响、风险和机遇而实施的政策。

——第 25 款要求的披露与自身经营有关，应包括：(a) 总用水量，单位为 m^3；(b) 在具有重大水风险的地区（包括高水压力地区）的总耗水量，单位为 m^3；(c) 关于当地流域水质和水量的任何必要背景信息，数据是如何编制的，如使用的任何标准、方法和假设，包括信息是通过计算、估计、建模得到的还是来源于直接测量，以及为此采取的方法，如使用任何部门特定因素。

The International Sustainability Standards Board〔2023〕IFRS S1 General Requirements for Disclosure of Sustainability-related Financial Information B30：

——An entity shall not aggregate information if doing so would obscure information that is material. Information shall be aggregated if items of information have shared characteristics and shall not be aggregated if they do not have shared characteristics. The entity might need to disaggregate information about sustainability-related risks and opportunities, for example, by geographical location or in consideration of the geopolitical environment. For example, to ensure that material information is not obscured, an entity might need to disaggregate information about its use of water to distinguish between water drawn from abundant sources and water drawn from water stressed areas.

——如果这样做会掩盖实质性信息，则实体不得汇总信息。若信息项目具有共同特征，则应汇总信息；若信息项目并没有共同特征，则不应汇总信息。实体可能需要根据地理位置或考虑地缘政治环境等因素，对与可持续性相关的风险和机遇的信息进行分类。例如，为了确保物质信息不被模糊，实体可能需要分解其用水信息，以区分从丰富水源抽取的水和从缺水地区抽取的水。

本指标披露等级及主要适用范围

【基础披露】适用于所有行业企业。

E3.1.1.2 新鲜水用量

什么是新鲜水用量

新鲜水用量（fresh water consumption），一般被认为是人们或组织从自然水源或水供应系统中提取并使用的未被污染或未被重复使用的水的总量，包括用于饮用、生活、工业、农业和其他各种目的的水。

为什么要考察新鲜水用量

新鲜水用量是衡量企业生产和生活用水的重要指标，考察新鲜水用量可以了解企业的用水结构，分析改进空间，减少新鲜水用量可以提高循环水的重复利用率，降低循环水运行成本。

怎样披露新鲜水用量

【定量】企业披露一定时期的新鲜水用量，即企业取自各种水源的新鲜水取量中扣除外供的新鲜水量、热水、蒸汽等的总量。单位：吨或立方米。

为什么要披露新鲜水用量

对于政府而言，披露企业的新鲜水用量信息可以让政府了解企业的用水量是否符合规定，是否高效节约，进而了解企业在节约用水方面的技术实力或态度。对于投资者和公众而言，披露企业的新鲜水用量信息可以帮助公众和投资者了解企业的环境影响，促进企业更好地履行社会责任。较低的新鲜水用量意味着企业有能力改进生产技术，节约并高效利用水资源，树立更好的企业形象。

与新鲜水用量相关的主要指导机构及法律法规、政策规范

国务院国有资产监督管理委员会〔2023〕《央企控股上市公司ESG专项报告参考指标体系》E1.1.1：

——新鲜水用量

指标性质：定量

披露等级：建议披露

指标说明：描述公司新鲜水使用情况，新鲜水用量为新鲜水取量减去外供新鲜水量

上海证券交易所〔2024〕《上海证券交易所上市公司自律监管指引第14号——可持续发展报告（试行）》第三十六条：

——披露主体应当披露报告期内使用水资源的具体情况，包括但不限于下列内容：（一）水资源使用的基本情况，包括但不限于总耗水量（以吨计算）及使用强度（如以每产量单位计算）等；……

深圳证券交易所〔2024〕《深圳证券交易所上市公司自律监管指引第17号——可持续发展报告（试行）》第三十六条：

——披露主体应当披露报告期内使用水资源的具体情况，包括但不限于下列内容：（一）水资源使用的基本情况，包括但不限于总耗水量（以吨计算）及使用强度（如以每产量单位计算）等；……

香港交易所〔2023〕《环境、社会及管治报告指引》A2：

——一般披露有效使用资源（包括能源、水及其他原材料）的政策。

Global Reporting Initiative〔2022〕Consolidated Set of the GRI Standards 303-1：

——The reporting organization shall report the following information: a. A description of how the organization interacts with water, including how and where water is withdrawn, consumed, and discharged, and the water-related impacts the organization has caused or contributed to, or that are directly linked to its operations, products, or services by its business relationships (e.g., impacts caused by runoff). b. A description of the approach used to identify water-related impacts, including the scope of assessments, their timeframe, and any tools or methodologies used. c. A description of how water-related impacts are addressed, including how the organization works with stakeholders to steward water as a shared resource, and how it engages with suppliers or customers with significant water-related impacts. d. An explanation of the process for setting any water-related goals and targets that are part of the organization's approach to managing water and effluents, and how they relate to public policy and the local context of each area with water stress.

——组织应提供以下信息：a. 组织如何与水资源相互影响，包括取水、耗水和排水的方式与地点，造成的或促成的水资源相关影响，或组织的运营、产品或服务通过业务关系直接产生的水资源相关影响（如，径流造成的影响）。b. 用于识别水资源相关影响的方针，包括评估范围、时间框架、采用的任何工具或方法。c. 描述处理与水资源相关影响的方法，包括组织如何与利益相关方合作，可持续管理作为共有资源的水，如何与具有重大水资源相关影响的供应商或客户合作。d. 说明在组织的管理方法中，制定任何水资源相关目标的过程，以及在存在水资源压力的地区，此等管理方法如何适应公共政策和地方背景。

European Financial Reporting Advisory Group〔2022〕ESRS E3 Water and Marine Resources E3-3，23：

——The undertaking shall disclose its policies implemented to manage its material impacts, risks and opportunities related to water and marine resources.

——企业应披露其为管理其与水和海洋资源有关的物质影响、风险和机遇而实施的政策。

The International Sustainability Standards Board〔2023〕IFRS S1 General Requirements for Disclosure of Sustainability-related Financial Information B30：

——An entity shall not aggregate information if doing so would obscure information that is material. Information shall be aggregated if items of information have shared characteristics and shall not be aggregated if they do not have shared characteristics. The entity might need to disaggregate information about sustainability-related risks and opportunities, for example, by geographical location or in consideration of the geopolitical environment. For example, to ensure that material information is not obscured, an entity might need to disaggregate information about its use of water to distinguish between water drawn from abundant sources and water drawn from water stressed areas.

——如果这样做会掩盖实质性信息，则实体不得汇总信息。若信息项目具有共同特征，则应汇总信息；若信息项目并没有共同特征，则不应汇总信息。实体可能需要根据地理位置或考虑地缘政治环境等因素，对与可持续性相关的风险和机遇的信息进行分类。例如，为了确保物质信息不被模糊，实体可能需要分解其用水信息，以区分从丰富水源抽取的水和从缺水地区抽取的水。

本指标披露等级及主要适用范围

【基础披露】 适用于所有行业企业。

E3.1.1.3 循环水用量

什么是循环水用量

循环水用量（circulating water consumption），一般被认为是被使用后得到再利用的水资源总量。循环水，又称工业重复用水，一般被认为是由一个工厂、车间或工段的给水、排水系统组成的闭路循环的用水系统，将系统内产生的废水经适当处理后可重复使用的水资源。

为什么要考察循环水用量

循环水用量是衡量企业生产和生活用水的重要指标，企业考察循环水用量是为了提高工业用水重复利用率，优化生产过程，从而节约用水，保护资源。

怎样披露循环水用量

【定量】企业披露一定时期的循环水用量，包括循环使用、一水多用和串级使用的水量，若企业的水资源使用后未被再利用，则循环水用量为0。单位：吨或立方米。

为什么要披露循环水用量

披露企业的循环水用量信息可以对外展示企业的水资源利用和管理情况，是企业履行环境责任和提高环境管理水平的一种方式，可以帮助企业节约水资源，减少污染物排放，提高生产效率，增强社会信誉，促进绿色发展。

与循环水用量相关的主要指导机构及法律法规、政策规范

国务院国有资产监督管理委员会〔2023〕《央企控股上市公司ESG专项报告参考指标体系》E1.1.2：

——循环水用量

指标性质：定量

披露等级：建议披露

指标说明：描述公司水资源使用后再次循环利用情况

香港交易所〔2023〕《环境、社会及管治报告指引》A2：

——一般披露有效使用资源（包括能源、水及其他原材料）的政策。

上海证券交易所〔2024〕《上海证券交易所上市公司自律监管指引第14号——可持续发展报告（试行）》第三十六条：

——披露主体应当披露报告期内使用水资源的具体情况，包括但不限于下列内容：（一）水资源使用的基本情况，包括但不限于总耗水量（以吨计算）及使用强度（如以每产量单位计算）等；……

深圳证券交易所〔2024〕《深圳证券交易所上市公司自律监管指引第17号——可持续发展报告（试行）》第三十六条：

——披露主体应当披露报告期内使用水资源的具体情况，包括但不限于下列内容：（一）水资源使用的基本情况，包括但不限于总耗水量（以吨计算）及使用强度（如以每产量单位计算）等；……

National Association of Securities Dealers Automated Quotations〔2019〕ESG Reporting Guide 2.0　E6：

——Total amount of water consumed

Total amount of water reclaimed

——总耗水量

再生水总量

Global Reporting Initiative〔2022〕Consolidated Set of the GRI Standards　303-1：

——The reporting organization shall report the following information: a. A description of how the organization interacts with water, including how and where water is withdrawn, consumed, and discharged, and the water-related impacts the organization has caused or contributed to, or that are directly linked to its operations, products, or services by its business relationships (e.g., impacts caused by runoff). b. A description of the approach used to identify water-related impacts, including the scope of assessments, their timeframe, and any tools or methodologies used. c. A description of how water-related impacts are addressed, including how the organization works with stakeholders to steward water as a shared resource, and how it engages with suppliers or customers with significant water-related impacts. d. An explanation of the process for setting any water-related goals and targets that are part of the organization's approach to managing water and effluents, and how they relate to public policy and the local context of each area with water stress.

——组织应提供以下信息：a. 组织如何与水资源相互影响，包括取水、耗水和排水的方式与地点，造成的或促成的水资源相关影响，或组织的运营、产品或服务通过业务关系直接产生的水资源相关影响（如，径流造成的影响）。b. 用于识别水资源相关影响的方针，包括评估范围、时间框架、采用的任何工具或方法。c. 描述处理与水资源相关影响的方法，包括组织如何与利益相关方合作，可持续管理作为共有资源的水，如何与具有重大水资源相关影响的供应商或客户合作。d. 说明在组织的管理方法中，制定任何水资源相关目标的过程，以及在存在水资源压力的地区，此等管理方法如何适应公共政策和地方背景。

European Financial Reporting Advisory Group〔2022〕ESRS E3 Water and Marine Resources　E3-4, 25、28：

——The undertaking shall disclose information on its water consumption performance related to its material impacts, risks and opportunities.

——The undertaking shall also include: 25 (a) total water recycled and reused in m³; b) total water stored and changes in storage in m³; and (c) contextual information related to points (a) and (b).

——企业应披露其为管理其与水和海洋资源有关的物质影响、风险和机遇而实施的政策。

——还应包括：25（a）回收和再利用的总水量，单位为 m³；（b）总蓄水量和蓄水量变化，单位为 m³；以及（c）与（a）和（b）相关的背景信息。

The International Sustainability Standards Board〔2023〕IFRS S1 General Requirements for Disclosure of Sustainability-related Financial Information B30：

——An entity shall not aggregate information if doing so would obscure information that is material. Information shall be aggregated if items of information have shared characteristics and shall not be aggregated if they do not have shared characteristics. The entity might need to disaggregate information about sustainability-related risks and opportunities, for example, by geographical location or in consideration of the geopolitical environment. For example, to ensure that material information is not obscured, an entity might need to disaggregate information about its use of water to distinguish between water drawn from abundant sources and water drawn from water stressed areas.

——如果这样做会掩盖实质性信息，则实体不得汇总信息。若信息项目具有共同特征，则应汇总信息；若信息项目并没有共同特征，则不应汇总信息。实体可能需要根据地理位置或考虑地缘政治环境等因素，对与可持续性相关的风险和机遇的信息进行分类。例如，为了确保物质信息不被模糊，实体可能需要分解其用水信息，以区分从丰富水源抽取的水和从缺水地区抽取的水。

本指标披露等级及主要适用范围

【**基础披露**】适用于所有行业企业。

E3.1.1.4 循环水用量占总耗水量比例

什么是循环水用量占总耗水量比例

循环水用量占总耗水量比例（proportion of circulating water consumption in total water consumption），一般被认为是在一定时期内循环利用的水量（循环水用量）与总耗水量（循环水用量与新鲜水用量之和）的比值，反映了水资源的利用效率和节约程度，也被称为水循环使用率。

为什么要考察循环水用量占总耗水量比例

考察企业的循环水用量占总耗水量比例，可以反映企业的水资源利用效率和节约程度，有助于提高企业的环境责任意识，也有利于降低企业的水资源成本和风险，既符合国家的水资源管理政策和目标，也是企业的社会责任和发展利益所在。

怎样披露循环水用量占总耗水量比例

【定量】企业披露一定时期的循环水用量占总耗水量比例。

【计算方式】循环水用量占总耗水量比例＝循环水用量÷总耗水量，或：循环水用量占总耗水量比例＝循环水用量÷（循环水用量＋新鲜水用量）。单位：％。

为什么要披露循环水用量占总耗水量比例

披露企业的循环水用量占总耗水量比例，可以增加企业的透明度，体现企业的水资源管理技术和节水成效，展示企业的社会责任感和环境意识，促进企业与政府、社会、投资者等各方的了解和合作，也有助于企业获取更多的政策支持和市场机会。

与循环水用量占总耗水量比例相关的主要指导机构及法律法规、政策规范

国务院国有资产监督管理委员会〔2023〕《央企控股上市公司 ESG 专项报告参考指标体系》E1.1.3：

——循环水用量占比

指标性质：定量

披露等级：建议披露

指标说明：描述公司循环水使用占比情况 1）循环用水总量可按照循环用水量与重复利用次数相乘进行计算；2）总耗水量为新鲜水取量与循环用水总量之和

Global Reporting Initiative〔2022〕Consolidated Set of the GRI Standards 303－1：

——The reporting organization shall report the following information：a. A description of how the organization interacts with water, including how and where water is withdrawn, consumed, and discharged, and the water-related impacts the organization has caused or contributed to, or that are directly linked to its operations, products, or services by its business relationships (e.g., impacts caused by runoff). b. A description of the approach used to identify water-related impacts, including the scope of assessments, their timeframe, and any tools or methodologies used. c. A description of how water-related impacts are addressed, including how the organization works with stakeholders to steward water as a shared resource, and how it engages with suppliers or customers with significant water-related impacts. d. An explanation of the process for setting any water-related goals and targets that are part of the organization's approach to managing water and effluents, and how they relate to public policy and the local context of each area with water stress.

——组织应提供以下信息：a. 组织如何与水资源相互影响，包括取水、耗水和排水的方式与地点，造成的或促成的水资源相关影响，或组织的运营、产品或

服务通过业务关系直接产生的水资源相关影响（如，径流造成的影响）。b. 用于识别水资源相关影响的方针，包括评估范围、时间框架、采用的任何工具或方法。c. 描述处理与水资源相关影响的方法，包括组织如何与利益相关方合作，可持续管理作为共有资源的水，如何与具有重大水资源相关影响的供应商或客户合作。d. 说明在组织的管理方法中，制定任何水资源相关目标的过程，以及在存在水资源压力的地区，此等管理方法如何适应公共政策和地方背景。

European Financial Reporting Advisory Group〔2022〕ESRS E3 Water and Marine Resources E3－4，25、28：

——The undertaking shall disclose information on its water consumption performance related to its material impacts，risks and opportunities.

——The undertaking shall also include：25（a）total water recycled and reused in m^3；b）total water stored and changes in storage in m^3；and（c）contextual information related to points（a）and（b）.

——企业应披露其为管理其与水和海洋资源有关的物质影响、风险和机遇而实施的政策。

——还应包括：25（a）回收和再利用的总水量，单位为 m^3；（b）总蓄水量和蓄水量变化，单位为 m^3；以及（c）与（a）和（b）相关的背景信息。

本指标披露等级及主要适用范围

【建议披露】适用于所有行业企业。

E3.1.1.5 水资源消耗强度

什么是水资源消耗强度

水资源消耗强度（water consumption intensity），一般被认为是企业产生一定效益所消耗的水量。在通常情况下，企业的水资源消耗强度使用企业用水总量与企业产值（或产量、利润、营收等）的比值，即单位产值所消耗的水量。

为什么要考察水资源消耗强度

水资源消耗强度是企业水资源利用效率的直接体现，水资源是企业生产经营的重要因素，也是生态环境的重要组成部分。通过考察并改进水资源消耗强度，可以提高水资源利用的经济效益，降低生产成本，增强企业竞争力，同时也可以履行社会责任，提升企业形象。

怎样披露水资源消耗强度

【定量】企业披露一定时期的水资源消耗强度。

【计算方式】水资源消耗强度＝总耗水量÷企业产值（或产量、利润、营收等）。单位：吨/元（或其他单位，由企业产值的衡量指标而定）。

为什么要披露水资源消耗强度

披露企业的水资源消耗强度，是展现企业资源节约实践的重要方式，可以向社会公众、投资者、监管机构等展示企业的水资源管理情况和成效，增强企业的信誉和竞争力。对外披露水资源消耗强度信息，可以与国家和地方的用水总量和强度双控目标相对接，也是响应国家节水型社会建设和高质量发展战略的重要举措。

与水资源消耗强度相关的主要指导机构及法律法规、政策规范

国务院国有资产监督管理委员会〔2023〕《央企控股上市公司 ESG 专项报告参考指标体系》E1.1.4：

——水资源消耗强度

指标性质：定量

披露等级：建议披露

指标说明：描述公司水资源消耗强度，可按照产品数量、总产值、销售额或职工人数等计算

上海证券交易所〔2024〕《上海证券交易所上市公司自律监管指引第 14 号——可持续发展报告（试行）》第三十六条：

——披露主体应当披露报告期内使用水资源的具体情况，包括但不限于下列内容：（一）水资源使用的基本情况，包括但不限于总耗水量（以吨计算）及使用强度（如以每产量单位计算）等；……

深圳证券交易所〔2024〕《深圳证券交易所上市公司自律监管指引第 17 号——可持续发展报告（试行）》第三十六条：

——披露主体应当披露报告期内使用水资源的具体情况，包括但不限于下列内容：（一）水资源使用的基本情况，包括但不限于总耗水量（以吨计算）及使用强度（如以每产量单位计算）等；……

Singapore Exchange〔2023〕Starting with a Common Set of Core ESG Metrics 1：

——Metric：Water consumption intensity

Unit：ML or m^3/organisation-specific metrics

Framework Alignment：TCFD, SASB IF-RE-140a.1

Description：Water intensity ratios in water consumed (ML or m^3) per unit of organization specific metrics (e.g. revenue, units of production, floor space, number of employees, number of passengers). This is calculated from the total water consumption reported. Denominators should be clearly defined and disclosed.

——指标名称：水资源消耗强度

单位：兆升或立方米/组织特定指标

框架体系：TCFD、SASB IF-RE-140a.1

描述：单位组织特定指标（如收入、生产单位、占地面积、员工人数、乘客人数）的耗水强度比（ML 或 m^3）。这是根据报告的总耗水量计算的。分母应明确定义和披露。

Global Reporting Initiative〔2022〕Consolidated Set of the GRI Standards 303‑1：

——The reporting organization shall report the following information：a. A description of how the organization interacts with water，including how and where water is withdrawn，consumed，and discharged，and the water-related impacts the organization has caused or contributed to，or that are directly linked to its operations，products，or services by its business relationships（e. g.，impacts caused by runoff）. b. A description of the approach used to identify water-related impacts，including the scope of assessments，their timeframe，and any tools or methodologies used. c. A description of how water-related impacts are addressed，including how the organization works with stakeholders to steward water as a shared resource，and how it engages with suppliers or customers with significant water-related impacts. d. An explanation of the process for setting any water-related goals and targets that are part of the organization's approach to managing water and effluents，and how they relate to public policy and the local context of each area with water stress.

——组织应提供以下信息：a. 组织如何与水资源相互影响，包括取水、耗水和排水的方式与地点，造成的或促成的水资源相关影响，或组织的运营、产品或服务通过业务关系直接产生的水资源相关影响（如，径流造成的影响）。b. 用于识别水资源相关影响的方针，包括评估范围、时间框架、采用的任何工具或方法。c. 描述处理与水资源相关影响的方法，包括组织如何与利益相关方合作，可持续管理作为共有资源的水，如何与具有重大水资源相关影响的供应商或客户合作。d. 说明在组织的管理方法中，制定任何水资源相关目标的过程，以及在存在水资源压力的地区，此等管理方法如何适应公共政策和地方背景。

European Financial Reporting Advisory Group〔2022〕ESRS E3 Water and Marine Resources E3‑4，25、29：

——The undertaking shall disclose information on its water consumption performance related to its material impacts，risks and opportunities.

——The undertaking shall provide information on its water intensity：total water consumption in m^3 per net revenue on own operations.

——企业应披露其为管理其与水和海洋资源有关的物质影响、风险和机遇而实施的政策。

——企业应提供其用水强度的信息：总耗水量（单位为立方米）/自身经营净收入。

本指标披露等级及主要适用范围

【建议披露】适用于所有行业企业。

E3.1.2　水资源管理

什么是水资源管理

水资源管理（water resource management），一般被认为是对水资源的规划、分配、监测和评估，以满足人类和生态系统的需求，同时保护环境和减少灾害风险。水资源管理一般包括供水管理和需水管理两个方面。供水管理是指通过建设各种工程设施，提高水资源的可用量。需水管理是指通过采取行政、经济、法律和技术等手段，控制或引导用水者的需求，提高用水效率和效益。企业进行水资源管理的主要途径包括：制定并执行水资源管理制度和规范；采用节水技术和设备，提高用水效率；实施循环用水或再生用水；加强废水处理和回收利用，降低排放量和污染物负荷；加强对内部用水量、废水量、耗能量等指标的监测和评估；披露并报告相关的数据、成果、风险和机遇等。

E3.1.2.1　水资源使用管理办法

什么是水资源使用管理办法

水资源使用管理办法（management measures for the use of water resources），一般被认为是通过设定指标和标准，对企业的取用水量、用水效率和废水排放量等进行限制和监督，以保护和节约水资源。水资源使用管理办法一般包括以下几个方面：企业如何与水资源相互影响，包括取水、耗水和排水的目标、方式与地点，造成的或增加的水资源相关影响，或企业的活动、产品或服务通过商业关系直接产生的水资源相关影响；企业用于确定水资源相关影响的方法，包括评估范围、时间框架、采用的任何工具或方法；企业处理水资源相关影响的方式，包括如何与利益相关方合作，可持续管理作为共有资源的水，如何与具有水资源相关重大影响的供应商或客户合作。

为什么要考察水资源使用管理办法

考察企业的水资源使用管理办法，可以了解企业是否遵守国家的水资源法律法规，是否合理节约开发利用水资源，是否缴纳水资源费用，是否受到水资源调度管理的影响等。这些方面都可能影响企业的成本、效益和社会责任。通过考察企业的水资源使用管理办法，能够提高企业的水资源效率，降低企业的水资源成本，增强企业的水资源竞争力，督促企业承担水资源社会责任。

怎样披露水资源使用管理办法

【定性】企业披露水资源使用目标、水资源消耗情况、处理与水资源等相关影响的管理办法。

为什么要披露水资源使用管理办法

披露企业的水资源使用管理办法，可以使投资者与监管机构了解企业是否遵守国家的水资源法律法规，是否合理节约开发利用水资源，是否按规定缴纳水资源费用，是否受到水资源调度管理的影响等，进而考察企业的经营成本、效益和社会责任承担情况。

与水资源使用管理办法相关的主要指导机构及法律法规、政策规范

上海证券交易所〔2024〕《上海证券交易所上市公司自律监管指引第 14 号——可持续发展报告（试行）》第三十四条：

——披露主体应当集约、高效利用能源、水、原材料等资源，加强资源使用过程节约管理，推动生产、流通过程的减量化、再利用、再循环。

深圳证券交易所〔2024〕《深圳证券交易所上市公司自律监管指引第 17 号——可持续发展报告（试行）》第三十四条：

——披露主体应当集约、高效利用能源、水、原材料等资源，加强资源使用过程节约管理，推动生产、流通过程的减量化、再利用、再循环。

香港交易所〔2023〕《环境、社会及管治报告指引》A2：

——一般披露有效使用资源（包括能源、水及其他原材料）的政策。

Global Reporting Initiative〔2022〕Consolidated Set of the GRI Standards 303-1：

——The reporting organization shall report the following information: a. A description of how the organization interacts with water, including how and where water is withdrawn, consumed, and discharged, and the water-related impacts the organization has caused or contributed to, or that are directly linked to its operations, products, or services by its business relationships (e.g., impacts caused by runoff). b. A description of the approach used to identify water-related impacts, including the scope of assessments, their timeframe, and any tools or methodologies used. c. A description of how water-related impacts are addressed, including how the organization works with stakeholders to steward water as a shared resource, and how it engages with suppliers or customers with significant water-related impacts. d. An explanation of the process for setting any water-related goals and targets that are part of the organization's approach to managing water and effluents, and how they relate to public policy and the local context of each area with water stress.

——组织应提供以下信息：a. 组织如何与水资源相互影响，包括取水、耗水和排水的方式与地点，造成的或促成的水资源相关影响，或组织的运营、产品或服务通过业务关系直接产生的水资源相关影响（如，径流造成的影响）。b. 用于识别水资源相关影响的方针，包括评估范围、时间框架、采用的任何工具或方法。c. 描述处理与水资源相关影响的方法，包括组织如何与利益相关方合作，可持续管理作为共有资源的水，如何与具有重大水资源相关影响的供应商或客户合作。d. 说明在组织的管理方法中，制定任何水资源相关目标的过程，以及在存在水资源压力的地区，此等管理方法如何适应公共政策和地方背景。

European Financial Reporting Advisory Group〔2022〕ESRS E3 Water and Marine Resources　E3-3，23：

——The undertaking shall disclose its policies implemented to manage its material impacts, risks and opportunities related to water and marine resources.

——企业应披露其为管理其与水和海洋资源有关的物质影响、风险和机遇而实施的政策。

本指标披露等级及主要适用范围

【基础披露】适用于所有行业企业。

E3.1.2.2　节水管理办法

什么是节水管理办法

节水管理办法（management measures for water saving），一般被认为是企业为实现节水目标和任务，规范节水行为，保障节水工作顺利开展，制定的一系列节水管理措施和责任机制等。

为什么要考察节水管理办法

节水管理办法是保障企业用水安全、降低节水成本、提高节水效益的有效途径，是推进企业低成本可持续发展战略实施的必要条件，也是规范企业节水行为、加强企业用水监督、促进企业节水文化建设的重要抓手。

怎样披露节水管理办法

【定性】企业披露包括企业内部针对节水行为或节水目标制定的管理措施和责任机制等在内的节水管理办法。

为什么要披露节水管理办法

披露企业的节水管理办法，是展现企业节水管理的规范性和创新性的有效途径，是贯彻落实国家节水行动方案的需求，能够满足国家监管部门、行业协会、社会公众等利益相关方的信息需求。完善的节水管理办法意味着企业不仅在节水环保方面具有高度的责任感，而且拥有先进且规范的管理水平，披露企业的节水管理办法是提升企业的透明度和信誉度的有效手段。

与节水管理办法相关的主要指导机构及法律法规、政策规范

全国人民代表大会常务委员会〔2016〕《中华人民共和国水法》第四条、第五十三条：

——开发、利用、节约、保护水资源和防治水害，应当全面规划、统筹兼顾、标本兼治、综合利用、讲求效益，发挥水资源的多种功能，协调好生活、生产经营和生态环境用水。

——新建、扩建、改建建设项目，应当制订节水措施方案，配套建设节水设施。节水设施应当与主体工程同时设计、同时施工、同时投产。供水企业和自建供水设施的单位应当加强供水设施的维护管理，减少水的漏失。

中华人民共和国财政部〔2010〕《企业内部控制应用指引第 4 号——社会责任》第十二条、第十五条：

——企业应当按照国家有关环境保护与资源节约的规定，结合本企业实际情况，建立环境保护与资源节约制度，认真落实节能减排责任，积极开发和使用节能产品，发展循环经济，降低污染物排放，提高资源综合利用效率。企业应当通过宣传教育等有效形式，不断提高员工的环境保护和资源节约意识。

——企业应当建立环境保护和资源节约的监控制度，定期开展监督检查，发现问题，及时采取措施予以纠正。污染物排放超过国家有关规定的，企业应当承担治理或相关法律责任。发生紧急、重大环境污染事件时，应当启动应急机制，及时报告和处理，并依法追究相关责任人的责任。

上海证券交易所〔2024〕《上海证券交易所上市公司自律监管指引第 14 号——可持续发展报告（试行）》第三十六条：

——披露主体应当披露报告期内使用水资源的具体情况，包括但不限于下列内容：……（二）水资源节约目标以及具体措施，水资源回收利用情况及水资源使用存在的具体困难（如有）。

深圳证券交易所〔2024〕《深圳证券交易所上市公司自律监管指引第 17 号——可持续发展报告（试行）》第三十六条：

——披露主体应当披露报告期内使用水资源的具体情况，包括但不限于下列内容：……（二）水资源节约目标以及具体措施，水资源回收利用情况及水资源使用存在的具体困难（如有）。

香港交易所〔2023〕《环境、社会及管治报告指引》A2：

——一般披露有效使用资源（包括能源、水及其他原材料）的政策。

Global Reporting Initiative〔2022〕Consolidated Set of the GRI Standards 303-1：

——The reporting organization shall report the following information：a. A description of how the organization interacts with water, including how and where water is withdrawn, consumed, and discharged, and the water-related impacts the organization has caused or contributed to, or that are directly linked to its operations, products, or services by its business relationships (e.g., impacts caused by runoff). b. A description of the approach used to identify water-related impacts, including the scope of assessments, their timeframe, and any tools or methodologies used. c. A description of how water-related impacts are addressed, including how the organization works with stakeholders to steward water as a shared resource, and how it engages with suppliers or customers with significant water-related impacts. d. An explanation of the process for setting any water-related goals and targets that are part of the organization's approach to managing water and effluents, and how they relate to public policy and the local context of each area with water stress.

——组织应提供以下信息：a. 组织如何与水资源相互影响，包括取水、耗水和排水的方式与地点，造成的或促成的水资源相关影响，或组织的运营、产品或服务通过业务关系直接产生的水资源相关影响（如，径流造成的影响）。b. 用于识别水资源相关影响的方针，包括评估范围、时间框架、采用的任何工具或方法。c. 描述处理与水资源相关影响的方法，包括组织如何与利益相关方合作，可持续管理作为共有资源的水，如何与具有重大水资源相关影响的供应商或客户合作。d. 说明在组织的管理方法中，制定任何水资源相关目标的过程，以及在存在水资源压力的地区，此等管理方法如何适应公共政策和地方背景。

本指标披露等级及主要适用范围

【基础披露】适用于所有行业企业。

E3.1.2.3　企业节水培训

什么是企业节水培训

企业节水培训（enterprise water-saving training），一般被认为是企业为了提高节水意识和能力，对员工进行的有关节水知识、技术、方法、政策、标准等方面的教育和培训活动。企业节水培训的内容包括节水基础知识、节水技术和产品、节水管理和方法、节水标准和定额等。企业开展节水培训时可以根据企业的实际情况和需求，选择合适的培训方法和策略，如讲授法、演示法、研讨法、案例研究法等。

为什么要考察企业节水培训

企业节水培训的意义在于提高员工的节水意识和技能，营造企业的节水文化，从而提高企业的节水效率和水资源利用率，降低企业的水费和环境成本，提高企业的核心竞争力和社会责任感。

怎样披露企业节水培训

【定性】 企业披露自身针对节水主题进行培训的内容、形式、周期、效果等信息，节水主题培训包括但不限于节水基础知识、节水技术和产品、节水管理和方法、节水标准和定额等。

为什么要披露企业节水培训

披露企业节水培训，可以向投资者、监管机构、社会公众等利益相关方展示企业的节水文化、节水管理成效和水资源利用情况，提高企业的透明度和信誉度，增强企业的社会责任感，树立有责任感的企业形象。

与企业节水培训相关的主要指导机构及法律法规、政策规范

中华人民共和国财政部〔2010〕《企业内部控制应用指引第 4 号——社会责任》第十二条：

——企业应当按照国家有关环境保护与资源节约的规定，结合本企业实际情况，建立环境保护与资源节约制度，认真落实节能减排责任，积极开发和使用节能产品，发展循环经济，降低污染物排放，提高资源综合利用效率。企业应当通过宣传教育等有效形式，不断提高员工的环境保护和资源节约意识。

上海证券交易所〔2023〕《上海证券交易所上市公司自律监管指引第 1 号——规范运作》8.3、8.9：

——上市公司应当根据所处行业及自身经营特点，形成符合本公司实际的社会责任战略规划及工作机制。公司的社会责任战略规划至少应当包括公司的商业伦理准则、员工保障计划及职业发展支持计划、合理利用资源及有效保护环境的技术投入及研发计划、社会发展资助计划以及对社会责任规划进行落实管理及监督的机制安排等内容。

——上市公司可以根据自身实际情况，在公司年度社会责任报告中披露或者单独披露如下环境信息：（一）公司环境保护方针、年度环境保护目标及成效；（二）公司年度资源消耗总量；（三）公司环保投资和环境技术开发情况；（四）公司排放污染物种类、数量、浓度和去向；（五）公司环保设施的建设和运行情况；（六）公司在生产过程中产生的废物的处理、处置情况，废弃产品的回收、综合利用情况；（七）与环保部门签订的改善环境行为的自愿协议；（八）公司受到环保部门奖励的情况；（九）企业自愿公开的其他环境信息。……

深圳证券交易所〔2023〕《深圳证券交易所上市公司自律监管指引第 1 号——主板上市公司规范运作》8.3、8.7：

——上市公司应当根据所处行业及自身经营特点，形成符合本公司实际的社会责任战略规划及工作机制。公司的社会责任战略规划至少应当包括公司的商业伦理准则、员工保障计划及职业发展支持计划、合理利用资源及有效保护环境的技术投入及研发计划、社会发展资助计划以及对社会责任规划进行落实管理及监督的机制安排等内容。

——上市公司可以根据自身实际情况，在公司年度社会责任报告中披露或者单独披露如下环境信息：（一）公司环境保护方针、年度环境保护目标及成效；（二）公司年度资源消耗总量；（三）公司环保投资和环境技术开发情况；（四）公司排放污染物种类、数量、浓度和去向；（五）公司环保设施的建设和运行情况；（六）公司在生产过程中产生的废物的处理、处置情况，废弃产品的回收、综合利用情况；（七）与环保部门签订的改善环境行为的自愿协议；（八）公司受到环保部门奖励的情况；（九）公司自愿公开的其他环境信息。……

本指标披露等级及主要适用范围

【基础披露】适用于所有行业企业。

E3.1.2.4 企业节水效果

什么是企业节水效果

企业节水效果（enterprise water-saving effect），一般被认为是企业在生产经营活动中，通过采取节水技术、节水管理等措施，降低用水量、提高用水效率、减少污水排放的综合效果，通常可以根据企业采取节水行动后水资源消耗强度的减少来计算。企业节水效果代表企业对节水费用的使用效率，反映出企业节水能力的高低。

为什么要考察企业节水效果

企业节水效果的高低，直接影响着企业的生产成本、环境效益、社会责任等方面。通过考察企业节水效果，可以发现企业当前节水措施、技术或管理办法的不足，从而及时采取节水技术改造、节水管理措施、节水器具推广等方式，更高效地利用企业节水费用，提高企业的用水效率和重复利用率，最终提高经济效应。

怎样披露企业节水效果

【定量】企业披露特定周期采取节水行动取得的效果，计算方法一般是通过"水资源消耗强度"的减少计算。

【计算方式】企业节水效果＝节水行动后的水资源消耗强度－节水行动前的水资源消耗强度。单位与水资源消耗强度的单位相同。式中，水资源消耗强度的计算方式为：水资源消耗强度＝总耗水量÷企业产值（或产量、利润、营收等）。

为什么要披露企业节水效果

披露企业节水效果，有助于提高企业的透明度和信誉度，吸引更多的投资者、客户，通过社会的监督和评价，获取更多的反馈和建议，进而改进企业的节水管理和技术，提升企业的经济效益，增加企业的社会影响力和竞争力。较好的企业节水效果意味着企业在具备节水意识的基础上，还能够高效利用节水费用，具有先进的节水能力，披露企业节水效果比单纯地披露节水费用或管理办法能更有说服力地展示企业的节水技术和管理方式，更容易吸引到投资或政策支持。

与企业节水效果相关的主要指导机构及法律法规、政策规范

上海证券交易所〔2023〕《上海证券交易所上市公司自律监管指引第 1 号——规范运作》8.3、8.9：

——上市公司应当根据所处行业及自身经营特点，形成符合本公司实际的社会责任战略规划及工作机制。公司的社会责任战略规划至少应当包括公司的商业伦理准则、员工保障计划及职业发展支持计划、合理利用资源及有效保护环境的技术投入及研发计划、社会发展资助计划以及对社会责任规划进行落实管理及监督的机制安排等内容。

——上市公司可以根据自身实际情况，在公司年度社会责任报告中披露或者单独披露如下环境信息：（一）公司环境保护方针、年度环境保护目标及成效；（二）公司年度资源消耗总量；（三）公司环保投资和环境技术开发情况；（四）公司排放污染物种类、数量、浓度和去向；（五）公司环保设施的建设和运行情况；（六）公司在生产过程中产生的废物的处理、处置情况，废弃产品的回收、综合利用情况；（七）与环保部门签订的改善环境行为的自愿协议；（八）公司受到环保部门奖励的情况；（九）企业自愿公开的其他环境信息。……

深圳证券交易所〔2023〕《深圳证券交易所上市公司自律监管指引第 1 号——主板上市公司规范运作》8.3、8.7：

——上市公司应当根据所处行业及自身经营特点，形成符合本公司实际的社会责任战略规划及工作机制。公司的社会责任战略规划至少应当包括公司的商业伦理准则、员工保障计划及职业发展支持计划、合理利用资源及有效保护环境的技术投入及研发计划、社会发展资助计划以及对社会责任规划进行落实管理及监督的机制安排等内容。

——上市公司可以根据自身实际情况，在公司年度社会责任报告中披露或者单独披露如下环境信息：（一）公司环境保护方针、年度环境保护目标及成效；（二）公司年度资源消耗总量；（三）公司环保投资和环境技术开发情况；（四）公司排放污染物种类、数量、浓度和去向；（五）公司环保设施的建设和运行情况；（六）公司在生产过程中产生的废物的处理、处置情况，废弃产品的回收、综合利用情况；（七）与环保部门签订的改善环境行为的自愿协议；（八）公司受到环保部门奖励的情况；（九）公司自愿公开的其他环境信息。……

本指标披露等级及主要适用范围

【基础披露】 适用于所有行业企业。

E3.1.2.5 节水费用

什么是节水费用

节水费用（water saving cost），一般被认为是企业为了节约水资源而产生的各种费用，包括节水技术的研发费用、投资节水相关技术和资产产生的折旧和摊销、购买节水产品和服务的费用、参与节水项目和活动的费用等。

为什么要考察节水费用

节水费用是企业对节约水资源的重视程度和投资意愿的直接体现。节水费用预算管理可以帮助企业合理规划和控制用水成本，促进企业高效配置水资源，优化用水结构，满足不同用水需求，支持企业可持续发展，降低运营风险。节水费用预算管理也可以减少企业的水资源消耗和污染排放，改善生态环境，体现企业的社会责任和环保意识。

怎样披露节水费用

【定量】企业披露一定时期的节水费用，包括节水技术的研发费用、投资节水相关技术和资产产生的折旧和摊销、购买节水产品和服务的费用、参与节水项目和活动等全部费用之和。

为什么要披露节水费用

披露企业的节水费用，可以对外展示企业的节水态度和水资源管理水平，彰显企业的社会责任和环保意识，促进企业与利益相关方的沟通和合作，提高社会声誉。披露节水费用还可以让政府了解到企业在节约水资源上消耗的成本，更容易得到来自政府的政策扶持与资金支持。

与节水费用相关的主要指导机构及法律法规、政策规范

全国人民代表大会常务委员会〔2016〕《中华人民共和国水法》第八条：

——国家厉行节约用水，大力推行节约用水措施，推广节约用水新技术、新工艺，发展节水型工业、农业和服务业，建立节水型社会。各级人民政府应当采取措施，加强对节约用水的管理，建立节约用水技术开发推广体系，培育和发展节约用水产业。单位和个人有节约用水的义务。

本指标披露等级及主要适用范围

【建议披露】适用于所有行业企业。

E3.2 能源使用与管理

什么是能源

能源（energy），即煤炭、石油、天然气、生物质能和电力、热力以及其他直接或者通过加工、转换而取得有用能的各种资源。依照《中华人民共和国节约能源法》第一章第七条：国家实行有利于节能和环境保护的产业政策，限制发展高耗能、高污染行业，发展节能环保型产业。国务院和省、自治区、直辖市人民政府应当加强节能工作，合理调整产业结构、企业结构、产品结构和能源消费结构，推动企业降低单位产值能耗和单位产品能耗，淘汰落后的生产能力，改进能源的开发、加工、转换、输送、储存和供应，提高能源利用效率。国家鼓励、支持开发和利用新能源、可再生能源。

E3.2.1　能源使用

什么是能源使用

能源使用（energy use），一般被认为是通过各种方式使用或利用煤炭、石油、天然气、生物质能和电力、热力以及其他直接或者通过加工、转换而取得有用能的各种资源。

E3.2.1.1　能源消耗总量

什么是能源消耗总量

能源消耗总量（energy consumption），或称企业综合能耗（comprehensive energy consumption of enterprises），一般被认为是用能单位在统计报告期内实际消耗的各种能源实物量，按规定的计算方法和单位分别折算后的总和。

为什么要考察能源消耗总量

通过考察企业能源消耗总量的情况，企业可以评估自身对能源的使用是否符合国家标准，确保其在标准规定限度内运行，避免因过度消耗而违反法律法规，使企业产生损失。同时，通过考察企业能源消耗总量的情况，企业可以规范能源使用，评估生产过程中的能源浪费，节约能源，降低能源消耗，降低运行成本，优化生产工艺及流程，促进企业健康、绿色、可持续发展。

怎样披露能源消耗总量

【定量】企业披露能源消耗量。具体参考《综合能耗计算通则》。

【计算公式】综合能耗[①]按以下公式计算：

$$E = \sum_{i=1}^{n}(E_i \times k_i)$$

式中：

E——综合能耗，单位：标准煤；

n——消耗的能源种类数；

E_i——生产和/或服务活动中实际消耗的第 i 种能源量（含耗能工质消耗的能源量）；

k_i——第 i 种能源的折标准煤系数。

为什么要披露能源消耗总量

披露企业能源消耗总量的信息，有助于政府对企业的能源消耗和能源利用水平进

---

① 综合能耗主要用于考察用能单位的能源消耗总量。

行评估。超额排放或不符合国家规定排放标准的企业，政府可以对其进行处罚，以规范能源治理行业的污染物控制，保护环境和公众健康。披露企业能源消耗总量的信息，有助于提高企业公开信息透明度，促进公众对企业的全面认识，评估企业的能源利用率，支持环保水平高的企业，进而在购买、投资等行为中做出更明智的决策。

与能源消耗总量相关的主要指导机构及法律法规、政策规范

国务院国有资产监督管理委员会〔2023〕《央企控股上市公司 ESG 专项报告参考指标体系》E1.3.1、E1.3.2、E1.3.3、E1.3.4：

——化石能源消耗量

指标性质：定量

披露等级：基础披露

指标说明：描述公司不可再生能源消耗情况，包括煤炭、焦炭、汽油、柴油、天然气及液化石油气等消耗量（以吨标煤计）

——非化石能源消耗量

指标性质：定量

披露等级：基础披露

指标说明：描述公司直接消耗新能源/可再生能源情况，包括直接使用的风力发电、光伏发电、生物质发电和余热余压发电等（以吨标煤计）

——非化石能源使用比例

指标性质：定量

披露等级：建议披露

指标说明：描述公司非化石能源消耗量与能源消耗总量的比例关系（以百分数计）

——能源消耗总量

指标性质：定量

披露等级：建议披露

指标说明：描述公司能源消耗总量情况，以吨标煤计

上海证券交易所〔2023〕《上海证券交易所上市公司自律监管指引第 1 号——规范运作》8.9：

——上市公司可以根据自身实际情况，在公司年度社会责任报告中披露或者单独披露如下环境信息：……（二）公司年度资源消耗总量；……

深圳证券交易所〔2023〕《深圳证券交易所上市公司自律监管指引第 1 号——主板上市公司规范运作》8.7：

——上市公司可以根据自身实际情况，在公司年度社会责任报告中披露或者单独披露如下环境信息：……（二）公司年度资源消耗总量；……

上海证券交易所〔2024〕《上海证券交易所上市公司自律监管指引第 14 号——可持续发展报告（试行）》第三十五条：

——披露主体应当披露报告期内使用能源的具体情况，包括但不限于下列内容：（一）能源使用的基本情况，包括但不限于按类型划分的直接及间接能源（如煤、电、气或油）总能耗量（以吨标准煤计算）、结构及企业总能耗强度（如以每产量单位计算）等；……

深圳证券交易所〔2024〕《深圳证券交易所上市公司自律监管指引第 17 号——可持续发展报告（试行）》第三十五条：

——披露主体应当披露报告期内使用能源的具体情况，包括但不限于下列内容：（一）能源使用的基本情况，包括但不限于按类型划分的直接及间接能源（如煤、电、气或油）总能耗量（以吨标准煤计算）、结构及企业总能耗强度（如以每产量单位计算）等；……

香港交易所〔2023〕《环境、社会及管治报告指引》A2：

——一般披露有效使用资源（包括能源、水及其他原材料）的政策。

National Association of Securities Dealers Automated Quotations〔2019〕ESG Reporting Guide 2.0 E5：

——Percentage：Energy usage by generation type

——百分比：按类型划分的能源使用情况

London Stock Exchange〔2019〕ESG Disclosure Score 8.3：

——Three years of total energy consumption data is disclosed. Typically, this may be via CDP（below）. A single, combined figure for all fuel sources i. e. electricity, gas, fuel, measured in kilowatt hours（kWh） of energy is preferred. If fuel sources are separated, this should be clear and use comparable units. Companies should include their data centres in their disclosure.

——披露三年的总能耗数据。通常，这可以通过 CDP（如下）获取。优先选择所有燃料来源（即电力、天然气、燃油）的单一合并数字，以千瓦时（kWh）为单位。如果燃料来源是分开的，那么应该清楚标明，并使用可比的单位。公司应将其数据中心纳入披露范围。

Singapore Exchange〔2023〕Starting with a Common Set of Core ESG Metrics 1：

——Metric：Total energy consumption

Unit：MWhs or GJ

Framework Alignment：GRI 302 - 1，TCFD，SASB 130

Description：Total energy consumption, in megawatt hours or gigajoules（MWhs or GJ）, within the organisation.

——指标名称：能源消耗总量

单位：兆瓦时或千兆焦耳

框架体系：GRI 302-1、TCFD、SASB 130

描述：组织内的总能耗，单位为兆瓦时或千兆焦耳（MWhs 或 GJ）。

Global Reporting Initiative〔2022〕Consolidated Set of the GRI Standards 302-1、302-2：

——The reporting organization shall report the following information：a. Total fuel consumption within the organization from non-renewable sources, in joules or multiples, and including fuel types used. b. Total fuel consumption within the organization from renewable sources, in joules or multiples, and including fuel types used. c. In joules, watt-hours or multiples, the total：i. electricity consumption; ii. heating consumption; iii. cooling consumption; iv. steam consumption. d. In joules, watt-hours or multiples, the total：i. electricity sold; ii. heating sold; iii. cooling sold; iv. steam sold. e. Total energy consumption within the organization, in joules or multiples. f. Standards, methodologies, assumptions, and/or calculation tools used. g. Source of the conversion factors used. When compiling the information specified in Disclosure 302-1, the reporting organization shall：2.1 avoid the double-counting of fuel consumption, when reporting self-generated energy consumption. If the organization generates electricity from a non-renewable or renewable fuel source and then consumes the generated electricity, the energy consumption shall be counted once under fuel consumption; 2.1.1 report fuel consumption separately for non-renewable and renewable fuel sources; 2.1.2 only report energy consumed by entities owned or controlled by the organization; 2.1.3 calculate the total energy consumption within the organization in joules or multiples using the following formula：Total energy consumption within the organization＝Non-renewable fuel consumed＋Renewable fuel consumed＋Electricity, heating, cooling, and steam purchased for consumption－Electricity, heating, cooling, and steam sold.

——The reporting organization shall report the following information：a. Energy consumption outside of the organization, in joules or multiples. b. Standards, methodologies, assumptions, and/or calculation tools used. c. Source of the conversion factors used. When compiling the information specified in Disclosure 302-2, the reporting organization shall exclude energy consumption reported in Disclosure 302-1.

——组织应报告以下信息：a. 组织内不可再生能源的总燃料消耗量，单位为焦耳或倍数，包括使用的燃料类型。b. 组织内可再生能源的总燃料消耗量，单位为焦耳或倍数，包括使用的燃料类型。c. 以焦耳、瓦时或倍数表示的总量：i. 耗电量，ii. 供暖消耗，iii. 制冷消耗，iv. 蒸汽消耗。d. 以焦耳、瓦时或倍数表示的总量：i. 售电量，ii. 供暖售出，iii. 制冷售出，iv. 蒸汽售出。e. 组织内的总能耗，单位为焦耳或倍数。f. 使用的标准、方法、假设和/或计算工具。g. 所用转换系数的来源。在编制披露 302-1 中规定的信息时，组织应：2.1 在报告自产能源消耗时，避免重复计算燃料消耗。如果组织使用不可再生或可再生燃料发电，然后消耗所产生的电力，则能源消耗应在燃料消耗下计算一次；2.1.1 分别报告不可再生和可再生燃料来源的燃料消耗量；2.1.2 仅报告组织拥有或控制的实体消耗的能源；2.1.3 使用以下公式计算组织内的总能源消耗量，单位为焦耳或倍数：组织内的能源消耗总量＝消耗的不可再生燃料＋消耗的可再生燃料＋为消耗而购买的电力、供暖、制冷和蒸汽－售出的电力、供暖、制冷和蒸汽。

——组织应报告以下信息：a. 组织外部的能源消耗，单位为焦耳或倍数。b. 使用的标准、方法、假设和/或计算工具。c. 所用转换系数的来源。在编制披露 302-2 中规定的信息时，组织应排除披露 302-1 中报告的能源消耗。

本指标披露等级及主要适用范围

【建议披露】适用于所有行业企业。

E3.2.1.2 能源消耗强度

什么是能源消耗强度

能源消耗强度（energy consumption intensity），一般被认为是单位时间内企业能源消耗量与产出的比重。若非特别注明，能源消耗强度均指代单位 GDP 能耗，最常用的单位为"吨标准煤/万元"。

为什么要考察能源消耗强度

能源消耗强度是评价不同经济体能源综合利用效率的重要指标之一，也是比较不同经济体经济发展对能源的依赖程度的重要指标。通过考察能源消耗强度，企业可以评估自身对能源的使用情况以及能源利用的经济效益，从而优化生产工艺及流程，促进提升企业生产收入。

怎样披露能源消耗强度

【定量】企业披露能源消耗强度。

【计算方式】能源消耗强度＝企业当期能源消耗量÷当期企业生产总值，单位：吨/万元。

为什么要披露能源消耗强度

披露能源消耗强度信息，有助于政府对企业的能源消耗和能源利用水平进行评估，发挥政府的宏观调控作用，树立切实可行的地区能耗目标，逐步优化能源结构，提高能源利用效率，降低能耗强度，实行能耗总量和强度"双控"行动；有助于提高企业公开信息透明度，增强企业利益相关者对被投资企业的信心；人民群众也可以在购买、投资等行为中做出更明智的决策。

与能源消耗强度相关的主要指导机构及法律法规、政策规范

国务院国有资产监督管理委员会〔2023〕《央企控股上市公司ESG专项报告参考指标体系》E1.3.5：

——能源消耗强度

指标性质：定量

披露等级：建议披露

指标说明：描述公司能源消耗强度，可按照产品数量、总产值、销售额或职工人数等计算

上海证券交易所〔2024〕《上海证券交易所上市公司自律监管指引第14号——可持续发展报告（试行）》第三十五条：

——披露主体应当披露报告期内使用能源的具体情况，包括但不限于下列内容：（一）能源使用的基本情况，包括但不限于按类型划分的直接及间接能源（如煤、电、气或油）总耗量（以吨标准煤计算）、结构及企业总能耗强度（如以每产量单位计算）等；……

深圳证券交易所〔2024〕《深圳证券交易所上市公司自律监管指引第17号——可持续发展报告（试行）》第三十五条：

——披露主体应当披露报告期内使用能源的具体情况，包括但不限于下列内容：（一）能源使用的基本情况，包括但不限于按类型划分的直接及间接能源（如煤、电、气或油）总耗量（以吨标准煤计算）、结构及企业总能耗强度（如以每产量单位计算）等；……

Singapore Exchange〔2023〕Starting with a Common Set of Core ESG Metrics 1：

——Metric：Energy consumption intensity

Unit：MWhs or GJ/organization specific metrics

Framework Alignment：GRI 302-3，TCFD

Description：Energy intensity ratios in energy consumed (MWhs or GJ) per unit of organization specific metrics (e.g. revenue, units of production, floor space, number of employees, number of passengers). This is calculated from the total energy consumption reported. Denominators should be clearly defined and disclosed.

——指标名称：能源消耗强度

单位：兆瓦时或千兆焦耳/组织特定指标

框架体系：GRI 302 - 3、TCFD

描述：组织特定指标（如收入、生产单位、占地面积、员工人数、乘客人数）的能源消耗强度比（MWhs 或 GJ）。这是根据报告的总能耗计算得出的。分母应明确定义和披露。

Global Reporting Initiative〔2022〕Consolidated Set of the GRI Standards 302 - 3：

——The reporting organization shall report the following information：a. Energy intensity ratio for the organization. b. Organization-specific metric（the denominator）chosen to calculate the ratio. Types of energy included in the intensity ratio；whether fuel，electricity，heating，cooling，steam，or all. c. Whether the ratio uses energy consumption within the organization，outside of it，or both. d. When compiling the information specified in Disclosure 302 - 3，the reporting organization shall：2.5 calculate the ratio by dividing the absolute energy consumption（the numerator）by the organization-specific metric（the denominator）；2.5.1 if reporting an intensity ratio both for the energy consumed within the organization and outside of it，report these intensity ratios separately.

——组织应报告以下信息：a. 该组织的能源强度比。b. 用于计算该比率的组织特定指标（分母）。强度比中包含的能源类型；无论是燃油、电力、供暖、制冷、蒸汽还是全部。c. 该比率是否使用组织内部、外部或两者的能源消耗。d. 在编制披露 302 - 3 中规定的信息时，组织应：2.5 通过将绝对能耗（分子）除以组织特定指标（分母）来计算该比率；2.5.1 如果报告组织内部和外部消耗的能源强度比，则应单独报告这些强度比。

本指标披露等级及主要适用范围

【建议披露】适用于所有行业企业。

E3.2.1.3　清洁能源占比

什么是清洁能源

清洁能源（clean energy），或称绿色能源（green energy），一般被认为是不排放污染物、能够直接用于生产生活的能源，它包括核能和可再生能源。可再生能源是指原材料可以再生的能源，如水力发电、风力发电、太阳能、生物能（沼气）、地热能（包括地源和水源）、海潮能等。

为什么要考察清洁能源占比

清洁能源占比是衡量一个企业能源使用情况的重要指标之一。在环保监管中，针对不同类型的用能单位，通常会制定相应的能源消耗标准和限值。通过清洁能源占比，企业可以评估自身清洁能源使用情况，增加清洁能源占比投入，降低非清洁能源使用率。开发、使用清洁能源效果显著的企业，政府会给予相应的政策支持、经济激励等。

通过清洁能源占比，企业可以树立优秀的绿色节能企业形象，增强企业利益相关者的支持和投资信心，有助于企业可持续发展。

怎样披露清洁能源占比

【定性】重点用能单位应当每年向管理节能工作的部门报送上年度的能源利用状况报告。能源利用状况包括能源消费情况、能源利用效率、节能目标完成情况和节能效益分析、节能措施等内容。

【定量】重点用能单位应当披露清洁能源占比。计算公式：清洁能源占比＝当期清洁能源消耗量÷当期总能源消耗量×100%。单位：%。

为什么要披露清洁能源占比

通过披露清洁能源占比的信息，政府可以了解企业的能源使用情况，评估企业的环保水平，规范非清洁能源的消耗，推动企业降低单位产值能耗和单位产品能耗，提高清洁能源占比，提高能源利用效率。通过披露清洁能源占比的信息，民众能够对企业的环保水平有较为全面的了解，方便人民群众发挥监督作用，从而促使企业降低非清洁能源的使用，增大清洁能源占比，促进国家可持续发展。

与清洁能源占比相关的主要指导机构及法律法规、政策规范

上海证券交易所〔2024〕《上海证券交易所上市公司自律监管指引第 14 号——可持续发展报告（试行）》第三十五条：

——披露主体应当披露报告期内使用能源的具体情况，包括但不限于下列内容：……（二）清洁能源使用情况，包括但不限于风能、太阳能、水能、地热能、生物质资源、海洋能等清洁能源的种类、总量、比例等；……

深圳证券交易所〔2024〕《深圳证券交易所上市公司自律监管指引第 17 号——可持续发展报告（试行）》第三十五条：

——披露主体应当披露报告期内使用能源的具体情况，包括但不限于下列内容：……（二）清洁能源使用情况，包括但不限于风能、太阳能、水能、地热能、生物质资源、海洋能等清洁能源的种类、总量、比例等；……

本指标披露等级及主要适用范围

【建议披露】适用于所有行业企业。

E3.2.2 能源管理

什么是能源管理

能源管理（energy management），一般被认为是对能源的生产、分配、转换和消耗的全过程进行科学的计划、组织、检查、控制和监督工作的总称。内容包括：制定正确的能源开发政策和节能政策，不断完善能源规划、能源法规、能源控制系统，安排好工业能源、生活能源的生产与经营；加强能源设备管理，及时对锅炉、工业窑炉以及各类电器等进行技术改造和更新，提高能源利用率；实行能源定额管理，计算出能源的有效消耗及工艺性损耗的指标，层层核定各项能源消耗定额，并通过经济责任制度和奖惩制度把能源消耗定额落实到车间、班组和个人，督促企业达到耗能先进水平；定期检查耗能大的重点企业、重点项目和重点设备，不断对能源有效利用程度进行技术分析，建立健全能源管理制度，形成专业管理与群众管理相结合的能源管理网，教育职工树立节能意识，并不断加强对能源消耗的计量监督、标准监督和统计监督。

E3.2.2.1 能源使用管理办法

什么是能源使用管理办法

能源使用管理办法（management measures for energy use），一般被认为是企业为加强能源管理，降低物耗，提高能源利用率，根据国家能源工作方针政策和能源管理标准，结合企业自身生产和物资消耗实际情况，制定的一系列规范企业内部能源使用的管理办法。

为什么要考察能源使用管理办法

能源使用管理办法是评价企业管理水平的重要指标之一。良好的能源使用管理办法有助于企业降低生产过程中的能源浪费，节约能源，降低能源消耗，降低运行成本，优化生产工艺及流程，促进企业健康、绿色、可持续发展。通过考察能源使用管理办法，企业可以评估自身对能源的使用是否符合国家标准，确保其在标准规定限度内运行。企业也可以通过此制度明确企业内部各部门工作职责，避免因工作重复或分配不均，降低员工工作效率。

怎样披露能源使用管理办法

【定性】 企业披露是否建立能源方针、能源目标、能源使用记录过程和管理程序。

为什么要披露能源使用管理办法

披露能源使用管理办法的信息，有助于政府对企业的环保行为进行监管，若企业的能源使用情况出现问题，不符合国家标准，政府可以对其进行处罚，以规范能源治理行业的污染物控制，保护环境和公众健康；有助于提高企业公开信息透明度，促进公众对企业的全面认识，评估企业的环保水平，从而在购买、投资等行为中做出更明智的决策。

与能源使用管理办法相关的主要指导机构及法律法规、政策规范

全国人民代表大会常务委员会〔2018〕《中华人民共和国节约能源法》第二十四条、第二十七条：

——用能单位应当按照合理用能的原则，加强节能管理，制定并实施节能计划和节能技术措施，降低能源消耗。

——用能单位应当加强能源计量管理，按照规定配备和使用经依法检定合格的能源计量器具。用能单位应当建立能源消费统计和能源利用状况分析制度，对

各类能源的消费实行分类计量和统计,并确保能源消费统计数据真实、完整。

中华人民共和国财政部〔2010〕《企业内部控制应用指引第 4 号——社会责任》第十二条:

——企业应当按照国家有关环境保护与资源节约的规定,结合本企业实际情况,建立环境保护与资源节约制度,认真落实节能减排责任,积极开发和使用节能产品,发展循环经济,降低污染物排放,提高资源综合利用效率。企业应当通过宣传教育等有效形式,不断提高员工的环境保护和资源节约意识。

香港交易所〔2023〕《环境、社会及管治报告指引》A2:

——一般披露有效使用资源(包括能源、水及其他原材料)的政策。

本指标披露等级及主要适用范围

【基础披露】适用于所有行业企业。

E3.2.2.2 能源消耗统计监测设施

什么是能源消耗统计监测设施

能源消耗统计监测设施(energy consumption monitoring facilities),一般被认为是用于采集、分析、汇总用能单位能耗数据并将数据上传到系统平台的设备。

为什么要考察能源消耗统计监测设施

通过考察能源消耗统计监测设施,企业可以了解自身能源消耗监测水平,有助于加强自身能耗管理。能源消耗统计监测设施是获得可靠能耗数据的基础,是企业进行能耗管理、制定节能办法的前提;此外,能源消耗与生产经营息息相关,企业可以利用能源消耗统计监测设施,收集企业动态能耗数据,用于分析生产效率,评定生产能力。

怎样披露能源消耗统计监测设施

【定性】企业披露能源计量器具配备与管理、能耗在线监测系统建设运行等情况,可参照《用能单位能源计量器具配备和管理通则》《用能单位能耗在线监测技术要求》及相应行业能源计量器具配备管理、能耗在线监测标准。

为什么要披露能源消耗统计监测设施

披露能源消耗统计监测设施的情况,有助于企业更加有效地进行能源消耗监测,从而促进企业节能管理;同时,可以展示企业对环保问题的关注和应对措施,增强企业的社会形象和市场竞争力。

与能源消耗统计监测设施相关的主要指导机构及法律法规、政策规范

全国人民代表大会常务委员会〔2018〕《中华人民共和国节约能源法》第二十四条、第二十七条:

——用能单位应当按照合理用能的原则,加强节能管理,制定并实施节能计

划和节能技术措施，降低能源消耗。

——用能单位应当加强能源计量管理，按照规定配备和使用经依法检定合格的能源计量器具。用能单位应当建立能源消费统计和能源利用状况分析制度，对各类能源的消费实行分类计量和统计，并确保能源消费统计数据真实、完整。

中华人民共和国财政部〔2010〕《企业内部控制应用指引第 4 号——社会责任》第十五条：

——企业应当建立环境保护和资源节约的监控制度，定期开展监督检查，发现问题，及时采取措施予以纠正。污染物排放超过国家有关规定的，企业应当承担治理或相关法律责任。发生紧急、重大环境污染事件时，应当启动应急机制，及时报告和处理，并依法追究相关责任人的责任。

Global Reporting Initiative〔2022〕Consolidated Set of the GRI Standards 302-4、302-5：

——The reporting organization shall report the following information：a. Amount of reductions in energy consumption achieved as a direct result of conservation and efficiency initiatives，in joules or multiples. b. Types of energy included in the reductions；whether fuel，electricity，heating，cooling，steam，or all. c. Basis for calculating reductions in energy consumption，such as base year or baseline，including the rationale for choosing it. d. Standards，methodologies，assumptions，and/or calculation tools used. When compiling the information specified in Disclosure 302-4，the reporting organization shall：2.7 exclude reductions resulting from reduced production capacity or outsourcing；2.7.1 describe whether energy reduction is estimated，modeled，or sourced from direct measurements. If estimation or modeling is used，the organization shall disclose the methods used.

——The reporting organization shall report the following information：a. Reductions in energy requirements of sold products and services achieved during the reporting period，in joules or multiples. b. Basis for calculating reductions in energy consumption，such as base year or baseline，including the rationale for choosing it. c. Standards，methodologies，assumptions，and/or calculation tools used.

——组织应报告以下信息：a. 节约和效率举措直接导致的能源消耗减少量，单位为焦耳或倍数。b. 减排中包括的能源类型；无论是燃油、电力、供暖、制冷、蒸汽还是全部。c. 计算能源消耗减少的依据，如基准年或基准，包括选择基准年的理由。d. 使用的标准、方法、假设和/或计算工具。在编制披露项 302-4 中规定的信息时，组织应：2.7 不包括由于产能减少或外包造成的减少；2.7.1 描述能源减少是通过估计、建模得到的还是来源于直接测量。如果使用估算或建模，组织应披露所使用的方法。

——组织应报告以下信息：a. 报告期内销售产品和服务的能源需求减少量，单位为焦耳或倍数。b. 计算能源消耗减少的依据，如基准年或基准，包括选择基准年的理由。c. 使用的标准、方法、假设或计算工具。

本指标披露等级及主要适用范围

【基础披露】适用于所有行业企业。

E3.2.2.3 节能管理办法

什么是节能管理办法

节能（energy saving），或称节约能源，依照《中华人民共和国节约能源法》第三条，是指加强用能管理，采取技术上可行、经济上合理以及环境和社会可以承受的措施，从能源生产到消费的各个环节，降低消耗、减少损失和污染物排放、制止浪费，有效、合理地利用能源。节能管理办法（management measures for energy saving），是指企业为促进能源的有效利用，降低能源消耗，减少环境污染而制定的一系列节能措施。

为什么要考察节能管理办法

通过考察节能管理办法，能够充分发挥企业在节能工作中的主体作用。创建企业节能管理办法规范，可以将占总能耗大部分的工业企业纳入监管和指导范围，激发企业节能的内生动力，最大限度地发挥企业的主观能动性和自觉性，有利于整体节能目标的实现；通过企业节能管理办法规范的创新与实践，可以对其他领域节能工作起到积极的示范带动效应，有力推动社会节能。

怎样披露节能管理办法

【定性】企业披露开展能源审计、建立实施能源管理体系、开展节能技术改造的情况。其中，能源审计可参照《能源审计技术通则》及相应行业能源审计标准，能源管理体系可参照《能源管理体系 要求及使用指南》及相应行业能源管理体系实施指南标准。

为什么要披露节能管理办法

披露节能管理办法的信息，有助于企业更加有效地实施能源节约和减排措施，同时，可以展示企业对环保问题的关注和应对措施，增强企业的社会形象和市场竞争力。

与节能管理办法相关的主要指导机构及法律法规、政策规范

全国人民代表大会常务委员会〔2018〕《中华人民共和国节约能源法》第二十四条、第二十七条：

——用能单位应当按照合理用能的原则，加强节能管理，制定并实施节能计

划和节能技术措施，降低能源消耗。

——用能单位应当加强能源计量管理，按照规定配备和使用经依法检定合格的能源计量器具。用能单位应当建立能源消费统计和能源利用状况分析制度，对各类能源的消费实行分类计量和统计，并确保能源消费统计数据真实、完整。

中华人民共和国财政部〔2010〕《企业内部控制应用指引第 4 号——社会责任》第十二条：

——企业应当按照国家有关环境保护与资源节约的规定，结合本企业实际情况，建立环境保护与资源节约制度，认真落实节能减排责任，积极开发和使用节能产品，发展循环经济，降低污染物排放，提高资源综合利用效率。企业应当通过宣传教育等有效形式，不断提高员工的环境保护和资源节约意识。

上海证券交易所〔2024〕《上海证券交易所上市公司自律监管指引第 14 号——可持续发展报告（试行）》第三十五条：

——披露主体应当披露报告期内使用能源的具体情况，包括但不限于下列内容：……（三）能源节约目标以及具体措施，包括但不限于采购节能生产设备、节能照明设备、节能温控设备，采用余热余压利用、能源梯级利用等措施，能源使用存在的具体困难（如有）。

深圳证券交易所〔2024〕《深圳证券交易所上市公司自律监管指引第 17 号——可持续发展报告（试行）》第三十五条：

——披露主体应当披露报告期内使用能源的具体情况，包括但不限于下列内容：……（三）能源节约目标以及具体措施，包括但不限于采购节能生产设备、节能照明设备、节能温控设备，采用余热余压利用、能源梯级利用等措施，能源使用存在的具体困难（如有）。

香港交易所〔2023〕《环境、社会及管治报告指引》A2：

——一般披露有效使用资源（包括能源、水及其他原材料）的政策。

Global Reporting Initiative〔2022〕Consolidated Set of the GRI Standards 302－4、302－5：

——The reporting organization shall report the following information：a. Amount of reductions in energy consumption achieved as a direct result of conservation and efficiency initiatives, in joules or multiples. b. Types of energy included in the reductions; whether fuel, electricity, heating, cooling, steam, or all. c. Basis for calculating reductions in energy consumption, such as base year or baseline, including the rationale for choosing it. d. Standards, methodologies, assumptions, and/or calculation tools used. When compiling the information specified in Disclosure 302－4, the reporting organization shall：2.7 exclude reductions resulting from reduced production capacity or outsourcing; 2.7.1 describe whether energy reduction is estimated, modeled, or sourced from direct measurements. If estimation or modeling is used, the organization shall disclose the methods used.

——The reporting organization shall report the following information: a. Reductions in energy requirements of sold products and services achieved during the reporting period, in joules or multiples. b. Basis for calculating reductions in energy consumption, such as base year or baseline, including the rationale for choosing it. c. Standards, methodologies, assumptions, and/or calculation tools used.

——组织应报告以下信息：a. 节约和效率举措直接导致的能源消耗减少量，单位为焦耳或倍数。b. 减排中包括的能源类型；无论是燃油、电力、供暖、制冷、蒸汽还是全部。c. 计算能源消耗减少的依据，如基准年或基准，包括选择基准年的理由。d. 使用的标准、方法、假设和/或计算工具。在编制披露项 302-4 中规定的信息时，组织应：2.7 不包括由于产能减少或外包造成的减少；2.7.1 描述能源减少是通过估计、建模得到的还是来源于直接测量。如果使用估算或建模，组织应披露所使用的方法。

——组织应报告以下信息：a. 报告期内销售产品和服务的能源需求减少量，单位为焦耳或倍数。b. 计算能源消耗减少的依据，如基准年或基准，包括选择基准年的理由。c. 使用的标准、方法、假设或计算工具。

本指标披露等级及主要适用范围

【基础披露】适用于所有行业企业。

E3.2.2.4　企业节能培训

什么是企业节能培训

企业节能培训（enterprise energy conservation training），一般被认为是一种通过组织针对企业员工的培训活动，旨在提高员工的节能意识和能力，推广企业节能理念和技术，促进企业的能源管理和节能减排工作的过程。企业节能培训是一个长期的、系统化的过程，需要与企业的节能目标和管理体系相结合，不断地进行评估和改进。

为什么要考察企业节能培训

考察企业节能培训的目的在于评估企业是否注重员工的节能意识和能力培养，以及是否落实了相关的节能政策和管理措施。企业节能培训可以提高员工的节能意识和技能，促进企业的节能减排工作，从而实现节能减排目标，减少能源消耗和环境污染，提高企业的经济效益和社会形象。考察企业节能培训需要综合考虑企业的节能管理体系、培训计划、培训效果等方面的因素。

怎样披露企业节能培训

【定性】企业披露其节能培训方面的培训目标、培训内容、培训方式、培训对象、培训效果、培训计划、培训评估、获奖荣誉等信息。

为什么要披露企业节能培训

通过披露企业节能培训的信息可以帮助政府监管企业的节能减排情况，了解企业的节能管理水平和效果，制定合适的节能管理办法和措施，促进节能环保事业的发展，实现经济、社会和环境的可持续发展。同时，披露企业节能培训的信息也有利于企业加强内部管理，提高员工意识和技能，履行社会责任和合规要求，增强企业的可持续发展能力和竞争力。

与企业节能培训相关的主要指导机构及法律法规、政策规范

全国人民代表大会常务委员会〔2018〕《中华人民共和国节约能源法》第二十四条、第二十七条：

——用能单位应当按照合理用能的原则，加强节能管理，制定并实施节能计划和节能技术措施，降低能源消耗。

——用能单位应当加强能源计量管理，按照规定配备和使用经依法检定合格的能源计量器具。用能单位应当建立能源消费统计和能源利用状况分析制度，对各类能源的消费实行分类计量和统计，并确保能源消费统计数据真实、完整。

中华人民共和国财政部〔2010〕《企业内部控制应用指引第4号——社会责任》第十二条：

——企业应当按照国家有关环境保护与资源节约的规定，结合本企业实际情况，建立环境保护与资源节约制度，认真落实节能减排责任，积极开发和使用节能产品，发展循环经济，降低污染物排放，提高资源综合利用效率。企业应当通过宣传教育等有效形式，不断提高员工的环境保护和资源节约意识。

中华人民共和国工业和信息化部〔2016〕《工业节能管理办法》第十五条：

——各级工业和信息化主管部门应当建立工业节能管理岗位人员和专业技术人员的教育培训机制，制定教育培训计划和大纲，组织开展专项教育和岗位培训。各级工业和信息化主管部门应当开展工业节能宣传活动，积极宣传工业节能政策法规、节能技术和先进经验等。

本指标披露等级及主要适用范围

【**基础披露**】适用于所有行业企业。

E3.2.2.5 企业节能效果

什么是企业节能效果

企业节能效果（enterprise energy saving effect），一般被认为是企业在实施节能措施后所取得的节能效果，可以从整体节能效果、单项节能效果和节能效益等方面进行考虑。整体节能效果是指企业在实施一系列节能措施后所取得的总体节能效果，单项

节能效果是指企业在实施某项具体的节能措施后所取得的节能效果，节能效益则是指企业在实施节能措施后所获得的经济效益。企业节能效果的评估和计算是企业实施节能管理措施的重要环节，可以为企业节能减排和可持续发展提供有力的支持。

为什么要考察企业节能效果

考察企业节能效果不仅可以评估节能措施的有效性，还可以帮助企业了解自身节能水平和节能潜力，为企业节能减排和可持续发展提供指导和支持。通过对企业节能效果进行评估，企业可以及时调整和优化节能措施，提高节能效率，降低能源消耗和成本支出，增强企业的经济效益和竞争力。此外，企业节能效果的评估也是企业履行社会责任的重要环节，有助于企业获得政府和公众的认可和信任。

怎样披露企业节能效果

【定性/定量】重点用能单位披露年度的节能设备改造情况、节能措施、节能目标完成情况和节能效益分析等内容。节能量测算可参照《用能单位节能量计算方法》《节能量测量和验证技术通则》等相关标准。

为什么要披露企业节能效果

披露企业节能效果信息是企业社会责任的体现，可以提升企业形象和信誉度，吸引更多的消费者和投资者。此外，披露企业节能效果信息可以促进企业内部自我管理和监督，增强企业管理的透明度和可信度，为企业的可持续发展打下良好基础。对于投资者而言，披露企业节能效果信息可以为其提供参考，帮助其做出更为明智的投资决策。对于政府而言，披露企业节能效果信息可以强化政府对企业的监管，推动企业落实节能减排目标，促进可持续发展。

与企业节能效果相关的主要指导机构及法律法规、政策规范

全国人民代表大会常务委员会〔2018〕《中华人民共和国节约能源法》第五十三条：

——重点用能单位应当每年向管理节能工作的部门报送上年度的能源利用状况报告。能源利用状况包括能源消费情况、能源利用效率、节能目标完成情况和节能效益分析、节能措施等内容。

Global Reporting Initiative〔2022〕Consolidated Set of the GRI Standards 302－4、302－5：

——The reporting organization shall report the following information: a. Amount of reductions in energy consumption achieved as a direct result of conservation and efficiency initiatives, in joules or multiples. b. Types of energy included in the reductions; whether fuel, electricity, heating, cooling, steam, or all. c. Basis for calculating reductions in energy consumption, such as base year or baseline, including the rationale for choosing it. d. Standards, methodologies, assumptions, and/or calculation tools used. When compiling the information specified in Disclosure 302 – 4，the reporting organization shall：2.7 exclude reductions resulting from reduced production capacity or outsourcing；2.7.1 describe whether energy reduction is estimated，modeled，or sourced from direct measurements. If estimation or modeling is used，the organization shall disclose the methods used.

——The reporting organization shall report the following information：a. Reductions in energy requirements of sold products and services achieved during the reporting period，in joules or multiples. b. Basis for calculating reductions in energy consumption，such as base year or baseline，including the rationale for choosing it. c. Standards，methodologies，assumptions，and/or calculation tools used.

——组织应报告以下信息：a. 节约和效率举措直接导致的能源消耗减少量，单位为焦耳或倍数。b. 减排中包括的能源类型；无论是燃油、电力、供暖、制冷、蒸汽还是全部。c. 计算能源消耗减少的依据，如基准年或基准，包括选择基准年的理由。d. 使用的标准、方法、假设和/或计算工具。在编制披露项 302 – 4 中规定的信息时，组织应：2.7 不包括由于产能减少或外包造成的减少；2.7.1 描述能源减少是通过估计、建模得到的还是来源于直接测量。如果使用估算或建模，组织应披露所使用的方法。

——组织应报告以下信息：a. 报告期内销售产品和服务的能源需求减少量，单位为焦耳或倍数。b. 计算能源消耗减少的依据，如基准年或基准，包括选择基准年的理由。c. 使用的标准、方法、假设或计算工具。

本指标披露等级及主要适用范围

【基础披露】适用于所有行业企业。

E3.2.2.6 节能费用

什么是节能费用

节能费用（energy saving cost），一般被认为是企业在实施节能措施时所支出的成本，包括但不限于节能设备、技术改造、培训、能源审计等方面的费用。节能费用可以是直接的资金支出，也可以是间接的成本节约，例如通过减少能源消耗所节约下来的成本。

为什么要考察节能费用

通过考察节能费用，可以在降低企业成本、实现可持续发展、符合法律法规、提高企业形象、推动技术进步等方面发挥作用。通过控制能源消耗和减少排放，企业可以降低对环境的负面影响，提高企业盈利水平并获取消费者和投资者的信任。同时，为了实现节能减排目标，企业需要不断探索新的技术和方法，从而推动技术进步和创新。

怎样披露节能费用

【定量】 企业披露其因节能技术研发、节能设备投资等项目所花费的费用。单位：万元。

为什么要披露节能费用

披露企业的节能费用信息可以让利益相关者了解企业在节能方面的投入和成果，提高企业的透明度和信誉度。同时，这也可以显示企业的社会责任感和环保意识，树立企业的良好社会形象和品牌形象，有助于企业的长期发展和品牌建设。此外，披露企业的节能费用信息还可以吸引越来越多的投资者和客户，特别是环保意识强的投资者和客户，提高企业的商业价值和竞争力。最重要的是，披露节能费用信息还可以鼓励其他企业效仿，促进全社会的节能减排行动，有助于保护环境，实现可持续发展。

与节能费用相关的主要指导机构及法律法规、政策规范

Global Reporting Initiative〔2022〕Consolidated Set of the GRI Standards 302－4、302－5：

——The reporting organization shall report the following information：a. Amount of reductions in energy consumption achieved as a direct result of conservation and efficiency initiatives, in joules or multiples. b. Types of energy included in the reductions; whether fuel, electricity, heating, cooling, steam, or all. c. Basis for calculating reductions in energy consumption, such as base year or baseline, including the rationale for choosing it. d. Standards, methodologies, assumptions, and/or calculation tools used. When compiling the information specified in Disclosure 302－4, the reporting organization shall：2.7 exclude reductions resulting from reduced production capacity or outsourcing; 2.7.1 describe whether energy reduction is estimated, modeled, or sourced from direct measurements. If estimation or modeling is used, the organization shall disclose the methods used.

——The reporting organization shall report the following information：a. Reductions in energy requirements of sold products and services achieved during the reporting period, in joules or multiples. b. Basis for calculating reductions in energy consumption, such as base year or baseline, including the rationale for choosing it. c. Standards, methodologies, assumptions, and/or calculation tools used.

——组织应报告以下信息：a. 节约和效率举措直接导致的能源消耗减少量，单位为焦耳或倍数。b. 减排中包括的能源类型；无论是燃油、电力、供暖、制冷、蒸汽还是全部。c. 计算能源消耗减少的依据，如基准年或基准，包括选择基准年的理由。d. 使用的标准、方法、假设和/或计算工具。在编制披露项302－4

中规定的信息时，组织应：2.7 不包括由于产能减少或外包造成的减少；2.7.1 描述能源减少是通过估计、建模得到的还是来源于直接测量。如果使用估算或建模，组织应披露所使用的方法。

——组织应报告以下信息：a. 报告期内销售产品和服务的能源需求减少量，单位为焦耳或倍数。b. 计算能源消耗减少的依据，如基准年或基准，包括选择基准年的理由。c. 使用的标准、方法、假设或计算工具。

本指标披露等级及主要适用范围

【建议披露】适用于所有行业企业。

E3.3 物料使用与管理

什么是物料

物料（materials），一般被认为是企业最终产品之外的、在生产领域流转的一切材料（不论其来自生产资料还是生活资料），如燃料、零部件、半成品、外协件以及生产过程中必然产生的边角余料、废料以及各种废物。

E3.3.1 物料使用

什么是物料使用

物料使用（material usage），一般被认为是在企业的生产过程中，将物料作为生产要素进行组织、调配和利用的过程。物料使用的目标是合理、高效地利用物料资源，满足产品的生产需要，达到企业经济效益最大化的目的。依照《2030 年前碳达峰行动方案》，应鼓励企业节能升级改造，推动能量梯级利用、物料循环利用。

E3.3.1.1 物料消耗量

什么是物料消耗量

物料消耗量（material consumption），一般被认为是在企业的生产过程中，根据产品生产工艺和标准配比计算得出的每一种所需原材料在生产过程中实际使用的数量。物料消耗量的计算对于企业的物料采购、库存管理、生产设备调整和产能规划等都有着至关重要的作用，可以有效地控制原材料的使用量，避免生产过程中的浪费和损耗，提高生产效率和产品质量。

为什么要考察物料消耗量

物料消耗量是生产过程中的重要指标之一。企业在采购、生产、库存的过程中，需要不断了解和掌握物料消耗量这个关键指标才能实现精益管理，控制成本，提高产品品质和效率，推动企业朝着可持续的方向发展。

怎样披露物料消耗量

【定量】企业披露生产过程中的物料消耗量。单位：吨。

为什么要披露物料消耗量

披露物料消耗量可以促进企业与供应链中的其他企业之间的信息共享和合作，从而优化整个供应链的运作。同时，物料消耗量和废弃物排放直接相关，披露物料消耗量可以帮助企业建立环保指标体系，跟踪、诊断和改进环保现状，防范环保风险。此外，企业物料消耗量的披露可以提高企业的透明度，让公众了解企业的生产和经营状况，进而评估企业是否具备社会责任感和可持续发展能力。

与物料消耗量相关的主要指导机构及法律法规、政策规范

全国人民代表大会常务委员会〔2018〕《中华人民共和国大气污染防治法》第四十四条：

——生产、进口、销售和使用含挥发性有机物的原材料和产品的，其挥发性有机物含量应当符合质量标准或者要求。国家鼓励生产、进口、销售和使用低毒、低挥发性有机溶剂。

香港交易所〔2023〕《环境、社会及管治报告指引》A2：

——一般披露有效使用资源（包括能源、水及其他原材料）的政策。

Global Reporting Initiative〔2022〕Consolidated Set of the GRI Standards 301-1：

——The reporting organization shall report the following information: a. Total weight or volume of materials that are used to produce and package the organization's primary products and services during the reporting period, by: i. non-renewable materials used; ii. renewable materials used. 2.1. When compiling the information specified in Disclosure 301-1, the reporting organization should: 2.1.1 include the following material types in the calculation of total materials used: 2.1.1.1 raw materials, i.e., natural resources used for conversion to products or services, such as ores, minerals, and wood; 2.1.1.2 associated process materials, i.e., materials that are needed for the manufacturing process but are not part of the final product, such as lubricants for manufacturing machinery; 2.1.1.3 semi-manufactured goods or parts, including all forms of materials and components other than raw materials that are part of the final product; 2.1.1.4 materials for packaging purposes, including paper, cardboard and plastics; 2.1.2 report, for each material type, whether it was purchased from external suppliers or sourced internally (such as by captive production and extraction activities); 2.1.3 report whether these data are estimated or sourced from direct mcasurcments; 2.1.4 if estimation is required, report the methods used.

——组织应报告以下信息：a.报告期内用于生产和包装其主要产品和服务的材料的总重量或体积，具体方式为：i.使用的不可再生材料；ii.使用的可再生材料。2.1 在编制披露项 301-1 中规定的信息时，组织应：2.1.1 在计算使用的总材料时包括以下材料类型：2.1.1.1 原材料，即用于转化为产品或服务的自然资

源，如矿石、矿物和木材；2.1.1.2 相关工艺材料，即制造过程所需但不是最终产品一部分的材料，如制造机械的润滑剂；2.1.1.3 半成品或零件，包括作为最终产品一部分的原材料以外的所有形式的材料和组件；2.1.1.4 包装材料，包括纸张、硬纸板和塑料。2.1.2 每种材料类型的报告，无论是从外部供应商处采购还是从内部采购（如通过自主生产和提取活动）。2.1.3 报告这些数据是估计的还是来源于直接测量。2.1.4 如果需要估算，则报告使用的方法。

本指标披露等级及主要适用范围

【建议披露】 适用于所有行业企业。

E3.3.1.2 物料消耗强度

什么是物料消耗强度

物料消耗强度（material consumption intensity），一般被认为是在生产过程中每生产单位产品或每创造单位营收所消耗的物料量，通常用于衡量企业的生产效率和物料管理效果，帮助企业更好地控制生产成本，提高生产效率，降低物料浪费，实现可持续发展。

为什么要考察物料消耗强度

通过考察物料消耗强度，企业可以找到在生产过程中使用了大量物料的环节，并尝试优化和改进这些环节以减少浪费和降低成本。同时，企业可以识别出生产过程中的瓶颈，并采取措施提高生产效率，从而提高产量和利润。此外，考察物料消耗强度可以帮助企业降低资源消耗、减少环境污染，促进企业可持续发展。

怎样披露物料消耗强度

【定量】 企业披露生产过程中的物料消耗强度。

【计算方式】 物料消耗强度＝物料消耗量÷产量（或营收）。单位：吨/件（或万元）。

为什么要披露物料消耗强度

披露企业物料消耗强度有利于政府更好地了解企业生产过程中的物料使用情况，帮助政府制定公共政策以促进更高效的资源利用，减少企业资源浪费和污染环境的行为。此外，披露企业的物料消耗强度可以提高企业经营行为的透明度，让公众更好地了解企业的生产过程和环保责任，以及生产过程中可能存在的环境风险，进而形成公众监督压力，促进企业更好地履行社会责任，共同推动可持续发展。

与物料消耗强度相关的主要指导机构及法律法规、政策规范

全国人民代表大会常务委员会〔2017〕《中华人民共和国水污染防治法》第四十八条：

——企业应当采用原材料利用效率高、污染物排放量少的清洁工艺，并加强管理，减少水污染物的产生。

本指标披露等级及主要适用范围

【建议披露】适用于所有行业企业。

E3.3.1.3 不可再生物料消耗量

什么是不可再生物料消耗量

不可再生物料消耗量（consumption of non-renewable materials），一般被认为是企业在生产过程中使用的在短时间内无法再生循环利用的物料的数量。这些物料通常包括石油、天然气、矿物、铁、铜等自然资源，以及用于制造电子设备、塑料、化学品等产品的材料。

为什么要考察不可再生物料消耗量

随着全球环保意识的增强，国家和地区的环保法规也在逐步加强，一些国家和地区针对企业在生产中对不可再生资源的使用进行限制或征税，以鼓励企业优化生产过程和提高资源利用效率。不可再生资源具有稀缺性，随着资源开采成本的提高，企业的原材料成本也会不断增加，考察企业不可再生物料消耗量有助于找到节约资源、提升生产效率的方式，实现成本的控制和削减。此外，合理利用可再生资源、减少不可再生资源的消耗，可以维护企业的声誉和社会形象，更符合未来可持续发展的趋势，有利于企业的长期经营。

怎样披露不可再生物料消耗量

【定量】企业披露生产过程中不可再生物料消耗量。单位：公吨或立方米。

为什么要披露不可再生物料消耗量

政府可以通过企业披露的不可再生物料消耗量来监测企业对环境的影响，从而制定相应的环保政策和措施，帮助企业更好地规划和管理资源。同时也可以提醒企业节约资源、推进循环经济理念，从而减少废弃物和环境污染，保护生态环境。企业披露不可再生物料消耗量，有助于提高企业的透明度，让政府、投资者、客户等各方了解企业在资源利用方面的表现，并在购买、投资等决策中考虑环保因素。

与不可再生物料消耗量相关的主要指导机构及法律法规、政策规范

Global Reporting Initiative〔2022〕Consolidated Set of the GRI Standards 301-3：
——The reporting organization shall report the following information：a. Percentage of reclaimed products and their packaging materials for each product category. b. How the data for this disclosure have been collected. 2.4 When compiling the information specified in Disclosure 301-3, the reporting organization shall：2.4.1 exclude rejects and recalls of products; calculate the percentage of reclaimed products and their packaging materials for each product category using the following formula：Percentage of reclaimed products and their packaging materials = Products and their packaging materials reclaimed within the porting period/Products

sold within the reporting period * 100.

——组织应报告以下信息：a. 每种产品类别的回收产品及其包装材料的百分比。b. 本次披露的数据是如何收集的。2.4 在编制披露项 301 - 3 中规定的信息时，组织应：2.4.1 排除产品的拒收和召回；使用以下公式计算每个产品类别的回收产品及其包装材料的百分比：回收产品及其包装材料的百分比＝在报告期内回收的产品及其包装材料/报告期内售出的产品×100。

本指标披露等级及主要适用范围

【建议披露】适用于所有行业企业。

E3.3.2　物料管理

什么是物料管理

物料管理（material management），依照《物流运筹学》[①]，是指对企业生产经营活动所需各种物料的采购、验收、供应、保管、发放、合理使用、节约使用和综合利用等一系列计划、组织、控制等管理活动的总称。

E3.3.2.1　绿色包装使用情况

什么是绿色包装

绿色包装（green package），依照《物流管理概论》[②]，是指不会造成环境污染或恶化的商品包装。实现绿色包装的途径主要包括：促进生产部门采用尽量简化的以及由可降解材料制成的包装，商品流通过程中尽量采用可重复使用单元式包装，实现流通部门自身经营活动用包装的减量化，主动地协助生产部门进行包装材料的回收及再利用。

什么是绿色包装使用情况

绿色包装使用情况（green package utilization），一般被认为是评估和描述企业在其产品包装中采用环保和可持续材料的程度以及在包装设计和生产中采取的环保措施的信息。

为什么要考察绿色包装使用情况

考察企业绿色包装使用情况有助于企业展现社会责任感，树立良好的品牌形象，促使消费者增加购买欲望，提高公众认可度和美誉度。使用绿色包装能够降低日后的处理成本，还可重复利用来降低资源损耗，降低与环境相关的风险，符合可持续发展理念，具有长远的经济利益。此外，越来越多的国家和地区出台了相关的环保法律法规，要求企业必须使用环保包装，如果企业不遵守相关规定，将会面临经济处罚以及品牌形象受损等问题。

---

① 张潜. 物流运筹学. 北京：北京大学出版社，2009.
② 刘伟. 物流管理概论. 3 版. 北京：电子工业出版社，2011.

怎样披露绿色包装使用情况

【定性/定量】企业披露绿色包装使用情况，包括是否使用绿色包装、绿色包装材料类型、绿色包装材质和使用量，以及企业包装符合《绿色包装评价方法与准则》的情况；企业减少包装物对环境影响的措施，如减量化包装、包装物循环利用等情况。

为什么要披露绿色包装使用情况

通过披露企业的绿色包装使用情况，政府和公众可以清晰地了解企业在包装环保方面的表现，加强监督和评估作用，推动企业不断改进环保表现，促进企业与社会的和谐共赢。此外，披露企业的绿色包装使用情况还能够推动形成环境保护的长效市场机制，为市场参与者提供准确的环保信息，有利于发挥市场对环境资源的配置作用，推动绿色技术的研发应用和环境污染治理第三方市场的发展。

与绿色包装使用情况相关的主要指导机构及法律法规、政策规范

全国人民代表大会常务委员会〔2020〕《中华人民共和国固体废物污染环境防治法》第六十八条：

——产品和包装物的设计、制造，应当遵守国家有关清洁生产的规定。国务院标准化主管部门应当根据国家经济和技术条件、固体废物污染环境防治状况以及产品的技术要求，组织制定有关标准，防止过度包装造成环境污染。生产经营者应当遵守限制商品过度包装的强制性标准，避免过度包装。县级以上地方人民政府市场监督管理部门和有关部门应当按照各自职责，加强对过度包装的监督管理。生产、销售、进口依法被列入强制回收目录的产品和包装物的企业，应当按照国家有关规定对该产品和包装物进行回收。电子商务、快递、外卖等行业应当优先采用可重复使用、易回收利用的包装物，优化物品包装，减少包装物的使用，并积极回收利用包装物。县级以上地方人民政府商务、邮政等主管部门应当加强监督管理。国家鼓励和引导消费者使用绿色包装和减量包装。

中华人民共和国国务院办公厅〔2022〕《国务院办公厅关于进一步加强商品过度包装治理的通知》（三）（四）：

——避免销售过度包装商品。督促指导商品销售者细化采购、销售环节限制商品过度包装有关要求，明确不销售违反限制商品过度包装强制性标准的商品。加强对电商企业的督促指导，实现线上线下要求一致。鼓励商品销售者向供应方提出有关商品绿色包装和简约包装要求。……

——推进商品交付环节包装减量化。指导寄递企业制修订包装操作规范，细化限制快递过度包装要求，并通过规范作业减少前端收寄环节的过度包装。鼓励寄递企业使用低克重、高强度的纸箱、免胶纸箱，通过优化包装结构减少填充物使用量。……

中华人民共和国国务院〔2021〕《国务院关于加快建立健全绿色低碳循环发展经济体系的指导意见》（九）：

——构建绿色供应链。鼓励企业开展绿色设计、选择绿色材料、实施绿色采购、打造绿色制造工艺、推行绿色包装、开展绿色运输、做好废弃产品回收处理，实现产品全周期的绿色环保。选择100家左右积极性高、社会影响大、带动作用强的企业开展绿色供应链试点，探索建立绿色供应链制度体系。鼓励行业协会通过制定规范、咨询服务、行业自律等方式提高行业供应链绿色化水平。

本指标披露等级及主要适用范围

【**基础披露**】适用于所有行业企业。

E3.3.2.2 循环使用材料占消耗原材料比重

什么是循环使用材料

循环使用材料（recycled materials），一般被认为是可以通过回收、再生和再利用的过程，多次投入生产和消费循环中的材料。这些材料通常是通过收集、处理和重新加工废弃物或废旧产品而获得的，然后重新用于生产新的产品或材料。

什么是原材料

原材料（raw materials），依照《中级财务会计》[①]，是指经加工后构成产品主要实体以及虽不构成产品主要实体但有助于产品形成的各种原料及主要材料、外购半成品、辅助材料、修理用备件及燃料等。

什么是循环使用材料占消耗原材料比重

循环使用材料占消耗原材料比重（proportion of recycled materials in raw material consumption），一般被认为是在生产过程中，企业所使用的循环再生材料在总原材料消耗中所占的比例。

为什么要考察循环使用材料占消耗原材料比重

循环使用材料占消耗原材料比重是衡量企业实施循环经济战略效果的重要指标之一。考察企业的循环使用材料占消耗原材料比重有利于督促企业降低资源消耗、减轻环境污染、免受违规罚款。同时，推广循环使用材料可以促进企业技术创新和转型，提高生产效率，降低成本。此外，消费者、投资者和政府都越来越关注企业的社会责任和发展可持续性，若企业能够提高循环使用材料占消耗原材料比重，有利于提高企业的社会形象和竞争力，从而获得更多的市场份额。

怎样披露循环使用材料占消耗原材料比重

【**定量**】企业披露生产过程中循环使用材料占消耗原材料比重。

---

① 吴学斌. 中级财务会计. 5版. 北京：人民邮电出版社，2022.

【计算方式】循环使用材料占消耗原材料比重＝循环使用材料量÷原材料总量。单位：%。

为什么要披露循环使用材料占消耗原材料比重

披露企业循环使用材料占消耗原材料比重有利于政府和公众了解企业在资源利用上的表现，引导企业坚持可持续发展战略，促进经济与生态的协同发展。此外，公众和政府对环境保护和可持续发展的期望也可以激励新技术和新材料的研发，促进低碳经济的发展。

与循环使用材料占消耗原材料比重相关的主要指导机构及法律法规、政策规范

全国人民代表大会常务委员会〔2018〕《中华人民共和国循环经济促进法》第十九条：

——从事工艺、设备、产品及包装物设计，应当按照减少资源消耗和废物产生的要求，优先选择采用易回收、易拆解、易降解、无毒无害或者低毒低害的材料和设计方案，并应当符合有关国家标准的强制性要求。对在拆解和处置过程中可能造成环境污染的电器电子等产品，不得设计使用国家禁止使用的有毒有害物质。禁止在电器电子等产品中使用的有毒有害物质名录，由国务院循环经济发展综合管理部门会同国务院生态环境等有关主管部门制定。设计产品包装物应当执行产品包装标准，防止过度包装造成资源浪费和环境污染。

全国人民代表大会常务委员会〔2020〕《中华人民共和国固体废物污染环境防治法》第六十九条：

——国家依法禁止、限制生产、销售和使用不可降解塑料袋等一次性塑料制品。商品零售场所开办单位、电子商务平台企业和快递企业、外卖企业应当按照国家有关规定向商务、邮政等主管部门报告塑料袋等一次性塑料制品的使用、回收情况。国家鼓励和引导减少使用、积极回收塑料袋等一次性塑料制品，推广应用可循环、易回收、可降解的替代产品。

本指标披露等级及主要适用范围

【建议披露】适用于所有行业企业。

E3.4　其他自然资源的使用与管理

什么是自然资源

自然资源（natural resources），依照《政府治理与经济法治概论》[①]，是指实体性的自然资源和环境资源，即在一定的时空条件下，具有某种特征以提升人类目前以及未来生活品质的自然环境因素的总和。其不仅为人类提供生产发展场所，而且给予人

---

① 白彦. 政府治理与经济法治概论. 北京：北京大学出版社，2016.

类舒适的生活环境。

什么是自然资源使用

自然资源使用（natural resources utilization），一般被认为是在经济和生产活动中获取、开发、利用和消耗自然界中的各种自然资源的过程。

什么是自然资源管理

自然资源管理（natural resource management），依照《普通发展学》[①]，是指人们按经济规律和生态规律，运用行政、法律、经济、技术和教育等多种手段，对自然资源在各社会集团和各时间阶段的合理分配，对自然资源的利用和保护进行组织、协调、规划和监督活动的总称。

什么是自然资源的使用与管理

自然资源的使用与管理（natural resources utilization and management），一般被认为是个人或组织在其经营和生产活动中获取、开发、利用和维护自然资源的过程和实践。

E3.4.1 土地资源

什么是土地资源

土地资源（land resources），依照《环境法学》[②]，是指一切对人类具有利用价值的土地。

E3.4.1.1 土地资源使用情况

什么是土地资源使用情况

土地资源使用情况（land resource utilization），一般被认为是对土地资源进行开发、利用和管理的方式、状况以及效率的描述和评估。

为什么要考察土地资源使用情况

考察企业的土地资源使用情况，有助于企业合理规划土地资源，保障企业持续经营。各行各业的企业发展离不开土地，充足、优质、合理分布的土地是顺利发展企业经济的必备条件之一。对于非农业行业的企业，土地是当作基地、场所、空间的操作基础来发生作用的。在工业、建筑业、交通行业的企业中，土地是作为地基使用的，土地的数量、质量、位置直接影响着企业的生产及效益。对于其他行业企业，如采矿、水力发电、地热利用、航运等行业企业，土地不仅具有地基作用，更是被当作生产原料、运力、生产工具。合理规划土地资源，为企业获得更多经济、社会、生态效益提供了坚实的基础。

怎样披露土地资源使用情况

【定性】企业披露土地资源使用情况，包括土地资源类型、用途、目的等信息。

【定量】企业披露土地资源使用总量。单位：平方米。

---

① 李小云，齐顾波，徐秀丽. 普通发展学. 2版. 北京：社会科学文献出版社，2012.
② 汪劲. 环境法学. 4版. 北京：北京大学出版社，2018.

为什么要披露土地资源使用情况

披露土地资源使用情况的相关信息，有助于谋求经济发展与人口、资源、环境的综合协调，以实现经济社会的持续、快速、健康发展。对于政府及相关工作人员而言，考察土地资源使用情况的信息有助于合理配置土地资源，促进各行业企业之间、城乡之间的协调发展；有效控制企业建设开发的规模、布局和进度，防止规模过大、布局混乱，避免资金、物资的浪费给社会经济发展造成无法挽回的损失，提高社会经济活动的效率。通过对土地用途的合理分区，将不相容的土地利用方式在空间上予以分隔，可以有效防止土地利用的外部不经济，保护资源和环境。

与土地资源使用情况相关的主要指导机构及法律法规、政策规范

全国人民代表大会常务委员会〔2020〕《中华人民共和国土地管理法》第七条、第三十八条：

——任何单位和个人都有遵守土地管理法律、法规的义务，并有权对违反土地管理法律、法规的行为提出检举和控告。

——禁止任何单位和个人闲置、荒芜耕地。已经办理审批手续的非农业建设占用耕地，一年内不用而又可以耕种并收获的，应当由原耕种该幅耕地的集体或者个人恢复耕种，也可以由用地单位组织耕种；一年以上未动工建设的，应当按照省、自治区、直辖市的规定缴纳闲置费；连续二年未使用的，经原批准机关批准，由县级以上人民政府无偿收回用地单位的土地使用权；该幅土地原为农民集体所有的，应当交由原农村集体经济组织恢复耕种。在城市规划区范围内，以出让方式取得土地使用权进行房地产开发的闲置土地，依照《中华人民共和国城市房地产管理法》的有关规定办理。

本指标披露等级及主要适用范围

【基础披露】 适用于依托土地资源开展生产、经营和服务的企业。

E3.4.1.2 土地资源保护与管理

什么是土地资源保护

土地资源保护（land resource protection），一般被认为是为了维持土地的生态健康、生产能力和多功能性，采取的预防土地退化、污染、沙漠化、过度开发等不良影响的措施和策略。

什么是土地资源管理

土地资源管理（land resource management），一般被认为是规划、监控和调整土地使用方式，以确保土地资源得到最有效、最可持续的利用。

什么是土地资源保护与管理

土地资源保护与管理（land resource protection and management），一般被认为是

为确保土地资源的长期健康和生产能力而采取的一系列策略和行动,以实现经济、社会和环境目标的有机结合。

为什么要考察土地资源保护与管理

考察企业的土地资源保护与管理的情况,有助于改善企业的资源使用情况,降低受到环境处罚的经营风险。土地资源是企业进行经营活动的基础,企业对土地资源进行合适的保护,对土地资源的开发、使用和治理等方面做出详细的规划并加以实施,有助于充分节约土地资源,一方面减少了经营活动所需要的成本,另一方面保护了土地资源,可以促进可再生资源的循环利用,从而推动企业经济顺利发展。

怎样披露土地资源保护与管理

【定性】企业披露土地资源保护与管理的相关信息,包括具体保护措施、土地资源规划、土地资源管理战略等。

为什么要披露土地资源保护与管理

披露土地资源保护与管理的相关信息,有助于做好土地资源的合理利用与管控,推进生态文明建设。首先,加强对土地资源的保护与管理,可以推动产业结构调整,促进产业转型升级,使得企业从高能耗高污染转向低能耗低污染、从粗放型转向集约型,覆盖范围较广。其次,加强对土地资源的保护与管理,带动了对其他环境要素如森林资源、水资源等的保护,有助于建设生态修复工程,改善人居环境,从而保障社会经济的可持续发展,实现人类社会的全面发展。

与土地资源保护与管理相关的主要指导机构及法律法规、政策规范

全国人民代表大会常务委员会〔2019〕《中华人民共和国农村土地承包法》第五十条:

——荒山、荒沟、荒丘、荒滩等可以直接通过招标、拍卖、公开协商等方式实行承包经营,也可以将土地经营权折股分给本集体经济组织成员后,再实行承包经营或者股份合作经营。承包荒山、荒沟、荒丘、荒滩的,应当遵守有关法律、行政法规的规定,防止水土流失,保护生态环境。

中华人民共和国国务院〔2011〕《土地复垦条例》第四条:

——生产建设活动应当节约集约利用土地,不占或者少占耕地;对依法占用的土地应当采取有效措施,减少土地损毁面积,降低土地损毁程度。土地复垦应当坚持科学规划、因地制宜、综合治理、经济可行、合理利用的原则。复垦的土地应当优先用于农业。

中华人民共和国国务院〔2021〕《中华人民共和国土地管理法实施条例》第二十条:

——建设项目施工、地质勘查需要临时使用土地的,应当尽量不占或者少占耕地。临时用地由县级以上人民政府自然资源主管部门批准,期限一般不超过二年；建设周期较长的能源、交通、水利等基础设施建设使用的临时用地，期限不超过四年；法律、行政法规另有规定的除外。土地使用者应当自临时用地期满之日起一年内完成土地复垦，使其达到可供利用状态，其中占用耕地的应当恢复种植条件。

本指标披露等级及主要适用范围

【基础披露】适用于依托土地资源开展生产、经营和服务的企业。

E3.4.1.3 土地资源维护与修复成效

什么是土地资源维护与修复成效

土地资源维护与修复成效（land resource maintenance and restoration effect），一般被认为是对受到退化、污染或破坏的土地进行维护和修复活动后，土地资源状况改善的程度和效果。

为什么要考察土地资源维护与修复成效

考察企业的土地资源维护与修复成效，有助于企业评估土地资源保护与管理效果，从而制定更加适宜、高效的土地资源保护与管理办法，以降低受到环境处罚的经营风险。土地资源是企业进行经营活动的基础，企业对土地资源进行合适的维护与修复，有助于充分节约土地资源，一方面减少了经营活动所需要的成本，另一方面保护了土地资源，可以促进可再生资源的循环利用，从而推动企业可持续发展。

怎样披露土地资源维护与修复成效

【定性】企业披露土地资源维护与修复成效的相关信息。

为什么要披露土地资源维护与修复成效

披露土地资源维护与修复成效的相关信息，有助于企业评估土地资源合理利用与管控的效果，推进生态文明建设。首先，加强对土地资源的维护与修复，能够推动企业从高能耗高污染转向低能耗低污染、从粗放型转向集约型，从而有助于产业结构调整，促进产业转型升级。其次，加强对土地资源的维护与修复，带动了对其他环境要素如森林资源、水资源等的修复，有助于建设生态修复工程，改善人居环境，从而保障社会经济的可持续发展，实现人类社会的全面发展。

与土地资源维护与修复成效相关的主要指导机构及法律法规、政策规范

中华人民共和国国务院〔2011〕《土地复垦条例》第四条：

——生产建设活动应当节约集约利用土地，不占或者少占耕地；对依法占用的土地应当采取有效措施，减少土地损毁面积，降低土地损毁程度。土地复垦应当坚持科学规划、因地制宜、综合治理、经济可行、合理利用的原则。复垦的土地应当优先用于农业。

中华人民共和国国务院〔2021〕《中华人民共和国土地管理法实施条例》第二十条：

——建设项目施工、地质勘查需要临时使用土地的，应当尽量不占或者少占耕地。临时用地由县级以上人民政府自然资源主管部门批准，期限一般不超过二年；建设周期较长的能源、交通、水利等基础设施建设使用的临时用地，期限不超过四年；法律、行政法规另有规定的除外。土地使用者应当自临时用地期满之日起一年内完成土地复垦，使其达到可供利用状态，其中占用耕地的应当恢复种植条件。

本指标披露等级及主要适用范围

【基础披露】适用于依托土地资源开展生产、经营和服务的企业。

E3.4.2 森林资源

什么是森林资源

森林资源（forest resources），依照《中华人民共和国森林法实施条例》，是指森林、林木、林地以及依托森林、林木、林地生存的野生动物、植物和微生物。其中，森林，包括乔木林和竹林；林木，包括树木和竹子；林地，包括郁闭度 0.2 以上的乔木林地以及竹林地、灌木林地、疏林地、采伐迹地、火烧迹地、未成林造林地、苗圃地和县级以上人民政府规划的宜林地。

E3.4.2.1 森林资源使用情况

什么是森林资源使用情况

森林资源使用情况（forest resources utilization），一般被认为是对一个特定地区或国家的森林资源的开发、利用、保护和管理的描述和分析。这包括森林的面积、种类、生长状况、生物多样性以及与之相关的人类活动，如伐木、再造林、生态旅游、保护区设立等。

为什么要考察森林资源使用情况

考察企业的森林资源使用情况的信息，有助于帮助林业企业摆脱目前经营的困境，实现森林资源保护和经济发展的统一。目前林业企业在发展的过程中大多采用粗放型和外延式的经营方式，该经营方式存在较大弊端，加之多数企业的生产技术和设备较为落后，小作坊生产模式产生的附加值较低。考察企业的森林资源使用情况，有助于加快林业的经济发展方式转变，既减轻了企业的生态保护压力，也保障了企业的经济发展。

怎样披露森林资源使用情况

【定性】企业披露森林资源使用情况，包括森林资源类型、用途、目的等。

【定量】企业披露森林资源使用量，包括采伐量，单位：公顷；森林面积，单位：公顷；森林蓄积量，单位：立方米；森林生物量，单位：吨；等等。

为什么要披露森林资源使用情况

披露森林资源使用情况的相关信息，有助于解决当前生态问题、减轻天然林的压力、实现森林生态系统的良性运转和可持续发展。由于我国森林资源短缺，合理化地保护森林资源不但可以调节空气质量，而且有助于解决当前的生态环境问题。披露企业的森林资源使用情况的信息，还可以遏制对森林的乱砍滥伐现象，保护天然林的面积，从而缓解天然林的压力，保护我国森林资源，实现森林涵养水源、保护环境的作用，进而逐步改善生存环境。

与森林资源使用情况相关的主要指导机构及法律法规、政策规范

全国人民代表大会常务委员会〔2020〕《中华人民共和国森林法》第十六条、第五十条：

——国家所有的林地和林地上的森林、林木可以依法确定给林业经营者使用。林业经营者依法取得的国有林地和林地上的森林、林木的使用权，经批准可以转让、出租、作价出资等。具体办法由国务院制定。林业经营者应当履行保护、培育森林资源的义务，保证国有森林资源稳定增长，提高森林生态功能。

——国家鼓励发展下列商品林：（一）以生产木材为主要目的的森林；（二）以生产果品、油料、饮料、调料、工业原料和药材等林产品为主要目的的森林；（三）以生产燃料和其他生物质能源为主要目的的森林；（四）其他以发挥经济效益为主要目的的森林。在保障生态安全的前提下，国家鼓励建设速生丰产、珍贵树种和大径级用材林，增加林木储备，保障木材供给安全。

中华人民共和国国务院〔2018〕《中华人民共和国森林法实施条例》第十五条、第三十条：

——国家依法保护森林、林木和林地经营者的合法权益。任何单位和个人不得侵占经营者依法所有的林木和使用的林地。用材林、经济林和薪炭林的经营者，依法享有经营权、收益权和其他合法权益。防护林和特种用途林的经营者，有获得森林生态效益补偿的权利。

——申请林木采伐许可证，除应当提交申请采伐林木的所有权证书或者使用权证书外，还应当按照下列规定提交其他有关证明文件：（一）国有林业企业事业单位还应当提交采伐区调查设计文件和上年度采伐更新验收证明；（二）其他单位还应当提交包括采伐林木的目的、地点、林种、林况、面积、蓄积量、方式和更新措施等内容的文件；（三）个人还应当提交包括采伐林木的地点、面积、树种、株数、蓄积量、更新时间等内容的文件。因扑救森林火灾、防洪抢险等紧急情况需要采伐林木的，组织抢险的单位或者部门应当自紧急情况结束之日起30日内，将采伐林木的情况报告当地县级以上人民政府林业主管部门。

中华人民共和国国务院〔2011〕《森林采伐更新管理办法》第八条、第九条：

——用材林的主伐方式为择伐、皆伐和渐伐。中幼龄树木多的复层异龄林，应当实行择伐。择伐强度不得大于伐前林木蓄积量的40%，伐后林分郁闭度应当保留在0.5以上。伐后容易引起林木风倒、自然枯死的林分，择伐强度应当适当降低。两次择伐的间隔期不得少于一个龄级期。成过熟单层林、中幼龄树木少的异龄林，应当实行皆伐。皆伐面积一次不得超过5公顷，坡度平缓、土壤肥沃、容易更新的林分，可以扩大到20公顷。在采伐带、采伐块之间，应当保留相当于皆伐面积的林带、林块。对保留的林带、林块，待采伐迹地上更新的幼树生长稳定后方可采伐。皆伐后依靠天然更新的，每公顷应当保留适当数量的单株或者群状母树。天然更新能力强的成过熟单层林，应当实行渐伐。全部采伐更新过程不得超过一个龄级期。上层林木郁闭度较小，林内幼苗、幼树株数已经达到更新标准的，可进行二次渐伐，第一次采伐林木蓄积量的50%；上层林木郁闭度较大，林内幼苗、幼树株数达不到更新标准的，可进行三次渐伐，第一次采伐林木蓄积量的30%，第二次采伐保留林木蓄积的50%，第三次采伐应当在林内更新起来的幼树接近或者达到郁闭状态时进行。毛竹林采伐后每公顷应当保留的健壮母竹，不得少于2 000株。

——对下列森林只准进行抚育和更新采伐：（一）大型水库、湖泊周围山脊以内和平地150米以内的森林，干渠的护岸林。（二）大江、大河两岸150米以内，以及大江、大河主要支流两岸50米以内的森林；在此范围内有山脊的，以第一层山脊为界。（三）铁路两侧各100米、公路干线两侧各50米以内的森林；在此范围内有山脊的，以第一层山脊为界。（四）高山森林分布上限以下150米至200米以内的森林。（五）生长在坡陡和岩石裸露地方的森林。

本指标披露等级及主要适用范围

【基础披露】适用于依托森林资源开展生产、经营和服务的企业。

E3.4.2.2　森林资源保护与管理

什么是森林资源保护

森林资源保护（forest resource protection），一般被认为是为维护森林生态系统的完整性、多样性和健康以确保其可持续利用并得到长期保护的措施。

什么是森林资源管理

森林资源管理（forest resource management），一般被认为是综合性的计划、组织和实施森林资源的使用、保护和可持续发展的措施，以此平衡满足人类需求和维护森林生态系统健康的目标，以确保森林资源的长期可用性，并最大程度地减少对环境的负面影响。

什么是森林资源保护与管理

森林资源保护与管理（forest resource protection and management），一般被认为是在生产和经营活动中采取的一系列措施和策略，旨在维护、保护和可持续管理森林资源的生态系统，以确保其长期可持续利用，同时最大程度地减少对环境和生态系统的不利影响。

为什么要考察森林资源保护与管理

考察企业的森林资源保护与管理的信息，有助于帮助企业改善自身能源管理情况，优化企业战略布局，实现企业经济可持续性发展。森林资源保护与管理包括对森林资源的监管、规划、利用，考察该信息，一方面可降低企业因面临生态保护问题而受到诉讼及处罚的风险，另一方面可推动林业企业的经济发展方式转变，从而实现企业的经济利益和社会利益的均衡发展。

怎样披露森林资源保护与管理

【定性】企业披露森林资源保护与管理的信息，包括具体保护措施、森林资源规划、森林资源管理战略等。

为什么要披露森林资源保护与管理

披露森林资源保护与管理的相关信息，有助于控制森林消耗量，保证林木生长环境的安全，从而发挥林木防治森林灾害的作用，保护森林资源乃至生态环境的多样性。森林资源虽然是可再生资源，但是生长周期长、林木正常更新较慢，一旦过分破坏和消耗森林资源，就无法保证林木资源的更新，从而无法实现资源的可持续利用。披露企业的森林资源保护与管理信息，有助于控制森林消耗量，加强森林资源管护，发挥抚育幼林、保证林木生长环境的作用。

与森林资源保护与管理相关的主要指导机构及法律法规、政策规范

全国人民代表大会常务委员会〔2020〕《中华人民共和国森林法》第十六条：

——国家所有的林地和林地上的森林、林木可以依法确定给林业经营者使用。林业经营者依法取得的国有林地和林地上的森林、林木的使用权，经批准可以转让、出租、作价出资等。具体办法由国务院制定。林业经营者应当履行保护、培育森林资源的义务，保证国有森林资源稳定增长，提高森林生态功能。

中华人民共和国国务院〔1989〕《森林病虫害防治条例》第七条、第九条、第十九条：

——森林经营单位和个人在森林的经营活动中应当遵守下列规定：（一）植树造林应当适地适树，提倡营造混交林，合理搭配树种，依照国家规定选用林木良种；造林设计方案必须有森林病虫害防治措施；（二）禁止使用带有危险性病虫害的林木种苗进行育苗或者造林；（三）对幼龄林和中龄林应当及时进行抚育管理，清除已经感染病虫害的林木；（四）有计划地实行封山育林，改变纯林生态环境；

（五）及时清理火烧迹地，伐除受害严重的过火林木；（六）采伐后的林木应当及时运出伐区并清理现场。

——各级人民政府林业主管部门应当组织和监督森林经营单位和个人，采取有效措施，保护好林内各种有益生物，并有计划地进行繁殖和培养，发挥生物防治作用。

——森林病虫害防治费用，全民所有的森林和林木，依照国家有关规定，分别从育林基金、木竹销售收入、多种经营收入和事业费中解决；集体和个人所有的森林和林木，由经营者负担，地方各级人民政府可以给予适当扶持。对暂时没有经济收入的森林、林木和长期没有经济收入的防护林、水源林、特种用途林的森林经营单位和个人，其所需的森林病虫害防治费用由地方各级人民政府给予适当扶持。发生大面积暴发性或者危险性病虫害，森林经营单位或者个人确实无力负担全部防治费用的，各级人民政府应当给予补助。

中华人民共和国国务院〔2009〕《森林防火条例》第六条、第十八条、第二十条、第二十六条、第四十六条：

——森林、林木、林地的经营单位和个人，在其经营范围内承担森林防火责任。

——在林区依法开办工矿企业、设立旅游区或者新建开发区的，其森林防火设施应当与该建设项目同步规划、同步设计、同步施工、同步验收；在林区成片造林的，应当同时配套建设森林防火设施。

——森林、林木、林地的经营单位和个人应当按照林业主管部门的规定，建立森林防火责任制，划定森林防火责任区，确定森林防火责任人，并配备森林防火设施和设备。

——森林防火期内，森林、林木、林地的经营单位应当设置森林防火警示宣传标志，并对进入其经营范围的人员进行森林防火安全宣传。森林防火期内，进入森林防火区的各种机动车辆应当按照规定安装防火装置，配备灭火器材。

——森林火灾发生后，森林、林木、林地的经营单位和个人应当及时采取更新造林措施，恢复火烧迹地森林植被。

中华人民共和国国务院〔2011〕《森林采伐更新管理办法》第十二条：

——国营林业局和国营、集体林场的采伐作业，应当遵守下列规定：（一）按林木采伐许可证和伐区设计进行采伐，不得越界采伐或者遗弃应当采伐的林木。（二）择伐和渐伐作业实行采伐木挂号，先伐除病腐木、风折木、枯立木以及影响目的树种生长和无生长前途的树木，保留生长健壮、经济价值高的树木。（三）控制树倒方向，固定集材道，保护幼苗、幼树、母树和其他保留树木。依靠天然更新的，伐后林地上幼苗、幼树株数保存率应当达到60%以上。（四）采伐的木材长度 2 米以上，小头直径不小于 8 厘米的，全部运出利用；伐根高度不得超过 10 厘米。（五）伐区内的采伐剩余物和藤条、灌木，在不影响森林更新的原则下，采取保留、利用、火烧、堆集或者截短散铺方法清理。（六）对容易引起水土冲刷的集材主道，应当采取防护措施。其他单位和个人的采伐作业，参照上述规定执行。

本指标披露等级及主要适用范围

【建议披露】适用于依托森林资源开展生产、经营和服务的企业。

E3.4.2.3 森林资源维护与修复成效

什么是森林资源维护与修复成效

森林资源维护与修复成效（forest resource maintenance and restoration effect），一般被认为是通过一系列的管理措施和技术手段，对受损或退化的森林生态系统进行恢复和维护后，所达到的改善和恢复程度。

为什么要考察森林资源维护与修复成效

考察企业的森林资源维护与修复成效，有助于企业评估森林资源保护与管理效果，从而制定更加适宜、高效的森林资源保护与管理办法，以降低企业因面临生态保护问题而受到诉讼及处罚的风险。对于林业企业而言，考察企业的森林资源维护与修复成效，有助于推动林业企业经济发展方式转变，从而帮助企业实现经济利益和社会利益的均衡发展。

怎样披露森林资源维护与修复成效

【定性】企业披露森林资源维护与修复成效的相关信息。

为什么要披露森林资源维护与修复成效

披露森林资源维护与修复成效的相关信息，有助于企业评估森林资源合理利用与管控的效果。森林资源虽然是可再生资源，但是生长周期长、林木正常更新较慢，一旦过分破坏和消耗森林资源，就无法保证林木资源的更新，从而无法实现资源的可持续利用，需要科学维护与修复森林资源。通过企业的森林资源维护与修复成效信息，企业可以展示对生态资源的保护，从而塑造良好的企业形象。

与森林资源维护与修复成效相关的主要指导机构及法律法规、政策规范

全国人民代表大会常务委员会〔2020〕《中华人民共和国森林法》第十六条、第四十六条：

——国家所有的林地和林地上的森林、林木可以依法确定给林业经营者使用。林业经营者依法取得的国有林地和林地上的森林、林木的使用权，经批准可以转让、出租、作价出资等。具体办法由国务院制定。林业经营者应当履行保护、培育森林资源的义务，保证国有森林资源稳定增长，提高森林生态功能。

——各级人民政府应当采取以自然恢复为主、自然恢复和人工修复相结合的措施，科学保护修复森林生态系统。新造幼林地和其他应当封山育林的地方，由当地人民政府组织封山育林。各级人民政府应当对国务院确定的坡耕地、严重沙化耕地、严重石漠化耕地、严重污染耕地等需要生态修复的耕地，有计划地组织实施退耕还林还草。各级人民政府应当对自然因素等导致的荒废和受损山体、退化林地以及宜林荒山荒地荒滩，因地制宜实施森林生态修复工程，恢复植被。

中华人民共和国国务院〔2021〕《2030年前碳达峰行动方案》三、重点任务：

——……（八）碳汇能力巩固提升行动。……2.提升生态系统碳汇能力。实施生态保护修复重大工程。深入推进大规模国土绿化行动，巩固退耕还林还草成果，扩大林草资源总量。强化森林资源保护，实施森林质量精准提升工程，提高森林质量和稳定性。加强草原生态保护修复，提高草原综合植被盖度。加强河湖、湿地保护修复。整体推进海洋生态系统保护和修复，提升红树林、海草床、盐沼等固碳能力。加强退化土地修复治理，开展荒漠化、石漠化、水土流失综合治理，实施历史遗留矿山生态修复工程。到2030年，全国森林覆盖率达到25%左右，森林蓄积量达到190亿立方米。……

中华人民共和国国务院〔2009〕《森林防火条例》第四十六条：

——森林火灾发生后，森林、林木、林地的经营单位和个人应当及时采取更新造林措施，恢复火烧迹地森林植被。

本指标披露等级及主要适用范围

【建议披露】 适用于依托森林资源开展生产、经营和服务的企业。

E3.4.3 湿地资源

什么是湿地资源

湿地资源（wetland resources），一般被认为是可以被利用来满足人类需求，支持农业、渔业、旅游业等经济活动的湿地。依照《中华人民共和国湿地保护法》，湿地是指有显著生态功能的自然或者人工的、常年或者季节性积水地带、水域，包括低潮时水深不超过六米的海域，但是水田以及用于养殖的人工的水域和滩涂除外。

E3.4.3.1 湿地资源使用情况

什么是湿地资源使用情况

湿地资源使用情况（wetland resources utilization），一般被认为是对湿地生态系统的开发、利用和管理方式、状态以及效率的描述和评估。

为什么要考察湿地资源使用情况

考察企业的湿地资源使用情况的信息，有助于实现企业生态效益、经济效益、社会效益的统一。湿地是濒危鸟类、迁徙候鸟以及其他野生动物的栖息繁殖地，考察企业的湿地资源使用情况，有助于保障湿地资源的生物多样性。此外，湿地资源为企业提供了丰富的动植物产品以及充足的水源，有助于优化企业的能源结构，实现观光与旅游、养殖与水运等多方面的效益最大化。

怎样披露湿地资源使用情况

【定性】企业披露湿地资源使用情况，包括湿地资源类型、用途、目的等。

【定量】企业披露湿地资源使用量，单位：公顷。

为什么要披露湿地资源使用情况

披露湿地资源使用情况的相关信息，有助于维持和调节生物多样性的动态平衡，为人类休养生息提供资源地。湿地作为重要的遗传基因库，对维持野生植物种群的存续、筛选和改良具有重要意义。此外，湿地作为抵御自然风险的"哨兵站"，拥有天然的"储水"与"吐水"的转换器，可以为人类抵御风暴、缓冲干旱，从而在自然灾害来临之时保护人民生命与财产安全。披露湿地资源使用情况的信息，在于发挥湿地作为全球生命共同体温暖的港湾、人类可持续发展的重要生态屏障的作用。

与湿地资源使用情况相关的主要指导机构及法律法规、政策规范

全国人民代表大会常务委员会〔2022〕《中华人民共和国湿地保护法》第二十五条、第二十八条：

——地方各级人民政府及其有关部门应当采取措施，预防和控制人为活动对湿地及其生物多样性的不利影响，加强湿地污染防治，减缓人为因素和自然因素导致的湿地退化，维护湿地生态功能稳定。在湿地范围内从事旅游、种植、畜牧、水产养殖、航运等利用活动，应当避免改变湿地的自然状况，并采取措施减轻对湿地生态功能的不利影响。县级以上人民政府有关部门在办理环境影响评价、国土空间规划、海域使用、养殖、防洪等相关行政许可时，应当加强对有关湿地利用活动的必要性、合理性以及湿地保护措施等内容的审查。

——禁止下列破坏湿地及其生态功能的行为：（一）开（围）垦、排干自然湿地，永久性截断自然湿地水源；（二）擅自填埋自然湿地，擅自采砂、采矿、取土；（三）排放不符合水污染物排放标准的工业废水、生活污水及其他污染湿地的废水、污水，倾倒、堆放、丢弃、遗撒固体废物；（四）过度放牧或者滥采野生植物，过度捕捞或者灭绝式捕捞，过度施肥、投药、投放饵料等污染湿地的种植养殖行为；（五）其他破坏湿地及其生态功能的行为。

本指标披露等级及主要适用范围

【基础披露】适用于依托湿地资源开展生产、经营和服务的企业。

E3.4.3.2 湿地资源保护与管理

什么是湿地资源保护

湿地资源保护（wetland resource protection），一般被认为是采取一系列综合性措

施和策略，旨在维护、保护和可持续管理湿地生态系统，以确保其长期的生态健康和资源可持续性。

什么是湿地资源管理

湿地资源管理（wetland resource management），一般被认为是对湿地生态系统进行计划、监测、保护和可持续利用的过程和实践，旨在确保湿地的生态健康，维护生物多样性，同时最大程度地满足社会、经济和生态系统的需求。

什么是湿地资源保护与管理

湿地资源保护与管理（wetland resource protection and management），一般被认为是对湿地生态系统的各个方面的管理和保护的综合性行动和策略，以平衡社会、经济和生态需求。

为什么要考察湿地资源保护与管理

考察企业的湿地资源保护与管理，有助于改善企业的生态环境，使企业在兼顾社会效益的前提下，实现经济效益的最大化。湿地为企业提供了丰富的水资源和珍稀动植物资源，对湿地资源的保护与管理有助于企业充分利用湿地资源，赋能企业经营活动，一方面保护了湿地的生态环境，维持企业的可持续发展，另一方面推动了企业的能源结构改革，加快循环经济进程，推动企业经济顺利发展。

怎样披露湿地资源保护与管理

【定性】企业披露关于湿地资源保护与管理的具体措施，包括具体保护措施、湿地资源规划、湿地资源管理战略等。

为什么要披露湿地资源保护与管理

披露湿地资源保护与管理的相关信息，在维持生态平衡、保持生物多样性和珍稀物种资源以及涵养水源、蓄洪防旱、降解污染、调节气候、控制土壤侵蚀等方面都起到非常重要的作用。湿地作为生态自我净化的"除污池"，具有强大的生态免疫系统，可以为人类降解、转化工农业产生的污染物，净化水质，从而保全人类正当利益。湿地还为人类提供丰富的食物、原材料、矿物质等等。作为气候变化的储碳库，湿地具有强大的"固碳"作用，影响大气温室气体的含量变化，从而影响全球气候变化速度，有助于人类应对气候变化。

与湿地资源保护与管理相关的主要指导机构及法律法规、政策规范

全国人民代表大会常务委员会〔2022〕《中华人民共和国湿地保护法》第三条、第八条、第十一条、第五十九条：

——湿地保护应当坚持保护优先、严格管理、系统治理、科学修复、合理利用的原则，发挥湿地涵养水源、调节气候、改善环境、维护生物多样性等多种生态功能。

——国家鼓励单位和个人依法通过捐赠、资助、志愿服务等方式参与湿地保护活动。对在湿地保护方面成绩显著的单位和个人，按照国家有关规定给予表彰、奖励。

——任何单位和个人都有保护湿地的义务，对破坏湿地的行为有权举报或者控告，接到举报或者控告的机关应当及时处理，并依法保护举报人、控告人的合法权益。

——破坏湿地的违法行为人未按照规定期限或者未按照修复方案修复湿地的，由县级以上人民政府林业草原主管部门委托他人代为履行，所需费用由违法行为人承担；违法行为人因被宣告破产等原因丧失修复能力的，由县级以上人民政府组织实施修复。

本指标披露等级及主要适用范围

【建议披露】适用于依托湿地资源开展生产、经营和服务的企业。

E3.4.3.3 湿地资源维护与修复成效

什么是湿地资源维护与修复成效

湿地资源维护与修复成效（wetland resource maintenance and restoration effect），一般被认为是对受损或退化的湿地生态系统进行维护和修复活动后，湿地的生态状况、功能和生物多样性改善的程度。

为什么要考察湿地资源维护与修复成效

考察企业的湿地资源维护与修复成效，有助于企业评估湿地资源保护与管理效果，从而制定更加适宜、高效的湿地资源保护与管理办法，以降低受到环境处罚的经营风险。湿地为企业提供了丰富的水资源和珍稀动植物资源，对湿地资源的维护与修复有助于企业充分利用湿地资源，赋能企业经营活动，一方面保护了湿地的生态环境，维持企业的可持续发展，另一方面推动了企业的能源结构改革，加快循环经济进程，推动企业经济顺利发展。

怎样披露湿地资源维护与修复成效

【定性】企业披露湿地资源维护与修复成效的相关信息。

为什么要披露湿地资源维护与修复成效

披露湿地资源维护与修复成效的相关信息，有助于企业评估湿地资源合理利用与管控的效果。湿地作为生态自我净化的"除污池"，具有强大的生态免疫系统，可以为人类降解、转化工农业产生的污染物，净化水质，从而保全人类正当利益。湿地还为人类提供丰富的食物、原材料、矿物质等。作为气候变化的储碳库，湿地具有强大的"固碳"作用，影响大气温室气体的含量变化，从而影响全球气候变化速度，有助于人类应对气候变化。通过企业的湿地资源维护与修复成效信息，企业可以展示对生态资源的保护，从而塑造良好的企业形象。

与湿地资源维护与修复成效相关的主要指导机构及法律法规、政策规范

全国人民代表大会常务委员会〔2022〕《中华人民共和国湿地保护法》第四十三条：

——修复重要湿地应当按照经批准的湿地修复方案进行修复。重要湿地修复完成后，应当经省级以上人民政府林业草原主管部门验收合格，依法公开修复情况。省级以上人民政府林业草原主管部门应当加强修复湿地后期管理和动态监测，并根据需要开展修复效果后期评估。

中华人民共和国国务院〔2021〕《2030年前碳达峰行动方案》三、重点任务：

——……（八）碳汇能力巩固提升行动。……2. 提升生态系统碳汇能力。实施生态保护修复重大工程。深入推进大规模国土绿化行动，巩固退耕还林还草成果，扩大林草资源总量。强化森林资源保护，实施森林质量精准提升工程，提高森林质量和稳定性。加强草原生态保护修复，提高草原综合植被盖度。加强河湖、湿地保护修复。整体推进海洋生态系统保护和修复，提升红树林、海草床、盐沼等固碳能力。加强退化土地修复治理，开展荒漠化、石漠化、水土流失综合治理，实施历史遗留矿山生态修复工程。到2030年，全国森林覆盖率达到25%左右，森林蓄积量达到190亿立方米。

本指标披露等级及主要适用范围

【基础披露】适用于依托湿地资源开展生产、经营和服务的企业。

E4 环境管理与环境保护

E4.1 环境管理

什么是环境管理

环境管理（environmental management），依照《环境保护概论》[①]，是指在宏观层面上，从总体及规划上对发展与环境的关系进行调控，解决环境问题。包括对环境与经济发展的协调程度进行分析评价，环境经济综合决策，建立综合决策的技术支持系统，制定与可持续发展相适应的环境管理战略，研究制定对发展与环境进行宏观调控的政策法规等。从微观层面上，环境管理是指以特定区域为环境保护对象，研究运用各种控制污染的具体方法、措施和方案，防止新污染源出现，控制现有污染，运用行政和经济措施，降低生产过程对环境的危害。

E4.1.1 环境管理观念

什么是环境管理观念

环境管理观念（environmental management mindset），一般被认为是企业在其运

---

① 刘芃岩. 环境保护概论. 2版. 北京：化学工业出版社，2018.

营和决策过程中，对环境保护、资源节约和可持续发展所持的价值观、态度和理念。

E4.1.1.1　环境管理部门与制度设计

什么是环境管理部门

环境管理部门（environmental management department），一般被认为是负责规划、实施、监控和评估企业环境保护政策和措施的内部组织单位。其核心职责包括确保企业遵守相关环境法规、减少生产和运营过程中的环境污染、推动资源高效利用以及响应并参与环境保护活动。

什么是环境管理制度设计

环境管理制度设计（environmental management system design），一般被认为是为确保企业履行环境责任和实现可持续性，特地制定的一系列规章制度和流程。这些制度和流程旨在明确企业的环境目标、职责分工、实施步骤、监控机制和持续改进方法等。

什么是环境管理部门与制度设计

环境管理部门与制度设计（environmental management department and system design），一般被认为是为确保企业在经济发展中履行环境责任与实现可持续性，通过明确的规章制度和流程来指导和监控其环境保护行为。

为什么要考察环境管理部门与制度设计

环境管理部门与制度设计是企业遵守环保法律法规的证明。环境管理部门是企业环保工作的主体，可以为企业设计高效合理的环保方案，环境管理部门的完整科学有利于企业环保目标的实现，减少企业面临环保处罚的风险。环境制度设计是企业环保工作的基础，能够反映企业的环保管理的理念，体现企业环保工作的规范程度，直接影响环保工作的成效。环境管理部门与制度设计也是企业竞争力的体现，有助于提升企业的市场地位和形象，为投资者、消费者和其他利益相关者评估企业提供重要参考。

怎样披露环境管理部门与制度设计

【定性】企业披露环境管理部门的组织结构、职责范围和管理策略等，以及环境管理制度设计方面的信息，包括环境政策、标准、操作程序和监控机制等。

为什么要披露环境管理部门与制度设计

企业披露环境管理部门与制度设计，使政府能够确认企业是否遵循了相关的环境法规，及时发现并纠正企业的环境违规行为，确保环境保护政策的执行效果。同时，可以满足合作伙伴对供应链环保的要求，也让公众更清楚地了解企业的环保工作，增强公众对企业的信任。

与环境管理部门与制度设计相关的主要指导机构及法律法规、政策规范

中华人民共和国国务院〔2021〕《排污许可管理条例》第十七条、第二十一条：

——排污许可证是对排污单位进行生态环境监管的主要依据。排污单位应当遵守排污许可证规定，按照生态环境管理要求运行和维护污染防治设施，建立环境管理制度，严格控制污染物排放。

——排污单位应当建立环境管理台账记录制度，按照排污许可证规定的格式、内容和频次，如实记录主要生产设施、污染防治设施运行情况以及污染物排放浓度、排放量。环境管理台账记录保存期限不得少于 5 年。排污单位发现污染物排放超过污染物排放标准等异常情况时，应当立即采取措施消除、减轻危害后果，如实进行环境管理台账记录，并报告生态环境主管部门，说明原因。超过污染物排放标准等异常情况下的污染物排放计入排污单位的污染物排放量。

本指标披露等级及主要适用范围

【建议披露】 适用于所有行业企业。

E4.1.2　环境信息披露

什么是环境信息披露

环境信息披露（environmental information disclosure），一般被认为是指企业经营活动产生的环境影响以及与企业环境行为有关的数据和信息的披露。

E4.1.2.1　环境信息披露情况

什么是环境信息披露情况

环境信息披露情况，一般被认为是披露企业经营活动产生的环境影响以及与企业环境行为有关信息的具体做法和范围。它涉及的内容包括但不限于披露的频率、详细程度、采用的渠道和格式等。

为什么要考察环境信息披露情况

环境信息披露情况可以提高企业在社会、政府、投资者和公众中的声誉，增强其与利益相关者之间的沟通与合作，促进企业可持续发展。环境信息依法披露是企业遵守法律、合规经营的证明，可以降低其面临的法律风险，同时可以帮助企业识别和管理环境风险，降低环境事件的发生概率，减少环境事故对企业的影响。披露环境信息还可以帮助企业发现环境友好产品和商业机会，开拓新的市场。

怎样披露环境信息披露情况

【定性】 企业披露开展环境信息依法披露的总体情况，如披露的频率、采用的渠道和格式以及其环境保护措施和目标等。

为什么要披露环境信息披露情况

对政府而言，利用环境信息披露情况能够及时调整环保规划，及时掌握企业环境管理和其他有关环境的信息；可以依据企业环境信息披露情况为企业制定合理政策，促进企业更好地进行环境管理，打造环境友好型企业；可以避免企业瞒报环境违法行为引发公众不满和社会矛盾，维护公众健康和社会稳定。对公众而言，披露这一信息增加了企业环境行为的透明度，有利于公众参与环保行动，进一步保护自身健康，同时公众也可根据企业环境信息披露情况了解企业的环境政策和方针，从而在投资决策中做出更加明智的决定。

与环境信息披露情况相关的主要指导机构及法律法规、政策规范

中华人民共和国生态环境部〔2022〕《企业环境信息依法披露管理办法》第四条、第五条、第六条、第七条、第十一条、第十二条：

——企业是环境信息依法披露的责任主体。企业应当建立健全环境信息依法披露管理制度，规范工作规程，明确工作职责，建立准确的环境信息管理台账，妥善保存相关原始记录，科学统计归集相关环境信息。企业披露环境信息所使用的相关数据及表述应当符合环境监测、环境统计等方面的标准和技术规范要求，优先使用符合国家监测规范的污染物监测数据、排污许可证执行报告数据等。

——企业应当依法、及时、真实、准确、完整地披露环境信息，披露的环境信息应当简明清晰、通俗易懂，不得有虚假记载、误导性陈述或者重大遗漏。

——企业披露涉及国家秘密、战略高新技术和重要领域核心关键技术、商业秘密的环境信息，依照有关法律法规的规定执行；涉及重大环境信息披露的，应当按照国家有关规定请示报告。任何公民、法人或者其他组织不得非法获取企业环境信息，不得非法修改披露的环境信息。

——下列企业应当按照本办法的规定披露环境信息：（一）重点排污单位；（二）实施强制性清洁生产审核的企业；（三）符合本办法第八条规定的上市公司及合并报表范围内的各级子公司（以下简称上市公司）；（四）符合本办法第八条规定的发行企业债券、公司债券、非金融企业债务融资工具的企业（以下简称发债企业）；（五）法律法规规定的其他应当披露环境信息的企业。

——……企业应当按照准则编制年度环境信息依法披露报告和临时环境信息依法披露报告，并上传至企业环境信息依法披露系统。

——企业年度环境信息依法披露报告应当包括以下内容：……（二）企业环境管理信息，包括生态环境行政许可、环境保护税、环境污染责任保险、环保信用评价等方面的信息；……

本指标披露等级及主要适用范围

【建议披露】适用于所有行业企业。

E4.1.2.2 环境信息披露第三方机构核查

什么是环境信息披露第三方机构核查

环境信息披露第三方机构核查（third-party verification of environmental information disclosure），一般被认为是企业公开披露环境信息后，由独立的第三方机构对其披露内容进行审核、验证和评估的过程。这些第三方机构通常具有专业的环境评估、审计和认证

等能力，可以对企业的环境信息披露内容进行客观、公正和可靠的评估和认证。

为什么要考察环境信息披露第三方机构核查

环境信息披露第三方机构核查可以证明企业所披露的环境信息的真实性和可靠性，从而提高企业的公信力和可信度。其可以帮助企业发现环境管理中存在的问题和不足之处，从而促进企业环境管理水平的提高。在核查环境信息过程中，其可以帮助企业发现忽视的环境问题，给出专业评估意见，降低企业违法风险，促进企业深挖并解决潜在的环境问题。通过第三方机构核查，可以提高企业的公信力和可信度，在社会营造更好的企业形象，提高企业竞争力和可持续发展能力。

怎样披露环境信息披露第三方机构核查

【定性】企业披露环境信息是否经过第三方机构核查，如有，需要披露第三方机构核查意见。

为什么要披露环境信息披露第三方机构核查

通过环境信息披露第三方机构核查，可以有效地监督和评估企业的环境管理情况，从而帮助政府更加全面地了解企业环境状况，加强环境治理，推动环境保护工作的落实。通过核查披露的环境信息，第三方机构可以为政府提供科学、可靠的数据支持，帮助政府制定更加精准、有效的环保政策和措施，还可以增加政府在环保事务中的公信力，提高政府与社会各界之间的信任度，增强政府的管理和监管能力。环保信息披露和第三方核查机构的建设，还可以带动环保产业的发展，增加环保技术的应用和推广，推动产业结构的升级和优化。对于公众，第三方机构使得企业环境信息披露更加透明化，为个人更好地了解周围环境现状、科学决策提供可靠依据。

与环境信息披露第三方机构核查相关的主要指导机构及法律法规、政策规范

全国人民代表大会常务委员会〔2019〕《中华人民共和国环境影响评价法》第十九条：

——建设单位可以委托技术单位对其建设项目开展环境影响评价，编制建设项目环境影响报告书、环境影响报告表；建设单位具备环境影响评价技术能力的，可以自行对其建设项目开展环境影响评价，编制建设项目环境影响报告书、环境影响报告表。……接受委托为建设单位编制建设项目环境影响报告书、环境影响报告表的技术单位，不得与负责审批建设项目环境影响报告书、环境影响报告表的生态环境主管部门或者其他有关审批部门存在任何利益关系。

中华人民共和国生态环境部〔2021〕《环境信息依法披露制度改革方案》15：

——鼓励社会提供专业服务。完善第三方机构参与环境信息强制性披露的工作规范，引导咨询服务机构、行业协会商会等第三方机构为企业提供专业化信息披露市场服务，对披露的环境信息及相关内容提供合规咨询服务。鼓励市场评级机构将环境信息强制性披露纳入发债企业信用评级与跟踪评级指标。

本指标披露等级及主要适用范围

【建议披露】 适用于所有行业企业。

E4.1.3 低碳经济转型风险

什么是低碳经济

低碳经济（low-carbon economy），依照《生态社会学》[①]，是指在可持续发展理念指导下，通过理念创新、技术创新、制度创新、产业结构创新、经营创新、新能源开发利用等多种手段，提高能源生产和使用的效率，增加低碳或非碳燃料的生产和利用的比例，尽可能地减少对煤炭石油等高碳能源的消耗，同时积极探索碳封存技术的研发和利用途径，从而实现减缓大气中二氧化碳浓度增长的目标，最终达到经济社会发展与生态环境保护双赢局面的一种经济发展模式。

什么是低碳经济转型

低碳经济转型（low-carbon economy transition），一般被认为是从具有低成本、高效率、高利润、负外部性为特征的高碳经济向低能耗、低污染、低排放为基础的低碳经济转型的过程，涉及市场资源配置、碳达峰过程、地区和行业差距、节奏和平衡等方面的挑战。

E4.1.3.1 低碳经济转型风险评估

什么是低碳经济转型风险评估

低碳经济转型风险评估（risk assessment of low-carbon economic transition），一般被认为是针对由高碳经济向低碳经济转型的过程中所面临的转型风险进行识别和评价。其中，转型风险是指应对气候变化政策、技术创新、市场情绪以及消费者偏好发生改变等影响企业和资产估值所带来的经济和金融方面的风险，如清洁能源对传统煤炭和石油企业带来的冲击、碳税的征收导致碳密集型企业经营成本的增加等。

为什么要考察低碳经济转型风险评估

通过考察企业的低碳经济转型风险评估，可以保障企业在转型的过程中既兼顾自身实力发展，又响应国家政策，保障能源和环境安全。低碳经济转型带给企业金融、经济等方面的风险，包括能源结构变革、经营成本陡增等。企业通过低碳经济转型风险评估，可以充分识别和分析在低碳经济转型过程中存在的能源和成本等问题，从而对转型风险加以控制，实现企业在低碳经济转型过程中健康、可持续的发展。

怎样披露低碳经济转型风险评估

【定性】 企业披露低碳经济转型风险评估的相关信息，包括气候风险压力测试、气候风险模型评估等。

为什么要披露低碳经济转型风险评估

通过披露低碳经济转型风险评估，投资者可以了解到被投资企业在气候变化、环

---

① 秦谱德，崔晋生，蒲丽萍. 生态社会学. 北京：社科文献出版社，2013.

境政策的背景下企业经营业绩受影响的情况及程度，从而判断是否要继续投资于该企业，降低了投资者的投资风险。此外，通过披露低碳经济转型风险评估的信息，政府及相关社会人员可以了解到企业对绿色低碳政策的实施情况，并给予相应的奖惩。企业披露低碳经济转型风险评估的信息，是对国家"双碳"政策的响应和号召，推动了社会朝着健康、绿色的方向发展。

与低碳经济转型风险评估相关的主要指导机构及法律法规、政策规范

中华人民共和国生态环境部〔2021〕《环境信息依法披露制度改革方案》7：
——强化环境信息强制性披露行业管理。生态环境部门加强管理，协调各有关部门做好环境信息强制性披露相关工作。工业和信息化部门将环境信息强制性披露纳入绿色工厂和绿色制造评价体系，鼓励重点企业编制绿色低碳发展报告。国有资产监督管理部门指导督促所监管企业带头做好环境信息强制性披露，树立行业标杆。人民银行、证券监督管理部门在金融风险管控体系、绿色金融改革创新试验区等工作中，落实环境信息依法披露制度。鼓励行业协会指导会员企业做好环境信息披露。

上海证券交易所〔2024〕《上海证券交易所上市公司自律监管指引第 14 号——可持续发展报告（试行）》第二十三条：
——披露主体应当披露为应对气候相关风险和机遇的转型计划、措施及其进展，包括但不限于下列内容：……（三）公司为应对气候相关风险和机遇所制定的转型计划，及制定该计划所依赖的基本假设；……

深圳证券交易所〔2024〕《深圳证券交易所上市公司自律监管指引第 17 号——可持续发展报告（试行）》第二十三条：
——披露主体应当披露为应对气候相关风险和机遇的转型计划、措施及其进展，包括但不限于下列内容：……（三）公司为应对气候相关风险和机遇所制定的转型计划，及制定该计划所依赖的基本假设；……

本指标披露等级及主要适用范围

【建议披露】 适用于所有行业企业。

E4.1.3.2　低碳经济转型风险应对

什么是低碳经济转型风险应对

低碳经济转型风险应对（response to low-carbon economic transition risks），一般被认为是企业为应对由于转型到低碳经济模式所带来的各种潜在风险而采取的策略和措施。这些风险包括技术、财务、市场和法规等方面的风险。

为什么要考察低碳经济转型风险应对

通过考察企业的低碳经济转型风险应对，可以使得企业对因转型所带来的风险

具备充分的了解和准备，从而降低转型影响企业经营状况的可能性，保障企业持续性经营。通过对低碳经济转型风险的回应和解决，企业可以优化自身的能源结构和产业分布，使之朝着低碳、低能耗的方向发展，从而有助于企业降本增效，提高企业品牌知名度。

怎样披露低碳经济转型风险应对

【定性】 企业披露低碳经济转型风险应对的相关信息，包括针对低碳经济转型风险的识别、评估、应对方案等。

为什么要披露低碳经济转型风险应对

通过披露低碳经济转型风险应对的相关信息，投资者可以了解到被投资企业在转型风险下的应对措施，投资者根据该信息可以判断被投资企业是否会因为转型而发生较大变动，从而做出是否投资、何时投资的决策。此外，通过披露低碳经济转型风险应对的信息，政府及社会群众可以了解到企业绿色低碳转型的进程，从而倒逼企业继续完善相应措施，维护了企业商誉，客观上推动了"双碳"政策的实施，践行了可持续发展的绿色理念。

与低碳经济转型风险应对相关的主要指导机构及法律法规、政策规范

上海证券交易所〔2024〕《上海证券交易所上市公司自律监管指引第 14 号——可持续发展报告（试行）》第二十三条：

——披露主体应当披露为应对气候相关风险和机遇的转型计划、措施及其进展，包括但不限于下列内容：（一）公司为应对气候相关风险和机遇而对当前和未来战略、商业模式和资源分配进行调整的情况；……（三）公司为应对气候相关风险和机遇所制定的转型计划，及制定该计划所依赖的基本假设；……

深圳证券交易所〔2024〕《深圳证券交易所上市公司自律监管指引第 17 号——可持续发展报告（试行）》第二十三条：

——披露主体应当披露为应对气候相关风险和机遇的转型计划、措施及其进展，包括但不限于下列内容：（一）公司为应对气候相关风险和机遇而对当前和未来战略、商业模式和资源分配进行调整的情况；……（三）公司为应对气候相关风险和机遇所制定的转型计划，及制定该计划所依赖的基本假设；……

本指标披露等级及主要适用范围

【建议披露】 适用于所有行业企业。

E4.2 环境保护

什么是环境保护

环境保护（environmental protection），依照《环境保护法》[①]，是指保护和改善生

---

① 李莉霞. 环境保护法. 北京：化学工业出版社，2019.

活环境与生态环境，合理开发利用自然资源，防治环境污染和其他公害，使环境符合人类的生存和发展。

E4.2.1　生产环保投入

什么是生产环保投入

生产环保投入（environmental protection inputs in production），一般被认为是企业为了满足环境保护标准和减少生产过程中的环境污染，在生产活动中投入的资源和资金。这包括但不限于购买环保设备，研发低污染技术，进行环境影响评估，培训员工环保意识和技能，以及实施其他与环境保护相关的措施。

E4.2.1.1　环保设施投资

什么是环保设施投资

环保设施投资（investment in environmental protection facilities），一般被认为是企业为了改善和优化生产过程，减少对环境的负面影响，而对环境保护设施进行的资金投入。这些设施可能包括污水处理设备、废气处理设备、固废处理和资源回收设施等。

为什么要考察环保设施投资

投资环保设施是一种积极响应国家环境保护政策、减轻环境风险、避免环境违法行为的举措。考察企业的环保设施投资情况，有利于企业在项目建设过程中更多地考虑环保因素，减少污染物的排放，降低企业的环境风险和责任。投资环保设施还可以有效降低废水、废气等处理成本，提高企业的生产效率。此外，消费者越来越注重购买环保友好的产品和服务，通过考察环保设施投资信息，企业可以更好地满足消费者的需求，提升品牌价值和形象，增强市场竞争力。

怎样披露环保设施投资

【定量】企业披露环保设施投资额。单位：万元。

为什么要披露环保设施投资

通过披露企业的环保设施投资情况，政府和公众可以监督企业是否遵守环保法规，督促企业更加自觉地履行环保责任，全面提升企业的环保意识，改善企业的环保行为。披露企业的环保设施投资情况还可以推动形成长效的环境保护市场机制。通过信息披露，市场相关方可以获取到全面、准确的环保信息，从而更好地发挥市场对环境资源配置的作用，促进绿色技术的研发和应用，以及环境污染治理第三方市场的发展。此外，披露企业的环保设施投资情况可以凝聚社会共识，引导公众对企业绿色低碳产品的判断和选择，形成全社会共同参与推动绿色转型的合力。

与环保设施投资相关的主要指导机构及法律法规、政策规范

全国人民代表大会常务委员会〔2015〕《中华人民共和国环境保护法》第五十五条：

——重点排污单位应当如实向社会公开其主要污染物的名称、排放方式、排放浓度和总量、超标排放情况，以及防治污染设施的建设和运行情况，接受社会监督。

中华人民共和国国务院〔2017〕《建设项目环境保护管理条例》第十六条：

——建设项目的初步设计，应当按照环境保护设计规范的要求，编制环境保护篇章，落实防治环境污染和生态破坏的措施以及环境保护设施投资概算。建设单位应当将环境保护设施建设纳入施工合同，保证环境保护设施建设进度和资金，并在项目建设过程中同时组织实施环境影响报告书、环境影响报告表及其审批部门审批决定中提出的环境保护对策措施。

本指标披露等级及主要适用范围

【建议披露】适用于所有行业企业。

E4.2.1.2　污染物减排费用

什么是污染物减排费用

污染物减排费用（pollutant emission reduction cost），一般被认为是企业在实施污染减排措施和技术改进时所产生的经济开支，包括购买、安装和维护减排设备的费用、技术研发和应用的费用、工艺改进和优化的费用、员工培训和教育的费用等。

为什么要考察污染物减排费用

通过考察污染物减排费用，企业可评估自身对减少污染物排放的投入，优化污染物处理工艺流程，提升减排效果显著的企业能获取政府依法在财政、税收、政府采购等方面给予的鼓励和支持。通过考察污染物减排费用，企业可以积极响应政府关于"十四五"节能减排方案的号召，树立健康、绿色、可持续发展的优秀企业形象，展现企业的责任担当，增强民众信任度，吸引投资者。

怎样披露污染物减排费用

【定量】企业披露污染物减排相关费用，包括技术与设备的投资金额、污染源治理投入、污染治理设施运行费用等。单位：万元。

为什么要披露污染物减排费用

通过考察污染物减排费用，政府可以对企业的环保工作进行评估、管理和监管，规范企业排污行为，制定切实可行的减排政策，减少管理区域内固体污染物的排放，减轻政府负担，改善环境质量，促进可持续发展。通过考察污染物减排费用，公众可以知晓企业为节能减排所做的努力，支持积极履行社会责任的企业。

与污染物减排费用相关的主要指导机构及法律法规、政策规范

上海证券交易所〔2024〕《上海证券交易所上市公司自律监管指引第14号——可持续发展报告（试行）》第二十七条：

——披露主体应当披露温室气体减排实践的相关信息，包括参与各项减排机

制的情况、减排目标、减排措施（如管理措施、资金投入、技术开发等）及其成效等。披露主体应当按照不同温室气体排放范围分类披露因重新设计生产流程、改造设备、改进工艺、更换燃料等减排措施直接减少的温室气体排放量，并换算成二氧化碳当量公吨数，披露主体可以按照不同减排措施分别披露减排情况。披露主体应当披露其在全国温室气体自愿减排项目和核证自愿减排量（CCER）的登记与交易情况、参与其他减排机制的项目和减排量登记与交易情况等内容（如有）。

深圳证券交易所〔2024〕《深圳证券交易所上市公司自律监管指引第17号——可持续发展报告（试行）》第二十七条：

——披露主体应当披露温室气体减排实践的相关信息，包括参与各项减排机制的情况、减排目标、减排措施（如管理措施、资金投入、技术开发）及其成效等。披露主体应当按照不同温室气体排放范围分类披露因重新设计生产流程、改造设备、改进工艺、更换燃料等减排措施直接减少的温室气体排放量，并换算成二氧化碳当量公吨数，披露主体可以按照不同减排措施分别披露减排情况。披露主体应当披露其在全国温室气体自愿减排项目和核证自愿减排量（CCER）的登记与交易情况、参与其他减排机制的项目和减排量登记与交易情况等内容（如有）。

本指标披露等级及主要适用范围

【建议披露】适用于所有行业企业。

E4.2.1.3 环境污染责任保险投保费用

什么是环境污染责任保险

环境污染责任保险（environmental pollution liability insurance），依照《关于环境污染责任保险工作的指导意见》，是指以企业发生污染事故对第三者造成的损害依法应承担的赔偿责任为标的的保险。

什么是环境污染责任保险投保费用

环境污染责任保险投保费用（environmental pollution liability insurance premium），一般被认为是企业为购买环境污染责任保险而支付给保险公司的费用。

为什么要考察环境污染责任保险投保费用

通过考察环境污染责任保险投保费用，企业可以评估自身是否投保，是否正确投保。利用保险工具来参与环境污染事故处理，有利于分散企业经营风险，促使其快速恢复正常生产；有利于发挥保险机制的社会管理功能，利用费率杠杆机制促使企业加强环境风险管理，提升环境管理水平。

怎样披露环境污染责任保险投保费用

【定量】企业披露环境污染责任保险投保费用。单位：万元。

为什么要披露环境污染责任保险投保费用

通过披露环境污染责任保险投保费用的信息，政府可以了解企业是否利用保险工具来参与环境污染事故处理。针对不同的环境污染责任保险，政府可采取不同的政策来预防、处理环境污染事故。实施环境污染责任保险是维护污染受害者合法权益、提高防范环境风险的有效手段。环境污染责任保险有利于使受害人及时获得经济补偿，稳定社会经济秩序，减轻政府负担，促进政府职能转变。

与环境污染责任保险投保费用相关的主要指导机构及法律法规、政策规范

全国人民代表大会常务委员会〔2015〕《中华人民共和国环境保护法》第五十二条：

——国家鼓励投保环境污染责任保险。

全国人民代表大会常务委员会〔2020〕《中华人民共和国固体废物污染环境防治法》第九十九条：

——收集、贮存、运输、利用、处置危险废物的单位，应当按照国家有关规定，投保环境污染责任保险。

本指标披露等级及主要适用范围

【建议披露】适用于所有行业企业。

E4.2.1.4　绿色研发投入占总体研发投入比例

什么是绿色研发投入

绿色研发投入（green research and development investment），一般被认为是企业为开发、创新和推广环保、可持续性和生态友好技术、产品和解决方案而投入的资源、资金、人力和技术。

什么是绿色研发投入占总体研发投入比例

绿色研发投入占总体研发投入比例（the ratio of green research and development investment to total research and development investment），一般被认为是企业用于绿色、环保和可持续研发领域的经费占企业总体研发投入的比例。这一比例可以作为衡量企业环境创新水平、绿色发展情况和可持续发展程度的重要指标。

为什么要考察绿色研发投入占总体研发投入比例

随着全球环境污染问题的日益加剧，绿色技术研发创新已经成为企业可持续发展、加速转型升级的重要手段之一。此外，越来越多的投资者和消费者也开始注重企业的环保形象，注重绿色研发的企业更容易获得投资者和消费者的支持和信任，提升企业在市场上的竞争力。

怎样披露绿色研发投入占总体研发投入比例

【定量】企业披露绿色研发投入占总体研发投入比例。

【计算方式】绿色研发投入占总体研发投入比例＝绿色研发投入÷研发总投入。单位：%。

为什么要披露绿色研发投入占总体研发投入比例

通过披露企业的绿色研发投入占总体研发投入比例，可以让政府和公众更好地了

解企业在环保领域所做出的努力以及推动环保的态度和信念。同时，披露绿色研发投入占总体研发投入比例可为政府提供重要数据，用于引导企业向绿色发展方向转型升级，鼓励企业加大环保投入，从而促进企业绿色可持续发展，进而推动国民经济高质量发展。此外，披露企业的绿色研发投入占总体研发投入比例还可以促进企业间和国家间在环保技术研发方面的交流与合作，共同推动全球环保事业的发展。

与绿色研发投入占总体研发投入比例相关的主要指导机构及法律法规、政策规范

中华人民共和国国务院〔2021〕《国务院关于加快建立健全绿色低碳循环发展经济体系的指导意见》（十九）：

——鼓励绿色低碳技术研发。实施绿色技术创新攻关行动，围绕节能环保、清洁生产、清洁能源等领域布局一批前瞻性、战略性、颠覆性科技攻关项目。培育建设一批绿色技术国家技术创新中心、国家科技资源共享服务平台等创新基地平台。强化企业创新主体地位，支持企业整合高校、科研院所、产业园区等力量建立市场化运行的绿色技术创新联合体，鼓励企业牵头或参与财政资金支持的绿色技术研发项目、市场导向明确的绿色技术创新项目。

深圳证券交易所〔2023〕《深圳证券交易所上市公司自律监管指引第1号——主板上市公司规范运作》8.3：

——上市公司应当根据所处行业及自身经营特点，形成符合本公司实际的社会责任战略规划及工作机制。上市公司的社会责任战略规划至少应当包括公司的商业伦理准则、员工保障计划及职业发展支持计划、合理利用资源及有效保护环境的技术投入及研发计划、社会发展资助计划以及对社会责任规划进行落实管理及监督的机制安排等内容。

上海证券交易所〔2024〕《上海证券交易所上市公司自律监管指引第14号——可持续发展报告（试行）》第二十八条：

——披露主体披露有利于减少碳排放、实现碳中和的新技术、新产品、新服务以及相关研发进展的，应当客观、审慎地披露相关工艺技术形成的产品或服务的具体情况、相关业务的研发投入及进度、已取得的审批或认证、已具备的规模化生产能力、已取得的订单情况等，鼓励说明对披露主体当期及未来财务状况和经营成果的影响，以及可能存在的不确定性和风险等。

深圳证券交易所〔2024〕《深圳证券交易所上市公司自律监管指引第17号——可持续发展报告（试行）》第二十八条：

——披露主体披露有利于减少碳排放、实现碳中和的新技术、新产品、新服务以及相关研发进展的，应当客观、审慎地披露相关工艺技术形成的产品或服务的具体情况、相关业务的研发投入及进度、已取得的审批或认证、已具备的规模化生产能力、已取得订单情况等，鼓励说明对披露主体当期及未来财务状况和经

营成果的影响,以及可能存在的不确定性和风险等。

本指标披露等级及主要适用范围

【建议披露】适用于所有行业企业。

E4.2.2 生态保护

什么是生态保护

生态保护(ecological protection),一般被认为是为维护生态安全、促进人与自然和谐相处,采取保护、恢复、改善生态环境、维持生态系统完整性和稳定性的经济、技术政策和措施。依照《中华人民共和国环境保护法》,企业事业单位和其他生产经营者应当防止、减少环境污染和生态破坏,对所造成的损害依法承担责任。国家领导人在全国生态环境保护大会上强调要加强生态保护修复,构筑生态安全屏障。建立统一的空间规划体系和协调有序的国土开发保护格局,严守生态保护红线,坚持山水林田湖草整体保护、系统修复、区域统筹、综合治理,完善自然保护地管理体制机制。切实依法处置、严格执法,抓紧整合相关污染防治和生态保护执法职责与队伍;确保攻坚战各项目标任务的统计考核数据真实准确,以实际成效取信于民。

E4.2.2.1 生态保护、修复与治理办法

什么是生态保护、修复与治理办法

生态保护、修复与治理办法(measures for ecological protection, restoration and governance),一般被认为是企业在进行生产经营活动的过程中,为了减轻对环境造成的影响,预防和修复生态破坏而制定的一系列措施和计划。通常包括对企业生产经营所在区域的生态环境进行评估,分析环境状况和承载能力,明确生态问题和面临的挑战;采取各种措施降低排放浓度,减少污染物排放量,实行资源综合利用;针对已经造成的生态破坏,进行修复和治理;建立完善的环境监控系统,及时发现环境风险,采取应急措施,防止环境事故发生;等等。

为什么要考察生态保护、修复与治理办法

考察企业的生态保护、修复与治理办法是因为根据环保法律法规的要求,企业需要对其生产活动所涉及的环境问题进行评估和管控,制定相应的环境管理计划,以确保企业不会因对生态环境造成破坏而接受相应处罚。若企业能够采取积极的环保措施并制定相应的生态保护、修复与治理办法,将有助于增强企业的形象,获取更多的消费者信任和认可。此外,通过对环境的良好管理,在减少资源浪费和环境污染的同时,还能促进企业自身的发展和壮大,实现可持续发展。

怎样披露生态保护、修复与治理办法

【定性】企业披露生态保护、修复与治理办法相关信息。包括对已造成生态环境破坏及污染方面制定的修复与治理目标、有效措施和实施的情况与效果等。

为什么要披露生态保护、修复与治理办法

一方面，通过披露企业的生态保护、修复与治理办法，政府可以更好地监管企业的环境保护行为，促进企业依法合规经营，防范环境污染和生态破坏等问题的发生；另一方面，公众可以通过了解企业的生态保护、修复与治理办法，对企业的环境责任和社会责任有更加全面深入的认识，提高对企业的信任度和满意度，从而更好地参与和监督企业的环保行为。

与生态保护、修复与治理办法相关的主要指导机构及法律法规、政策规范

上海证券交易所〔2024〕《上海证券交易所上市公司自律监管指引第 14 号——可持续发展报告（试行）》第三十二条：

——披露主体生产经营活动对生态系统和生物多样性产生重大影响的，应当披露报告期内的下列内容：……（二）在生产经营场所周边和陆地、海洋重点生态功能区、生态保护红线、自然保护地，以及其他具有重要生态功能或生态环境敏感脆弱区域的保护和恢复等方面采取的措施与取得的效果；……

深圳证券交易所〔2024〕《深圳证券交易所上市公司自律监管指引第 17 号——可持续发展报告（试行）》第三十二条：

——披露主体生产经营活动对生态系统和生物多样性产生重大影响的，应当披露报告期内的下列内容：……（二）在生产经营场所周边和陆地、海洋重点生态功能区、生态保护红线、自然保护地，以及其他具有重要生态功能或生态环境敏感脆弱区域的保护和恢复等方面采取的措施与取得的效果；……

本指标披露等级及主要适用范围

【建议披露】适用于所有行业企业。

E4.2.2.2 生态保护、修复与治理投入

什么是生态保护、修复与治理投入

生态保护、修复与治理投入（inputs for ecological protection, restoration and governance），一般被认为是企业在进行生产经营活动的过程中，为减轻对环境不良影响、预防和修复生态破坏的物质和非物质输入，如财政资金、物资、技术、人力、宣传教育、国际合作等。这些投入旨在加强生态系统保护和修复工作，争取实现生态系统的自我调节和可持续发展。

为什么要考察生态保护、修复与治理投入

考察企业的生态保护、修复与治理投入是因为根据环保法律法规的要求，企业需要投入物资和人力以评估、管控其生产活动，避免生态破坏和环境污染等问题带来的经济损失、政府监管部门处罚和公众的抵制。此外，加大对生态保护、修复与治理的投入，有利于企业树立良好的环保形象，增强企业公信力和社会责任感，提升企业形

象和品牌价值，为企业带来更多的商机和利润。

怎样披露生态保护、修复与治理投入

【定性】 企业披露生态保护、修复与治理投入情况。具体包括环保设施和减排设备等技术设备投入；专业环保团队等人力资源投入；环保材料、消耗品等物资投入；环境管理制度和规范等管理投入等。

【定量】 企业披露生态保护、修复与治理投入的资金金额。单位：万元。

为什么要披露生态保护、修复与治理投入

一方面，通过披露企业的生态保护、修复与治理投入，政府可以更好地监管企业的环境保护行为，促进企业依法合规经营，防范环境污染和生态破坏等问题的发生；另一方面，公众可以通过了解企业的生态保护、修复与治理方案，对企业的环境责任和社会责任有更加全面深入的认识，提高对企业的信任度和满意度，从而更好地参与和监督企业的环保行为。

与生态保护、修复与治理投入相关的主要指导机构及法律法规、政策规范

中华人民共和国生态环境部〔2022〕《企业环境信息依法披露管理办法》第十五条：

——上市公司和发债企业披露年度环境信息时，除了披露本办法第十二条规定的环境信息外，还应当按照以下规定披露相关信息：（一）上市公司通过发行股票、债券、存托凭证、中期票据、短期融资券、超短期融资券、资产证券化、银行贷款等形式进行融资的，应当披露年度融资形式、金额、投向等信息，以及融资所投项目的应对气候变化、生态环境保护等相关信息；（二）发债企业通过发行股票、债券、存托凭证、可交换债、中期票据、短期融资券、超短期融资券、资产证券化、银行贷款等形式融资的，应当披露年度融资形式、金额、投向等信息，以及融资所投项目的应对气候变化、生态环境保护等相关信息。上市公司和发债企业属于强制性清洁生产审核企业的，还应当按照本办法第十四条的规定披露相关环境信息。

本指标披露等级及主要适用范围

【建议披露】 适用于所有行业企业。

E4.2.3 生物多样性保护

什么是生物多样性

生物多样性（biodiversity），依照《城市生态与环境规划》[①]，是指一定空间范围内多种多样的有机体（动物、植物、微生物）有规律地结合在一起的总称。它是生物在长期进化过程中，对环境的适应、分化而形成的，是生物与生物之间、生物与环境

---

① 谢淑华. 城市生态与环境规划. 武汉：华中科技大学出版社，2021.

之间复杂的相互关系的体现。

什么是生物多样性保护

生物多样性保护（biodiversity protection），一般是指保护和维护生物多样性，包括生态系统、物种和基因的多样性，以确保它们在自然界中的存在和发展。生物多样性保护旨在防止生物多样性的减少和灭绝，并维持生态平衡和稳定，保障人类和其他生物的健康和福利，同时实现可持续利用和发展的目标。

E4.2.3.1 对生物多样性造成的影响

什么是对生物多样性造成的影响

对生物多样性造成的影响（impact on biodiversity），一般被认为是指企业在其日常运营、生产和其他商业活动中，对生物多样性产生的直接或间接的积极或消极的效果。

为什么要考察对生物多样性造成的影响

考察对生物多样性造成的影响可以评估企业环境管理和制定方针的科学性，也是企业生产经营绿色环保的证明。通过了解企业对生物多样性造成的影响，企业可以及时调整环保措施，促进企业可持续发展。考察企业对生物多样性造成的影响也可以使利益相关者了解企业对生态环境是否有负面影响，更负责任的企业可以吸引更多的投资和消费，增加商业机会。

怎样披露对生物多样性造成的影响

【定性】企业披露从事的生产活动、提供的服务和产品对生物多样性方面的影响情况，如受影响的物种、范围、持续时间、可逆性和不可逆性等，以及影响的性质，如污染、物种减少或栖息地变化等。

为什么要披露对生物多样性造成的影响

政府利用企业对生物多样性造成的影响相关信息能够及时调整环保规划，及时对受到影响的物种或生态环境进行保护和修复。政府可以依据企业对生物多样性造成的影响督促企业制定更合理的生产经营模式，促进企业更好地进行环境管理，维护当地生态环境的稳定和健康。通过相关信息，可以减小企业活动对生物多样性产生的不利影响，确保更多人享受生物多样性带来的环境效益，维护公众健康和社会稳定。公众根据企业对生物多样性造成的影响可以了解企业是否生态环保型企业，从而进行科学决策，也有利于企业环境行为的公开化、透明化。

与对生物多样性造成的影响相关的主要指导机构及法律法规、政策规范

全国人民代表大会常务委员会〔2016〕《中华人民共和国深海海底区域资源勘探开发法》第十四条：

——承包者从事勘探、开发活动应当采取必要措施，保护和保全稀有或者脆弱的生态系统，以及衰竭、受威胁或者有灭绝危险的物种和其他海洋生物的生存环境，保护海洋生物多样性，维护海洋资源的可持续利用。

国务院国有资产监督管理委员会〔2023〕《央企控股上市公司 ESG 专项报告参考指标体系》E4.1.1：

——生产、服务和产品对生物多样性的影响

指标性质：定性

披露等级：建议披露

指标说明：描述公司从事的生产活动、提供的服务和产品对生物多样性方面的影响情况

Global Reporting Initiative〔2022〕Consolidated Set of the GRI Standards 304－2：

——The reporting organization shall report the following information：a. Nature of significant direct and indirect impacts on biodiversity with reference to one or more of the following：i. Construction or use of manufacturing plants，mines，and transport infrastructure；ii. Pollution（introduction of substances that do not naturally occur in the habitat from point and non-point sources）；iii. Introduction of invasive species，pests，and pathogens；iv. Reduction of species；v. Habitat conversion；vi. Changes in ecological processes outside the natural range of variation（such as salinity or changes in groundwater level）. b. Significant direct and indirect positive and negative impacts with reference to the following：i. Species affected；ii. Extent of areas impacted；iii. Duration of impacts；iv. Reversibility or irreversibility of the impacts.

——组织应报告以下信息：a. 在以下的一个或多个方面，对生物多样性的重大直接和间接影响的性质：i. 制造厂、矿山和运输基础设施的建造或使用；ii. 污染（从点源和非点源引进栖息地的非天然的物质）；iii. 引进入侵物种、害虫和病原体；iv. 物种减少；v. 栖息地转变；vi. 自然变化范围之外的生态过程变化（如含盐量或地下水位变化）。b. 在以下方面的重大直接和间接的正面和负面影响：i. 受影响的物种；ii. 受影响区域的范围；iii. 影响持续时间；iv. 影响的可逆性或不可逆性。

European Financial Reporting Advisory Group〔2022〕ESRS E4 Biodiversity and Ecosystems E4－4，36、37、38：

——The undertaking shall report metrics related to its material impacts resulting in biodiversity and ecosystem change.

——If the undertaking identified sites located in or near biodiversity-sensitive areas that it is negatively affecting 19（see paragraph 22（c）），the undertaking shall disclose the number and area（in hectares）of sites owned，leased or managed in or near these protected areas or key biodiversity areas.

——If the undertaking operates in one of the sectors for which Disclosure Requirement E4－1 is applicable and has identified material impacts with regards to land-use change, orimpacts on the extent and condition of ecosystems, the undertaking shall also disclose their land-use based on a Life Cycle Assessment.

——企业应报告与其导致生物多样性和生态系统变化的物质影响相关的指标。

——如果企业确定位于生物多样性敏感区或附近的地点受到负面影响19（见第22（c）款），企业应披露在这些保护区或关键生物多样性区或附近拥有、租赁或管理的地点的数量和面积（公顷）。

——如果企业在适用披露要求 E4－1 的某个部门运营，并已确定土地使用变化的重大影响，或对生态系统的范围和条件的影响，企业还应根据生命周期评估披露其土地使用情况。

本指标披露等级及主要适用范围

【基础披露】适用于对生物多样性影响较大的企业，如矿山、水利等企业，以及通过利用生物资源而获利的企业，如生物医药行业、农业育种行业、食品和保健品行业、化妆品行业等的企业。

E4.2.3.2　生物多样性保护管理办法

什么是生物多样性保护管理办法

生物多样性保护管理办法（management measures on biodiversity conservation），一般被认为是企业在其商业活动中采纳的策略、程序和措施，旨在保护、维持和恢复生物的遗传、物种和生态系统层面的多样性。这些管理办法旨在确保企业活动不会对生物多样性造成负面影响，或者最小化这些影响，同时增强其在生物多样性保护方面的积极作用。

为什么要考察生物多样性保护管理办法

披露生物多样性保护管理办法有助于展现其对可持续发展和环境保护的承诺，提升企业形象和信誉。在当前环境意识增强的社会背景下，这样的透明度可以吸引更多的投资者、合作伙伴和消费者，同时降低潜在的环境法律风险，促进企业的长期可持续增长。

怎样披露生物多样性保护管理办法

【定性】企业披露实施生物多样性保护相关的管理办法等。

为什么要披露生物多样性保护管理办法

利益相关者基于企业的生物多样性保护管理办法可更准确地判断企业在环境责任和资源管理上的承诺与执行力。披露生物多样性保护管理办法意味着企业不仅关心其经济盈利，还注重生态环境的健康和持续性，反映出企业对全球生态挑战的应对策略。这为利益相关者提供了一个评估企业长期可持续性、风险管理和社会责任承担的窗口。

与生物多样性保护管理办法相关的主要指导机构及法律法规、政策规范

上海证券交易所〔2024〕《上海证券交易所上市公司自律监管指引第 14 号——可持续发展报告（试行）》第三十二条：

——披露主体生产经营活动对生态系统和生物多样性产生重大影响的，应当披露报告期内的下列内容：……（二）在生产经营场所周边和陆地、海洋重点生态功能区、生态保护红线、自然保护地，以及其他具有重要生态功能或生态环境敏感脆弱区域的保护和恢复等方面采取的措施与取得的效果；……

深圳证券交易所〔2024〕《深圳证券交易所上市公司自律监管指引第 17 号——可持续发展报告（试行）》第三十二条：

——披露主体生产经营活动对生态系统和生物多样性产生重大影响的，应当披露报告期内的下列内容：……（二）在生产经营场所周边和陆地、海洋重点生态功能区、生态保护红线、自然保护地，以及其他具有重要生态功能或生态环境敏感脆弱区域的保护和恢复等方面采取的措施与取得的效果；……

European Financial Reporting Advisory Group〔2022〕ESRS E4 Biodiversity and Ecosystems E4－2, 23、27：

——The undertaking shall disclose its policies implemented to manage its material impacts, risks and opportunities related to biodiversity and ecosystems.

——The undertaking shall specifically disclose, whether it has adopted：(a) a biodiversity and ecosystem protection policy covering operational sites owned, leased, managed in or near a protected area or a biodiversity-sensitive area outside protected areas, where land with high biodiversity value refers to Article 7b（3）of Directive 98/70/EC of the European Parliament and of the Council and "protected area" means designated areas in the European Environment Agency's Common Database on Designated Areas（CDDA）；(b) sustainable land/agriculture practices or policies；(c) sustainable oceans/seas practices or policies；and (d) policies to address deforestation.

——企业应披露其为管理与生物多样性和生态系统相关的物质影响、风险和机遇而实施的政策。

——企业应具体披露其是否采取了：(a) 生物多样性和生态系统保护政策，涵盖保护区内或保护区附近或保护区外生物多样性敏感区拥有、租赁、管理的经营场所，其中具有高生物多样性价值的土地指欧洲议会和理事会第 98/70/EC 号指令第 7b（3）条，"保护区"指欧洲环境署指定区域共同数据库（CDDA）中的指定区域；(b) 可持续的土地/农业做法或政策；(c) 可持续的海洋做法或政策；以及 (d) 解决毁林问题的政策。

本指标披露等级及主要适用范围

【基础披露】适用于对生物多样性影响较大的企业，如矿山、水利等企业，以及通过利用生物资源而获利的企业，如生物医药行业、农业育种行业、食品和保健品行业、化妆品行业等的企业。

E4.2.3.3 生物多样性遗传资源的获取与使用

什么是生物多样性遗传资源

生物多样性遗传资源（biodiversity genetic resources），依照联合国环境和发展大会于1992年通过的《生物多样性公约》，是指具有实际或潜在价值的来自植物、动物、微生物或其他来源的任何含有遗传功能单位的材料。每一缔约国应致力创造条件，便利其他缔约国取得遗传资源用于无害环境的用途，不对这种取得施加违背该公约目标的限制。

为什么要考察生物多样性遗传资源的获取与使用

考察企业的生物多样性遗传资源的获取与使用情况，有助于企业意识到遗传资源的重要性，从而在生产经营中加强对生物多样性遗传资源的开发与保护。随着生物技术的迅速发展，各国农业、医药、化工、环保等产业对遗传资源的依赖日益加重，遗传资源是生物资源的重要组成部分，在解决粮食、健康和环境问题等方面发挥着重要作用，对于维护生态安全和生物多样性具有重要意义，已经成为世界各国资源争夺的新领域。

怎样披露生物多样性遗传资源的获取与使用

【定性】企业披露生物多样性遗传资源的获取与使用情况。

为什么要披露生物多样性遗传资源的获取与使用

披露生物多样性遗传资源的获取与使用的相关信息，有助于企业加强对生物多样性遗传资源的重视和保护程度。生物遗传资源真正有利用价值的是遗传材料中的遗传信息而不是原始生物材料，一旦繁殖、培育、提取成功，就可以基于现有的生物技术不断地复制，摆脱对原始生物材料提供者的依赖。企业获取、使用的生物多样性遗传资源是企业的重要财富，不仅具有经济效益，更具有社会效益，有助于国家层面对遗传资源及其所包含遗传信息的整体利用与收集，帮助维护我国生态安全，促进生物多样性。

与生物多样性遗传资源的获取与使用相关的主要指导机构及法律法规、政策规范

全国人民代表大会常务委员会〔2023〕《中华人民共和国畜牧法》第二十一条：

——培育的畜禽新品种、配套系和新发现的畜禽遗传资源在销售、推广前，应当通过国家畜禽遗传资源委员会审定或者鉴定，并由国务院农业农村主管部门公告。畜禽新品种、配套系的审定办法和畜禽遗传资源的鉴定办法，由国务院农业农村主管部门制定。审定或者鉴定所需的试验、检测等费用由申请者承担。畜

禽新品种、配套系培育者的合法权益受法律保护。

中华人民共和国国务院〔2019〕《中华人民共和国人类遗传资源管理条例》第九条：

——采集、保藏、利用、对外提供我国人类遗传资源，应当符合伦理原则，并按照国家有关规定进行伦理审查。采集、保藏、利用、对外提供我国人类遗传资源，应当尊重人类遗传资源提供者的隐私权，取得其事先知情同意，并保护其合法权益。采集、保藏、利用、对外提供我国人类遗传资源，应当遵守国务院科学技术行政部门制定的技术规范。

上海证券交易所〔2024〕《上海证券交易所上市公司自律监管指引第14号——可持续发展报告（试行）》第三十二条：

——披露主体生产经营活动对生态系统和生物多样性产生重大影响的，应当披露报告期内的下列内容：……（四）在生物遗传资源的保护、可持续利用、获取与惠益分享、监测预警和风险管理等方面采取的措施与取得的效果；……

深圳证券交易所〔2024〕《深圳证券交易所上市公司自律监管指引第17号——可持续发展报告（试行）》第三十二条：

——披露主体生产经营活动对生态系统和生物多样性产生重大影响的，应当披露报告期内的下列内容：……（四）在生物遗传资源的保护、可持续利用、获取与惠益分享、监测预警和风险管理等方面采取的措施与取得的效果；……

European Financial Reporting Advisory Group〔2022〕ESRS E4 Biodiversity and Ecosystems E4-2, 24：

——The disclosure required by paragraph 21 (f) on policies regarding the social consequences of biodiversity and ecosystems related dependencies and impacts shall provide information in relation to: (a) the fair and equitable benefit-sharing from the benefits arising from the utilisation of genetic resources; (b) the prior informed consent (i.e., the permission given by the competent national authority of a provider country to a user prior to accessing genetic resources, in line with an appropriate national legal and institutional framework) for access to genetic resources; (c) the prior informed consent or approval and involvement (of the communities) for access to traditional knowledge associated with genetic resources that is held by indigenous and local communities; and (d) the protection of the rights of local and indigenous communities; notably recognising the close and traditional dependence of many indigenous and local communities embodying traditional lifestyles on biological resources, and the desirability of sharing equitably benefits arising from the use of traditional knowledge, innovations and practices relevant to the conservation of biological diversity and the sustainable use of its components.

——第 21（f）款所要求的关于生物多样性以及生态系统相关的政策披露应提供以下方面的信息：（a）公平地报告利用遗传资源所产生的收益；（b）获取遗传资源的事先知情同意（即供应国的国家主管当局根据适当的国家法律和体制框架，在获取遗传资源之前给予用户的许可）；（c）（社区）事先知情同意或批准获取原住民和地方社区所持有的与遗传资源有关的传统知识；（d）保护当地和原住民社区的权利；特别是认识到许多原住民和地方社区对生物遗传资源的密切依赖，公平地报告利用遗传资源、保护生物多样性以及创新做法产生收益的可取性。

本指标披露等级及主要适用范围

【基础披露】适用于通过利用生物资源而获利的企业，如生物医药行业、农业育种行业、食品和保健品行业、化妆品行业等的企业。

E4.2.3.4　生物多样性保护投入

什么是生物多样性保护投入

生物多样性保护投入（biodiversity conservation inputs），一般被认为是企业为保护和恢复生物多样性所做的财务和非财务投入。这包括但不限于为生态恢复项目提供的资金、用于研究和评估生态影响的资源、培训员工以更加环保的方式工作的费用，以及与其他组织合作进行生态保护活动的投入等。

为什么要考察生物多样性保护投入

披露生物多样性保护投入不仅是对社会和环境责任的体现，还能增强企业的品牌形象和市场竞争力，并且可以表明企业正在积极应对环境挑战并致力于可持续发展。此外，这种公开披露还可以鼓励其他企业跟随并采纳更加环保的做法，从而共同推动行业或市场向更加绿色、可持续的方向发展。

怎样披露生物多样性保护投入

【定性】企业披露用于生物多样性保护的人力、物力和财力等相关情况。

【定量】企业披露生物多样性保护投入的资金数额。单位：万元。

为什么要披露生物多样性保护投入

生物多样性保护需要大量投入，政府获知相关信息能够了解企业对当地生态环境的影响，从而可以及时调整环保规划，根据生态敏感程度为企业制定更加精细的政策。同时还可以督促企业进行产业升级，淘汰落后、对生物多样性有不利影响的产业，促进生态文明的建设。企业披露生物多样性保护投入，可以促进政府与企业合作，为保护生物多样性吸引多方力量，共同推进相关事业的发展。通过生物多样性保护投入的信息，可以增加公众对环保问题的关注和认识，起到科普教育的作用，营造全社会开展保护生物多样性的氛围，同样有利于所有公民共享因为保护生物多样性带来的良好生态环境。

与生物多样性保护投入相关的主要指导机构及法律法规、政策规范

European Financial Reporting Advisory Group〔2022〕ESRS E4 Biodiversity and Ecosystems E4-3, 28、31:

——The undertaking shall disclose its biodiversity and ecosystems-related actions and the resources allocated to their implementation.

——In addition, the undertaking shall: (a) disclose to which layer in the mitigation hierarchy a key action can be allocated: avoidance, reduction and minimisation, restoration and rehabilitation; (b) disclose whether it used biodiversity offsets in its action plans. If the actions contain biodiversity offsets, the undertaking shall include the following information: i. the aim of the offset and key performance indicators used; ii. the financing effects (direct and indirect costs) of biodiversity offsets in monetary terms; and iii. a description of offsets including area, type, the quality criteria applied and the standards that the biodiversity offsets fulfil; (c) describe how it has incorporated local and indigenous knowledge and naturebased solutions into biodiversity and ecosystems-related actions; (d) provide the following details for key actions: i. a list of key stakeholders involved (e.g., competitors, suppliers, retailers, other business partners, affected communities and authorities, government agencies) and how they are involved, mentioning key stakeholders negatively or positively impacted by actions and how they are impacted, including impacts or benefits created for affected communities, smallholders' indigenous groups or other vulnerable groups; ii. where applicable, an explanation on the need for appropriate consultations and the need to respect the decisions of affected communities; iii. a brief assessment whether the key actions may induce significant negative sustainability impacts; iv. an explanation whether the key action is intended to be a one-time initiative or systematic practice; and v. an explanation on whether the key action plan is carried out only by the undertaking, using the undertaking's resources, or whether it is part of a wider action plan, of which the undertaking is a member. The undertaking shall then provide more information on the project, its sponsors and other participants.

——企业应披露其与生物多样性和生态系统相关的行动，以及被分配于在实施过程中使用的资源。

——此外，企业应：（a）披露关键行动可分配给缓解层级中的哪一层：避免、减少和最小化、重建和恢复。（b）披露其行动计划中是否使用了生物多样性补偿。如果行动包含生物多样性补偿，承诺应包括以下信息：i. 抵消的目的和所使

用的关键业绩指标；ii. 货币形式的生物多样性补偿的融资效应（直接和间接成本）；iii. 对补偿的描述，包括面积、类型、适用的质量标准以及生物多样性补偿所达到的标准。(c) 描述它如何将当地和本土知识以及基于自然的解决方案纳入与生物多样性和生态系统相关的行动。(d) 提供以下关键操作的详细信息：i. 涉及的关键利益相关者名单（例如，竞争对手、供应商、零售商、其他商业伙伴、受影响的社区和当局、政府机构）及其参与方式，提及受行动负面或正面影响的关键利益相关者及其受影响方式，包括给受影响社区造成的影响或利益，小农户的土著群体或其他弱势群体；ii. 在适用的情况下，解释进行适当协商的必要性和尊重受影响社区决定的必要性；iii. 简要评估关键行动是否会对可持续性产生重大负面影响；iv. 解释关键行动是一次性的倡议还是系统的做法；v. 解释关键行动计划是否仅由企业利用企业资源执行，或者其是否企业所属的更广泛行动计划的一部分。然后，企业应提供更多关于项目、赞助商和其他参与者的信息。

本指标披露等级及主要适用范围

【基础披露】适用于对生物多样性影响较大的企业，如矿山、水利等企业，以及通过利用生物资源而获利的企业，如生物医药行业、农业育种行业、食品和保健品行业、化妆品行业等的企业。

E4.2.4　绿色生产与绿色办公

什么是绿色生产

绿色生产（green production），或称清洁生产，依照《中华人民共和国清洁生产促进法》，是指不断采取改进设计、使用清洁的能源和原料、采用先进的工艺技术与设备、改善管理、综合利用等措施，从源头削减污染，提高资源利用效率，减少或者避免生产、服务和产品使用过程中污染物的产生和排放，以减轻或者消除对人类健康和环境的危害。

什么是绿色办公

绿色办公（green office），一般被认为是在办公活动中使用节约资源、减少污染物产生和排放、可回收利用的产品。其包含范围广泛，例如绿色环保打印、环保午餐、节约能源、办公用品回收再利用等。

E4.2.4.1　绿色生产与办公情况

什么是绿色生产与办公情况

绿色生产与办公情况（green production and office situation），一般被认为是企业在其生产和办公活动中采取一系列环保和可持续发展措施的情况。这些措施旨在减少对自然环境的负面影响，降低资源消耗，提高能源效率，促进环境可持续性等。

为什么要考察绿色生产与办公情况

通过考察绿色生产与办公情况，企业能够评估自身生产办公方式是否符合国家倡导的健全绿色低碳循环发展经济体系的要求，积极响应政府政策号召，树立绿色企业、责任企业的优秀企业形象。在绿色生产与办公情况方面做出显著贡献的企业可以得到政府的嘉奖、经济支持。通过考察绿色生产与办公情况，企业能够践行绿色生产方式，吸引投资者，增强企业利益相关者对企业的信心与支持，促进企业绿色、健康与可持续发展。

怎样披露绿色生产与办公情况

【定性】 企业披露在绿色生产与办公方面采取的具体措施，可参照《清洁生产评价指标体系编制通则》及相应行业清洁生产标准。

为什么要披露绿色生产与办公情况

通过披露企业的绿色生产与办公情况的信息，政府能够了解企业是否积极响应绿色生产的号召，生产办公方式是否符合国家倡导的健全绿色低碳循环发展经济体系的要求，从而评估企业的环保水平，发挥政府的宏观管理作用，完善绿色生产工作条例，保护资源环境，保障人民群众生产生活安全；人民群众能够了解企业绿色环保水平，支持环保企业，支持积极履行社会责任的企业。

与绿色生产与办公情况相关的主要指导机构及法律法规、政策规范

中国共产党中央委员会办公厅、中华人民共和国国务院办公厅〔2020〕《关于构建现代环境治理体系的指导意见》（九）：

——推进生产服务绿色化。从源头防治污染，优化原料投入，依法依规淘汰落后生产工艺技术。积极践行绿色生产方式，大力开展技术创新，加大清洁生产推行力度，加强全过程管理，减少污染物排放。提供资源节约、环境友好的产品和服务。落实生产者责任延伸制度。

中华人民共和国国务院〔2021〕《关于加快建立健全绿色低碳循环发展经济体系的指导意见》（四）（五）（六）（八）：

——推进工业绿色升级。加快实施钢铁、石化、化工、有色、建材、纺织、造纸、皮革等行业绿色化改造。推行产品绿色设计，建设绿色制造体系。大力发展再制造产业，加强再制造产品认证与推广应用。建设资源综合利用基地，促进工业固体废物综合利用。全面推行清洁生产，依法在"双超双有高耗能"行业实施强制性清洁生产审核。完善"散乱污"企业认定办法，分类实施关停取缔、整合搬迁、整改提升等措施。加快实施排污许可制度。加强工业生产过程中危险废物管理。

——加快农业绿色发展。鼓励发展生态种植、生态养殖，加强绿色食品、有机农产品认证和管理。发展生态循环农业，提高畜禽粪污资源化利用水平，推进农作物秸秆综合利用，加强农膜污染治理。强化耕地质量保护与提升，推进退化耕地综合治理。发展林业循环经济，实施森林生态标志产品建设工程。大力推进农业节水，推广高效节水技术。推行水产健康养殖。实施农药、兽用抗菌药使用

减量和产地环境净化行动。依法加强养殖水域滩涂统一规划。完善相关水域禁渔管理制度。推进农业与旅游、教育、文化、健康等产业深度融合,加快一二三产业融合发展。

——提高服务业绿色发展水平。促进商贸企业绿色升级,培育一批绿色流通主体。有序发展出行、住宿等领域共享经济,规范发展闲置资源交易。加快信息服务业绿色转型,做好大中型数据中心、网络机房绿色建设和改造,建立绿色运营维护体系。推进会展业绿色发展,指导制定行业相关绿色标准,推动办展设施循环使用。推动汽修、装修装饰等行业使用低挥发性有机物含量原辅材料。倡导酒店、餐饮等行业不主动提供一次性用品。

——提升产业园区和产业集群循环化水平。科学编制新建产业园区开发建设规划,依法依规开展规划环境影响评价,严格准入标准,完善循环产业链条,推动形成产业循环耦合。推进既有产业园区和产业集群循环化改造,推动公共设施共建共享、能源梯级利用、资源循环利用和污染物集中安全处置等。鼓励建设电、热、冷、气等多种能源协同互济的综合能源项目。鼓励化工等产业园区配套建设危险废物集中贮存、预处理和处置设施。

国务院国有资产监督管理委员会〔2023〕《央企控股上市公司 ESG 专项报告参考指标体系》E5.4.1、E5.4.4:

——清洁生产

指标性质:定性/定量

披露等级:建议披露

指标说明:描述公司在清洁生产方面的具体措施

——绿色办公和运营

指标性质:定性/定量

披露等级:建议披露

指标说明:描述公司在绿色办公和绿色运营等方面的具体措施

本指标披露等级及主要适用范围

【建议披露】适用于所有行业企业。

E4.2.4.2 绿色生产审核情况

什么是绿色生产审核情况

绿色生产审核情况(green production audit situation),一般被认为是对企业或组织在生产过程中实施的环保措施和可持续发展实践的评估和审查。

为什么要考察绿色生产审核情况

考察企业绿色生产审核情况是为了确保其生产过程的环境友好性和可持续性,同时提高资源效率和减少废物产生。这种审核有助于识别和实施节能减排措施,优化原材料使用，降低生产成本，同时减少对环境的负面影响。通过绿色生产审核，企业不仅能够符合日益严格的环境法规和标准，还能提升其在市场上的竞争力和品牌形象，吸引环境意识较强的消费者和投资者，从而在长期内促进企业的可持续发展。

怎样披露绿色生产审核情况

【定性】 企业披露绿色生产审核情况。具体参照《工业企业清洁生产审核 技术导则》及相应行业清洁生产标准。

为什么要披露绿色生产审核情况

企业披露绿色生产审核情况是为了展示其对环境保护和可持续发展的承诺，增强消费者、投资者、监管机构和社区成员对企业的信任和支持。这种透明度表明企业在积极采取措施减少环境影响，如降低碳排放、节约资源和减少废物，这对环境意识强的消费者和环境责任投资者尤为重要。同时，这也帮助企业符合或超越环保法规要求，减少潜在的法律和财务风险。此外，公开绿色生产实践有助于提升企业品牌形象和市场竞争力，吸引和保留对可持续发展有共同价值观的员工和合作伙伴。

与绿色生产审核情况相关的主要指导机构及法律法规、政策规范

全国人民代表大会常务委员会〔2012〕《中华人民共和国清洁生产促进法》第三十四条、第三十九条：

——企业用于清洁生产审核和培训的费用，可以列入企业经营成本。

——违反本法第二十七条第二款、第四款规定，不实施强制性清洁生产审核或者在清洁生产审核中弄虚作假的，或者实施强制性清洁生产审核的企业不报告或者不如实报告审核结果的，由县级以上地方人民政府负责清洁生产综合协调的部门、环境保护部门按照职责分工责令限期改正；拒不改正的，处以五万元以上五十万元以下的罚款。违反本法第二十七条第五款规定，承担评估验收工作的部门或者单位及其工作人员向被评估验收企业收取费用的，不如实评估验收或者在评估验收中弄虚作假的，或者利用职务上的便利谋取利益的，对直接负责的主管人员和其他直接责任人员依法给予处分；构成犯罪的，依法追究刑事责任。

国务院国有资产监督管理委员会〔2023〕《央企控股上市公司 ESG 专项报告参考指标体系》E5.4.1：

——清洁生产

指标性质：定性/定量

披露等级：建议披露

指标说明：描述公司在清洁生产方面的具体措施

本指标披露等级及主要适用范围

【基础披露】 适用于所有行业企业。

E4.2.4.3 绿色生产与办公培训

什么是绿色生产与办公培训

绿色生产与办公培训（green production and office training），一般被认为是为了提高员工对环保和可持续性理念的认识和实践技能而开展的培训活动。这种培训旨在使员工更加了解和理解企业的绿色生产和办公政策，以及如何在日常工作中采取环保措施，减少资源浪费，改善环境性能，同时提高办公效率和员工的健康与安全。

为什么要考察绿色生产与办公培训

通过考察绿色生产与办公培训，企业能够了解员工的基本素养，提高绿色生产效率，调动员工积极性，响应国家绿色办公、低碳生活的倡导。同时，企业能够评估自身生产办公方式是否符合国家倡导的健全绿色低碳循环发展经济体系的要求，积极响应政府政策号召，树立绿色企业、责任企业的优秀企业形象。

怎样披露绿色生产与办公培训

【定性】企业披露在绿色生产与办公培训方面采取的具体措施。

为什么要披露绿色生产与办公培训

通过披露企业的绿色生产与办公培训的信息，政府能够了解企业的生产方式与办公方式，评估企业的环保水平，完善绿色生产工作条例，发挥政府的宏观管理作用，保护环境和人民群众安全。同时，求职者可以了解企业规章制度，人民群众能够了解企业绿色环保水平，支持环保企业，支持积极履行社会责任的企业。

与绿色生产与办公培训相关的主要指导机构及法律法规、政策规范

全国人民代表大会常务委员会〔2012〕《中华人民共和国清洁生产促进法》第三十一条、第三十四条：

——对从事清洁生产研究、示范和培训，实施国家清洁生产重点技术改造项目和本法第二十八条规定的自愿节约资源、削减污染物排放量协议中载明的技术改造项目，由县级以上人民政府给予资金支持。

——企业用于清洁生产审核和培训的费用，可以列入企业经营成本。

国务院国有资产监督管理委员会〔2023〕《央企控股上市公司ESG专项报告参考指标体系》E5.4.1、E5.4.4：

——清洁生产

指标性质：定性/定量

披露等级：建议披露

指标说明：描述公司在清洁生产方面的具体措施

——绿色办公和运营

指标性质：定性/定量

披露等级：建议披露

指标说明：描述公司在绿色办公和绿色运营等方面的具体措施

本指标披露等级及主要适用范围

【建议披露】适用于所有行业企业。

E4.2.4.4 绿色生产与办公投入

什么是绿色生产与办公投入

绿色生产与办公投入（green production and office input），一般被认为是企业为实施环保和可持续发展实践而投入的资源、资金、设备和人力等各种要素。这些投入用于支持企业在生产和办公活动中采取环保措施，以减少对自然环境的负面影响，并推动可持续发展。

为什么要考察绿色生产与办公投入

通过考察绿色生产与办公投入，企业能够评估自身生产方式与办公方式是否符合国家倡导的健全绿色低碳循环发展经济体系的要求，能否实现工业生产全过程污染控制，使污染物的产生量最少化。另外，企业能够了解办公活动使用的产品是否节约资源、减少污染物产生和排放、可回收利用。使用绿色办公产品，可减少企业不必要的资金消耗，降低办公成本，促进企业长久、可持续发展。有条件的地方政府对企业购置节能型家电产品、节能新能源汽车、节水器具等给予适当财政支持。

怎样披露绿色生产与办公投入

【定性】企业披露绿色生产与办公投入种类。

【定量】企业披露绿色生产与办公投入金额。单位：万元。

为什么要披露绿色生产与办公投入

通过披露企业的绿色生产与办公投入的信息，政府能够评估企业的环保水平，了解企业是否积极响应绿色生产、绿色办公的号召，生产办公方式是否符合国家倡导的健全绿色低碳循环发展经济体系的要求。同时，人民群众能够了解企业绿色环保水平，支持环保企业，支持积极履行社会责任的企业。

与绿色生产与办公投入相关的主要指导机构及法律法规、政策规范

国务院国有资产监督管理委员会〔2023〕《央企控股上市公司 ESG 专项报告参考指标体系》E5.4.1、E5.4.4：

——清洁生产

指标性质：定性/定量

披露等级：建议披露

指标说明：描述公司在清洁生产方面的具体措施

——绿色办公和运营

指标性质：定性/定量

披露等级：建议披露

指标说明：描述公司在绿色办公和绿色运营等方面的具体措施

本指标披露等级及主要适用范围

【建议披露】适用于所有行业企业。

E4.2.4.5 绿色建筑运行情况

什么是绿色建筑运行情况

绿色建筑运行情况（green building operation situation），一般被认为是绿色建筑在实际使用过程中的性能表现，这包括能源效率、水资源利用、室内环境质量、材料使用以及建筑对环境的整体影响。

为什么要考察绿色建筑运行情况

考察企业绿色建筑运行情况有助于提高能源效率，降低运营成本，减少环境影响，并增强企业的可持续发展能力。绿色建筑通常采用节能材料和技术，优化水资源和能源使用，从而在长期内减少对自然资源的依赖和碳足迹。此外，良好的绿色建筑运行情况还能提供更健康、更舒适的工作环境，有助于提高员工的工作效率和满意度。通过考察和优化绿色建筑运行情况，企业不仅能够体现其对环境保护的承诺，还能在遵守相关环境法规的同时，提升其在消费者和投资者心目中的形象。

怎样披露绿色建筑运行情况

【定性】企业披露其在既有建筑绿色低碳改造方面的具体措施。

为什么要披露绿色建筑运行情况

企业披露绿色建筑运行情况是为了展示其对环境可持续性的承诺和实际行动，增强消费者、投资者、员工和社区成员的信任和支持。这种透明度表明企业在积极采取措施减少其运营对环境的影响，如提高能源效率和减少废物。这对于环境意识强的消费者和投资者尤为重要，因为他们越来越倾向于支持那些展现出真正可持续实践的企业。同时，公开绿色建筑运行情况也有助于企业在遵守环保法规方面保持透明和负责任，同时提升品牌形象和市场竞争力，吸引和保留有共同环保价值观的员工和合作伙伴。

与绿色建筑运行情况相关的主要指导机构及法律法规、政策规范

中华人民共和国国务院办公厅〔2019〕《国务院办公厅转发住房城乡建设部关于完善质量保障体系提升建筑工程品质指导意见的通知》三、完善管理体制：

——……（五）推行绿色建造方式。完善绿色建材产品标准和认证评价体系，进一步提高建筑产品节能标准，建立产品发布制度。大力发展装配式建筑，推进绿色施工，通过先进技术和科学管理，降低施工过程对环境的不利影响。建立健全绿色建筑标准体系，完善绿色建筑评价标识制度。……

中华人民共和国住房和城乡建设部〔2021〕《住房和城乡建设部办公厅关于印发绿色建造技术导则（试行）的通知》6.1.8：

——鼓励对传统施工工艺进行绿色化升级革新。

国务院国有资产监督管理委员会〔2023〕《央企控股上市公司 ESG 专项报告参考指标体系》E5.4.3：

——绿色建筑改造

指标性质：定性/定量

披露等级：建议披露

指标说明：描述公司在既有建筑节能改造等方面的具体措施

本指标披露等级及主要适用范围

【建议披露】适用于所有行业企业。

E4.2.5　环境保护负面事件

什么是环境保护负面事件

环境保护负面事件（negative events of environmental protection），一般被认为是由企业行为造成环境污染并对企业造成负面影响的事件。具体包括环保争议事件、环境诉讼与环境行政处罚等。

E4.2.5.1　突发环境事件应急预案

什么是突发环境事件

突发环境事件（environmental emergencies），依照《突发环境事件应急预案管理暂行办法》，是指因事故或意外性事件等因素，致使环境受到污染或破坏，公众的生命健康和财产受到危害或威胁的紧急情况。

什么是突发环境事件应急预案

突发环境事件应急预案（contingency plan for environmental emergencies），依照《突发环境事件应急预案管理暂行办法》，是指针对可能发生的突发环境事件，为确保迅速、有序、高效地开展应急处置，减少人员伤亡和经济损失而预先制定的计划或方案。

为什么要考察突发环境事件应急预案

考察企业突发环境事件应急预案是为了确保在发生环境事故或紧急情况时，企业能迅速、有效地应对，最大限度地减少对环境、人员安全和企业运营的负面影响。良好的应急预案不仅有助于保护员工和周边社区的安全，还能减少潜在的法律责任和财务损失，同时维护企业的公众形象和市场信誉。此外，这也是企业风险管理和持续性计划的重要组成部分，有助于企业在面对不可预见的环境挑战时保持稳定和恢复力。

怎样披露突发环境事件应急预案

【定性】企业披露在面对突发环境事件方面的应急预案，包括开展环境影响因素识别、风险点排查和隐患治理，防范环境污染事件的具体措施等。

为什么要披露突发环境事件应急预案

披露突发环境事件应急预案使投资者、客户、员工和社区成员能够了解企业在面对潜在环境危机时的准备程度和应对策略，从而增强对企业的信心。它展示了企业对环境保护和公共安全的承诺，有助于减轻利益相关者对环境风险的担忧。同时，这也反映了企业的透明度和良好治理，对提升企业声誉和维护利益相关者的长期利益具有重要作用。

与突发环境事件应急预案相关的主要指导机构及法律法规、政策规范

中华人民共和国生态环境部〔2021〕《企业环境信息依法披露管理办法》第十二条：

——企业年度环境信息依法披露报告应当包括以下内容：……（五）生态环境应急信息，包括突发环境事件应急预案、重污染天气应急响应等方面的信息；……

中国证券监督管理委员会〔2021〕《公开发行证券的公司信息披露内容与格式准则第 2 号—年度报告的内容与格式》第四十一条：

——属于环境保护部门公布的重点排污单位的公司或其主要子公司，应当根据法律、行政法规、部门规章及规范性文件的规定披露以下主要环境信息：……（四）突发环境事件应急预案。……

本指标披露等级及主要适用范围

【建议披露】适用于所有行业企业。

E4.2.5.2 环保争议事件

什么是环保争议事件

环保争议事件（environmental disputes），一般被认为是与企业的环境保护实践或环境影响相关的争议或争端，通常涉及企业的经营活动对自然环境、社区或利益相关方产生的负面影响，或者涉及企业被指控未能遵守环保法规、标准或合同义务的情况。

为什么要考察环保争议事件

考察企业的环保争议事件，有助于企业树立积极、正面的形象，提升品牌知名度。企业的环保争议事件涉及的不仅是企业本身，更是社会公众。企业存在且不重视环保争议事件时，该事件通过媒体传达给社会公众，会使社会公众对企业的信任度下降，从而影响企业的销售环节。此外，环保争议事件影响到供应商和零售商与企业的商业合作，导致企业无法正常进行生产环节，从而对企业的价值链产生深远的负面影响。

怎样披露环保争议事件

【定性】企业披露发生的环保争议事件的相关信息，包括环保争议事件的起因、过程、结果、性质和影响范围等内容。

为什么要披露环保争议事件

通过披露环保争议事件的相关信息，投资者可以了解到被投资企业面临的相关社

会环保问题，降低因为信息不对称导致的投资决策失误的可能性，从而保障投资者的投资权益。此外，对于政府和社会公众而言，通过企业的环保争议事件信息，可以了解到企业对环境保护政策的执行情况，通过外部因素倒逼企业正视环保问题，从而减少类似环保争议事件的发生，有助于保护生态环境，推动产业绿色发展。

与环保争议事件相关的主要指导机构及法律法规、政策规范

国家环境保护总局〔2005〕《关于加快推进企业环境行为评价工作的意见》
一、充分认识开展企业环境行为评价的重要性：

——加强企业环境监管，提高工业污染防治水平是环保工作的重点。近年来，各地通过调整产业结构，加大环保执法力度，工业污染防治取得较大进展，工业产品的污染排放强度下降，环境污染加剧的趋势得到初步控制。但是，企业超标排污现象仍时有发生，工业污染物排放情况日趋复杂，因环境污染引发的纠纷、群体性事件逐年增多，加强企业环境监管仍是一项长期和紧迫的任务。充分运用法律、行政、经济和信息等各种监管手段，特别是发挥公众参与和社会监督的作用，是当前提高环境监管效率、促进企业污染防治的有效措施。随着人民生活水平的提高，公众环境意识普遍增强，要求政府、企业公开环境信息，接受社会监督的愿望日益迫切。企业环境行为评价是环保部门将企业遵守环保法律法规的情况，以直观明了的形式向社会公开的环境管理手段。开展企业环境行为评价有利于增强企业的环境守法和社会责任意识，有利于保障人民群众的环境权益，化解因污染问题引发的环境纠纷，促进环保部门改进工作方式、提高环境管理水平。各级环保部门要充分认识实施企业环境行为评价的重要意义，切实把这项工作抓紧抓好。

国务院国有资产监督管理委员会〔2023〕《央企控股上市公司 ESG 专项报告参考指标体系》E5.6.2：

——环境领域违法违规事件

指标性质：定性/定量

披露等级：基础披露

指标说明：描述公司生态环境领域违法违规行为的有关情况；可参照国家生态环境主管部门发布的最新版《企业环境信息依法披露管理办法》中界定的有关情况

本指标披露等级及主要适用范围

【基础披露】适用于所有行业企业。

E4.2.5.3　环境诉讼

什么是环境诉讼

环境诉讼（environmental litigation），依照《环境法导论》[①]，是指当事人因环

---

① 吕忠梅. 环境法导论. 3 版. 北京：北京大学出版社，2015.

污染或生态破坏而导致人身权、财产权或其他合法权益受到损害或有受到损害的危险，而请求人民法院保护其合法权益的行为。

为什么要考察环境诉讼

通过考察企业的环境诉讼，有助于保护企业的合法权益不受到侵犯。对于污染型企业而言，考察环境诉讼是对企业的有力监督，通过让污染企业付出高额罚款的方式使得企业采取污染控制措施或改变生产流程，从而从源头上减少和杜绝污染。对于环保型企业而言，为了实现社会效益，减少企业经营对环境的破坏，往往需要通过牺牲部分经济利益来均衡社会利益与经济利益，考察企业的环境诉讼，有助于保障环保型企业处于相对公平竞争的市场环境中，从而维护了环保型企业的利益。

怎样披露环境诉讼

【定性】企业披露发生的环境诉讼信息，包括环境诉讼的受案范围、执行程序、案件结果、案件影响等内容。

为什么要披露环境诉讼

通过披露环境诉讼的相关信息，可以减少污染物的排放，杜绝重大污染事故的发生，改善人们的环境质量，使环境容量在一个可控制的范围内，从而促进生态环境的可持续发展。此外，环境诉讼在一定程度上能够克服诉讼的事后救济和个案救济的局限性，作为一种创新的社会管理手段，对于司法创新性质和环境保护起到了重要的支撑作用。对于政府而言，环境诉讼让保护环境的主体多元化，使环境污染处在全社会的有效监管下，从而保证环境法律、法规的有效实施。

与环境诉讼相关的主要指导机构及法律法规、政策规范

中国证券监督管理委员会〔2021〕《公开发行证券的公司信息披露内容与格式准则第 2 号—年度报告的内容与格式》第五十一条：

——公司应当披露报告期内重大诉讼、仲裁事项。已在上一年度报告中披露，但尚未结案的重大诉讼、仲裁事项，公司应当披露案件进展情况、涉及金额、是否形成预计负债，以及对公司未来的影响。对已经结案的重大诉讼、仲裁事项，公司应当披露案件执行情况。如报告期内公司无重大诉讼、仲裁，应当明确说明"本年度公司无重大诉讼、仲裁事项"。

国务院国有资产监督管理委员会〔2023〕《央企控股上市公司 ESG 专项报告参考指标体系》E5.6.2：

——环境领域违法违规事件

指标性质：定性/定量

披露等级：基础披露

指标说明：描述公司生态环境领域违法违规行为的有关情况；可参照国家生态环境主管部门发布的最新版《企业环境信息依法披露管理办法》中界定的有关情况

本指标披露等级及主要适用范围

【基础披露】适用于所有行业企业。

E4.2.5.4 环境行政处罚

什么是环境行政处罚

环境行政处罚（environmental administrative penalty），依照《环境法导论》[①]，是指环境行政主体依法对违反环境行政法律规范的相对人所给予的制裁。根据我国环境法和行政处罚法的有关规定，环境行政处罚的形式包括：(1) 警告，即环境行政主体对违法的相对人所进行的批评教育、谴责和警戒；(2) 罚款，即环境行政主体强制违法的相对人向国家缴纳一定数额的款项的经济处罚；(3) 拘留，即公安机关对违法的相对人实施的短期限制人身自由的处罚；(4) 没收，即环境行政主体对相对人从事违法行为的器具或非法所得予以强制收缴的处罚；(5) 停业、关闭，即对从事营业性活动的相对人强令其停止营业的处罚；(6) 扣留或吊销许可证，即环境行政主体对违法的相对人所持有的许可证予以吊销或扣留的处罚。

为什么要考察环境行政处罚

考察企业的环境行政处罚，有助于保护企业的信誉和经营安全。涉及环境行政处罚的企业会被通报至网上或政务系统，从而使得企业在一段时间内融资、贷款、行政许可审批、上市等都会受到相应的限制。此外，各政府机关也会因为该环境行政处罚将企业列入黑名单，从而影响企业的经营发展。考察企业的环境行政处罚信息，有利于企业发现潜在的行政处罚风险并采取措施应对，从而降低因该处罚而导致的企业经营风险。

怎样披露环境行政处罚

【定性】企业披露环境行政处罚信息，包括处罚形式、影响程度、整改情况等信息。

为什么要披露环境行政处罚

通过披露环境行政处罚的相关信息，可以保障投资者的利益，维护社会公共利益和社会秩序，保护公民、法人或者其他组织的合法权益。对于投资者而言，根据企业的环境行政处罚信息，可以对企业目前的经营情况做出更为精确的评估，并根据该评估结果进行投资决策，在一定程度上保障了投资者的合法权益。此外，披露企业环境行政处罚的信息，有助于在全社会形成保护环境、绿色经营的发展理念，推动国家"双碳"政策的实施，有助于社会可持续发展。

与环境行政处罚相关的主要指导机构及法律法规、政策规范

中国证券监督管理委员会〔2021〕《公开发行证券的公司信息披露内容与格式准则第 2 号—年度报告的内容与格式》第四十一条：

——属于环境保护部门公布的重点排污单位的公司或其主要子公司，应当根据

[①] 吕忠梅. 环境法导论. 3 版. 北京：北京大学出版社，2015.

法律、行政法规、部门规章及规范性文件的规定披露以下主要环境信息：……（六）报告期内因环境问题受到行政处罚的情况。……

上海证券交易所〔2024〕《上海证券交易所上市公司自律监管指引第 14 号——可持续发展报告（试行）》第三十条：

——披露主体或者其重要控股子公司被列入环境信息依法披露企业名单的，应当披露下列信息：……（五）报告期内因污染物排放受到重大行政处罚或被追究刑事责任的情况，以及公司环境监测方案和风险管理措施是否存在重大缺陷。本所鼓励其他披露主体参照前款规定进行披露。

深圳证券交易所〔2024〕《深圳证券交易所上市公司自律监管指引第 17 号——可持续发展报告（试行）》第三十条：

——披露主体或者其重要控股子公司被列入环境信息依法披露企业名单的，应当披露下列信息：……（五）报告期内因污染物排放受到重大行政处罚或被追究刑事责任的情况，以及公司环境监测方案和风险管理措施是否存在重大缺陷。本所鼓励其他披露主体参照前款规定进行披露。

本指标披露等级及主要适用范围

【基础披露】适用于所有行业企业。

环境（E）参考资料

书籍

[1] 白彦. 政府治理与经济法治概论. 北京：北京大学出版社，2016.

[2] 李莉霞. 环境保护法. 北京：化学工业出版社，2019.

[3] 李小云，齐顾波，徐秀丽. 普通发展学. 2 版. 北京：社会科学文献出版社，2012.

[4] 刘苋岩. 环境保护概论. 2 版. 北京：化学工业出版社，2018.

[5] 刘伟. 物流管理概论. 3 版. 北京：电子工业出版社，2011.

[6] 吕忠梅. 环境法导论. 3 版. 北京：北京大学出版社，2015.

[7] 秦谱德，崔晋生，蒲丽萍. 生态社会学. 北京：社会科学文献出版社，2013.

[8] 世界可持续发展工商理事会，世界资源研究所. 温室气体核算体系：企业核算与报告标准（修订版）. 北京：经济科学出版社，2012.

[9] 汪劲. 环境法学. 4 版. 北京：北京大学出版社，2018.

[10] 吴学斌. 中级财务会计. 5 版. 北京：人民邮电出版社，2022.

[11] 谢淑华. 城市生态与环境规划. 武汉：华中科技大学出版社，2021.

[12] 张潜. 物流运筹学. 北京：北京大学出版社，2009.

法律法规及政策规范

[1] 中华人民共和国国务院. 2030年前碳达峰行动方案. 2021-10-24.

[2] 中华人民共和国工业和信息化部. 工业节能管理办法. 2016-04-27.

[3] 中华人民共和国最高人民法院,中华人民共和国最高人民检察院. 关于办理海洋自然资源与生态环境公益诉讼案件若干问题的规定. 2022-05-11.

[4] 中国共产党中央委员会办公厅,中华人民共和国国务院办公厅. 关于构建现代环境治理体系的指导意见. 2020-03-03.

[5] 国家环境保护总局. 关于环境污染责任保险工作的指导意见. 2007-12-04.

[6] 中华人民共和国国务院. 关于加快建立健全绿色低碳循环发展经济体系的指导意见. 2021-02-22.

[7] 国家环境保护总局. 关于加快推进企业环境行为评价工作的意见. 2005-11-21.

[8] 中华人民共和国生态环境部. 关于坚决遏制固体废物非法转移和倾倒进一步加强危险废物全过程监管的通知. 2018-05-10.

[9] 国家环境保护总局. 关于企业环境信息公开的公告. 2003-09-02.

[10] 中国共产党中央委员会,中华人民共和国国务院. 关于完整准确全面贯彻新发展理念做好碳达峰碳中和工作的意见. 2021-09-22.

[11] 中华人民共和国国家发展和改革委员会,中华人民共和国司法部. 关于加快建立绿色生产和消费法规政策体系的意见. 2020-03-11.

[12] 中华人民共和国国务院办公厅. 关于印发湿地保护修复制度方案的通知. 2016-11-30.

[13] 国务院国有资产监督管理委员会. 关于中央企业履行社会责任的指导意见. 2007-12-29.

[14] 中华人民共和国国务院办公厅. 关于转发发展改革委、住房城乡建设部绿色建筑行动方案的通知. 2013-01-01.

[15] 中华人民共和国生态环境部,中华人民共和国国家发展和改革委员会,中华人民共和国公安部,等. 国家危险废物名录(2021年版). 2020-11-25.

[16] 中华人民共和国国务院办公厅. 关于鼓励和支持社会资本参与生态保护修复的意见. 2021-10-25.

[17] 中华人民共和国国务院办公厅. 关于进一步加强商品过度包装治理的通知. 2022-09-01.

[18] 中华人民共和国国务院办公厅. 国务院办公厅转发住房城乡建设部关于完善质量保障体系提升建筑工程品质指导意见的通知. 2019-09-15.

[19] 中华人民共和国国务院. 国务院关于节约能源保护环境工作情况的报告. 2007 - 08 - 26.
[20] 中华人民共和国国务院. 关于推进普惠金融高质量发展的实施意见. 2023 - 09 - 25.
[21] 中华人民共和国生态环境部. 关于印发《环境信息依法披露制度改革方案》的通知. 2021 - 05 - 24.
[22] 中华人民共和国国务院. 关于印发"十三五"控制温室气体排放工作方案的通知. 2016 - 10 - 27.
[23] 中华人民共和国国务院. 关于印发水污染防治行动计划的通知. 2015 - 04 - 02.
[24] 国家环境保护总局. 环境监测管理办法. 2007 - 07 - 25.
[25] 中华人民共和国国务院. 关于修改《建设项目环境保护管理条例》的决定. 2017 - 07 - 16.
[26] 中华人民共和国生态环境部. 排污许可管理办法. 2024 - 04 - 08.
[27] 中华人民共和国国务院. 排污许可管理条例. 2021 - 01 - 04.
[28] 中华人民共和国生态环境部办公厅. 关于印发《企业环境信息依法披露格式准则》的通知. 2021 - 12 - 31.
[29] 中华人民共和国生态环境部. 企业环境信息依法披露管理办法. 2021 - 12 - 11.
[30] 中华人民共和国生态环境部办公厅. 关于印发《企业温室气体排放报告核查指南（试行）》的通知. 2021 - 03 - 26.
[31] 中华人民共和国国务院. 森林病虫害防治条例. 1989 - 12 - 18.
[32] 中华人民共和国国务院. 森林采伐更新管理办法. 2011 - 01 - 08.
[33] 中华人民共和国国务院. 森林防火条例. 2008 - 12 - 01.
[34] 中华人民共和国水利部. 关于印发《水质监测质量和安全管理办法》的通知. 2022 - 03 - 25.
[35] 中华人民共和国生态环境部. 碳排放权交易管理办法（试行）. 2020 - 12 - 31.
[36] 中华人民共和国国务院. 土地复垦条例. 2011 - 03 - 05.
[37] 中华人民共和国国务院. 危险废物经营许可证管理办法. 2016 - 02 - 06.
[38] 中华人民共和国生态环境部, 中华人民共和国公安部, 中华人民共和国交通运输部. 危险废物转移管理办法. 2021 - 11 - 30.
[39] 国务院国有资产监督管理委员会办公厅. 关于转发《央企控股上市公司ESG专项报告编制研究》的通知. 2023 - 07 - 25.
[40] 中华人民共和国大气污染防治法.
[41] 中华人民共和国放射性污染防治法.
[42] 中华人民共和国固体废物污染环境防治法.
[43] 中华人民共和国国民经济和社会发展第十三个五年规划纲要.

[44] 中华人民共和国海洋环境保护法.

[45] 中华人民共和国核安全法.

[46] 中华人民共和国环境保护法.

[47] 中华人民共和国环境影响评价法.

[48] 中华人民共和国节约能源法.

[49] 中华人民共和国可再生能源法.

[50] 中华人民共和国农村土地承包法.

[51] 中华人民共和国清洁生产促进法.

[52] 中华人民共和国国务院. 中华人民共和国人类遗传资源管理条例. 2019-05-28.

[53] 中华人民共和国森林法.

[54] 中华人民共和国国务院. 中华人民共和国森林法实施条例. 2018-03-19.

[55] 中华人民共和国深海海底区域资源勘探开发法.

[56] 中华人民共和国生物安全法.

[57] 中华人民共和国湿地保护法.

[58] 中华人民共和国水法.

[59] 中华人民共和国水污染防治法.

[60] 中华人民共和国土地管理法.

[61] 中华人民共和国国务院. 中华人民共和国土地管理法实施条例. 2021-07-02.

[62] 中华人民共和国畜牧法.

[63] 中华人民共和国循环经济促进法.

[64] 中华人民共和国野生动物保护法.

[65] 中华人民共和国噪声污染防治法.

[66] 中华人民共和国住房和城乡建设部办公厅. 关于印发绿色建造技术导则（试行）的通知. 2021-03-16.

标准及指引

[1] 中国证券监督管理委员会. 公开发行证券的公司信息披露内容与格式准则第2号——年度报告的内容与格式（2021年修订）. 2021-06-28.

[2] 中华人民共和国财政部. 企业内部控制应用指引第4号——社会责任. 2010-05-21.

[3] 联合国环境规划署. 控制危险废物越境转移及其处置巴塞尔公约. 1989-03-22.

[4] 上海证券交易所. 关于发布《上海证券交易所上市公司自律监管指引第1号——规范运作（2023年12月修订）》的通知. 2023-08-15.

[5] 深圳证券交易所. 关于印发《深圳证券交易所上市公司自律监管指引第1号——

主板上市公司规范运作（2023年12月修订）》的通知. 2023-12-15.

[6] 上海证券交易所. 关于发布《上海证券交易所上市公司自律监管指引第14号——可持续发展报告（试行）》的通知. 2024-04-12.

[7] 深圳证券交易所. 关于发布《深圳证券交易所上市公司自律监管指引第17号——可持续发展报告（试行）》的通知. 2024-04-12.

[8] 联合国环境规划署. 生物多样性公约. 1992-06-01.

[9] 香港交易所. 环境、社会及管治报告指引. 2023-12-31.

[10] Global Reporting Initiative. Consolidated Set of the GRI Standards. 2022.

[11] London Stock Exchange. ESG Disclosure Score. October 2019.

[12] National Association of Securities Dealers Automated Quotations. ESG Reporting Guide 2.0. May 2019.

[13] European Financial Reporting Advisory Group. ESRS E1 Climate Change. November 2022.

[14] European Financial Reporting Advisory Group. ESRS E2 Pollution. November 2022.

[15] European Financial Reporting Advisory Group. ESRS E3 Water and Marine Resources. November 2022.

[16] European Financial Reporting Advisory Group. ESRS E4 Biodiversity and Ecosystems. November 2022.

[17] European Financial Reporting Advisory Group. ESRS E5 Resource Use and Circular Economy. November 2022.

[18] The International Sustainability Standards Board. IFRS S1 General Requirements for Disclosure of Sustainability-related Financial Information. June 2023.

[19] The International Sustainability Standards Board. IFRS S2 Climate-related Disclosures. June 2023.

[20] Singapore Exchange. Starting with a Common Set of Core ESG Metrics. April 2023.

[21] 中华人民共和国国家质量监督检验检疫总局. 放射性废物管理规定. 2002-08-05.

[22] 中华人民共和国环境保护部，中华人民共和国国家质量监督检验检疫总局. 工业企业厂界环境噪声排放标准. 2008-08-19.

[23] 中华人民共和国国家环境保护局. 核辐射环境质量评价一般规定. 1989-03-31.

[24] 中华人民共和国国家质量监督检验检疫总局，中国国家标准化管理委员会. 用能单位能源计量器具配备和管理通则. 2006-06-02.

[25] 中华人民共和国国家市场监督管理总局，国家标准化管理委员会. 危险废物贮存污染控制标准. 2023-05-23.

[26] 中华人民共和国生态环境部，中华人民共和国国家市场监督管理总局. 一般工业固体废物贮存和填埋污染控制标准. 2020-12-24.

[27] 中华人民共和国国家市场监督管理总局，中国国家标准化管理委员会. 用能单位节能量计算方法. 2018-09-17.

[28] 中华人民共和国国家市场监督管理总局，中国国家标准化管理委员会. 能源审计技术通则. 2019-10-18.

[29] 中华人民共和国国家市场监督管理总局，中国国家标准化管理委员会. 能源管理体系 要求及使用指南. 2020-11-19.

[30] 中华人民共和国国家市场监督管理总局，中国国家标准化管理委员会. 综合能耗计算通则. 2020-09-29.

[31] 中华人民共和国国家质量监督检验检疫总局，中国国家标准化管理委员会. 工业企业清洁生产审核 技术导则. 2011-01-10.

[32] 中华人民共和国国家质量监督检验检疫总局，中国国家标准化管理委员会. 节能量测量和验证技术通则. 2012-11-05.

[33] 中华人民共和国国家质量监督检验检疫总局，中国国家标准化管理委员会. 工业企业温室气体排放核算和报告通则. 2015-11-19.

[34] 中华人民共和国国家质量监督检验检疫总局，中国国家标准化管理委员会. 工业废水处理与回用技术评价导则. 2015-12-31.

[35] 中华人民共和国国家质量监督检验检疫总局，中国国家标准化管理委员会. 基于项目的温室气体减排量评估技术规范 通用要求. 2017-05-12.

[36] 中华人民共和国国家市场监督管理总局，中国国家标准化管理委员会. 绿色包装评价方法与准则. 2019-05-10.

[37] 中华人民共和国国家市场监督管理总局，中国国家标准化管理委员会. 用能单位能耗在线监测技术要求. 2020-03-31.

[38] 中华人民共和国国家市场监督管理总局，中国国家标准化管理委员会. 清洁生产评价指标体系编制通则. 2023-11-27.

社会（S）

S1 员工

什么是员工

员工（employee），依照《GRI 标准汇编》，是指根据国家法律或惯例，与组织存在雇佣关系的个人。

S1.1　员工与劳动关系

什么是劳动关系

劳动关系（labor relation），依照《劳动关系与劳动法》[①]，是指劳动者与用人单位依法签订劳动合同而在劳动者与用人单位之间产生的法律关系。劳动者接受用人单位的管理，从事用人单位安排的工作，成为用人单位的成员，从用人单位领取劳动报酬和受劳动保护。

S1.1.1　员工招聘

什么是员工招聘

员工招聘（staff recruitment），依照《企业管理概论》（第二版）[②]，是指企业为满足自身发展的需要，向外部吸收具有劳动能力的个体的过程。

S1.1.1.1　员工招聘决策

什么是员工招聘决策

员工招聘决策（recruitment decision），依照《企业管理概论》（第二版）[③]，是指企业中的最高管理层关于重要工作岗位的招聘和大量工作岗位的招聘的决定过程，主要涉及以下内容：需要招聘的岗位及人员数量、岗位的具体要求；发布招聘信息的时间和渠道；委托哪个部门进行招聘测试；招聘预算；招聘结束时间及员工到岗时间。

为什么要考察员工招聘决策

企业的员工招聘决策属于企业人力资源管理，体现企业的管理能力及履约能力，能够体现企业在招聘环节的公平、公开、合法、合规情况。标准化、程序化的招聘能够保障招聘工作的质量，为企业选拔合格、优秀的人才。合理的员工招聘决策既能满足企业的需求并有效控制成本，也能实现就业机会均等。

怎样披露员工招聘决策

【定性】企业披露其是否制定员工招聘的目的、目标、原则、程序、招聘费用、招聘周期。

为什么要披露员工招聘决策

合理的员工招聘决策能够体现企业的管理组织能力和成本控制能力。投资者通过了解企业的员工招聘决策可以评估其对人力资源的重视程度，预测企业的竞争力和创新潜力。政府也会关注企业的员工招聘决策，因为它关系到劳动力市场的健康和稳定。了解企业的员工招聘决策有助于政府确定是否需要提供额外的支持或政策以促进本国人才的培养和雇佣。

[①] 刘晓红，张彩娟，罗霞，等. 劳动关系与劳动法. 成都：西南财经大学出版社，2020.
[②③] 冯俊华. 企业管理概论. 2版. 北京：化学工业出版社，2011.

与员工招聘决策相关的主要指导机构及法律法规、政策规范

全国人民代表大会常务委员会〔2013〕《中华人民共和国劳动合同法》第四条：

——用人单位应当依法建立和完善劳动规章制度，保障劳动者享有劳动权利、履行劳动义务。用人单位在制定、修改或者决定有关劳动报酬、工作时间、休息休假、劳动安全卫生、保险福利、职工培训、劳动纪律以及劳动定额管理等直接涉及劳动者切身利益的规章制度或者重大事项时，应当经职工代表大会或者全体职工讨论，提出方案和意见，与工会或者职工代表平等协商确定。在规章制度和重大事项决定实施过程中，工会或者职工认为不适当的，有权向用人单位提出，通过协商予以修改完善。用人单位应当将直接涉及劳动者切身利益的规章制度和重大事项决定公示，或者告知劳动者。

国务院国有资产监督管理委员会〔2023〕《央企控股上市公司 ESG 专项报告参考指标体系》S1.1.1：

——企业招聘政策及执行情况

指标性质：定性

披露等级：基础披露

指标说明：描述公司的招聘政策，包括招聘制度、原则、流程等方面；描述在发现违规情况时消除有关情况所采取的步骤

上海证券交易所〔2024〕《上海证券交易所上市公司自律监管指引第 14 号——可持续发展报告（试行）》第五十条：

——披露主体应当披露报告期内员工的总体情况，包括但不限于下列内容：（一）员工的聘用与待遇等方面的政策及执行情况，包括但不限于报告期内吸纳就业、创造灵活就业岗位的情况，期末在职员工的性别、年龄等构成情况，报告期内支付员工工资和缴纳员工社保、公司劳工纠纷、员工变动、对灵活就业人员的权益保障、招聘录用程序合规与公平透明情况等；……

深圳证券交易所〔2024〕《深圳证券交易所上市公司自律监管指引第 17 号——可持续发展报告（试行）》第五十条：

——披露主体应当披露报告期内员工的总体情况，包括但不限于下列内容：（一）员工的聘用与待遇等方面的政策及执行情况，包括但不限于报告期内吸纳就业、创造灵活就业岗位的情况，期末在职员工的性别、年龄等构成情况，报告期内支付员工工资和缴纳员工社保、公司劳工纠纷、员工变动、对灵活就业人员的权益保障、招聘录用程序合规与公平透明情况等；……

香港交易所〔2023〕《环境、社会及管治报告指引》B1：

——一般披露有关薪酬及解雇、招聘及晋升、工作时数、假期、平等机会、

多元化、反歧视以及其他待遇及福利的：(a) 政策；及 (b) 遵守对发行人有重大影响的相关法律及规例的资料。

本指标披露等级及主要适用范围

【基础披露】适用于所有行业企业。

S1.1.1.2 员工数量

什么是员工数量

员工数量（number of employees），一般被认为是与组织通过劳动合同建立起劳动关系或存在事实劳动关系的个人总数量。

为什么要考察员工数量

了解企业员工数量是企业进行人力资源管理的必要条件之一，可进行战略规划、组织规划、制度规划、人员规划和费用规划。

怎样披露员工数量

【定量】企业披露报告期末其通过劳动合同建立起劳动关系或存在事实劳动关系的个人总数。单位：人。

为什么要披露员工数量

通过员工数量可以了解企业实际规模，人力资源与企业体量是否匹配，企业在人力资源战略规划、组织规划、制度规划、人员规划和费用规划方面的基础准备是否充分。政府可基于员工数量监管劳动力市场、维护社会稳定性以及制定税收计划和社会福利政策。

与员工数量相关的主要指导机构及法律法规、政策规范

中国证券监督管理委员会〔2021〕《公开发行证券的公司信息披露内容与格式准则第 2 号—年度报告的内容与格式》第三十五条：

——公司应当披露母公司和主要子公司的员工情况，包括报告期末在职员工的数量、专业构成（如生产人员、销售人员、技术人员、财务人员、行政人员）、教育程度、员工薪酬政策、培训计划以及需公司承担费用的离退休职工人数。对于劳务外包数量较大的，公司应当披露劳务外包的工时总数和支付的报酬总额。

上海证券交易所〔2024〕《上海证券交易所上市公司自律监管指引第 14 号——可持续发展报告（试行）》第五十条：

——披露主体应当披露报告期内员工的总体情况，包括但不限于下列内容：（一）员工的聘用与待遇等方面的政策及执行情况，包括但不限于报告期内吸纳就业、创造灵活就业岗位的情况，期末在职员工的性别、年龄等构成情况，报告期内支付员工工资和缴纳员工社保、公司劳工纠纷、员工变动、对灵活就业人员的权益保障、招聘录用程序合规与公平透明情况等；……

深圳证券交易所〔2024〕《深圳证券交易所上市公司自律监管指引第 17 号——可持续发展报告（试行）》第五十条：

——披露主体应当披露报告期内员工的总体情况，包括但不限于下列内容：（一）员工的聘用与待遇等方面的政策及执行情况，包括但不限于报告期内吸纳就业、创造灵活就业岗位的情况，期末在职员工的性别、年龄等构成情况，报告期内支付员工工资和缴纳员工社保、公司劳工纠纷、员工变动、对灵活就业人员的权益保障、招聘录用程序合规与公平透明情况等；……

Singapore Exchange〔2023〕Starting with a Common Set of Core ESG Metrics 2：

——Metric：Total number of employees

Unit：Number

Framework Alignment：GRI 2-7

Description：Total number of employees as at end of reporting period. Scope of reporting (i.e. subsidiaries included or not) should be clearly defined and disclosed.

——指标名称：员工总数

单位：数量

框架体系：GRI 2-7

描述：报告期末的员工总数。报告的范围（即是否包括附属公司）应清楚界定及披露。

Global Reporting Initiative〔2022〕Consolidated Set of the GRI Standards 2-7：

——The organization shall：a. report the total number of employees, and a breakdown of this total by gender and by region; b. report the total number of: i. permanent employees, and a breakdown by gender and by region; ii. temporary employees, and a breakdown by gender and by region; iii. non-guaranteed hours employees, and a breakdown by gender and by region; iv. full-time employees, and a breakdown by gender and by region; v. part-time employees, and a breakdown by gender and by region; c. describe the methodologies and assumptions used to compile the data, including whether the numbers are reported: i. in head count, full-time equivalent (FTE), or using another methodology; at the end of the reporting period, as an average across the reporting period, or using another methodology; d. report contextual information necessary to understand the data reported under 2-7-a and 2-7-b; e. describe significant fluctuations in the number of employees during the reporting period and between reporting periods.

——组织应：a. 报告员工总数，并按性别和地区划分。b. 报告以下总数：

i. 长期员工，并按性别和地区划分；ii. 临时员工，并按性别和地区划分；iii. 非保证工时员工，并按性别和地区划分；iv. 全职员工，并按性别和地区划分；v. 兼职员工，并按性别和地区划分。c. 说明用于编制数据的方法和假设，包括是否依下述情况报告数量：i. 按人数、全职等同人数，或使用其他方法；ii. 在报告期结束时报告，作为整个报告期的平均值，或使用其他方法。d. 报告必要的背景信息，以理解根据 2-7-a 和 2-7-b 报告的数据。e. 说明在报告期内以及报告期之间员工数量的重大波动。

本指标披露等级及主要适用范围

【基础披露】适用于所有行业企业。

S1.1.1.3 员工人才构成

什么是员工人才构成

员工人才构成（employee talent composition），一般被认为是一个组织中员工的技能、经验、教育背景、能力等的总体构成。

为什么要考察员工人才构成

企业考察员工人才构成主要是因为员工的技能、经验和专业知识会直接影响企业的运营效率和创新能力。员工人才具有多样性，即具有不同的教育背景、工作经验和文化视角，可以促进创意的产生和问题解决的多样性，这对于企业在竞争激烈的市场中保持竞争力至关重要。此外，了解员工的能力和潜力还有助于企业更有效地规划培训和职业发展路径，提高员工满意度和留任率。

怎样披露员工人才构成

【定性】企业披露包含不同性别、年龄段、岗位、层级、学历的员工分布情况。

为什么要披露员工人才构成

企业披露员工人才构成有助于建立消费者对其的信任并促进利益相关者的参与。对于投资者和股东而言，了解企业的员工人才构成可以提供关于其创新能力、文化多样性和长期可持续性的重要线索。对于客户和业务伙伴而言，这些信息显示了企业的价值观和对员工的承诺，增加了品牌信誉。对于现有和潜在员工而言，透明的员工人才构成披露有助于吸引和留住高素质人才，同时提升员工的满意度和归属感。

与员工人才构成相关的主要指导机构及法律法规、政策规范

国务院国有资产监督管理委员会〔2023〕《央企控股上市公司 ESG 专项报告参考指标体系》S1.1.2：

——员工结构

指标性质：定性/定量

披露等级：基础披露

指标说明：描述员工的分布特征，如雇佣类型（如全职或兼职）、性别、年龄、民族、区域、教育程度、残疾情况等划分的员工总数，描述落实员工性别平等的政策和措施可参考《公开发行证券的公司信息披露内容与格式准则第 2 号——年度报告的内容与格式（2021 年修订）》《社会责任指南》(GB/T 36000—2015)

中国证券监督管理委员会〔2021〕《公开发行证券的公司信息披露内容与格式准则第 2 号—年度报告的内容与格式》第三十五条：

——公司应当披露母公司和主要子公司的员工情况，包括报告期末在职员工的数量、专业构成（如生产人员、销售人员、技术人员、财务人员、行政人员）、教育程度、员工薪酬政策、培训计划以及需公司承担费用的离退休职工人数。对于劳务外包数量较大的公司应当披露劳务外包的工时总数和支付的报酬总额。

Global Reporting Initiative〔2022〕Consolidated Set of the GRI Standards 405‐1：

——The reporting organization shall report the following information: a. Percentage of individuals within the organization's governance bodies in each of the following diversity categories: i. Gender; ii. Age group: under 30 years old, 30~50 years old, over 50 years old; iii. Other indicators of diversity where relevant (such as minority or vulnerable groups). b. Percentage of employees per employee category in each of the following diversity categories: i. Gender; ii. Age group: under 30 years old, 30~50 years old, over 50 years old; iii. Other indicators of diversity where relevant (such as minority or vulnerable groups).

——组织应报告以下信息：a. 组织治理机构中不同员工的百分比，按以下多元化类别分类：i. 性别；ii. 年龄组：30 岁以下，30~50 岁，50 岁以上；iii. 其他相关的多元化指标（例如少数群体或弱势群体）。b. 每种员工类别的员工百分比，按以下多元化类别分类：i. 性别；ii. 年龄组：30 岁以下，30~50 岁，50 岁以上；iii. 其他相关的多元化指标（例如少数群体或弱势群体）。

本指标披露等级及主要适用范围

【基础披露】适用于所有行业企业。

S1.1.1.4 全体员工中签订工作合同员工比例

什么是全体员工中签订工作合同员工比例

全体员工中签订工作合同员工比例（the percentage of employees who have signed employment contract in total employees），一般被认为是与企业通过劳动合同建立起劳动关系的个人占通过劳动合同建立劳动关系和存在事实劳动关系的个人总数量的比例。

为什么要考察全体员工中签订工作合同员工比例

全体员工中签订工作合同员工比例反映了企业在员工管理和法律合规性方面的表现，也可以体现企业对员工权益的保障，订立劳动合同可以保护劳动者权利，以及明确劳动者和用人单位的义务。此外，签订工作合同可以在很大程度上减少员工流失率，进一步提高员工的忠诚度，这对于实现企业的长期战略目标具有积极作用。

怎样披露全体员工中签订工作合同员工比例

【定量】企业披露报告期末通过劳动合同建立起劳动关系的员工人数占企业全体员工人数的比值。

【计算方式】全体员工中签订工作合同员工比例＝企业通过劳动合同建立起劳动关系的员工数量÷全体员工数量。单位：%。

为什么要披露全体员工中签订工作合同员工比例

建立劳动关系要签订劳动合同不仅是《中华人民共和国劳动合同法》所规定的，也是劳动关系稳定存续、用人单位强化劳动管理、处理双方争议必需的重要依据。全体员工中签订工作合同员工比例的披露可以使外部其他投资者或利益相关者了解企业对员工权益保障的程度、劳动关系是否稳定。政府可以根据全体员工中签订工作合同员工比例采取措施，减少非法雇佣或者与灰色地带劳动力的雇佣关系，同时鼓励并监督企业严格遵守劳动法律法规。供应链上下游的利益相关者可根据全体员工中签订工作合同员工比例来评估企业在劳动权益和道德责任方面是否有着良好的表现，有助于维护供应链的可持续性。

与全体员工中签订工作合同员工比例相关的主要指导机构及法律法规、政策规范

全国人民代表大会常务委员会〔2013〕《中华人民共和国劳动合同法》第十条、第十一条：

——建立劳动关系，应当订立书面劳动合同。已建立劳动关系，未同时订立书面劳动合同的，应当自用工之日起一个月内订立书面劳动合同。用人单位与劳动者在用工前订立劳动合同的，劳动关系自用工之日起建立。

——用人单位未在用工的同时订立书面劳动合同，与劳动者约定的劳动报酬不明确的，新招用的劳动者的劳动报酬按照集体合同规定的标准执行；没有集体合同或者集体合同未规定的，实行同工同酬。

全国人民代表大会常务委员会〔2024〕《中华人民共和国公司法》第十六条：

——公司应当保护职工的合法权益，依法与职工签订劳动合同，参加社会保险，加强劳动保护，实现安全生产。公司应当采用多种形式，加强公司职工的职业教育和岗位培训，提高职工素质。

国务院国有资产监督管理委员会〔2008〕《关于中央企业履行社会责任的指导意见》（十四）：

——维护职工合法权益。依法与职工签订并履行劳动合同，坚持按劳分配、同工同酬，建立工资正常增长机制，按时足额缴纳社会保险。……

本指标披露等级及主要适用范围

【建议披露】适用于所有行业企业。

S1.1.1.5 劳动争议与劳务纠纷（含临时工与实习工）情况

什么是劳动争议（含临时工与实习工）情况

劳动争议（含临时工与实习工）[labor disputes (including temporary workers and interns)]，依照《中华人民共和国劳动争议调解仲裁法》第二条规定，包括因确认劳动关系发生的争议；因订立、履行、变更、解除和终止劳动合同发生的争议；因除名、辞退和辞职、离职发生的争议；因工作时间、休息休假、社会保险、福利、培训以及劳动保护发生的争议；因劳动报酬、工伤医疗费、经济补偿或者赔偿金等发生的争议；法律、法规规定的其他劳动争议。

什么是劳务纠纷（含临时工与实习工）情况

劳务纠纷（含临时工与实习工）[employment conflicts (including temporary workers and interns)]，一般被认为是在非正式的或非传统的劳动关系中发生的争议，特别是在独立承包、临时工作或自由职业等非全职雇佣形式中发生的争议。

为什么要考察劳动争议与劳务纠纷（含临时工与实习工）情况

劳动争议与劳务纠纷的存在可能意味着企业在员工管理和法律遵从方面存在问题，会带来法律风险和经济损失。同时，劳动争议与劳务纠纷也可能对企业的声誉产生负面影响，影响员工满意度和生产力。

怎样披露劳动争议与劳务纠纷（含临时工与实习工）情况

【定量】企业披露劳动争议与劳务纠纷（含临时工与实习生）数量。单位：件。

【定性】根据《中华人民共和国劳动争议调解仲裁法》第二条和《最高人民法院关于审理劳动争议案件适用法律问题的解释（一）》第一条所列的劳动争议种类，企业披露包括临时工和实习生在内的所有相关劳动争议与劳务纠纷种类。

为什么要披露劳动争议与劳务纠纷（含临时工与实习工）情况

劳动争议与劳务纠纷对企业长远发展、客户关系稳定以及未来上市计划都会产生一定影响。投资者可以根据劳动争议与劳务纠纷情况评估企业的管理效率和潜在法律风险，进而决定是否投资。政府关心企业是否遵守劳动法规，以确保社会和谐和法治稳定。

与劳动争议与劳务纠纷（含临时工与实习工）情况相关的主要指导机构及法律法规、政策规范

国务院国有资产监督管理委员会〔2023〕《央企控股上市公司 ESG 专项报告参考指标体系》S1.5.2：

——劳动纠纷

指标性质：定量/定性

披露等级：建议披露

指标说明：描述公司劳动争议事件管理办法与处理措施、劳动纠纷案件的数量（件）等

上海证券交易所〔2024〕《上海证券交易所上市公司自律监管指引第 14 号——可持续发展报告（试行）》第五十条：

——披露主体应当披露报告期内员工的总体情况，包括但不限于下列内容：（一）员工的聘用与待遇等方面的政策及执行情况，包括但不限于报告期内吸纳就业、创造灵活就业岗位的情况，期末在职员工的性别、年龄等构成情况，报告期内支付员工工资和缴纳员工社保、公司劳工纠纷、员工变动、对灵活就业人员的权益保障、招聘录用程序合规与公平透明情况等；……

深圳证券交易所〔2024〕《深圳证券交易所上市公司自律监管指引第 17 号——可持续发展报告（试行）》第五十条：

——披露主体应当披露报告期内员工的总体情况，包括但不限于下列内容：（一）员工的聘用与待遇等方面的政策及执行情况，包括但不限于报告期内吸纳就业、创造灵活就业岗位的情况，期末在职员工的性别、年龄等构成情况，报告期内支付员工工资和缴纳员工社保、公司劳工纠纷、员工变动、对灵活就业人员的权益保障、招聘录用程序合规与公平透明情况等；……

本指标披露等级及主要适用范围

【建议披露】适用于所有行业企业。

S1.1.1.6 雇佣童工情况

什么是雇佣童工

雇佣童工（child labor），一般被认为是用人单位招用未满十六周岁的未成年人。文艺、体育和特种工艺单位有资格雇佣这些未成年人，但必须依照国家相关法规履行审批手续，并确保这些未成年人享有接受义务教育的权利。

为什么要考察雇佣童工情况

雇佣童工属于违法行为，可能会导致企业面临法律诉讼、罚款和严重的声誉损害，对企业产生巨大负面影响。此外，雇佣童工可能引发声誉风险。企业的声誉是吸引客户、员工、投资者和合作伙伴的关键因素。如果企业存在雇佣童工情况，这可能导致社会舆论的谴责，损害品牌形象，甚至导致客户和投资者的抵制或撤资。

怎样披露雇佣童工情况

【定性】企业披露是否存在雇佣童工情况。

为什么要披露雇佣童工情况

披露雇佣童工情况可使利益相关者能够评估企业是否关注和遵守国际劳工标准、尊重员工权利，以及是否积极履行社会责任。投资者可以根据雇佣童工情况评估企业

的潜在法律风险，进而决定是否投资。

与雇佣童工情况相关的主要指导机构及法律法规、政策规范

全国人民代表大会常务委员会〔2018〕《中华人民共和国劳动法》第十五条：

——禁止用人单位招用未满十六周岁的未成年人。文艺、体育和特种工艺单位招用未满十六周岁的未成年人，必须依照国家有关规定，并保障其接受义务教育的权利。

全国人民代表大会常务委员会〔2024〕《中华人民共和国未成年人保护法》第六十一条：

——任何组织或者个人不得招用未满十六周岁未成年人，国家另有规定的除外。营业性娱乐场所、酒吧、互联网上网服务营业场所等不适宜未成年人活动的场所不得招用已满十六周岁的未成年人。招用已满十六周岁未成年人的单位和个人应当执行国家在工种、劳动时间、劳动强度和保护措施等方面的规定，不得安排其从事过重、有毒、有害等危害未成年人身心健康的劳动或者危险作业。任何组织或者个人不得组织未成年人进行危害其身心健康的表演等活动。经未成年人的父母或者其他监护人同意，未成年人参与演出、节目制作等活动，活动组织方应当根据国家有关规定，保障未成年人合法权益。

中华人民共和国国务院〔2002〕《禁止使用童工规定》第二条：

——国家机关、社会团体、企业事业单位、民办非企业单位或者个体工商户（以下统称用人单位）均不得招用不满16周岁的未成年人（招用不满16周岁的未成年人，以下统称使用童工）。禁止任何单位或者个人为不满16周岁的未成年人介绍就业。禁止不满16周岁的未成年人开业从事个体经营活动。

国务院国有资产监督管理委员会〔2023〕《央企控股上市公司ESG专项报告参考指标体系》S1.1.3：

——避免雇佣童工或强制劳动

指标性质：定性

披露等级：建议披露

指标说明：描述是否存在使用童工或从使用童工中受益，使用不具备相应工作能力和条件的员工、强迫或强制劳动等情况

香港交易所〔2023〕《环境、社会及管治报告指引》B4：

——一般披露有关防止童工或强制劳工的：(a) 政策；及 (b) 遵守对发行人有重大影响的相关法律及规例的资料。

National Association of Securities Dealers Automated Quotations〔2019〕ESG Reporting Guide 2.0　S9：

——Does your company follow a child and/or forced labor policy? Yes/No

If yes, does your child and/or forced labor policy cover suppliers and vendors? Yes/No

——贵公司是否遵循儿童和/或强迫劳动政策？是/否

如果是，贵公司的儿童和/或强迫劳动政策是否涵盖供应商和销售商？是/否

Global Reporting Initiative〔2022〕Consolidated Set of the GRI Standards 408‑1：

——The reporting organization shall report the following information：a. Operations and suppliers considered to have significant risk for incidents of：i. child labor；ii. young workers exposed to hazardous work. b. Operations and suppliers considered to have significant risk for incidents of child labor either in terms of：i. type of operation（such as manufacturing plant）and supplier；ii. countries or geographic areas with operations and suppliers considered at risk. c. Measures taken by the organization in the reporting period intended to contribute to the effective abolition of child labor.

——组织应报告以下信息：a. 具有以下事件重大风险的运营点和供应商：i. 童工；ii. 未成年劳工从事危险工作。b. 具有童工事件重大风险的运营点和供应商，按以下任意一项分类：i. 运营点（例如制造厂）和供应商的类型；ii. 被视为具有风险的运营点和供应商所在的国家或地区。c. 在报告期内，组织为促进有效废除童工而采取的措施。

本指标披露等级及主要适用范围

【基础披露】适用于所有行业企业。

S1.1.2 员工流动

什么是员工流动

员工流动（employee turnover），依照《工商管理类专业知识与实务（中级）》[①]，有广义和狭义之分。广义的员工流动是指员工与企业相互选择而实现职业、就职企业或就职地区的变换。狭义的员工流动则是指以岗位为基准，由于员工岗位的变化所形成的员工从一种工作状态到另一种工作状态的变化现象。

S1.1.2.1 员工流动率

什么是员工流动率

员工流动率（employee turnover rate），一般被认为是一定时期内进入组织的新员工数或离开组织的员工数与员工总数的比值。狭义的概念即指离开组织的员工数与员工总数的比值。员工流动率是组织稳定性的重要指标之一。

为什么要考察员工流动率

一方面，高员工流动率可能意味着员工不稳定，导致招聘和培训成本增加，同时

---

① 全国经济专业技术资格考试专家指导组. 工商管理专业知识与实务（中级）. 北京：电子工业出版社，2011.

可能损害企业的稳定性和生产力。另一方面，低员工流动率可能表明员工满意度较高，但也可能导致企业新鲜血液和新思维的缺乏。

怎样披露员工流动率

【定量】企业披露年离职人数占年平均员工人数的比例。按年龄、性别划分进行统计。

【计算方式】员工流动率＝年企业离职人数÷[(年初企业员工人数＋年末企业员工人数)÷2]×100%。单位：%。

为什么要披露员工流动率

披露员工流动率，有利于投资者判断企业的运营稳定性以及人力资源成本，判断企业发展前景。供应链上下游企业可基于员工流动率来评估供应链的稳定性和产品质量。

与员工流动率相关的主要指导机构及法律法规、政策规范

国务院国有资产监督管理委员会〔2023〕《央企控股上市公司 ESG 专项报告参考指标体系》S1.5.3：

——员工流动情况

指标性质：定量

披露等级：建议披露

指标说明：描述报告期内，公司员工总流动率（%），员工离职构成（如按年龄、性别、地区划分的员工流失比率）

上海证券交易所〔2024〕《上海证券交易所上市公司自律监管指引第 14 号——可持续发展报告（试行）》第五十条：

——披露主体应当披露报告期内员工的总体情况，包括但不限于下列内容：（一）员工的聘用与待遇等方面的政策及执行情况，包括但不限于报告期内吸纳就业、创造灵活就业岗位的情况，期末在职员工的性别、年龄等构成情况，报告期内支付员工工资和缴纳员工社保、公司劳工纠纷、员工变动、对灵活就业人员的权益保障、招聘录用程序合规与公平透明情况等；……

深圳证券交易所〔2024〕《深圳证券交易所上市公司自律监管指引第 17 号——可持续发展报告（试行）》第五十条：

——披露主体应当披露报告期内员工的总体情况，包括但不限于下列内容：（一）员工的聘用与待遇等方面的政策及执行情况，包括但不限于报告期内吸纳就业、创造灵活就业岗位的情况，期末在职员工的性别、年龄等构成情况，报告期内支付员工工资和缴纳员工社保、公司劳工纠纷、员工变动、对灵活就业人员的权益保障、招聘录用程序合规与公平透明情况等；……

National Association of Securities Dealers Automated Quotations〔2019〕ESG Reporting Guide 2.0 S3：

——Percentage：Year-over-year change for full-time employees

Percentage：Year-over-year change for part-time employees

Percentage：Year-over-year change for contractors and/or consultants

——百分比：全职员工的同比变化

百分比：兼职员工的同比变化

百分比：承包商和/或顾问的同比变化

London Stock Exchange〔2019〕ESG Disclosure Score 8.17：

——Full time staff voluntary turnover rate calculated against the average number of Full Time Employees during the year to create a consistently comparable figure year on year. The figure should not include retirements and deaths, though these can be reported separately.

——全职员工主动离职率按全年的平均全职员工人数计算，以建立一个逐年一致的可比数字。这一数字不应包括退休人数和死亡人数，尽管这两项可以分别报告。

Singapore Exchange〔2023〕Starting with a Common Set of Core ESG Metrics 2：

——Metric：Total turnover

Unit：Number and Percentage（%）

Framework Alignment：GRI 401-1，SASB 310，WEF core metrics

Description：Total number and rate of employee turnover during the reporting period. Scope of reporting (i.e. subsidiaries included or not) should be clearly defined and disclosed.

——指标名称：总流动率

单位：数量和百分比（%）

框架体系：GRI 401-1、SASB 310、WEF 核心指标

描述：报告期内员工流动总数及流动率。报告的范围（即是否包括附属公司）应清楚界定及披露。

Global Reporting Initiative〔2022〕Consolidated Set of the GRI Standards 401-1：

——The reporting organization shall report the following information：a. Total number and rate of new employee hires during the reporting period, by age group, gender and region. b. Total number and rate of employee turnover during the reporting period, by age group, gender and region.

——组织应报告以下信息：a. 报告期内新进员工雇佣总数和雇佣率，按年龄组别、性别和地区划分。b. 报告期内员工流动总数和流动率，按年龄组别、性别

和地区划分。

本指标披露等级及主要适用范围

【基础披露】适用于所有行业企业。

S1.1.2.2 关键岗位人才流动率

什么是关键岗位

关键岗位（key positions），一般被认为是在企业经营、管理、技术、生产等方面对企业生存发展起重要作用，与企业战略目标的实现密切相关，承担起重要工作责任，掌握企业发展所需的关键技能，并且在一定时期内难以通过企业内部人员置换和市场外部人才供给所替代的一系列重要岗位。

什么是关键岗位人才流动率

关键岗位人才流动率（key positions turnover rate），一般被认为是一定时期内企业关键部门的员工离职数量与员工总数的比值。

为什么要考察关键岗位人才流动率

关键核心岗位对于企业的经营、管理、技术、生产都起着举足轻重的作用，是实现企业战略目标的关键因素，此类岗位的人员流动情况对企业的发展影响巨大。

怎样披露关键岗位人才流动率

【定量】企业披露关键岗位离职员工数量占年初员工人数与年末员工人数的平均值的比重。按年龄组别、性别划分进行统计。

【计算方式】关键岗位人才流动率＝关键岗位年离职人数÷（年初员工人数＋年末员工人数）÷2]×100%。单位：%。

为什么要披露关键岗位人才流动率

因关乎企业战略发展等关键问题，甚至决定企业的生死，关键岗位的人员流动过于频繁将导致企业目标可能随时改变，经营方针经常调整，企业发展极不稳定，风险较高。利益相关者基于关键岗位人才流动率指标，能够判断企业的人力资源管理和战略可持续发展能力。这一指标反映了企业在重要职位上员工的稳定性和流动情况，披露关键岗位人才流动率的信息有助于投资者评估企业是否能够有效吸引、留住和管理关键人才，确保战略执行的连贯性和稳定性。

与关键岗位人才流动率相关的主要指导机构及法律法规、政策规范

中国证券监督管理委员会〔2021〕《公开发行证券的公司信息披露内容与格式准则第 2 号—年度报告的内容与格式》第二十六条：

——公司应当对未来发展进行展望。应当讨论和分析公司未来发展战略、下一年度的经营计划以及公司可能面对的风险，鼓励进行量化分析，主要包括但不限于：……（四）可能面对的风险。公司应当针对自身特点，遵循关联性原则和

重要性原则披露可能对公司未来发展战略和经营目标的实现产生不利影响的风险因素（例如政策性风险、行业特有风险、业务模式风险、经营风险、环保风险、汇率风险、利率风险、技术风险、产品价格风险、原材料价格及供应风险、财务风险、单一客户依赖风险、商誉等资产的减值风险，以及因设备或技术升级换代、核心技术人员辞职、特许经营权丧失等导致公司核心竞争能力受到严重影响等），披露的内容应当充分、准确、具体，应当尽量采取定量的方式分析各风险因素对公司当期及未来经营业绩的影响，并介绍已经或计划采取的应对措施。……

上海证券交易所〔2024〕《上海证券交易所上市公司自律监管指引第 14 号——可持续发展报告（试行）》第五十条：

——披露主体应当披露报告期内员工的总体情况，包括但不限于下列内容：（一）员工的聘用与待遇等方面的政策及执行情况，包括但不限于报告期内吸纳就业、创造灵活就业岗位的情况，期末在职员工的性别、年龄等构成情况，报告期内支付员工工资和缴纳员工社保、公司劳工纠纷、员工变动、对灵活就业人员的权益保障、招聘录用程序合规与公平透明情况等；……

深圳证券交易所〔2024〕《深圳证券交易所上市公司自律监管指引第 17 号——可持续发展报告（试行）》第五十条：

——披露主体应当披露报告期内员工的总体情况，包括但不限于下列内容：（一）员工的聘用与待遇等方面的政策及执行情况，包括但不限于报告期内吸纳就业、创造灵活就业岗位的情况，期末在职员工的性别、年龄等构成情况，报告期内支付员工工资和缴纳员工社保、公司劳工纠纷、员工变动、对灵活就业人员的权益保障、招聘录用程序合规与公平透明情况等；……

本指标披露等级及主要适用范围

【基础披露】适用于所有行业企业。

S1.1.2.3 主动离职率

什么是主动离职率

主动离职率（voluntary turnover rate），一般被认为是年度主动离职的员工数与年度总体员工数之比。

为什么要考察主动离职率

主动离职率反映了员工主动选择离开企业的情况，通常是因为他们找到了更好的机会或对企业不满意。了解和监测主动离职率有助于企业评估员工满意度、工作环境、薪酬福利以及领导团队的有效性。

怎样披露主动离职率

【定量】企业披露主动离职员工数量占总员工数量的比率。按性别、年龄划分组别。

【计算方式】主动离职率＝年主动离职员工数÷年平均员工总数×100％。单位：％。

为什么要披露主动离职率

主动离职率过高说明企业对人才的保留制度或方式存在缺陷，人力资源管理能力有待提高。难以留住人才也会导致企业发展受限。利益相关者可基于主动离职率判断企业的人力资源管理和员工满意度等可持续发展能力。对投资者来说，披露主动离职率的信息有助于评估企业的员工忠诚度和领导团队的管理效能，从而判断企业的长期竞争力和可持续性。

与主动离职率相关的主要指导机构及法律法规、政策规范

上海证券交易所〔2024〕《上海证券交易所上市公司自律监管指引第 14 号——可持续发展报告（试行）》第五十条：

——披露主体应当披露报告期内员工的总体情况，包括但不限于下列内容：（一）员工的聘用与待遇等方面的政策及执行情况，包括但不限于报告期内吸纳就业、创造灵活就业岗位的情况，期末在职员工的性别、年龄等构成情况，报告期内支付员工工资和缴纳员工社保、公司劳工纠纷、员工变动、对灵活就业人员的权益保障、招聘录用程序合规与公平透明情况等；……

深圳证券交易所〔2024〕《深圳证券交易所上市公司自律监管指引第 17 号——可持续发展报告（试行）》第五十条：

——披露主体应当披露报告期内员工的总体情况，包括但不限于下列内容：（一）员工的聘用与待遇等方面的政策及执行情况，包括但不限于报告期内吸纳就业、创造灵活就业岗位的情况，期末在职员工的性别、年龄等构成情况，报告期内支付员工工资和缴纳员工社保、公司劳工纠纷、员工变动、对灵活就业人员的权益保障、招聘录用程序合规与公平透明情况等；……

本指标披露等级及主要适用范围

【建议披露】适用于所有行业企业。

S1.1.2.4　被动离职率

什么是被动离职率

被动离职率（involuntary turnover rate），一般被认为是企业中员工因受到非自愿因素的影响而离开工作岗位的比例。

为什么要考察被动离职率

较高的被动离职率可能是由于企业在人才管理方面过于高要求，对人力资源的管理过于苛刻，在劳工权益保障方面存在缺失。合理的被动离职率则能体现企业人员管理的合理性，既保证了企业人才的合理匹配，也保障了效率。

怎样披露被动离职率

【定量】企业披露员工按性别、年龄划分的被动离职人数占总员工数量的比率。

【计算方式】被动离职率＝企业因非自愿原因离职的员工数÷企业平均员工总数×100%。单位：%。

为什么要披露被动离职率

利益相关者可基于被动离职率的披露判断企业的人力资源管理效率，以及对劳工劳动力权益保障的情况，也可相应体现企业运营情况，如是否通过裁员的方式缩减人力成本。

与被动离职率相关的主要指导机构及法律法规、政策规范

上海证券交易所〔2024〕《上海证券交易所上市公司自律监管指引第14号——可持续发展报告（试行）》第五十条：
——披露主体应当披露报告期内员工的总体情况，包括但不限于下列内容：（一）员工的聘用与待遇等方面的政策及执行情况，包括但不限于报告期内吸纳就业、创造灵活就业岗位的情况，期末在职员工的性别、年龄等构成情况，报告期内支付员工工资和缴纳员工社保、公司劳工纠纷、员工变动、对灵活就业人员的权益保障、招聘录用程序合规与公平透明情况等；……

深圳证券交易所〔2024〕《深圳证券交易所上市公司自律监管指引第17号——可持续发展报告（试行）》第五十条：
——披露主体应当披露报告期内员工的总体情况，包括但不限于下列内容：（一）员工的聘用与待遇等方面的政策及执行情况，包括但不限于报告期内吸纳就业、创造灵活就业岗位的情况，期末在职员工的性别、年龄等构成情况，报告期内支付员工工资和缴纳员工社保、公司劳工纠纷、员工变动、对灵活就业人员的权益保障、招聘录用程序合规与公平透明情况等；……

本指标披露等级及主要适用范围

【建议披露】适用于所有行业企业。

S1.1.2.5 离职和裁员补偿办法及额度

什么是离职补偿

离职补偿（severance payment），一般被认为是在员工离职后，企业向员工支付的金钱或其他形式的福利。这种支付通常旨在帮助员工过渡到失业状态，减轻由失去工作所带来的经济压力。

什么是裁员补偿

裁员补偿（redundancy payment），一般被认为是在员工被企业裁员或大规模解雇时提供的经济支持。这种补偿通常包括金钱、健康保险、提前退休计划或其他形式的福利，旨在帮助被裁员工渡过失业期，直至他们能够找到新的就业机会。

什么是离职和裁员补偿办法及额度

离职和裁员补偿办法及额度（system and amount of severance and redundancy

payment），一般被认为是员工因个人原因自愿离职或由于企业原因被裁减时，根据法律规定或企业政策，企业向员工支付经济补偿的相关办法和额度。

为什么要考察离职和裁员补偿办法及额度

离职和裁员补偿是《中华人民共和国劳动合同法》中所明确规定的对劳动者的权益保护，体现企业中员工离职及裁员过程中对员工权益的保障情况。

怎样披露离职和裁员补偿办法及额度

【定性】企业披露离职和裁员补偿办法。

【定量】企业披露离职补偿总费用及裁员补偿总费用。单位：万元。

为什么要披露离职和裁员补偿办法及额度

披露离职和裁员补偿办法及额度，可以体现出企业在员工离职及裁员过程中对员工权益的保障以及法律法规的落实情况，也能够体现出企业在人力资源管理方面的人性化，有利于企业长期稳定发展。

与离职和裁员补偿办法及额度相关的主要指导机构及法律法规、政策规范

全国人民代表大会常务委员会〔2013〕《中华人民共和国劳动合同法》第四十六条：

——有下列情形之一的，用人单位应当向劳动者支付经济补偿：（一）劳动者依照本法第三十八条规定解除劳动合同的；（二）用人单位依照本法第三十六条规定向劳动者提出解除劳动合同并与劳动者协商一致解除劳动合同的；（三）用人单位依照本法第四十条规定解除劳动合同的；（四）用人单位依照本法第四十一条第一款规定解除劳动合同的；（五）除用人单位维持或者提高劳动合同约定条件续订劳动合同，劳动者不同意续订的情形外，依照本法第四十四条第一项规定终止固定期限劳动合同的；（六）依照本法第四十四条第四项、第五项规定终止劳动合同的；（七）法律、行政法规规定的其他情形。

Global Reporting Initiative〔2022〕Consolidated Set of the GRI Standards 404 - 2：

——The reporting organization shall report the following information: a. Type and scope of programs implemented and assistance provided to upgrade employee skills. b. Transition assistance programs provided to facilitate continued employability and the management of career endings resulting from retirement or termination of employment.

——组织应报告以下信息：a. 为提高员工技能而实施的计划的类型和范围以及提供的帮助。b. 提供过渡援助方案，以促进继续就业和管理因退休或终止雇佣而导致的职业生涯结束。

本指标披露等级及主要适用范围

【建议披露】适用于所有行业企业。

S1.2　员工权益

什么是员工权益

员工权益（employees equity），一般被认为是员工作为人力资源的所有者，在劳动关系中，凭借从事劳动或从事过劳动这一客观存在获得的应享有的权益。根据《中华人民共和国劳动法》第三条，劳动者享有平等就业和选择职业的权利、取得劳动报酬的权利、休息休假的权利、获得劳动安全卫生保护的权利、接受职业技能培训的权利、享受社会保险和福利的权利、提请劳动争议处理的权利以及法律规定的其他劳动权利。

S1.2.1　员工平等就业权益

什么是员工平等就业权益

员工平等就业权益（equal employment opportunity），依照《中华人民共和国劳动法》，是指劳动者就业，不因民族、种族、性别、宗教信仰不同而受歧视。

S1.2.1.1　反歧视条例与政策

什么是歧视

歧视（discrimination），依照《社会心理学》[①]，是指直接针对某个特殊群体成员的行为，是由偏见的认识和态度引起的，直接指向偏见目标或受害者的那些否定性的消极行为的表现。

什么是反歧视条例与政策

反歧视条例与政策（anti-discrimination regulations and policies），一般被认为是为了保护某些群体免受不公平的待遇和侵害而制定的法律规范或行动方案。反歧视条例与政策通常涉及种族、性别、年龄、残疾、宗教等方面的歧视问题。

为什么要考察反歧视条例与政策

通过制定规范标准的反歧视条例与政策，营造公平稳定的办公环境，企业既可以保护员工合法权益，增强员工的归属感与忠诚度，又可以促进企业内部的多元化与包容性，提高员工的创新能力与工作效率，增加企业的竞争力与市场份额。此外，反歧视条例与政策可以证明企业遵守国家法律法规，避免因歧视而引发的纠纷与诉讼，可以减少企业的法律风险和经济损失。

怎样披露反歧视条例与政策

【定性】企业披露是否制定反歧视条例与政策。

为什么要披露反歧视条例与政策

歧视与反歧视一直是我国政府高度关注的问题。企业制定标准的反歧视条例与政策不仅可以保障公民的基本人权和尊严，促进社会的公平和正义，维护国家的法治和

[①] 俞国良. 社会心理学. 3版. 北京：北京师范大学出版社，2022.

稳定，突出积极承担社会责任的企业形象，还可以向社会范围内的投资者证明企业旨在通过满足不同群体的合理诉求，增进社会的和谐与团结。得道者多助，这样的企业在发展过程中更具备可持续发展的潜力。

与反歧视条例与政策相关的主要指导机构及法律法规、政策规范

全国人民代表大会常务委员会〔2015〕《中华人民共和国就业促进法》第二十五条、第二十六条、第二十八条、第二十九条、第三十一条：

——各级人民政府创造公平就业的环境，消除就业歧视，制定政策并采取措施对就业困难人员给予扶持和援助。

——用人单位招用人员、职业中介机构从事职业中介活动，应当向劳动者提供平等的就业机会和公平的就业条件，不得实施就业歧视。

——各民族劳动者享有平等的劳动权利。用人单位招用人员，应当依法对少数民族劳动者给予适当照顾。

——国家保障残疾人的劳动权利。各级人民政府应当对残疾人就业统筹规划，为残疾人创造就业条件。用人单位招用人员，不得歧视残疾人。

——农村劳动者进城就业享有与城镇劳动者平等的劳动权利，不得对农村劳动者进城就业设置歧视性限制。

全国人民代表大会常务委员会〔2018〕《中华人民共和国劳动法》第十二条：

——劳动者就业，不因民族、种族、性别、宗教信仰不同而受歧视。

国务院国有资产监督管理委员会〔2008〕《关于中央企业履行社会责任的指导意见》（十四）：

——维护职工合法权益。依法与职工签订并履行劳动合同，坚持按劳分配、同工同酬，建立工资正常增长机制，按时足额缴纳社会保险。尊重职工人格，公平对待职工，杜绝性别、民族、宗教、年龄等各种歧视。加强职业教育培训，创造平等发展机会。加强职代会制度建设，深化厂务公开，推进民主管理。关心职工生活，切实为职工排忧解难。

中国证券监督管理委员会〔2022〕《上市公司投资者关系管理工作指引》第二十五条：

——上市公司及其控股股东、实际控制人、董事、监事、高级管理人员和工作人员不得在投资者关系管理活动中出现下列情形：……（六）歧视、轻视等不公平对待中小股东或者造成不公平披露的行为；……

National Association of Securities Dealers Automated Quotations〔2019〕ESG Reporting Guide 2.0　S6：

——Does your company follow a sexual harassment and/or non-discrimination policy? Yes/No

——贵公司是否遵循防止性骚扰和/或不歧视政策？是/否

Global Reporting Initiative〔2022〕Consolidated Set of the GRI Standards 406－1：

——The reporting organization shall report the following information：a. Total number of incidents of discrimination during the reporting period. b. Status of the incidents and actions taken with reference to the following：i. Incident reviewed by the organization；ii. Remediation plans being implemented；iii. Remediation plans that have been implemented，with results reviewed through routine internal management review processes；iv. Incident no longer subject to action. When compiling the information specified in Disclosure 406－1，the reporting organization shall include incidents of discrimination on grounds of race，colour，sex，religion，political opinion，national extraction，or social origin as defined by the ILO，or other relevant forms of discrimination involving internal and/or external stakeholders across operations in the reporting period.

——组织应报告以下信息：a. 报告期内发生的歧视事件的总数。b. 事件的状态和针对以下方面采取的行动：i. 由组织审查的事件；ii. 正在实施的补救计划；iii. 已经实施的补救计划，并通过内部例行管理审查流程审查了结果；iv. 不再需要采取行动的事件。编制披露项 406－1 中规定的信息时，组织应纳入报告期内针对国际劳工组织界定的基于种族、肤色、性别、宗教、政治观点、民族血统或社会出身的歧视事件，或涉及业务内部或外部利益相关方的其他相关形式的歧视。

本指标披露等级及主要适用范围

【基础披露】适用于所有行业企业。

S1.2.1.2 全体员工中女性员工占比

什么是全体员工中女性员工占比

全体员工中女性员工占比（the percentage of female employees in total employees），一般被认为是企业女性员工数量与企业全体员工数量的比值。

为什么要考察全体员工中女性员工占比

员工性别比例均衡有助于企业健康发展，有意识地调控全体员工中女性员工占比可以为企业带来多元化的视角和创新性的思维，从而带来经济效益和竞争优势。

怎样披露全体员工中女性员工占比

【定量】企业披露全体员工中女性员工占比。

【计算方式】全体员工中女性员工占比＝企业女性员工数量÷全体员工数量。单位：%。

为什么要披露全体员工中女性员工占比

通过披露全体员工中女性员工占比，可以促进性别平等和人权，性别平衡的企业可以利用男女员工的不同优势，提高决策质量和创新能力，同时可以提高员工的积极性和客户的保留率，向投资者展示充满发展潜力的企业形象。除此之外，平等地雇佣女性员工，保障女性权利，可以体现企业的社会责任感，实现可持续发展目标和履行承担社会责任的义务。利益相关者可以通过了解企业是否关注全体员工中女性员工占比，是否遵守相关法律法规和道德标准，从而增强对企业的信任度和认可度。

与全体员工中女性员工占比相关的主要指导机构及法律法规、政策规范

全国人民代表大会常务委员会〔2018〕《中华人民共和国劳动法》第十三条：
——妇女享有与男子平等的就业权利。在录用职工时，除国家规定的不适合妇女的工种或者岗位外，不得以性别为由拒绝录用妇女或者提高对妇女的录用标准。

中华人民共和国人力资源和社会保障部、教育部等〔2019〕《关于进一步规范招聘行为促进妇女就业的通知》六：
——支持妇女就业。加强就业服务，以女大学生为重点，为妇女提供个性化职业指导和有针对性的职业介绍，树立正确就业观和择业观。组织妇女参加适合的培训项目，鼓励用人单位针对产后返岗女职工开展岗位技能提升培训，尽快适应岗位需求。促进3岁以下婴幼儿照护服务发展，加强中小学课后服务，缓解家庭育儿负担，帮助妇女平衡工作与家庭。完善落实生育保险制度，切实发挥生育保险保障功能。加强监察执法，依法惩处侵害女职工孕期、产期、哺乳期特殊劳动保护权益行为。对妇女与用人单位间发生劳动人事争议申请仲裁的，要依法及时快速处理。

上海证券交易所〔2024〕《上海证券交易所上市公司自律监管指引第14号——可持续发展报告（试行）》第五十条：
——披露主体应当披露报告期内员工的总体情况，包括但不限于下列内容：（一）员工的聘用与待遇等方面的政策及执行情况，包括但不限于报告期内吸纳就业、创造灵活就业岗位的情况，期末在职员工的性别、年龄等构成情况，报告期内支付员工工资和缴纳员工社保、公司劳工纠纷、员工变动、对灵活就业人员的权益保障、招聘录用程序合规与公平透明情况等；……

深圳证券交易所〔2024〕《深圳证券交易所上市公司自律监管指引第17号——可持续发展报告（试行）》第五十条：
——披露主体应当披露报告期内员工的总体情况，包括但不限于下列内容：（一）员工的聘用与待遇等方面的政策及执行情况，包括但不限于报告期内吸纳就业、创造灵活就业岗位的情况，期末在职员工的性别、年龄等构成情况，报告期内支付员工工资和缴纳员工社保、公司劳工纠纷、员工变动、对灵活就业人员的权益保障、招聘录用程序合规与公平透明情况等；……

National Association of Securities Dealers Automated Quotations〔2019〕ESG Reporting Guide 2.0 S4：

——Percentage：Total enterprise headcount held by men and women

Percentage：Entry- and mid-level positions held by men and women

Percentage：Senior- and executive-level positions held by men and women

——百分比：企业男女员工总数

百分比：男性和女性担任的初级和中级职位

百分比：男性和女性担任的高级和行政级别职位

Singapore Exchange〔2023〕Starting with a Common Set of Core ESG Metrics 2：

——Metric：Current employees by gender

Unit：Percentage（%）

Framework Alignment：GRI 405－1，SASB 330，WEF core metrics

Description：Percentage of existing employees by gender.

——指标名称：按性别划分的在职员工

单位：百分比（%）

框架体系：GRI 405－1、SASB 330、WEF 核心指标

描述：按性别分列的现有员工百分比。

Global Reporting Initiative〔2022〕Consolidated Set of the GRI Standards 405－1：

——The reporting organization shall report the following information：a. Percentage of individuals within the organization's governance bodies in each of the following diversity categories：i. Gender；ii. Age group：under 30 years old，30～50 years old，over 50 years old；iii. Other indicators of diversity where relevant（such as minority or vulnerable groups）. b. Percentage of employees per employee category in each of the following diversity categories：i. Gender；ii. Age group：under 30 years old，30～50 years old，over 50 years old；iii. Other indicators of diversity where relevant（such as minority or vulnerable groups）.

——组织应报告以下信息：a. 组织治理机构中不同员工的百分比，按以下多元化类别分类：i. 性别；ii. 年龄组：30 岁以下，30～50 岁，50 岁以上；iii. 其他相关的多元化指标（例如少数群体或弱势群体）。b. 每种员工类别的员工百分比，按以下多元化类别分类：i. 性别；ii. 年龄组：30 岁以下，30～50 岁，50 岁以上；iii. 其他相关的多元化指标（例如少数群体或弱势群体）。

本指标披露等级及主要适用范围

【基础披露】适用于所有行业企业。

S1.2.1.3 新增员工中女性员工占比

什么是新增员工中女性员工占比

新增员工中女性员工占比（the percentage of female employees in new hires），一般被认为是企业新增员工中女性员工所占的比例。

为什么要考察新增员工中女性员工占比

员工性别比例均衡有助于企业健康发展，有意识地调控新增员工中女性员工占比可以为企业带来多元化的视角和创新性的思维，从而带来经济效益和竞争优势。

怎样披露新增员工中女性员工占比

【定量】企业披露新增员工中女性员工占比。

【计算方式】新增员工中女性员工占比＝新增女性员工人数÷企业新增员工总人数。单位：％。

为什么要披露新增员工中女性员工占比

基于新增员工中女性员工占比，利益相关者能够判断企业的性别多样性和包容性可持续发展能力。这一指标反映了企业在雇佣新员工时是否积极采取措施来促进性别平等和多元化。披露新增员工中女性员工占比的信息有助于投资者评估企业是否致力于促进性别平等，吸引和保留女性人才，以及是否具备包容性的企业文化。

与新增员工中女性员工占比相关的主要指导机构及法律法规、政策规范

全国人民代表大会常务委员会〔2023〕《中华人民共和国妇女权益保障法》第四十三条、第四十四条：

——用人单位在招录（聘）过程中，除国家另有规定外，不得实施下列行为：（一）限定为男性或者规定男性优先；（二）除个人基本信息外，进一步询问或者调查女性求职者的婚育情况；（三）将妊娠测试作为入职体检项目；（四）将限制结婚、生育或者婚姻、生育状况作为录（聘）用条件；（五）其他以性别为由拒绝录（聘）用妇女或者差别化地提高对妇女录（聘）用标准的行为。

——用人单位在录（聘）用女职工时，应当依法与其签订劳动（聘用）合同或者服务协议，劳动（聘用）合同或者服务协议中应当具备女职工特殊保护条款，并不得规定限制女职工结婚、生育等内容。职工一方与用人单位订立的集体合同中应当包含男女平等和女职工权益保护相关内容，也可以就相关内容制定专章、附件或者单独订立女职工权益保护专项集体合同。

上海证券交易所〔2024〕《上海证券交易所上市公司自律监管指引第14号——可持续发展报告（试行）》第五十条：

——披露主体应当披露报告期内员工的总体情况，包括但不限于下列内容：（一）员工的聘用与待遇等方面的政策及执行情况，包括但不限于报告期内吸纳就业、创造灵活就业岗位的情况，期末在职员工的性别、年龄等构成情况，报告期内支付员工工资和缴纳员工社保、公司劳工纠纷、员工变动、对灵活就业人员的权益保障、招聘录用程序合规与公平透明情况等；……

深圳证券交易所〔2024〕《深圳证券交易所上市公司自律监管指引第 17 号——可持续发展报告（试行）》第五十条：

——披露主体应当披露报告期内员工的总体情况，包括但不限于下列内容：（一）员工的聘用与待遇等方面的政策及执行情况，包括但不限于报告期内吸纳就业、创造灵活就业岗位的情况，期末在职员工的性别、年龄等构成情况，报告期内支付员工工资和缴纳员工社保、公司劳工纠纷、员工变动、对灵活就业人员的权益保障、招聘录用程序合规与公平透明情况等；……

Singapore Exchange〔2023〕Starting with a Common Set of Core ESG Metrics 2：

——Metric：New hires and turnover by gender

Unit：Percentage（%）

Framework Alignment：GRI 401-1，WEF core metrics

Description：Percentage of new employees hires and employee turnover during the reporting period by gender.

——指标名称：按性别划分的新入职员工和离职员工

单位：百分比（%）

框架体系：GRI 401-1、WEF 核心指标

描述：报告期内按性别分列的新入职员工和离职员工百分比。

Global Reporting Initiative〔2022〕Consolidated Set of the GRI Standards 401-1：

——The reporting organization shall report the following information：a. Total number and rate of new employee hires during the reporting period, by age group, gender and region.

——组织应报告以下信息：a. 报告期内新进员工雇佣总数和比例，按年龄组别、性别和地区划分。

本指标披露等级及主要适用范围

【基础披露】适用于所有行业企业。

S1.2.1.4 全体员工中少数民族占比

什么是全体员工中少数民族占比

全体员工中少数民族占比（the percentage of employees from ethnic minorities in total employees），一般被认为是来自多民族国家中的非主体民族的企业员工在全体员工中所占的比例。

为什么要考察全体员工中少数民族占比

全体员工中少数民族占比反映了企业人力资源的多样化，一方面企业的多元化和

包容性有利于提高企业形象，不同文化的碰撞也可能为企业的发展带来新的活力，有利于培育和谐共处、多元共生、团结友爱、合作共赢的企业文化，推动企业创新；另一方面，不同民族之间由于文化不同可能会带来一些交流协作的障碍、决策执行上的困难，考察全体员工中少数民族占比也有利于企业对由此带来的成本进行度量。

怎样披露全体员工中少数民族占比

【定量】企业披露来自多民族国家中的非主体民族的企业员工占比。

【计算方式】全体员工中少数民族占比＝来自多民族国家中的非主体民族的企业员工数量÷全体员工数量。单位：％。

为什么要披露全体员工中少数民族占比

企业披露全体员工中少数民族占比有利于推动企业在招聘中反对民族歧视，推动少数民族人才的培养，对于民族平等、民族团结、各民族共同繁荣的实现具有积极作用，有利于社会的和谐稳定。

与全体员工中少数民族占比相关的主要指导机构及法律法规、政策规范

全国人民代表大会常务委员会〔2015〕《中华人民共和国就业促进法》第二十八条：

——各民族劳动者享有平等的劳动权利。用人单位招用人员，应当依法对少数民族劳动者给予适当照顾。

全国人民代表大会常务委员会〔2018〕《中华人民共和国劳动法》第十二条：

——劳动者就业，不因民族、种族、性别、宗教信仰不同而受歧视。

国家民族事务委员会、国务院国有资产监督管理委员会〔2011〕《关于进一步做好新形势下国有企业民族工作的指导意见》（十二）：

——重视做好少数民族干部和人才的培养使用工作。国有企业要严格执行国家的有关规定，采取定向培养和"传、帮、带"等有效方式，大力培养和使用本单位的少数民族干部和人才，发挥他们的特殊作用。同时，要通过对口支援、职业培训、校企合作、设立实习实训基地等多种途径，帮助少数民族和民族地区培养急需的经营管理人才和专业技术人才。对此，有关部门和企业要制定长远规划和年度计划，并在经费等方面给予保障。

Global Reporting Initiative〔2022〕Consolidated Set of the GRI Standards 405－1、406－1：

——The reporting organization shall report the following information：a. Percentage of individuals within the organization's governance bodies in each of the following diversity categories：i. Gender；ii. Age group：under 30 years old，30～50 years old，over 50 years old；iii. Other indicators of diversity where relevant（such as minority or vulnerable groups）. b. Percentage of employees per employee category in each of the following diversity categories: i. Gender; ii. Age group: under 30 years old, 30~50 years old, over 50 years old; iii. Other indicators of diversity where relevant (such as minority or vulnerable groups).

——The reporting organization shall report the following information: a. Total number of incidents of discrimination during the reporting period. b. Status of the incidents and actions taken with reference to the following: i. Incident reviewed by the organization; ii. Remediation plans being implemented; iii. Remediation plans that have been implemented, with results reviewed through routine internal management review processes; iv. Incident no longer subject to action. When compiling the information specified in Disclosure 406-1, the reporting organization shall include incidents of discrimination on grounds of race, colour, sex, religion, political opinion, national extraction, or social origin as defined by the ILO, or other relevant forms of discrimination involving internal and/or external stakeholders across operations in the reporting period.

——组织应报告以下信息：a. 组织治理机构中不同员工的百分比，按以下多元化类别分类：i. 性别；ii. 年龄组：30岁以下，30~50岁，50岁以上；iii. 其他相关的多元化指标（例如少数群体或弱势群体）。b. 每种员工类别的员工百分比，按以下多元化类别分类：i. 性别；ii. 年龄组：30岁以下，30~50岁，50岁以上；iii. 其他相关的多元化指标（例如少数群体或弱势群体）。

——组织应报告以下信息：a. 报告期内发生的歧视事件的总数。b. 事件的状态和针对以下方面采取的行动：i. 由组织审查的事件；ii. 正在实施的补救计划；iii. 已实施的补救计划，并通过内部例行管理审查程序审查了结果；iv. 不再需要采取行动的事件。编制披露项406-1中规定的信息时，组织应纳入报告期内针对国际劳工组织界定的基于种族、肤色、性别、宗教、政治观点、民族血统或社会出身的歧视事件，或涉及内部和/或外部利益相关方的其他相关形式的歧视。

本指标披露等级及主要适用范围

【建议披露】适用于所有行业企业。

S1.2.1.5　新增员工中少数民族占比

什么是新增员工中少数民族占比

新增员工中少数民族占比（the percentage of employees from ethnic minorities in new hires），一般被认为是来自多民族国家中的非主体民族的新增员工在新增员工中所占的比例。

为什么要考察新增员工中少数民族占比

新增员工中少数民族占比反映了企业在招聘和雇佣新员工时是否具备多元化文化意

识和包容性。多元化不仅能够丰富组织的文化和视野,还有助于吸引并留住来自不同背景的优秀人才。通过关注新增员工中少数民族占比,企业可以更好地评估自身的多元化招聘实践,确保机会平等,提高社会责任感,同时也增强员工的满意度和忠诚度。

怎样披露新增员工中少数民族占比

【定量】企业披露新增员工中少数民族占比。

【计算方式】新增员工中少数民族占比=新增员工中来自多民族国家中的非主体民族员工人数÷新增员工人数。单位:%。

为什么要披露新增员工中少数民族占比

披露新增员工中少数民族占比有助于向利益相关者展示企业的多元化和社会责任,满足法规要求,提高投资者和合作伙伴的信心,同时也为企业在多元化和包容性方面提供了宝贵的信息,支持多方面的可持续发展目标。

与新增员工中少数民族占比相关的主要指导机构及法律法规、政策规范

全国人民代表大会常务委员会〔2018〕《中华人民共和国劳动法》第十二条:

——劳动者就业,不因民族、种族、性别、宗教信仰不同而受歧视。

国家民族事务委员会、国务院国有资产监督管理委员会〔2011〕《关于进一步做好新形势下国有企业民族工作的指导意见》(十二)(十三):

——重视做好少数民族干部和人才的培养使用工作。国有企业要按照国家的有关规定,采取定向培养和"传、帮、带"等有效方式,大力培养和使用本单位的少数民族干部和人才,发挥他们的特殊作用。同时,要通过对口支援、职业培训、校企合作、设立实习实训基地等多种途径,帮助少数民族和民族地区培养急需的经营管理人才和专业技术人才。对此,有关部门和企业要制定长远规划和年度计划,并在经费等方面给予保障。

——尊重少数民族的风俗习惯。国有企业要严格执行国家的有关规定,尊重少数民族在饮食、婚俗、丧葬等方面的特殊风俗习惯,依法保障他们的合法权益。对有清真饮食习惯的少数民族职工,有条件的企业应单独开设清真食堂或清真灶。开设有职工食堂而不能单独开设清真食堂或清真灶的企业,应对有清真饮食习惯的少数民族职工给予一定的伙食补贴。尊重少数民族的节庆活动。少数民族职工在欢度本民族重大节日时,国有企业应按照国家有关规定给予假期,并照发工资。

Global Reporting Initiative〔2022〕Consolidated Set of the GRI Standards 405-1、406-1:

——The reporting organization shall report the following information: a. Percentage of individuals within the organization's governance bodies in each of the following diversity categories: i. Gender; ii. Age group: under 30 years old, 30~50 years old, over 50 years old; iii. Other indicators of diversity where relevant (such as minority or vulnerable groups). b. Percentage of employees per employee category in each of the following diversity categories: i. Gender; ii. Age group: under 30 years old, 30~50 years old, over 50 years old; iii. Other indicators of diversity where relevant (such as minority or vulnerable groups).

——The reporting organization shall report the following information: a. Total number of incidents of discrimination during the reporting period. b. Status of the incidents and actions taken with reference to the following: i. Incident reviewed by the organization; ii. Remediation plans being implemented; iii. Remediation plans that have been implemented, with results reviewed through routine internal management review processes; iv. Incident no longer subject to action. When compiling the information specified in Disclosure 406-1, the reporting organization shall include incidents of discrimination on grounds of race, colour, sex, religion, political opinion, national extraction, or social origin as defined by the ILO, or other relevant forms of discrimination involving internal and/or external stakeholders across operations in the reporting period.

——组织应报告以下信息：a. 组织治理机构中不同员工的百分比，按以下多元化类别分类：i. 性别；ii. 年龄组：30岁以下，30~50岁，50岁以上；iii. 其他相关的多元化指标（例如少数群体或弱势群体）。b. 每种员工类别的员工百分比，按以下多元化类别分类：i. 性别；ii. 年龄组：30岁以下，30~50岁，50岁以上；iii. 其他相关的多元化指标（例如少数群体或弱势群体）。

——组织应报告以下信息：a. 报告期内发生的歧视事件的总数。b. 事件的状态和针对以下方面采取的行动：i. 由组织审查的事件；ii. 正在实施的补救计划；iii. 已实施的补救计划，并通过内部例行管理审查程序审查了结果；iv. 不再需要采取行动的事件。编制披露项406-1中规定的信息时，组织应纳入报告期内针对国际劳工组织界定的基于种族、肤色、性别、宗教、政治观点、民族血统或社会出身的歧视事件，或涉及内部和/或外部利益相关方的其他相关形式的歧视。

本指标披露等级及主要适用范围

【建议披露】适用于所有行业企业。

S1.2.1.6　全体员工中残障人士就业比例

什么是残障人士

残障人士（persons with disabilities），或称残疾人（disabled people），依照《中华人民共和国残疾人保障法》，是指在心理、生理、人体结构上，某种组织、功能丧失或者不正常，全部或者部分丧失以正常方式从事某种活动能力的人，种类包括视力残疾、听力残疾、言语残疾、肢体残疾、智力残疾、精神残疾、多重残疾和其他残疾。

什么是全体员工中残障人士就业比例

全体员工中残障人士就业比例（the percentage of persons with disabilities in total employees），一般被认为是企业全部员工中残障人士所占的比例。

为什么要考察全体员工中残障人士就业比例

全体员工中残障人士就业比例反映了企业在雇佣方面是否具备社会责任感和包容性，是否积极推动残障人士获取职业机会。关注全体员工中残障人士就业比例也有助于企业招聘和保留人才。残障人士通常具备独特的技能和视角，能够为企业带来多样性的思维方式，促进创新，同时也有助于提高员工的满意度和忠诚度。

怎样披露全体员工中残障人士就业比例

【定量】企业披露全体员工中残障人士就业比例。

【计算方式】全体员工中残障人士就业比例＝全体员工中残障人士数量÷企业在职员工数量。单位：％。

为什么要披露全体员工中残障人士就业比例

残障人士是人类社会的平等一员，应当受到充分的尊重和保护，以确保他们享有与其他人一样的人权和尊严。为了促进社会的包容和公平，让残障人士能够平等地参与社会和分享社会进步的果实，是国家应尽的义务。

与全体员工中残障人士就业比例相关的主要指导机构及法律法规、政策规范

全国人民代表大会常务委员会〔2018〕《中华人民共和国残疾人保障法》第三十三条：

——国家实行按比例安排残疾人就业制度。国家机关、社会团体、企业事业单位、民办非企业单位应当按照规定的比例安排残疾人就业，并为其选择适当的工种和岗位。达不到规定比例的，按照国家有关规定履行保障残疾人就业义务。国家鼓励用人单位超过规定比例安排残疾人就业。残疾人就业的具体办法由国务院规定。

全国人民代表大会常务委员会〔2015〕《中华人民共和国就业促进法》第十七条：

——国家鼓励企业增加就业岗位，扶持失业人员和残疾人就业，对下列企业、人员依法给予税收优惠：（一）吸纳符合国家规定条件的失业人员达到规定要求的企业；（二）失业人员创办的中小企业；（三）安置残疾人员达到规定比例或者集中使用残疾人的企业；（四）从事个体经营的符合国家规定条件的失业人员；（五）从事个体经营的残疾人；（六）国务院规定给予税收优惠的其他企业、人员。

Global Reporting Initiative〔2022〕Consolidated Set of the GRI Standards 405-1、406-1：

——The reporting organization shall report the following information: a. Percentage of individuals within the organization's governance bodies in each of the following diversity categories：i. Gender；ii. Age group：under 30 years old，30~50 years old，over 50 years old；iii. Other indicators of diversity where relevant（such as minority or vulnerable groups）. b. Percentage of employees per employee category in each of the following diversity categories：i. Gender；ii. Age group：under 30 years old，30~50 years old，over 50 years old；iii. Other indicators of diversity where relevant（such as minority or vulnerable groups）.

——The reporting organization shall report the following information：a. Total number of incidents of discrimination during the reporting period. b. Status of the incidents and actions taken with reference to the following：i. Incident reviewed by the organization；ii. Remediation plans being implemented；iii. Remediation plans that have been implemented，with results reviewed through routine internal management review processes；iv. Incident no longer subject to action. When compiling the information specified in Disclosure 406-1，the reporting organization shall include incidents of discrimination on grounds of race，colour，sex，religion，political opinion，national extraction，or social origin as defined by the ILO，or other relevant forms of discrimination involving internal and/or external stakeholders across operations in the reporting period.

——组织应报告以下信息：a. 组织治理机构中不同员工的百分比，按以下多元化类别分类：i. 性别；ii. 年龄组：30岁以下，30~50岁，50岁以上；iii. 其他相关的多元化指标（例如少数群体或弱势群体）。b. 每种员工类别的员工百分比，按以下多元化类别分类：i. 性别；ii. 年龄组：30岁以下，30~50岁，50岁以上；iii. 其他相关的多元化指标（例如少数群体或弱势群体）。

——组织应报告以下信息：a. 报告期内发生的歧视事件的总数。b. 事件的状态和针对以下方面采取的行动：i. 由组织审查的事件；ii. 正在实施的补救计划；iii. 已实施的补救计划，并通过内部例行管理审查程序审查了结果；iv. 不再需要采取行动的事件。编制披露项406-1中规定的信息时，组织应纳入报告期内针对国际劳工组织界定的基于种族、肤色、性别、宗教、政治观点、民族血统或社会出身的歧视事件，或涉及内部和/或外部利益相关方的其他相关形式的歧视。

European Financial Reporting Advisory Group〔2022〕ESRS S1 Own Workforce S1-12，74、75、76、77：

——The undertaking shall disclose the percentage of persons with disabilities in its own workforce.

——The objective of this Disclosure Requirement is to enable an understanding of the extent to which persons with disabilities are included among the undertaking's employees.

——The undertaking shall disclose the percentage of persons with disabilities amongst its employees subject to legal restrictions on the collection of data.

——The undertaking may disclose the percentage of employees with disabilities with a breakdown by gender.

——企业应披露其雇佣的劳动力中残疾人所占的百分比。

——本披露规定的目的是使人们能够了解企业雇员中包括残疾人的程度。

——企业应披露其雇员中残疾人的百分比，但须遵守法律对数据收集的限制。

——企业可以披露按性别分列的残疾雇员的百分比。

本指标披露等级及主要适用范围

【基础披露】适用于所有行业企业。

S1.2.1.7 新增员工中残障人士就业比例

什么是新增员工中残障人士就业比例

新增员工中残障人士就业比例（the percentage of persons with disabilities in new hires），一般被认为是企业新增残障员工在新增员工中所占的比例。

为什么要考察新增员工中残障人士就业比例

考察新增员工中残障人士就业比例，反映了企业的社会责任和包容性。积极推动残障人士的就业是企业社会价值观的体现，有助于提高企业在社会中的声誉，吸引更多顾客和投资者，从而增加竞争力。

怎样披露新增员工中残障人士就业比例

【定量】企业披露新增员工中残障人士就业比例。

【计算方式】新增员工中残障人士就业比例＝新增员工中残障人士数量÷企业新增员工数量。单位：％。

为什么要披露新增员工中残障人士就业比例

新增员工中残障人士就业比例有助于利益相关者评估企业在社会责任和多元化方面的绩效，支持企业在多方面实现可持续发展目标。通过披露这一信息，企业展示其是否遵守对社会多元化的承诺、维护法规合规性，以及支持可持续供应链的建设。

与新增员工中残障人士就业比例相关的主要指导机构及法律法规、政策规范

全国人民代表大会常务委员会〔2018〕《中华人民共和国残疾人保障法》第三十三条：

——国家实行按比例安排残疾人就业制度。国家机关、社会团体、企业事业单位、民办非企业单位应当按照规定的比例安排残疾人就业，并为其选择适当的工种和岗位。达不到规定比例的，按照国家有关规定履行保障残疾人就业义务。国家鼓

励用人单位超过规定比例安排残疾人就业。残疾人就业的具体办法由国务院规定。

全国人民代表大会常务委员会〔2015〕《中华人民共和国就业促进法》第十七条：

——国家鼓励企业增加就业岗位，扶持失业人员和残疾人就业，对下列企业、人员依法给予税收优惠：（一）吸纳符合国家规定条件的失业人员达到规定要求的企业；（二）失业人员创办的中小企业；（三）安置残疾人员达到规定比例或者集中使用残疾人的企业；（四）从事个体经营的符合国家规定条件的失业人员；（五）从事个体经营的残疾人；（六）国务院规定给予税收优惠的其他企业、人员。

Global Reporting Initiative〔2022〕Consolidated Set of the GRI Standards 405‑1、406‑1：

——The reporting organization shall report the following information：a. Percentage of individuals within the organization's governance bodies in each of the following diversity categories：i. Gender；ii. Age group：under 30 years old，30～50 years old，over 50 years old；iii. Other indicators of diversity where relevant（such as minority or vulnerable groups）. b. Percentage of employees per employee category in each of the following diversity categories：i. Gender；ii. Age group：under 30 years old，30～50 years old，over 50 years old；iii. Other indicators of diversity where relevant（such as minority or vulnerable groups）.

——The reporting organization shall report the following information：a. Total number of incidents of discrimination during the reporting period. b. Status of the incidents and actions taken with reference to the following：i. Incident reviewed by the organization；ii. Remediation plans being implemented；iii. Remediation plans that have been implemented，with results reviewed through routine internal management review processes；iv. Incident no longer subject to action. When compiling the information specified in Disclosure 406‑1, the reporting organization shall include incidents of discrimination on grounds of race，colour，sex，religion，political opinion，national extraction，or social origin as defined by the ILO，or other relevant forms of discrimination involving internal and/or external stakeholders across operations in the reporting period.

——组织应报告以下信息：a. 组织治理机构中不同员工的百分比，按以下多元化类别分类：i. 性别；ii. 年龄组：30岁以下，30～50岁，50岁以上；iii. 其他相关的多元化指标（例如少数群体或弱势群体）。b. 每种员工类别的员工百分比，按以下多元化类别分类：i. 性别；ii. 年龄组：30岁以下，30～50岁，50岁以上；iii. 其他相关的多元化指标（例如少数群体或弱势群体）。

——组织应报告以下信息：a. 报告期内发生的歧视事件的总数。b. 事件的状态和针对以下方面采取的行动：i. 由组织审查的事件；ii. 正在实施的补救计划；iii. 已实施的补救计划，并通过内部例行管理审查程序审查了结果；iv. 不再需要采取行动的事件。编制披露项 406-1 中规定的信息时，组织应纳入报告期内针对国际劳工组织界定的基于种族、肤色、性别、宗教、政治观点、民族血统或社会出身的歧视事件，或涉及内部和/或外部利益相关方的其他相关形式的歧视。

本指标披露等级及主要适用范围

【建议披露】适用于所有行业企业。

S1.2.1.8 全体员工中来自中西部地区比例

什么是中西部地区

中西部地区（the midwest region），一般被认为是对我国中部地区和西部地区的总称，其主要包括山西、内蒙古、安徽、江西、河南、湖北、湖南、广西、重庆、四川、贵州、云南、西藏、陕西、甘肃、青海、宁夏、新疆 18 个省（区、市）。

什么是全体员工中来自中西部地区比例

全体员工中来自中西部地区比例（the percentage of employees from the midwest region in total employees），一般被认为是企业全体员工中来自我国中部地区和西部地区的员工所占的比例。

为什么要考察全体员工中来自中西部地区比例

通过考察全体员工中来自中西部地区比例，可以体现企业对不同地区员工的开放性和包容性，帮助企业优化人力资源、建立健全的人力资源管理机制。

怎样披露全体员工中来自中西部地区比例

【定量】企业披露全体员工中来自中西部地区比例。

【计算方式】全体员工中来自中西部地区比例＝全体员工中来自中西部地区人数÷企业在职员工人数。单位：％。

为什么要披露全体员工中来自中西部地区比例

通过披露全体员工中来自中西部地区比例，可以帮助利益相关者更好地衡量企业潜在竞争力与基准道德水平，了解企业的员工管理情况、企业实现可持续发展目标和社会责任情况，更有利于协调中西部地区内部各区域之间的关系，共同促进中西部地区的社会可持续发展。

与全体员工中来自中西部地区比例相关的主要指导机构及法律法规、政策规范

全国人民代表大会常务委员会〔2015〕《中华人民共和国就业促进法》第五十七条：

——国家鼓励资源开采型城市和独立工矿区发展与市场需求相适应的产业，

引导劳动者转移就业。对因资源枯竭或者经济结构调整等原因造成就业困难人员集中的地区，上级人民政府应当给予必要的扶持和帮助。

全国人民代表大会常务委员会〔2018〕《中华人民共和国劳动法》第十二条：

——劳动者就业，不因民族、种族、性别、宗教信仰不同而受歧视。

国务院国有资产监督管理委员会〔2023〕《央企控股上市公司 ESG 专项报告参考指标体系》S1.1.2：

——员工结构

指标性质：定性/定量

披露等级：基础披露

指标说明：描述员工的分布特征，如雇佣类型（如全职或兼职）、性别、年龄、民族、区域、教育程度、残疾情况等划分的员工总数，描述落实员工性别平等的政策和措施

香港交易所〔2023〕《环境、社会及管治报告指引》B1：

——一般披露有关薪酬及解雇、招聘及晋升、工作时数、假期、平等机会、多元化、反歧视以及其他待遇及福利的：（a）政策；及（b）遵守对发行人有重大影响的相关法律及规例的资料。

本指标披露等级及主要适用范围

【建议披露】适用于所有行业企业。

S1.2.1.9　新增员工中来自中西部地区比例

什么是新增员工中来自中西部地区比例

新增员工中来自中西部地区比例（the percentage of employees from the midwest region in new hires），一般被认为是企业新增员工中来自我国中部地区和西部地区的员工所占的比例。

为什么要考察新增员工中来自中西部地区比例

通过考察新增员工中来自中西部地区比例，可以体现企业对不同地区员工的开放性和包容性，帮助企业优化人力资源、建立健全的人力资源管理机制。

怎样披露新增员工中来自中西部地区比例

【定量】企业披露新增员工中来自中西部地区比例。

【计算方式】新增员工中来自中西部地区比例＝新增员工中来自中西部地区人数÷企业新增员工人数。单位：％。

为什么要披露新增员工中来自中西部地区比例

通过披露新增员工中来自中西部地区比例，可以帮助利益相关者更好地了解企业的员工管理情况、企业实现可持续发展目标和社会责任情况。披露新增员工中来自中西部地区比例有助于衡量企业潜在竞争力与基准道德水平，有利于协调中西部地区内

部各区域之间的关系，共同促进中西部地区的社会可持续发展。

与新增员工中来自中西部地区比例相关的主要指导机构及法律法规、政策规范

全国人民代表大会常务委员会〔2015〕《中华人民共和国就业促进法》第五十七条：

——国家鼓励资源开采型城市和独立工矿区发展与市场需求相适应的产业，引导劳动者转移就业。对因资源枯竭或者经济结构调整等原因造成就业困难人员集中的地区，上级人民政府应当给予必要的扶持和帮助。

全国人民代表大会常务委员会〔2018〕《中华人民共和国劳动法》第十二条：

——劳动者就业，不因民族、种族、性别、宗教信仰不同而受歧视。

国务院国有资产监督管理委员会〔2023〕《央企控股上市公司 ESG 专项报告参考指标体系》S1.1.2：

——员工结构

指标性质：定性/定量

披露等级：基础披露

指标说明：描述员工的分布特征，如雇佣类型（如全职或兼职）、性别、年龄、民族、区域、教育程度、残疾情况等划分的员工总数，描述落实员工性别平等的政策和措施

香港交易所〔2023〕《环境、社会及管治报告指引》B1：

——一般披露有关薪酬及解雇、招聘及晋升、工作时数、假期、平等机会、多元化、反歧视以及其他待遇及福利的：(a) 政策；及 (b) 遵守对发行人有重大影响的相关法律及规例的资料。

本指标披露等级及主要适用范围

【建议披露】适用于所有行业企业。

S1.2.1.10 全体员工中国际员工比例

什么是国际员工

国际员工（international employee），一般被认为是在中国境内不具有中国国籍而拥有外国国籍的员工，即外籍员工。

什么是全体员工中国际员工比例

全体员工中国际员工比例（the percentage of international employees in total employees），一般被认为是企业全体员工中国际员工所占的比例。

为什么要考察全体员工中国际员工比例

国际员工可以给企业创造一个双语的工作环境，有助于让国内的员工提高外语交流水平，增强语言专业性。固定本地员工与灵活雇佣国际员工相结合的方式，能够有

效地提高人力资源配置对业务需求的响应速度，同时也能满足企业日益增长的对高知识文化水平以及高技术人才的要求。企业可以充分利用国际员工的优点，为企业创造新的文化和新的企业管理以及经营模式。考察全体员工中国际员工比例，有助于企业优化人力资源、建立健全的人力资源管理机制，走向国际市场。

怎样披露全体员工中国际员工比例

【定量】企业披露全体员工中国际员工比例。

【计算方式】全体员工中国际员工比例＝全体员工中国际员工人数÷企业在职员工人数。单位：%。

为什么要披露全体员工中国际员工比例

通过披露全体员工中国际员工比例，可以帮助利益相关者更好地了解企业的员工管理情况、企业发展目标、企业国际化能力，有助于衡量企业国际竞争力。

与全体员工中国际员工比例相关的主要指导机构及法律法规、政策规范

中华人民共和国人力资源和社会保障部〔2017〕《外国人在中国就业管理规定》第六条、第十七条：

——用人单位聘用外国人从事的岗位应是有特殊需要，国内暂缺适当人选，且不违反国家有关规定的岗位。用人单位不得聘用外国人从事营业性文艺演出，但符合本规定第九条第三项规定的人员除外。

——用人单位与被聘用的外国人应依法订立劳动合同。劳动合同的期限最长不得超过五年。劳动合同期限届满即行终止，但按本规定第十九条的规定履行审批手续后可以续订。

香港交易所〔2023〕《环境、社会及管治报告指引》B1：

——一般披露有关薪酬及解雇、招聘及晋升、工作时数、假期、平等机会、多元化、反歧视以及其他待遇及福利的：(a) 政策；及 (b) 遵守对发行人有重大影响的相关法律及规例的资料。

Global Reporting Initiative〔2022〕Consolidated Set of the GRI Standards 406－1：

——The reporting organization shall report the following information：a. Total number of incidents of discrimination during the reporting period. b. Status of the incidents and actions taken with reference to the following：i. Incident reviewed by the organization；ii. Remediation plans being implemented；iii. Remediation plans that have been implemented, with results reviewed through routine internal management review processes；iv. Incident no longer subject to action. When compiling the information specified in Disclosure 406－1, the reporting organization shall include incidents of discrimination on grounds of race, colour, sex, religion, political opinion, national extraction, or social origin as defined by the ILO, or other relevant forms of discrimination involving internal and/or external stakeholders across operations in the reporting period.

——组织应报告以下信息：a. 报告期内发生的歧视事件总数。b. 事件的状态和针对以下方面采取的行动：i. 由组织审查的事件；ii. 正在实施的补救计划；iii. 已实施的补救计划，并通过内部例行管理审查程序审查了结果；iv. 不再需要采取行动的事件。编制披露项 406-1 中规定的信息时，组织应纳入报告期内针对国际劳工组织界定的基于种族、肤色、性别、宗教、政治观点、民族血统或社会出身的歧视事件，或涉及内部和/或外部利益相关方的其他相关形式的歧视。

European Financial Reporting Advisory Group〔2022〕ESRS S1 Own Workforce S1-1，19、25：

——The undertaking shall describe its policies that address the management of its material impacts on own workforce, as well as associated material risks and opportunities; and provide a summary of the content of the policies.

——The undertaking shall disclose：(a) whether it has specific policies aimed at the elimination of discrimination, including harassment, promoting equal opportunities and other ways to advance diversity and inclusion; (b) whether the following grounds for discrimination and diversity are specifically covered in the policy: racial and ethnic origin, colour, sex, sexual orientation, gender identity, disability, age, religion, political opinion, national extraction or social origin, and any other forms of discrimination covered by EU regulation and national law; (c) whether the undertaking has specific policy commitments related to inclusion and/or affirmative action for people from groups at particular risk of vulnerability in its own workforce and, if so, what these commitments are; and (d) whether and how these policies are implemented through specific procedures to ensure discrimination is prevented, mitigated and acted upon once detected, as well as to advance diversity and inclusion in general.

——企业应说明管理其对自身劳动力的重大影响以及相关的重大风险和机遇的政策；并提供政策内容的总结。

——企业应披露：(a) 是否有旨在消除歧视（包括骚扰）、促进平等机会的具体政策和其他促进多样性和包容性的方法；(b) 政策中是否明确涵盖基于种族和民族血统、肤色、性别、性取向、性别认同、残疾、年龄、宗教、政治观点、国籍或社会出身的歧视和多样性，以及欧盟法规和国家法律涵盖的任何其他形式的歧视；(c) 企业是否有与包容和/或平权行动有关的具体政策承诺，这些承诺是否与本职员工队伍中特别容易受伤害的群体的人有关，如果有，承诺是什么；以及

(d) 这些政策是否以及如何通过具体程序实施,以确保歧视在被发现时得到预防、减轻和采取行动,并促进总体上的多样性和包容性。

本指标披露等级及主要适用范围

【建议披露】适用于所有行业企业。

S1.2.1.11 新增员工中国际员工比例

什么是新增员工中国际员工比例

新增员工中国际员工比例（the percentage of international employees in new hires）,一般被认为是企业新增员工中国际员工所占的比例。

为什么要考察新增员工中国际员工比例

国际员工可以给企业创造一个双语的工作环境,有助于让国内的员工提高外语交流水平,增强语言专业性。固定本地员工与灵活雇佣国际员工相结合的方式,能够有效地提高人力资源配置对业务需求的响应速度,同时也能满足企业日益增长的对高知识文化水平以及高技术人才的要求。企业可以充分利用国际员工的优点,为企业创造新的文化和新的企业管理以及经营模式。考察新增员工中国际员工比例,有助于企业优化人力资源、建立健全的人力资源管理机制,走向国际市场。

怎样披露新增员工中国际员工比例

【定量】企业披露新增员工中国际员工比例。

【计算方式】新增员工中国际员工比例＝新增员工中国际员工人数÷企业新增员工人数。单位:%。

为什么要披露新增员工中国际员工比例

通过披露新增员工中国际员工比例,可以帮助利益相关者更好地了解企业的员工管理情况、企业发展目标、企业国际化能力,有助于衡量企业国际竞争力。

与新增员工中国际员工比例相关的主要指导机构及法律法规、政策规范

中华人民共和国人力资源和社会保障部〔2017〕《外国人在中国就业管理规定》第六条、第十七条:

——用人单位聘用外国人从事的岗位应是有特殊需要,国内暂缺适当人选,且不违反国家有关规定的岗位。用人单位不得聘用外国人从事营业性文艺演出,但符合本规定第九条第三项规定的人员除外。

——用人单位与被聘用的外国人应依法订立劳动合同。劳动合同的期限最长不得超过五年。劳动合同期限届满即行终止,但按本规定第十九条的规定履行审批手续后可以续订。

香港交易所〔2023〕《环境、社会及管治报告指引》B1:

——一般披露有关薪酬及解雇、招聘及晋升、工作时数、假期、平等机会、多元化、反歧视以及其他待遇及福利的：（a）政策；及（b）遵守对发行人有重大影响的相关法律及规例的资料。

Global Reporting Initiative〔2022〕Consolidated Set of the GRI Standards 406-1：

——The reporting organization shall report the following information：a. Total number of incidents of discrimination during the reporting period. b. Status of the incidents and actions taken with reference to the following：i. Incident reviewed by the organization；ii. Remediation plans being implemented；iii. Remediation plans that have been implemented，with results reviewed through routine internal management review processes；iv. Incident no longer subject to action. When compiling the information specified in Disclosure 406-1，the reporting organization shall include incidents of discrimination on grounds of race，colour，sex，religion，political opinion，national extraction，or social origin as defined by the ILO，or other relevant forms of discrimination involving internal and/or external stakeholders across operations in the reporting period.

——组织应报告以下信息：a. 报告期内发生的歧视事件总数。b. 事件的状态和针对以下方面采取的行动：i. 由组织审查的事件；ii. 正在实施的补救计划；iii. 已实施的补救计划，并通过内部例行管理审查程序审查了结果；iv. 不再需要采取行动的事件。编制披露项406-1中规定的信息时，组织应纳入报告期内针对国际劳工组织界定的基于种族、肤色、性别、宗教、政治观点、民族血统或社会出身的歧视事件，或涉及内部和/或外部利益相关方的其他相关形式的歧视。

European Financial Reporting Advisory Group〔2022〕ESRS S1 Own Workforce S1-1，19、25：

——The undertaking shall describe its policies that address the management of its material impacts on own workforce，as well as associated material risks and opportunities；and provide a summary of the content of the policies.

——The undertaking shall disclose：(a) whether it has specific policies aimed at the elimination of discrimination，including harassment，promoting equal opportunities and other ways to advance diversity and inclusion；(b) whether the following grounds for discrimination and diversity are specifically covered in the policy：racial and ethnic origin，colour，sex，sexual orientation，gender identity，disability，age，religion，political opinion，national extraction or social origin，and any other forms of discrimination covered by EU regulation and national law；(c) whether the undertaking has specific policy commitments related to inclusion and/or affirmative action for people from groups at particular risk of vulnerability in its own workforce and, if so, what these commitments are; and (d) whether and how these policies are implemented through specific procedures to ensure discrimination is prevented, mitigated and acted upon once detected, as well as to advance diversity and inclusion in general.

——企业应说明管理其对自身劳动力的重大影响以及相关的重大风险和机遇的政策；并提供政策内容的总结。

——企业应披露：(a) 是否有旨在消除歧视（包括骚扰）、促进平等机会的具体政策和其他促进多样性和包容性的方法；(b) 政策中是否明确涵盖基于种族和民族血统、肤色、性别、性取向、性别认同、残疾、年龄、宗教、政治观点、国籍或社会出身的歧视和多样性，以及欧盟法规和国家法律涵盖的任何其他形式的歧视；(c) 企业是否有与包容和/或平权行动有关的具体政策承诺，这些承诺是否与本职员工队伍中特别容易受伤害的群体的人有关，如果有，承诺是什么；以及 (d) 这些政策是否以及如何通过具体程序实施，以确保歧视在被发现时得到预防、减轻和采取行动，并促进总体上的多样性和包容性。

本指标披露等级及主要适用范围

【建议披露】适用于所有行业企业。

S1.2.2　员工获得劳动报酬权益

什么是劳动报酬权

劳动报酬权（labor remuneration right），依照《劳动关系理论与实务》[①]，是指劳动者依据劳动合同或者劳动法律法规的规定获得劳动报酬的权利。劳动报酬权包括劳动报酬协商权、劳动报酬请求权和劳动报酬支配权。其中，劳动报酬协商权是指劳动者同用人单位通过协商确定支付劳动报酬的形式和水平的权利；劳动报酬请求权是指劳动者依据付出的劳动或劳动合同的约定向用人单位请求按时、足额支付劳动报酬的权利；劳动报酬支付权是指劳动者独立支配、管理和处分自己获得的劳动报酬的权利。劳动报酬支配权具有民法物权的属性，即劳动者有权自主地支配处分劳动报酬，任何人不得干涉和侵犯。

S1.2.2.1　男女基本工资比例

什么是基本工资

基本工资（basic salary），一般被认为是劳动者所得工资额的基本组成部分，是根据员工所在职位、能力、价值核定的薪资。它由用人单位按照规定的工资标准支付，相较于工资额的其他组成部分具有相对稳定性。

什么是男女基本工资比例

男女基本工资比例（ratio of the basic salary of men to women），一般被认为是男

---

① 刘钧. 劳动关系理论与实务. 北京：人民邮电出版社，2016.

性和女性在同一岗位或同一行业中所得到的基本工资的比值，它反映了男女之间在劳动报酬方面的差异。

为什么要考察男女基本工资比例

维持男女基本工资比例均衡，有助于营造公平的工作氛围。一方面，可以保护员工的合法权益，增强员工的归属感，提高企业内部的工作效率，有利于增加企业的竞争力与市场份额。另一方面，可以提高企业的声誉和形象，展现出企业的公正和人文精神，有利于企业的长期发展。

怎样披露男女基本工资比例

【定量】 企业披露男女基本工资比例。

【计算方式】 男女基本工资比例＝处于某一岗位的男性员工平均工资÷处于同一岗位的女性员工平均工资。单位：％。

为什么要披露男女基本工资比例

注重男女基本工资比例均衡，可以促进社会的公平和正义。如果企业存在明显的性别歧视或者薪酬差异，就可能导致女性的社会地位、独立发展能力、自信心等方面受到影响，从而影响社会的和谐与稳定。企业可以通过注重男女基本工资比例均衡来向社会展示勇于承担社会责任、积极促进社会进步的良好企业形象。对于政府来说，积极促进社会公平和正义的企业更有扶持价值；对于投资者来说，注重营造公平工作氛围的企业，内部更加稳定，更有长期稳定发展的潜力。

与男女基本工资比例相关的主要指导机构及法律法规、政策规范

全国人民代表大会常务委员会〔2023〕《中华人民共和国妇女权益保障法》第四十五条：

——实行男女同工同酬。妇女在享受福利待遇方面享有与男子平等的权利。

国务院国有资产监督管理委员会〔2008〕《关于中央企业履行社会责任的指导意见》第十四条：

——维护职工合法权益。依法与职工签订并履行劳动合同，坚持按劳分配、同工同酬，建立工资正常增长机制，按时足额缴纳社会保险。尊重职工人格，公平对待职工，杜绝性别、民族、宗教、年龄等各种歧视。加强职业教育培训，创造平等发展机会。加强职代会制度建设，深化厂务公开，推进民主管理。关心职工生活，切实为职工排忧解难。

National Association of Securities Dealers Automated Quotations〔2019〕ESG Reporting Guide 2.0 S2：

——Ratio：Median male compensation to median female compensation

——比率：男性报酬中位数与女性报酬中位数之比

Global Reporting Initiative〔2022〕Consolidated Set of the GRI Standards 405－2：

——The reporting organization shall report the following information：a. Ratio of the basic salary and remuneration of women to men for each employee category, by significant locations of operation. b. The definition used for "significant locations of operation".

——组织应报告以下信息：a. 按重要运营点划分，各员工类别的男女员工基本工资和报酬的比例。b. 对"重要运营点"的定义。

European Financial Reporting Advisory Group〔2022〕ESRS S1 Own Workforce S1－16，90、92：

——The undertaking shall disclose the percentage gap in pay between women and men and the ratio between the compensation of its highest paid individual and the median compensation for its employees.

——The disclosure required by paragraph 90 shall include：(a) the male-female pay gap, defined as the difference between average gross hourly earnings of male paid employees and of female paid employees expressed as a percentage of average gross hourly earnings of male paid employees；(b) the ratio of the annual total compensation ratio of the highest paid individual to the median annual total compensation for all employees (excluding the highest-paid individual)；and (c) where applicable, any contextual information necessary to understand the data and how the data has been compiled and other changes to the underlying data that are to be considered.

——企业应披露男女薪酬的百分比差距，以及薪酬最高的个人薪酬与雇员薪酬中位数之间的比率。

——第90款要求的披露应包括：(a) 男女薪酬差距，定义为男性带薪雇员与女性带薪雇员的平均小时总收入之间的差额，以男性带薪雇员平均每小时总收入的百分比表示；(b) 薪酬最高的个人的年度总薪酬与所有雇员（不包括薪酬最高的个人）的年度薪酬中位数的比率；以及 (c) 在适用的情况下，理解数据以及数据的编译方式所需的任何背景信息，以及要考虑的基础数据的其他更改。

本指标披露等级及主要适用范围

【基础披露】适用于所有行业企业。

S1.2.2.2　最低工资标准与地方行业平均工资之差

什么是最低工资标准与地方行业平均工资之差

依照《最低工资规定》，最低工资是指劳动者在法定工作时间或依法签订的劳动合同约定的工作时间内提供了正常劳动的前提下，用人单位依法应支付的最低劳动报酬。最低工资标准与地方行业平均工资之差（the difference between minimum wage and local industry average wage），一般是指企业制定的最低工资标准与该地区相应行业的平均工资之间的差距。通常情况下，政府会规定最低工资标准，以保障劳动者的基本工资权益，而地方行业平均工资是指在某个地区特定行业的所有职工的平均工资水平。

为什么要考察最低工资标准与地方行业平均工资之差

考察最低工资标准与地方行业平均工资之差可以帮助企业制定更加合理的薪酬政策，提高员工的生产效率和工作积极性，从而增加企业的获利。首先，合理的最低工资标准可以保证员工的基本生活需求得到满足，降低员工的工作不满意度和离职率，提高员工的工作积极性和生产效率，从而增加企业的生产力和竞争力。其次，考虑到地方行业平均工资水平，企业可以根据行业平均工资水平制定具有竞争力的薪酬政策，吸引和留住优秀的员工，减少员工的流失和招聘成本，提高企业的生产效率和竞争力，从而增加企业的获利。最后，考虑到社会责任和企业形象等方面，企业也应该合理制定薪酬政策，保障员工的合法权益，营造良好的企业形象和口碑，提高企业的社会信誉度，从而增加企业的商业机会和获利。

怎样披露最低工资标准与地方行业平均工资之差

【定量】企业披露最低工资标准与地方行业平均工资的差额。

【计算方式】最低工资标准与地方行业平均工资之差＝企业的最低工资标准－地方相应行业的平均工资水平。单位：元。

为什么要披露最低工资标准与地方行业平均工资之差

利益相关方需要关注企业的财务状况和经营状况，其中员工薪资是一个重要的方面。披露最低工资标准与地方行业平均工资之差可以提供以下几个方面的信息：（1）成本。最低工资标准与地方行业平均工资之差可以反映出企业的人力成本和活动成本。企业的最低工资标准低于行业平均工资水平，可能表明企业的成本控制能力较强，能够更有效地控制成本，提高利润率。（2）风险。如果企业的最低工资标准低于行业平均工资水平，也可能存在一定的风险。员工可能会因为薪资太低而不满意，并可能会离开企业，或者可能在工作中表现出不满意的情绪和态度，这可能会对企业的形象和业务运营产生负面影响。（3）社会责任。利益相关方也越来越关注企业的社会责任和可持续性。披露最低工资标准与地方行业平均工资之差可以反映出企业对员工的态度和关注程度，对于那些更加注重社会责任和可持续性的利益相关方来说，这是一个重要的参考指标。综上所述，披露最低工资标准与地方行业平均工资之差可以提供有关企业成本、风险和社会责任等方面的信息，这些信息可以帮助利益相关方更好地了解企业的财务和经营状况，从而做出更明智的投资决策。

与最低工资标准与地方行业平均工资之差相关的主要指导机构及法律法规、政策规范

全国人民代表大会常务委员会〔2018〕《中华人民共和国劳动法》第四十八条、第四十九条：

——国家实行最低工资保障制度。最低工资的具体标准由省、自治区、直辖市人民政府规定，报国务院备案。用人单位支付劳动者的工资不得低于当地最低工资标准。

——确定和调整最低工资标准应当综合参考下列因素：（一）劳动者本人及平均赡养人口的最低生活费用；（二）社会平均工资水平；（三）劳动生产率；（四）就业状况；（五）地区之间经济发展水平的差异。

全国人民代表大会常务委员会〔2013〕《中华人民共和国劳动合同法》第二十条、第八十五条：

——劳动者在试用期的工资不得低于本单位相同岗位最低档工资或者劳动合同约定工资的百分之八十，并不得低于用人单位所在地的最低工资标准。

——用人单位有下列情形之一的，由劳动行政部门责令限期支付劳动报酬、加班费或者经济补偿；劳动报酬低于当地最低工资标准的，应当支付其差额部分；逾期不支付的，责令用人单位按应付金额百分之五十以上百分之一百以下的标准向劳动者加付赔偿金：（一）未按照劳动合同的约定或者国家规定及时足额支付劳动者劳动报酬的；（二）低于当地最低工资标准支付劳动者工资的；（三）安排加班不支付加班费的；（四）解除或者终止劳动合同，未依照本法规定向劳动者支付经济补偿的。

本指标披露等级及主要适用范围

【基础披露】适用于所有行业企业。

S1.2.3 员工休息休假权益

什么是员工休息休假权益

员工休息休假权益（employee rest and leave rights），是指员工依法享有的休息休假的权利。依照《中华人民共和国劳动法》第二条规定，劳动者享有休息休假的权利。我国现行主要的休息休假制度包括休息日、法定节日、教师寒暑假、职工带薪年休假、疗养假（保健休假）、探亲假、婚假、丧假、产假及护理假、哺乳假、少数民族节假日、事假、有薪事假、病假、育儿假等。

S1.2.3.1 员工工作时间与休息休假安排

什么是员工工作时间与休息休假安排

员工工作时间与休息休假安排（arrangement on employees' working hours and rest），一般被认为是企业专门对员工工作时间、休息时间和假期的安排情况。

为什么要考察员工工作时间与休息休假安排

合理的员工工作时间与休息休假安排有利于规范企业管理，维护正常的工作秩序，保障员工的休息休假权利，协调劳动报酬分配，充分调动职工的工作积极性，提高工作效率，增加企业的经济效益，在提高劳动者素质和劳动生产率的同时促进企业的可持续发展和现代化管理。

怎样披露员工工作时间与休息休假安排

【定性】/【定量】 企业披露内部员工工作时间与休息休假制度安排，对员工的工作时间、休息时间和假期安排做出规定。单位：天。

为什么要披露员工工作时间与休息休假安排

一方面，对员工工作时间与休息休假安排的披露有利于保障劳动者的休息权，保障劳动力资源的可持续发展；另一方面，国家经济的发展也依赖用人单位生产经营的顺利进行，合理的员工工作时间与休息休假制度安排在提高企业经济效益的同时也有利于国家经济的长远发展。

与员工工作时间与休息休假安排相关的主要指导机构及法律法规、政策规范

全国人民代表大会常务委员会〔2018〕《中华人民共和国劳动法》第四十三条、第四十四条：

——用人单位不得违反本法规定延长劳动者的工作时间。

——有下列情形之一的，用人单位应当按照下列标准支付高于劳动者正常工作时间工资的工资报酬：（一）安排劳动者延长工作时间的，支付不低于工资的百分之一百五十的工资报酬；（二）休息日安排劳动者工作又不能安排补休的，支付不低于工资的百分之二百的工资报酬；（三）法定休假日安排劳动者工作的，支付不低于工资的百分之三百的工资报酬。

国务院国有资产监督管理委员会〔2023〕《央企控股上市公司 ESG 专项报告参考指标体系》S1.2.2：

——工作时间和休息休假

指标性质：定性/定量

披露等级：建议披露

指标说明：描述公司工作时间和休息休假情况，如工时制度、人均工作时间、调休政策、延长工作时间的补偿或工资报酬标准、带薪休假等情况

上海证券交易所〔2023〕《上海证券交易所上市公司自律监管指引第 1 号——规范运作》8.14：

——上市公司应当根据员工构成情况，履行下列员工权益保障责任：（一）建立员工聘用解雇、薪酬福利、社会保险、工作时间等管理制度及违规处理措施；（二）建立防范职业性危害的工作环境与配套安全措施；（三）开展必要的员工知识

和职业技能培训；（四）其他应当履行的员工权益保护责任。

深圳证券交易所〔2023〕《深圳证券交易所上市公司自律监管指引第1号——主板上市公司规范运作》8.11：

——上市公司应当根据员工构成情况，履行下列员工权益保障责任：（一）建立员工聘用解雇、薪酬福利、社会保险、工作时间等管理制度及违规处理措施；（二）建立防范职业性危害的工作环境与配套安全措施；（三）开展必要的员工知识和职业技能培训；（四）其他应当履行的员工权益保护责任。

上海证券交易所〔2024〕《上海证券交易所上市公司自律监管指引第14号——可持续发展报告（试行）》第五十条：

——披露主体应当披露报告期内员工的总体情况，包括但不限于下列内容：（一）员工的聘用与待遇等方面的政策及执行情况，包括但不限于报告期内吸纳就业、创造灵活就业岗位的情况，期末在职员工的性别、年龄等构成情况，报告期内支付员工工资和缴纳员工社保、公司劳工纠纷、员工变动、对灵活就业人员的权益保障、招聘录用程序合规与公平透明情况等；……

深圳证券交易所〔2024〕《深圳证券交易所上市公司自律监管指引第17号——可持续发展报告（试行）》第五十条：

——披露主体应当披露报告期内员工的总体情况，包括但不限于下列内容：（一）员工的聘用与待遇等方面的政策及执行情况，包括但不限于报告期内吸纳就业、创造灵活就业岗位的情况，期末在职员工的性别、年龄等构成情况，报告期内支付员工工资和缴纳员工社保、公司劳工纠纷、员工变动、对灵活就业人员的权益保障、招聘录用程序合规与公平透明情况等；……

本指标披露等级及主要适用范围

【基础披露】适用于所有行业企业。

S1.2.3.2 员工工作时间

什么是员工工作时间

员工工作时间（employee working hours），一般被认为是劳动者在本职工作岗位进行劳动所花费的时间。工作时间是消耗劳动的时间，是衡量劳动者劳动贡献大小的尺度，也是计算劳动报酬的依据。

工作时间不仅包括实际工作时间，还应包括和本职工作有关的相关活动时间。这些时间包括：①生产或工作前从事必要的准备花费的时间和工作结束时的整理时间；②因用人单位的原因造成的等待工作任务的时间；③参加与工作有直接联系并有法定义务性质的职业培训和教育的时间；④连续性有害于健康的工作间歇时间，女职工哺乳的往返途中时间，孕期检查时间以及未成年人工作中适当的工作休息时间；⑤法律规定的其他属于计算作为工作时间的事项。

为什么要考察员工工作时间

规范员工工作时间是对企业管理制度的规范，有利于企业的规范化运营和可持续发展。合理的员工工作时间有利于保障劳动者的休息权，从而调动劳动者的工作积极性，提高劳动效率，增加企业的经济效益，同时也方便企业根据劳动者的工作时间确定合理的劳动报酬。

怎样披露员工工作时间

【定量】企业披露员工工作时间。单位：小时/工作日、小时/工作周。

为什么要披露员工工作时间

对员工工作时间的披露是对员工合法权利的保障，劳动者的工作时间过长，不仅会造成劳动生产率的下降，也会对劳动者的身体机能造成损伤，甚至发生伤亡事故，合理的工作时间有利于保障劳动力资源的可持续发展；此外，劳动者通过合理的工作时间可以更持续地创造财富，这也有利于国家经济的可持续发展。

与员工工作时间相关的主要指导机构及法律法规、政策规范

全国人民代表大会常务委员会〔2018〕《中华人民共和国劳动法》第三十六条、第四十三条：

——国家实行劳动者每日工作时间不超过八小时、平均每周工作时间不超过四十四小时的工时制度。

——用人单位不得违反本法规定延长劳动者的工作时间。

国务院国有资产监督管理委员会〔2023〕《央企控股上市公司 ESG 专项报告参考指标体系》S1.2.2：

——工作时间和休息休假

指标性质：定性/定量

披露等级：建议披露

指标说明：描述公司工作时间和休息休假情况，如工时制度、人均工作时间、调休政策、延长工作时间的补偿或工资报酬标准、带薪休假等情况

上海证券交易所〔2023〕《上海证券交易所上市公司自律监管指引第 1 号——规范运作》8.14：

——上市公司应当根据员工构成情况，履行下列员工权益保障责任：（一）建立员工聘用解雇、薪酬福利、社会保险、工作时间等管理制度及违规处理措施；（二）建立防范职业性危害的工作环境与配套安全措施；（三）开展必要的员工知识和职业技能培训；（四）其他应当履行的员工权益保护责任。

深圳证券交易所〔2023〕《深圳证券交易所上市公司自律监管指引第 1 号——主板上市公司规范运作》8.11：

——上市公司应当根据员工构成情况，履行下列员工权益保障责任：（一）建

立员工聘用解雇、薪酬福利、社会保险、工作时间等管理制度及违规处理措施；（二）建立防范职业性危害的工作环境与配套安全措施；（三）开展必要的员工知识和职业技能培训；（四）其他应当履行的员工权益保护责任。

香港交易所〔2023〕《环境、社会及管治报告指引》B1：
——有关薪酬及解雇、招聘及晋升、工作时数、假期、平等机会、多元化、反歧视以及其他待遇及福利的：（a）政策；及（b）遵守对发行人有重大影响的相关法律及规例的数据。

本指标披露等级及主要适用范围

【基础披露】适用于所有行业企业。

S1.2.3.3 员工加班权益保障

什么是员工加班权益保障

员工加班权益保障（protection of employees' rights and interests in overtime work），一般被认为是为确保员工在进行加班工作时的合法权益而采取的一系列措施和政策。这些保障通常涉及确保员工在加班时获得适当的补偿、保持健康和安全的工作条件，以及遵守相关的劳动法规定。

为什么要考察员工加班权益保障

首先，考察企业员工加班权益保障是为了确保员工在加班时获得适当的补偿和权益保护，符合劳动法规，有助于避免法律风险和潜在的劳动纠纷。其次，合理的加班政策和权益保障能够提升员工的工作满意度和忠诚度，减少员工流失。最后，关注员工的工作生活平衡，避免过度加班，有助于维持员工的健康和福祉，长远来看这对提高工作效率和创造性思维非常重要。总的来说，通过考察和保障员工的加班权益，企业不仅遵守法律法规，同时也营造了一个更加积极和健康的工作环境，这对企业的长期发展和声誉建设都是有益的。

怎样披露员工加班权益保障

【定性】企业披露关于员工加班权益保障的情况。

【定量】企业披露员工加班补偿的相关费用。单位：元。

【定量】企业披露员工每周最长工作时间。单位：小时。

为什么要披露员工加班权益保障

披露员工加班权益保障对于企业的声誉和透明度至关重要。这种披露向员工、潜在雇员、投资者和消费者展示了企业对员工福祉的承诺和遵守劳动法的诚意，增强了企业的信誉和吸引力。对于员工和潜在雇员，这表明企业重视工作生活平衡和公平待遇，有助于吸引和保留优秀人才。对于投资者和消费者，这展示了企业的社会责任感和道德标准，有助于建立和维护正面的品牌形象。因此，披露员工加班权益保障是企业在市场中建立可持续竞争优势的关键步骤。

与员工加班权益保障相关的主要指导机构及法律法规、政策规范

全国人民代表大会常务委员会〔2013〕《中华人民共和国劳动合同法》第八十五条：

——用人单位有下列情形之一的，由劳动行政部门责令限期支付劳动报酬、加班费或者经济补偿；劳动报酬低于当地最低工资标准的，应当支付其差额部分；逾期不支付的，责令用人单位按应付金额百分之五十以上百分之一百以下的标准向劳动者加付赔偿金：（一）未按照劳动合同的约定或者国家规定及时足额支付劳动者劳动报酬的；（二）低于当地最低工资标准支付劳动者工资的；（三）安排加班不支付加班费的；（四）解除或者终止劳动合同，未依照本法规定向劳动者支付经济补偿的。

上海证券交易所〔2024〕《上海证券交易所上市公司自律监管指引第 14 号——可持续发展报告（试行）》第五十条：

——披露主体应当披露报告期内员工的总体情况，包括但不限于下列内容：（一）员工的聘用与待遇等方面的政策及执行情况，包括但不限于报告期内吸纳就业、创造灵活就业岗位的情况，期末在职员工的性别、年龄等构成情况，报告期内支付员工工资和缴纳员工社保、公司劳工纠纷、员工变动、对灵活就业人员的权益保障、招聘录用程序合规与公平透明情况等；……

深圳证券交易所〔2024〕《深圳证券交易所上市公司自律监管指引第 17 号——可持续发展报告（试行）》第五十条：

——披露主体应当披露报告期内员工的总体情况，包括但不限于下列内容：（一）员工的聘用与待遇等方面的政策及执行情况，包括但不限于报告期内吸纳就业、创造灵活就业岗位的情况，期末在职员工的性别、年龄等构成情况，报告期内支付员工工资和缴纳员工社保、公司劳工纠纷、员工变动、对灵活就业人员的权益保障、招聘录用程序合规与公平透明情况等；……

本指标披露等级及主要适用范围

【建议披露】适用于所有行业企业。

S1.2.3.4　员工带薪假天数

什么是员工带薪假

员工带薪假（paid holiday for employees），是指劳动者根据法律法规规定，在任职期间不必从事生产和工作，而用人单位依法支付工资的假期。依照《中华人民共和国劳动法》第四十五条规定，国家实行带薪年休假制度。劳动者连续工作一年以上的，享受带薪年休假。

什么是员工带薪假天数

员工带薪假天数（the number of paid holiday），一般被认为是员工一年内享有带

薪假的天数。

为什么要考察员工带薪假天数

推行员工带薪假可以帮助员工灵活休息、缓解疲劳、释放压力，有利于员工的身心健康发展，从而更好地工作，为企业创造经济效益。同时，员工带薪假也体现了企业的人文关怀，有利于改善企业工作环境，提高企业形象，从而促进企业可持续发展。

怎样披露员工带薪假天数

【定量】企业披露员工带薪假天数以及不同情况下的薪资情况。单位：天。

为什么要披露员工带薪假天数

推行带薪休假制度，有利于劳动者自由选择出游时间和地点，从而促进旅游资源的充分利用，实现资源的有效配置；有利于劳动者获得充足的休息时间、恢复精力、消除疲劳和培养业余爱好；有利于家庭和社会的和谐稳定。

与员工带薪假天数相关的主要指导机构及法律法规、政策规范

全国人民代表大会常务委员会〔2018〕《中华人民共和国劳动法》第四十五条：

——国家实行带薪年休假制度。劳动者连续工作一年以上的，享受带薪年休假。具体办法由国务院规定。

中华人民共和国国务院〔2008〕《职工带薪年休假条例》第二条：

——机关、团体、企业、事业单位、民办非企业单位、有雇工的个体工商户等单位的职工连续工作1年以上的，享受带薪年休假（以下简称年休假）。单位应当保证职工享受年休假。职工在年休假期间享受与正常工作期间相同的工资收入。

国务院国有资产监督管理委员会〔2023〕《央企控股上市公司 ESG 专项报告参考指标体系》S1.2.2：

——工作时间和休息休假

指标性质：定性/定量

披露等级：建议披露

指标说明：描述公司工作时间和休息休假情况，如工时制度、人均工作时间、调休政策、延长工作时间的补偿或工资报酬标准、带薪休假等情况

上海证券交易所〔2024〕《上海证券交易所上市公司自律监管指引第 14 号——可持续发展报告（试行）》第五十条：

——披露主体应当披露报告期内员工的总体情况，包括但不限于下列内容：（一）员工的聘用与待遇等方面的政策及执行情况，包括但不限于报告期内吸纳就业、创造灵活就业岗位的情况，期末在职员工的性别、年龄等构成情况，报告期

内支付员工工资和缴纳员工社保、公司劳工纠纷、员工变动、对灵活就业人员的权益保障、招聘录用程序合规与公平透明情况等；……

深圳证券交易所〔2024〕《深圳证券交易所上市公司自律监管指引第 17 号——可持续发展报告（试行）》第五十条：

——披露主体应当披露报告期内员工的总体情况，包括但不限于下列内容：（一）员工的聘用与待遇等方面的政策及执行情况，包括但不限于报告期内吸纳就业、创造灵活就业岗位的情况，期末在职员工的性别、年龄等构成情况，报告期内支付员工工资和缴纳员工社保、公司劳工纠纷、员工变动、对灵活就业人员的权益保障、招聘录用程序合规与公平透明情况等；……

本指标披露等级及主要适用范围

【基础披露】适用于所有行业企业。

S1.2.3.5 员工产假与育儿假政策

什么是产假

产假（maternity leave），一般被认为是在职妇女产期前后的休假待遇。依照《中华人民共和国劳动法》第六十二条规定，女职工生育享受不少于九十天的产假。

什么是育儿假

育儿假（parental leave），一般被认为是孩子出生后父母双方所享有的带薪假期，根据各地生育政策的不同而有所区别。

什么是员工产假与育儿假政策

员工产假与育儿假政策（regulations regarding employee maternity and parental leave），一般被认为是企业专门制定的有关员工产假和育儿假的政策，包括休假时间、假期时长、薪酬安排等。

为什么要考察员工产假与育儿假政策

企业制定合理的员工产假与育儿假政策可以帮助员工更好地平衡家庭与工作，从而提高员工对企业的忠诚度，调动员工的工作积极性，在未来为企业创造更多的收益。同时，员工产假与育儿假政策的制定体现了企业积极承担社会责任，充分展示了企业的人文关怀，有利于树立良好的企业形象。

怎样披露员工产假与育儿假政策

【定性】企业披露是否依法设立并严格执行员工产假与育儿假制度。

【定量】企业披露员工产假和育儿假的天数。单位：天。

为什么要披露员工产假与育儿假政策

合理的员工产假与育儿假政策有利于员工个人家庭与工作的平衡，从而提高女性的生育意愿，长远来看有利于整体劳动力资源的可持续发展；同时，家庭的和谐有利于整个社会的和谐稳定，推动经济发展行稳致远。

与员工产假与育儿假政策相关的主要指导机构及法律法规、政策规范

全国人民代表大会常务委员会〔2018〕《中华人民共和国劳动法》第六十二条：

——女职工生育享受不少于九十天的产假。

中华人民共和国国务院〔2012〕《女职工劳动保护特别规定》第五条、第七条：

——用人单位不得因女职工怀孕、生育、哺乳降低其工资、予以辞退、与其解除劳动或者聘用合同。

——女职工生育享受98天产假，其中产前可以休假15天；难产的，增加产假15天；生育多胞胎的，每多生育1个婴儿，增加产假15天。女职工怀孕未满4个月流产的，享受15天产假；怀孕满4个月流产的，享受42天产假。

Global Reporting Initiative〔2022〕Consolidated Set of the GRI Standards 401-3：

——The reporting organization shall report the following information：a. Total number of employees that were entitled to parental leave, by gender; b. Total number of employees that took parental leave, by gender; c. Total number of employees that returned to work in the reporting period after parental leave ended, by gender; d. Total number of employees that returned to work after parental leave ended that were still employed 12 months after their return to work, by gender; e. Return to work and retention rates of employees that took parental leave, by gender.

——组织应报告以下信息：a. 按性别划分，有权享受育儿假的员工总数；b. 按性别划分，休育儿假的员工总数；c. 按性别划分，在报告期内育儿假结束后返岗的员工总数；d. 按性别划分，育儿假结束后返岗且12个月后仍在职的员工总数；e. 按性别划分，休育儿假的员工的返岗率和留任率。

European Financial Reporting Advisory Group〔2022〕ESRS S1 Own Workforce S1-13，86、88：

——The undertaking shall disclose the extent to which employees are entitled to and make use of family-related leave.

——The disclosure required by paragraph 86 shall include：(a) the percentage of employees entitled to take family-related leaves; and (b) the percentage of entitled employees that took family-related leaves, and a breakdown by gender.

——企业应披露雇员在多大程度上享受和利用与家庭有关的假期。

——第86款要求的披露应包括：(a) 有权休与家庭有关的假期的雇员百分比；及 (b) 休与家庭有关的假期的合资格雇员所占百分比，以及按性别分列的分项数字。

本指标披露等级及主要适用范围

【基础披露】适用于所有行业企业。

S1.2.3.6 员工生育保障制度

什么是员工生育保障制度

员工生育保障制度（employee maternity security system），一般被认为是社会保障制度的一个方面，狭义上包括生育保险、生育福利和生育救助三方面；从广义上来讲，还应包括商业保险对家庭生育险种的设置。针对与用人单位建立了劳动关系的职工，企业应当建立相关的保障机制，以向职业妇女提供生育津贴、医疗服务和产假，帮助她们恢复劳动能力，重返工作岗位。

为什么要考察员工生育保障制度

我国法律规定用人单位应当按照国家相关规定为职工提供生育保险、产假等，此外员工生育保障制度的建立有利于帮助职业女性产后恢复劳动能力，重返工作岗位。同时，企业积极建立员工生育保障制度，是积极承担社会责任的体现，有利于树立良好的社会形象。

怎样披露员工生育保障制度

【定性】企业披露员工生育保障制度的相关内容，包括生育保险、生育津贴、产假等相关规定。

为什么要披露员工生育保障制度

企业依法设立员工生育保障制度为生育妇女提供生育津贴、医疗服务和产假待遇，有利于保障其身体健康，并为婴儿的哺育和成长创造良好的条件，因此生育保障制度对社会劳动力的生产与再生产具有十分重要的保护作用。同时，员工生育保障制度可以缓解家庭生育的经济压力，缓和社会矛盾，维护社会稳定，长远来看有利于推动社会经济的健康发展。

与员工生育保障制度相关的主要指导机构及法律法规、政策规范

全国人民代表大会常务委员会〔2018〕《中华人民共和国社会保险法》第五十三条：

——职工应当参加生育保险，由用人单位按照国家规定缴纳生育保险费，职工不缴纳生育保险费。

中华人民共和国国务院〔2012〕《女职工劳动保护特别规定》第五条、第八条：

——用人单位不得因女职工怀孕、生育、哺乳降低其工资、予以辞退、与其解除劳动或者聘用合同。

——女职工产假期间的生育津贴，对已经参加生育保险的，按照用人单位上年度职工月平均工资的标准由生育保险基金支付；对未参加生育保险的，按照女

职工产假前工资的标准由用人单位支付。女职工生育或者流产的医疗费用，按照生育保险规定的项目和标准，对已经参加生育保险的，由生育保险基金支付；对未参加生育保险的，由用人单位支付。

本指标披露等级及主要适用范围

【建议披露】适用于所有行业企业。

S1.2.3.7　公司产假/陪产假后回到工作岗位和保留工作的员工比例

什么是公司产假/陪产假后回到工作岗位和保留工作的员工比例

公司产假/陪产假后回到工作岗位和保留工作的员工比例（the percentage of employees who return to work and keep their jobs after maternity/paternity leave），一般被认为是在休产假/陪产假的员工中休假后仍回到工作岗位和保留工作的员工所占的比例。

为什么要考察公司产假/陪产假后回到工作岗位和保留工作的员工比例

产假/陪产假是法律赋予劳动者的合法权利，在非工作能力影响的条件下，员工能够在产假/陪产假之后回到工作岗位和保留工作，可以充分表明企业不存在就业歧视，是企业社会责任感的体现，有利于树立良好的企业形象；同时也有利于提高员工的忠诚度，调动员工的工作积极性，提高工作效率，促进企业的长远发展。

怎样披露公司产假/陪产假后回到工作岗位和保留工作的员工比例

【定量】企业披露产假/陪产假后回到工作岗位的员工比例。

【计算方式】产假/陪产假后回到工作岗位的员工比例＝产假/陪产假后回到工作岗位的员工人数÷休产假/陪产假的员工人数。单位：%。

【定量】企业披露产假/陪产假后保留工作的员工比例。

【计算方式】产假/陪产假后保留工作的员工比例＝产假/陪产假后保留工作的员工人数÷休产假/陪产假的员工人数。单位：%。

为什么要披露公司产假/陪产假后回到工作岗位和保留工作的员工比例

若非员工不能胜任自己的工作岗位，企业应当在员工产假/陪产假后使其回到原本的工作岗位，这种行为可以降低劳动者的生育顾虑，提高劳动者的生育意愿，有利于社会劳动力的再生产，同时也可以促进就业，有利于社会的和谐稳定以及社会经济的健康发展。

与公司产假/陪产假后回到工作岗位和保留工作的员工比例相关的主要指导机构及法律法规、政策规范

Global Reporting Initiative〔2022〕Consolidated Set of the GRI Standards　401-3：

——The reporting organization shall report the following information：a. Total number of employees that were entitled to parental leave，by gender；b. Total number of employees that took parental leave, by gender; c. Total number of employees that returned to work in the reporting period after parental leave ended, by gender; d. Total number of employees that returned to work after parental leave ended that were still employed 12 months after their return to work, by gender; e. Return to work and retention rates of employees that took parental leave, by gender.

——组织应报告以下信息：a. 按性别划分，有权享受育儿假的员工总数；b. 按性别划分，休育儿假的员工总数；c. 按性别划分，在报告期内育儿假结束后返岗的员工总数；d. 按性别划分，育儿假结束后返岗且 12 个月后仍在职的员工总数；e. 按性别划分，休育儿假的员工的返岗率和留任率。

European Financial Reporting Advisory Group〔2022〕ESRS S1 Own Workforce S1 - 13, 67、68、69：

——The undertaking shall disclose to which extent the employees are entitled to and make use of family-related leaves.

——The principle to be followed under this Disclosure Requirement is to provide an understanding of the actual practices amongst the employees to take family-related leave in a gender equitable manner.

——The disclosure required shall include: return to work and retention rates of employees that took maternity, paternity and/or parental leave, disaggregated by gender.

——企业应披露雇员在多大程度上有权享受和利用与家庭有关的假期。

——根据本披露要求，应遵循的原则是让员工了解以性别平等方式休与家庭有关假期的实际做法。

——所要求的披露应包括：按性别分列的休产假、陪产假和（或）育儿假的雇员重返工作岗位和留用的比率。

本指标披露等级及主要适用范围

【基础披露】适用于所有行业企业。

S1.2.4 员工社会与安全保障

什么是社会保障

社会保障（social security），依照《社会学教程》（第五版）[①]，是指国家和社会根据立法，对因社会和自然原因造成生活来源中断、基本生活发生困难的社会成员给予物质帮助，从而保障其基本生活，维持社会稳定的活动和制度。

---

① 王思斌. 社会学教程. 5 版. 北京：北京大学出版社，2021.

什么是安全保障

安全保障（safety assurance），一般被认为是采取措施以确保人员、资产、信息或环境的安全。这包括预防潜在风险和威胁，以及应对可能发生的紧急情况或危险事件。

S1.2.4.1　员工五险一金缴纳情况

什么是五险一金

五险一金（insurance and housing fund），一般被认为是指用人单位给予劳动者的几种保障性待遇的合称。五险一金制度是中国政府为公民提供的社会保障制度。五险是指五种社会保险，即养老保险、医疗保险、失业保险、工伤保险、生育保险，一金指住房公积金。根据《中华人民共和国社会保险法》和《住房公积金管理条例》，企业必须给职工缴足五险一金，其中，养老保险、医疗保险、失业保险、住房公积金为企业和职工共同缴纳，工伤保险和生育保险为企业缴纳。

为什么要考察员工五险一金缴纳情况

通过考察员工五险一金缴纳情况，可以最大化企业的价值产出，深度优化用工成本，帮助企业制定和改进相关的员工管理政策和制度。缴纳五险一金的单位更有利于留住人才，其中工伤保险和住房公积金能帮助企业减少用工风险。

怎样披露员工五险一金缴纳情况

【定性】企业披露员工五险一金缴纳情况。

【定量】企业披露员工五险一金缴纳人数。单位：人。

【定量】企业披露员工五险一金缴纳比例。

【计算方式】员工五险一金缴纳比例＝员工五险一金缴纳人数÷企业在职人数。单位：%。

为什么要披露员工五险一金缴纳情况

披露员工五险一金缴纳情况能促进企业提高对员工的福利保障水平与基准道德水平，可以体现企业的社会责任和透明度，让利益相关者可以更好地了解企业的员工管理情况，有助于企业实现可持续发展目标和履行社会责任。

与员工五险一金缴纳情况相关的主要指导机构及法律法规、政策规范

全国人民代表大会常务委员会〔2018〕《中华人民共和国劳动法》第三条、第七十二条：

——劳动者享有平等就业和选择职业的权利、取得劳动报酬的权利、休息休假的权利、获得劳动安全卫生保护的权利、接受职业技能培训的权利、享受社会保险和福利的权利、提请劳动争议处理的权利以及法律规定的其他劳动权利。

——社会保险基金按照保险类型确定资金来源，逐步实行社会统筹。用人单位和劳动者必须依法参加社会保险，缴纳社会保险费。

全国人民代表大会常务委员会〔2024〕《中华人民共和国公司法》第十六条：

——公司应当保护职工的合法权益，依法与职工签订劳动合同，参加社会保险，加强劳动保护，实现安全生产。公司应当采用多种形式，加强公司职工的职业教育和岗位培训，提高职工素质。

国务院国有资产监督管理委员会〔2023〕《央企控股上市公司 ESG 专项报告参考指标体系》S1.2.3：

——薪酬福利保障情况

指标性质：定性

披露等级：基础披露

指标说明：描述公司提供的薪酬福利保障情况，如是否按时发放薪酬，是否提供社会保险、公积金、商业保险、企业年金等情况

上海证券交易所〔2023〕《上海证券交易所上市公司自律监管指引第 1 号——规范运作》8.14：

——上市公司应当根据员工构成情况，履行下列员工权益保障责任：（一）建立员工聘用解雇、薪酬福利、社会保险、工作时间等管理制度及违规处理措施；（二）建立防范职业性危害的工作环境与配套安全措施；（三）开展必要的员工知识和职业技能培训；（四）其他应当履行的员工权益保护责任。

深圳证券交易所〔2023〕《深圳证券交易所上市公司自律监管指引第 1 号——主板上市公司规范运作》8.11：

——上市公司应当根据员工构成情况，履行下列员工权益保障责任：（一）建立员工聘用解雇、薪酬福利、社会保险、工作时间等管理制度及违规处理措施；（二）建立防范职业性危害的工作环境与配套安全措施；（三）开展必要的员工知识和职业技能培训；（四）其他应当履行的员工权益保护责任。

本指标披露等级及主要适用范围

【基础披露】适用于所有行业企业。

S1.2.4.2　员工健康与安全生产管理体系建设

什么是员工健康与安全生产管理体系

员工健康与安全生产管理体系（employee health and safety production management system），一般被认为是企业为了预防工作场所灾害、员工伤亡的发生，保护员工身心健康、正常进行生产劳动，建立的一系列管理制度与保护机制。《中华人民共和国劳动法》第五十二条规定，用人单位必须建立、健全劳动安全卫生制度，严格执行国家劳动安全卫生规程和标准，对劳动者进行劳动安全卫生教育，防止劳动过程中的事故，减少职业危害。

为什么要考察员工健康与安全生产管理体系建设

建立健全员工健康与安全生产管理体系能够保护员工健康安全利益，有助于保障员工的工作效率和生产力，增强企业的竞争优势。对企业的员工健康与安全生产管理体系建设情况进行考察，有助于企业制定和改进相关的员工管理政策和制度。同时，完善的员工健康与安全生产管理体系可以提升企业的社会形象和声誉，对于一些高风险行业，员工的健康和安全是企业经营的重要风险因素，缺乏相应的员工健康与安全生产管理体系可能会导致事故和安全问题，从而影响企业的长期经营。

怎样披露员工健康与安全生产管理体系建设

【定性】企业披露其员工健康与安全生产管理体系建设相关情况，包括管理方针、管理文件、安全责任制度、安全管理培训等。

为什么要披露员工健康与安全生产管理体系建设

通过披露员工健康与安全生产管理体系建设情况，能够展现企业是否有完善的员工健康与安全生产管理体系以及是否遵守相关法律法规和道德标准，可以让利益相关者更好地了解企业的员工管理情况、承担的社会责任，从而增强对企业的信任度和认可度。

与员工健康与安全生产管理体系建设相关的主要指导机构及法律法规、政策规范

全国人民代表大会常务委员会〔2018〕《中华人民共和国劳动法》第五十二条、第五十四条：

——用人单位必须建立、健全劳动安全卫生制度，严格执行国家劳动安全卫生规程和标准，对劳动者进行劳动安全卫生教育，防止劳动过程中的事故，减少职业危害。

——用人单位必须为劳动者提供符合国家规定的劳动安全卫生条件和必要的劳动防护用品，对从事有职业危害作业的劳动者应当定期进行健康检查。

中华人民共和国财政部〔2010〕《企业内部控制应用指引第 4 号——社会责任》第五条、第六条：

——企业应当根据国家有关安全生产的规定，结合本企业实际情况，建立严格的安全生产管理体系、操作规范和应急预案，强化安全生产责任追究制度，切实做到安全生产。企业应当设立安全管理部门和安全监督机构，负责企业安全生产的日常监督管理工作。

——企业应当重视安全生产投入，在人力、物力、资金、技术等方面提供必要的保障，健全检查监督机制，确保各项安全措施落实到位，不得随意降低保障标准和要求。

国务院国有资产监督管理委员会〔2023〕《央企控股上市公司 ESG 专项报告参考指标体系》S1.3.1：

——员工职业健康安全管理

指标性质：定性/定量

披露等级：基础披露

指标说明：描述员工职业健康安全管理措施，如工作中包含的职业健康安全风险及来源情况，健康安全保障相关制度及执行情况、覆盖程度，健康安全受损害者的权益保护情况

上海证券交易所〔2024〕《上海证券交易所上市公司自律监管指引第 14 号——可持续发展报告（试行）》第五十条：

——披露主体应当披露报告期内员工的总体情况，包括但不限于下列内容：……（二）职业健康与安全的基本情况，包括但不限于针对公司职业安全风险及来源的识别与评估情况，职业健康安全管理体系的建立及实施情况、相应资质认证获得情况、相关培训情况，工伤保险、安全生产责任险的投入金额及人员覆盖率，报告期内安全事故的具体情况（如有）等；……

深圳证券交易所〔2024〕《深圳证券交易所上市公司自律监管指引第 17 号——可持续发展报告（试行）》第五十条：

——披露主体应当披露报告期内员工的总体情况，包括但不限于下列内容：……（二）职业健康与安全的基本情况，包括但不限于针对公司职业安全风险及来源的识别与评估情况，职业健康安全管理体系的建立及实施情况、相应资质认证获得情况、相关培训情况，工伤保险、安全生产责任险的投入金额及人员覆盖率，报告期内安全事故的具体情况（如有）等；……

National Association of Securities Dealers Automated Quotations〔2019〕ESG Reporting Guide 2.0 S8：

——Does your company follow an occupational health and/or global health & safety policy? Yes/No

——贵公司是否遵循职业健康和/或全球健康与安全政策？是/否

Global Reporting Initiative〔2022〕Consolidated Set of the GRI Standards 403-1：

——The reporting organization shall report the following information for employees and for workers who are not employees but whose work and/or workplace is controlled by the organization: a. A statement of whether an occupational health and safety management system has been implemented, including whether: i. the system has been implemented because of legal requirements and, if so, a list of the requirements; ii. the system has been implemented based on recognized risk management and/or management system standards/guidelines and, if so, a list of the standards/guidelines. b. A description of the scope of workers, activities, and workplaces covered by the occupational health and safety management system, and an explanation of whether and, if so, why any workers, activities, or workplaces are not covered.

——针对员工以及虽然不是员工但工作和/或工作场所受组织控制的劳动者，组织应提供以下信息：a. 说明是否实施了职业健康安全管理体系，包括是否：i. 根据法律要求实施管理体系，如果是，列出这些要求；ii. 根据受认可的风险管理和/或管理体系标准/准则实施管理体系，如果是，列出这些标准/准则。b. 说明职业健康安全管理体系所覆盖的劳动者、活动和工作场所范围，说明是否未覆盖一些劳动者、活动和工作场所，以及未覆盖的原因。

European Financial Reporting Advisory Group〔2022〕ESRS S1 Own Workforce S1 - 14, 82、84：

——The undertaking shall disclose information on the extent to which its own workforce is covered by its health and safety management system and the number of incidents associated with work-related injuries, ill health and fatalities of its own workers. In addition, it shall disclose the number of fatalities as a result of work-related injuries and work-related ill health of other workers working on the undertaking's sites.

——The disclosure required by paragraph 82 shall include the following information broken down between employees and non-employee workers in own workforce: (a) the percentage of own workers who are covered by the undertaking's health and safety management system based on legal requirements and/or recognised standards or guidelines; (b) the number of fatalities as a result of work-related injuries and work-related ill health; (c) the number and rate of recordable work-related accidents; (d) the number of cases of recordable work-related ill health; and (e) the number of days lost to work-related injuries and fatalities from work-related accidents, work-related ill health and fatalities from ill health. The information for (b) shall also be reported for other workers working on the undertaking's sites.

——企业应披露其健康和安全管理体系在多大程度上覆盖其员工队伍，以及与其员工因工负伤、患病和死亡有关的事故数量。此外，还应当披露在经营场所工作的其他劳动者由于因工负伤和患病而死亡的人数。

——第82款要求的披露应包括以下信息，在员工队伍中的雇员和非雇员劳动者之间细分：（a）根据法律要求和/或公认的标准或准则，企业的健康和安全管理体系所涵盖的员工的百分比；（b）由于因工负伤和患病而死亡的人数；（c）可记录的工伤意外的数目及发生率；（d）可记录的因工患病个案数目；及（e）因工伤而损失的天数,以及由于与工作有关的意外事故、因工患病和因此而死亡所损失的天数。(b) 项的信息也应报告给在企业现场工作的其他劳动者。

本指标披露等级及主要适用范围

【基础披露】适用于所有行业企业。

S1.2.4.3 员工健康服务和健康培训办法建立及实施情况(含心理健康)

什么是员工健康服务和健康培训

员工健康服务和健康培训(employee health services and training),一般被认为是企业为员工提供医疗保健、体检、心理健康、职业健康管理等服务并为员工提供关于健康、安全和环境保护等方面的培训。依照《中华人民共和国安全生产法》第四十四条规定,生产经营单位应当教育和督促从业人员严格执行本单位的安全生产规章制度和安全操作规程;并向从业人员如实告知作业场所和工作岗位存在的危险因素、防范措施以及事故应急措施。生产经营单位应当关注从业人员的身体、心理状况和行为习惯,加强对从业人员的心理疏导、精神慰藉,严格落实岗位安全生产责任,防范从业人员行为异常导致事故发生。

为什么要考察员工健康服务和健康培训办法建立及实施情况(含心理健康)

员工健康服务和健康培训有利于促进员工的健康和发展,进而保障员工的工作效率和生产力。对企业员工健康服务和健康培训办法建立及实施情况进行考察,有助于客观评估企业对员工健康的关注与行动,同时也能帮助企业制定和改进相关的员工管理政策和制度,是企业承担社会责任的重要体现。尤其对于一些高风险行业,员工的安全和健康是企业经营过程中需要着重关注的因素,如果缺乏相应的健康服务和健康培训办法,可能会造成员工的健康问题或事故。

怎样披露员工健康服务和健康培训办法建立及实施情况(含心理健康)

【定性】企业披露为员工提供的健康服务与制定的员工健康培训办法的具体内容及实施情况。

为什么要披露员工健康服务和健康培训办法建立及实施情况(含心理健康)

通过披露员工健康服务和健康培训办法建立及实施情况(含心理健康),可以体现企业对社会责任的承担和信息透明度,有助于利益相关者了解企业是否关注员工的健康与培训、是否提供相应的服务和机会以及是否遵守相关法律法规和道德标准,从而增强对企业的信任度和认可度。

与员工健康服务和健康培训办法建立及实施情况(含心理健康)相关的主要指导机构及法律法规、政策规范

全国人民代表大会常务委员会〔2018〕《中华人民共和国劳动法》第五十四条:

——用人单位必须为劳动者提供符合国家规定的劳动安全卫生条件和必要的

劳动防护用品，对从事有职业危害作业的劳动者应当定期进行健康检查。

全国人民代表大会常务委员会〔2018〕《中华人民共和国职业病防治法》第三十五条：

——对从事接触职业病危害的作业的劳动者，用人单位应当按照国务院卫生行政部门的规定组织上岗前、在岗期间和离岗时的职业健康检查，并将检查结果书面告知劳动者。职业健康检查费用由用人单位承担。用人单位不得安排未经上岗前职业健康检查的劳动者从事接触职业病危害的作业；不得安排有职业禁忌的劳动者从事其所禁忌的作业；对在职业健康检查中发现有与所从事的职业相关的健康损害的劳动者，应当调离原工作岗位，并妥善安置；对未进行离岗前职业健康检查的劳动者不得解除或者终止与其订立的劳动合同。职业健康检查应当由取得《医疗机构执业许可证》的医疗卫生机构承担。卫生行政部门应当加强对职业健康检查工作的规范管理，具体管理办法由国务院卫生行政部门制定。

国务院国有资产监督管理委员会〔2023〕《央企控股上市公司ESG专项报告参考指标体系》S1.3.4：

——员工关爱与帮扶

指标性质：定性/定量

披露等级：建议披露

指标说明：描述公司对员工关爱与帮扶的措施与成效，如员工帮扶投入、慰问金投入、心理健康关注与处理的相关措施

上海证券交易所〔2024〕《上海证券交易所上市公司自律监管指引第14号——可持续发展报告（试行）》第五十条：

——披露主体应当披露报告期内员工的总体情况，包括但不限于下列内容：……（二）职业健康与安全的基本情况，包括但不限于针对公司职业安全风险及来源的识别与评估情况，职业健康安全管理体系的建立及实施情况、相应资质认证获得情况、相关培训情况，工伤保险、安全生产责任险的投入金额及人员覆盖率，报告期内安全事故的具体情况（如有）等；……

深圳证券交易所〔2024〕《深圳证券交易所上市公司自律监管指引第17号——可持续发展报告（试行）》第五十条：

——披露主体应当披露报告期内员工的总体情况，包括但不限于下列内容：……（二）职业健康与安全的基本情况，包括但不限于针对公司职业安全风险及来源的识别与评估情况，职业健康安全管理体系的建立及实施情况、相应资质认证获得情况、相关培训情况，工伤保险、安全生产责任险的投入金额及人员覆盖率，报告期内安全事故的具体情况（如有）等；……

香港交易所〔2023〕《环境、社会及管治报告指引》B2：

——一般披露有关提供安全工作环境及保障雇员避免职业性危害的：(a) 政策；及 (b) 遵守对发行人有重大影响的相关法律及规例的数据。

London Stock Exchange〔2019〕ESG Disclosure Score 8.20：

——Number and percentage of staff trained on health and safety standards within the last year. Only trainings separate from induction and explicitly cover health and safety aspects should be included. Health and Safety training is particularly important in sectors where injury rates and fatalities are yearly issues. By disclosing the number and proportion of staff trained annually, companies demonstrate an ongoing commitment to reducing and avoiding this risk.

——上一年接受健康和安全标准培训的工作人员人数和百分比。只应包括与上岗培训分开并明确涵盖健康和安全方面的培训。在伤害率和死亡率每年都较高的部门，健康和安全培训尤为重要。通过披露每年接受培训的员工人数和比例，公司展示了减少和避免这种风险的持续承诺。

Global Reporting Initiative〔2022〕Consolidated Set of the GRI Standards 403-3：

——The reporting organization shall report the following information for employees and for workers who are not employees but whose work and/or workplace is controlled by the organization: a description of the occupational health services' functions that contribute to the identification and elimination of hazards and minimization of risks, and an explanation of how the organization ensures the quality of these services and facilitates workers' access to them.

——针对员工以及虽然不是员工但工作和/或工作场所受组织控制的劳动者，组织应提供以下信息：职业健康服务对于识别和消除危害并将风险最小化的作用，以及组织如何确保服务质量，并为劳动者使用这些服务提供便利。

European Financial Reporting Advisory Group〔2022〕ESRS S1 Own Workforce S1-14, 82、84：

——The undertaking shall disclose information on the extent to which its own workforce is covered by its health and safety management system and the number of incidents associated with work-related injuries, ill health and fatalities of its own workers. In addition, it shall disclose the number of fatalities as a result of work-related injuries and work-related ill health of other workers working on the undertaking's sites.

——The disclosure required by paragraph 82 shall include the following information broken down between employees and non-employee workers in own workforce: (a) the percentage of own workers who are covered by the undertaking's health and safety management system based on legal requirements and/or recognised standards or guidelines; (b) the number of fatalities as a result of work-related injuries and work-related ill health; (c) the number and rate of recordable work-related accidents; (d) the number of cases of recordable work-related ill health; and (e) the number of days lost to work-related injuries and fatalities from work-related accidents, work-related ill health and fatalities from ill health. The information for (b) shall also be reported for other workers working on the undertaking's sites.

——企业应披露其健康和安全管理体系在多大程度上覆盖其员工队伍，以及与其员工因工负伤、患病和死亡有关的事故数量。此外，还应当披露在经营场所工作的其他劳动者由于因工负伤和患病而死亡的人数。

——第82款要求的披露应包括以下信息，在员工队伍中的雇员和非雇员劳动者之间细分：（a）根据法律要求和/或公认的标准或准则，企业的健康和安全管理体系所涵盖的员工的百分比；（b）由于因工负伤和患病而死亡的人数；（c）可记录的工伤意外的数目及发生率；（d）可记录的因工患病个案数目；及（e）因工伤而损失的天数，以及由于与工作有关的意外事故、因工患病和因此而死亡所损失的天数。（b）项的信息也应报告给在企业现场工作的其他劳动者。

本指标披露等级及主要适用范围

【基础披露】适用于所有行业企业。

S1.2.4.4 安全生产培训时数

什么是安全生产

安全生产（production safety），一般被认为是企业在生产经营活动中，为了避免造成人员伤害和财产损失的事故而采取相应的事故预防和控制措施，使生产过程在符合规定的条件下进行，以保证从业人员的人身安全与健康，设备和设施免受损坏，环境免遭破坏，生产经营活动得以顺利进行。依照《中华人民共和国安全生产法》第三条规定，安全生产工作应当以人为本，坚持人民至上、生命至上，把保护人民生命安全摆在首位，树牢安全发展理念，坚持安全第一、预防为主、综合治理的方针，从源头上防范化解重大安全风险。安全生产工作实行管行业必须管安全、管业务必须管安全、管生产经营必须管安全，强化和落实生产经营单位主体责任与政府监管责任，建立生产经营单位负责、职工参与、政府监管、行业自律和社会监督的机制。

什么是安全生产培训时数

安全生产培训时数（training hours for production safety），一般被认为是针对安全生产的相关内容对员工进行培训所持续的小时数。

为什么要考察安全生产培训时数

考察安全生产培训时数是为了降低企业发生安全事故的风险和成本，保障员工的生命安全和身体健康，同时提高员工的工作效率和生产力，提升企业的整体竞争力。通过加强安全生产培训，可以让员工了解和掌握各种安全规定和操作规程，减少因员工不当操作或管理不善导致的安全事故发生。在避免安全事故的同时，企业也能避免因此带来的人员伤亡、生产停顿等直接或间接成本的损失。此外，安全生产培训还能提高员工的工作技能和水平，提高生产效率和质量，进而提升企业的整体竞争力。

怎样披露安全生产培训时数

【定量】企业披露为员工提供的安全生产培训时长。单位：小时。

为什么要披露安全生产培训时数

安全生产培训时数是企业组织的安全生产培训的基础要素之一，它反映了企业在安全生产方面的投入和重视程度。考察安全生产培训时数可以了解企业是否按照法律法规要求开展安全生产培训、是否在安全生产教育和培训方面投入足够的资源以及是否对员工的安全生产知识、技能和态度进行了全面的培训。同时，也可以间接反映企业在安全生产方面的风险管理能力，以及对员工人身安全和健康的关注程度。高质量的安全生产培训能够有效提高员工的安全意识和技能，减少事故发生的概率，降低企业的风险。总体而言，披露安全生产培训时数可以为投资者评估企业的风险管理能力提供重要参考信息，有助于企业提高其声誉和竞争力。

与安全生产培训时数相关的主要指导机构及法律法规、政策规范

国务院国有资产监督管理委员会〔2023〕《央企控股上市公司 ESG 专项报告参考指标体系》S1.3.2：

——员工安全风险防控

指标性质：定性/定量

披露等级：基础披露

指标说明：描述员工安全风险防控相关措施、设备、培训、应急预案等情况，如安全风险防护培训覆盖率（%）

上海证券交易所〔2024〕《上海证券交易所上市公司自律监管指引第 14 号——可持续发展报告（试行）》第五十条：

——披露主体应当披露报告期内员工的总体情况，包括但不限于下列内容：……（二）职业健康与安全的基本情况，包括但不限于针对公司职业安全风险及来源的识别与评估情况，职业健康安全管理体系的建立及实施情况、相应资质认证获得情况、相关培训情况，工伤保险、安全生产责任险的投入金额及人员覆盖率，报告期内安全事故的具体情况（如有）等；……

深圳证券交易所〔2024〕《深圳证券交易所上市公司自律监管指引第 17 号——可持续发展报告（试行）》第五十条：

——披露主体应当披露报告期内员工的总体情况，包括但不限于下列内容：……（二）职业健康与安全的基本情况，包括但不限于针对公司职业安全风险及来源的识别与评估情况，职业健康安全管理体系的建立及实施情况、相应资质认证获得情况、相关培训情况，工伤保险、安全生产责任险的投入金额及人员覆盖率，报告期内安全事故的具体情况（如有）等；……

Global Reporting Initiative〔2022〕Consolidated Set of the GRI Standards 403-5：

——The reporting organization shall report the following information for employees and for workers who are not employees but whose work and/or workplace is controlled by the organization: a description of any occupational health and safety training provided to workers, including generic training as well as training on specific work-related hazards, hazardous activities, or hazardous situations.

——针对员工以及虽然不是员工但工作和/或工作场所受组织控制的劳动者，组织应提供以下信息：向劳动者提供的任何职业健康安全培训，包括通用培训以及对具体工作相关危害、危害活动或危害情况的培训。

本指标披露等级及主要适用范围

【基础披露】适用于所有行业企业。

S1.2.4.5 和工作相关的健康问题及职业疾病发生情况

什么是和工作相关的健康问题及职业疾病发生情况

和工作相关的健康问题及职业疾病发生情况（occurrence of work-related health problems and occupational diseases），一般被认为是工作中因环境及接触有害因素对身体产生不良影响并引起人体生理机能的变化的情况。依照《中华人民共和国职业病防治法》第二条规定，职业病是指企业、事业单位和个体经济组织等用人单位的劳动者在职业活动中，因接触粉尘、放射性物质和其他有毒、有害物质等因素而引起的疾病。职业病的分类和目录由国务院卫生行政部门会同国务院劳动保障行政部门制定、调整并公布。

为什么要考察和工作相关的健康问题及职业疾病发生情况

考察和工作相关的健康问题及职业疾病发生情况既可以帮助企业采取相应的措施，预防和减少工伤事故和职业疾病的发生，从而减少企业因此带来的人力、财力和声誉损失，又有助于企业采取措施改善工作环境、提高员工健康水平，从而提高员工的工作效率和生产力。另外，在企业的员工出现了健康问题和职业疾病的情况下，如果企业采取了积极的措施进行处理和改善，可以提高员工和公众对企业的信任和认可，从而维护企业的形象和声誉。

怎样披露和工作相关的健康问题及职业疾病发生情况

【定性】企业披露其员工和工作相关的健康问题及职业疾病发生情况。

为什么要披露和工作相关的健康问题及职业疾病发生情况

披露和工作相关的健康问题及职业疾病发生情况，有助于利益相关方了解员工受伤或生病等潜在风险，从而规避因这些风险而可能会导致的生产力下降、保险费用增加以及承担法律责任等一系列财务和声誉的损失。企业的治理质量直接关系到利益相关方的资金安全和长期利益，关注企业和工作相关的健康问题及职业疾病发生情况，可以帮助利益相关方评估企业的治理质量和员工保护政策，以及企业是否遵守了相关的法规和标准。考察和工作相关的健康问题及职业疾病发生情况关系到企业的社会责任和可持续发展，包括员工福利和安全，有助于评估企业是否尊重员工权利和保障员工健康和安全，以及是否履行了社会责任。

与和工作相关的健康问题及职业疾病发生情况相关的主要指导机构及法律法规、政策规范

全国人民代表大会常务委员会〔2018〕《中华人民共和国劳动法》第二十九条：

——劳动者有下列情形之一的，用人单位不得依据本法第二十六条、第二十七条的规定解除劳动合同：（一）患职业病或者因工负伤并被确认丧失或者部分丧失劳动能力的；……

全国人民代表大会常务委员会〔2018〕《中华人民共和国职业病防治法》第三十五条：

——对从事接触职业病危害的作业的劳动者，用人单位应当按照国务院卫生行政部门的规定组织上岗前、在岗期间和离岗时的职业健康检查，并将检查结果书面告知劳动者。职业健康检查费用由用人单位承担。用人单位不得安排未经上岗前职业健康检查的劳动者从事接触职业病危害的作业；不得安排有职业禁忌的劳动者从事其所禁忌的作业；对在职业健康检查中发现有与所从事的职业相关的健康损害的劳动者，应当调离原工作岗位，并妥善安置；对未进行离岗前职业健康检查的劳动者不得解除或者终止与其订立的劳动合同。职业健康检查应当由取得《医疗机构执业许可证》的医疗卫生机构承担。卫生行政部门应当加强对职业健康检查工作的规范管理，具体管理办法由国务院卫生行政部门制定。

中华人民共和国财政部〔2010〕《企业内部控制应用指引第4号——社会责任》第十八条：

——企业应当及时办理员工社会保险，足额缴纳社会保险费，保障员工依法享受社会保险待遇。企业应当按照有关规定做好健康管理工作，预防、控制和消除职业危害；按期对员工进行非职业性健康监护，对从事有职业危害作业的员工

进行职业性健康监护。企业应当遵守法定的劳动时间和休息休假制度，确保员工的休息休假权利。

上海证券交易所〔2024〕《上海证券交易所上市公司自律监管指引第 14 号——可持续发展报告（试行）》第五十条：

——披露主体应当披露报告期内员工的总体情况，包括但不限于下列内容：……（二）职业健康与安全的基本情况，包括但不限于针对公司职业安全风险及来源的识别与评估情况，职业健康安全管理体系的建立及实施情况、相应资质认证获得情况、相关培训情况，工伤保险、安全生产责任险的投入金额及人员覆盖率，报告期内安全事故的具体情况（如有）等；……

深圳证券交易所〔2024〕《深圳证券交易所上市公司自律监管指引第 17 号——可持续发展报告（试行）》第五十条：

——披露主体应当披露报告期内员工的总体情况，包括但不限于下列内容：……（二）职业健康与安全的基本情况，包括但不限于针对公司职业安全风险及来源的识别与评估情况，职业健康安全管理体系的建立及实施情况、相应资质认证获得情况、相关培训情况，工伤保险、安全生产责任险的投入金额及人员覆盖率，报告期内安全事故的具体情况（如有）等；……

Singapore Exchange〔2023〕Starting with a Common Set of Core ESG Metrics 2：

——Metric：Recordable work-related ill health cases

Unit：Number of cases

Framework Alignment：GRI 403-10，WEF expanded metrics，MOM (Singapore)

Description：Number of recordable work-related illnesses or health conditions arising from exposure to hazards at work during reporting period. Scope of report should include both employees and workers who are not employees but whose work and/or workplace is controlled by the organisation.

——指标名称：可记录的与工作相关的患病案例

单位：病例数

框架体系：GRI 403-10、WEF 扩展指标、MOM（新加坡）

描述：在报告期内因在工作中暴露于危险而引起的可记录的工作相关疾病或健康状况的数量。报告范围应包括雇员和虽然不是雇员但其工作和/或工作场所由组织控制的劳动者。

Global Reporting Initiative〔2022〕Consolidated Set of the GRI Standards 403-10：

——The reporting organization shall report the following information：a. For all employees：i. The number of fatalities as a result of work-related ill health；

ii. The number of cases of recordable work-related ill health; iii. The main types of work-related ill health. b. For all workers who are not employees but whose work and/or workplace is controlled by the organization: i. The number of fatalities as a result of work-related ill health; ii. The number of cases of recordable work-related ill health; iii. The main types of work-related ill health. c. The work-related hazards that pose a risk of ill health, including: i. how these hazards have been determined; ii. which of these hazards have caused or contributed to cases of ill health during the reporting period; iii. actions taken or underway to eliminate these hazards and minimize risks using the hierarchy of controls. d. Whether and, if so, why any workers have been excluded from this disclosure, including the types of worker excluded. e. Any contextual information necessary to understand how the data have been compiled, such as any standards, methodologies, and assumptions used.

——组织应报告以下信息：a. 对于所有员工：i. 工作相关疾病导致的死亡数；ii. 可记录的工作相关患病案例数；iii. 工作相关疾病的主要类型。b. 对于所有虽然不是员工但工作和/或工作场所受组织控制的劳动者：i. 工作相关疾病导致的死亡数；ii. 可记录的工作相关患病案例数；iii. 工作相关疾病的主要类型。c. 与工作相关的存在患病风险的危害，包括：i. 确定这些危害的方法；ii. 报告期内，这些危害中哪些造成或促成了患病案例；iii. 使用控制体系消除危害并将风险最小化的措施，包括已采取或进行中的措施。d. 此披露项是否排除了某一类劳动者，如果是，说明排除的原因和所排除劳动者的类型。e. 理解数据编制方法的任何必要背景信息，如采用的任何标准、方法和假设。

European Financial Reporting Advisory Group〔2022〕ESRS S1 Own Workforce S1-14, 82、84：

——The undertaking shall disclose information on the extent to which its own workforce is covered by its health and safety management system and the number of incidents associated with work-related injuries, ill health and fatalities of its own workers. In addition, it shall disclose the number of fatalities as a result of work-related injuries and work-related ill health of other workers working on the undertaking's sites.

——The disclosure required by paragraph 82 shall include the following information broken down between employees and non-employee workers in own workforce: (a) the percentage of own workers who are covered by the undertaking's health and safety management system based on legal requirements and/or recognised standards or guidelines; (b) the number of fatalities as a result of work-related injuries and work-related ill health; (c) the number and rate of recordable work-related accidents; (d) the number of cases of recordable work-related ill health; and (e) the number of days lost to work-related injuries and fatalities from work-related accidents, work-related ill health and fatalities from ill health. The information for (b) shall also be reported for other workers working on the undertaking's sites.

——企业应披露其健康和安全管理体系在多大程度上覆盖其员工队伍，以及与其员工因工负伤、患病和死亡有关的事故数量。此外，还应当披露在经营场所工作的其他劳动者由于因工负伤和患病而死亡的人数。

——第 82 款要求的披露应包括以下信息，在员工队伍中的雇员和非雇员劳动者之间细分：(a) 根据法律要求和/或公认的标准或准则，企业的健康和安全管理体系所涵盖的员工的百分比；(b) 由于因工负伤和患病而死亡的人数；(c) 可记录的工伤意外的数目及发生率；(d) 可记录的因工患病个案数目；及 (e) 因工伤而损失的天数，以及由于与工作有关的意外事故、因工患病和因此而死亡所损失的天数。(b) 项的信息也应报告给在企业现场工作的其他劳动者。

本指标披露等级及主要适用范围

【基础披露】适用于所有行业企业。

S1.2.4.6　工伤情况

什么是工伤情况

工伤情况（work injury），一般被认为是职工在生产劳动或工作中负伤的情况，包括执行日常工作及企业行政方面临时指定或者同意的工作，从事紧急情况下虽未经企业行政指定但于企业有利的工作，以及从事发明或技术改进工作而负伤的情况。依照国务院令第 375 号《工伤保险条例》第十四条规定，职工有下列情形之一的，应当认定为工伤：在工作时间和工作场所内，因工作原因受到事故伤害的；在工作时间前后在工作场所内，从事与工作有关的预备性或者收尾性工作受到事故伤害的；在工作时间和工作场所内，因履行工作职责受到暴力等意外伤害的；患职业病的；因工外出期间，由于工作原因受到伤害或者发生事故下落不明的；在上下班途中，受到非本人主要责任的交通事故或者城市轨道交通、客运轮渡、火车事故伤害的；法律、行政法规规定应当认定为工伤的其他情形。第十五条规定，职工有下列情形之一的，视同工伤：在工作时间和工作岗位，突发疾病死亡或者在 48 小时之内经抢救无效死亡的；在抢险救灾等维护国家利益、公共利益活动中受到伤害的；职工原在军队服役，因战、因公负伤致残，已取得革命伤残军人证，到用人单位后旧伤复发的。

为什么要考察工伤情况

通过考察工伤情况，企业能够识别和改进存在的安全隐患，从而减少工伤事故的发生，降低企业的安全风险。企业重视员工的健康和安全，及时处理工伤事故，提供必要的治疗和补偿，能够增加员工的归属感和满意度，减少员工的流失率。同时，企业能够提供安全和健康的工作环境，并及时处理工伤事故，是企业保护员工、承担社会责任的重要体现。

怎样披露工伤情况

【定性】企业披露员工伤情以及工伤认定材料、工伤保险等情况。

【定量】企业披露员工工伤所涉及的人数。单位：人。

【定量】企业披露员工工伤保险缴纳的金额。单位：元。

为什么要披露工伤情况

披露企业的工伤情况可以帮助利益相关方了解企业的可持续性和社会责任感。具体来说，披露工伤情况可以体现企业对员工健康与安全的重视程度，以及企业的风险管理能力和业务可持续性。这可以帮助利益相关方更好地评估企业的长期投资价值和风险。此外，透明公开的工伤情况也可以促进企业与员工之间的信任关系，加强员工参与和支持，提高企业的声誉和形象。

与工伤情况相关的主要指导机构及法律法规、政策规范

中华人民共和国国务院〔2010〕《工伤保险条例》第四条：

——用人单位应当将参加工伤保险的有关情况在本单位内公示。用人单位和职工应当遵守有关安全生产和职业病防治的法律法规，执行安全卫生规程和标准，预防工伤事故发生，避免和减少职业病危害。职工发生工伤时，用人单位应当采取措施使工伤职工得到及时救治。

国务院国有资产监督管理委员会〔2023〕《央企控股上市公司 ESG 专项报告参考指标体系》S1.3.3：

——安全事故及工伤应对

指标性质：定性/定量

披露等级：基础披露

指标说明：描述公司在安全生产方面的制度和应对措施，如安全事故责任追究、隐患排查治理、应急救援、工伤认定和赔偿等相关制度。定量指标包括从业人员职业伤害保险的投入金额（万元）和覆盖率（%）、在工作场所员工发生事故的数量、比率（%）及变化情况（%）、过去三年（包括汇报年度）因工亡故的人数及比率、由于各类安全事故导致的损失工时数（小时）等

上海证券交易所〔2024〕《上海证券交易所上市公司自律监管指引第 14 号——可持续发展报告（试行）》第五十条：

——披露主体应当披露报告期内员工的总体情况，包括但不限于下列内

容：……（二）职业健康与安全的基本情况，包括但不限于针对公司职业安全风险及来源的识别与评估情况，职业健康安全管理体系的建立及实施情况、相应资质认证获得情况、相关培训情况，工伤保险、安全生产责任险的投入金额及人员覆盖率，报告期内安全事故的具体情况（如有）等；……

深圳证券交易所〔2024〕《深圳证券交易所上市公司自律监管指引第 17 号——可持续发展报告（试行）》第五十条：

——披露主体应当披露报告期内员工的总体情况，包括但不限于下列内容：……（二）职业健康与安全的基本情况，包括但不限于针对公司职业安全风险及来源的识别与评估情况，职业健康安全管理体系的建立及实施情况、相应资质认证获得情况、相关培训情况，工伤保险、安全生产责任险的投入金额及人员覆盖率，报告期内安全事故的具体情况（如有）等；……

香港交易所〔2023〕《环境、社会及管治报告指引》B2：

——一般披露有关提供安全工作环境及保障雇员避免职业性危害的：（a）政策；及（b）遵守对发行人有重大影响的相关法律及规例的数据。

National Association of Securities Dealers Automated Quotations〔2019〕ESG Reporting Guide 2.0 S7：

——Percentage：Frequency of injury events relative to total workforce time

——百分比：相对于总工时的工伤事故发生频率

Singapore Exchange〔2023〕Starting with a Common Set of Core ESG Metrics 2：

——Metric：Recordable injuries

Unit：Number of cases

Framework Alignment：GRI 403 - 9，WEF core metrics，MOM（Singapore），SASB 320

Description：Number of recordable work-related injuries during reporting period. Scope of report should include both employees and workers who are not employees but whose work and/or workplace is controlled by the organisation.

——指标名称：可记录的受伤情况数量

单位：数量

框架体系：GRI 403 - 9、WEF 核心指标、MOM（新加坡）、SASB 320

描述：报告期内可记录的工伤数量。报告范围应包括雇员和虽然不是雇员但其工作和/或工作场所由组织控制的劳动者。

Global Reporting Initiative〔2022〕Consolidated Set of the GRI Standards 403 - 9：

——The reporting organization shall report the following information：a. For all employees：i. The number and rate of fatalities as a result of work-related injury; ii. The number and rate of high-consequence work-related injuries (excluding fatalities); iii. The number and rate of recordable work-related injuries; iv. The main types of work-related injury; v. The number of hours worked. b. For all workers who are not employees but whose work and/or workplace is controlled by the organization: i. The number and rate of fatalities as a result of work-related injury; ii. The number and rate of high-consequence work-related injuries (excluding fatalities); iii. The number and rate of recordable work-related injuries; iv. The main types of work-related injury; v. The number of hours worked.

——组织应报告以下信息：a. 对于所有员工：i. 工伤导致的死亡数量和死亡率；ii. 严重后果工伤的数量和比例（不包括死亡）；iii. 可记录工伤的数量和比例；iv. 工伤的主要类型；v. 工作的小时数。b. 对于虽然不是员工但工作和/或工作场所受组织控制的所有劳动者：i. 工伤导致的死亡数量和死亡率；ii. 严重后果工伤的数量和比例（不包括死亡）；iii. 可记录工伤的数量和比例；iv. 工伤的主要类型；v. 工作的小时数。

European Financial Reporting Advisory Group〔2022〕ESRS S1 Own Workforce S1-14，82、84：

——The undertaking shall disclose information on the extent to which its own workforce is covered by its health and safety management system and the number of incidents associated with work-related injuries, ill health and fatalities of its own workers. In addition, it shall disclose the number of fatalities as a result of work-related injuries and work-related ill health of other workers working on the undertaking's sites.

——The disclosure required by paragraph 82 shall include the following information broken down between employees and non-employee workers in own workforce: (a) the percentage of own workers who are covered by the undertaking's health and safety management system based on legal requirements and/or recognised standards or guidelines; (b) the number of fatalities as a result of work-related injuries and work-related ill health; (c) the number and rate of recordable work-related accidents; (d) the number of cases of recordable work-related ill health; and (e) the number of days lost to work-related injuries and fatalities from work-related accidents, work-related ill health and fatalities from ill health. The information for (b) shall also be reported for other workers working on the undertaking's sites.

——企业应披露其健康和安全管理体系在多大程度上覆盖其员工队伍，以及与其员工因工负伤、患病和死亡有关的事故数量。此外，还应当披露在经营场所工作的其他劳动者由于因工负伤和患病而死亡的人数。

——第 82 款要求的披露应包括以下信息，在员工队伍中的雇员和非雇员劳动者之间细分：(a) 根据法律要求和/或公认的标准或准则，企业的健康和安全管理体系所涵盖的员工的百分比；(b) 由于因工负伤和患病而死亡的人数；(c) 可记录的工伤意外的数目及发生率；(d) 可记录的因工患病个案数目；及 (e) 因工伤而损失的天数，以及由于与工作有关的意外事故、因工患病和因此而死亡所损失的天数。(b) 项的信息也应报告给在企业现场工作的其他劳动者。

本指标披露等级及主要适用范围

【基础披露】 适用于所有行业企业。

S1.2.4.7　因工死亡人数

什么是因工死亡人数

因工死亡人数（the number of work-related fatalities），一般被认为是因工作原因造成的自然人死亡数量，包括在工作时间内以及工作上下班的时间内的死亡人数，但如果是在工作期间做与工作无关的事情而导致的死亡人数则不包括在内。

为什么要考察因工死亡人数

企业如果因为工伤事故导致员工死亡，会对企业的形象产生负面影响，可能导致员工和客户对企业产生不信任，从而对企业业务产生影响。企业因工伤事故导致员工死亡，需要承担工伤赔偿和相关费用，这将增加企业的成本负担，影响企业的财务状况。如果企业未能采取足够的安全措施来保护员工安全，还会面临重罚款、起诉和监管机构的调查等法律风险。因此，考察因工死亡人数有助于企业识别并改进安全生产管理，减少工伤事故和因工死亡人数，从而降低企业的成本和法律风险，并提升企业的声誉和品牌形象。

怎样披露因工死亡人数

【定量】 企业披露员工在工作时间内以及工作上下班的时间内因工作原因造成死亡的人数。单位：人。

为什么要披露因工死亡人数

披露因工死亡人数可以帮助利益相关方评估企业的社会责任承担情况和可持续性发展情况，企业的经营和发展需要建立在良好的企业治理、社会责任和环境保护基础之上。因此，利益相关方需要了解企业是否承担了足够的责任和义务，以及是否重视员工健康和安全，以此更好地评估企业的安全管理水平、员工福利保障水平以及企业社会责任的履行情况。

与因工死亡人数相关的主要指导机构及法律法规、政策规范

国务院国有资产监督管理委员会〔2023〕《央企控股上市公司 ESG 专项报告参考指标体系》S1.3.3：

——安全事故及工伤应对

指标性质：定性/定量

披露等级：基础披露

指标说明：描述公司在安全生产方面的制度和应对措施，如安全事故责任追究、隐患排查治理、应急救援、工伤认定和赔偿等相关制度。定量指标包括从业人员职业伤害保险的投入金额（万元）和覆盖率（%）、在工作场所员工发生事故的数量、比率（%）及变化情况（%）、过去三年（包括汇报年度）因工亡故的人数及比率、由于各类安全事故导致的损失工时数（小时）等

上海证券交易所〔2024〕《上海证券交易所上市公司自律监管指引第 14 号——可持续发展报告（试行）》第五十条：

——披露主体应当披露报告期内员工的总体情况，包括但不限于下列内容：……（二）职业健康与安全的基本情况，包括但不限于针对公司职业安全风险及来源的识别与评估情况，职业健康安全管理体系的建立及实施情况、相应资质认证获得情况、相关培训情况，工伤保险、安全生产责任险的投入金额及人员覆盖率，报告期内安全事故的具体情况（如有）等；……

深圳证券交易所〔2024〕《深圳证券交易所上市公司自律监管指引第 17 号——可持续发展报告（试行）》第五十条：

——披露主体应当披露报告期内员工的总体情况，包括但不限于下列内容：……（二）职业健康与安全的基本情况，包括但不限于针对公司职业安全风险及来源的识别评估情况，职业健康安全管理体系的建立及实施情况、相应资质认证获得情况、相关培训情况，工伤保险、安全生产责任险的投入金额及人员覆盖率，报告期内安全事故的具体情况（如有）等；……

香港交易所〔2023〕《环境、社会及管治报告指引》B2：

——一般披露有关提供安全工作环境及保障雇员避免职业性危害的：(a) 政策；及 (b) 遵守对发行人有重大影响的相关法律及规例的数据。

London Stock Exchange〔2019〕ESG Disclosure Score 8.20：

——Number of work-related employee fatalities over last three years. Include disclosure of zero fatalities, if that was the case. Employee fatalities should be captured separately from contractor fatalities and both listed.

——过去三年中与工作相关的员工死亡人数。包括披露零死亡人数，如果情况确实是这样的话。员工死亡人数应与承包商死亡人数分开记录，并同时列出。

Global Reporting Initiative〔2022〕Consolidated Set of the GRI Standards 403-9:

——The reporting organization shall report the following information: a. For all employees: i. The number and rate of fatalities as a result of work-related injury; ii. The number and rate of high-consequence work-related injuries (excluding fatalities); iii. The number and rate of recordable work-related injuries; iv. The main types of work-related injury; v. The number of hours worked. b. For all workers who are not employees but whose work and/or workplace is controlled by the organization: i. The number and rate of fatalities as a result of work-related injury; ii. The number and rate of high-consequence work-related injuries (excluding fatalities); iii. The number and rate of recordable work-related injuries; iv. The main types of work-related injury; v. The number of hours worked.

——组织应报告以下信息：a. 对于所有员工：i. 工伤导致的死亡数量和死亡率；ii. 严重后果工伤的数量和比例（不包括死亡）；iii. 可记录工伤的数量和比例；iv. 工伤的主要类型；v. 工作的小时数。b. 对于虽然不是员工但工作和/或工作场所受组织控制的所有劳动者：i. 工伤导致的死亡数量和死亡率；ii. 严重后果工伤的数量和比例（不包括死亡）；iii. 可记录工伤的数量和比例；iv. 工伤的主要类型；v. 工作的小时数。

European Financial Reporting Advisory Group〔2022〕ESRS S1 Own Workforce S1-14, 82、84:

——The undertaking shall disclose information on the extent to which its own workforce is covered by its health and safety management system and the number of incidents associated with work-related injuries, ill health and fatalities of its own workers. In addition, it shall disclose the number of fatalities as a result of work-related injuries and work-related ill health of other workers working on the undertaking's sites.

——The disclosure required by paragraph 82 shall include the following information broken down between employees and non-employee workers in own workforce: (a) the percentage of own workers who are covered by the undertaking's health and safety management system based on legal requirements and/or recognised standards or guidelines; (b) the number of fatalities as a result of work-related injuries and work-related ill health; (c) the number and rate of recordable work-related accidents; (d) the number of cases of recordable work-related ill health; and (e) the number of days lost to work-related injuries and fatalities from work-related accidents, work-related ill health and fatalities from ill health.

The information for (b) shall also be reported for other workers working on the undertaking's sites.

——企业应披露其健康和安全管理体系在多大程度上覆盖其员工队伍，以及与其员工因工负伤、患病和死亡有关的事故数量。此外，还应当披露在经营场所工作的其他劳动者由于因工负伤和患病而死亡的人数。

——第82款要求的披露应包括以下信息，在员工队伍中的雇员和非雇员劳动者之间细分：(a) 根据法律要求和/或公认的标准或准则，企业的健康和安全管理体系所涵盖的员工的百分比；(b) 由于因工负伤和患病而死亡的人数；(c) 可记录的工伤意外的数目及发生率；(d) 可记录的因工患病个案数目；及 (e) 因工伤而损失的天数，以及由于与工作有关的意外事故、因工患病和因此而死亡所损失的天数。(b) 项的信息也应报告给在企业现场工作的其他劳动者。

本指标披露等级及主要适用范围

【基础披露】适用于所有行业企业。

S1.2.5 工会

什么是工会

工会（labor union），依照《中国工会章程》规定，是中国共产党领导的职工自愿结合的工人阶级群众组织，是党联系职工群众的桥梁和纽带，是国家政权的重要社会支柱，是会员和职工利益的代表。中国工会以宪法为根本活动准则，按照《中华人民共和国工会法》和《中国工会章程》独立自主地开展工作，依法行使权利和履行义务。

S1.2.5.1 工会设立情况

什么是工会设立情况

工会设立情况（establishment of labor union），一般被认为是企业是否依法设立工会，以及工会是否依法行使权利、履行义务的情况。

为什么要考察工会设立情况

《中华人民共和国工会法》和《中国工会章程》要求企业依法设立工会，一方面通过工会企业管理层能够了解广大职工群众的愿望、意见和要求，增加决策的透明度和准确度；另一方面也能使职工群众了解企业的发展状况，提高职工群众参与企业管理的积极性、主动性和工作热情，提高工作效率，提高企业的经济效益。

怎样披露工会设立情况

【定性】企业披露是否依法设立工会并为工会提供必要的活动条件。

为什么要披露工会设立情况

工会可以发挥桥梁纽带作用，实现政党、政府与职工群众之间的沟通联系。一方面，通过工会可以把职工的意愿和要求反映给企业和相关部门，另一方面，通过教育和宣传等手段，能够把党的方针及政府的主张及时向职工群众传达。工会的设立既有利于维护职工合法权益，保障建立协调稳定的劳动关系、保证社会稳定，又有利于保证党的方针政策和国家法律法规的贯彻落实，促进国家经济的长远健康发展。

与工会设立情况相关的主要指导机构及法律法规、政策规范

全国人民代表大会常务委员会〔2024〕《中华人民共和国公司法》第十七条：

——公司职工依照《中华人民共和国工会法》组织工会，开展工会活动，维护职工合法权益。公司应当为本公司工会提供必要的活动条件。公司工会代表职工就职工的劳动报酬、工作时间、休息休假、劳动安全卫生和保险福利等事项依法与公司签订集体合同。公司依照宪法和有关法律的规定，建立健全的职工代表大会为基本形式的民主管理制度，通过职工代表大会或者其他形式，实行民主管理。公司研究决定改制、解散、申请破产以及经营方面的重大问题、制定重要的规章制度时，应当听取公司工会的意见，并通过职工代表大会或者其他形式听取职工的意见和建议。

中华人民共和国财政部〔2010〕《企业内部控制应用指引第 4 号——社会责任》第十九条：

——企业应当加强职工代表大会和工会组织建设，维护员工合法权益，积极开展员工职业教育培训，创造平等发展机会。企业应当尊重员工人格，维护员工尊严，杜绝性别、民族、宗教、年龄等各种歧视，保障员工身心健康。

国务院国有资产监督管理委员会〔2023〕《央企控股上市公司 ESG 专项报告参考指标体系》S1.2.4：

——员工民主管理

指标性质：定性/定量

披露等级：基础披露

指标说明：描述员工民主管理政策和措施，设立工会、职工代表大会情况，员工自治组织的运行情况，员工参加活动的比例、频次等

中国证券监督管理委员会〔2018〕《上市公司治理准则》第八十五条：

——上市公司应当加强员工权益保护，支持职工代表大会、工会组织依法行使职权。董事会、监事会和管理层应当建立与员工多元化的沟通交流渠道，听取员工对公司经营、财务状况以及涉及员工利益的重大事项的意见。

上海证券交易所〔2023〕《上海证券交易所上市公司自律监管指引第 1 号——规范运作》8.7：

——上市公司应当依据《公司法》和公司章程的规定，建立职工董事、职工监事选任制度，确保职工在公司治理中享有充分的权利；支持工会依法开展工作，对工资、福利、劳动安全卫生、社会保险等涉及职工切身利益的事项，通过职工代表大会、工会会议等民主形式听取职工的意见，关心和重视职工的合理需求。

深圳证券交易所〔2023〕《深圳证券交易所上市公司自律监管指引第 1 号——主板上市公司规范运作》8.5：

——上市公司应当依据《公司法》和公司章程的规定，建立职工董事、职工监事选任制度，确保职工在公司治理中享有充分的权利；支持工会依法开展工作，对工资、福利、劳动安全卫生、社会保险等涉及职工切身利益的事项，通过职工代表大会、工会会议等民主形式听取职工的意见，关心和重视职工的合理需求。

Global Reporting Initiative〔2022〕Consolidated Set of the GRI Standards 407：

——Operations and suppliers in which workers' rights to exercise freedom of association or collective bargaining may be violated or at significant risk either in terms of: i. type of operation (such as manufacturing plant) and supplier; ii. countries or geographic areas with operations and suppliers considered at risk. Measures taken by the organization in the reporting period intended to support rights to exercise freedom of association and collective bargaining.

——劳动者行使结社自由或集体谈判的权利受到侵犯或处于重大风险的运营点和供应商，按以下方面列示：i. 运营点（例如制造厂）和供应商的类型；ii. 被视为处于风险的运营点和供应商所在的国家或地区。在报告期内，组织为支持行使结社自由与集体谈判权利而采取的措施。

本指标披露等级及主要适用范围

【**基础披露**】适用于所有行业企业。

S1.2.5.2 职工代表大会相关办法

什么是职工代表大会

职工代表大会（congress of workers and staff），依照《全民所有制工业企业职工代表大会条例》第三条规定，是指企业实行民主管理的基本形式，是职工行使民主管理权力的机构。企业工会委员会是职工代表大会的工作机构，负责职工代表大会的日常工作。

什么是职工代表大会相关办法

职工代表大会相关办法（relevant system of the employee congress），一般被认为是职工代表大会进行活动的规范性规定，既属于各企业制定的职代会条例实施细则的内容，又具有相对的独立性，主要有民主管理联席会议制度和代表提案处理制度。

为什么要考察职工代表大会相关办法

第一，职工代表大会有利于统一职工思想，有利于发挥劳动者的积极能动性，化解劳动矛盾，促进企业和谐发展；第二，职工代表大会有利于增强民主管理，企业召开职工代表大会的过程既是搜集群众合理建议的过程，对于领导决策、改进工作方法，创新工作思路,也具有积极意义;第三,职工代表大会有利于加强班子建设,班子建设除了班子自身的业务素质、工作能力、工作方法之外,群众的监督至关重要,在历届职工代表大会上,职工代表都要对班子进行民主考评,这无疑会对班子起到鞭策和激励作用;第四,职工代表大会有利于加快依法治企的进程,任何一项制度都应通过职工代表大会的表决通过才能生效;第五,职工代表大会有利于财务管理规范化,在每届的职工代表大会上,还有一项内容为财务预决算报告,由分管财务的负责人向职代会公布财务收支情况、业务招待费使用情况,有利于增强财务管理人员规范管理财务的自觉性。

怎样披露职工代表大会相关办法

【定性】企业披露是否设立职工代表大会,以及职工代表大会的组织架构、会议流程、参会人员、开会周期等相关信息。

为什么要披露职工代表大会相关办法

职工代表大会是企业民主管理的基本形式。职工代表大会同企业民主管理的其他形式比较,具有代表性强、职责明确、组织健全、工作范围广泛、易于操作等特点,能够全面体现民主管理的基本要求。职工代表大会是由全体职工选举的职工代表组成的,他们代表全体职工行使民主管理权利,表达全体职工的意志,体现大多数职工的利益,有利于保护劳动者的合法权益。企业职工代表大会有利于协调劳动关系和化解劳动矛盾,依法科学地维护职工权益,有利于建立规范有序、公正合理、互利共赢、和谐稳定的社会主义新型劳动关系,推动和谐企业、和谐社会的建设。

与职工代表大会相关办法相关的主要指导机构及法律法规、政策规范

全国人民代表大会常务委员会〔2013〕《中华人民共和国劳动合同法》第四条、第五十一条:

——……用人单位在制定、修改或者决定有关劳动报酬、工作时间、休息休假、劳动安全卫生、保险福利、职工培训、劳动纪律以及劳动定额管理等直接涉及劳动者切身利益的规章制度或者重大事项时,应当经职工代表大会或者全体职工讨论,提出方案和意见,与工会或者职工代表平等协商确定。……

——企业职工一方与用人单位通过平等协商,可以就劳动报酬、工作时间、休息休假、劳动安全卫生、保险福利等事项订立集体合同。集体合同草案应当提交职工代表大会或者全体职工讨论通过。……

中华人民共和国财政部〔2010〕《企业内部控制应用指引第4号——社会责任》第十九条:

——企业应当加强职工代表大会和工会组织建设,维护员工合法权益,积极开展员工职业教育培训,创造平等发展机会。企业应当尊重员工人格,维护员工尊严,杜绝性别、民族、宗教、年龄等各种歧视,保障员工身心健康。

国务院国有资产监督管理委员会〔2023〕《央企控股上市公司 ESG 专项报告参考指标体系》S1.2.4：

——员工民主管理

指标性质：定性/定量

披露等级：基础披露

指标说明：描述员工民主管理政策和措施，设立工会、职工代表大会情况，员工自治组织的运行情况，员工参加活动的比例、频次等

上海证券交易所〔2023〕《上海证券交易所上市公司自律监管指引第 1 号——规范运作》8.7：

——上市公司应当依据《公司法》和公司章程的规定，建立职工董事、职工监事选任制度，确保职工在公司治理中享有充分的权利；支持工会依法开展工作，对工资、福利、劳动安全卫生、社会保险等涉及职工切身利益的事项，通过职工代表大会、工会会议等民主形式听取职工的意见，关心和重视职工的合理需求。

深圳证券交易所〔2023〕《深圳证券交易所上市公司自律监管指引第 1 号——主板上市公司规范运作》8.5：

——上市公司应当依据《公司法》和公司章程的规定，建立职工董事、职工监事选任制度，确保职工在公司治理中享有充分的权利；支持工会依法开展工作，对工资、福利、劳动安全卫生、社会保险等涉及职工切身利益的事项，通过职工代表大会、工会会议等民主形式听取职工的意见，关心和重视职工的合理需求。

Global Reporting Initiative〔2022〕Consolidated Set of the GRI Standards 407：

——Operations and suppliers in which workers' rights to exercise freedom of association or collective bargaining may be violated or at significant risk either in terms of：i. type of operation（such as manufacturing plant）and supplier；ii. countries or geographic areas with operations and suppliers considered at risk. Measures taken by the organization in the reporting period intended to support rights to exercise freedom of association and collective bargaining.

——劳动者行使结社自由或集体谈判的权利受到侵犯或处于重大风险的运营点和供应商，按以下方面列示：i. 运营点（例如制造厂）和供应商的类型；ii. 被视为处于风险的运营点和供应商所在的国家或地区。在报告期内，组织为支持行使结社自由与集体谈判权利而采取的措施。

本指标披露等级及主要适用范围

【基础披露】适用于所有行业企业。

S1.2.5.3 员工依法组织和参与工会情况

什么是员工依法组织和参与工会情况

员工依法组织和参与工会情况（the situation of employees organize and participate in trade unions in accordance with the law），是指企业员工依照相关法律法规组织和参与工会的情况。依照《中华人民共和国公司法》第十七条规定，公司职工依照《中华人民共和国工会法》组织工会，开展工会活动，维护职工合法权益。

为什么要考察员工依法组织和参与工会情况

《中华人民共和国工会法》和《中国工会章程》要求企业依法设立工会，员工依法组织和参与工会一方面可以使企业管理层充分了解广大职工群众的愿望、意见和要求，增加决策的透明度和准确度，集思广益，同时工会有一定的监督功能，有利于激励企业和员工依法进行生产经营活动，促进企业发展；另一方面也能使职工群众更好地了解企业的发展状况，提高职工群众参与企业管理的积极性、主动性和工作热情，提高员工工作效率，从而增加企业的经济效益。同时，支持工会发挥作用是企业积极承担社会责任的体现，有利于树立良好的企业形象。

怎样披露员工依法组织和参与工会情况

【定性】/【定量】 企业披露员工是否依法组织和参与工会及员工入会率。

【计算方式】 员工入会率＝加入工会的员工人数÷员工总数。单位：％。

为什么要披露员工依法组织和参与工会情况

一方面，员工依法组织和参与工会有利于维护职工合法权益，为员工提出合理意见与建议提供渠道，有利于协调稳定的劳动关系的建立，促进社会和谐稳定；另一方面，员工依法组织和参与工会有利于及时传达党的大政方针和国家法律法规的相关规定，保障其贯彻落实，有利于法治国家的建设以及国家经济的长远健康发展。

与员工依法组织和参与工会情况相关的主要指导机构及法律法规、政策规范

全国人民代表大会常务委员会〔2024〕《中华人民共和国公司法》第十七条：

——公司职工依照《中华人民共和国工会法》组织工会，开展工会活动，维护职工合法权益。公司应当为本公司工会提供必要的活动条件。公司工会代表职工就职工的劳动报酬、工作时间、休息休假、劳动安全卫生和保险福利等事项依法与公司签订集体合同。公司依照宪法和有关法律的规定，建立健全以职工代表大会为基本形式的民主管理制度，通过职工代表大会或者其他形式，实行民主管理。公司研究决定改制、解散、申请破产以及经营方面的重大问题、制定重要的规章制度时，应当听取公司工会的意见，并通过职工代表大会或者其他形式听取职工的意见和建议。

国务院国有资产监督管理委员会〔2008〕《关于中央企业履行社会责任的指导意见》（二十）：

——加强党组织对企业社会责任工作的领导。充分发挥企业党组织的政治核心作用，广泛动员和引导广大党员带头履行社会责任，支持工会、共青团、妇女组织在履行社会责任中发挥积极作用，努力营造有利于企业履行社会责任的良好氛围。

国务院国有资产监督管理委员会〔2023〕《央企控股上市公司 ESG 专项报告参考指标体系》S1.2.4：

——员工民主管理

指标性质：定性/定量

披露等级：基础披露

指标说明：描述员工民主管理政策和措施，设立工会、职工代表大会情况，员工自治组织的运行情况，员工参加活动的比例、频次等

中国证券监督管理委员会〔2018〕《上市公司治理准则》第八十五条：

——上市公司应当加强员工权益保护，支持职工代表大会、工会组织依法行使职权。董事会、监事会和管理层应当建立与员工多元化的沟通交流渠道，听取员工对公司经营、财务状况以及涉及员工利益的重大事项的意见。

中华全国总工会〔2023〕《中国工会章程》第二十五条：

——企业、事业单位、机关、社会组织等基层单位，应当依法建立工会组织。社区和行政村可以建立工会组织。从实际出发，建立区域性、行业性工会联合会，推进新经济组织、新社会组织工会组织建设。有会员二十五人以上的，应当成立基层工会委员会；不足二十五人的，可以单独建立基层工会委员会，也可以由两个以上单位的会员联合建立基层工会委员会，也可以选举组织员或者工会主席一人，主持基层工会工作。基层工会委员会有女会员十人以上的建立女职工委员会，不足十人的设女职工委员。职工二百人以上企业、事业单位、社会组织的工会设专职工会主席。工会专职工作人员的人数由工会与企业、事业单位、社会组织协商确定。基层工会组织具备民法典规定的法人条件的，依法取得社会团体法人资格，工会主席为法定代表人。

Global Reporting Initiative〔2022〕Consolidated Set of the GRI Standards 407-1：

——The reporting organization shall report how it manages freedom of association and collective bargaining using Disclosure 3-3 in GRI 3：Material Topics 2021. The reporting organization should describe any policy or policies considered likely to affect workers' decisions to form or join a trade union, to bargain collectively or to engage in trade union activities.

——组织应使用 GRI 3 "实质性议题 2021" 中的披露项 3-3，报告对结社自由与集体谈判的管理方法。如果认为某一项政策可能影响劳动者组建或加入工会、进行集体谈判或从事工会活动的决定，则组织应说明该项政策。

本指标披露等级及主要适用范围

【基础披露】适用于所有行业企业。

S1.2.5.4 工会与员工集体组织活动次数

什么是工会与员工集体组织活动次数

工会与员工集体组织活动次数（the number of activities organized by trade unions and employees collectively），一般被认为是工会与员工集体组织活动的次数。

为什么要考察工会与员工集体组织活动次数

《中华人民共和国工会法》和《中国工会章程》要求企业依法设立工会，中国工会依法行使权利和履行义务。工会与员工集体组织活动是为了使企业管理层充分了解广大职工群众的愿望、意见和要求，维护自己的合法权益，同时通过组织活动，员工也能更好地了解所在企业的发展状况，更好地发挥主观能动性。对于企业来说，使工会与员工集体依法组织活动是法律的要求，一方面有利于企业更好地获取员工意见，并据此在管理体系、经营活动中做出调整，促进企业发展；另一方面也体现出企业积极承担社会责任，有利于树立良好的社会形象。

怎样披露工会与员工集体组织活动次数

【定量】企业披露工会与员工集体组织活动的次数。单位：次。

为什么要披露工会与员工集体组织活动次数

中国工会是中国共产党领导的职工自愿结合的工人阶级群众组织，是党联系职工群众的桥梁和纽带，是国家政权的重要社会支柱，是会员和职工利益的代表。工会与员工集体依法组织活动有利于维护员工的合法权益，有利于建立协调稳定的劳动关系，促进社会和谐稳定，企业通过这样的活动合理调整自己的经营活动，不仅有利于企业长远发展，也有利于国家经济的健康发展。

与工会与员工集体组织活动次数相关的主要指导机构及法律法规、政策规范

全国人民代表大会常务委员会〔2024〕《中华人民共和国公司法》第十七条：

——公司职工依照《中华人民共和国工会法》组织工会，开展工会活动，维护职工合法权益。公司应当为本公司工会提供必要的活动条件。公司工会代表职工就职工的劳动报酬、工作时间、休息休假、劳动安全卫生和保险福利等事项依法与公司签订集体合同。公司依照宪法和有关法律的规定，建立健全以职工代表大会为基本形式的民主管理制度，通过职工代表大会或者其他形式，实行民主管理。公司研究决定改制、解散、申请破产以及经营方面的重大问题、制定重要的规章制度时，应当听取公司工会的意见，并通过职工代表大会或者其他形式听取职工的意见和建议。

国务院国有资产监督管理委员会〔2023〕《央企控股上市公司 ESG 专项报告参考指标体系》S1.2.4：

——员工民主管理

指标性质：定性/定量

披露等级：基础披露

指标说明：描述员工民主管理政策和措施，设立工会、职工代表大会情况，员工自治组织的运行情况，员工参加活动的比例、频次等

中国证券监督管理委员会〔2018〕《上市公司治理准则》第八十五条：

——上市公司应当加强员工权益保护，支持职工代表大会、工会组织依法行使职权。董事会、监事会和管理层应当建立与员工多元化的沟通交流渠道，听取员工对公司经营、财务状况以及涉及员工利益的重大事项的意见。

本指标披露等级及主要适用范围

【基础披露】适用于所有行业企业。

S1.3 员工福利与满意度

S1.3.1 员工福利

什么是员工福利

员工福利（employee benefits），可以从不同的角度进行定义。依照《员工福利管理》（第二版）[①]，从广义福利的角度而言，员工福利是指由企业雇主专门面向其内部雇员所提供的，用以改善雇员及其家庭生活水平的一种辅助性措施和公益性事业。从整体报酬的角度而言，员工福利是指企业向员工支付的、不以员工向企业供给的工作时间为单位来计算的，有别于工资、奖金的间接性薪酬支付，是全部报酬的一部分。

S1.3.1.1 员工福利计划

什么是员工福利计划

员工福利计划（employee benefit plan），或称员工福利规划（employee benefit planning），依照《员工福利管理》（第二版）[②]，是企业薪酬战略的一个组成部分，是指企业结合自己的发展目标以及对未来各影响因素的预测和分析，基于特定的阶段对未来一定时间内员工福利的发展走向和具体路径所做的全面、规范、系统的计划。按照是否对员工福利从产生到发展的全过程进行规划来分，可以将员工福利规划分为广义上的员工福利规划和狭义上的员工福利规划。

广义上的员工福利规划，是指对员工福利从产生到发展的整个过程进行全方位的规划。广义上的员工福利规划应该包括：员工福利发展的各个阶段，包括从低级阶段到高级阶段、从不成熟阶段到成熟阶段；员工福利发展所涉及的所有内容，从具体目标、指导思想、到应遵循的原则都应该被包括在内。

狭义上的员工福利规划，是指立足于某个企业的实际情况，结合员工福利当时所处的阶段和具有的基础，对其未来的发展进行一个中长期的规划，规划的内容包括所

[①②] 仇雨临. 员工福利管理. 2版. 上海：复旦大学出版社，2010.

提供的员工福利的种类、人财物资源的配备和相关制度的建设等。

为什么要考察员工福利计划

员工福利可以使企业获得人才竞争优势、低成本优势并且特别能促进知识型企业核心能力的增加。福利管理越人性化，越能增加员工的凝聚力，进而就越有利于人力资源管理核心目标的实现。

怎样披露员工福利计划

【定性】企业披露是否制定员工福利制度，包括工资、绩效加薪和奖金等薪资福利，带薪休假、全薪病假等假期福利，社会保险、住房基金等其他福利。

为什么要披露员工福利计划

企业遵循法律要求对员工提供福利，员工作为劳动者享有平等就业和选择职业的权利、取得劳动报酬的权利、休息休假的权利、获得劳动安全卫生保护的权利、接受职业技能培训的权利、享受社会保险和福利的权利、提请劳动争议处理的权利以及法律规定的其他劳动权利。

与员工福利计划相关的主要指导机构及法律法规、政策规范

全国人民代表大会常务委员会〔2013〕《中华人民共和国劳动合同法》第四条：

——用人单位应当依法建立和完善劳动规章制度，保障劳动者享有劳动权利、履行劳动义务。用人单位在制定、修改或者决定有关劳动报酬、工作时间、休息休假、劳动安全卫生、保险福利、职工培训、劳动纪律以及劳动定额管理等直接涉及劳动者切身利益的规章制度或者重大事项时，应当经职工代表大会或者全体职工讨论，提出方案和意见，与工会或者职工代表平等协商确定。……

全国人民代表大会常务委员会〔2018〕《中华人民共和国劳动法》第三条、第七十六条：

——劳动者享有平等就业和选择职业的权利、取得劳动报酬的权利、休息休假的权利、获得劳动安全卫生保护的权利、接受职业技能培训的权利、享受社会保险和福利的权利、提请劳动争议处理的权利以及法律法规规定的其他劳动权利。……

——……用人单位应当创造条件，改善集体福利，提高劳动者的福利待遇。

中华人民共和国财政部〔2010〕《企业内部控制应用指引第4号——社会责任》第十八条：

——企业应当及时办理员工社会保险，足额缴纳社会保险费，保障员工依法享受社会保险待遇。企业应当按照有关规定做好健康管理工作，预防、控制和消除职业危害；按期对员工进行非职业性健康监护，对从事有职业危害作业的员工进行职业性健康监护。企业应当遵守法定的劳动时间和休息休假制度，确保员工的休息休假权利。

上海证券交易所〔2023〕《上海证券交易所上市公司自律监管指引第 1 号——规范运作》8.14：

——上市公司应当根据员工构成情况，履行下列员工权益保障责任：（一）建立员工聘用解雇、薪酬福利、社会保险、工作时间等管理制度及违规处理措施；（二）建立防范职业性危害的工作环境与配套安全措施；（三）开展必要的员工知识和职业技能培训；（四）其他应当履行的员工权益保护责任。

国务院国有资产监督管理委员会〔2023〕《央企控股上市公司 ESG 专项报告参考指标体系》S1.2.3：

——薪酬福利保障情况

指标性质：定性

披露等级：基础披露

指标说明：描述公司提供的薪酬福利保障情况，如是否按时发放薪酬，是否提供社会保险、公积金、商业保险、企业年金等情况

上海证券交易所〔2024〕《上海证券交易所上市公司自律监管指引第 14 号——可持续发展报告（试行）》第五十条：

——披露主体应当披露报告期内员工的总体情况，包括但不限于下列内容：（一）员工的聘用与待遇等方面的政策及执行情况，包括但不限于报告期内吸纳就业、创造灵活就业岗位的情况，期末在职员工的性别、年龄等构成情况，报告期内支付员工工资和缴纳员工社保、公司劳工纠纷、员工变动、对灵活就业人员的权益保障、招聘录用程序合规与公平透明情况等；……

深圳证券交易所〔2024〕《深圳证券交易所上市公司自律监管指引第 17 号——可持续发展报告（试行）》第五十条：

——披露主体应当披露报告期内员工的总体情况，包括但不限于下列内容：（一）员工的聘用与待遇等方面的政策及执行情况，包括但不限于报告期内吸纳就业、创造灵活就业岗位的情况，期末在职员工的性别、年龄等构成情况，报告期内支付员工工资和缴纳员工社保、公司劳工纠纷、员工变动、对灵活就业人员的权益保障、招聘录用程序合规与公平透明情况等；……

香港交易所〔2023〕《环境、社会及管治报告指引》B1：

——一般披露有关薪酬及解雇、招聘及晋升、工作时数、假期、平等机会、多元化、反歧视以及其他待遇及福利的：（a）政策；及（b）遵守对发行人有重大影响的相关法律及规例的资料。

本指标披露等级及主要适用范围

【基础披露】适用于所有行业企业。

S1.3.1.2　全职员工福利

什么是全职员工

全职员工（full-time employees），一般被认为是员工专门担任某个企业的某种职务，有相对固定的上班时间、上班地点以及固定的上班模式及工作岗位，全职工作有且只能有一个。全职与兼职的规定不同，兼职则是在不脱离全职的基础上发展而来的第二职业，其主要是利用空暇时间，为第三方提供服务获取报酬，没有固定的时间地点要求。

为什么要考察全职员工福利

全职员工福利可以用来衡量组织对人力资源的投入以及为全职员工提供的最低福利。全职员工的福利质量也是留住员工的关键因素。

怎样披露全职员工福利

【定性】企业披露是否提供全职员工福利，包括薪资福利、带薪休假福利以及社会保险等其他福利。

为什么要披露全职员工福利

对于企业，全职员工工作稳定，符合企业长期发展理念，推动企业长期运营，企业提供的员工福利可以使企业获得人才竞争优势、低成本优势并且特别能促进知识型企业核心能力的增加。

与全职员工福利相关的主要指导机构及法律法规、政策规范

国务院国有资产监督管理委员会〔2023〕《央企控股上市公司ESG专项报告参考指标体系》S1.2.3：

——薪酬福利保障情况

指标性质：定性

披露等级：基础披露

指标说明：描述公司提供的薪酬福利保障情况，如是否按时发放薪酬，是否提供社会保险、公积金、商业保险、企业年金等情况

上海证券交易所〔2024〕《上海证券交易所上市公司自律监管指引第14号——可持续发展报告（试行）》第五十条：

——披露主体应当披露报告期内员工的总体情况，包括但不限于下列内容：

（一）员工的聘用与待遇等方面的政策及执行情况，包括但不限于报告期内吸纳就业、创造灵活就业岗位的情况，期末在职员工的性别、年龄等构成情况，报告期内支付员工工资和缴纳员工社保、公司劳工纠纷、员工变动、对灵活就业人员的权益保障、招聘录用程序合规与公平透明情况等；……

深圳证券交易所〔2024〕《深圳证券交易所上市公司自律监管指引第17号——可持续发展报告（试行）》第五十条：

——披露主体应当披露报告期内员工的总体情况，包括但不限于下列内容：

（一）员工的聘用与待遇等方面的政策及执行情况，包括但不限于报告期内吸纳就业、创造灵活就业岗位的情况，期末在职员工的性别、年龄等构成情况，报告期内支付员工工资和缴纳员工社保、公司劳工纠纷、员工变动、对灵活就业人员的权益保障、招聘录用程序合规与公平透明情况等；……

香港交易所〔2023〕《环境、社会及管治报告指引》B1：

——一般披露有关薪酬及解雇、招聘及晋升、工作时数、假期、平等机会、多元化、反歧视以及其他待遇及福利的：（a）政策；及（b）遵守对发行人有重大影响的相关法律及规例的资料。

Global Reporting Initiative〔2022〕Consolidated Set of the GRI Standards 401-2、401-3：

——The reporting organization shall report the following information: a. Benefits which are standard for full-time employees of the organization but are not provided to temporary or part-time employees, by significant locations of operation. These include, as a minimum: i. life insurance; ii. health care; iii. disability and invalidity coverage; iv. parental leave; v. retirement provision; vi. stock ownership; vii. others. b. The definition used for significant locations of operation. When compiling the information specified in Disclosure 401-2, the reporting organization shall exclude in-kind benefits such as provision of sports or child daycare facilities, free meals during working time, and similar general employee welfare programs.

——The reporting organization shall report the following information: a. Total number of employees that were entitled to parental leave, by gender; b. Total number of employees that took parental leave, by gender; c. Total number of employees that returned to work in the reporting period after parental leave ended, by gender; d. Total number of employees that returned to work after parental leave ended that were still employed 12 months after their return to work, by gender; e. Return to work and retention rates of employees that took parental leave, by gender.

——组织应报告以下信息：a. 提供给全职员工而非临时或兼职员工的标准福利，按重要运营地点划分。至少包括：i. 人寿保险；ii. 卫生保健；iii. 残疾和伤残保险；iv. 育儿假；v. 退休金；vi. 股权；vii. 其他。b. 用于"重要运营地点"的定义。在编制披露项401-2中规定的信息时，组织应排除实物福利，如提供体育或儿童日托设施、工作时间的免费膳食以及类似的一般员工福利计划。

——组织应报告以下信息：a. 按性别划分，有权享受育儿假的员工总数；b. 按性别划分，休育儿假的员工总数；c. 按性别划分，在报告期内育儿假结束后返岗的员工总数；d. 按性别划分，育儿假结束后返岗且12个月后仍在职的员工总数；e. 按性别划分，休育儿假员工的返岗率和留任率。

本指标披露等级及主要适用范围

【基础披露】 适用于所有行业企业。

S1.3.1.3 特殊员工关怀

什么是特殊员工关怀

特殊员工关怀（special employee care），一般被认为是对员工在特定情况下的特别关照和支持。

为什么要考察特殊员工关怀

披露企业特殊员工关怀措施可展示其对员工福祉的承诺和以人为本的企业文化。这类信息有助于塑造企业的公共形象，显示其不仅追求商业利益，还重视员工的身心健康和职业发展。特殊关怀措施的披露可以提高现有员工的满意度和忠诚度，同时吸引潜在优秀人才，因为这表明企业具备良好的工作环境和支持体系。此外，这也向投资者和合作伙伴展示了企业的社会责任感和长期可持续发展的承诺，增强了企业在市场中的竞争力和吸引力。

怎样披露特殊员工关怀

【定性】 企业披露女性员工关怀、困难员工帮扶、员工心理健康关怀等情况。

为什么要披露特殊员工关怀

企业披露特殊员工关怀体现了企业对员工福祉和社会责任的承诺。这种披露不仅有助于提高现有员工的满意度和忠诚度，从而降低人员流失率，而且对潜在员工而言，是一个吸引他们加入企业的积极信号。对于投资者和客户来说，了解企业如何关心员工能够提升对企业文化的认可和信任度，进而增强企业的品牌形象。此外，这种透明度还可以促进社会对企业的正面评价，提升其公共形象，有助于企业在竞争激烈的市场中脱颖而出。

与特殊员工关怀相关的主要指导机构及法律法规、政策规范

全国人民代表大会常务委员会〔2018〕《中华人民共和国劳动法》第六十条、第六十一条、第六十二条、第六十三条、第六十五条：

——不得安排女职工在经期从事高处、低温、冷水作业和国家规定的第三级体力劳动强度的劳动。

——不得安排女职工在怀孕期间从事国家规定的第三级体力劳动强度的劳动和孕期禁忌从事的劳动。对怀孕七个月以上的女职工，不得安排其延长工作时间和夜班劳动。

——女职工生育享受不少于九十天的产假。

——不得安排女职工在哺乳未满一周岁的婴儿期间从事国家规定的第三级体力劳动强度的劳动和哺乳期禁忌从事的其他劳动，不得安排其延长工作时间和夜班劳动。

——用人单位应当对未成年工定期进行健康检查。

全国人民代表大会常务委员会〔2023〕《中华人民共和国妇女权益保障法》第四十七条：

——用人单位应当根据妇女的特点，依法保护妇女在工作和劳动时的安全、健康以及休息的权利。妇女在经期、孕期、产期、哺乳期受特殊保护。

中华人民共和国国务院〔2012〕《女职工劳动保护特别规定》第三条、第七条：

——用人单位应当加强女职工劳动保护，采取措施改善女职工劳动安全卫生条件，对女职工进行劳动安全卫生知识培训。

——女职工生育享受98天产假，其中产前可以休假15天；难产的，增加产假15天；生育多胞胎的，每多生育1个婴儿，增加产假15天。女职工怀孕未满4个月流产的，享受15天产假；怀孕满4个月流产的，享受42天产假。

中华人民共和国国务院〔2007〕《残疾人就业条例》第八条、第十三条、第十四条：

——用人单位应当按照一定比例安排残疾人就业，并为其提供适当的工种、岗位。用人单位安排残疾人就业的比例不得低于本单位在职职工总数的1.5%。具体比例由省、自治区、直辖市人民政府根据本地区的实际情况规定。用人单位跨地区招用残疾人的，应当计入所安排的残疾人职工人数之内。

——用人单位应当为残疾人职工提供适合其身体状况的劳动条件和劳动保护，不得在晋职、晋级、评定职称、报酬、社会保险、生活福利等方面歧视残疾人职工。

——用人单位应当根据本单位残疾人职工的实际情况，对残疾人职工进行上岗、在岗、转岗等培训。

本指标披露等级及主要适用范围

【建议披露】适用于所有行业企业。

S1.3.1.4 高级人才政策

什么是高级人才

高级人才（senior talents），或称高层次人才（high-level talents），一般被认为是在人才队伍各个领域中层次比较高的优秀人才，或处于专业前沿并且在国内外相关领域具有较高影响的人才。

为什么要考察高级人才政策

高质量发展要求国有企业深化改革与创新,对企业的人才工作也提出了更高要求,企业必须充分认识到人才这一核心战略资源的重要性与稀缺性,系统规划人才工作,充分发挥人才在创新发展中的根本性、决定性和全局性引领作用。企业应通过优化人才结构,实施高端人才引进,支撑业务转型;通过建立健全市场化的选用育留机制,激发人才活力,实现管理提效。企业应通过一系列系统性的规划举措让人才的聪明才智、创新创造活力充分得到释放,驱动企业高质量发展。

怎样披露高级人才政策

【定性】企业披露人才引进政策、人才培养政策、人才激励措施和人才管理机制。

为什么要披露高级人才政策

国企当前普遍存在着人才断层、后备梯队建设不足、人才急用现找、人才结构性矛盾、高端人才短缺等问题。企业应从人才引进、选拔任用、培养、激励与考核等方面诊断分析人才机制存在的问题,明确当前人才队伍的竞争优劣势以及阻碍人才发展的体制机制问题,为人才规划目标提供基础。

与高级人才政策相关的主要指导机构及法律法规、政策规范

中国共产党中央委员会〔2016〕《关于深化人才发展体制机制改革的意见》(八)(九)(十三):

——创新人才教育培养模式。突出经济社会发展需求导向,建立高校学科专业、类型、层次和区域布局动态调整机制。统筹产业发展和人才培养开发规划,加强产业人才需求预测,加快培育重点行业、重要领域、战略性新兴产业人才。注重人才创新意识和创新能力培养,探索建立以创新创业为导向的人才培养机制,完善产学研用结合的协同育人模式。

——改进战略科学家和创新型科技人才培养支持方式。更大力度实施国家高层次人才特殊支持计划(国家"万人计划"),完善支持政策,创新支持方式。构建科学、技术、工程专家协同创新机制。建立统一的人才工程项目信息管理平台,推动人才工程项目与各类科研、基地计划相衔接。按照精简、合并、取消、下放要求,深入推进项目评审、人才评价、机构评估改革。建立基础研究人才培养长期稳定支持机制。加大对新兴产业以及重点领域、企业急需紧缺人才支持力度。支持新型研发机构建设,鼓励人才自主选择科研方向、组建科研团队,开展原创性基础研究和面向需求的应用研发。

——促进青年优秀人才脱颖而出。破除论资排辈、求全责备等陈旧观念,抓紧培养造就青年英才。建立健全对青年人才普惠性支持措施。加大教育、科技和其他各类人才工程项目对青年人才培养支持力度,在国家重大人才工程项目中设立青年专项。改革博士后制度,发挥高校、科研院所、企业在博士后研究人员招

收培养中的主体作用，有条件的博士后科研工作站可独立招收博士后研究人员。拓宽国际视野，吸引国外优秀青年人才来华从事博士后研究。

中华人民共和国国务院〔2021〕《"十四五"就业促进规划》（八）：

——……全方位培养引进用好创业人才。大力发展高校创新创业教育，培育一批创业拔尖人才。面向有创业意愿和培训需求的城乡各类劳动者开展创业培训。实施更加积极更加开放更加有效的人才政策，加大创业人才引进力度，为外籍高层次人才来华创业提供便利。健全以创新能力、质量、实效、贡献为导向的创新创业人才评价体系，加强创新创业激励和保障。

本指标披露等级及主要适用范围

【建议披露】适用于所有行业企业。

S1.3.2 员工满意度及其调查情况

S1.3.2.1 员工满意度调查情况

什么是员工满意度调查情况

员工满意度调查情况（status of employee satisfaction survey），一般被认为是企业对员工的需要被满足程度展开调查的情况。员工满意度调查是一种科学的人力资源管理工具，它通常以问卷调查等形式，收集员工对企业管理各个方面满意程度的信息，然后通过后续专业、科学的数据统计和分析，真实地反映企业经营管理现状，为企业管理者决策提供客观的参考依据。

为什么要考察员工满意度调查情况

考察员工满意度调查情况可以帮助企业了解员工对工作环境、待遇、福利等方面的满意度，及时发现问题并采取措施改进，从而提高员工绩效和留住优秀员工。同时，员工满意度与客户满意度密切相关，员工的工作态度和情绪会影响客户的服务体验，而员工满意度调查可以帮助企业了解员工对工作内容、培训和管理等方面的看法，以便提高服务质量和客户满意度。另外，一个愉快的工作环境和较高的员工满意度可以提高企业的声誉和品牌形象，吸引更多的优秀人才加入企业，从而提高企业的竞争力和获利能力。因此，考察员工满意度调查情况是非常必要的，可以帮助企业优化管理，提高绩效，增强品牌形象，减少成本，进而提高获利能力。

怎样披露员工满意度调查情况

【定性】/【定量】企业披露是否建立对员工满意度的调查机制，以及员工对企业的满意度调查的参与度。

【计算方式】员工满意度调查参与度＝参与调查的员工人数÷员工总人数。单位：%。

为什么要披露员工满意度调查情况

员工满意度调查情况可以反映企业的运营状况和管理水平，如果员工满意度高，说明企业的管理团队和经营策略都比较成功，有利于利益相关方评估企业的价值和潜力。同时，员工满意度调查可以发现员工对企业的不满意之处，例如工资福利、工作环境、职业发展机会等，这些问题如果得不到解决，可能会引起员工离职、罢工等风险，影响企业的运营和声誉，从而影响利益相关方的决策。另外，员工满意度调查可以反映企业的文化和价值观，例如企业是否注重员工的福利待遇、是否重视员工的职业发展和培训等，这些方面反映了企业的管理理念和经营理念，也是利益相关方评估企业是否符合自己的价值观的重要依据。

与员工满意度调查情况相关的主要指导机构及法律法规、政策规范

国务院国有资产监督管理委员会〔2023〕《央企控股上市公司 ESG 专项报告参考指标体系》S1.5.1：

——员工满意度调查

指标性质：定性/定量

披露等级：建议披露

指标说明：描述员工满意度调查开展情况，企业可根据行业特性、自身情况设置调查内容，如参与调查的员工数量（人）和占比（%），员工对薪酬、晋升机会、管理决策机制、工作环境等方面的意见及解决措施

European Financial Reporting Advisory Group〔2022〕ESRS S1 Own Workforce S1-2, 26：

——The undertaking shall disclose its general processes for engaging with its own workers and workers' representatives about actual and potential material impacts on its own workforce.

——企业应披露其与自己的员工和员工代表就其员工的实际和潜在重大影响进行交流的一般流程。

本指标披露等级及主要适用范围

【建议披露】 适用于所有行业企业。

S1.3.2.2　员工满意度

什么是员工满意度

员工满意度（employee satisfaction），一般被认为是员工将其对企业感知的效果与他的期望值相比较后所形成的感觉状态，是员工对其需要已被满足程度的感受。

为什么要考察员工满意度

考察员工满意度可以帮助企业发现员工的不满意之处，有助于及时采取措施降低员工离职率，发现员工工作中存在的问题并及时解决，提高员工的工作效率和质量，增强员工忠诚度和工作动力。另外，员工满意度与客户满意度之间也有一定的关联，

员工满意度高的企业能够更好地满足客户的需求，提高客户的满意度和忠诚度。通过考察员工满意度，还可以发现组织内部存在的问题，采取措施改进组织文化，提高员工的归属感和满意度。

怎样披露员工满意度

【定量】企业披露员工对本企业的满意程度。

【计算方式】员工满意度＝实际感受÷期望值。单位：％。

为什么要披露员工满意度

员工满意度是反映企业是否有良好的企业文化和社会责任感的重要指标之一。企业披露员工满意度可以向投资者和考察方展示企业的社会责任感、提供衡量企业绩效的指标、显示企业管理水平和提高企业品牌价值。披露员工满意度还可以帮助企业吸引更多的投资和客户，从而提高企业的竞争力和盈利能力。

与员工满意度相关的主要指导机构及法律法规、政策规范

European Financial Reporting Advisory Group〔2022〕ESRS S1 Own Workforce S1－5，45、33：

——The undertaking shall disclose the time-bound and outcome-oriented targets it may have related to: identified it has caused or contributed to, as well as channels available to own workers to raise concerns and have them addressed.

——The undertaking shall describe the processes in place to cover the matters defined within paragraph 2 of the Objective section by disclosing the following information: (a) its general approach to and processes for providing or contributing to remedy where it has identified that it has caused or contributed to a material negative impact on own workers, including whether and how the undertaking assesses that remedy provided is effective; (b) any specific channels it has in place for own workers to raise their concerns or needs directly with the undertaking and have them addressed, including whether these are established by the undertaking itself and/or through participation in third-party mechanisms; (c) the lack of grievance/complaints handling mechanisms related to employee matters; (d) its processes through which the undertaking supports or requires the availability of such channels through the workplace of own workers; and (e) how it tracks and monitors issues raised and addressed, and, how it ensures the effectiveness of the channels, including through the involvement of stakeholders who are intended users.

——企业应披露其可能涉及的有时限和以结果为导向的目标：确定其造成或促成的目标，以及自己的员工提出问题并加以解决的渠道。

——企业应通过披露以下信息来说明为涵盖目标部分第2款所界定的事项而

采取的程序：(a) 在确定其已对本企业员工造成或促成重大负面影响的情况下，其提供或协助补救的一般方法和程序，包括企业是否以及如何评估所提供的补救措施是有效的；(b) 企业为自己的员工直接向其提出他们的关切或需求并得到解决的任何具体渠道，包括这些渠道是由企业本身建立的和/或通过参与第三方机制建立的；(c) 缺乏与雇员事务有关的申诉/投诉处理机制；(d) 企业支持或要求通过本企业员工的工作场所提供此类渠道的程序；以及 (e) 它如何跟踪和监测所提出和解决的问题，以及如何确保渠道的有效性，包括通过作为预期用户的利益相关者的参与。

本指标披露等级及主要适用范围

【建议披露】适用于所有行业企业。

S1.4 员工成长与激励机制

什么是员工成长

员工成长（employee growth），一般被认为是员工通过企业的锻炼与培养，思想观念更加成熟，职业素质与能力得到提升，最终实现个人全面发展目标的过程。

S1.4.1 员工培训

什么是员工培训

员工培训（employee training），依照《员工培训与开发》（第四版）[①]，是指通过有目的、有计划的系统干预过程，提高员工的素质，进而提高员工的工作绩效和劳动生产率，提升组织效益。

S1.4.1.1 员工培训部门设置

什么是员工培训部门设置

员工培训部门设置（employee training department setup），一般被认为是组织出于开展业务及培育人才的需要，采用各种方式对员工进行有目的、有计划的培养和训练的管理活动而设置相关部门。

为什么要考察员工培训部门设置

企业设置员工培训部门可以通过提供培训和发展机会，提高员工能力和素质，有效提高员工的专业技能、管理能力、沟通能力、创新能力等，提升员工的工作能力和素质，从而帮助员工更好地完成工作任务，提高工作效率和质量，减少出错率，降低成本，提高客户满意度。同时，这也让员工感觉到企业关心他们的成长和职业发展，减少员工流失率，并为企业留下最有才能的员工。

怎样披露员工培训部门设置

【定性】企业披露设置的员工培训部门的名称、培训内容等。

---

① 陈国海，卢晓璐，张旭. 员工培训与开发. 4版. 北京：清华大学出版社，2023.

为什么要披露员工培训部门设置

员工培训是企业管理的一个重要方面，员工培训部门设置可以反映企业管理水平，披露员工培训部门设置可以反映企业的管理水平和对员工的关注程度，帮助利益相关方了解企业的人才战略和发展潜力。披露员工培训部门设置也有利于提高企业形象和声誉，企业可以展示自己对员工的关注和投资，提高企业的形象和声誉，进一步吸引更多的人才和客户，促进企业的发展和壮大。

与员工培训部门设置相关的主要指导机构及法律法规、政策规范

全国人民代表大会常务委员会〔2018〕《中华人民共和国劳动法》第六十八条：

——用人单位应当建立职业培训制度，按照国家规定提取和使用职业培训经费，根据本单位实际，有计划地对劳动者进行职业培训。从事技术工种的劳动者，上岗前必须经过培训。

中国证券监督管理委员会〔2021〕《公开发行证券的公司信息披露内容与格式准则第 2 号—年度报告的内容与格式》第三十五条：

——公司应当披露母公司和主要子公司的员工情况，包括报告期末在职员工的数量、专业构成（如生产人员、销售人员、技术人员、财务人员、行政人员）、教育程度、员工薪酬政策、培训计划以及需公司承担费用的离退休职工人数。……

国务院国有资产监督管理委员会〔2023〕《央企控股上市公司 ESG 专项报告参考指标体系》S1.4.2：

——员工教育与培训

指标性质：定性/定量

披露等级：基础披露

指标说明：描述公司培训管理体系、培训管理架构、培训课程体系等；描述岗位必须的培训和促进员工发展的培训开展情况，如年度培训支出（万元）、培训活动及内容、培训总人数、每名员工每年接受培训的平均时长（小时）、不同层级员工参加培训的比例及时长等

上海证券交易所〔2024〕《上海证券交易所上市公司自律监管指引第 14 号——可持续发展报告（试行）》第五十条：

——披露主体应当披露报告期内员工的总体情况，包括但不限于下列内容：……（三）员工职业发展与培训的基本情况，包括但不限于公司职位体系设置情况，员工晋升、选拔与职业发展机制，员工培训类型、次数、开展情况，以及年度培训支出金额、员工培训覆盖率等。

深圳证券交易所〔2024〕《深圳证券交易所上市公司自律监管指引第 17 号——可持续发展报告（试行）》第五十条：

——披露主体应当披露报告期内员工的总体情况，包括但不限于下列内

容：……（三）员工职业发展与培训的基本情况，包括但不限于公司职位体系设置情况，员工晋升、选拔与职业发展机制，员工培训类型、次数、开展情况，以及年度培训支出金额、员工培训覆盖率等。

香港交易所〔2023〕《环境、社会及管治报告指引》B3：

——一般披露有关提升雇员履行工作职责的知识及技能的政策。描述培训活动。注：培训指职业培训，可包括由雇主付费的内外部课程。

Tokyo Stock Exchange〔2021〕Japan's Corporate Governance Code 4.14.1、4.14.2：

——Directors and kansayaku, including outside directors and outside kansayaku, should be given the opportunity when assuming their position to acquire necessary knowledge on the company's business, finances, organization and other matters, and fully understand the roles and responsibilities, including legal liabilities, expected of them. Incumbent directors should also be given a continuing opportunity to renew and update such knowledge as necessary.

——Companies should disclose their training policy for directors and kansayaku.

——董事和员工，包括外部董事和员工，在任职时应有机会获得有关公司业务、财务、组织和其他事项的必要知识，并充分了解他们的角色和责任，包括法律责任。在职董事还应获得持续的机会，在必要时更新此类知识。

——公司应披露其对董事和员工的培训政策。

Global Reporting Initiative〔2022〕Consolidated Set of the GRI Standards 404-2：

——The reporting organization shall report the following information: a. Type and scope of programs implemented and assistance provided to upgrade employee skills. b. Transition assistance programs provided to facilitate continued employability and the management of career endings resulting from retirement or termination of employment.

——组织应报告以下信息：a. 为提高员工技能而实施的计划的类型和范围以及提供的帮助。b. 提供过渡援助方案，以促进继续就业和管理因退休或终止雇佣而导致的职业生涯结束。

本指标披露等级及主要适用范围

【基础披露】适用于所有行业企业。

S1.4.1.2 员工培训情况

什么是员工培训情况

员工培训情况（status of employee training），一般被认为是企业出于开展业务及培育人才的需要，采用各种方式对员工进行有目的、有计划的培养和训练的管理活动的情况。

为什么要考察员工培训情况

通过为员工提供培训机会，企业可以表达对员工的重视和关心，可以提高员工的积极性和士气，减少员工的流失率，降低人力成本。通过培训员工，企业还可以提高自己的专业水平和服务质量，提升自己在行业内的声誉和品牌价值，吸引更多的客户和合作伙伴，提高企业的市场份额和盈利能力。同时，为员工提供培训后可以选定一定的时间段对受训员工进行持续性的培训效果评估跟进，多方配合密切沟通，实现全方位的效果追踪，使人力资本投资取得效益最大化。因此，考察员工培训情况是非常重要的。

怎样披露员工培训情况

【定性】企业披露员工接受培训的内容。

【定量】企业披露接受培训的人次。单位：人。

【定量】企业披露为员工提供培训的时长。单位：小时。

【定量】企业披露为员工提供培训的支出。单位：元。

【定量】企业披露员工培训覆盖率。

【计算公式】员工培训覆盖率＝员工培训人数÷企业员工总人数。单位：%。

为什么要披露员工培训情况

员工培训是企业管理的一个重要方面，披露员工培训情况可以反映企业的管理水平和对员工的关注程度，帮助利益相关方评估企业的潜在风险和机会，从而更准确地做出投资和合作决策。同时，员工培训是企业人才战略的重要组成部分，通过员工培训情况可以了解企业人才战略，帮助利益相关方了解企业的人才战略和未来发展方向，以评估企业的长期可持续性和发展潜力。

与员工培训情况相关的主要指导机构及法律法规、政策规范

中国证券监督管理委员会〔2021〕《公开发行证券的公司信息披露内容与格式准则第 2 号—年度报告的内容与格式》第三十五条：

——公司应当披露母公司和主要子公司的员工情况，包括报告期末在职员工的数量、专业构成（如生产人员、销售人员、技术人员、财务人员、行政人员）、教育程度、员工薪酬政策、培训计划以及需公司承担费用的离退休职工人数。……

国务院国有资产监督管理委员会〔2023〕《央企控股上市公司 ESG 专项报告参考指标体系》S1.4.2：

——员工教育与培训

指标性质：定性/定量

披露等级：基础披露

指标说明：描述公司培训管理体系、培训管理架构、培训课程体系等；描述岗位必须的培训和促进员工发展的培训开展情况，如年度培训支出（万元）、培训

活动及内容、培训总人数、每名员工每年接受培训的平均时长（小时）、不同层级员工参加培训的比例及时长等

上海证券交易所〔2024〕《上海证券交易所上市公司自律监管指引第14号——可持续发展报告（试行）》第五十条：

——披露主体应当披露报告期内员工的总体情况，包括但不限于下列内容：……（三）员工职业发展与培训的基本情况，包括但不限于公司职位体系设置情况，员工晋升、选拔与职业发展机制，员工培训类型、次数、开展情况，以及年度培训支出金额、员工培训覆盖率等。

深圳证券交易所〔2024〕《深圳证券交易所上市公司自律监管指引第17号——可持续发展报告（试行）》第五十条：

——披露主体应当披露报告期内员工的总体情况，包括但不限于下列内容：……（三）员工职业发展与培训的基本情况，包括但不限于公司职位体系设置情况，员工晋升、选拔与职业发展机制，员工培训类型、次数、开展情况，以及年度培训支出金额、员工培训覆盖率等。

香港交易所〔2023〕《环境、社会及管治报告指引》B3：

——一般披露有关提升雇员履行工作职责的知识及技能的政策。描述培训活动。注：培训指职业培训，可包括由雇主付费的内外部课程。

Global Reporting Initiative〔2022〕Consolidated Set of the GRI Standards 404-1：

——The reporting organization shall report the following information: Average hours of training that the organization's employees have undertaken during the reporting period, by: i. gender; ii. employee category.

——组织应报告以下信息：组织员工在报告期内接受的平均培训时数，并按照以下类别分列：i. 性别；ii. 员工类别。

London Stock Exchange〔2019〕ESG Disclosure Score 8.19：

——Hours spent on employee development training to enhance knowledge or individual skills. This can be total hours as a company, or average hours per employee. It should not include training time on company policies (e.g. safety, code of conduct) as it intended to reflect your company's investment in developing human capital, particularly through training that expands the knowledge base of employees.

——用于提高知识或个人技能的员工发展培训时间。这可以是公司的总小时数，也可以是每位员工的平均小时数。它不应包括关于公司政策（如安全、行为准则）的培训时间，因为它旨在反映贵公司在开发人力资本方面的投资，特别是通过扩大员工知识库的培训。

European Financial Reporting Advisory Group〔2022〕ESRS S1 Own Workforce S1－13，78、80：

——The undertaking shall disclose the extent to which training and skills development is provided to its employees.

——The disclosure required by paragraph 78 shall include：（a）the percentage of employees that participated in regular performance and career development reviews；such information shall be broken down by employee category and by gender；（b）the average number of training hours per person for employees，by employee category and by gender.

——企业应披露向其雇员提供培训和技能开发的程度。

——第78款要求的披露应包括：（a）参加定期业绩和职业发展审查的雇员百分比；此类信息应按雇员类别和性别细分；（b）按雇员类别和性别分列的雇员每人平均培训时数。

本指标披露等级及主要适用范围

【基础披露】适用于所有行业企业。

S1.4.2 员工激励

什么是员工激励

员工激励（employee motivation），或称人力资源激励（human resource motivation），依照《企业管理概论》（第二版）①，是指通过各种有效的激励手段，激发人的需要、动机、欲望，形成某一特定目标并在追求这一目标的过程中保持高昂的情绪和持续的积极状态，发挥潜力，达到预期的目标。员工激励应该包括：目标；投入；激励手段。

S1.4.2.1 员工激励机制

什么是员工激励机制

员工激励机制（employee motivation mechanism），一般被认为是通过各种有效的手段，对员工的各种需要予以不同程度的满足或者限制，以激发员工的需要、动机、欲望，从而使员工形成某一特定目标并在追求这一目标的过程中保持高昂的情绪和持续的积极状态，充分挖掘潜力，全力达到预期目标的机制与办法。

为什么要考察员工激励机制

良好的员工激励机制可以促进团队成员之间的合作和沟通，帮助员工更好地理解和实现企业的目标，增加员工工作动力，并激励他们付出更多的努力来实现这些目标，助力企业实现长期稳定发展。

---

① 冯俊华. 企业管理概论. 2版. 北京：化学工业出版社，2011.

怎样披露员工激励机制

【定性】 企业披露有关员工激励的机制与办法，如薪酬激励、股权激励、荣誉激励、节假日激励等。

为什么要披露员工激励机制

员工激励计划通常由管理层制定和管理，披露员工激励机制，有助于帮助利益相关方评估企业管理层的能力从而提高信任度，同时也可以更好地了解企业的战略和目标，如企业是否鼓励员工长期发展。另外，企业的员工激励机制可以对员工的士气产生较大的影响，若员工激励计划合理，员工可能会更有动力和意愿为企业工作。进一步地，企业的员工激励机制通常会反映企业的文化和价值观，如企业是否鼓励团队合作、是否重视员工成长等。

与员工激励机制相关的主要指导机构及法律法规、政策规范

中国证券监督管理委员会〔2018〕《上市公司治理准则》第五十九条、第六十二条：

——上市公司对高级管理人员的绩效评价应当作为确定高级管理人员薪酬以及其他激励的重要依据。

——上市公司可以依照相关法律法规和公司章程，实施股权激励和员工持股等激励机制。上市公司的激励机制，应当有利于增强公司创新发展能力，促进上市公司可持续发展，不得损害上市公司及股东的合法权益。

中国证券监督管理委员会〔2020〕《非上市公众公司信息披露内容与格式准则第 10 号——基础层挂牌公司年度报告》第二十七条：

——公司应当披露股权激励计划、员工持股计划或其他员工激励措施在本报告期的具体实施情况。

中国证券监督管理委员会〔2021〕《公开发行证券的公司信息披露内容与格式准则第 2 号—年度报告的内容与格式》第三十七条：

——公司应当披露股权激励计划、员工持股计划或其他员工激励措施在本报告期的具体实施情况。对于董事、高级管理人员获得的股权激励，公司应当按照已解锁股份、未解锁股份、可行权股份、已行权股份、行权价以及报告期末市价单独列示。鼓励公司详细披露报告期内对高级管理人员的考评机制，以及激励机制的建立、实施情况。

中国证券监督管理委员会〔2021〕《公开发行证券的公司信息披露内容与格式准则第 53 号——北京证券交易所上市公司年度报告》第三十二条：

——公司应当披露股权激励计划、员工持股计划或其他员工激励措施在本报告期的具体实施情况。

国务院国有资产监督管理委员会〔2023〕《央企控股上市公司 ESG 专项报告参考指标体系》S1.4.1：

——员工激励与晋升政策

指标性质：定性

披露等级：建议披露

指标说明：描述公司职级或岗位等级划分、职位体系的设置情况，员工晋升与选拔机制、职级、岗位与薪酬调整机制等情况

香港交易所〔2023〕《环境、社会及管治报告指引》B1：

——一般披露有关薪酬及解雇、招聘及晋升、工作时数、假期、平等机会、多元化、反歧视以及其他待遇及福利的：（a）政策；及（b）遵守对发行人有重大影响的相关法律及规例的资料。

Tokyo Stock Exchange〔2021〕Japan's Corporate Governance Code 4.2：

——Also, the remuneration of the management should include incentives such that it reflects mid- to long-term business results and potential risks, as well as promotes healthy entrepreneurship.

——此外，管理层的薪酬应包括激励措施，以反映中长期的业务成果和潜在风险，并促进健康的企业家精神。

本指标披露等级及主要适用范围

【基础披露】适用于所有行业企业。

S1.4.2.2　员工晋升与选拔机制

什么是员工晋升与选拔机制

员工晋升与选拔机制（employee promotion and selection mechanism），一般被认为是企业为了提升员工个人素质和能力，充分调动全体员工的主动性和积极性，并在企业内部营造公平、公正、公开的竞争机制，规范企业员工的任用、调岗、晋升、晋级工作流程而特别制定的机制。

为什么要考察员工晋升与选拔机制

首先，公正的员工晋升与选拔机制，能够激励员工在工作中更加努力，提高其工作动力和积极性，进而提高员工士气，从而对企业的生产力和绩效产生积极影响。其次，通过考察员工晋升与选拔机制，企业可以对员工的工作能力、专业知识、团队协作等方面进行全面评估，识别和培养出更多的优秀人才，从而优化企业的人才结构，提高企业的核心竞争力。最后，通过公正的员工晋升与选拔机制，企业能够让最优秀的员工得到合适的晋升和选拔机会，充分发挥其才能，提高其工作效率和质量，从而推动企业的业绩和绩效提升。同时，如果企业的员工晋升与选拔机制不公正或者不透明，会导致员工对企业的信任度降低，进而增加员工的流失率，对企业的稳定性和可

持续发展带来不利影响。因此，考察员工晋升与选拔机制对于企业获利是至关重要的。一个公正、透明、有效的员工晋升与选拔机制能够提高企业的生产力和绩效，优化企业的人才结构，推动企业业务的发展和创新。

怎样披露员工晋升与选拔机制

【定性】企业披露为员工的任用、调岗、晋升、晋级工作流程而特别制定的制度和政策内容，如具体的制度、标准、流程等。

为什么要披露员工晋升与选拔机制

员工晋升与选拔机制是企业管理层制定的关键策略之一，可以反映出企业管理团队的管理能力和执行能力，因此披露员工晋升与选拔机制可以帮助利益相关方了解企业管理团队的能力。如果企业能够建立和执行公正、透明和有竞争力的员工晋升与选拔机制，那么利益相关方可以更加信任该企业的管理团队。同时，员工晋升与选拔机制可以帮助利益相关方了解企业内部的人才储备。通过了解企业如何评估和提拔员工，利益相关方可以判断企业是否有足够的人才储备，以应对未来的业务挑战和机遇。另外，企业公开透明的员工晋升与选拔机制可以为企业赢得良好的声誉和品牌价值，从而获得利益相关方和公众的信任和尊重，并拓宽融资渠道。

与员工晋升与选拔机制相关的主要指导机构及法律法规、政策规范

中华人民共和国国务院〔2011〕《全民所有制工业企业转换经营机制条例》第十八条：

——……企业对管理人员和技术人员可以实行聘用制、考核制。对被解聘或者未聘用的管理人员和技术人员，可以安排其他工作，包括到工人岗位上工作。企业可以从优秀工人中选拔聘用管理人员和技术人员。经政府有关部门批准，企业可以招聘境外技术人员、管理人员。……

国务院国有资产监督管理委员会〔2023〕《央企控股上市公司ESG专项报告参考指标体系》S1.4.1：

——员工激励与晋升政策

指标性质：定性

披露等级：建议披露

指标说明：描述公司职级或岗位等级划分、职位体系的设置情况，员工晋升与选拔机制、职级、岗位与薪酬调整机制等情况

上海证券交易所〔2024〕《上海证券交易所上市公司自律监管指引第14号——可持续发展报告（试行）》第五十条：

——披露主体应当披露报告期内员工的总体情况，包括但不限于下列内容：……（三）员工职业发展与培训的基本情况，包括但不限于公司职位体系设置情况，员工晋升、选拔与职业发展机制，员工培训类型、次数、开展情况，以

及年度培训支出金额、员工培训覆盖率等。

深圳证券交易所〔2024〕《深圳证券交易所上市公司自律监管指引第 17 号——可持续发展报告（试行）》第五十条：

——披露主体应当披露报告期内员工的总体情况，包括但不限于下列内容：……（三）员工职业发展与培训的基本情况，包括但不限于公司职位体系设置情况，员工晋升、选拔与职业发展机制，员工培训类型、次数、开展情况，以及年度培训支出金额、员工培训覆盖率等。

本指标披露等级及主要适用范围

【建议披露】适用于所有行业企业。

S2 供应链管理与负责任生产

S2.1 供应链与合作伙伴

什么是供应链

供应链（supply chain），依照《供应链管理》（第 7 版）[①]，是由直接或间接地满足顾客需求的各方组成，不仅包括制造商和供应商，而且包括运输商、仓储商、零售商，甚至包括顾客本身。在每一个组织中，例如制造企业中，供应链涵盖接受并满足顾客需求的全部功能，包括但不限于以下内容：新产品开发、市场营销、生产运作、分销、财务和顾客服务。

什么是合作伙伴

合作伙伴（cooperative partner），一般被认为是与个人、组织、企业或其他实体合作的人或实体。这种合作通常建立在共同的目标、利益或项目基础上，各方合作以实现共同的目标或完成特定的任务。

S2.1.1 供应商管理

什么是供应商

供应商（supplier），依照《零售商供应商公平交易管理办法》，是指直接向零售商提供商品及相应服务的企业及其分支机构、个体工商户，包括制造商、经销商和其他中介商。供应商也被称为厂商，即供应商品的个人或法人。供应商可以是农民、生产基地、制造商、代理商、批发商（限一级）、进口商等，应避免太多中间环节的供应商。

什么是供应商管理

供应商管理（supplier management），也被称为供应商关系管理（supplier rela-

---

① 苏尼尔·乔普拉. 供应链管理（第 7 版）. 北京：中国人民大学出版社，2021.

tionship management)。依照《供应链管理》（第 7 版）①，供应商关系管理宏流程的主要目的是为不同的产品和服务安排和管理供货资源。供应商关系管理宏流程包括评价和选择供应商、就供货条款进行谈判，以及与供应商联系新产品的订购。

S2.1.1.1 供应商情况

什么是供应商情况

供应商情况（supplier situation），一般被认为是对供应商行业、数量、分布区域以及占比等方面基本资信情况进行调查的结果。供应商调查在不同的阶段有不同的要求，可以分成三种：第一种是资源市场分析，第二种是供应商初步调查，第三种是供应商深入调查。

为什么要考察供应商情况

供应商是向企业及其竞争对手供应各种所需资源的企业和个人，包括提供原材料、设备、能源、劳务等，既是企业商务谈判中的对手，更是企业的合作伙伴。供应商情况如何会对企业的营销活动产生巨大的影响，如原材料价格变化、原材料短缺等都会影响企业产品的价格和交货期，并会因而削弱企业与客户的长期合作与利益。

怎样披露供应商情况

【定性】企业披露供应商基本情况信息，包括供应商分布区域、产品的品种、规格、质量；实力、规模、生产能力和技术水平；信用度以及管理水平等。

【定量】企业需要披露供应商数量。单位：家。

【定量】企业披露供应商采购占比。某行业中供应商采购占比＝主要供应商采购的金额÷全部采购的金额。单位：%。

为什么要披露供应商情况

供应链是企业运营中的重要组成部分，供应商的稳定性和合规性直接影响企业的业务连续性，通过披露供应商情况，利益相关方可以更好地了解、评估和管理供应链风险，包括供应商的财务状况、合规性、供应能力和可持续性等方面。披露供应商情况可以提高企业的透明度，使股东、投资者和其他利益相关者更好地了解企业的供应链管理和运营情况，这种透明度有助于构建可持续发展的商业模式，从而提高企业的社会责任感和声誉。

与供应商情况相关的主要指导机构及法律法规、政策规范

国务院国有资产监督管理委员会〔2023〕《央企控股上市公司 ESG 专项报告参考指标体系》S3.1.2：

——供应商数量及分布

指标性质：定量

---

① 苏尼尔·乔普拉. 供应链管理（第 7 版）. 北京：中国人民大学出版社，2021.

披露等级：建议披露

指标说明：描述公司统计截止至报告期末的供应商数量，描述供应商区域分布情况

香港交易所〔2023〕《环境、社会及管治报告指引》B5：

——一般披露管理供应链的环境及社会风险政策。

National Association of Securities Dealers Automated Quotations〔2019〕ESG Reporting Guide 2.0 G5：

——Are your vendors or suppliers required to follow a Code of Conduct? Yes/No

If yes, what percentage of your suppliers have formally certified their compliance with the code?

——您的供应商是否需要遵守行为准则？是/否。

如果是，您的供应商中有多少百分比已正式证明其符合规范？

Global Reporting Initiative〔2022〕Consolidated Set of the GRI Standards 308-2：

——The reporting organization shall report the following information: a. Number of suppliers assessed for environmental impacts. b. Number of suppliers identified as having significant actual and potential negative environmental impacts. c. Significant actual and potential negative environmental impacts identified in the supply chain. d. Percentage of suppliers identified as having significant actual and potential negative environmental impacts with which improvements were agreed upon as a result of assessment. e. Percentage of suppliers identified as having significant actual and potential negative environmental impacts with which relationships were terminated as a result of assessment, and why.

——组织应报告以下信息：a. 开展了环境影响评估的供应商数量。b. 经确定为具有重大实际和潜在负面环境影响的供应商数量。c. 经确定的供应链中的重大实际和潜在负面环境影响。d. 经确定为具有重大实际和潜在负面环境影响，且评估后一致同意改进的供应商百分比。e. 经确定为具有重大实际和潜在负面环境影响，且评估后终止关系的供应商百分比，以及终止关系的原因。

本指标披露等级及主要适用范围

【基础披露】适用于所有行业企业。

S2.1.1.2 供应商选择标准

什么是供应商选择标准

供应商选择标准（supplier selection criteria），一般被认为是选择供应商的标准，涉及企业从确定需求到最终确定供应商以及评价供应商的不断循环的过程。供应商选

择标准根据时间的长短进行划分，可分为短期标准和长期标准。短期标准包括商品质量、成本、交货及时性、整体服务水平（包括安装服务、培训服务、维修服务、升级服务、技术支持服务等）、履行合同的承诺和能力等；长期标准包括供应商质量管理体系是否健全、供应商内部机器设备是否先进以及保养情况如何、供应商的财务状况是否稳定、供应商内部组织与管理是否良好、供应商员工的状况是否稳定等。

为什么要考察供应商选择标准

供应商选择标准对采购和供应链管理至关重要。通过选择合适的供应商，可以降低产品缺陷和服务不合格的风险，同时在质量和成本之间取得平衡。稳定的供应商关系有助于减少供应链中断的风险，确保原材料和产品的持续供应。考虑供应商的财务稳定性、合规性和道德标准可以降低合规性和声誉风险。此外，合适的供应商选择也能带来创新和合作机会，有助于提高效率和共同开发新产品或服务。最后，考虑环境和社会可持续标准可以促进可持续采购实践，确保与符合道德和可持续标准的供应商合作，以履行社会责任。

怎样披露供应商选择标准

【定性】 企业披露的供应商选择标准，包括供应商的产品质量、价格、柔性、交货准时性、提前期和批量等方面。

为什么要披露供应商选择标准

企业披露供应商选择标准可增强透明度和建立信任，有助于向投资者、客户和其他利益相关者展示企业在采购和供应链管理中的决策过程和价值观。通过公开披露供应商选择标准，企业可以展示其对质量、可持续性、社会责任和合规性的承诺，清晰地表明企业与合规和符合道德标准的供应商合作，从而增加投资者的信心，吸引客户，并提高声誉。此外，披露该信息还有助于降低潜在的法律和声誉风险。

与供应商选择标准相关的主要指导机构及法律法规、政策规范

中华人民共和国财政部〔2010〕《企业内部控制应用指引第 7 号——采购业务》第七条：

——企业应当建立科学的供应商评估和准入制度，确定合格供应商清单，与选定的供应商签订质量保证协议，建立供应商管理信息系统，对供应商提供物资或劳务的质量、价格、交货及时性、供货条件及其资信、经营状况等进行实时管理和综合评价，根据评价结果对供应商进行合理选择和调整。企业可委托具有相应资质的中介机构对供应商进行资信调查。

国务院国有资产监督管理委员会〔2023〕《央企控股上市公司 ESG 专项报告参考指标体系》S3.1.1：

——供应商选择与管理

指标性质：定性

披露等级：基础披露

指标说明：描述公司供应商选择与管理方面的制度与措施，如是否加入环境、社会、治理要素；供应商 ESG 培训的具体政策；对供应商进行督察的具体政策、措施、效果等

香港交易所〔2023〕《环境、社会及管治报告指引》B5：

——一般披露管理供应链的环境及社会风险政策。

Global Reporting Initiative〔2022〕Consolidated Set of the GRI Standards 308-1、414-1：

——The reporting organization shall report the following information：a. Percentage of new suppliers that were screened using environmental criteria.

——The reporting organization shall report the following information：a. Percentage of new suppliers that were screened using social criteria.

——组织应报告以下信息：a. 使用环境评价维度筛选的新供应商百分比。

——组织应报告以下信息：a. 使用社会评价维度筛选的新供应商百分比。

本指标披露等级及主要适用范围

【建议披露】适用于所有行业企业。

S2.1.1.3 供应商培训计划

什么是供应商培训计划

供应商培训计划（supplier training policy），一般被认为是企业为了对其新开发的供应商及已有合格供应商进行有效、规范的管理和评审，对供应商业绩进行评价及对供应商质量进行考核管理，确保供货质量及企业利益，制定的一系列管理办法与培训计划。

为什么要考察供应商培训计划

对企业的供应商培训计划情况进行考察，能够帮助企业制定和改进相关管理办法和机制。供应商培训计划有助于使供应商能达到品质、成本、交期、服务的要求，约束供应商的不规范行为，促进供应商持续改善经营，以及促进企业和供应商关系长期发展。缺乏相应的供应商培训计划可能会导致采购环节出现问题，从而影响企业的经营情况。

怎样披露供应商培训计划

【定性】企业披露是否具有供应商培训计划。

为什么要披露供应商培训计划

披露供应商培训计划，能够帮助各利益相关方了解企业供应商是否能达到品质、成本、交期、服务的要求，有助于企业建立信任、提高供应链效率，并确保供应链符合法规和满足市场期望，维护企业声誉和业务成功。

与供应商培训计划相关的主要指导机构及法律法规、政策规范

国务院国有资产监督管理委员会〔2023〕《央企控股上市公司 ESG 专项报告参考指标体系》S3.1.1：

——供应商选择与管理

指标性质：定性

披露等级：基础披露

指标说明：描述公司供应商选择与管理方面的制度与措施，如是否加入环境、社会、治理要素；供应商 ESG 培训的具体政策；对供应商进行督察的具体政策、措施、效果等

European Financial Reporting Advisory Group〔2022〕ESRS S2 Workers in the Value Chain S2-1，14、17、18：

——The undertaking shall describe its policies that address the management of its material impacts on value chain workers, as well as associated material risks and opportunities; and provide a summary of the content of the policies.

——The undertaking shall describe its human rights policy commitments that are relevant to value chain workers, including those processes and mechanisms to monitor compliance with the UN Global Compact principles and the OECD Guidelines for Multinational Enterprises, in its disclosure, it shall focus on those matters that are material, as well as the general approach in relation to: (a) respect for the human rights, including labour rights, of workers; (b) engagement with value chain workers; and (c) measures to provide and/or enable remedy for human rights impacts.

——The undertaking shall also state whether its policies in relation to value chain workers explicitly address trafficking in human beings, forced or compulsory labour and child labour. It shall also state whether the undertaking has a supplier code of conduct.

——企业应说明关于其管理对价值链劳动者的重大影响以及相关的重大风险和机遇的政策；并提供政策内容的摘要。

——企业应描述其与价值链劳动者相关的人权政策承诺，包括用于监督遵守联合国全球契约原则和经合组织跨国企业准则情况的流程和机制，在其披露中，应重点关注那些重要的事项，以及与以下方面相关的一般方法：(a) 尊重劳动者的人权，包括劳工权益；(b) 与价值链劳动者的交流；(c) 为人权影响提供补救的措施。

——企业还应说明其与价值链劳动者有关的政策是否明确涉及贩运人口、强迫或强制劳动和童工。它还应说明企业是否具有供应商行为守则。

本指标披露等级及主要适用范围

【建议披露】适用于所有行业企业。

S2.1.1.4　供应商考核标准

什么是供应商考核标准

供应商考核标准（supplier evaluation standard），一般被认为是为了对供应商进行业绩评价及对供应商质量进行考核管理、确保供货质量及企业利益而制定的一系列标准，包括但不限于质量指标、供应指标、经济指标及支持、合作与服务指标。

为什么要考察供应商考核标准

对供应商考核标准进行考察，能够帮助企业确保供应商供应产品的质量，同时在供应商之间进行比较，以便继续同优秀的供应商进行长期合作，淘汰绩效差的供应商。具备良好的供应商考核标准能提高企业竞争能力和发展水平，缺乏相应的供应商考核标准可能会导致采购环节出现问题，从而影响企业的经营情况。

怎样披露供应商考核标准

【定性】企业披露是否具有供应商考核标准。

为什么要披露供应商考核标准

通过披露供应商考核标准，能够了解企业是否对供应商进行筛选和考核，可以让利益相关者更好地了解企业的供应链管理情况、企业可持续发展水平，从而增强对企业的信任度和认可度。通过供应商考核标准，能够了解供应商可能存在的问题，约束供应商的不规范行为，促进供应商改善品质和服务，实现与优质供应商的合作关系长期发展。

与供应商考核标准相关的主要指导机构及法律法规、政策规范

国务院国有资产监督管理委员会〔2023〕《央企控股上市公司 ESG 专项报告参考指标体系》S3.1.1：

——供应商选择与管理

指标性质：定性

披露等级：基础披露

指标说明：描述公司供应商选择与管理方面的制度与措施，如是否加入环境、社会、治理要素；供应商 ESG 培训的具体政策；对供应商进行督察的具体政策、措施、效果等

National Association of Securities Dealers Automated Quotations〔2019〕ESG Reporting Guide 2.0　G5：

——Are your vendors or suppliers required to follow a Code of Conduct? Yes/No

If yes, what percentage of your suppliers have formally certified their compliance with the code?

——您的供应商是否需要遵守行为准则？是/否。

如果是，您的供应商中有多少百分比已正式证明其符合规范？

本指标披露等级及主要适用范围

【建议披露】适用于所有行业企业。

S2.1.1.5　供应商督查政策

什么是供应商督察政策

供应商督察政策（supplier inspection policy），一般被认为是为了保证供应商所提供的产品符合既定标准或适用性的要求，对供应商进行有效、规范的管理，制定的一系列管理制度与督察政策。

为什么要考察供应商督察政策

对企业的供应商督察政策进行考察，能够帮助企业制定和改进相关管理政策和制度。具备良好的供应商督察政策能提高企业竞争能力和发展水平，缺乏相应的供应商督察政策可能会导致采购环节出现问题，从而影响企业的经营情况。

怎样披露供应商督察政策

【定性】企业披露是否具有供应商督察政策。

为什么要披露供应商督察政策

通过披露供应商督察政策，能够了解企业是否有完善的供应商督察政策，是否遵守相关法律法规和道德标准，可以让利益相关者更好地了解企业的经营管理情况、企业可持续发展水平，从而增强对企业的信任度和认可度。同时，供应商督察政策能约束供应商的不规范行为，促进供应商持续改善经营，以及促进企业和供应商关系长期发展。

与供应商督察政策相关的主要指导机构及法律法规、政策规范

国务院国有资产监督管理委员会〔2023〕《央企控股上市公司 ESG 专项报告参考指标体系》S3.1.1：

——供应商选择与管理

指标性质：定性

披露等级：基础披露

指标说明：描述公司供应商选择与管理方面的制度与措施，如是否加入环境、社会、治理要素；供应商 ESG 培训的具体政策；对供应商进行督察的具体政策、措施、效果等

中华人民共和国财政部〔2010〕《企业内部控制应用指引第 7 号——采购业务》第四条：

——企业应当结合实际情况，全面梳理采购业务流程，完善采购业务相关管

理制度，统筹安排采购计划，明确请购、审批、购买、验收、付款、采购后评估等环节的职责和审批权限，按照规定的审批权限和程序办理采购业务，建立价格监督机制，定期检查和评价采购过程中的薄弱环节，采取有效控制措施，确保物资采购满足企业生产经营需要。

香港交易所〔2023〕《环境、社会及管治报告指引》B5：

——一般披露管理供应链的环境及社会风险政策。

European Financial Reporting Advisory Group〔2022〕ESRS S2 Workers in the Value Chain S2-3, 25、27：

——The undertaking shall describe the processes it has in place to provide for or cooperate in the remediation of negative impacts on workers in the value chain that the undertaking has identified it has caused or contributed to, as well as channels available to value chain workers to raise concerns and have them addressed.

——The undertaking shall describe：（a）its general approach to and processes for providing or contributing to remedy where it has identified that it has caused or contributed to a material negative impact on value chain workers, including whether and how the undertaking assesses that remedy provided is effective；（b）any specific channels it has in place for value chain workers to raise their concerns or needs directly with the undertaking and have them addressed, including whether these are established by the undertaking itself and/or through participation in third-party mechanisms；（c）its processes through which the undertaking supports or requires the availability of such channels through the workplace of value chain workers；and（d）how it tracks and monitors issues raised and addressed, and how it ensures the effectiveness of the channels, including through involvement of stakeholders who are the intended users.

——企业应描述其为提供或合作补救已确定的由其造成或促成的对价值链中劳动者的负面影响而制定的流程，以及价值链劳动者提出问题并使其得到解决的渠道。

——企业应描述：（a）如果确定其对价值链劳动者造成或促成了重大负面影响，则其提供或促成补救措施的一般方法和程序，包括企业是否以及如何评估所提供的补救措施是否有效；（b）为价值链劳动者直接向企业提出其关切或需求并得到解决的任何具体渠道，包括这些关切或需求是否由企业本身和/或通过参与第三方机制建立；（c）企业通过价值链劳动者的工作场所支持或要求提供此类渠道的流程；和（d）它如何跟踪和监测所提出和处理的问题，以及如何确保渠道的有效性，包括通过作为预期用户的利益攸关方的参与。

本指标披露等级及主要适用范围

【建议披露】适用于所有行业企业。

S2.1.2 供应链评估

什么是供应链评估

供应链评估（supply chain assessment），或称供应链绩效评价（supply chain performance measurement），一般被认为是围绕供应链的目标，对供应链整体、各环节（尤其是核心企业运营状况以及各环节之间的运营关系等）所进行的事前、事中和事后分析评价，是对整个供应链的整体运行绩效、供应链节点企业、供应链上的节点企业之间的合作关系所做出的评价。

S2.1.2.1 供应商环境影响评估

什么是供应商环境影响评估

供应商环境影响评估（supplier environmental impact assessment），一般被认为是对供应商可能造成的环境影响进行分析、预测和评估，提出预防或者减轻不良环境影响的对策和措施，并进行跟踪监测的方法与制度。

为什么要考察供应商环境影响评估

对企业的供应商环境影响评估情况进行考察，能够帮助企业制定和改进相关供应链管理办法。供应商环境影响评估有助于约束供应商的不规范行为，促进供应商持续改善对环境的影响，助力企业提高产品竞争能力、提升企业声誉。

怎样披露供应商环境影响评估

【定性】企业披露是否具有供应商环境影响评估，包括是否对供应商环境影响的种类、范围、程度、时间等进行评估。

为什么要披露供应商环境影响评估

通过披露供应商环境影响评估，能够了解企业是否将环境影响纳入企业战略发展规划，并在日常经营中落实，使利益相关者更好地了解企业的经营管理情况、企业可持续发展水平，从而增强对企业的信任度和认可度。缺乏相应的供应商环境影响评估不仅可能影响企业的经营情况和企业形象，更会对环境造成负面影响，有碍高质量社会的建设与发展。

与供应商环境影响评估相关的主要指导机构及法律法规、政策规范

全国人民代表大会常务委员会〔2015〕《中华人民共和国环境保护法》第六条、第四十七条：

——一切单位和个人都有保护环境的义务。地方各级人民政府应当对本行政区域的环境质量负责。企业事业单位和其他生产经营者应当防止、减少环境污染和生态破坏，对所造成的损害依法承担责任。公民应当增强环境保护意识，采取低碳、节俭的生活方式，自觉履行环境保护义务。

——……企业事业单位应当按照国家有关规定制定突发环境事件应急预案，报环境保护主管部门和有关部门备案。在发生或者可能发生突发环境事件时，企业事业单位应当立即采取措施处理，及时通报可能受到危害的单位和居民，并向环境保护主管部门和有关部门报告。突发环境事件应急处置工作结束后，有关人民政府应当立即组织评估事件造成的环境影响和损失，并及时将评估结果向社会公布。

香港交易所〔2023〕《环境、社会及管治报告指引》B5：

——一般披露管理供应链的环境及社会风险政策。

Global Reporting Initiative〔2022〕Consolidated Set of the GRI Standards 308-2：

——The reporting organization shall report the following information：a. Number of suppliers assessed for environmental impacts. b. Number of suppliers identified as having significant actual and potential negative environmental impacts. c. Significant actual and potential negative environmental impacts identified in the supply chain. d. Percentage of suppliers identified as having significant actual and potential negative environmental impacts with which improvements were agreed upon as a result of assessment. e. Percentage of suppliers identified as having significant actual and potential negative environmental impacts with which relationships were terminated as a result of assessment，and why.

——组织应报告以下信息：a. 开展了环境影响评估的供应商数量。b. 经确定为具有重大实际和潜在负面环境影响的供应商数量。c. 经确定的供应链中的重大实际和潜在负面环境影响。d. 经确定为具有重大实际和潜在负面环境影响，且评估后一致同意改进的供应商百分比。e. 经确定为具有重大实际和潜在负面环境影响，且评估后终止关系的供应商百分比，以及终止关系的原因。

本指标披露等级及主要适用范围

【建议披露】适用于所有行业企业。

S2.1.2.2　供应商风险评估

什么是供应商风险评估

供应商风险评估（supplier risk assessment），一般被认为是企业通过对供应商的产品分析及对企业过程的诊断，判断管理体系的综合水准，规避供应商选择风险。供应商风险评估与管理的步骤可以分为：制定供应商风险评估表、制定供应商风险等级管理措施和评定供应商风险等级。

为什么要考察供应商风险评估

对供应商进行审查、审核及评价是采购部门用来确定是否应当与新的或过去的供应商进行业务往来的重要方法。供应商风险评估主要是评估供应商的合作风险、商务风险、质量风险、交付风险，而细化评估项就会涉及供应商的经营、财务、生产、人员等方面，通过评估了解供应商的基本情况能够帮助企业制定和改进相关的供应链管理办法，选择合规、合适和优秀的供应商，从而保障供应链安全，降低供应链环节的经营风险。

怎样披露供应商风险评估

【定性】企业披露是否具有供应商风险评估，包括风险识别、风险分析和风险评价。

为什么要披露供应商风险评估

有效的供应商风险评估有利于企业提高应对供应环节突发事件的能力，减少供应中的经济损失，保障经济社会的正常有序。通过披露供应商风险评估，各利益相关方能够了解企业是否有完善的生产管理体系，确保企业安全稳定地持续生产，更好地了解企业的管理情况及企业的可持续发展情况。

与供应商风险评估相关的主要指导机构及法律法规、政策规范

中华人民共和国财政部〔2010〕《企业内部控制应用指引第 7 号——采购业务》第七条：

——企业应当建立科学的供应商评估和准入制度，确定合格供应商清单，与选定的供应商签订质量保证协议，建立供应商管理信息系统，对供应商提供物资或劳务的质量、价格、交货及时性、供货条件及其资信、经营状况等进行实时管理和综合评价，根据评价结果对供应商进行合理选择和调整。企业可委托具有相应资质的中介机构对供应商进行资信调查。

国务院国有资产监督管理委员会〔2023〕《央企控股上市公司 ESG 专项报告参考指标体系》S3.2.3：

——重大风险与影响（供应链）

指标性质：定性/定量

披露等级：建议披露

指标说明：描述公司确定的供应链环节中具有重大风险与影响的事件数量，涉及供应商和人员数量、评估后改进情况等

上海证券交易所〔2024〕《上海证券交易所上市公司自律监管指引第 14 号——可持续发展报告（试行）》第四十五条：

——披露主体应当披露报告期内加强供应链风险管理、保障供应链安全稳定的情况，包括但不限于下列内容：（一）供应链风险管理的基本情况，包括但不限于公司制定的供应链风险管理目标及具体计划、供应链风险应对机制、措施及实施效果。

深圳证券交易所〔2024〕《深圳证券交易所上市公司自律监管指引第 17 号——可持续发展报告（试行）》第四十五条：

——披露主体应当披露报告期内加强供应链风险管理、保障供应链安全稳定的情况，包括但不限于下列内容：（一）供应链风险管理的基本情况，包括但不限于公

司制定的供应链风险管理目标及具体计划、供应链风险应对机制、措施及实施效果。

中国物流与采购联合会〔2020〕《国有企业采购管理规范》9.2.1.3、9.4.1.1：

——采购实体应对供应商的产品质量、交货及时性、交货准确性、应急保障、售后服务、问题处理等表现，进行即时或阶段性评价，对供应商的综合实力、日常供应情况、总体价格水平等进行季节性或年度性的定期评价。

——采购主体应加强对供应商的信用信息进行管理，信用信息管理的内容包括供应商基本信息、经营管理信息、产品/服务信息、交易记录、供给能力、财务状况和信用记录等。

Global Reporting Initiative〔2022〕Consolidated Set of the GRI Standards 308-2、414-2：

——The reporting organization shall report the following information：a. Number of suppliers assessed for environmental impacts. b. Number of suppliers identified as having significant actual and potential negative environmental impacts. c. Significant actual and potential negative environmental impacts identified in the supply chain. d. Percentage of suppliers identified as having significant actual and potential negative environmental impacts with which improvements were agreed upon as a result of assessment. e. Percentage of suppliers identified as having significant actual and potential negative environmental impacts with which relationships were terminated as a result of assessment，and why.

——The reporting organization shall report the following information：a. Number of suppliers assessed for social impacts. b. Number of suppliers identified as having significant actual and potential negative social impacts. c. Significant actual and potential negative social impacts identified in the supply chain. d. Percentage of suppliers identified as having significant actual and potential negative social impacts with which improvements were agreed upon as a result of assessment. e. Percentage of suppliers identified as having significant actual and potential negative social impacts with which relationships were terminated as a result of assessment，and why.

——组织应报告以下信息：a. 开展了环境影响评估的供应商数量。b. 经确定为具有重大实际和潜在负面环境影响的供应商数量。c. 经确定的供应链中的重大实际和潜在负面环境影响。d. 经确定为具有重大实际和潜在负面环境影响，且评估后一致同意改进的供应商百分比。e. 经确定为具有重大实际和潜在负面环境影响，且评估后终止关系的供应商百分比，以及终止关系的原因。

——组织应报告以下信息：a. 开展了社会影响评估的供应商数量。b. 经确定为具有重大实际和潜在负面社会影响的供应商数量。c. 经确定的供应链中的重大实际和潜在负面社会影响。d. 经确定为具有重大实际和潜在负面社会影响，且评估后一致同意改进的供应商百分比。e. 经确定为具有重大实际和潜在负面社会影响，且评估后终止关系的供应商百分比，以及终止关系的原因。

本指标披露等级及主要适用范围

【建议披露】适用于所有行业企业。

S2.1.2.3 供应商候补与紧急替换机制

什么是候补供应商

候补供应商（alternate supplier），一般被认为是非正式合格供应商，待有供应商淘汰时作为替代供应商，成为临时供应商。

什么是供应商候补与紧急替换机制

供应商候补与紧急替换机制（supplier standby and emergency replacement mechanism），一般被认为是企业制定的对供应商发生风险的紧急预案与替换措施，现有供应商发生事故或风险时使用候补供应商，以降低供应环节给企业带来的损失。

为什么要考察供应商候补与紧急替换机制

供应商出现问题会给下游企业带来严重的影响并波及相关企业，对企业信誉造成严重打击，若不能建立有效的供应商候补与紧急替换机制，企业正常的供应能力未能在短期内得到恢复，就会降低企业的市场竞争力。建立有效的供应商候补与紧急替换机制有利于确保原辅材料等采购物质的供应，预防由采购物资的短缺或不当等因素引起的意外损失，保证采购物资供应的及时有序，提高企业应对突发事件的能力，减少供应中断带来的经济损失。

怎样披露供应商候补与紧急替换机制

【定性】企业披露其供应商候补与紧急替换机制，包括应急小组的组织构成、供应商候补名单和替换方案等。

为什么要披露供应商候补与紧急替换机制

有效的供应商候补与紧急替换机制是企业风险防范意识和组织协调能力的重要体现，可以让利益相关者更好地了解企业的管理情况及企业的可持续发展情况。一个重要企业的供应中断可能会导致整个产业链条的崩溃，企业建立有效的供应商候补与紧急替换机制有利于提高应对供应中断突发事件的能力，减少供应中断造成的经济损失，从而保障经济社会的正常有序。

与供应商候补与紧急替换机制相关的主要指导机构及法律法规、政策规范

国务院国有资产监督管理委员会〔2023〕《央企控股上市公司 ESG 专项报告参考指标体系》S3.2.2：

——供应链安全保证与应急预案

指标性质：定性

披露等级：建议披露

指标说明：描述公司供应链安全管理方面的制度与措施，原材料、产成品供应中断防患与应急预案制定与实施等情况

本指标披露等级及主要适用范围

【建议披露】适用于所有行业企业。

S2.1.3 供应链管理

什么是供应链管理

供应链管理（supply chain management），依照《供应链管理》（第7版）[①]，是指连接企业内、外部结盟的合作伙伴，为满足市场的最终消费者需求，整合商流、物流、资金流、信息流之所有营运活动，创造出整体供应链的最佳化（最高效率及最小成本），以达成具有高度竞争力的供应系统。供应链管理旨在有效地规划、协调、控制和监督产品或服务从原材料供应商到最终用户的流动和相关活动。供应链管理的主要目标是优化整个供应链，以提高效率、降低成本、提高质量、满足客户需求，并在实现业务战略目标的同时降低风险。供应链管理主要包括六个因素：设施、库存、运输、信息、采购和定价。

S2.1.3.1 招标采购办法

什么是招标采购

招标采购（purchasing by invitation to bid），一般被认为是采购方作为招标方，事先提出采购的条件和要求，邀请众多企业参加投标，然后由采购方按照规定的程序和标准一次性地从中择优选择交易对象，并与提出最有利条件的投标方签订协议的过程。整个过程要求公开、公正和择优。招标采购是政府采购最通用的方法之一。招标采购可分为竞争性招标采购和限制性招标采购，主要区别是招标的范围不同，竞争性招标采购面向整个社会公开招标，限制性招标采购是在选定的若干个供应商中招标。

什么是招标采购办法

招标采购办法（the system of purchasing by invitation to bid），一般被认为是企业专门规定的关于招标采购的组织架构、工作流程、行为规范以及相关奖惩措施的制度。

为什么要考察招标采购办法

按照科学有效、公开公正、比质比价、监督制约的原则，建立健全招标采购管理的各项制度，有利于防止招标采购过程中不正当行为的发生，规范招标采购行为，保障企业的根本利益。企业建立全面的招标采购管理制度，以公正、公平、公开的原则评估选择业务承包单位，使得企业能够在合理公平的原则下追求企业利益最大化，以确保各项

[①] 苏尼尔·乔普拉. 供应链管理（第7版）. 北京：中国人民大学出版社，2021.

承包业务满足规定的质量、进度和成本控制要求，提高企业的经济效率和市场竞争力。

怎样披露招标采购办法

【定性】企业披露其招标采购办法，包括企业招标采购组织机构和职责、招标采购的工作准则、招标采购的工作流程、招标采购人员的职业规范以及相关的奖励和处罚机制。

为什么要披露招标采购办法

我国招标采购办法的实施，在激活市场竞争、优化资源配置、规范采购行为、促进营商环境持续优化等方面起到了积极的作用，为国有资产保值增值、降低采购成本提供了保障。在工程项目和货物等的采购中，实行招标采购办法，依照法定的招标投标程序，通过竞争，选择技术强、信誉好、质量保障体系可靠的投标人中标，有利于保证采购项目的质量。对于有能力的竞标者来说，能够通过公开、公平、公正的竞争机制成功竞标，也有利于营造风清气正的市场秩序。

与招标采购办法相关的主要指导机构及法律法规、政策规范

全国人民代表大会常务委员会〔2017〕《中华人民共和国招标投标法》第十九条：

——招标人应当根据招标项目的特点和需要编制招标文件。招标文件应当包括招标项目的技术要求、对投标人资格审查的标准、投标报价要求和评标标准等所有实质性要求和条件以及拟签订合同的主要条款。国家对招标项目的技术、标准有规定的，招标人应当按照其规定在招标文件中提出相应要求。招标项目需要划分标段、确定工期的，招标人应当合理划分标段、确定工期，并在招标文件中载明。

中华人民共和国财政部〔2010〕《企业内部控制应用指引第7号——采购业务》第四条：

——企业应当结合实际情况，全面梳理采购业务流程，完善采购业务相关管理制度，统筹安排采购计划，明确请购、审批、购买、验收、付款、采购后评估等环节的职责和审批权限，按照规定的审批权限和程序办理采购业务，建立价格监督机制，定期检查和评价采购过程中的薄弱环节，采取有效控制措施，确保物资采购满足企业生产经营需要。

国务院国有资产监督管理委员会〔2023〕《央企控股上市公司ESG专项报告参考指标体系》S3.2.1：

——供应链管理政策及措施

指标性质：定性

披露等级：建议披露

指标说明：描述公司供应链管理体系，有效推动供应链可持续管理的政策、措施

本指标披露等级及主要适用范围

【建议披露】适用于所有行业企业。

S2.1.3.2 供应中断防范与应急预案

什么是供应中断

供应中断（supply interruption），一般被认为是意外事件的突然发生导致供货量与客户需求量、成本或质量与供应链预定管理目标显著偏离。

什么是供应中断防范与应急预案

供应中断防范与应急预案（supply interruption risk prevention and emergency plan），一般被认为是企业制定的对重要原材料供应中断的防范措施与紧急预案，将事前防范与事后应急相结合，以降低供应中断可能给企业带来的损失。

为什么要考察供应中断防范与应急预案

供应中断首先会影响企业产品在规定时间内保质保量生产，会对企业的财务、市场和经营业绩产生严重的负面影响，从而导致企业市场流失，影响企业的市场价值；其次，供应中断会给下游企业带来严峻的挑战并快速蔓延至相关企业，对企业信誉造成严重打击，若不能建立有效的供应中断防范与应急预案，企业正常的供应能力未能在短期内得到恢复，就会降低企业的市场竞争力，也不利于良好企业形象的树立。建立有效的供应中断防范与应急预案有利于提高企业应对突发事件的能力，减少供应中断带来的经济损失，保障企业的稳定经营和长远发展。

怎样披露供应中断防范与应急预案

【定性】企业披露其对供应中断风险的防范以及事后的紧急预案，包括风险识别、风险分级及对应的风险防范措施和应急小组的组织构成、行动方案。

为什么要披露供应中断防范与应急预案

有效的供应中断防范与应急预案是企业风险防范意识和组织协调能力的重要体现，有利于企业的稳定经营和长远发展，企业披露供应中断防范与应急预案也为下游企业提供信心与保障，有利于下游企业正常经营活动的开展；一个重要企业的供应中断可能会导致整个产业链条的崩溃，企业建立有效的供应中断防范与应急预案有利于提高应对供应中断突发事件的能力，减少供应中断造成的经济损失，保障经济社会的正常有序。

与供应中断防范与应急预案相关的主要指导机构及法律法规、政策规范

国务院国有资产监督管理委员会〔2023〕《央企控股上市公司 ESG 专项报告参考指标体系》S3.2.2：

——供应链安全保证与应急预案

指标性质：定性

披露等级：建议披露

指标说明：描述公司供应链安全管理方面的制度与措施，原材料、产成品供应中断防患与应急预案制定与实施等情况

本指标披露等级及主要适用范围

【建议披露】适用于所有行业企业。

S2.1.3.3 物流、交易、信息系统等服务商选择与考核标准

什么是物流、交易、信息系统等服务商选择与考核标准

物流、交易、信息系统等服务商选择与考核标准（selection and assessment criteria for logistics, trading, information systems and other service providers），一般被认为包括服务商的服务类别、资源、综合产能与报价、质量与流程、交付与响应、技术能力、信息安全、社会责任等内容。

为什么要考察物流、交易、信息系统等服务商选择与考核标准

企业通过客观而又全面综合的评价体系选择适合企业发展规划的服务商，有利于更好地满足企业发展需要，提高市场竞争力，减少企业内部员工受贿可能性，澄清企业内部发展环境，形成良好的工作氛围。符合企业发展要求的服务商能够助力企业的发展，提高企业的服务质量，使企业获得消费者的青睐。

怎样披露物流、交易、信息系统等服务商选择与考核标准

【定性】企业披露物流、交易、信息系统等服务商选择与考核标准，包括是否遵守相关法律法规、是否能通过国家标准化组织质量管理体系标准认证或满足企业对相关业务的要求、能否按照企业要求的交付时间及时交付项目、是否建立了完善的质量管理系统，以及服务商的装载能力、运载效率、平台工作速率与服务质量如何等。

为什么要披露物流、交易、信息系统等服务商选择与考核标准

企业披露物流、交易、信息系统等服务商选择与考核标准，有利于减少主观因素，形成全面的供应商综合评价指标体系，通过客观的评估选择适合企业发展的服务商，减少企业员工中饱私囊、收受贿赂从而影响正常服务商的选拔的行为，使得服务商能够通过公平竞争获取业务，形成良好的市场竞争环境，推动相关行业的高质量发展。

与物流、交易、信息系统等服务商选择与考核标准相关的主要指导机构及法律法规、政策规范

中华人民共和国国务院〔2022〕《互联网信息服务管理办法》第六条：

——从事经营性互联网信息服务，除应当符合《中华人民共和国电信条例》规定的要求外，还应当具备下列条件：（一）有业务发展计划及相关技术方案；（二）有健全的网络与信息安全保障措施，包括网站安全保障措施、信息安全保密管理制度、用户信息安全管理制度；（三）服务项目属于本办法第五条规定范围的，已取得有关主管部门同意的文件。

本指标披露等级及主要适用范围

【建议披露】 适用于所有行业企业。

S2.1.3.4 绿色供应链建设

什么是绿色供应链建设

绿色供应链建设（green supply chain construction），或称绿色供应链管理（green supply chain management），一般被认为是在传统供应链基础上，将绿色制造、产品生命周期和生产者责任延伸理念融入企业业务流程，建设综合考虑企业经济效益与资源节约、环境保护、人体健康安全要求的供应链系统。

为什么要考察绿色供应链建设

绿色供应链包括集供应端、物流端和消费端于一体的产品生命周期的全过程，将使传统供应链管理运作方式产生重大变革，考察绿色供应链建设情况有利于加强企业对供应链环节碳排放情况的认知，加强供应链碳排放管理，以实现企业供应链碳中和目标，更可以为企业高质量发展带来机遇。

怎样披露绿色供应链建设

【定性】 企业披露绿色供应链建设核心工作情况，包括产品设计源头进行绿色性分析的步骤、方法和要求以及重点管控物料清单管理要求；明确采购阶段对绿色材料/产品和绿色供应商的控制要求，可参考《绿色供应链管理体系 要求及使用指南》《绿色供应链管理体系 绩效评价通则》。

为什么要披露绿色供应链建设

绿色供应链建设以绿色发展理念为引领，是基于供应链管理技术和绿色制造理论，在优化资源配置原则的指导下，对产品的原材料获取、设计、生产、包装、配送、消费、使用、报废以及回收再利用等全过程采取的一系列绿色行动，目的是实现企业与环境的协调发展，在环境污染最小的情况下，确保资源利用效率最大化。

与绿色供应链建设相关的主要指导机构及法律法规、政策规范

国务院国有资产监督管理委员会〔2023〕《央企控股上市公司 ESG 专项报告参考指标体系》E5.4.5：

——绿色采购与绿色供应链管理

指标性质：定性

披露等级：建议披露

指标说明：描述公司在产品全生命周期绿色管理、绿色采购、绿色供应链管理等方面的具体措施

本指标披露等级及主要适用范围

【基础披露】 适用于所有行业企业。

S2.1.3.5 供应商质量追溯机制

什么是供应商质量追溯机制

供应商质量追溯机制（supplier quality traceability mechanism），一般被认为是企业在生产过程中，产品的原材料或半成品的来源、工序或工作，都要记录其检验结果及存在的问题，记录操作者及检验者的姓名、时间、地点及情况分析，在产品的适当部位做出相应的质量状态标志，并且这些记录与带标志的产品也需要同步流转。

为什么要考察供应商质量追溯机制

通过考察供应商质量追溯机制，当发生质量事故时，企业能第一时间追踪到产生问题的源头，迅速提出恰当的应对措施，降低企业、消费者的损失，使企业、消费者的利益得到保障，减少质量问题带来的不良影响，加强企业质量管理，减少纠错成本，提高企业快速响应能力。

怎样披露供应商质量追溯机制

【定性】企业披露产品生产过程中原材料、半成品的来源、工序或后续工作中是否有相应记录与流转信息，以及供应商质量问题追溯情况。

为什么要披露供应商质量追溯机制

披露供应商质量追溯机制可以展示出企业更完善与更有竞争力的生产过程、全面增强产品品质管理能力，提高客户的满意度，实现信息的实时分享，在制造商与采购商、消费者之间搭建信息桥梁，解决产销信息不对称、不透明的问题，为企业及其产品打造良好的市场前景。

与供应商质量追溯机制相关的主要指导机构及法律法规、政策规范

中华人民共和国财政部〔2010〕《企业内部控制应用指引第 7 号——采购业务》第四条：

——企业应当结合实际情况，全面梳理采购业务流程，完善采购业务相关管理制度，统筹安排采购计划，明确请购、审批、购买、验收、付款、采购后评估等环节的职责和审批权限，按照规定的审批权限和程序办理采购业务，建立价格监督机制，定期检查和评价采购过程中的薄弱环节，采取有效控制措施，确保物资采购满足企业生产经营需要。

European Financial Reporting Advisory Group〔2022〕ESRS S2 Workers in the Value Chain S2-3, 27：

——The undertaking shall describe：(a) its general approach to and processes for providing or contributing to remedy where it has identified that it has caused or contributed to a material negative impact on value chain workers, including whether and how the undertaking assesses that remedy provided is effective; (b) any specific channels it has in place for value chain workers to raise their concerns or needs directly with the undertaking and have them addressed, including whether these are established by the undertaking itself and/or through participation in third-party mechanisms; (c) its processes through which the undertaking supports or requires the availability of such channels through the workplace of value chain workers; and (d) how it tracks and monitors issues raised and addressed, and how it ensures the effectiveness of the channels, including through involvement of stakeholders who are the intended users.

——企业应描述：(a) 如果确定其对价值链劳动者造成或促成了重大负面影响，则其提供或促成补救措施的一般方法和程序，包括企业是否以及如何评估所提供的补救措施是否有效；(b) 为价值链劳动者直接向企业提出其关切或需求并得到解决的任何具体渠道，包括这些关切或需求是否由企业本身和/或通过参与第三方机制建立；(c) 企业通过价值链劳动者的工作场所支持或要求提供此类渠道的流程；和 (d) 它如何跟踪和监测所提出和处理的问题，以及如何确保渠道的有效性，包括通过作为预期用户的利益攸关方的参与。

本指标披露等级及主要适用范围

【基础披露】适用于所有行业企业。

S2.2 产品责任

什么是产品责任

产品责任（product liability），依照《中国侵权责任法释解与应用》[①]，是指企业因产品有缺陷造成他人财产、人身损害，产品制造者、销售者所应承担的民事责任。

S2.2.1 生产规范

什么是生产规范

生产规范（manufacturing practice），一般被认为是一种注重制造过程中产品质量和安全卫生的自主性管理制度，是企业制定的贯穿产品生产全过程的一系列措施、方法和技术要求，包括企业人员、培训、厂房设施、生产环境、卫生状况、物料管理、生产管理、质量管理、销售管理等环节。

S2.2.1.1 生产规范管理办法

什么是生产规范管理办法

生产规范管理办法（the system of manufacturing practice management），一般被认为是企业为保障产品质量和生产安全而制定的贯穿产品生产全过程的一系列管理政策与措施。

---

① 刘智慧. 中国侵权责任法释解与应用. 北京：人民法院出版社，2010.

为什么要考察生产规范管理办法

企业建立生产规范管理办法，有利于产品生产流程的规范化、生产的标准化，保障产品的质量，提高企业生产效率。通过科学合理的规范化管理可以提高企业分工协作的专业化程度和产品的规模化生产水平，从而形成规模效应降低成本、提高效率，提高企业的经济效益和成本回报率。产品质量的保证有利于良好市场信誉的维护，有利于增强企业的市场竞争力，树立良好的企业形象。

怎样披露生产规范管理办法

【定性】 企业披露为保障产品质量与生产安全所制定的一系列生产规范管理办法，包括对企业人员、培训、厂房设施、生产环境、卫生状况、物料管理、生产管理、质量管理的制度规范。

为什么要披露生产规范管理办法

企业的生产规范管理办法在企业安全生产标准化实践中具有积极的推动作用，有利于指导和规范广大企业自主推进安全生产标准化建设，强化企业安全生产基础，引导企业科学发展、安全发展，实现企业生产质量、效益和安全的有机统一，不仅有利于为消费者提供符合质量要求的产品，满足人民日益增长的美好生活需要，也有利于保障国家生产活动的安全进行、经济的结构化升级，促进国民经济长远健康发展。

与生产规范管理办法相关的主要指导机构及法律法规、政策规范

全国人民代表大会常务委员会〔2021〕《中华人民共和国安全生产法》第二十一条：

——生产经营单位的主要负责人对本单位安全生产工作负有下列职责：（一）建立健全并落实本单位全员安全生产责任制，加强安全生产标准化建设；（二）组织制定并实施本单位安全生产规章制度和操作规程；（三）组织制定并实施本单位安全生产教育和培训计划；（四）保证本单位安全生产投入的有效实施；（五）组织建立并落实安全风险分级管控和隐患排查治理双重预防工作机制，督促、检查本单位的安全生产工作，及时消除生产安全事故隐患；（六）组织制定并实施本单位的生产安全事故应急救援预案；（七）及时、如实报告生产安全事故。

国务院国有资产监督管理委员会〔2023〕《央企控股上市公司 ESG 专项报告参考指标体系》S2.1.1：

——生产规范管理政策及措施

指标性质：定性

披露等级：建议披露

指标说明：描述公司生产规范管理政策及措施，包括安全生产组织体系、安全生产制度的制定和落实情况、确保员工安全的制度和措施；生产设备的折旧和报废政策；生产设备管理及维护制度

本指标披露等级及主要适用范围

【基础披露】适用于所有行业企业。

S2.2.1.2　生产设备更新情况

什么是生产设备

生产设备（manufacturing facility），依照《生产与运作管理》（第五版）①，是指在企业生产过程中直接参与生产活动的设备，以及在生产过程中直接为生产服务的辅助生产设备。

什么是生产设备更新情况

生产设备更新情况（manufacturing facility replacement），一般被认为是企业以新的、更高效、更经济合理的设备替代技术上陈旧、过时或不再经济可行的设备的情况。

为什么要考察生产设备更新情况

生产设备更新情况是企业设备管理能力的体现，直接影响企业能否在规定时间内保质保量完成生产经营活动，对生产设备的及时更新有利于保障企业产品的产量和质量；在审慎度量成本的基础上，生产设备的合理更新有利于降低企业生产成本，淘汰落后产能，改进生产技术，保证生产经营活动的顺利进行，以确保企业提高产品质量，提高生产效率，降低生产成本，进行安全文明生产，从而使企业获得最高经济效益，提高企业的市场竞争力。

怎样披露生产设备更新情况

【定性】企业披露对生产设备进行更新的相关情况，包括生产设备更新品类、技术标准、设备更新后的运行情况等。

【定量】企业披露生产设备更新率。

【计算方式】生产设备更新率＝报告期内已更新生产设备数÷需要更新的总生产设备数。单位：％。

为什么要披露生产设备更新情况

披露生产设备更新情况有助于评估企业优化生产流程、降低资源浪费、提高生产效率以及减少环境影响的能力。这不仅有助于降低生产成本，提高产品质量，还有助于维护声誉，满足法规要求，吸引投资，以及确保可持续供应链的稳定性。

与生产设备更新情况相关的主要指导机构及法律法规、政策规范

全国人民代表大会常务委员会〔2021〕《中华人民共和国安全生产法》第二十九条：

——生产经营单位采用新工艺、新技术、新材料或者使用新设备，必须了解、掌握其安全技术特性，采取有效的安全防护措施，并对从业人员进行专门的安全

---

① 陈荣秋，马士华. 生产与运作管理. 5版. 北京：高等教育出版社，2021.

生产教育和培训。

国务院国有资产监督管理委员会〔2023〕《央企控股上市公司 ESG 专项报告参考指标体系》S2.1.1：

——生产规范管理政策及措施

指标性质：定性

披露等级：建议披露

指标说明：描述公司生产规范管理政策及措施，包括安全生产组织体系、安全生产制度的制定和落实情况、确保员工安全的制度和措施；生产设备的折旧和报废政策；生产设备管理及维护制度

上海证券交易所〔2024〕《上海证券交易所上市公司自律监管指引第 14 号——可持续发展报告（试行）》第二十三条：

——披露主体应当披露为应对气候相关风险和机遇的转型计划、措施及其进展，包括但不限于下列内容：（一）公司为应对气候相关风险和机遇而对当前和未来战略、商业模式和资源分配进行调整的情况；（二）公司已经或者计划为直接或间接应对气候相关风险和机遇所采取的改进生产工艺、更新设备等措施；（三）公司为应对气候相关风险和机遇所制定的转型计划，及制定该计划所依赖的基本假设；（四）公司为实施转型计划提供的资源；（五）公司实施转型计划的进展情况。

深圳证券交易所〔2024〕《深圳证券交易所上市公司自律监管指引第 17 号——可持续发展报告（试行）》第二十三条：

——披露主体应当披露为应对气候相关风险和机遇的转型计划、措施及其进展，包括但不限于下列内容：（一）公司为应对气候相关风险和机遇而对当前和未来战略、商业模式和资源分配进行调整的情况；（二）公司已经或者计划为直接或间接应对气候相关风险和机遇所采取的改进生产工艺、更新设备等措施；（三）公司为应对气候相关风险和机遇所制定的转型计划，及制定该计划所依赖的基本假设；（四）公司为实施转型计划提供的资源；（五）公司实施转型计划的进展情况。

本指标披露等级及主要适用范围

【建议披露】 适用于所有行业企业。

S2.2.1.3　生产设备维护情况

什么是生产设备维护情况

生产设备维护情况（maintenance of manufacturing facility），一般被认为是企业对生产设备进行日常维护检修的相关情况，比如生产设备使用信息报告、设备维护的管理规范和技术标准、维检后的使用情况等。

为什么要考察生产设备维护情况

生产设备维护情况是企业设备管理能力的体现，企业严格按照相关规定进行生产设备的维护工作有利于保障企业生产经营活动的顺利进行，保证企业生产产品的产量和质量，降低生产设备的故障率，保障安全生产，从而使企业获得更高的经济效益。设备管理是企业内部管理的重点，企业的维护能够保障生产设备的正常运转，有利于企业的稳定经营。

怎样披露生产设备维护情况

【定性】企业定期披露生产设备的维护情况，包括生产设备当前使用状况、维护规程等。

为什么要披露生产设备维护情况

首先，法律要求企业定期对生产设备进行维护，披露生产设备的维护情况有利于借助外部监管保障企业的安全生产和稳定经营，有利于保障国家生产活动的安全性，促进国民经济的长远健康发展。其次，通过相关信息的披露，下游企业能够更好地了解产品的生产条件，有利于在多方对比中选择最符合自己经营需要的产品。

与生产设备维护情况相关的主要指导机构及法律法规、政策规范

全国人民代表大会常务委员会〔2021〕《中华人民共和国安全生产法》第三十六条：

——安全设备的设计、制造、安装、使用、检测、维修、改造和报废，应当符合国家标准或者行业标准。生产经营单位必须对安全设备进行经常性维护、保养，并定期检测，保证正常运转。维护、保养、检测应当作好记录，并由有关人员签字。……

中华人民共和国国务院〔2009〕《特种设备安全监察条例》第二十七条：

——特种设备使用单位应当对在用特种设备进行经常性日常维护保养，并定期自行检查。特种设备使用单位对在用特种设备应当至少每月进行一次自行检查，并作出记录。特种设备使用单位在对在用特种设备进行自行检查和日常维护保养时发现异常情况的，应当及时处理。特种设备使用单位应当对在用特种设备的安全附件、安全保护装置、测量调控装置及有关附属仪器仪表进行定期校验、检修，并作出记录。……

国务院国有资产监督管理委员会〔2023〕《央企控股上市公司ESG专项报告参考指标体系》S2.1.1：

——生产规范管理政策及措施

指标性质：定性

披露等级：建议披露

指标说明：描述公司生产规范管理政策及措施，包括安全生产组织体系、安

全生产制度的制定和落实情况、确保员工安全的制度和措施；生产设备的折旧和报废政策；生产设备管理及维护制度

本指标披露等级及主要适用范围

【建议披露】适用于所有行业企业。

S2.2.2 产品安全与质量

什么是产品安全与质量

产品安全与质量（product safety and quality），一般被认为是产品在使用、储运、销售等过程中，保障人体健康和人身、财产安全免受伤害或损失的能力以及产品满足规定需要和潜在需要的特征和特性的总和。根据《中华人民共和国产品质量法》第三条和第十三条，生产者、销售者应当建立健全内部产品质量管理制度，严格实施岗位质量规范、质量责任以及相应的考核办法；可能危及人体健康和人身、财产安全的工业产品，必须符合保障人体健康和人身、财产安全的国家标准、行业标准；未制定国家标准、行业标准的，必须符合保障人体健康和人身、财产安全的要求。

S2.2.2.1 生产规范制定

什么是生产规范制定

生产规范制定（manufacturing practice formulation），一般被认为是企业制定和实施一套明确的规则、准则和标准，以确保其生产过程和产品的质量、安全性、合规性和可持续性。这些规范可以包括生产流程、设备维护、原材料使用、安全措施、环境保护要求、劳工权益等方面的规定。

为什么要考察生产规范制定

通过制定生产规范，可以规范社会的生产活动，规范市场行为，引领经济社会发展，推动建立最佳秩序，促进相关产品在技术上的相互协调和配合；有利于实现科学管理和提高管理效率；可以使资源合理利用，简化生产技术，实现互换组合，为调整产品结构和产业结构创造条件。

怎样披露生产规范制定

【定性】企业披露已制定的规范、更新内容、遵守情况、生产流程改进等方面的详细说明。

为什么要披露生产规范制定

复杂的生产组合，客观上要求必须在技术上使生产活动保持高度的统一和协调一致。这就必须通过制定和执行许许多多的技术标准、工作标准和管理标准，使各生产部门和企业内部各生产环节有机地联系起来，以保证生产有条不紊地进行。严格地按标准进行生产，按标准进行检验、包装、运输和贮存，产品质量就能得到保证。还应在生产中做到保护人体健康，保障人身和财产安全，保护人类生态环境，合理利用资源，维护消费者权益。

与生产规范制定相关的主要指导机构及法律法规、政策规范

全国人民代表大会常务委员会〔2021〕《中华人民共和国安全生产法》第四条：
——生产经营单位必须遵守本法和其他有关安全生产的法律、法规，加强安全生产管理，建立健全全员安全生产责任制和安全生产规章制度，加大对安全生产资金、物资、技术、人员的投入保障力度，改善安全生产条件，加强安全生产标准化、信息化建设，构建安全风险分级管控和隐患排查治理双重预防机制，健全风险防范化解机制，提高安全生产水平，确保安全生产。

国务院国有资产监督管理委员会〔2023〕《央企控股上市公司 ESG 专项报告参考指标体系》S2.1.1：
——生产规范管理政策及措施
指标性质：定性
披露等级：建议披露
指标说明：描述公司生产规范管理政策及措施，包括安全生产组织体系、安全生产制度的制定和落实情况、确保员工安全的制度和措施；生产设备的折旧和报废政策；生产设备管理及维护制度

本指标披露等级及主要适用范围

【建议披露】适用于所有行业企业。

S2.2.2.2 产品与服务质量保障与管理办法

什么是产品与服务质量保障与管理办法

产品与服务质量保障与管理办法（quality assurance and management system of products and services），一般被认为是为保证产品与服务的质量而制定的相关办法。

为什么要考察产品与服务质量保障与管理办法

产品与服务质量保障与管理办法有利于企业生产出符合质量要求和消费者消费需要的产品，提供高质量服务。相关政策的制定有利于企业查漏补缺，严格按照相关规定从事产品生产与服务，提高企业工作效率和产品合格率，提高企业生产与服务的专业化水平，形成竞争优势，提高市场竞争力，从而增加企业的经济效益。良好的质量保证有利于提高客户留存率，扩大市场占有率，保障企业的稳定经营和长远发展。

怎样披露产品与服务质量保障与管理办法

【定性】企业披露为保障产品与服务质量所制定的相关保障与管理办法，包括生产规范、服务准则、售后处理、奖惩措施等。

为什么要披露产品与服务质量保障与管理办法

通过产品与服务质量保障与管理办法，外部企业能够了解该企业是否能够稳定地提供合格产品或服务，从而为判断是否要与该企业合作提供依据；有利于消费者享受

到符合质量标准的产品与服务，提高生活质量，满足消费需要；有利于构建产品与服务质量保障体系，推动相关产业高质量发展，推动质量强国建设。

与产品与服务质量保障与管理办法相关的主要指导机构及法律法规、政策规范

全国人民代表大会常务委员会〔2018〕《中华人民共和国产品质量法》第十三条：

——可能危及人体健康和人身、财产安全的工业产品，必须符合保障人体健康和人身、财产安全的国家标准、行业标准；未制定国家标准、行业标准的，必须符合保障人体健康和人身、财产安全的要求。禁止生产、销售不符合保障人体健康和人身、财产安全的标准和要求的工业产品。具体管理办法由国务院规定。

国务院国有资产监督管理委员会〔2023〕《央企控股上市公司 ESG 专项报告参考指标体系》S2.1.2：

——质量管理

指标性质：定性

披露等级：基础披露

指标说明：描述公司产品与服务的质量保障、质量改善等方面政策；产品与服务的质量检测、质量管理认证机制；产品与服务的健康安全风险排查机制等；可参考《上海证券交易所上市公司自律监管指引第 1 号——规范运作》

本指标披露等级及主要适用范围

【基础披露】适用于所有行业企业。

S2.2.2.3　产品与服务质量管理认证机制

什么是产品与服务质量管理认证机制

产品与服务质量管理认证机制（product and service quality management certification mechanism），一般被认为是由取得质量管理体系认证资格的第三方认证机构，依据正式发布的质量管理体系标准，对企业的质量管理体系实施评定，评定合格的企业由第三方机构颁发质量管理体系认证证书或认证标志，并给予注册公布，以证明企业质量管理和质量保证能力符合相应标准或有能力按规定的质量要求提供产品的活动。

为什么要考察产品与服务质量管理认证机制

完善产品与服务质量管理认证机制，有利于企业强化品质管理，提高企业效益，增强客户信心，扩大市场份额。对企业内部来说，按照经过严格审核的国际标准化的品质体系进行品质管理，可以真正达到法治化、科学化的要求，极大地提高工作效率和产品合格率，迅速提高企业的经济效益和社会效益。对企业外部来说，当顾客得知供方按照国际标准实行管理，拿到了认证证书，并且有认证机构的严格审核和定期监

督时，就可以确信该企业能够稳定地提供合格产品或服务，从而放心地与企业订立供销合同，有助于扩大企业的市场占有率，提升企业形象。此外，通过产品与服务质量管理认证机制还可以强化企业内部管理，稳定经营运作，减少因员工辞职造成的技术或质量波动。

怎样披露产品与服务质量管理认证机制

【定性】企业披露是否通过了产品与服务质量认证，以及与第三方评级机构签订审核合同后的具体审核流程。

为什么要披露产品与服务质量管理认证机制

通过产品与服务质量管理认证机制，外部企业能够了解该企业是否能够稳定地提供合格产品或服务，从而为判断是否要与该企业订立供销合同提供依据。对消费者来说，则是可以享受到符合质量标准的产品与服务，提高生活质量，满足消费需要。对整个国民经济来讲，有利于构建产品与服务质量方面的共同语言、统一认识和共守规范，有利于加强国际合作与交流，从而推动相关产业的发展。

与产品与服务质量管理认证机制相关的主要指导机构及法律法规、政策规范

全国人民代表大会常务委员会〔2018〕《中华人民共和国产品质量法》第十四条：

——国家根据国际通用的质量管理标准，推行企业质量体系认证制度。企业根据自愿原则可以向国务院市场监督管理部门认可的或者国务院市场监督管理部门授权的部门认可的认证机构申请企业质量体系认证。经认证合格的，由认证机构颁发企业质量体系认证证书。国家参照国际先进的产品标准和技术要求，推行产品质量认证制度。企业根据自愿原则可以向国务院市场监督管理部门认可的或者国务院市场监督管理部门授权的部门认可的认证机构申请产品质量认证。经认证合格的，由认证机构颁发产品质量认证证书，准许企业在产品或者其包装上使用产品质量认证标志。

国务院国有资产监督管理委员会〔2023〕《央企控股上市公司 ESG 专项报告参考指标体系》S2.1.2：

——质量管理

指标性质：定性

披露等级：基础披露

指标说明：描述公司产品与服务的质量保障、质量改善等方面政策；产品与服务的质量检测、质量管理认证机制；产品与服务的健康安全风险排查机制等

上海证券交易所〔2024〕《上海证券交易所上市公司自律监管指引第 14 号——可持续发展报告（试行）》第四十七条：

——披露主体应当披露报告期内产品和服务的安全与质量管理的基本情况，

包括但不限于下列内容：……（二）公司获得的质量管理相关的认证、主要产品和服务质量管理体系认证情况；……

深圳证券交易所〔2024〕《深圳证券交易所上市公司自律监管指引第 17 号——可持续发展报告（试行）》第四十七条：

——披露主体应当披露报告期内产品和服务的安全与质量管理的基本情况，包括但不限于下列内容：……（二）公司获得的质量管理相关的认证、主要产品和服务质量管理体系认证情况；……

本指标披露等级及主要适用范围

【基础披露】适用于所有行业企业。

S2.2.2.4 产品与服务健康安全风险排查机制

什么是产品与服务健康安全风险排查机制

产品与服务健康安全风险排查机制（health and safety risk inspection mechanism of product and service），一般被认为是企业内部的系统性程序或流程，用于识别、评估和管理与其提供的产品和服务相关的健康和安全风险。

为什么要考察产品与服务健康安全风险排查机制

企业建立产品与服务健康安全风险排查机制，一方面有利于使产品在尚未流入市场的环节及时排查可能危及消费者健康安全的风险，减少因此带来的重大事故及经济损失；另一方面也是企业内部风险管控能力的重要体现，有利于企业生产高质量产品、提供高质量服务，减少企业经营风险，保障企业的稳定经营和长远发展。

怎样披露产品与服务健康安全风险排查机制

【定性】企业披露是否建立产品与服务健康安全风险排查机制以及具体措施，包括存在哪些潜在的健康安全风险、应如何排查以及有何处理措施等。

为什么要披露产品与服务健康安全风险排查机制

企业建立产品与服务健康安全风险排查机制，有利于保障消费者的人身安全，维护消费者合法权益，减少重大安全事故的发生；对于投资者而言，企业的产品与服务健康安全风险排查机制是企业风险管控能力的重要体现，可为投资者的投资决策提供依据；对于合作企业而言，有利于防范由该企业产品的健康安全风险所带来的连带影响，为合作关系的建立注入"强心剂"。

与产品与服务健康安全风险排查机制相关的主要指导机构及法律法规、政策规范

全国人民代表大会常务委员会〔2021〕《中华人民共和国食品安全法》第十八条：

——有下列情形之一的，应当进行食品安全风险评估：（一）通过食品安全风险监测或者接到举报发现食品、食品添加剂、食品相关产品可能存在安全隐

患的；（二）为制定或者修订食品安全国家标准提供科学依据需要进行风险评估的；（三）为确定监督管理的重点领域、重点品种需要进行风险评估的；（四）发现新的可能危害食品安全因素的；（五）需要判断某一因素是否构成食品安全隐患的；（六）国务院卫生行政部门认为需要进行风险评估的其他情形。

国务院国有资产监督管理委员会〔2023〕《央企控股上市公司ESG专项报告参考指标体系》S2.1.2：

　　——质量管理

　　指标性质：定性

　　披露等级：基础披露

　　指标说明：描述公司产品与服务的质量保障、质量改善等方面政策；产品与服务的质量检测、质量管理认证机制；产品与服务的健康安全风险排查机制等

本指标披露等级及主要适用范围

【基础披露】适用于所有行业企业。

S2.2.2.5 客户权益保障

什么是客户权益保障

客户权益保障（customer rights protection），一般被认为是客户在有偿获得商品或接受服务时，以及在以后的一定时期内依法享有的权益。

为什么要考察客户权益保障

向客户提供可靠的产品，尊重客户的知情权，使客户在公平交易的前提下自由地选择产品，是企业应尽的义务。企业确保产品质优价廉、安全、舒适、耐用，满足客户物质和精神需求是企业的本分。如果企业生产的产品质优价廉，满足了客户的愿望和需求，则企业销售额上升，利润增加。通过考察企业客户权益保障情况，可以不断提升企业的社会责任承担意识，倒逼企业更加努力地提高产品质量，提高产品性价比，做好售后服务，让客户满意，进而为自己赢得更加光明的发展前景。

怎样披露客户权益保障

【定性/定量】企业披露是否设置客户权益保障机制、客户投诉反馈管理办法及相应处理情况等信息。

为什么要披露客户权益保障

维护客户权益是企业对消费者负责任的集中体现。企业披露客户权益保障情况，有利于树立企业良好的社会责任形象，帮助投资者、政府及各利益相关方更好地了解企业的保护措施，避免因误解和争议导致的声誉和财务风险，从而增强客户和投资者信心。

与客户权益保障相关的主要指导机构及法律法规、政策规范

中国证券监督管理委员会〔2021〕《公开发行证券的公司信息披露内容与格式准则第 2 号—年度报告的内容与格式》第四十二条：

——鼓励公司结合行业特点，主动披露积极履行社会责任的工作情况，包括但不限于：公司履行社会责任的宗旨和理念，股东和债权人权益保护、职工权益保护、供应商、客户和消费者权益保护、环境保护与可持续发展、公共关系、社会公益事业等方面情况。公司已披露社会责任报告全文的，仅需提供相关的查询索引。

国务院国有资产监督管理委员会〔2023〕《央企控股上市公司 ESG 专项报告参考指标体系》S2.2.2：

——客户投诉及处理情况

指标性质：定性/定量

披露等级：建议披露

指标说明：描述公司客户反馈管理制度、客户投诉应对机制；定量指标如客户投诉数量（次）、客户投诉解决数量（件）

Global Reporting Initiative〔2022〕Consolidated Set of the GRI Standards 416-2：

——The reporting organization shall report the following information: a. Total number of incidents of non-compliance with regulations and/or voluntary codes concerning the health and safety impacts of products and services within the reporting period, by: i. incidents of non-compliance with regulations resulting in a fine or penalty; ii. incidents of non-compliance with regulations resulting in a warning; iii. incidents of non-compliance with voluntary codes. b. If the organization has not identified any non-compliance with regulations and/or voluntary codes, a brief statement of this fact is sufficient.

——组织应报告以下信息：a. 违反有关营销传播（包括广告、促销和赞助）的法规和/或自愿性守则的事件总数，按以下项目分类：i. 违反法规而受到罚款或处罚的事件；ii. 违反法规而受到警告的事件；iii. 违反自愿性守则的事件。b. 如果组织未发现任何违反法规和/或自愿性守则的情况，简要说明这一事实即可。

European Financial Reporting Advisory Group〔2022〕ESRS S4 Consumers and End-users S4-4, 27：

——The undertaking shall disclose its approaches to taking action on material impacts on consumers and end-users, and to mitigating material risks and pursuing material opportunities related to consumers and end-users and effectiveness of those actions.

——企业应披露其针对对消费者和终端用户的重大影响采取行动的方法，以及减轻与消费者和终端用户相关的重大风险和寻求重大机会的方法及这些行动的有效性。

本指标披露等级及主要适用范围

【基础披露】适用于所有行业企业。

S2.2.2.6 产品保险与再保险投保额

什么是保险

保险（insurance），依照《中华人民共和国保险法》，是指投保人根据合同约定，向保险人支付保险费，保险人对于合同约定的可能发生的事故因其发生所造成的财产损失承担赔偿保险金责任，或者当被保险人死亡、伤残、疾病或者达到合同约定的年龄、期限等条件时承担给付保险金责任的商业保险行为。

什么是再保险

再保险（reinsurance），依照《中华人民共和国保险法》，是指保险人将其承担的保险业务，以分保形式部分转移给其他保险人。

什么是产品保险与再保险

产品保险与再保险（product insurance and reinsurance），一般被认为是企业以产品某一方面的指标为保险标的所办理的保险和再保险业务，包括产品责任保险、产品质量保险、产品质量安全责任保险等。

什么是产品保险与再保险投保额

产品保险与再保险投保额（product insurance and reinsurance amount），一般被认为是企业投保的产品保险与再保险中合同规定的最高赔偿款额。

为什么要考察产品保险与再保险投保额

产品保险与再保险有利于企业转嫁风险，降低因产品质量问题或产品生产缺陷带来的经济损失，增强赔付能力，从而形成良好的市场信誉，树立良好的企业形象。产品保险与再保险投保额的大小能够在一定程度上反映企业的风险赔付能力，落实相关工作也是企业自身风险防控能力的重要体现，有利于企业转移风险，保障企业的稳定经营。

怎样披露产品保险与再保险投保额

【定量】企业披露产品保险与再保险的投保额。单位：万元。

为什么要披露产品保险与再保险投保额

落实产品责任与质量的保险与再保险制度，是健全产品质量安全多元救济和产品侵权责任制度、保障人民群众合法权益的重要举措，通过产品保险与再保险机制，企业更有能力和意愿在合理的范围内支付使用者的经济损失，有利于保障消费者的合法权益，促进企业的稳定经营，从而推动国家经济的健康发展。

与产品保险与再保险投保额相关的主要指导机构及法律法规、政策规范

全国人民代表大会常务委员会〔2015〕《中华人民共和国保险法》第十八条：
——保险合同应当包括下列事项：（一）保险人的名称和住所；（二）投保人、被保险人的姓名或者名称、住所，以及人身保险的受益人的姓名或者名称、住所；（三）保险标的；（四）保险责任和责任免除；（五）保险期间和保险责任开始时间；（六）保险金额；（七）保险费以及支付办法；（八）保险金赔偿或者给付办法；（九）违约责任和争议处理；（十）订立合同的年、月、日。……保险金额是指保险人承担赔偿或者给付保险金责任的最高限额。

本指标披露等级及主要适用范围

【建议披露】适用于所有行业企业。

S2.2.2.7 因质量问题招致的产品召回事件

什么是召回

召回（recall），依照《消费品召回管理暂行规定》，是指生产者对存在缺陷的消费品，通过补充或者修正警示标识、修理、更换、退货等补救措施，消除缺陷或者降低安全风险的活动。其中，消费品是指消费者为生活消费需要购买、使用的产品。

什么是因质量问题招致的产品召回事件

因质量问题招致的产品召回事件（product recall due to quality issue），一般被认为是由产品质量问题导致生产者需要对存在质量缺陷的产品进行召回的事件。

为什么要考察因质量问题招致的产品召回事件

对企业而言，召回是生产企业主动免责的方法、树立自身形象的途径，也是政府督促生产企业消除产品缺陷的要求与规定。企业召回质量存在缺陷的产品，既有利于敦促企业完善生产规范，重视企业内部质量安全管理问题，提升缺陷分析和识别能力，也是企业积极承担责任的体现，有利于企业树立良好的社会形象，从而有利于企业的长远发展和稳定经营。

怎样披露因质量问题招致的产品召回事件

【定性】企业披露因质量问题招致的产品召回事件中产品的品类、原因、处置措施、经济后果等情况。

【定量】企业披露因质量问题招致的产品召回事件数量。单位：件。

为什么要披露因质量问题招致的产品召回事件

企业披露因质量问题招致的产品召回事件，有利于督促生产企业保证产品质量，维护消费者合法权益，也有利于维护市场经济繁荣、形成良好的市场环境和市场秩序。对于消费者而言，有助于其拿到无缺陷的合格产品；对于社会而言，既推动相关产业提高产品质量，营造安全高效的消费环境，也有利于减少由产品质量问题引发的社会

安全事件以及由此而带来的经济损失。

与因质量问题招致的产品召回事件相关的主要指导机构及法律法规、政策规范

全国人民代表大会常务委员会〔2014〕《中华人民共和国消费者权益保护法》第十九条：

——经营者发现其提供的商品或者服务存在缺陷，有危及人身、财产安全危险的，应当立即向有关行政部门报告和告知消费者，并采取停止销售、警示、召回、无害化处理、销毁、停止生产或者服务等措施。采取召回措施的，经营者应当承担消费者因商品被召回支出的必要费用。

国务院国有资产监督管理委员会〔2023〕《央企控股上市公司 ESG 专项报告参考指标体系》S2.1.3：

——产品召回与撤回

指标性质：定量/定性

披露等级：建议披露

指标说明：描述公司产品撤回与召回机制；因健康与安全原因需撤回和召回的产品数量或百分比（%）

深圳证券交易所〔2023〕《深圳证券交易所上市公司自律监管指引第 3 号——行业信息披露》2.1.8、4.1.5、4.7.7：

——上市公司在产品推广、销售过程中出现因产品质量等原因导致产品被退回或者召回等情形时，如预计损失金额占最近一期经审计净资产或者净利润 10% 以上的，应当及时以临时报告方式披露事项可能产生的风险、对公司生产经营的影响、预计的损失金额、公司拟采取的应对措施等情况。

——上市公司出现下列情形之一且对公司产生重大影响的，应当以临时报告方式履行信息披露义务：（一）公司产品被市场监督管理局检查出存在食品安全问题，或者因产品质量等原因导致产品被退回、召回、消费者投诉等情形时，应当在知悉该事项或者出现媒体报道时，及时披露相关产品的具体名称、最近一年销售收入金额、占营业收入比例，对问题产品的后续处理计划，并预计损失金额及对公司未来经营业绩的影响、公司拟采取的应对措施等情况。……

——上市公司日常生产经营中出现下列情形之一的，应当及时披露相关情况，充分提示风险并说明对公司生产经营的影响、公司后续处理措施等：……（二）上市公司因生产或者销售的产品质量、提供的服务等问题受到投诉、起诉或者媒体质疑，或者出现产品召回情况，可能对公司产生重大影响的；……

上海证券交易所〔2024〕《上海证券交易所上市公司自律监管指引第 14 号——可持续发展报告（试行）》第四十七条：

——披露主体应当披露报告期内产品和服务的安全与质量管理的基本情况，

包括但不限于下列内容：……（四）售后服务、产品召回制度的建立与执行情况，针对客户投诉的受理途径、处理流程及处理情况。……

深圳证券交易所〔2024〕《深圳证券交易所上市公司自律监管指引第 17 号——可持续发展报告（试行）》第四十七条：

——披露主体应当披露报告期内产品和服务的安全与质量管理的基本情况，包括但不限于下列内容：……（四）售后服务、产品召回制度的建立与执行情况，针对客户投诉的受理途径、处理流程及处理情况。……

香港交易所〔2023〕《环境、社会及管治报告指引》B6.1：

——已售或已运送产品总数中因安全与健康理由而须回收的百分比。

本指标披露等级及主要适用范围

【基础披露】适用于所有行业企业。

S2.2.2.8 涉及产品与服务质量、健康与安全的消费者投诉事件

什么是消费者投诉

消费者投诉（consumer complaint），依照《经济法概论》（第二版）[①]，是指消费者为生活消费需要购买、使用商品或者接受服务，与经营者发生消费权益争议，从而提出的书面或者口头上的异议、抗议、索赔和要求解决问题等行为。

什么是涉及产品与服务质量、健康与安全的消费者投诉事件

涉及产品与服务质量、健康与安全的消费者投诉事件（consumer complaint about product and service quality, health and safety），一般被认为是由于产品或服务的质量问题危及消费者的健康与安全而导致消费者投诉生产者或经营者的事件。

为什么要考察涉及产品与服务质量、健康与安全的消费者投诉事件

涉及产品与服务质量、健康与安全的消费者投诉事件既可以体现企业生产环节存在的问题，又可以反映企业对突发事件的处理能力。企业及时对消费者投诉做出有效反馈有利于及时发现问题、解决问题，规范生产管理，也有利于展现负责任的企业形象，减少市场流失，避免更大的经济损失。但同时，若涉及产品与服务质量、健康与安全的消费者投诉事件较多，也表明企业可能在产品与服务质量上存在较大缺陷，应予以警醒。

怎样披露涉及产品与服务质量、健康与安全的消费者投诉事件

【定性】企业披露涉及产品与服务质量、健康与安全的消费者投诉事件，包括事件原委、产品与服务类别、原因及处理结果等。

【定量】企业披露涉及产品与服务质量、健康与安全的消费者投诉事件的数量。单位：件。

[①] 刘磊，杨文明，曾红武. 经济法概论. 2 版. 北京：人民邮电出版社，2017.

为什么要披露涉及产品与服务质量、健康与安全的消费者投诉事件

企业披露涉及产品与服务质量、健康与安全的消费者投诉事件，有利于督促生产企业保证产品质量，重视生产安全，维护消费者合法权益，也有利于维护市场经济繁荣、形成良好的市场环境和市场秩序，减少因产品质量问题引发的社会安全事件以及由此而带来的经济损失。对于合作企业而言，虽然良好的应对方式可以体现企业的应对能力，但若相关投诉过多，也表明该企业生产环节可能存在硬伤，应斟酌是否要与该企业建立合作关系。

与涉及产品与服务质量、健康与安全的消费者投诉事件相关的主要指导机构及法律法规、政策规范

全国人民代表大会常务委员会〔2014〕《中华人民共和国消费者权益保护法》第十五条、第二十四条、第三十九条：

——消费者享有对商品和服务以及保护消费者权益工作进行监督的权利。消费者有权检举、控告侵害消费者权益的行为和国家机关及其工作人员在保护消费者权益工作中的违法失职行为，有权对保护消费者权益工作提出批评、建议。

——经营者提供的商品或者服务不符合质量要求的，消费者可以依照国家规定、当事人约定退货，或者要求经营者履行更换、修理等义务。没有国家规定和当事人约定的，消费者可以自收到商品之日起七日内退货；七日后符合法定解除合同条件的，消费者可以及时退货，不符合法定解除合同条件的，可以要求经营者履行更换、修理等义务。依照前款规定进行退货、更换、修理的，经营者应当承担运输等必要费用。

——消费者和经营者发生消费者权益争议的，可以通过下列途径解决：（一）与经营者协商和解；（二）请求消费者协会或者依法成立的其他调解组织调解；（三）向有关行政部门投诉；（四）根据与经营者达成的仲裁协议提请仲裁机构仲裁；（五）向人民法院提起诉讼。

国务院国有资产监督管理委员会〔2023〕《央企控股上市公司ESG专项报告参考指标体系》S2.2.2：

——客户投诉及处理情况

指标性质：定性/定量

披露等级：建议披露

指标说明：描述公司客户反馈管理制度、客户投诉应对机制；定量指标如客户投诉数量（次）、客户投诉解决数量（件）

上海证券交易所〔2024〕《上海证券交易所上市公司自律监管指引第14号——可持续发展报告（试行）》第四十七条：

——披露主体应当披露报告期内产品和服务的安全与质量管理的基本情况，

包括但不限于下列内容：……（三）报告期内发生的产品和服务相关的安全与质量重大责任事故，包括事件性质（如行政处罚等）、造成的影响及损害涉及的金额、采取的应对措施及进展（如有）；……

深圳证券交易所〔2024〕《深圳证券交易所上市公司自律监管指引第17号——可持续发展报告（试行）》第四十七条：

——披露主体应当披露报告期内产品和服务的安全与质量管理的基本情况，包括但不限于下列内容：……（三）报告期内发生的产品和服务相关的安全与质量重大责任事故，包括事件性质（如行政处罚等）、造成的影响及损害涉及的金额、采取的应对措施及进展（如有）；……

香港交易所〔2023〕《环境、社会及管治报告指引》B6.2：

——接获关于产品及服务的投诉数目以及应对方法。

本指标披露等级及主要适用范围

【基础披露】适用于所有行业企业。

S2.2.3 科技创新与知识产权保护

什么是科技创新

科技创新（technology innovation），一般被认为是原创性科学研究和技术创新的总称，是指创造和应用新知识和新技术、新工艺，采用新的生产方式和经营管理模式，开发新产品，提高产品质量，提供新服务的过程。科技创新可以分成三种类型：知识创新、技术创新和现代科技引领的管理创新。

什么是知识产权

知识产权（intellectual property），依照《中华人民共和国民法典》，是指权利人依法就下列客体享有的专有的权利：（一）作品；（二）发明、实用新型、外观设计；（三）商标；（四）地理标志；（五）商业秘密；（六）集成电路布图设计；（七）植物新品种；（八）法律规定的其他客体。

什么是知识产权保护

知识产权保护（intellectual property protection），依照《中国知识产权管理系统协同发展研究》[①]，是指根据各国法律赋予符合条件的知识产权成果拥有者在一定时间内拥有的独占知识产权的权利，其对象范围包括版权和工业产权。版权是指创作文学、艺术和科学作品的作者及其他著作权人依法对其作品所享有的人身权利和财产权利的总称；工业产权则是指包括专利、商标、服务标记、厂商名称、货源名称或原产地名称等在内的权利人享有的独占性权利。

---

① 杨早立，陈伟. 中国知识产权管理系统协同发展研究. 北京：清华大学出版社，2018.

S2.2.3.1 知识产权保护办法

什么是知识产权保护办法

知识产权保护办法（intellectual property protection measures），一般被认为是企业管理、保护和维护其知识产权的内部规则、程序和政策框架。

为什么要考察知识产权保护办法

知识产权是企业重要的无形资产，也是企业核心竞争力的体现。保护知识产权，可以遏制潜在侵权行为的发生，营造企业内部创新氛围，提高企业竞争力与战略优势。除此之外，制定规范的知识产权保护办法可以帮助企业规避风险，避免侵犯他人的知识产权，避免不必要的经济损失与法律纠纷。

怎样披露知识产权保护办法

【定性】 企业披露是否制定并定期修改知识产权保护办法。

为什么要披露知识产权保护办法

利益相关者了解企业的知识产权保护办法后，能够判断企业在可持续发展方面的创新和竞争能力。一个完善的知识产权保护制度不仅有助于减少知识产权侵权风险，还能鼓励创新和研发，吸引投资和合作伙伴，从而提升企业的长期竞争力和促进可持续增长。

与知识产权保护办法相关的主要指导机构及法律法规、政策规范

全国人民代表大会〔2021〕《中华人民共和国民法典》第四百四十四条、第六百条：

——以注册商标专用权、专利权、著作权等知识产权中的财产权出质的，质权自办理出质登记时设立。知识产权中的财产权出质后，出质人不得转让或者许可他人使用，但是出质人与质权人协商同意的除外。出质人转让或者许可他人使用出质的知识产权中的财产权所得的价款，应当向质权人提前清偿债务或者提存。

——出卖具有知识产权的标的物的，除法律另有规定或者当事人另有约定外，该标的物的知识产权不属于买受人。

国务院国有资产监督管理委员会〔2023〕《央企控股上市公司 ESG 专项报告参考指标体系》S2.3.4：

——知识产权保护

指标性质：定性

披露等级：建议披露

指标说明：描述公司知识产权管理制度、具体做法、获得知识产权管理体系认证、获得的奖惩等情况

上海证券交易所〔2024〕《上海证券交易所上市公司自律监管指引第 14 号——可持续发展报告（试行）》第五十六条：

——披露主体应当披露报告期内反不正当竞争工作的具体情况，包括但不限

于下列内容：（一）防范不正当竞争行为（如虚假宣传、实施垄断行为、侵犯商业秘密等）管理制度体系建立与运作情况及具体措施；……

深圳证券交易所〔2024〕《深圳证券交易所上市公司自律监管指引第 17 号——可持续发展报告（试行）》第五十六条：

——披露主体应当披露报告期内反不正当竞争工作的具体情况，包括但不限于下列内容：（一）防范不正当竞争行为（如虚假宣传、实施垄断行为、侵犯商业秘密等）管理制度体系建立与运作情况及具体措施；……

本指标披露等级及主要适用范围

【建议披露】适用于所有行业企业。

S2.2.3.2 研发投入占总营收额比例

什么是研发投入

研发投入（research and development investment），或称研发费用（research and development expenses），依照《财政部关于企业加强研发费用财务管理的若干意见》，是指企业在产品、技术、材料、工艺、标准的研究、开发过程中发生的各项费用，包括：（一）研发活动直接消耗的材料、燃料和动力费用。（二）企业在职研发人员的工资、奖金、津贴、补贴、社会保险费、住房公积金等人工费用以及外聘研发人员的劳务费用。（三）用于研发活动的仪器、设备、房屋等固定资产的折旧费或租赁费以及相关固定资产的运行维护、维修等费用。（四）用于研发活动的软件、专利权、非专利技术等无形资产的摊销费用。（五）用于中间试验和产品试制的模具、工艺装备开发及制造费，设备调整及检验费，样品、样机及一般测试手段购置费，试制产品的检验费等。（六）研发成果的论证、评审、验收、评估以及知识产权的申请费、注册费、代理费等费用。（七）通过外包、合作研发等方式，委托其他单位、个人或者与之合作进行研发而支付的费用。（八）与研发活动直接相关的其他费用，包括技术图书资料费、资料翻译费、会议费、差旅费、办公费、外事费、研发人员培训费、培养费、专家咨询费、高新科技研发保险费用等。

什么是研发投入占总营收额比例

研发投入占总营收额比例（ratio of research and development investment to total revenue），一般被认为是一定时期内企业研发投入占企业总营收额的比例。

为什么要考察研发投入占总营收额比例

考察研发投入占总营收额比例，可以了解企业对创新的重视程度。研发投入是企业获得技术能力的主要途径，它是衡量一个企业创新水平和潜力的重要指标，通过提高研发投入占比，企业可以获取新知识、新技术、新方法，以此提高自身的创造力和解决问题的能力。

怎样披露研发投入占总营收额比例

【定量】 企业披露研发投入占总营收额比例。

【计算方式】 研发投入占总营收额比例＝企业研发投入费用÷企业总营收额。单位：%。

为什么要披露研发投入占总营收额比例

增加研发投入有利于促进科技进步和社会发展。投资者可以通过这一指标评估企业未来的竞争力和增长潜力，高比例可能意味着企业在未来能够推出更具竞争力的产品和解决方案。政府和监管机构也可能关注研发投入，因为创新在促进国家经济增长和竞争力方面起着关键作用。

与研发投入占总营收额比例相关的主要指导机构及法律法规、政策规范

国务院国有资产监督管理委员会〔2023〕《央企控股上市公司 ESG 专项报告参考指标体系》S2.3.2：

　　——研发投入

　　指标性质：定量

　　披露等级：建议披露

　　指标说明：描述公司研发投入情况，可以使用公司年报中研发相关数据，如研发投入（万元）、研发投入占主营业务收入比例（%）和变化（%），研发人员数量（人）和变化（%），拥有的院士等尖端人才数量

上海证券交易所〔2024〕《上海证券交易所上市公司自律监管指引第 14 号——可持续发展报告（试行）》第四十二条：

　　——在不涉及国家安全、国家秘密，兼顾保护商业秘密的前提下，本所鼓励披露主体自愿披露报告期内推动科技创新、加强科技成果转化应用、提高科技竞争力的具体情况，包括但不限于下列内容：……（二）开展科技创新的具体情况，包括研发创新管理制度体系建设，参与研发创新、科技合作项目的情况，研发投入金额及占主营业务收入比例、研发人员数量及占比、应用于主营业务的发明专利数量等；……

深圳证券交易所〔2024〕《深圳证券交易所上市公司自律监管指引第 17 号——可持续发展报告（试行）》第四十二条：

　　——在不涉及国家安全、国家秘密，兼顾保护商业秘密的前提下，本所鼓励披露主体自愿披露报告期内推动科技创新、加强科技成果转化应用、提高科技竞争力的具体情况，包括但不限于下列内容：……（二）开展科技创新的具体情况，包括研发创新管理制度体系建设，参与研发创新、科技合作项目的情况，研发投入金额及占主营业务收入比例、研发人员数量及占比、应用于主营业务的发明专利数量等；……

本指标披露等级及主要适用范围

【基础披露】适用于所有行业企业。

S2.2.3.3 累计专利数

什么是累计专利数

累计专利数（cumulative number of patents），一般被认为是企业在一定时期内累计申请成功的专利总数量。专利申请量是指专利机构受理技术发明专利的数量，包括发明专利、实用新型专利和外观设计专利。

为什么要考察累计专利数

考察累计专利数，可以了解企业在长期对创新的重视程度。专利数可以衡量一个企业的创新水平和创新能力，通过提高累计专利数，企业可以提高自身在市场的竞争力，增加产品的附加值和品牌影响力。

怎样披露累计专利数

【定量】企业披露累计专利数。单位：件。

为什么要披露累计专利数

累计专利数可以反映一家企业的创新能力。科技是第一生产力，是推动经济社会进步的重要动力，提高企业累计专利数有利于促进科技进步和社会发展。企业可以通过披露累计专利数来展示拥有强劲创新能力的企业形象，有利于吸引政府资源和获得投资者的青睐。

与累计专利数相关的主要指导机构及法律法规、政策规范

全国人民代表大会常务委员会〔2021〕《中华人民共和国专利法》第八条、第十二条、第十九条：

——两个以上单位或者个人合作完成的发明创造、一个单位或者个人接受其他单位或个人委托所完成的发明创造，除另有协议的以外，申请专利的权利属于完成或者共同完成的单位或者个人；申请被批准后，申请的单位或者个人为专利权人。

——任何单位或者个人实施他人专利的，应当与专利权人订立实施许可合同，向专利权人支付专利使用费。被许可人无权允许合同规定以外的任何单位或者个人实施该专利。

——任何单位或者个人将在中国完成的发明或者实用新型向外国申请专利的，应当事先报经国务院专利行政部门进行保密审查。保密审查的程序、期限等按照国务院的规定执行。中国单位或者个人可以根据中华人民共和国参加的有关国际条约提出专利国际申请。申请人提出专利国际申请的，应当遵守前款规定。国务院专利行政部门依照中华人民共和国参加的有关国际条约、本法和国务院有关规定处理专利国际申请。对违反本条第一款规定向外国申请专利的发明或者实

用新型，在中国申请专利的，不授予专利权。

国务院国有资产监督管理委员会〔2023〕《央企控股上市公司 ESG 专项报告参考指标体系》S2.3.3：

——创新成果

指标性质：定量/定性

披露等级：建议披露

指标说明：描述公司参与国际技术标准制定，获得科技类荣誉奖项等情况；定量数据如专利申请数（件）和授权数（件）、变化情况（%）、有效专利数（件）、每百万元营收有效专利数（件）；商标、著作权等知识产权数量（件）、每百万元营收软件著作数（件）；新产品开发项目数（个）、新产品销售收入（万元）、新产品产值率（%）。

上海证券交易所〔2024〕《上海证券交易所上市公司自律监管指引第 14 号——可持续发展报告（试行）》第四十二条：

——在不涉及国家安全、国家秘密，兼顾保护商业秘密的前提下，本所鼓励披露主体自愿披露报告期内推动科技创新、加强科技成果转化应用、提高科技竞争力的具体情况，包括但不限于下列内容：……（三）取得的研发进展及成果、获得的专业资质和重要奖项等，包括报告期内发明专利的申请数和授权数、有效专利数、高新技术企业认定情况、国家科学技术奖项获奖情况等；……

深圳证券交易所〔2024〕《深圳证券交易所上市公司自律监管指引第 17 号——可持续发展报告（试行）》第四十二条：

——在不涉及国家安全、国家秘密，兼顾保护商业秘密的前提下，本所鼓励披露主体自愿披露报告期内推动科技创新、加强科技成果转化应用、提高科技竞争力的具体情况，包括但不限于下列内容：……（三）取得的研发进展及成果、获得的专业资质和重要奖项等，包括报告期内发明专利的申请数和授权数、有效专利数、高新技术企业认定情况、国家科学技术奖项获奖情况等；……

本指标披露等级及主要适用范围

【基础披露】适用于所有行业企业。

S3　社会责任

什么是社会责任

社会责任（social responsibility），一般被认为是一个组织对社会应负的责任，它超越了法律与经济对组织所要求的义务，社会责任是组织管理道德的要求，完全是组织出于义务的自愿行为。

S3.1 社会责任承担

什么是社会责任承担

社会责任承担（social responsibility undertaking），一般被认为是一个组织应以一种有利于社会的方式进行经营和管理，承担高于组织自己目标、超越了法律与经济对组织要求的义务。根据《中华人民共和国公司法》第十九条，公司从事经营活动，必须遵守法律法规，遵守社会公德、商业道德，诚实守信，接受政府和社会公众的监督。

S3.1.1 社会责任意识

什么是社会责任意识

社会责任意识（social responsibility awareness），一般被认为是企业或组织内部的一种认知和理解其在社会和环境方面承担的责任和义务的意识。这种意识涵盖了企业在经济、社会和环境层面上对社会的影响，以及如何积极采取措施来履行这些责任，以促进可持续发展和社会福祉。

S3.1.1.1 社会责任战略

什么是社会责任战略

社会责任战略（social responsibility strategy），一般被认为是在企业战略制定和日常经营中，融入社会责任理念和行为，尽量满足社会期望和利益相关方诉求，使企业在中长期获得最大经济利益和社会利益。

为什么要考察社会责任战略

社会责任战略能提高企业核心竞争力，是一个关系企业长远发展的全局性的战略。企业实施社会责任战略，能增加企业经营管理的透明度，改善企业与消费者的关系和提高产品市场受欢迎程度，提升企业的信誉和社会影响力，而且有利于企业招揽和留住优秀人才。

怎样披露社会责任战略

【定性】 企业披露是否具有社会责任战略以及相关内容的动态调整情况。

为什么要披露社会责任战略

通过披露社会责任战略，可以体现企业的社会责任和透明度，让利益相关者增强对企业的信任度和认可度。利益相关者可以通过了解企业是否积极主动承担社会责任，是否遵守相关法律法规和道德标准，从而更好地了解企业的可持续发展目标和社会责任。企业的社会责任战略实施对企业利益相关者权益的保护，能够为企业赢得各种资源和竞争力优势，不仅能提升企业的市场价值和财务绩效，而且有利于维护社会稳定。

与社会责任战略相关的主要指导机构及法律法规、政策规范

全国人民代表大会常务委员会〔2024〕《中华人民共和国公司法》第十九条：

——公司从事经营活动，必须遵守法律法规，遵守社会公德、商业道德，诚实守信，接受政府和社会公众的监督。

中华人民共和国财政部〔2010〕《企业内部控制应用指引第 4 号——社会责任》第四条：

——企业应当重视履行社会责任，切实做到经济效益与社会效益、短期利益与长远利益、自身发展与社会发展相互协调，实现企业与员工、企业与社会、企业与环境的健康和谐发展。

国务院国有资产监督管理委员会〔2023〕《央企控股上市公司 ESG 专项报告参考指标体系》S4.4.4：

——行业特色及其他社会责任履行情况

指标性质：定性/定量

披露等级：建议披露

指标说明：描述公司在履行社会责任方面的特色做法，如参与国家能源保供稳价等社会民生项目，能够合理体现国有企业在本行业有特色的其他社会责任履行情况。

中国证券监督管理委员会〔2018〕《上市公司治理准则》第八十七条：

——上市公司在保持公司持续发展、提升经营业绩、保障股东利益的同时，应当在社区福利、救灾助困、公益事业等方面，积极履行社会责任。鼓励上市公司结对帮扶贫困县或者贫困村，主动对接、积极支持贫困地区发展产业、培养人才、促进就业。

上海证券交易所〔2024〕《上海证券交易所股票上市规则》4.1.4：

——上市公司应当积极践行可持续发展理念，主动承担社会责任，维护社会公共利益，重视生态环境保护。公司应当按规定编制和披露社会责任报告等非财务报告。出现违背社会责任等重大事项时，公司应当充分评估潜在影响并及时披露，说明原因和解决方案。

深圳证券交易所〔2024〕《深圳证券交易所股票上市规则》4.1.4：

——上市公司应当积极践行可持续发展理念，主动承担社会责任，维护社会公共利益，重视环境保护。公司应当按规定编制和披露社会责任报告等文件。出现违背社会责任等重大事项时，公司应当充分评估潜在影响并及时披露，说明原因和解决方案。

Global Reporting Initiative〔2022〕Consolidated Set of the GRI Standards 2-22：

——The organization shall: report a statement from the highest governance body or most senior executive of the organization about the relevance of sustainable development to the organization and its strategy for contributing to sustainable development.

——组织应：提供组织的最高治理机构或最高级别管理人员关于可持续发展与组织的相关性及其促进可持续发展的战略的声明。

European Financial Reporting Advisory Group〔2022〕ESRS 2 General，Strategy，Governance and Materiality Assessment 33、34、35：

——The undertaking shall provide a concise description of its strategy and business model as a context for its sustainability reporting.

——The principle to be followed under this Disclosure Requirement is to provide relevant contextual information necessary to understanding the sustainability reporting of the undertaking. It is therefore a reference point for other disclosure requirements.

——The disclosure shall include：a description of how sustainability matters are reflected in the undertakings business model and strategy and its mission，vision，purpose，and values.

——企业应提供其战略和商业模式的简明描述，作为其可持续性报告的背景。

——本披露要求应遵循的原则是提供必要的相关背景信息，以了解企业的可持续性报告。因此，它是其他披露要求的参考点。

——披露应包括：描述可持续性事项如何反映在企业的业务模式和战略及其使命、愿景、目的和价值观中。

本指标披露等级及主要适用范围

【基础披露】适用于所有行业企业。

S3.1.1.2 社会责任战略决策与执行机构

什么是社会责任战略决策与执行机构

社会责任战略决策与执行机构（social responsibility strategical decision-making and executive agency），一般被认为是专门负责制定和执行企业在经营发展过程中应当履行的社会职责和义务的机构，战略决策内容主要包括安全生产、产品质量、环境保护、资源节约、促进就业、员工权益保护等。

为什么要考察社会责任战略决策与执行机构

社会责任战略决策与执行机构能体现企业对国家战略的响应情况和社会责任感，帮助企业优化资源配置、建立健全的资源管理机制，促进各种资源的合理配置和流动。设立社会责任战略决策与执行机构表明企业不仅关注自身经济利益，也关注社会责任和公益事业，积极参与社会建设，可以提高企业自身在公众心目中的地位，提升企业的信誉和社会影响力，有利于企业长远发展。

怎样披露社会责任战略决策与执行机构

【定性】企业披露是否具有社会责任战略决策与执行机构，以及该机构具有的作用和责任。

为什么要披露社会责任战略决策与执行机构

通过披露社会责任战略决策与执行机构，可以体现企业的社会责任感和透明度，让利益相关者增强对企业的信任度和认可度。企业的社会责任战略决策与执行机构能够为企业赢得各种资源和竞争力优势，不仅能提升企业的市场价值和财务绩效，而且对于实现其与社会、环境的全面协调可持续发展具有重要促进作用。

与社会责任战略决策与执行机构相关的主要指导机构及法律法规、政策规范

香港交易所〔2023〕《环境、社会及管治报告指引》13：

——由董事会发出的声明，当中载有下列内容：（i）披露董事会对环境、社会及管治事宜的监管；（ii）董事会的环境、社会及管治管理方针及策略，包括评估、优次排列及管理重要的环境、社会及管治相关事宜（包括对发行人业务的风险）的过程；及（iii）董事会如何按环境、社会及管治相关目标检讨进度，并解释它们如何与发行人业务有关联。

European Financial Reporting Advisory Group〔2022〕ESRS 2 General, Strategy, Governance and Materiality Assessment 50、51：

——The undertaking shall provide a description of the roles and responsibilities of its governance bodies and management levels with regard to sustainability matters.

——The principle to be followed under this Disclosure Requirement is to provide an understanding of the distribution of sustainability-related roles and responsibilities throughout the undertaking's organisation, from its administrative, management and supervisory bodies to its executive and operational levels, the expertise of its governance bodies and relevant management levels on sustainability matters, and the sustainability-related criteria applied for nominating and selecting their members.

——企业应描述其治理机构和管理层在可持续性事务方面的作用和责任。

——本披露要求应遵循的原则是，了解企业整个组织（从行政、管理和监督机构到执行和运营层面）中与可持续性相关的角色和责任的分布，其治理机构和相关管理层在可持续性事务方面的专业知识，以及用于提名和选择其成员的与可持续性相关的标准。

本指标披露等级及主要适用范围

【基础披露】适用于所有行业企业。

S3.1.2 国家战略响应

什么是国家战略响应

国家战略响应（response to national strategy），一般被认为是企业积极宣传并带头参与国家的总体方略。国家战略涉及国家政治、经济、文化、社会、科技、军事、民族、地理等诸多领域，其空间范围既包括国内战略，也包括国际战略——国家战略在国际舞台的延伸。

S3.1.2.1 乡村振兴响应

什么是乡村振兴

乡村振兴（rural revitalization），一般被认为是政府和社会共同努力，在保护农村资源、改善农民生活水平和加强农业发展的基础上，实现乡村文化、农业、工业、经济和其他方面的现代化、综合发展。习近平主席在党的十九大报告中指出，农业农村农民问题是关系国计民生的根本性问题，必须始终把解决好"三农"问题作为全党工作的重中之重，实施乡村振兴战略。

什么是乡村振兴响应

乡村振兴响应（response to rural revitalization），一般被认为是企业积极宣传并带头参与实现乡村振兴的政策和项目，承担乡村振兴的社会责任。

为什么要考察乡村振兴响应

通过考察企业的乡村振兴响应，可以体现企业对国家战略的响应情况和对农村发展的社会责任感。乡村振兴响应能够帮助企业优化资源配置、建立健全的资源管理机制，促进各种资源的合理配置和流动。乡村产业拥有巨大的潜力、劳动力和市场，为企业提供创新创业的机会。企业参与乡村振兴相关的投资经济活动，不仅有利于企业持续发展，而且顺应国家发展政策。

怎样披露乡村振兴响应

【定性】企业披露是否有从事乡村振兴相关的投资、生产、宣传活动等。

为什么要披露乡村振兴响应

通过披露乡村振兴响应，可以体现企业的社会责任感和透明度，让利益相关者更好地了解企业的经营管理情况、企业可持续发展水平和社会责任。乡村振兴战略是建设现代化经济体系的重要基础。乡村振兴响应能为农村人口创造更多就业机会，推动乡村经济发展，有利于推动现代化经济体系建设，促进我国经济社会健康稳定发展。

与乡村振兴响应相关的主要指导机构及法律法规、政策规范

中国证券监督管理委员会〔2018〕《上市公司治理准则》第八十七条：

——上市公司在保持公司持续发展、提升经营业绩、保障股东利益的同时，应当在社区福利、救灾助困、公益事业等方面，积极履行社会责任。鼓励上市公司结对帮扶贫困县或者贫困村，主动对接、积极支持贫困地区发展产业、培养人才、促进就业。

中国证券监督管理委员会〔2021〕《公开发行证券的公司信息披露内容与格式准则第 2 号—年度报告的内容与格式》第四十三条：

——鼓励公司积极披露报告期内巩固拓展脱贫攻坚成果、乡村振兴等工作具体情况。

国务院国有资产监督管理委员会〔2023〕《央企控股上市公司 ESG 专项报告参考指标体系》S4.4.2：

——乡村振兴与区域协同发展

指标性质：定性/定量

披露等级：建议披露

指标说明：描述公司在助力乡村振兴和区域协同发展方面的措施、投入及成效，描述重点项目进展情况

上海证券交易所〔2024〕《上海证券交易所上市公司自律监管指引第 14 号——可持续发展报告（试行）》第三十九条：

——披露主体应当披露报告期内支持乡村振兴的具体情况，包括但不限于下列内容：（一）披露主体在乡村和脱贫地区业务占比较高的，公司应当结合业务开展情况披露公司将支持乡村振兴、巩固拓展脱贫攻坚成果融入公司战略的具体情况；（二）结合在乡村和脱贫地区业务开展情况，披露支持乡村特色产业发展、支持当地就业等方面采取的具体措施，以及其他支持乡村振兴工作的具体措施；（三）具体工作成果，包括报告期内总投入金额、惠及群体范围及数量，对公司品牌和业务开展的影响等。

深圳证券交易所〔2024〕《深圳证券交易所上市公司自律监管指引第 17 号——可持续发展报告（试行）》第三十九条：

——披露主体应当披露报告期内支持乡村振兴的具体情况，包括但不限于下列内容：（一）披露主体在乡村和脱贫地区业务占比较高的，公司应当结合业务开展情况披露公司将支持乡村振兴、巩固拓展脱贫攻坚成果融入公司战略的具体情况；（二）结合在乡村和脱贫地区业务开展情况，披露支持乡村特色产业发展、支持当地就业等方面采取的具体措施，以及其他支持乡村振兴工作的具体措施；（三）具体工作成果，包括报告期内总投入金额、惠及群体范围及数量，对公司品牌和业务开展的影响等。

本指标披露等级及主要适用范围

【建议披露】适用于所有行业企业。

S3.1.2.2　共同富裕响应

什么是共同富裕

共同富裕（common prosperity），一般被认为是全体人民通过辛勤劳动和相互帮助最终达到丰衣足食的生活水平，也就是消除两极分化和贫穷基础上的普遍富裕。中央财经委员会第十次会议强调，共同富裕是全体人民的富裕，是人民群众物质生活和精神生活都富裕，不是少数人的富裕，也不是整齐划一的平均主义，要分阶段促进共同富裕。

什么是共同富裕响应

共同富裕响应（response to common prosperity），一般被认为是企业积极宣传并带头参与实现共同富裕的政策和项目，承担共同富裕的社会责任。

为什么要考察共同富裕响应

通过考察企业的共同富裕响应，可以体现企业对国家战略的响应情况和社会责任感，帮助企业优化资源配置、建立健全的资源管理机制，促进各种资源的合理配置和流动。共同富裕响应表明企业不仅关注自身经济利益，也关注社会责任和公益事业，积极参与社会建设，可以提高企业自身在公众心目中的地位，有利于企业持续发展。

怎样披露共同富裕响应

【定性】企业披露是否积极宣传并带头参与实现共同富裕的政策和项目，包括相关投资、生产项目、公益活动等的情况。

为什么要披露共同富裕响应

通过披露共同富裕响应，可以让利益相关者更好地了解企业的经营管理情况、企业可持续发展水平，从而增强对企业的信任度和认可度。共同富裕是中国建成社会主义现代化强国的重要标志，也是中国式现代化道路与西方现代化道路的本质区别。共同富裕响应有助于推动各地经济社会更加平衡发展，有助于提高人均国内生产总值，提高我国的国际地位和国际竞争力。

与共同富裕响应相关的主要指导机构及法律法规、政策规范

中国证券监督管理委员会〔2021〕《公开发行证券的公司信息披露内容与格式准则第 2 号—年度报告的内容与格式》第四十三条：

——鼓励公司积极披露报告期内巩固拓展脱贫攻坚成果、乡村振兴等工作具体情况。

本指标披露等级及主要适用范围

【建议披露】适用于所有行业企业。

S3.1.2.3　西部大开发战略响应

什么是西部大开发战略响应

西部大开发战略响应（response to the development of the western region in China），一

般被认为是企业积极宣传并带头参与国家的西部大开发战略。西部大开发是我国的一项政策，目的是把东部沿海地区的剩余经济发展能力，用于提高西部地区的经济和社会发展水平、巩固国防。2006 年 12 月 8 日，国务院常务会议审议并原则通过《西部大开发"十一五"规划》，目标是努力实现西部地区经济又好又快发展，人民生活水平持续稳定提高，基础设施和生态环境建设取得新突破，重点区域和重点产业的发展达到新水平，教育、卫生等基本公共服务均等化取得新成效，构建社会主义和谐社会迈出扎实步伐。

为什么要考察西部大开发战略响应

通过考察企业的西部大开发战略响应，可以体现企业对国家战略的响应情况和社会责任感，帮助企业优化资源配置、建立健全的资源管理机制，发展西部地区的特色经济，促进各种资源的合理配置和流动。

怎样披露西部大开发战略响应

【定性】企业披露是否积极宣传并带头参与西部大开发战略，包括相关产业、投资、宣传活动等的情况。

为什么要披露西部大开发战略响应

通过披露西部大开发战略响应，可以让利益相关者更好地了解企业的经营管理情况、企业可持续发展水平，从而增强对企业的信任度和认可度。西部大开发战略是进一步扩大国内需求，保持国民经济持续快速健康发展的重要途径。实施西部大开发战略是全面贯彻实施可持续发展战略的重大举措，是适应国内外经济结构调整的需要，有利于保持社会稳定、民族团结和边疆安全。

与西部大开发战略响应相关的主要指导机构及法律法规、政策规范

中国证券监督管理委员会〔2018〕《上市公司治理准则》第八十七条：

——上市公司在保持公司持续发展、提升经营业绩、保障股东利益的同时，应当在社区福利、救灾助困、公益事业等方面，积极履行社会责任。鼓励上市公司结对帮扶贫困县或者贫困村，主动对接、积极支持贫困地区发展产业、培养人才、促进就业。

上海证券交易所〔2024〕《上海证券交易所上市公司自律监管指引第 14 号——可持续发展报告（试行）》第三十九条：

——披露主体应当披露报告期内支持乡村振兴的具体情况，包括但不限于下列内容：（一）披露主体在乡村和脱贫地区业务占比较高的，公司应当结合业务开展情况披露公司将支持乡村振兴、巩固拓展脱贫攻坚成果融入公司战略的具体情况；（二）结合在乡村和脱贫地区业务开展情况，披露支持乡村特色产业发展、支持当地就业等方面采取的具体措施，以及其他支持乡村振兴工作的具体措施；（三）具体工作成果，包括报告期内总投入金额、惠及群体范围及数量，对公司品牌和业务开展的影响等。

深圳证券交易所〔2024〕《深圳证券交易所上市公司自律监管指引第 17 号——可持续发展报告（试行）》第三十九条：

——披露主体应当披露报告期内支持乡村振兴的具体情况，包括但不限于下列内容：（一）披露主体在乡村和脱贫地区业务占比较高的，公司应当结合业务开展情况披露公司将支持乡村振兴、巩固拓展脱贫攻坚成果融入公司战略的具体情况；（二）结合在乡村和脱贫地区业务开展情况，披露支持乡村特色产业发展、支持当地就业等方面采取的具体措施，以及其他支持乡村振兴工作的具体措施；（三）具体工作成果，包括报告期内总投入金额、惠及群体范围及数量，对公司品牌和业务开展的影响等。

本指标披露等级及主要适用范围

【建议披露】适用于所有行业企业。

S3.1.3 捐赠捐助行为

什么是捐赠捐助行为

捐赠捐助行为（donation behavior）的定义如下：捐赠行为一般被认为是没有索求地把有价值的东西给予别人的行为，捐助行为则是以设立财团法人为目的而捐出财产的行为。依照《中华人民共和国公益事业捐赠法》第八条的规定，国家鼓励自然人、法人或者其他组织对公益事业进行捐赠。

S3.1.3.1 慈善捐赠

什么是慈善捐赠

慈善捐赠（charitable donations），即捐赠的慈善活动。依照《中华人民共和国慈善法》第三条的规定，慈善活动是指自然人、法人和其他组织以捐赠财产或者提供服务等方式，自愿开展的下列公益活动：（一）扶贫、济困；（二）扶老、救孤、恤病、助残、优抚；（三）救助自然灾害、事故灾难和公共卫生事件等突发事件造成的损害；（四）促进教育、科学、文化、卫生、体育等事业的发展；（五）防治污染和其他公害，保护和改善生态环境；（六）符合本法规定的其他公益活动。

为什么要考察慈善捐赠

透明度和诚信是现代企业的重要价值观，通过披露慈善捐赠情况，企业展示自己在承担社会责任方面的能力与实践，并证明其积极参与社会的能力和愿望，不仅能够让公众更加了解企业的形象和品牌，加强消费者对企业的信任和忠诚度，而且可以为企业带来新的商业机会，吸引合作伙伴，增加企业在市场上的竞争优势等。此外，部分法律规定企业在向公益事业捐款时可以享受税收优惠，披露慈善捐赠情况可以让企业获得税收减免和利益。因此，公开披露慈善捐赠情况不仅是企业积极履行社会责任的表现，而且会为企业带来积极的商业效益。

怎样披露慈善捐赠

【定性】 企业披露其在慈善捐赠方面的相关活动内容以及捐赠的物品数量或金额。

为什么要披露慈善捐赠

随着社会责任意识的提高,企业在环保、慈善等方面的表现得到越来越广泛的关注,关于企业进行慈善捐赠的信息是一项非常重要的参考因素。披露慈善捐赠信息可以增加企业的透明度,体现其社会责任感和公民意识,进而增强消费者、投资者、员工等各方对企业的好感度,提高企业的公众形象和声誉,吸引潜在利益相关方和客户。综上所述,披露慈善捐赠情况可以帮助企业树立良好的形象,同时有利于广泛的利益相关方更好地了解企业的社会责任感和治理水平,从而做出更为理性的投资决策。

与慈善捐赠相关的主要指导机构及法律法规、政策规范

全国人民代表大会常务委员会〔2024〕《中华人民共和国慈善法》第八十七条:

——自然人、法人和其他组织捐赠财产用于慈善活动的,依法享受税收优惠。企业慈善捐赠支出超过法律规定的准予在计算企业所得税应纳税所得额时当年扣除的部分,允许结转以后三年内在计算应纳税所得额时扣除。境外捐赠用于慈善活动的物资,依法减征或者免征进口关税和进口环节增值税。

国务院国有资产监督管理委员会〔2023〕《央企控股上市公司 ESG 专项报告参考指标体系》S4.3.1:

——参与社会公益活动的政策措施

指标性质:定性/定量

披露等级:建议披露

指标说明:描述公司参与社会公益活动的政策措施,包括但不限于救助灾害、救济贫困、扶助残疾人以及企业参与促进社会发展和进步的其他情况

中国证券监督管理委员会〔2018〕《上市公司治理准则》第八十七条:

——上市公司在保持公司持续发展、提升经营业绩、保障股东利益的同时,应当在社区福利、救灾助困、公益事业等方面,积极履行社会责任。鼓励上市公司结对帮扶贫困县或者贫困村,主动对接、积极支持贫困地区发展产业、培养人才、促进就业。

上海证券交易所〔2024〕《上海证券交易所上市公司自律监管指引第 14 号——可持续发展报告(试行)》第四十条:

——披露主体应当披露报告期内对公众及社会作出贡献的基本情况,包括但不限于开展公益慈善、志愿活动等方面的具体情况,以及投入资金金额、人员、时间、取得的效果、对公司品牌和业务开展的影响等。

深圳证券交易所〔2024〕《深圳证券交易所上市公司自律监管指引第 17 号——可持续发展报告（试行）》第四十条：

——披露主体应当披露报告期内对公众及社会作出贡献的基本情况，包括但不限于开展公益慈善、志愿活动等方面的具体情况，以及投入资金金额、人员、时间、取得的效果、对公司品牌和业务开展的影响等。

本指标披露等级及主要适用范围

【基础披露】适用于所有行业企业。

S3.1.3.2 公益性捐赠

什么是公益性捐赠

公益性捐赠（public welfare donation），依照《中华人民共和国公益事业捐赠法》第二条的规定，是指自然人、法人或者其他组织自愿无偿向依法成立的公益性社会团体和公益性非营利的事业单位捐赠财产，用于公益事业。

为什么要考察公益性捐赠

一方面，公益性捐赠可以让公众和潜在客户对企业产生正面印象，提高企业的声誉和形象。另一方面，公益性捐赠能够作为一种营销策略，吸引更多的消费者关注企业的产品和服务，企业可以利用公益性捐赠来提高产品或服务的知名度，并在市场上取得竞争优势。同时，企业参与公益性捐赠可以让员工感到自豪和满足。员工可能会更愿意为一个有社会责任感的企业工作，并在企业中保持长期的职业生涯。此外，公益性捐赠也可以让企业与政府和社区建立更紧密的关系，提高企业在当地社区和政府中的地位和影响力，有助于减少企业在法律和政策层面的风险。

怎样披露公益性捐赠

【定性】企业披露其进行公益性捐赠的领域与相关活动内容。

【定量】企业披露公益性捐赠的物品数量或金额。单位：件/元。

为什么要披露公益性捐赠

披露公益性捐赠有利于经营风险评估，公益性捐赠活动可能会受到社会和政府的监管，利益相关方也会关注企业公益性捐赠是否合法合规以及是否符合相关行业或地区的规定，以评估企业的经营风险。披露公益性捐赠情况可以增加公众对企业的信任和认可，有助于提高企业的品牌价值。

与公益性捐赠相关的主要指导机构及法律法规、政策规范

国务院国有资产监督管理委员会〔2023〕《央企控股上市公司 ESG 专项报告参考指标体系》S4.3.2：

——参与社会公益活动的投入及成效

指标性质：定量

披露等级：建议披露

指标说明：描述公司参加社会公益活动投入的资金规模、人员（如：志愿者）数量、参与次数、参与小时数，获得社会声誉奖项等情况

上海证券交易所〔2024〕《上海证券交易所上市公司自律监管指引第 14 号——可持续发展报告（试行）》第四十条：

——披露主体应当披露报告期内对公众及社会作出贡献的基本情况，包括但不限于开展公益慈善、志愿活动等方面的具体情况，以及投入资金金额、人员、时间、取得的效果、对公司品牌和业务开展的影响等。

深圳证券交易所〔2024〕《深圳证券交易所上市公司自律监管指引第 17 号——可持续发展报告（试行）》第四十条：

——披露主体应当披露报告期内对公众及社会作出贡献的基本情况，包括但不限于开展公益慈善、志愿活动等方面的具体情况，以及投入资金金额、人员、时间、取得的效果、对公司品牌和业务开展的影响等。

本指标披露等级及主要适用范围

【基础披露】适用于所有行业企业。

S3.2 社会影响

什么是社会影响

社会影响（social impact），一般被认为是企业在经营活动中对社会、环境和经济的影响，包括正面影响和负面影响，这些影响也可以具体分为经济影响、文化影响、环境影响。

S3.2.1 积极社会影响

什么是积极社会影响

积极社会影响（positive social impact），一般被认为是一种使社会产生正面变化或得到改善的作用或影响。这种影响通常与行为、决策、活动或投资等因素有关，有助于提高社会的福祉、可持续性和公共利益。

S3.2.1.1 爱国主义宣传教育活动

什么是爱国主义宣传教育活动

爱国主义宣传教育活动（education campaign on patriotism），一般被认为是企业为宣传教育其员工树立热爱祖国并为之献身的爱国主义思想而开展的传播与教育活动，爱国主义的宣传教育是思想政治的重要内容，爱国主义是一面具有最大号召力的旗帜，是中华民族的优良传统。

为什么要考察爱国主义宣传教育活动

首先，考察企业的爱国主义宣传教育活动，能够了解企业是否积极响应政府的倡

导,也有助于赢得社会公众的认同与支持。其次,举办爱国主义宣传教育活动还可以增强企业内部的凝聚力和团队精神,提高员工的归属感和认同感,从而增强企业的竞争力和生产力。

怎样披露爱国主义宣传教育活动

【定性】企业披露举办的爱国主义宣传教育相关活动内容,如国家和民族历史教育、民族优秀传统文化教育、国情教育等。

为什么要披露爱国主义宣传教育活动

披露爱国主义宣传教育活动可以表明企业关注国家利益和社会责任,一方面有利于提升企业的形象和声誉,增强员工对企业的认同感和凝聚力,进而提高员工稳定性和生产力,另一方面可以让利益相关方更全面地了解企业的社会责任感,有助于利益相关方做出更明智的投资决策。

与爱国主义宣传教育活动相关的主要指导机构及法律法规、政策规范

全国人民代表大会常务委员会〔2024〕《中华人民共和国爱国主义教育法》第三十三条:

——国家鼓励和支持企业事业单位、社会组织和个人依法开展爱国主义教育活动。国家支持开展爱国主义教育理论研究,加强多层次专业人才的教育和培训。对在爱国主义教育工作中做出突出贡献的单位和个人,按照国家有关规定给予表彰和奖励。

中国共产党中央委员会、中华人民共和国国务院〔2019〕《新时代爱国主义教育实施纲要》20:

——激发社会各界人士的爱国热情。社会各界的代表性人士具有较强示范效应。要坚持信任尊重团结引导,增进和凝聚政治共识,夯实共同思想政治基础,不断扩大团结面,充分调动社会各界人士的爱国热情和社会担当。通过开展职业精神职业道德教育、建立健全相关制度规范、发挥行业和舆论监督作用等,引导社会各界人士增强道德自律、履行社会责任。坚持我国宗教的中国化方向,加强宗教界人士和信教群众的爱国主义教育,引导他们热爱祖国、拥护社会主义制度、拥护中国共产党的领导,遵守国家法律法规和方针政策。加强"一国两制"实践教育,引导人们包括香港特别行政区同胞、澳门特别行政区同胞、台湾同胞和海外侨胞增强对国家的认同,自觉维护国家统一和民族团结。

本指标披露等级及主要适用范围

【建议披露】适用于所有行业企业。

S3.2.1.2 社会公益活动参与

什么是社会公益活动参与

社会公益活动参与(participation in social welfare activities),一般被认为是企业

从长远着手，出人、出物或出钱赞助和支持某项社会公益事业的公共关系实务活动，如社区服务、环境保护、知识传播、公共福利、社会援助、社会治安、紧急援助、青年服务、慈善、社团活动、专业服务、文化艺术活动、国际合作等。社会公益活动是社会组织特别是一些经济效益比较好的企业用来扩大影响、提高美誉度的重要手段。依照《国务院办公厅关于推进社会公益事业建设领域政府信息公开的意见》，社会公益事业是增进民生福祉、惠及社会大众的事业，关系经济社会协调发展，对于保障和改善民生、促进社会和谐稳定、传承民族精神、引领社会风尚具有重要意义。

为什么要考察社会公益活动参与

社会公益活动参与可以帮助企业提升其社会责任形象和品牌形象，同时也可以增强其与社会各界的联系和互动。一方面，这有助于企业建立良好的企业形象，提高消费者、员工和投资者对企业的信任度和忠诚度，从而增加企业的市场份额和收益。另一方面，这也有助于企业建立良好的企业文化和价值观，吸引更多的优秀人才加入企业，提高企业的员工素质和绩效水平，从而提高企业的竞争力和创新能力。

怎样披露社会公益活动参与

【定性】 企业披露其参与社会公益活动的计划、捐助证明、社区服务投入等记录。

为什么要披露社会公益活动参与

披露社会公益活动参与的相关信息可以增强利益相关方对企业的信心和好感，因为这表明企业不仅关注自身经济利益，也关注社会责任和公益事业。这样的举措可以让外界更好地了解企业的社会责任表现，进而提高企业的声誉和形象，吸引更多的投资者和消费者，增加企业的市场份额和利润，从而更愿意投资于该企业。因此，披露企业参与社会公益活动的信息可以为企业带来多方面的好处。

与社会公益活动参与相关的主要指导机构及法律法规、政策规范

中华人民共和国财政部〔2010〕《企业内部控制应用指引第 4 号——社会责任》第二十一条：

——企业应当积极履行社会公益方面的责任和义务，关心帮助社会弱势群体，支持慈善事业。

国务院国有资产监督管理委员会〔2023〕《央企控股上市公司 ESG 专项报告参考指标体系》S4.3.1：

——参与社会公益活动的政策措施

指标性质：定性/定量

披露等级：建议披露

指标说明：描述公司参与社会公益活动的政策措施，包括但不限于救助灾害、救济贫困、扶助残疾人以及企业参与促进社会发展和进步的其他情况

中国证券监督管理委员会〔2018〕《上市公司治理准则》第八十七条：

——上市公司在保持公司持续发展、提升经营业绩、保障股东利益的同时，应当在社区福利、救灾助困、公益事业等方面，积极履行社会责任。鼓励上市公司结对帮扶贫困县或者贫困村，主动对接、积极支持贫困地区发展产业、培养人才、促进就业。

中国证券监督管理委员会〔2021〕《公开发行证券的公司信息披露内容与格式准则第 2 号—年度报告的内容与格式》第四十二条：

——鼓励公司结合行业特点，主动披露积极履行社会责任的工作情况，包括但不限于：公司履行社会责任的宗旨和理念，股东和债权人权益保护、职工权益保护、供应商、客户和消费者权益保护、环境保护与可持续发展、公共关系、社会公益事业等方面情况。公司已披露社会责任报告全文的，仅需提供相关的查询索引。

深圳证券交易所〔2023〕《深圳证券交易所上市公司自律监管指引第 1 号——主板上市公司规范运作》8.1：

——上市公司应当在追求经济效益、保护股东利益的同时，积极保护债权人和职工的合法权益，诚信对待供应商、客户和消费者，践行绿色发展理念，积极从事环境保护、社区建设等公益事业，从而促进公司本身与全社会的协调、和谐发展。

上海证券交易所〔2024〕《上海证券交易所上市公司自律监管指引第 14 号——可持续发展报告（试行）》第四十条：

——披露主体应当披露报告期内对公众及社会作出贡献的基本情况，包括但不限于开展公益慈善、志愿活动等方面的具体情况，以及投入资金金额、人员、时间、取得的效果、对公司品牌和业务开展的影响等。

深圳证券交易所〔2024〕《深圳证券交易所上市公司自律监管指引第 17 号——可持续发展报告（试行）》第四十条：

——披露主体应当披露报告期内对公众及社会作出贡献的基本情况，包括但不限于开展公益慈善、志愿活动等方面的具体情况，以及投入资金金额、人员、时间、取得的效果、对公司品牌和业务开展的影响等。

London Stock Exchange〔2019〕ESG Disclosure Score 8.13：

——Total amount of corporate or group donations and community investments made to registered not-for-profit organisations. An aggregated figure for donations across global operations should be provided, including cash donations, in-kind donations and voluntary hours using a consistent monetary value equivalent. In-kind donations include products and services.

——向注册的非营利组织提供的企业或团体捐赠和社区投资总额。应提供全球范围捐赠的汇总数字,包括现金捐赠、实物捐赠和志愿时间,使用一致的等值货币价值。实物捐赠包括产品和服务。

本指标披露等级及主要适用范围

【建议披露】适用于所有行业企业。

S3.2.1.3 产品与服务的社会功能

什么是社会功能

社会功能(social function),一般被认为是有助于社会对环境的调试或能满足人们社会行动需要的结果。社会功能由各类社会构成物组成,因其特定的性质和组合方式而具有能力,并且能产生有助于社会对环境的适应和能够满足社会需要的作用与结果。

什么是产品与服务的社会功能

产品与服务的社会功能(the social function of products and services),一般被认为是指能够提高人们生活质量、促进经济增长、塑造文化和社会价值观、促进社会互动与交流和解决社会问题。

为什么要考察产品与服务的社会功能

产品与服务的社会功能通过满足社会需求、解决社会问题等方式帮助企业建立一个良好的企业形象,从而提高销售额和企业的社会价值。并且,产品与服务的社会功能可以帮助企业履行企业社会责任,提升企业的社会声誉和公信力,为企业带来更长期的商业利益。

怎样披露产品与服务的社会功能

【定性】企业披露社会责任报告及相关产品与服务的数据及案例。

为什么要披露产品与服务的社会功能

通过披露产品与服务的社会功能,投资者能够了解企业的社会责任和可持续发展能力,继而决定是否投资该企业;消费者可以了解到企业对社会的贡献,从而决定是否购买其产品与服务;员工可以了解企业的文化和价值观,有助于增强其归属感和团队凝聚力。产品与服务的社会功能同时也能够促使社会组织与企业合作来共同推进社会公益事业与社会可持续性发展。

与产品与服务的社会功能相关的主要指导机构及法律法规、政策规范

中华人民共和国财政部〔2010〕《企业内部控制应用指引第 4 号——社会责任》第九条:

——企业应当根据国家和行业相关产品质量的要求,从事生产经营活动,切实提高产品质量和服务水平,努力为社会提供优质安全健康的产品和服务,最大限度地满足消费者的需求,对社会和公众负责,接受社会监督,承担社会责任。

国务院国有资产监督管理委员会〔2007〕《关于中央企业履行社会责任的指导意见》（十）：

——切实提高产品质量和服务水平。保证产品和服务的安全性，改善产品性能，完善服务体系，努力为社会提供优质安全健康的产品和服务，最大限度地满足消费者的需求。保护消费者权益，妥善处理消费者提出的投诉和建议，努力为消费者创造更大的价值，取得广大消费者的信赖与认同。

国务院国有资产监督管理委员会〔2023〕《央企控股上市公司 ESG 专项报告参考指标体系》S2.1.2、S4.2.2：

——质量管理

指标性质：定性

披露等级：基础披露

指标说明：描述公司产品与服务的质量保障、质量改善等方面政策；产品与服务的质量检测、质量管理认证机制；产品与服务的健康安全风险排查机制等

——对当地社区的贡献与影响

指标性质：定性

披露等级：建议披露

指标说明：描述公司为当地社区发展所做的贡献，如为当地社区贡献的就业岗位数量或占本公司岗位比例，获得相关荣誉奖项等情况

香港交易所〔2023〕《环境、社会及管治报告指引》B8：

——一般披露有关以社区参与来了解运营所在社区需要和确保其业务活动会考虑社区利益的政策。

Global Reporting Initiative〔2022〕Consolidated Set of the GRI Standards 417-1：

——The reporting organization shall report the following information：a. Whether each of the following types of information is required by the organization's procedures for product and service information and labeling：i. The sourcing of components of the product or service；ii. Content, particularly with regard to substances that might produce an environmental or social impact；iii. Safe use of the product or service；iv. Disposal of the product and environmental or social impacts；v. Other (explain). b. Percentage of significant product or service categories covered by and assessed for compliance with such procedures.

——组织应报告以下信息：a. 组织的产品和服务信息与标识程序是否要求以下每种类型的信息：i. 产品成分或服务的来源；ii. 产品组成，特别是可能产生环境或社会影响的物质；iii. 产品或服务的安全使用；iv. 产品处置以及环境或社会影响；v. 其他（请说明）。b. 此类程序涵盖并被评估为合规的重要产品或服务类别的百分比。

本指标披露等级及主要适用范围

【基础披露】适用于所有行业企业。

S3.2.2 负面社会影响

什么是负面社会影响

负面社会影响（negative social impact），一般被认为是一种对社会产生不利或有害变化的作用或影响。这种影响通常与行为、决策、活动或投资等因素有关，可能会损害社会的福祉、可持续性和公共利益。

S3.2.2.1 社会舆情

什么是社会舆情

社会舆情（social public opinions），一般被认为是在一定时间或者一定范围内，大众对于社会现实或某起社会事件的主观反映，是大众思想、意见、要求、情绪和心理的综合表现。大众通过各种新闻媒体、社交媒体、民意调查等渠道进行表达。社会舆情的形成和演变往往会受到政府政策、媒体报道、社交网络、个人经历等多种因素影响。在现代社会中，社会舆情已经成为政府、企业、组织等各方面决策的参考和重要指标之一。

为什么要考察社会舆情

通过社会舆情，企业可以审视自身是否建立正面的企业形象，负面舆论会导致公众对企业产生不信任感和反感情绪，从而影响企业的销售、口碑和市场竞争力。此外，社会舆情可以为企业提供有价值的市场情报。通过分析社会舆情，企业可以了解公众对自己和竞争对手的态度、需求和意见，从而更好地把握消费者需求，制定适合的市场战略和营销策略。企业也可以通过社会舆情来确定自己的社会责任，制定相应的社会责任计划和行动方案。

怎样披露社会舆情

【定性】企业披露相关社会舆情报告书或公告，以表述企业的经营情况、社会责任履行情况等，并披露相关的舆情信息。

为什么要披露社会舆情

通过社会舆情，消费者可以更加全面地了解企业的品牌形象和信誉，更好地选择企业的产品和服务，利益相关者可以了解企业在品牌建设、社会责任履行等方面的成功经验，从而可以做出更明智的投资决策。

与社会舆情相关的主要指导机构及法律法规、政策规范

国务院国有资产监督管理委员会〔2023〕《央企控股上市公司 ESG 专项报告参考指标体系》S2.1.4：

——产品或服务负面事件

指标性质：定性

披露等级：建议披露

指标说明：描述公司自身产品或服务产生的负面事件、应对措施，如监管处罚、媒体曝光等负面事件

本指标披露等级及主要适用范围

【建议披露】适用于所有行业企业。

S3.2.2.2 市场营销及社会领域的违法违规事件

什么是市场营销

市场营销（marketing），依照美国市场营销协会（AMA）在1985年提出的定义，是指关于构思、货物和劳务的观念、定价、促销和分销的策划与实施过程，即为了实现个人和组织目标而进行的交换过程。

什么是市场营销及社会领域的违法违规事件

市场营销及社会领域的违法违规事件（illegal incidents and non-compliance in marketing and social fields），一般被认为是在进行商品或服务销售、宣传推广、社会活动等过程中，违反了国家法律法规、行业规范、道德伦理等相关规定，导致了不良的社会影响或经济损失的行为。这些违法违规事件包括广告欺诈、价格欺诈、虚假宣传、不合理竞争等。

为什么要考察市场营销及社会领域的违法违规事件

市场营销及社会领域的违法违规事件一方面可能导致企业形象受损，降低消费者对企业的信任度和对企业产品的购买意愿，另一方面可能会使企业面临行政处罚、法律诉讼等严重后果，给企业的经济效益和发展带来负面影响。考察市场营销及社会领域的违法违规事件有助于企业了解法律法规和行业规范，并遵守相关要求，保证企业合法合规经营。

怎样披露市场营销及社会领域的违法违规事件

【定性】企业披露是否发生市场营销及社会领域的违法违规事件以及具体解决措施，可通过公告或年度报告等方式进行，包括相关违法违规事件的处理情况、整改与预防类似事件的具体方法等。

为什么要披露市场营销及社会领域的违法违规事件

市场营销及社会领域的违法违规事件会损害消费者的利益，导致消费者受到不公平待遇。对于投资者，市场营销及社会领域的违法违规事件可能会对企业的股价、市值和投资收益造成负面影响，甚至导致投资亏损。员工的工作安全和收入保障也可能会因市场营销及社会领域的违法违规事件受到影响。

与市场营销及社会领域的违法违规事件相关的主要指导机构及法律法规、政策规范

全国人民代表大会常务委员会〔2021〕《中华人民共和国广告法》第四条、第九条：

——广告不得含有虚假或者引人误解的内容，不得欺骗、误导消费者。广告主应当对广告内容的真实性负责。

——广告不得有下列情形：（一）使用或者变相使用中华人民共和国的国旗、国歌、国徽、军旗、军歌、军徽；（二）使用或者变相使用国家机关、国家机关工作人员的名义或者形象；（三）使用"国家级"、"最高级"、"最佳"等用语；（四）损害国家的尊严或者利益，泄露国家秘密；（五）妨碍社会安定，损害社会公共利益；（六）危害人身、财产安全，泄露个人隐私；（七）妨碍社会公共秩序或者违背社会良好风尚；（八）含有淫秽、色情、赌博、迷信、恐怖、暴力的内容；（九）含有民族、种族、宗教、性别歧视的内容；（十）妨碍环境、自然资源或者文化遗产保护；（十一）法律、行政法规规定禁止的其他情形。

全国人民代表大会常务委员会〔2019〕《中华人民共和国反不正当竞争法》第八条：

——经营者不得对其商品的性能、功能、质量、销售状况、用户评价、曾获荣誉等作虚假或者引人误解的商业宣传，欺骗、误导消费者。经营者不得通过组织虚假交易等方式，帮助其他经营者进行虚假或者引人误解的商业宣传。

London Stock Exchange〔2019〕ESG Disclosure Score 8.24.2：

——Provisions for fines and settlements specified for ESG (Environmental, Social or Governance) issues in audited accounts. A separate figure for provisions for ESG-related fines, rather than inclusion in a consolidated figure is required. This does not relate to provisions/reserves created for environmental protection.

——在经审计的账目中针对ESG（环境、社会或治理）问题的罚款与和解准备金。需要单独提供与ESG相关的罚款准备金的数字，而不是包含在合并数字中。这与为环境保护而设立的准备金/储备无关。

Global Reporting Initiative〔2022〕Consolidated Set of the GRI Standards 416-2、417-2：

——The reporting organization shall report the following information: a. Total number of incidents of non-compliance with regulations and/or voluntary codes concerning the health and safety impacts of products and services within the reporting period, by: i. incidents of non-compliance with regulations resulting in a fine or penalty; ii. incidents of non-compliance with regulations resulting in a warning; iii. incidents of non-compliance with voluntary codes. b. If the organization has not identified any non-compliance with regulations and/or voluntary codes, a brief statement of this fact is sufficient.

——The reporting organization shall report the following information: a. Total number of incidents of non-compliance with regulations and/or voluntary codes concerning marketing communications, including advertising, promotion, and sponsorship, by: i. incidents of non-compliance with regulations resulting in a fine or penalty; ii. incidents of non-compliance with regulations resulting in a warning; iii. incidents of non-compliance with voluntary codes. b. If the organization has not identified any non-compliance with regulations and/or voluntary codes, a brief statement of this fact is sufficient.

——组织应报告以下信息：a. 在报告期内违反有关产品和服务的健康与安全影响的法规和/或自愿性守则的事件总数，按以下项目分类：i. 违反法规而处以罚款或处罚的事件；ii. 违反法规而受到警告的事件；iii. 违反自愿性守则的事件。b. 如果组织未发现任何违反法规和/或自愿性守则的情况，简要说明这一事实即可。

——组织应报告以下信息：a. 违反有关营销传播（包括广告、促销和赞助）的法规和/或自愿性守则的事件总数，按以下项目分类：i. 违反法规而处以罚款或处罚的事件；ii. 违反法规而受到警告的事件；iii. 违反自愿性守则的事件。b. 如果组织未发现任何违反法规和/或自愿性守则的情况，简要说明这一事实即可。

本指标披露等级及主要适用范围

【基础披露】适用于所有行业企业。

社会（S）参考资料

书籍

[1] 陈国海，卢晓璐，张旭. 员工培训与开发. 4版. 北京：清华大学出版社，2023.

[2] 陈荣秋，马士华. 生产与运作管理. 5版. 北京：高等教育出版社，2021.

[3] 仇雨临. 员工福利管理. 2版. 上海：复旦大学出版社，2010.

[4] 冯俊华. 企业管理概论. 2版. 北京：化学工业出版社，2011.

[5] 全国经济专业技术资格考试专家指导组. 工商管理专业知识与实务（中级）. 北京：电子工业出版社，2011.

[6] 刘钧. 劳动关系理论与实务. 北京：人民邮电出版社，2016.

[7] 刘磊，杨文明，曾红武. 经济法概论. 2版. 北京：人民邮电出版社，2017.

[8] 刘晓红，张彩娟，罗霞，等. 劳动关系与劳动法. 成都：西南财经大学出版社，2020.
[9] 刘智慧. 中国侵权责任法释解与应用. 北京：人民法院出版社，2010.
[10] 任建标. 生产与运作管理. 4版. 北京：电子工业出版社，2021.
[11] 苏尼尔·乔普拉. 供应链管理（第7版）. 北京：中国人民大学出版社，2021.
[12] 隋红军. 劳务员. 北京：中国计划出版社，2016.
[13] 王思斌. 社会学教程. 5版. 北京：北京大学出版社，2021.
[14] 杨早立，陈伟. 中国知识产权管理系统协同发展研究. 北京：清华大学出版社，2018.
[15] 俞国良. 社会心理学. 3版. 北京：北京师范大学出版社，2022.

法律法规及政策规范

[1] 中华人民共和国国务院. 残疾人就业条例. 2007-02-25.
[2] 中华人民共和国财政部. 关于企业加强研发费用财务管理的若干意见. 2007-09-04.
[3] 中华人民共和国国务院. 工伤保险条例. 2010-12-20.
[4] 中华人民共和国人力资源和社会保障部，中华人民共和国教育部，等. 关于进一步规范招聘行为促进妇女就业的通知. 2019-02-18.
[5] 国家民族事务委员会，国务院国有资产监督管理委员会. 关于进一步做好新形势下国有企业民族工作的指导意见. 2011-12-23.
[6] 中华人民共和国最高人民法院. 关于审理劳动争议案件适用法律问题的解释（一）. 2020-12-29.
[7] 国务院国有资产监督管理委员会. 关于中央企业履行社会责任的指导意见. 2007-12-29.
[8] 中华人民共和国国务院办公厅. 关于推进社会公益事业建设领域政府信息公开的意见. 2018-02-09.
[9] 中国物流与采购联合会. 国有企业采购管理规范. 2020-06-10.
[10] 中华人民共和国国务院. 互联网信息服务管理办法. 2011-01-08.
[11] 中华人民共和国国务院. 禁止使用童工规定. 2002-10-01.
[12] 中华人民共和国国务院. 女职工劳动保护特别规定. 2012-04-28.
[13] 中国共产党中央委员会，中华人民共和国国务院. 全民所有制工业企业职工代表大会条例. 1986-09-15.
[14] 中华人民共和国国务院. 关于印发"十四五"就业促进规划的通知. 2021-08-23.
[15] 中华人民共和国国务院. 全民所有制工业企业转换经营机制条例. 2011-01-08.
[16] 中华人民共和国国务院. 特种设备安全监察条例. 2009-01-24.
[17] 中华人民共和国人力资源和社会保障部. 外国人在中国就业管理规定. 2017-03-13.

[18] 中华人民共和国国务院. 西部大开发"十一五"规划. 2007-01-23.
[19] 国家市场监督管理总局. 消费品召回管理暂行规定. 2019-12-21.
[20] 国务院国有资产监督管理委员会. 央企控股上市公司 ESG 专项报告参考指标体系. 2023-04-26.
[21] 中华人民共和国国务院. 职工带薪年休假条例. 2007-12-14.
[22] 中国共产党中央委员会. 关于深化人才发展体制机制改革的意见. 2016-03-21.
[23] 中华全国总工会. 中国工会章程. 2023-10-12.
[24] 中华人民共和国爱国主义教育法.
[25] 中华人民共和国安全生产法.
[26] 中华人民共和国保险法.
[27] 中华人民共和国残疾人保障法.
[28] 中华人民共和国产品质量法.
[29] 中华人民共和国慈善法.
[30] 中华人民共和国国务院. 中华人民共和国电信条例. 2016-02-06.
[31] 中华人民共和国反不正当竞争法.
[32] 中华人民共和国妇女权益保障法.
[33] 中华人民共和国工会法.
[34] 中华人民共和国公司法.
[35] 中华人民共和国公益事业捐赠法.
[36] 中华人民共和国广告法.
[37] 中华人民共和国环境保护法.
[38] 中华人民共和国就业促进法.
[39] 中华人民共和国劳动法.
[40] 中华人民共和国劳动合同法.
[41] 中华人民共和国劳动争议调解仲裁法.
[42] 中华人民共和国民法典.
[43] 中华人民共和国国务院. 中华人民共和国认证认可条例. 2023-07-20.
[44] 中华人民共和国社会保险法.
[45] 中华人民共和国食品安全法.
[46] 中华人民共和国未成年人保护法.
[47] 中华人民共和国消费者权益保护法.
[48] 中华人民共和国招标投标法.
[49] 中华人民共和国职业病防治法.
[50] 中华人民共和国专利法.

[51] 中华人民共和国国务院. 住房公积金管理条例. 2019-03-24.

[52] 劳动和社会保障部. 最低工资规定. 2004-01-20.

标准及指引

[1] 中国证券监督管理委员会. 非上市公众公司信息披露内容与格式准则第10号——基础层挂牌公司年度报告. 2020-01-13.

[2] 中国证券监督管理委员会. 公开发行证券的公司信息披露内容与格式准则第2号—年度报告的内容与格式（2021年修订）. 2021-06-28.

[3] 中国证券监督管理委员会. 公开发行证券的公司信息披露内容与格式准则第53号——北京证券交易所上市公司年度报告. 2021-10-30.

[4] 中华人民共和国财政部. 企业内部控制应用指引第4号——社会责任. 2010-04-15.

[5] 中华人民共和国财政部. 企业内部控制应用指引第7号——采购业务. 2010-04-15.

[6] 中国证券监督管理委员会. 上市公司投资者关系管理工作指引. 2022-04-11.

[7] 中国证券监督管理委员会. 上市公司治理准则. 2018-09-30.

[8] 上海证券交易所. 关于发布《上海证券交易所上市公司自律监管指引第1号——规范运作（2023年12月修订）》的通知. 2023-12-15.

[9] 香港交易所. 环境、社会及管治报告指引. 2023-12-31.

[10] 上海证券交易所. 关于发布《上海证券交易所股票上市规则（2024年4月修订）》的通知. 2024-04-30.

[11] 深圳证券交易所. 关于发布《深圳证券交易所股票上市规则（2024年修订）》的通知. 2024-04-30.

[12] 深圳证券交易所. 关于发布《深圳证券交易所上市公司自律监管指引第1号——主板上市公司规范运作（2023年12月修订）》的通知. 2023-12-15.

[13] 上海证券交易所. 关于发布《上海证券交易所上市公司自律监管指引第14号——可持续发展报告（试行）》的通知. 2024-04-12.

[14] 深圳证券交易所. 关于发布《深圳证券交易所上市公司自律监管指引第17号——可持续发展报告（试行）》的通知. 2024-04-12.

[15] Global Reporting Initiative. Consolidated Set of the GRI Standards. 2022.

[16] London Stock Exchange. ESG Disclosure Score. October 2019.

[17] National Association of Securities Dealers Automated Quotations. ESG Reporting Guide 2.0. May 2019.

[18] European Financial Reporting Advisory Group. ESRS 2 General, Strategy, Governance and Materiality Assessment. April 2022.

[19] European Financial Reporting Advisory Group. ESRS S1 Own Workforce. No-

vember 2022.

[20] European Financial Reporting Advisory Group. ESRS S2 Workers in the Value Chain. November 2022.

[21] Tokyo Stock Exchange. Japan's Corporate Governance Code. June 2021.

[22] Singapore Exchange. Starting with a Common Set of Core ESG Metrics. April 2023.

治理（G）

什么是公司治理

公司治理（corporate governance），依照《公司治理与内部控制》（第二版）[①]，可分为狭义和广义两种。狭义的公司治理是指对公司董事会的功能、结构、股东的权利等方面所做的制度安排，关注于解决公司内部的所有权安排、激励机制、股东大会、董事会、监事会结构等内部管理问题。广义的公司治理是指有关公司控制权和剩余索取权分配的一套法律、文化和制度性安排，既包含公司内部治理所涉及的公司所有权结构、控制权结构、内部治理机构和激励机制，又包含由外部市场机制、政府机制和社会机制等共同构成的公司外部治理。公司治理涉及的各利益相关者，包括股东、债权人、供应商、雇员、政府和社区等与公司有利益关系的集团，是一个多层次的概念，且随着社会经济的发展和公司内涵的发展而变化。

G1 治理结构

什么是治理结构

治理结构（governance structure），也称公司治理结构（corporate governance structure）、公司治理系统（corporate governance system）或公司治理机制（corporate governance mechanism），一般被认为是一种对公司进行管理和控制的体系，是由所有者、董事会和高级执行人员即高级经理三者组成的一种组织结构。

G1.1 股东会

什么是股东

股东（shareholders），依照《公司治理：基本原理及中国特色》[②]，是指对公司进行出资或投资，从而持有公司股份的利益主体。依照《中华人民共和国公司法》的规定，有限责任公司的股东以其认缴的出资额为限对公司承担责任；股份有限公司的股东以其认购的股份为限对公司承担责任。公司股东对公司依法享有资产收益、参与重大决策和选择管理者等权利。

---

① 胡晓明. 公司治理与内部控制. 2版. 北京：人民邮电出版社，2018.
② 姜付秀. 公司治理：基本原理及中国特色. 北京：中国人民大学出版社，2022.

什么是股东会

股东会（shareholder meetings），也称股东大会，是指由全体股东组成的，决定公司经营管理的重大事项的机构。依照《中华人民共和国公司法》的规定，有限责任公司股东会由全体股东组成，股东会是公司的权力机构；只有一个股东的有限责任公司不设股东会。

G1.1.1 股东与股东结构

G1.1.1.1 股东构成

什么是股东构成

股东构成（shareholding structure），或称股权结构（stock right structure），依照《公司治理：基本原理及中国特色》①，是指公司不同股东所持有股份比例的分布结构。

为什么要考察股东构成

股东构成（股权结构）是公司治理结构的基础，是对公司治理进行深入研究的逻辑起点，是公司治理的关键所在。不同的股权结构决定了不同的公司内部权力归属，从而决定了不同的公司治理结构，最终决定了公司的行为和绩效。

怎样披露股东构成

【定性】企业披露做出公开承诺的股东以及持股百分之五以上股东的情况。在股东发生具有较大影响的重大事件后，应立即披露股东情况。

为什么要披露股东构成

通过披露股东构成，利益相关者可以了解公司股权结构，帮助做出投资决策。股权结构根据集中度一般有三种类型：股权高度集中，控股股东对公司拥有绝对控制权，此类公司来自股东的监督作用较强，但缺少互相制约，小股东的利益容易受到侵害；股权高度分散，公司没有大股东，股东之间相互制衡使得公司决策更加民主科学，但股权过于分散导致股东无法在决策行动上达成一致，降低了公司的反应速度；股权相对集中，公司拥有较大的相对控股股东，同时还拥有其他大股东，相对其他两种股权结构，该类型公司相对避免了股东行为的非理性决策，也可以让公司对机会的反应更加迅速，缺点是各大股东一旦产生矛盾更加容易影响公司的稳定运行。

与股东构成相关的主要指导机构及法律法规、政策规范

全国人民代表大会常务委员会〔2020〕《中华人民共和国证券法》第八十一条：
——发生可能对上市交易公司债券的交易价格产生较大影响的重大事件，投资者尚未得知时，公司应当立即将有关该重大事件的情况向国务院证券监督管理机构和证券交易场所报送临时报告，并予公告，说明事件的起因、目前的状态和可能产生的法律后果。前款所称重大事件包括：（一）公司股权结构或者生产经营

---

① 姜付秀. 公司治理：基本原理及中国特色. 北京：中国人民大学出版社，2022.

状况发生重大变化；……

国务院国有资产监督管理委员会〔2023〕《央企控股上市公司 ESG 专项报告参考指标体系》G1.2.1：

——所有权职责

指标性质：定性

披露等级：建议披露

指标说明：描述公司的受托责任和经营目标，包括公司章程、资本结构目标和风险承受水平等，并监督实施情况。资本结构目标指企业各种长期资本的构成及其比例关系及目标，风险承受水平指整体风险承受能力和业务层面的可接受风险水平

中国证券监督管理委员会〔2021〕《上市公司信息披露管理办法》第六条、第十四条：

——上市公司及其控股股东、实际控制人、董事、监事、高级管理人员等作出公开承诺的，应当披露。

——年度报告应当记载以下内容：（一）公司基本情况；（二）主要会计数据和财务指标；（三）公司股票、债券发行及变动情况，报告期末股票、债券总额、股东总数，公司前十大股东持股情况；（四）持股百分之五以上股东、控股股东及实际控制人情况；（五）董事、监事、高级管理人员的任职情况、持股变动情况、年度报酬情况；（六）董事会报告；（七）管理层讨论与分析；（八）报告期内重大事件及对公司的影响；（九）财务会计报告和审计报告全文；（十）中国证监会规定的其他事项。

中国证券监督管理委员会〔2023〕《公开发行证券的公司信息披露内容与格式准则第 57 号——招股说明书》第三十一条：

——发行人应简要披露重要子公司及对发行人有重大影响的参股公司情况，主要包括成立时间、注册资本、实收资本、注册地和主要生产经营地、主营业务情况、在发行人业务板块中定位、股东构成及控制情况、最近一年及一期末的总资产和净资产、最近一年及一期的营业收入和净利润，并标明财务数据是否经过审计及审计机构名称。发行人确定子公司是否重要时，应考虑子公司的收入、利润、总资产、净资产等财务指标占合并报表相关指标的比例，以及子公司经营业务、未来发展战略、持有资质或证照等对公司的影响等因素。发行人应列表简要披露其他子公司及参股公司情况，包括股权结构、出资金额、持股比例、入股时间、控股方及主营业务情况等。

Global Reporting Initiative〔2022〕Consolidated Set of the GRI Standards 2-15：

——The organization shall: a. describe the processes for the highest governance body to ensure that conflicts of interest are prevented and mitigated; b. report whether conflicts of interest are disclosed to stakeholders, including, at a minimum, conflicts of interest relating to: i. cross-board membership; ii. cross-shareholding with suppliers and other stakeholders; iii. existence of controlling shareholders; iv. related parties, their relationships, transactions, and outstanding balances.

——组织应说明：a. 最高治理机构确保预防和减缓利益冲突的程序。b. 说明是否向股东披露了利益冲突，至少包括与以下方面有关的利益冲突：i. 董事会交叉任职；ii. 与供应商及其他利益相关方交叉持股；iii. 存在控股股东；iv. 关联方及其相互关系、交易和未偿余额。

本指标披露等级及主要适用范围

【基础披露】适用于具备独立法人资格的有限责任公司和股份有限公司。

G1.1.1.2 股东持股情况

什么是股东持股情况

持股（share holding），一般被认为是股票持有人持有一定的股份。股票的持有人持有一家公司超过30%的股票被称作控股，股票的持有人持有一家公司50%以上的股票被称为绝对控股。

为什么要考察股东持股情况

股东持股情况不仅可以代表股东出资和分红的情况，对于管理决策等也有着很重要的意义。例如，持股比例达到10%的股东有权召开临时股东会和申请解散公司；持股比例达到34%，对公司重大事项拥有一票否决权；持股比例达到51%，基本可以控制公司决策；持股比例达67%，对公司拥有绝对控制权。

怎样披露股东持股情况

【定量】企业披露前十大股东的持股比例。

【计算方式】持股比例＝（流通盘÷持股量）×0.01。单位：%。

为什么要披露股东持股情况

通过披露持股情况，投资者可以了解公司管理结构和实际控制权，并且可以通过股东的持股比例去判断公司股权结构，进而做出更全面的投资决策。

与股东持股情况相关的主要指导机构及法律法规、政策规范

全国人民代表大会常务委员会〔2024〕《中华人民共和国公司法》第六十六条、第二百三十一条、第二百六十五条：

——股东会的议事方式和表决程序，除本法有规定的外，由公司章程规定。股东会作出决议，应当经代表过半数表决权的股东通过。股东会作出修改公司章程、增加或者减少注册资本的决议，以及公司合并、分立、解散或者变更公司形

式的决议，必须经代表三分之二以上表决权的股东通过。

——公司经营管理发生严重困难，继续存续会使股东利益受到重大损失，通过其他途径不能解决的，持有公司百分之十以上表决权的股东，可以请求人民法院解散公司。

——……控股股东，是指其出资额占有限责任公司资本总额超过百分之五十或者其持有的股份占股份有限公司股本总额超过百分之五十的股东；……

全国人民代表大会常务委员会〔2020〕《中华人民共和国证券法》第三十六条：

——依法发行的证券，《中华人民共和国公司法》和其他法律对其转让期限有限制性规定的，在限定的期限内不得转让。上市公司持有百分之五以上股份的股东、实际控制人、董事、监事、高级管理人员，以及其他持有发行人首次公开发行前发行的股份或者上市公司向特定对象发行的股份的股东，转让其持有的本公司股份的，不得违反法律、行政法规和国务院证券监督管理机构关于持有期限、卖出时间、卖出数量、卖出方式、信息披露等规定，并应当遵守证券交易所的业务规则。

中国证券监督管理委员会〔2021〕《上市公司信息披露管理办法》第十四条：

——年度报告应当记载以下内容：（一）公司基本情况；（二）主要会计数据和财务指标；（三）公司股票、债券发行及变动情况，报告期末股票、债券总额、股东总数，公司前十大股东持股情况；（四）持股百分之五以上股东、控股股东及实际控制人情况；（五）董事、监事、高级管理人员的任职情况、持股变动情况、年度报酬情况；（六）董事会报告；（七）管理层讨论与分析；（八）报告期内重大事件及对公司的影响；（九）财务会计报告和审计报告全文；（十）中国证监会规定的其他事项。

中国证券监督管理委员会〔2023〕《公开发行证券的公司信息披露内容与格式准则第57号——招股说明书》第三十二条：

——发行人应披露持有发行人百分之五以上股份或表决权的主要股东及实际控制人的基本情况，主要包括：（一）控股股东、实际控制人的基本情况。控股股东、实际控制人为法人的，应披露成立时间、注册资本、实收资本、注册地和主要生产经营地、股东构成、主营业务及其与发行人主营业务的关系、最近一年及一期末的总资产和净资产、最近一年及一期的营业收入和净利润，并标明财务数据是否经过审计及审计机构名称；控股股东、实际控制人为自然人的，应披露国籍、是否拥有永久境外居留权、身份证号码；控股股东、实际控制人为合伙企业等非法人组织的，应披露出资人构成、出资比例及实际控制人；（二）控股股东和实际控制人直接或间接持有发行人的股份是否存在被质押、冻结或发生诉讼纠纷等情形，上述情形产生的原因及对发行人可能产生的影响；（三）实际控制人应披露至最终的国有控股主体、集体组织、自然人等；（四）无控股股东、实际控制人的，应参照本条对发行人控股股东及实际控制人的要求披露对发行人有重大影响的股东情况；（五）其他持有发行人百分之五以上股份或表决权的主要股东的基本情况。主要股东为法人的，应披露成立时间、注册资本、实收资本、注册地和主要生产经营地、股东构成、主营业务及其与发行人主营业务的关系；主要股东为自然人的，应披露国籍、是否拥有永久境外居留权、身份证号码；主要股东为合伙企业等非法人组织的，应披露出资人构成、出资比例。

Global Reporting Initiative〔2022〕Consolidated Set of the GRI Standards 2-15：

——The organization shall：a. describe the processes for the highest governance body to ensure that conflicts of interest are prevented and mitigated；b. report whether conflicts of interest are disclosed to stakeholders, including, at a minimum, conflicts of interest relating to：i. cross-board membership；ii. cross-shareholding with suppliers and other stakeholders；iii. existence of controlling shareholders；iv. related parties, their relationships, transactions, and outstanding balances.

——组织应说明：a. 最高治理机构确保预防和减缓利益冲突的程序。b. 说明是否向股东披露了利益冲突，至少包括与以下方面有关的利益冲突：i. 董事会交叉任职；ii. 与供应商及其他利益相关方交叉持股；iii. 存在控股股东；iv. 关联方及其相互关系、交易和未偿余额。

本指标披露等级及主要适用范围

【基础披露】适用于具备独立法人资格的有限责任公司和股份有限公司。

G1.1.2 股东会运作程序与情况

G1.1.2.1 股东会议事规则

什么是股东会议事规则

股东会议事规则（rules and procedures of shareholder meetings），一般被认为是股东会开会期间必须遵守的一系列程序性规定。依照《中华人民共和国公司法》第六十六条的规定，股东会的议事方式和表决程序，除本法有规定的外，由公司章程规定。一般认为，公司股东会议事规则应包含股东会的职权、股东会的召开时间、股东会的程序、出席人员的资格、提案的表决方式及生效条件等内容。

为什么要考察股东会议事规则

制定股东会议事规则，对于保障公司的良性发展具有重要作用。其一，股东会议事规则能够维护股东会的正常秩序，保证股东会的规范运作。其二，股东会议事规则的制定可以有效提高议事效率，减少决议瑕疵。其三，股东会议事规则是所有股东共同意志的体现，从制度层面满足了股东的共同利益，制定股东会议事规则不但避免了股东权利的滥用，还有利于促进股东之间和谐关系的发展，防止恶性争议的产生。

怎样披露股东会议事规则

【定性】企业披露股东会议事规则的具体内容，包括股东会的职权、股东会的召开时间、股东会的程序、出席人员的资格、提案的表决方式及生效条件等。

为什么要披露股东会议事规则

公司披露股东会议事规则，可以向利益相关者公开全体股东的共同意志与价值共识，以及股东会的议事程序与运作规范，并且让利益相关者深入了解公司股东会的职权、表决方式、决议内容等。这一方面减少了利益相关者与控股股东的信息不对称性，降低了代理成本，有利于维持二者的和谐关系；另一方面，这促成了利益相关者对股东权利的监督机制，防止股东权利的滥用，进而保护了利益相关者的权益。

与股东会议事规则相关的主要指导机构及法律法规、政策规范

全国人民代表大会常务委员会〔2024〕《中华人民共和国公司法》第六十四条、第六十六条：

——召开股东会会议，应当于会议召开十五日前通知全体股东；但是，公司章程另有规定或者全体股东另有约定的除外。股东会应当对所议事项的决定作成会议记录，出席会议的股东应当在会议记录上签名或者盖章。

——股东会的议事方式和表决程序，除本法有规定的外，由公司章程规定。股东会作出决议，应当经代表过半数表决权的股东通过。股东会作出修改公司章程、增加或者减少注册资本的决议，以及公司合并、分立、解散或者变更公司形式的决议，必须经代表三分之二以上表决权的股东通过。

国务院国有资产监督管理委员会〔2021〕《国资委履行出资人职责的多元投资主体公司利润分配管理暂行办法》第七条、第十九条：

——公司利润分配的决策程序和表决机制应当在公司章程、股东会议事规则和董事会议事规则中明确，经股东会审议通过后实施。

——股东会按照相关决策程序和表决机制审议批准利润分配方案后，应当形成股东会决议及会议记录。

中国证券监督管理委员会〔2022〕《上市公司股东大会规则》第三条、第二十七条：

——股东大会应当在《公司法》和公司章程规定的范围内行使职权。

——……公司应当制定股东大会议事规则。召开股东大会时，会议主持人违反议事规则使股东大会无法继续进行的，经现场出席股东大会有表决权过半数的股东同意，股东大会可推举一人担任会议主持人，继续开会。

上海证券交易所〔2023〕《上海证券交易所上市公司自律监管指引第 1 号——规范运作》2.1.1：

——上市公司应当完善股东大会运作机制，平等对待全体股东，保障股东依法享有的知情权、查阅权、资产收益权、质询权、建议权、股东大会召集权、提案权、表决权等权利，积极为股东行使权利提供便利，切实保障股东特别是中小股东的合法权益。公司应当在公司章程中规定股东大会的召集、召开和表决等程序，制定股东大会议事规则，并列入公司章程或者作为章程附件。

深圳证券交易所〔2023〕《深圳证券交易所上市公司自律监管指引第 1 号——主板上市公司规范运作》2.1.2：

——上市公司应当在公司章程中规定股东大会的召集、召开和表决等程序，制定股东大会议事规则，并列入公司章程或者作为章程附件。

Global Reporting Initiative〔2022〕Consolidated Set of the GRI Standards 2-9、2-13：

——The organization shall：a. describe how the highest governance body delegates responsibility for managing the organization's impacts on the economy, environment, and people, including：i. whether it has appointed any senior executives with responsibility for the management of impacts；ii. whether it has delegated responsibility for the management of impacts to other employees；b. describe the process and frequency for senior executives or other employees to report back to the highest governance body on the management of the organization's impacts on the economy, environment, and people.

——The organization shall：a. describe its governance structure, including committees of the highest governance body；b. list the committees of the highest governance body that are responsible for decision-making on and overseeing the management of the organization's impacts on the economy, environment, and people；c. describe the composition of the highest governance body and its committees by：i. executive and non-executive members；ii. independence；iii. tenure of members on the governance body；iv. number of other significant positions and commitments held by each member, and the nature of the commitments；v. gender；vi. under-represented social groups；vii. competencies relevant to the impacts of the organization；viii. stakeholder representation.

——组织应：a. 说明最高治理机构如何进行责任授权，管理组织对经济、环境和人的影响，包括：i. 是否任命了任何高管负责管理影响；ii. 是否将管理影响的责任授权给其他员工。b. 在管理组织对经济、环境和人的影响方面，说明高管或其他员工向最高治理机构汇报的程序和频率。

——组织应：a. 说明其治理架构，包括最高治理机构下设的委员会。b. 列出在管理组织对经济、环境和人的影响方面，最高治理机构中负责决策和监督的委员会。c. 说明最高治理机构及其委员会的组成，包括：i. 执行成员和非执行成员；ii. 独立性；iii. 治理机构成员的任期；iv. 每个成员所担任的其他重要职务和承诺的数量，以及承诺的性质；v. 性别；vi. 未被充分代表的社会群体；vii. 与组织的影响有关的胜任能力；viii. 利益相关方的代表性。

本指标披露等级及主要适用范围

【建议披露】适用于具备独立法人资格的有限责任公司和股份有限公司。

G1.1.2.2 股东会召开情况说明

什么是股东会召开情况说明

股东会召开情况说明（minutes of shareholder meetings），一般被认为包括股东会的召开时间、召开地点、召集人、表决方式、股东出席情况、议案表决情况、律师见证情况、备案文件等。依照《中华人民共和国公司法》的规定，股东会应当对所议事项的决定作成会议记录，出席会议的股东应当在会议记录上签名。会议记录应当与出席股东的签名册及代理出席的委托书一并保存。股东会召开情况又分为年度股东会召开情况与临时股东会召开情况，分别反映年度股东会与临时性股东会的相关信息。其中，依照《中华人民共和国公司法》第一百一十三条的规定，当出现公司董事人数不足本法规定人数或者公司章程所定人数的三分之二、公司未弥补的亏损达实收股本总额三分之一等情况时，公司应当在两个月内召开临时股东会。

为什么要考察股东会召开情况说明

公司披露股东会召开情况说明，将会议召开的基本信息、股东股权结构、相关法律文件、会议表决结果等信息公开，是公司履行企业社会责任的一种体现。这可以维护公司的信誉，有利于公司长期健康的发展。

怎样披露股东会召开情况说明

【定性】企业披露年度股东会召开的届次、时间、地点、主持情况，会议的参与人员及其所持股份情况，会议中重大提议的具体内容，会议重大事项的表决结果。

为什么要披露股东会召开情况说明

公司披露年度股东会召开情况说明，可以帮助利益相关者了解公司股权结构的变更情况，以及年度内一切重大的人事任免和重大的经营决策。公司披露临时股东会召开情况说明，可以及时向利益相关者告知公司临时性重要事项的发生，或公司制度的重大变更。这既有利于减少股东与利益相关者的信息壁垒，也能够促使公司依照法律程序合规召开年度股东会议。

与股东会召开情况说明相关的主要指导机构及法律法规、政策规范

全国人民代表大会常务委员会〔2024〕《中华人民共和国公司法》第六十四条、第一百一十三条、第一百一十五条：

——召开股东会会议，应当于会议召开十五日前通知全体股东；但是，公司章程另有规定或者全体股东另有约定的除外。股东会应当对所议事项的决定作成会议记录，出席会议的股东应当在会议记录上签名或者盖章。

——股东会应当每年召开一次年会。有下列情形之一的，应当在两个月内召开临时股东会会议：（一）董事人数不足本法规定人数或者公司章程所定人数的三分之二时；（二）公司未弥补的亏损达股本总额三分之一时；（三）单独或者合计持有公司百分之十以上股份的股东请求时；（四）董事会认为必要时；（五）监事会提议召开时；（六）公司章程规定的其他情形。

——召开股东会会议，应当将会议召开的时间、地点和审议的事项于会议召开二十日前通知各股东；临时股东会会议应当于会议召开十五日前通知各股东。单独或者合计持有公司百分之一以上股份的股东，可以在股东会会议召开十日前提出临时提案并书面提交董事会。临时提案应当有明确议题和具体决议事项。董事会应当在收到提案后二日内通知其他股东，并将该临时提案提交股东会审议；但临时提案违反法律、行政法规或者公司章程的规定，或者不属于股东会职权范围的除外。公司不得提高提出临时提案股东的持股比例。公开发行股份的公司，应当以公告方式作出前两款规定的通知。股东会不得对通知中未列明的事项作出决议。

国务院国有资产监督管理委员会〔2021〕《国资委履行出资人职责的多元投资主体公司利润分配管理暂行办法》第十九条、第二十条：

——股东会按照相关决策程序和表决机制审议批准利润分配方案后，应当形成股东会决议及会议记录。

——股东会审议利润分配方案，一般应当采取现场会议方式；经股东协商一致，也可以采取书面传签方式。股东会采取书面传签方式的，国资委履行内部程序后，报主要负责同志签署决议。

中国证券监督管理委员会〔2021〕《公开发行证券的公司信息披露内容与格式准则第2号—年度报告的内容与格式》第二十九条：

——公司应当介绍报告期内召开的年度股东大会、临时股东大会的有关情况，包括会议届次、召开日期及会议决议等内容，以及表决权恢复的优先股股东请求召开临时股东大会、召集和主持股东大会、提交股东大会临时提案的情况（如有）。

中国证券监督管理委员会〔2022〕《上市公司股东大会规则》第五条：

——公司召开股东大会，应当聘请律师对以下问题出具法律意见并公告：

（一）会议的召集、召开程序是否符合法律、行政法规、本规则和公司章程的规定；（二）出席会议人员的资格、召集人资格是否合法有效；（三）会议的表决程序、表决结果是否合法有效；（四）应公司要求对其他有关问题出具的法律意见。

上海证券交易所〔2023〕《上海证券交易所上市公司自律监管指引第 1 号——规范运作》2.1.21：

——股东大会结束后，上市公司应当及时统计议案的投票表决结果，并披露股东大会决议公告。如出现否决议案、非常规、突发情况或者对投资者充分关注的重大事项无法形成决议等情形的，公司应当于召开当日提交公告。公司股东大会审议影响中小投资者利益的重大事项时，应当对除上市公司董事、监事和高级管理人员以及单独或者合计持有上市公司 5% 以上股份的股东以外的其他股东的表决情况单独计票并披露。

Global Reporting Initiative〔2022〕Consolidated Set of the GRI Standards 2-13：

——The organization shall：a. describe how the highest governance body delegates responsibility for managing the organization's impacts on the economy, environment, and people, including：i. whether it has appointed any senior executives with responsibility for the management of impacts；ii. whether it has delegated responsibility for the management of impacts to other employees；b. describe the process and frequency for senior executives or other employees to report back to the highest governance body on the management of the organization's impacts on the economy, environment, and people.

——组织应说明：a. 最高治理机构如何进行责任授权，管理组织对经济、环境和人的影响，包括：i. 是否任命了任何高管负责管理影响；ii. 是否将管理影响的责任授权给其他员工；b. 在管理组织对经济、环境和人的影响方面，说明高管或其他员工向最高治理机构汇报的程序和频率。

本指标披露等级及主要适用范围

【建议披露】适用于具备独立法人资格的有限责任公司和股份有限公司。

G1.2　董事会

什么是董事会

董事会（board），依照《公司治理：基本原理及中国特色》[①]，是指由股东会根据法律法规和公司章程任命的、代表股东监督经理人的公司常设机构，是经理人与股东之间、大股东与中小股东之间的重要桥梁，也是缓解两类代理问题的关键机制。

依照《中华人民共和国公司法》的规定，有限责任公司设董事会，其成员为三人

---

① 姜付秀. 公司治理：基本原理及中国特色. 北京：中国人民大学出版社，2022.

以上。有限责任公司董事会行使下列职权：（一）召集股东会会议，并向股东会报告工作；（二）执行股东会的决议；（三）决定公司的经营计划和投资方案；（四）制订公司的利润分配方案和弥补亏损方案；（五）制订公司增加或者减少注册资本以及发行公司债券的方案；（六）制订公司合并、分立、解散或者变更公司形式的方案；（七）决定公司内部管理机构的设置；（八）决定聘任或者解聘公司经理及其报酬事项，并根据经理的提名决定聘任或者解聘公司副经理、财务负责人及其报酬事项；（九）制定公司的基本管理制度；（十）公司章程规定或者股东会授予的其他职权。股份有限公司设董事会，其成员为三人以上，本法关于有限责任公司董事会职权的规定，适用于股份有限公司董事会。

G1.2.1　董事会成员构成

什么是董事会成员构成

董事会成员构成（board membership），一般被认为是董事会的人员组成情况。依照《中华人民共和国公司法》第六十八条的规定，有限责任公司董事会成员为三人以上，其成员中可以有公司职工代表。职工人数三百人以上的有限责任公司，除依法监事会并有公司职工代表的外，其董事会成员中应当有公司职工代表。董事会中的职工代表由公司职工通过职工代表大会、职工大会或者其他形式民主选举产生。董事会设董事长一人，可以设副董事长。董事长、副董事长的产生办法由公司章程规定。依照《中华人民共和国公司法》第一百二十条的规定，股份有限公司设董事会，本法第一百二十八条另有规定的除外。本法第六十七条、第六十八条第一款、第七十条、第七十一条的规定适用于股份有限公司。

G1.2.1.1　董事会成员产生方式

什么是董事会成员产生方式

董事会成员产生方式（selection method of directors），包括选举、指定或任命等方式。依照《中华人民共和国公司法》第五十九条的规定，有限责任公司股东会行使下列职权：（一）选举和更换董事、监事，决定有关董事、监事的报酬事项；（二）审议批准董事会的报告；……依照《中华人民共和国公司法》第一百一十二条的规定，本法第五十九条第一款、第二款关于有限责任公司股东会职权的规定，适用于股份有限公司股东大会。依照《中华人民共和国公司法》第六十八条的规定，职工人数三百人以上的有限责任公司，除依法监事会并有公司职工代表的外，其董事会成员中应当有公司职工代表。董事会中的职工代表由公司职工通过职工代表大会、职工大会或者其他形式民主选举产生。依照《中华人民共和国公司法》第一百七十三条的规定，国有独资公司的董事会成员由履行出资人职责的机构委派；但是，董事会成员中的职工代表由公司职工代表大会选举产生。依照《中华人民共和国公司法》第一百二十条的规定，股份有限公司设董事会，本法第一百二十八条另有规定的除外。本法第六十七条、第六十八条第一款、第七十条、第七十一条的规定，适用于股份有限公司。

为什么要考察董事会成员产生方式

董事会是股东会的常设权力机构，对股东会负责，并且在股东会闭会期间负责企业的重大决策。作为企业内部治理的重要组成部分，考察董事会成员产生方式是否合规，对于企业的长期健康发展具有关键意义。

怎样披露董事会成员产生方式

【定性】企业披露董事会成员的产生方式，包括董事会成员是否经"委派""推荐"产生；除国有独资公司董事会成员由履行出资人职责的机构委派外，企业董事会成员的产生是否符合"推举"原则等。

为什么要披露董事会成员产生方式

董事会成员产生方式可以在一定程度上反映公司治理的水平，例如通过考察公司董事会职工代表是否经由职工代表大会等方式民主选举产生，来衡量公司董事会治理是否符合规定。由此，公司披露董事会成员产生方式有利于增加利益相关者对公司内部治理的了解。

与董事会成员产生方式相关的主要指导机构及法律法规、政策规范

全国人民代表大会常务委员会〔2024〕《中华人民共和国公司法》第五十九条、第六十八条、第一百七十三条、第一百一十二条、第一百二十条：

——股东会行使下列职权：（一）选举和更换董事、监事，决定有关董事、监事的报酬事项；（二）审议批准董事会的报告；（三）审议批准监事会的报告；（四）审议批准公司的利润分配方案和弥补亏损方案；（五）对公司增加或者减少注册资本作出决议；（六）对发行公司债券作出决议；（七）对公司合并、分立、解散、清算或者变更公司形式作出决议；（八）修改公司章程；（九）公司章程规定的其他职权。股东会可以授权董事会对发行公司债券作出决议。对本条第一款所列事项股东以书面形式一致表示同意的，可以不召开股东会会议，直接作出决定，并由全体股东在决定文件上签名或者盖章。

——有限责任公司董事会成员为三人以上，其成员中可以有公司职工代表。职工人数三百人以上的有限责任公司，除依法设监事会并有公司职工代表的外，其董事会成员中应当有公司职工代表。董事会中的职工代表由公司职工通过职工代表大会、职工大会或者其他形式民主选举产生。董事会设董事长一人，可以设副董事长。董事长、副董事长的产生办法由公司章程规定。

——国有独资公司的董事会依照本法规定行使职权。国有独资公司的董事会成员中，应当过半数为外部董事，并应当有公司职工代表。董事会成员由履行出资人职责的机构委派；但是，董事会成员中的职工代表由公司职工代表大会选举产生。董事会设董事长一人，可以设副董事长。董事长、副董事长由履行出资人职责的机构从董事会成员中指定。

——本法第五十九条第一款、第二款关于有限责任公司股东会职权的规定，适用于股份有限公司股东会。

——股份有限公司设董事会，本法第一百二十八条另有规定的除外。本法第六十七条、第六十八条第一款、第七十条、第七十一条的规定，适用于股份有限公司。

国务院国有资产监督管理委员会〔2023〕《央企控股上市公司 ESG 专项报告参考指标体系》G1.2.3：

——董事会、监事会和管理层的任命程序及构成

指标性质：定性/定量

披露等级：基础披露

指标说明：描述公司董事会、监事会和管理层的任命程序，以及公司董事会和管理层多元化构成情况，包括但不限于董事会成员性别组成、年龄分布、平均年任期、专业背景以及公司执行董事、外部监事和独立董事的比例等，以及管理层人员的性别组成、年龄分布、平均年任期、专业背景等，可参照《中华人民共和国公司法》、中国证监会《上市公司治理准则》、《证券法》、GB/T 36000—2015《社会责任指南》-7.2，GRI 披露项 2-13、2-15 等相关政策准则

中国证券监督管理委员会〔2018〕《上市公司治理准则》第十八条：

——上市公司应当在公司章程中规定规范、透明的董事提名、选任程序，保障董事选任公开、公平、公正。

Global Reporting Initiative〔2022〕Consolidated Set of the GRI Standards 2-9、2-13：

——The organization shall：a. describe how the highest governance body delegates responsibility for managing the organization's impacts on the economy, environment, and people, including：i. whether it has appointed any senior executives with responsibility for the management of impacts；ii. whether it has delegated responsibility for the management of impacts to other employees；b. describe the process and frequency for senior executives or other employees to report back to the highest governance body on the management of the organization's impacts on the economy, environment, and people.

——The organization shall：a. describe its governance structure, including committees of the highest governance body；b. list the committees of the highest governance body that are responsible for decision-making on and overseeing the management of the organization's impacts on the economy, environment, and people; c. describe the composition of the highest governance body and its committees by: i. executive and non-executive members; ii. independence; iii. tenure of members on the governance body; iv. number of other significant positions and commitments held by each member, and the nature of the commitments; v. gender; vi. under-represented social groups; vii. competencies relevant to the impacts of the organization; viii. stakeholder representation.

——组织应：a. 说明最高治理机构如何进行责任授权，管理组织对经济、环境和人的影响，包括：i. 是否任命了任何高管负责管理影响；ii. 是否将管理影响的责任授权给其他员工。b. 在管理组织对经济、环境和人的影响方面，说明高管或其他员工向最高治理机构汇报的程序和频率。

——组织应：a. 说明其治理架构，包括最高治理机构下设的委员会。b. 列出在管理组织对经济、环境和人的影响方面，最高治理机构中负责决策和监督的委员会；c. 说明最高治理机构及其委员会的组成，包括：i. 执行成员和非执行成员；ii. 独立性；iii. 治理机构成员的任期；iv. 每个成员所担任的其他重要职务和承诺的数量，以及承诺的性质；v. 性别；vi. 未被充分代表的社会群体；vii. 与组织的影响有关的胜任能力；viii. 利益相关方的代表性。

European Financial Reporting Advisory Group〔2022〕ESRS 2 General, Strategy, Governance, and Materiality Assessment GOV1, 52:

——The disclosure required by paragraph 50 shall include the following information: (a) A description of the mandate, roles and responsibilities of the administrative, management and supervisory bodies as regards the strategy of sustainability matters and the oversight of their management; (b) A description of the organizational structure of the administrative, management and supervisory bodies related to sustainability matters, including delegation of specific responsibilities to individual members of this body and the list and composition of its committee (s) involved in the definition of the sustainability strategy of the undertaking as well as the oversight of the management of sustainability matters and of sustainability reporting itself; (c) A description of: i. the sustainability-related expertise that the administrative, management and supervisory bodies as a whole, and its individual members either possess, or can leverage; ii. training and other educational initiatives to update and develop sustainability related expertise; and iii. how it relates to its material sustainability risks, opportunities and impacts; (d) A description of the criteria concerning sustainability applied by the undertaking for nominating and selecting members of its administrative, management and supervisory bodies and other key personnel like e. g. diversity or sustainability-related experience; (e) A description of the undertaking-wide structure with regard to sustainability matters, including allocation of responsibilities and reporting lines, up to the administrative, management and supervisory bodies, including the role of: i. management level senior executives; and ii. other employees at the operational level.

——第 50 款所要求的披露应包括下列内容：（a）说明行政、管理和监督机构在可持续性事项的战略及对其管理的监督方面的任务、作用和责任。（b）说明与可持续性事项有关的行政、管理和监督机构的组织结构，包括对该机构个别成员的具体职责的授权，以及参与界定企业的可持续性战略以及监督可持续性事项的管理和可持续性报告本身的委员会的名单和组成。（c）说明：i. 整个行政、管理和监督机构及其个别成员所拥有或能够利用的与可持续性有关的专门知识；ii. 培训和其他教育举措，以更新和发展与可持续性相关的专业知识；iii. 与重大可持续性风险、机遇和影响之间的关系。（d）说明企业在提名和选择其行政、管理和监督机构成员及其他关键人员时所采用的可持续性标准，例如多样性或与可持续性有关的经验。（e）说明关于可持续性事项的完整组织架构，包括责任分配和报告层级，由行政、管理和监督机构负责，其中包括：i. 管理层人员；ii. 其他实施人员。

本指标披露等级及主要适用范围

【基础披露】适用于设立董事会的企业。

G1.2.1.2 女性董事占比

什么是女性董事占比

女性董事占比（the percentage of female directors），一般被认为是企业董事会成员中女性成员所占比重。

为什么要考察女性董事占比

从长期视角看，多元化的董事会有益于企业的持续发展。加强对董事会性别构成的信息披露，可以进一步发挥女性董事在我国上市公司治理中的积极作用。

怎样披露女性董事占比

【定量】企业披露女性董事占比。

【计算方式】女性董事占比＝女性董事成员人数÷董事会成员总人数。单位:%。

为什么要披露女性董事占比

女性董事往往可以更有效地增强董事会的功能，为董事会决策的制定提供不同的观点及视角，减少因个体主观偏好而导致的决策误差。此外，女性董事通常更为审慎，有助于加强对董事会的监督，为企业带来更稳健的资本结构与高质量的外部审计。因此，企业披露女性董事占比便于利益相关者了解董事会的性别构成，进而有助于利益相关者对公司治理水平、公司绩效与公司创新等方面形成更全面的评价。

与女性董事占比相关的主要指导机构及法律法规、政策规范

国务院国有资产监督管理委员会〔2023〕《央企控股上市公司 ESG 专项报告参考指标体系》G1.2.3：

——董事会、监事会和管理层的任命程序及构成

指标性质：定性/定量

披露等级：基础披露

指标说明：描述公司董事会、监事会和管理层的任命程序，以及公司董事会和管理层多元化构成情况，包括但不限于董事会成员性别组成、年龄分布、平均年任期、专业背景以及公司执行董事、外部监事和独立董事的比例等，以及管理层人员的性别组成、年龄分布、平均年任期、专业背景等，可参照《中华人民共和国公司法》、中国证监会《上市公司治理准则》、《证券法》，GB/T 36000—2015《社会责任指南》-7.2，GRI 披露项 2-13、2-15 等相关政策准则

香港交易所〔2023〕《环境、社会及管治报告指引》B1.1：

——按性别、雇佣类型（如全职或兼职）、年龄组别及地区划分的雇员总数。

London Stock Exchange〔2019〕ESG Disclosure Score 8.23：

——Number and percentage of women on the board

——女性董事成员的人数和比例

National Association of Securities Dealers Automated Quotations〔2019〕ESG Reporting Guide 2.0 S2：

——Ratio：Median male compensation to median female compensation

——比率：男性报酬中位数与女性报酬中位数之比

Singapore Exchange〔2023〕Starting with a Common Set of Core ESG Metrics 3：

——Metric：Women in the management team

Unit：Percentage（%）

Framework Alignment：GRI 2-9，GRI 405-1，WEF core metrics，SASB 330

Description：The number of female senior management as a percentage of senior management. Each organisation defines which employees are part of its senior management team.

——指标名称：管理团队中的女性

单位：百分比（%）

框架体系：GRI 2-9、GRI 405-1、WEF 核心指标、SASB 330

描述：女性高级管理人员人数在高级管理人员总人数中所占的百分比。每个

组织都定义了哪些员工是其高级管理团队的一部分。

Global Reporting Initiative〔2022〕Consolidated Set of the GRI Standards 405-1：

——The reporting organization shall report the following information：a. Percentage of individuals within the organization's governance bodies in each of the following diversity categories：i. Gender；ii. Age group：under 30 years old，30~50 years old，over 50 years old；iii. Other indicators of diversity where relevant（such as minority or vulnerable groups）. b. Percentage of employees per employee category in each of the following diversity categories：i. Gender；ii. Age group：under 30 years old，30~50 years old，over 50 years old；iii. Other indicators of diversity where relevant（such as minority or vulnerable groups）.

——组织应报告以下信息：a. 组织治理机构中不同员工的百分比，按以下多元化类别分类：i. 性别；ii. 年龄组：30岁以下、30~50岁、50岁以上；iii. 其他相关的多元化指标（例如少数群体或弱势群体）。b. 每种员工类别的员工百分比，按以下多元化类别分类：i. 性别；ii. 年龄组：30岁以下、30~50岁、50岁以上；iii. 其他相关的多元化指标（例如少数群体或弱势群体）。

European Financial Reporting Advisory Group〔2022〕ESRS G1 Governance, Risk Management and Internal Control G1-4，22、24：

——The undertaking shall provide information on the diversity policy applied in relation to its administrative，management and supervisory bodies.

——The disclosure required by paragraph 22 shall include the following information：（a）A description of the diversity policy applied in relation to the undertaking's its administrative，management and supervisory bodies with regard to each of the following：i. gender，ii. age，iii. minority or vulnerable groups，iv. educational and professional backgrounds，and v. other aspects where relevant.（b）The objectives of that diversity policy.（c）How the diversity policy has been implemented.

——企业应提供关于其行政、管理和监督机构所适用的多元化政策的信息。

——第22款要求的披露应包括以下信息：（a）对企业行政、管理和监督机构适用的多元化政策的说明，涉及以下各方面：i. 性别，ii. 年龄，iii. 少数群体或弱势群体，iv. 教育和专业背景，以及v. 其他相关方面。（b）多元化政策的目标。（c）多元化政策是如何实施的。

本指标披露等级及主要适用范围

【基础披露】适用于设立董事会的企业。

G1.2.1.3 董事会成员平均任期

什么是董事会成员平均任期

董事会成员平均任期（average tenure of directors），一般被认为是企业董事会成员任期的平均年数。

为什么要考察董事会成员平均任期

不同的董事会成员任期，不仅会影响董事会成员对企业发展阶段的判断，以及其对企业定位、战略、价值观的认知，还会作用于董事会成员之间沟通合作的能力。从长期视角看，董事会的平均任期越长，则越有益于企业的持续发展。

怎样披露董事会成员平均任期

【定量】企业披露董事会成员平均任期。

【计算方式】董事会成员平均任期＝董事会成员任期总和÷董事会成员人数。其中，任期不足一年的按一年处理。单位：年。

为什么要披露董事会成员平均任期

任期较长的董事团队具有更加丰富的工作经验，可以通过经营历史数据准确把握企业的经营，因此决策失误的概率相对更小。反之，任期较短的董事团队更可能由于缺乏经验而造成决策的失误。因此，企业披露董事会成员平均任期，有助于利益相关者了解并判断企业董事会的经验与能力，进而做出更高效的投资决策。

与董事会成员平均任期相关的主要指导机构及法律法规、政策规范

全国人民代表大会常务委员会〔2024〕《中华人民共和国公司法》第七十条：

——董事任期由公司章程规定，但每届任期不得超过三年。董事任期届满，连选可以连任。董事任期届满未及时改选，或者董事在任期内辞任导致董事会成员低于法定人数的，在改选出的董事就任前，原董事仍应当依照法律、行政法规和公司章程的规定，履行董事职务。董事辞任的，应当以书面形式通知公司，公司收到通知之日辞任生效，但存在前款规定情形的，董事应当继续履行职务。

国务院国有资产监督管理委员会〔2023〕《央企控股上市公司ESG专项报告参考指标体系》G1.2.3：

——董事会、监事会和管理层的任命程序及构成

指标性质：定性/定量

披露等级：基础披露

指标说明：描述公司董事会、监事会和管理层的任命程序，以及公司董事会和管理层多元化构成情况，包括但不限于董事会成员性别组成、年龄分布、平均年任期、专业背景以及公司执行董事、外部监事和独立董事的比例等，以及管理层人员的性别组成、年龄分布、平均年任期、专业背景等，可参照《中华人民共和国公司法》、中国证监会《上市公司治理准则》、《证券法》，GB/T 36000—2015

《社会责任指南》-7.2，GRI披露项2-13、2-15等相关政策准则

中国证券监督管理委员会〔2021〕《公开发行证券的公司信息披露内容与格式准则第2号—年度报告的内容与格式》第三十一条：

——公司应当披露董事、监事和高级管理人员的情况，包括：（一）基本情况。现任及报告期内离任董事、监事、高级管理人员的姓名、性别、年龄、任期起止日期（连任的从首次聘任日起算）、年初和年末持有本公司股份、股票期权、被授予的限制性股票数量、年度内股份增减变动量及增减变动的原因。如为独立董事，需单独注明。报告期如存在任期内董事、监事离任和高级管理人员解聘，应当说明原因。……

Global Reporting Initiative〔2022〕Consolidated Set of the GRI Standards 2-9：

——The organization shall：a. describe its governance structure, including committees of the highest governance body; b. list the committees of the highest governance body that are responsible for decision-making on and overseeing the management of the organization's impacts on the economy, environment, and people; c. describe the composition of the highest governance body and its committees by：i. executive and non-executive members; ii. independence; iii. tenure of members on the governance body; iv. number of other significant positions and commitments held by each member, and the nature of the commitments; v. gender; vi. under-represented social groups; vii. competencies relevant to the impacts of the organization; viii. stakeholder representation.

——组织应：a. 说明其治理架构，包括最高治理机构下设的委员会。b. 列出在管理组织对经济、环境和人的影响方面，最高治理机构中负责决策和监督的委员会。c. 说明最高治理机构及其委员会的组成，包括：i. 执行成员和非执行成员；ii. 独立性；iii. 治理机构成员的任期；iv. 每个成员所担任的其他重要职务和承诺的数量，以及承诺的性质；v. 性别；vi. 未被充分代表的社会群体；vii. 与组织的影响有关的胜任能力；viii. 利益相关方的代表性。

本指标披露等级及主要适用范围

【基础披露】适用于设立董事会的企业。

G1.2.1.4 董事离职率

什么是董事离职率

董事离职率（turnover rate of directors），一般被认为是某个时段内企业离职董事人数占当期董事会成员总数的比例。

为什么要考察董事离职率

董事离职率越高，说明董事会成员之间沟通合作的能力越低。这非但不利于企业

高效地做出重大决策，并且从长期视角看阻碍了企业的持续发展。企业披露董事离职率，可以通过形成内外部监督机制促进企业长期稳健经营。

怎样披露董事离职率

【定量】企业披露董事离职率。

【计算方式】年董事离职率＝当年离职董事人数÷（年初董事会人数＋当年入职董事人数）；月董事离职率＝当月离职董事人数÷（月初董事会人数＋当月入职董事人数）。单位：％。

为什么要披露董事离职率

离职率较低的董事团队通常具有更高效的沟通协作能力，故董事会决策失误的概率相对更小。反之，离职率高的董事团队更容易缺乏长期稳定的沟通而造成决策的失误。企业披露董事离职率，有助于利益相关者了解并判断企业董事会内部的稳定性与持续性，进而做出更高效的投资决策。

与董事离职率相关的主要指导机构及法律法规、政策规范

全国人民代表大会常务委员会〔2024〕《中华人民共和国公司法》第一百七十八条：

——有下列情形之一的，不得担任公司的董事、监事、高级管理人员：（一）无民事行为能力或者限制民事行为能力；（二）因贪污、贿赂、侵占财产、挪用财产或者破坏社会主义市场经济秩序，被判处刑罚，或者因犯罪被剥夺政治权利，执行期满未逾五年，被宣告缓刑的，自缓刑考验期满之日起未逾二年；（三）担任破产清算的公司、企业的董事或者厂长、经理，对该公司、企业的破产负有个人责任的，自该公司、企业破产清算完结之日起未逾三年；（四）担任因违法被吊销营业执照、责令关闭的公司、企业的法定代表人，并负有个人责任的，自该公司、企业被吊销营业执照之日起未逾三年；（五）个人因所负数额较大债务到期未清偿被人民法院列为失信被执行人。违反前款规定选举、委派董事、监事或者聘任高级管理人员的，该选举、委派或者聘任无效。董事、监事、高级管理人员在任职期间出现本条第一款所列情形的，公司应当解除其职务。

上海证券交易所〔2023〕《上海证券交易所上市公司自律监管指引第 1 号——规范运作》3.2.6、3.2.7：

——董事、监事和高级管理人员辞职应当提交书面辞职报告。高级管理人员的辞职自辞职报告送达董事会时生效。除下列情形外，董事和监事的辞职自辞职报告送达董事会或者监事会时生效：（一）董事、监事辞职导致董事会、监事会成员低于法定最低人数；（二）职工代表监事辞职导致职工代表监事人数少于监事会成员的三分之一；（三）独立董事辞职导致董事会或其专门委员会中独立董事所占比例不符合法律法规或公司章程规定，或者独立董事中欠缺会计专业人士。在上述情形下，辞职报告应当在下任董事或者监事填补因其辞职产生的空缺后方能生效。在辞职报告生效之前，拟辞职董事或者监事仍应当按照有关法律法规和公司章程的规定继续履行职责，但存在本指引另有规定的除外。董事、监事提出辞职的，上市公司应当在 60 日内完成补选，确保董事会及其专门委员会、监事会构成符合法律法规和公司章程的规定。

——董事、监事和高级管理人员应当在辞职报告中说明辞职时间、辞职的具体原因、辞去的职务、辞职后是否继续在上市公司及其控股子公司任职（如继续任职，说明继续任职的情况）等情况，移交所承担的工作。董事、监事和高级管理人员非因任期届满离职的，除应当遵循前款要求外，还应当将离职报告报上市公司监事会备案。离职原因可能涉及上市公司违法违规或者不规范运作的，应当具体说明相关事项，并及时向本所及其他相关监管机构报告。

深圳证券交易所〔2023〕《深圳证券交易所上市公司自律监管指引第 1 号——主板上市公司规范运作》3.2.8、3.2.9：

——董事、监事和高级管理人员辞职应当提交书面辞职报告。高级管理人员的辞职自辞职报告送达董事会时生效。除下列情形外，董事和监事的辞职自辞职报告送达董事会或者监事会时生效：（一）董事、监事辞职将导致董事会、监事会成员低于法定最低人数；（二）职工代表监事辞职将导致职工代表监事人数少于监事会成员的三分之一；（三）独立董事辞职将导致上市公司董事会或者其专门委员会中独立董事所占比例不符合法律法规或者公司章程的规定，或者独立董事中欠缺会计专业人士。在上述情形下，辞职应当在下任董事或者监事填补因其辞职产生的空缺后方能生效。在辞职生效之前，拟辞职董事或者监事仍应当按照有关法律法规和公司章程的规定继续履行职责，但存在本指引第 3.2.2 条第一款规定情形的除外。董事、监事提出辞职的，上市公司应当在提出辞职之日起六十日内完成补选，确保董事会及其专门委员会、监事会构成符合法律法规和公司章程的规定。

——董事、监事和高级管理人员应当在辞职报告中说明辞职时间、辞职原因、辞去的职务、辞职后是否继续在上市公司及其控股子公司任职（如继续任职，说明继续任职的情况）等情况。

London Stock Exchange〔2019〕ESG Disclosure Score 8.17：

——Full time staff voluntary turnover rate calculated against the average number of Full Time Employees during the year to create a consistently comparable figure year on year. The figure should not include retirements and deaths, though these can be reported separately.

——全职员工自愿离职率，以全年全职员工的平均人数计算，以建立一个全年一致的可比数字。这一数字不应包括退休人数和死亡人数，尽管这两项可以分别报告。

本指标披露等级及主要适用范围

【基础披露】 适用于设立董事会的企业。

G1.2.1.5 董事长兼职情况

什么是董事长兼职情况

董事长兼职情况（part-time situation of chairman of the board），一般被认为是企业董事长兼任其他职务的情况。

为什么要考察董事长兼职情况

董事会是股东会的常设权力机构，在股东会闭会期间负责企业的重大决策。作为企业内部治理的重要组成部分，考察董事长是否存在兼职情况，对于企业的长期健康发展具有关键意义。

怎样披露董事长兼职情况

【定性】 企业披露董事长是否存在兼职情况。

为什么要披露董事长兼职情况

对于利益相关者而言，企业董事长出现兼职情况是企业利益分配不稳定、内部治理结构欠完善的体现。因此，企业披露董事长兼职情况有助于利益相关者判断企业利益与治理结构的稳定性，进而做出更加高效的投资决策。

与董事长兼职情况相关的主要指导机构及法律法规、政策规范

全国人民代表大会常务委员会〔2024〕《中华人民共和国公司法》第一百七十五条：

——国有独资公司的董事、高级管理人员，未经履行出资人职责的机构同意，不得在其他有限责任公司、股份有限公司或者其他经济组织兼职。

中国证券监督管理委员会〔2021〕《公开发行证券的公司信息披露内容与格式准则第 2 号—年度报告的内容与格式》第三十一条：

——公司应当披露董事、监事和高级管理人员的情况，包括：……（二）现任董事、监事、高级管理人员专业背景、主要工作经历，目前在公司的主要职责。董事、监事、高级管理人员如在股东单位任职，应当说明其职务及任职期间，以及在除股东单位外的其他单位的任职或兼职情况。公司应当披露现任及报告期内离任董事、监事和高级管理人员近三年受证券监管机构处罚的情况。……

上海证券交易所〔2023〕《上海证券交易所上市公司自律监管指引第 1 号——规范运作》3.2.4：

——上市公司应当披露董事、监事和高级管理人员候选人的简要情况，主要包括：（一）教育背景、工作经历、兼职等个人情况；（二）与公司的董事、监事、高级管理人员、实际控制人及持股 5%以上的股东是否存在关联关系；（三）是否存在本指引第 3.2.2 条所列情形；（四）持有本公司股票的情况；（五）本所要求

披露的其他重要事项。

深圳证券交易所〔2023〕《深圳证券交易所上市公司自律监管指引第 1 号——主板上市公司规范运作》3.2.6：

——董事、监事、高级管理人员候选人简历中，应当包括下列内容：（一）教育背景、工作经历、兼职等情况，在公司 5% 以上股东、实际控制人等单位的工作情况以及最近五年在其他机构担任董事、监事、高级管理人员的情况；……

本指标披露等级及主要适用范围

【建议披露】适用于设立董事会的企业。

G1.2.1.6 独立董事占比

什么是独立董事占比

独立董事占比（the percentage of independent directors），一般被认为是企业独立董事人数占董事会成员总人数的比例。

为什么要考察独立董事占比

独立董事能够有效制止大股东的利己行为，可以体现出董事会的相对公平性。考察企业独立董事占比，并完善独立董事的相关制度，有利于保障独立董事对公司治理进行有效的监督，进而提高企业运作效率、促进企业长期健康发展。

怎样披露独立董事占比

【定量】企业披露独立董事占比。

【计算方式】独立董事占比＝独立董事人数÷董事会成员总人数。单位：%。

为什么要披露独立董事占比

独立董事占比是衡量公司治理水平的一个关键指标。一方面，独立董事作为企业外部人员，能够对企业的管理决策进行更为客观的监督。另一方面，独立董事往往具有相对丰富的工作经历，能够提供专业的管理建议。因此，企业披露独立董事占比，有利于利益相关者了解企业的内部治理能力与运作效率，据此做出投资决策。

与独立董事占比相关的主要指导机构及法律法规、政策规范

全国人民代表大会常务委员会〔2024〕《中华人民共和国公司法》第一百三十六条：

——上市公司设独立董事，具体管理办法由国务院证券监督管理机构规定。……

中华人民共和国国务院办公厅〔2023〕《关于上市公司独立董事制度改革的意见》"二、主要任务"下第（二）点：

——优化独立董事履职方式。鼓励上市公司优化董事会组成结构，上市公司董事会中独立董事应当占三分之一以上，国有控股上市公司董事会中外部董事

（含独立董事）应当占多数。加大监督力度，搭建独立董事有效履职平台，前移监督关口。上市公司董事会应当设立审计委员会，成员全部由非执行董事组成，其中独立董事占多数。审计委员会承担审核公司财务信息及其披露、监督及评估内外部审计工作和公司内部控制等职责。财务会计报告及其披露等重大事项应当由审计委员会事前认可后，再提交董事会审议。在上市公司董事会中逐步推行建立独立董事占多数的提名委员会、薪酬与考核委员会，负责审核董事及高级管理人员的任免、薪酬等事项并向董事会提出建议。建立全部由独立董事参加的专门会议机制，关联交易等潜在重大利益冲突事项在提交董事会审议前，应当由独立董事专门会议进行事前认可。完善独立董事参与董事会专门委员会和专门会议的信息披露要求，提升独立董事履职的透明度。完善独立董事特别职权，推动独立董事合理行使独立聘请中介机构、征集股东权利等职权，更好履行监督职责。健全独立董事与中小投资者之间的沟通交流机制。

国务院国有资产监督管理委员会〔2023〕《央企控股上市公司ESG专项报告参考指标体系》G1.2.3：

——董事会、监事会和管理层的任命程序及构成

指标性质：定性/定量

披露等级：基础披露

指标说明：描述公司董事会、监事会和管理层的任命程序，以及公司董事会和管理层多元化构成情况，包括但不限于董事会成员性别组成、年龄分布、平均年任期、专业背景以及公司执行董事、外部监事和独立董事的比例等，以及管理层人员的性别组成、年龄分布、平均年任期、专业背景等，可参照《中华人民共和国公司法》、中国证监会《上市公司治理准则》、《证券法》，GB/T 36000—2015《社会责任指南》-7.2，GRI披露项2-13、2-15等相关政策准则

中国证券监督管理委员会〔2023〕《上市公司独立董事管理办法》第五条：

——上市公司独立董事占董事会成员的比例不得低于三分之一，且至少包括一名会计专业人士。上市公司应当在董事会中设置审计委员会。审计委员会成员应当为不在上市公司担任高级管理人员的董事，其中独立董事应当过半数，并由独立董事中会计专业人士担任召集人。上市公司可以根据需要在董事会中设置提名、薪酬与考核、战略等专门委员会。提名委员会、薪酬与考核委员会中独立董事应当过半数并担任召集人。

London Stock Exchange〔2019〕ESG Disclosure Score 8.22：

——Number and percentage of independent Directors on the board; An independent director is defined as one with no conflicts of interest。

——独立董事的人数和比例；独立董事的定义是与公司没有利益冲突的董事。

National Association of Securities Dealers Automated Quotations〔2019〕ESG Reporting Guide 2.0　G2:

——Does company prohibit CEO from serving as board chair? Yes/No

Percentage: Total board seats occupied by independents

——公司是否禁止首席执行官担任董事会主席？是/否

百分比：独立董事所占董事会席位总数

Global Reporting Initiative〔2022〕Consolidated Set of the GRI Standards　2-9:

——The organization shall: a. describe its governance structure, including committees of the highest governance body; b. list the committees of the highest governance body that are responsible for decision-making on and overseeing the management of the organization's impacts on the economy, environment, and people; c. describe the composition of the highest governance body and its committees by: i. executive and non-executive members; ii. independence; iii. tenure of members on the governance body; iv. number of other significant positions and commitments held by each member, and the nature of the commitments; v. gender; vi. under-represented social groups; vii. competencies relevant to the impacts of the organization; viii. stakeholder representation.

——组织应：a. 说明其治理架构，包括最高治理机构下设的委员会。b. 列出在管理组织对经济、环境和人的影响方面，最高治理机构中负责决策和监督的委员会。c. 说明最高治理机构及其委员会的组成，包括：i. 执行成员和非执行成员；ii. 独立性；iii. 治理机构成员的任期；iv. 每个成员所担任的其他重要职务和承诺的数量，以及承诺的性质；v. 性别；vi. 未被充分代表的社会群体；vii. 与组织的影响有关的胜任能力；viii. 利益相关方的代表性。

本指标披露等级及主要适用范围

【基础披露】适用于设立董事会的企业。

G1.2.1.7　非执行董事占比

什么是非执行董事占比

非执行董事（non-executive directors），一般被认为是除了董事身份外与企业没有任何其他契约关系的董事。非执行董事占比（the percentage of non-executive directors），一般被认为是企业非执行董事占董事会成员总人数的比例。

为什么要考察非执行董事占比

非执行董事负责监察及确保企业有稳固基础奉行良好企业管治，同时需要善意质疑及协助制定战略建议。考察企业非执行董事占比，并完善非执行董事的相关制度，有利于提高企业运作效率、促进企业长期健康发展。

怎样披露非执行董事占比

【定量】 企业披露非执行董事占比。

【计算方式】 非执行董事占比＝非执行董事人数÷董事会成员总人数。单位：%。

为什么要披露非执行董事占比

非执行董事在董事会中扮演着重要的角色，其职责包括：时刻掌握有关发行人业务的最新资讯，参与监察发行人在实现既定企业目的及目标上的表现，并监督相关汇报；在涉及策略、政策、公司表现、问责性、资源、主要委任及操守准则等事宜上提供独立的意见，以及协助审阅董事会的部分主要决策及发行人有关企业目标的表现，并监督相关汇报；在出现潜在利益冲突时发挥牵头引导作用；应邀担任审核、薪酬、提名及其他管治委员会成员。非执行董事对执行董事起着监督、检查和平衡的作用。非执行董事占比是衡量公司治理水平的一个指标，企业披露非执行董事占比，有利于利益相关者了解企业的内部治理能力与运作效率，据此做出投资决策。

与非执行董事占比相关的主要指导机构及法律法规、政策规范

国务院国有资产监督管理委员会〔2023〕《央企控股上市公司 ESG 专项报告参考指标体系》G1.2.3：

——董事会、监事会和管理层的任命程序及构成

指标性质：定性/定量

披露等级：基础披露

指标说明：描述公司董事会、监事会和管理层的任命程序，以及公司董事会和管理层多元化构成情况，包括但不限于董事会成员性别组成、年龄分布、平均年任期、专业背景以及公司执行董事、外部监事和独立董事的比例等，以及管理层人员的性别组成、年龄分布、平均年任期、专业背景等，可参照《中华人民共和国公司法》、中国证监会《上市公司治理准则》、《证券法》、GB/T 36000—2015《社会责任指南》-7.2，GRI 披露项 2-13、2-15 等相关政策准则

中国证券监督管理委员会〔2016〕《证券投资者保护基金管理办法》第九条：

——基金公司设立董事会。董事会由 9 名董事组成。其中 4 人为执行董事，其他为非执行董事。董事长人选由证监会商财政部、中国人民银行确定后，报国务院备案。

Singapore Exchange〔2018〕Code of Corporate Governance Board Matters 2.3：

——Non-executive directors make up a majority of the Board.

——非执行董事在董事会中占多数。

Global Reporting Initiative〔2022〕Consolidated Set of the GRI Standards 2-9：

——The organization shall: a. describe its governance structure, including committees of the highest governance body; b. list the committees of the highest governance body that are responsible for decision-making on and overseeing the management of the organization's impacts on the economy, environment, and people; c. describe the composition of the highest governance body and its committees by: i. executive and non-executive members; ii. independence; iii. tenure of members on the governance body; iv. number of other significant positions and commitments held by each member, and the nature of the commitments; v. gender; vi. under-represented social groups; vii. competencies relevant to the impacts of the organization; viii. stakeholder representation.

——组织应：a. 说明其治理架构，包括最高治理机构下设的委员会。b. 列出在管理组织对经济、环境和人的影响方面，最高治理机构中负责决策和监督的委员会。c. 说明最高治理机构及其委员会的组成，包括：i. 执行成员和非执行成员；ii. 独立性；iii. 治理机构成员的任期；iv. 每个成员所担任的其他重要职务和承诺的数量，以及承诺的性质；v. 性别；vi. 未被充分代表的社会群体；vii. 与组织的影响有关的胜任能力；viii. 利益相关方的代表性。

本指标披露等级及主要适用范围

【基础披露】适用于设立董事会的企业。

G1.2.2 董事会运作

什么是董事会运作

董事会运作（board operation），一般被认为包括董事会建设情况、董事会议事规则；董事会召开情况说明，如召开次数（次）、参加人数（人）、出席率（%）、讨论及表决重大事项情况等；独立董事履职情况；董事培训。依照《上市公司治理准则》第二十五至第二十八条的规定，董事会的人数及人员构成应当符合法律法规的要求，专业结构合理。董事会成员应当具备履行职责所必需的知识、技能和素质。鼓励董事会成员的多元化。董事会对股东大会负责，执行股东大会的决议。董事会应当依法履行职责，确保上市公司遵守法律法规和公司章程的规定，公平对待所有股东，并关注其他利益相关者的合法权益。上市公司应当保障董事会依照法律法规和公司章程的规定行使职权，为董事正常履行职责提供必要的条件。上市公司设董事会秘书，负责公司股东大会和董事会会议的筹备及文件保管、公司股东资料的管理、信息披露事务的办理、投资者关系工作等事宜。董事会秘书作为上市公司高级管理人员，为履行职责有权参加相关会议，查阅有关文件，了解公司的财务和经营等情况。董事会及其他高级管理人员应当支持董事会秘书的工作。任何机构及个人不得干预董事会秘书的正常履职行为。

G1.2.2.1 董事会建设情况

什么是董事会建设情况

董事会建设情况（formation of the board），一般被认为是企业在董事会的组建组成、功能定位、职责权限、运行机制、决策程序、支撑保障、管理监督以及规范董事会成员的职责、权利和义务等方面取得的一系列建设成果。依照《上市公司治理准则》的规定，上市公司应当保障董事会依照法律法规和公司章程的规定行使职权，为董事正常履行职责提供必要的条件。

为什么要考察董事会建设情况

加强董事会建设有利于完善董事人选安排、保障董事会的运行和决策；有利于董事会成员更好地履行职责，高质量完成工作；有利于完善公司治理结构、提升治理能力。

怎样披露董事会建设情况

【定性】企业披露报告期内董事会建设情况，包括召开的董事会有关情况、每位董事履行职责的情况、董事会下设专门委员会的成员情况、董事会议事规则、董事会授权董事长在董事会闭会期间行使董事会部分职权的原因和内容（若有）等。

为什么要披露董事会建设情况

董事会作为对内掌管公司事务、对外代表公司的经营决策和业务执行机构，是企业最重要的决策和管理机构，对股东会负责。董事会的建设情况反映董事的履职状况和履职能力，一定程度上反映了企业内部经营决策、管理状况、公司治理能力，相关事项对投资者决策具有重要影响。

与董事会建设情况相关的主要指导机构及法律法规、政策规范

国务院国有资产监督管理委员会〔2023〕《央企控股上市公司 ESG 专项报告参考指标体系》G1.2.2：

——董事会、监事会和管理层组织结构与职能

指标性质：定性/定量

披露等级：基础披露

指标说明：描述公司通过董事会及下设专业委员会、监事会和管理层所构成的公司组织结构与职能划分情况，包括但不限于董事、监事、高级管理人员的任职情况，对企业战略指导和运营监督的职能、权力分配与制衡关系的制度安排，以及 ESG 管治架构、工作机制与职责分工等，可参照《中华人民共和国公司法》、中国证监会《上市公司治理准则》、《证券法》，GB/T 36000—2015《社会责任指南》-7.2，GRI 披露项 2-13、2-15 等相关政策准则

中国证券监督管理委员会〔2018〕《上市公司治理准则》第二十一条、第二十五条、第二十九条、第三十四条：

——董事应当遵守法律法规及公司章程有关规定，忠实、勤勉、谨慎履职，

并履行其作出的承诺。

——董事会的人数及人员构成应当符合法律法规的要求,专业结构合理。董事会成员应当具备履行职责所必需的知识、技能和素质。鼓励董事会成员的多元化。

——上市公司应当制定董事会议事规则,报股东大会批准,并列入公司章程或者作为章程附件。

——上市公司应当依照有关规定建立独立董事制度。独立董事不得在上市公司兼任除董事会专门委员会委员外的其他职务。

中国证券监督管理委员会〔2021〕《公开发行证券的公司信息披露内容与格式准则第 2 号—年度报告的内容与格式》第十二条:

——年度报告内容应当经公司董事会审议通过。未经董事会审议通过的年度报告不得披露。公司董事、高级管理人员应当对年度报告签署书面确认意见,说明董事会的编制和审议程序是否符合法律、行政法规和中国证监会的规定,报告的内容是否能够真实、准确、完整地反映公司的实际情况。……

New York Stock Exchange〔2013〕NYSE Listed Company Manual 303A. 09:

——Listed companies must adopt and disclose corporate governance guidelines. The following subjects must be addressed in the corporate governance guidelines: Annual performance evaluation of the board. The board should conduct a self-evaluation at least annually to determine whether it and its committees are functioning effectively.

——上市公司必须采纳并披露公司治理准则。公司治理准则必须包含以下内容:董事会的年度绩效评估。董事会应至少每年进行一次自我评估,以确定其及其委员会是否有效运作。

Singapore Exchange〔2018〕Code of Corporate Governance Board Matters 1、3:

——The company is headed by an effective Board which is collectively responsible and works with Management for the long-term success of the company.

——There is a clear division of responsibilities between the leadership of the Board and Management, and no one individual has unfettered powers of decision-making.

——公司需由有效的董事会领导,董事会集体负责并与管理层合作,以实现公司的长期成功。

——董事会与管理层的领导职责分工明确,没有人拥有不受约束的决策权。

Global Reporting Initiative〔2022〕Consolidated Set of the GRI Standards 2 - 9、2 - 13:

——The organization shall: a. describe how the highest governance body delegates responsibility for managing the organization's impacts on the economy, environment, and people, including: i. whether it has appointed any senior executives with responsibility for the management of impacts; ii. whether it has delegated responsibility for the management of impacts to other employees; b. describe the process and frequency for senior executives or other employees to report back to the highest governance body on the management of the organization's impacts on the economy, environment, and people.

——The organization shall: a. describe its governance structure, including committees of the highest governance body; b. list the committees of the highest governance body that are responsible for decision-making on and overseeing the management of the organization's impacts on the economy, environment, and people; c. describe the composition of the highest governance body and its committees by: i. executive and non-executive members; ii. independence; iii. tenure of members on the governance body; iv. number of other significant positions and commitments held by each member, and the nature of the commitments; v. gender; vi. under-represented social groups; vii. competencies relevant to the impacts of the organization; viii. stakeholder representation.

——组织应: a. 说明最高治理机构如何进行责任授权,管理组织对经济、环境和人的影响,包括: i. 是否任命了任何高管负责管理影响; ii. 是否将管理影响的责任授权给其他员工。b. 在管理组织对经济、环境和人的影响方面,说明高管或其他员工向最高治理机构汇报的程序和频率。

——组织应: a. 说明其治理架构,包括最高治理机构下设的委员会。b. 列出在管理组织对经济、环境和人的影响方面,最高治理机构中负责决策和监督的委员会。c. 说明最高治理机构及其委员会的组成,包括: i. 执行成员和非执行成员; ii. 独立性; iii. 治理机构成员的任期; iv. 每个成员所担任的其他重要职务和承诺的数量,以及承诺的性质; v. 性别; vi. 未被充分代表的社会群体; vii. 与组织的影响有关的胜任能力; viii. 利益相关方的代表性。

European Financial Reporting Advisory Group〔2022〕ESRS 2 General, Strategy, Governance, and Materiality Assessment GOV1, 52:

——The disclosure required by paragraph 50 shall include the following information: (a) A description of the mandate, roles and responsibilities of the administrative, management and supervisory bodies as regards the strategy of sustainability matters and the oversight of their management; (b) A description of the organizational structure of the administrative, management and supervisory bodies related to sustainability matters, including delegation of specific responsibilities to individual members of this body and the list and composition of its committee (s) involved in the definition of the sustainability strategy of the undertaking as well as the oversight of the management of sustainability matters and of sustainability reporting itself; (c) A description of: i. the sustainability-related expertise that the administrative, management and supervisory bodies as a whole, and its individual members either possess, or can leverage; ii. training and other educational initiatives to update and develop sustainability related expertise; and iii. how it relates to its material sustainability risks, opportunities and impacts; (d) A description of the criteria concerning sustainability applied by the undertaking for nominating and selecting members of its administrative, management and supervisory bodies and other key personnel like e. g. diversity or sustainability-related experience; (e) A description of the undertaking-wide structure with regard to sustainability matters, including allocation of responsibilities and reporting lines, up to the administrative, management and supervisory bodies, including the role of: i. management level senior executives; and ii. other employees at the operational level.

——第 50 款所要求的披露应包括下列内容：(a) 说明行政、管理和监督机构在可持续性事项的战略及对其管理的监督方面的任务、作用和责任。(b) 说明与可持续性事项有关的行政、管理和监督机构的组织结构，包括对该机构个别成员的具体职责的授权，以及参与界定企业的可持续性战略以及监督可持续性事项的管理和可持续性报告本身的委员会的名单和组成。(c) 说明：i. 整个行政、管理和监督机构及其个别成员所拥有或能够利用的与可持续性有关的专门知识；ii. 培训和其他教育举措，以更新和发展与可持续性相关的专业知识；iii. 它与重大可持续性风险、机遇和影响之间的关系。(d) 说明企业在提名和选择其行政、管理和监督机构成员和其他关键人员时所采用的可持续性标准，例如多样性或与可持续性有关的经验。(e) 说明关于可持续性事项的完整组织架构，包括责任分配和报告层级，由行政、管理和监督机构负责，其中包括：i. 管理层人员；ii. 其他实施人员。

本指标披露等级及主要适用范围

【基础披露】适用于设立董事会的企业。

G1.2.2.2　董事会议事规则

什么是董事会议事规则

董事会议事规则（rules and procedures of board meetings），一般被认为是董事会开会期间必须遵守的一系列程序性规定，这些规定是董事会规范运作、使其决议尽量避免瑕疵的前提和基础。

依照《上市公司治理准则》第二十九至第三十三条的规定，上市公司应当制定董事会议事规则，报股东大会批准，并列入公司章程或者作为章程附件。董事会应当定期召开会议，并根据需要及时召开临时会议。董事会会议议题应当事先拟定。董事会会议应当严格依照规定的程序进行。董事会应当按规定的时间事先通知所有董事，并提供足够的资料。两名及以上独立董事认为资料不完整或者论证不充分的，可以联名书面向董事会提出延期召开会议或者延期审议该事项，董事会应当予以采纳，上市公司应当及时披露相关情况。董事会会议记录应当真实、准确、完整。出席会议的董事、董事会秘书和记录人应当在会议记录上签名。董事会会议记录应当妥善保存。董事会授权董事长在董事会闭会期间行使董事会部分职权的，上市公司应当在公司章程中明确规定授权的原则和具体内容。上市公司重大事项应当由董事会集体决策，不得将法定由董事会行使的职权授予董事长、总经理等行使。

依照《中华人民共和国公司法》第七十三条的规定，董事会的议事方式和表决程序，除本法有规定的外，由公司章程规定。董事会议事规则内容一般包括：总则、董事的任职资格、董事的行为规范、董事长的权利和义务、董事会的工作程序、工作费用以及其他事项。

为什么要考察董事会议事规则

指定董事会议事规则可以进一步规范企业董事会的议事方式和决策程序，促使董事和董事会有效地履行其职责，提高董事会规范运作和科学决策水平。

怎样披露董事会议事规则

【定性】企业披露董事会议事规则，报股东大会批准，并列入公司章程或者作为章程附件。

为什么要披露董事会议事规则

董事会议事规则可以为企业带来正向作用，可以体现董事会的运作情况、企业内部治理情况，为投资者和资本市场提供参考。

与董事会议事规则相关的主要指导机构及法律法规、政策规范

全国人民代表大会常务委员会〔2024〕《中华人民共和国公司法》第九十五条：

——股份有限公司章程应当载明下列事项：……（七）董事会的组成、职权和议事规则；……

国务院国有资产监督管理委员会〔2021〕《国资委履行出资人职责的多元投资主体公司利润分配管理暂行办法》第七条：

——公司利润分配的决策程序和表决机制应当在公司章程、股东会议事规则和董事会议事规则中明确，经股东会审议通过后实施。

中国证券监督管理委员会〔2018〕《上市公司治理准则》第二十九条：

——上市公司应当制定董事会议事规则，报股东大会批准，并列入公司章程

或者作为章程附件。

上海证券交易所〔2023〕《上海证券交易所上市公司自律监管指引第 1 号——规范运作》2.2.1：

——上市公司应当制定董事会议事规则，并列入公司章程或者作为章程附件，报股东大会批准，确保董事会规范、高效运作和审慎、科学决策。

深圳证券交易所〔2023〕《深圳证券交易所上市公司自律监管指引第 1 号——主板上市公司规范运作》2.2.1：

——上市公司应当制定董事会议事规则，并列入公司章程或者作为章程附件，报股东大会批准，确保董事会规范、高效运作和审慎、科学决策。

New York Stock Exchange〔2013〕NYSE Listed Company Manual 303A.09：

——The following subjects must be addressed in the corporate governance guidelines：Director responsibilities. These responsibilities should clearly articulate what is expected from a director，including basic duties and responsibilities with respect to attendance at board meetings and advance review of meeting materials.

——公司治理准则必须包含以下内容：董事的责任。这些职责应清楚地阐明对董事的期望，包括出席董事会会议和事先审阅会议材料方面的基本职责和责任。

Singapore Exchange〔2018〕Code of Corporate Governance Board Matters 1.3、1.4：

——The Board decides on matters that require its approval and clearly communicates this to Management in writing. Matters requiring board approval are disclosed in the company's annual report.

——Board committees，including Executive Committees（if any），are formed with clear written terms of reference setting out their compositions，authorities and duties，including reporting back to the Board. The names of the committee members，the terms of reference，any delegation of the Board's authority to make decisions，and a summary of each committee's activities，are disclosed in the company's annual report.

——董事会决定需要其批准的事项，并以书面形式明确告知管理层。需要董事会批准的事项在公司年度报告中披露。

——董事会委员会［包括执行委员会（如有）］的组成有明确的书面职权范围，列出其组成、权力和职责，包括向董事会汇报。委员会成员的姓名、职权范围、董事会决策权的任何授权以及每个委员会的活动摘要都在公司的年度报告中披露。

Global Reporting Initiative〔2022〕Consolidated Set of the GRI Standards 2-9、2-13：

——The organization shall：a. describe how the highest governance body delegates responsibility for managing the organization's impacts on the economy，environment，and people，including：i. whether it has appointed any senior executives with responsibility for the management of impacts；ii. whether it has delegated responsibility for the management of impacts to other employees；b. describe the process and frequency for senior executives or other employees to report back to the highest governance body on the management of the organization's impacts on the economy，environment，and people.

——The organization shall：a. describe its governance structure，including committees of the highest governance body；b. list the committees of the highest governance body that are responsible for decision-making on and overseeing the management of the organization's impacts on the economy，environment，and people；c. describe the composition of the highest governance body and its committees by：i. executive and non-executive members；ii. independence；iii. tenure of members on the governance body；iv. number of other significant positions and commitments held by each member，and the nature of the commitments；v. gender；vi. under-represented social groups；vii. competencies relevant to the impacts of the organization；viii. stakeholder representation.

——组织应：a. 说明最高治理机构如何进行责任授权，管理组织对经济、环境和人的影响，包括：i. 是否任命了任何高管负责管理影响；ii. 是否将管理影响的责任授权给其他员工。b. 在管理组织对经济、环境和人的影响方面，说明高管或其他员工向最高治理机构汇报的程序和频率。

——组织应：a. 说明其治理架构，包括最高治理机构下设的委员会。b. 列出在管理组织对经济、环境和人的影响方面，最高治理机构中负责决策和监督的委员会。c. 说明最高治理机构及其委员会的组成，包括：i. 执行成员和非执行成员；ii. 独立性；iii. 治理机构成员的任期；iv. 每个成员所担任的其他重要职务和承诺的数量，以及承诺的性质；v. 性别；vi. 未被充分代表的社会群体；vii. 与组织的影响有关的胜任能力；viii. 利益相关方的代表性。

本指标披露等级及主要适用范围

【基础披露】适用于设立董事会的企业。

G1.2.2.3 董事会召开情况说明

什么是董事会会议

董事会会议（board meeting），一般被认为是董事会在职责范围内研究决策企业重大事项和紧急事项而召开的会议。依照《中华人民共和国公司法》第一百二十二条的规定，董事长召集和主持董事会会议，检查董事会决议的实施情况。副董事长协助董事长工作，董事长不能履行职务或者不履行职务的，由副董事长履行职务；副董事长不能履行职务或者不履行职务的，由过半数的董事共同推举一名董事履行职务。依照《中华人民共和国公司法》第一百二十二条，董事会每年度至少召开两次会议，每次会议应当于会议召开十日前通知全体董事和监事。代表十分之一以上表决权的股东、三分之一以上董事或者监事会，可以提议召开董事会临时会议。董事长应当自接到提议后十日内，召集和主持董事会会议。董事会召开临时会议，可以另定召集董事会的通知方式和通知时限。

什么是董事会召开情况说明

董事会召开情况说明（minutes of board meetings），依照《公开发行证券的公司信息披露内容与格式准则第2号—年度报告的内容与格式》第三十二条的规定，包括会议届次、召开日期及会议决议等内容。企业应当介绍报告期内每位董事履行职责的情况，包括但不限于：每位董事出席董事会的次数、方式，曾提出异议的有关事项及异议的内容，出席股东大会的次数，每位董事对企业有关建议是否被采纳的说明。

为什么要考察董事会召开情况说明

董事会召开情况说明是证明董事是否参与董事会会议并对该决议承担责任的重要证据，也是企业经理组织实施董事会决议的依据，具有重要的作用。对于企业的重大业务，除了法定和公司章程规定属于股东会决议的事项外，其他一般由董事会会议决定，因此董事会决议的内容和法律效力对企业具有重大意义。

怎样披露董事会召开情况说明

【定性】 企业披露报告期内召开的董事会有关情况。

为什么要披露董事会召开情况说明

董事会会议的召开情况说明可以体现董事会的运作情况，为投资者和资本市场提供参考。

与董事会召开情况说明相关的主要指导机构及法律法规、政策规范

全国人民代表大会常务委员会〔2024〕《中华人民共和国公司法》第一百二十五条：

——董事会会议，应当由董事本人出席；董事因故不能出席，可以书面委托其他董事代为出席，委托书应当载明授权范围。董事应当对董事会的决议承担责任。董事会的决议违反法律、行政法规或者公司章程、股东大会决议，给公司造成严重损失的，参与决议的董事对公司负赔偿责任；经证明在表决时曾表明异议并记载于会议记录的，该董事可以免除责任。

中国证券监督管理委员会〔2018〕《上市公司治理准则》第三十条、第三十一条、第三十二条：

——董事会应当定期召开会议，并根据需要及时召开临时会议。董事会会议议题应当事先拟定。

——董事会会议应当严格依照规定的程序进行。董事会应当按规定的时间事先通知所有董事，并提供足够的资料。两名及以上独立董事认为资料不完整或者论证不充分的，可以联名书面向董事会提出延期召开会议或者延期审议该事项，董事会应当予以采纳，上市公司应当及时披露相关情况。

——董事会会议记录应当真实、准确、完整。出席会议的董事、董事会秘书和记录人应当在会议记录上签名。董事会会议记录应当妥善保存。

中国证券监督管理委员会〔2021〕《公开发行证券的公司信息披露内容与格式准则第 2 号—年度报告的内容与格式》第三十二条：

——公司应当介绍报告期内召开的董事会有关情况，包括会议届次、召开日期及会议决议等内容。公司应当介绍报告期内每位董事履行职责的情况，包括但不限于：每位董事出席董事会的次数、方式，曾提出异议的有关事项及异议的内容，出席股东大会的次数，每位董事对公司有关建议是否被采纳的说明。

上海证券交易所〔2023〕《上海证券交易所上市公司自律监管指引第 1 号——规范运作》2.2.2、2.2.3：

——董事会会议应当严格按照董事会议事规则召集和召开，按规定事先通知所有董事，并提供充分的会议材料，包括会议议题的相关背景材料、全部由独立董事参加的会议（以下简称独立董事专门会议）审议情况（如有）、董事会专门委员会意见（如有）等董事对议案进行表决所需的所有信息、数据和资料，及时答复董事提出的问询，在会议召开前根据董事的要求补充相关会议材料。董事会专门委员会召开会议的，上市公司原则上应当不迟于专门委员会会议召开前 3 日提供相关资料和信息。两名及以上独立董事认为会议材料不完整、论证不充分或者提供不及时的，可以书面向董事会提出延期召开会议或者延期审议该事项，董事会应当予以采纳。董事会及专门委员会会议以现场召开为原则。在保证全体参会董事能够充分沟通并表达意见的前提下，必要时可以依照程序采用视频、电话或者其他方式召开。

——董事会及其专门委员会会议、独立董事专门会议应当按规定制作会议记录，会议记录应当真实、准确、完整，充分反映与会人员对所审议事项提出的意见。出席会议的董事、董事会秘书和记录人员等相关人员应当在会议记录上签名确认。董事会会议记录应当妥善保存。

深圳证券交易所〔2023〕《深圳证券交易所上市公司自律监管指引第1号——主板上市公司规范运作》2.2.2、2.2.3：

——董事会会议应当严格按照董事会议事规则召集和召开，按规定事先通知所有董事，并提供充分的会议材料，包括会议议题的相关背景材料、董事会专门委员会意见（如有）、全部由独立董事参加的会议（以下简称独立董事专门会议）审议情况（如有）等董事对议案进行表决所需的所有信息、数据和资料，及时答复董事提出的问询，在会议召开前根据董事的要求补充相关会议材料。董事会专门委员会召开会议的，上市公司原则上应当不迟于专门委员会会议召开前三日提供相关资料和信息。董事会及其专门委员会会议以现场召开为原则。在保证全体参会董事能够充分沟通并表达意见的前提下，必要时可以依照程序采用视频、电话或者其他方式召开。

——董事会及其专门委员会会议、独立董事专门会议应当按规定制作会议记录，会议记录应当真实、准确、完整，充分反映与会人员对所审议事项提出的意见。出席会议的董事、董事会秘书和记录人员应当在会议记录上签名。董事会会议记录应当妥善保存。

New York Stock Exchange〔2013〕NYSE Listed Company Manual 303A.03：

——To empower non-management directors to serve as a more effective check on management, the non-management directors of each listed company must meet at regularly scheduled executive sessions without management.

——为使非管理层董事更有效地监督管理层，每间上市公司的非管理层董事必须定期举行不包括管理层的执行会议。

Singapore Exchange〔2018〕Code of Corporate Governance Board Matters 1.5：

——Directors attend and actively participate in Board and board committee meetings. The number of such meetings and each individual director's attendances at such meetings are disclosed in the company's annual report. Directors with multiple board representations ensure that sufficient time and attention are given to the affairs of each company.

——董事应出席并积极参与董事会和董事会委员会会议。此类会议的召开次数和每位董事出席此类会议的情况需要在公司的年度报告中披露。担任多个董事会代表的董事应确保分给每个公司的事务足够的时间和关注。

Global Reporting Initiative〔2022〕Consolidated Set of the GRI Standards 2-13：

——The organization shall：a. describe how the highest governance body delegates responsibility for managing the organization's impacts on the economy, environment, and people, including: i. whether it has appointed any senior executives with responsibility for the management of impacts; ii. whether it has delegated responsibility for the management of impacts to other employees; b. describe the process and frequency for senior executives or other employees to report back to the highest governance body on the management of the organization's impacts on the economy, environment, and people.

——组织应说明：a. 最高治理机构如何进行责任授权，管理组织对经济、环境和人的影响，包括：i. 是否任命了任何高管负责管理影响；ii. 是否将管理影响的责任授权给其他员工。b. 在管理组织对经济、环境和人的影响方面，说明高管或其他员工向最高治理机构汇报的程序和频率。

本指标披露等级及主要适用范围

【基础披露】适用于设立董事会的企业。

G1.2.2.4 董事会评估情况

什么是董事会评估情况

董事会评估情况（board evaluation），一般被认为包括：（一）董事会的整体表现：是否履行公司章程规定的主要职责；获取信息是否充分、及时；会议议程和会议时间分配是否恰当；董事会内部的团队合作情况如何（如：董事之间的交流和讨论，对关键问题达成一致的程度等）；董事会结构的合理性；董事会的总体有效性。（二）董事的个人表现：会议出席率；准备的程度；是否积极参与会议；是否充分地交流和表达观点；是否愿意倾听和承认其他的观点；是否了解企业和企业所在行业；是否能够与其他董事和管理层共同开展工作；在哪些方面表现好；在哪些方面应该有所改进；综合贡献。

一般而言，董事会每年至少进行一次评估并且将评估结果告知股东。董事会评估可以采取三种方式进行：一是由董事会进行自我评估，二是由外部专业机构或外部顾问进行评估，三是结合上述两种方式。

为什么要考察董事会评估情况

评估董事会有助于提高企业董事会的运作效率及增进董事会职能，分清董事个人及董事会集体的作用及责任，使企业董事会与经理层之间的关系更密切，进一步强化外部董事的地位和价值。同时，董事会、董事的评估也为支付董事报酬提供了有效参考依据。

怎样披露董事会评估情况

【定性】企业披露董事履行职责的情况、绩效评价结果及其薪酬情况。

为什么要披露董事会评估情况

董事会评估对于提高董事会的有效性至关重要。定期、建设性、客观地反馈意见，不仅有助于明晰董事会的角色和责任，优化董事会的技能和知识，而且有助于促使每位董事积极扮演相应的角色、承担应尽的义务，进而提高董事会运作效率，最终组建一个团结并能为企业带来真正价值的董事团队。通过披露董事会评估情况，投资者可以了解到董事的履职行为、履职能力，是投资者了解公司治理效果的重要渠道。

与董事会评估情况相关的主要指导机构及法律法规、政策规范

中国证券监督管理委员会〔2018〕《上市公司治理准则》第五十五条、第五十六条、第五十七条、第五十九条、第六十条：

——上市公司应当建立公正透明的董事、监事和高级管理人员绩效与履职评价标准和程序。

——董事和高级管理人员的绩效评价由董事会或者其下设的薪酬与考核委员会负责组织，上市公司可以委托第三方开展绩效评价。独立董事、监事的履职评价采取自我评价、相互评价等方式进行。

——董事会、监事会应当向股东大会报告董事、监事履行职责的情况、绩效评价结果及其薪酬情况，并由上市公司予以披露。

——上市公司对高级管理人员的绩效评价应当作为确定高级管理人员薪酬以及其他激励的重要依据。

——董事、监事报酬事项由股东大会决定。在董事会或者薪酬与考核委员会对董事个人进行评价或者讨论其报酬时，该董事应当回避。高级管理人员的薪酬分配方案应当经董事会批准，向股东大会说明，并予以充分披露。

中国证券监督管理委员会〔2021〕《公开发行证券的公司信息披露内容与格式准则第 2 号—年度报告的内容与格式》第三十七条：

——公司应当披露股权激励计划、员工持股计划或其他员工激励措施在报告期的具体实施情况。对于董事、高级管理人员获得的股权激励，公司应当按照已解锁股份、未解锁股份、可行权股份、已行权股份、行权价以及报告期末市价单独列示。鼓励公司详细披露报告期内对高级管理人员的考评机制，以及激励机制的建立、实施情况。

New York Stock Exchange〔2013〕NYSE Listed Company Manual　303A.09：

——Listed companies must adopt and disclose corporate governance guidelines. The following subjects must be addressed in the corporate governance guidelines: Annual performance evaluation of the board. The board should conduct a self-evaluation at least annually to determine whether it and its committees are functioning effectively. A listed company must make its corporate governance guidelines available on or through its website.

——上市公司必须采纳并披露公司治理准则。公司治理准则必须包含以下内

容：董事会的年度绩效评估。董事会应至少每年进行一次自我评估，以确定其及其委员会是否有效运作。上市公司必须在其网站上或通过其网站公布其公司治理准则。

Singapore Exchange〔2018〕Code of Corporate Governance　Board Matters 5：

——Principle：The Board undertakes a formal annual assessment of its effectiveness as a whole, and that of each of its board committees and individual directors. Provisions：The NC recommends for the Board's approval the objective performance criteria and process for the evaluation of the effectiveness of the Board as a whole, and of each board committee separately, as well as the contribution by the Chairman and each individual director to the Board. The company discloses in its annual report how the assessments of the Board, its board committees and each director have been conducted, including the identity of any external facilitator and its connection, if any, with the company or any of its directors.

——原则：董事会对其整体有效性以及每个董事会委员会和个别董事的有效性进行正式的年度评估。规定：提名委员会建议董事会批准用于评估整个董事会和每个董事会委员会的有效性，以及董事长和每位董事对董事会的贡献的客观绩效标准和流程。公司在其年度报告中披露如何对董事会、董事会委员会和每位董事进行评估，包括任何外部协调人的身份及其与公司或其任何董事的联系（如有）。

Global Reporting Initiative〔2022〕Consolidated Set of the GRI Standards　2-18：

——The organization shall：a. describe the processes for evaluating the performance of the highest governance body in overseeing the management of the organization's impacts on the economy, environment, and people; b. report whether the evaluations are independent or not, and the frequency of the evaluations; c. describe actions taken in response to the evaluations, including changes to the composition of the highest governance body and organizational practices.

——组织应：a. 描述最高治理机构在监督组织对经济、环境和人员影响的管理方面的绩效评估过程。b. 报告评估是否独立，以及评估频率。c. 描述为回应评估而采取的行动，包括改变最高治理机构的组成和组织做法。

本指标披露等级及主要适用范围

【建议披露】适用于设立董事会的企业。

G1.2.2.5　独立董事履职情况

什么是独立董事

独立董事（independent directors），依照《上市公司独立董事管理办法》第二条的规定，是指不在上市公司担任除董事外的其他职务，并与其所受聘的上市公司及其主要股东、实际控制人不存在直接或者间接利害关系,或者其他可能影响其进行独立客观判断关系的董事。独立董事应当独立履行职责,不受上市公司及其主要股东、实际控制人等单位或者个人的影响。

什么是独立董事履职情况

独立董事履职情况(performance of duties of independent directors),是指独立董事的职务履行情况。依照《上市公司独立董事管理办法》第十七条的规定,独立董事履行下列职责:(一)参与董事会决策并对所议事项发表明确意见;(二)对本办法第二十三条、第二十六条、第二十七条和第二十八条所列上市公司与其控股股东、实际控制人、董事、高级管理人员之间的潜在重大利益冲突事项进行监督,促使董事会决策符合上市公司整体利益,保护中小股东合法权益;(三)对上市公司经营发展提供专业、客观的建议,促进提升董事会决策水平;(四)法律、行政法规、中国证监会规定和公司章程规定的其他职责。

依照《上市公司独立董事管理办法》第十八条的规定,独立董事行使下列特别职权:(一)独立聘请中介机构,对上市公司具体事项进行审计、咨询或者核查;(二)向董事会提议召开临时股东大会;(三)提议召开董事会会议;(四)依法公开向股东征集股东权利;(五)对可能损害上市公司或者中小股东权益的事项发表独立意见;(六)法律、行政法规、中国证监会规定和公司章程规定的其他职权。独立董事行使前款第一项至第三项所列职权的,应当经全体独立董事过半数同意。独立董事行使第一款所列职权的,上市公司应当及时披露。上述职权不能正常行使的,上市公司应当披露具体情况和理由。

为什么要考察独立董事履职情况

独立董事可以以独立、专业的视角审查企业管理决策,评估企业绩效和监督管理层及大股东行为,落实对董事会的监督职责;独立董事不仅是企业聘请的监督人员,而且一般上市公司聘请的独立董事都是在企业管理、财务管理、会计审计、金融运作、商业模式创新、公司治理等方面有着丰富的经营或研究成果的人员,以外部专家的视角对董事会的决策提供有效帮助;其代表所有股东,关注各种利益冲突领域,在董事会议题中发挥重要作用。

怎样披露独立董事履职情况

【定量】企业披露独立董事履职情况,包括独立董事津贴,独立董事关于提名、任免董事的意见,提前解除职务的独立董事,独立董事出席会议的状况等内容。

为什么要披露独立董事履职情况

独立董事在公司治理中发挥着重要作用,通过履行职责,监督管理层,引导企业科学决策,最终改善企业绩效。通过披露独立董事履职情况,投资者可以了解到独立董事的履职行为、履职能力以及对管理者的监管力度,是投资者了解公司治理效果的重要渠道。

与独立董事履职情况相关的主要指导机构及法律法规、政策规范

中华人民共和国国务院办公厅〔2023〕《关于上市公司独立董事制度改革的意见》"二、主要任务"下第（二）点、第（六）点：

——优化独立董事履职方式。鼓励上市公司优化董事会组成结构，上市公司董事会中独立董事应当占三分之一以上，国有控股上市公司董事会中外部董事（含独立董事）应当占多数。加大监督力度，搭建独立董事有效履职平台，前移监督关口。上市公司董事会应当设立审计委员会，成员全部由非执行董事组成，其中独立董事占多数。审计委员会承担审核公司财务信息及其披露、监督及评估内外部审计工作和公司内部控制等职责。财务会计报告及其披露等重大事项应当由审计委员会事前认可后，再提交董事会审议。在上市公司董事会中逐步推行建立独立董事占多数的提名委员会、薪酬与考核委员会，负责审核董事及高级管理人员的任免、薪酬等事项并向董事会提出建议。建立全部由独立董事参加的专门会议机制，关联交易等潜在重大利益冲突事项在提交董事会审议前，应当由独立董事专门会议进行事前认可。完善独立董事参与董事会专门委员会和专门会议的信息披露要求，提升独立董事履职的透明度。完善独立董事特别职权，推动独立董事合理行使独立聘请中介机构、征集股东权利等职权，更好履行监督职责。健全独立董事与中小投资者之间的沟通交流机制。

——严格独立董事履职情况监督管理。压紧压实独立董事履职责任，进一步规范独立董事日常履职行为，明确最低工作时间，提出制作工作记录、定期述职等要求，确定独立董事合理兼职的上市公司家数，强化独立董事履职投入。证券监督管理机构、证券交易所通过现场检查、非现场监管、自律管理等方式，加大对独立董事履职的监管力度，督促独立董事勤勉尽责。发挥自律组织作用，持续优化自我管理和服务，加强独立董事职业规范和履职支撑。完善独立董事履职评价制度，研究建立覆盖科学决策、监督问效、建言献策等方面的评价标准，国有资产监督管理机构加强对国有控股上市公司独立董事履职情况的跟踪指导。建立独立董事声誉激励约束机制，将履职情况纳入资本市场诚信档案，推动实现正向激励与反面警示并重，增强独立董事职业认同感和荣誉感。

中国证券监督管理委员会〔2018〕《上市公司治理准则》第三十六条、第三十七条：

——独立董事享有董事的一般职权，同时依照法律法规和公司章程针对相关事项享有特别职权。独立董事应当独立履行职责，不受上市公司主要股东、实际控制人以及其他与上市公司存在利害关系的组织或者个人影响。上市公司应当保障独立董事依法履职。

——独立董事应当依法履行董事义务，充分了解公司经营运作情况和董事会议题内容，维护上市公司和全体股东的利益，尤其关注中小股东的合法权益保护。独立董事应当按年度向股东大会报告工作。上市公司股东间或者董事间发生冲突、对公司经营管理造成重大影响的，独立董事应当主动履行职责，维护上市公司整体利益。

中国证券监督管理委员会〔2023〕《上市公司独立董事管理办法》第十七条、第十八条：

——独立董事履行下列职责：（一）参与董事会决策并对所议事项发表明确意见；（二）对本办法第二十三条、第二十六条、第二十七条和第二十八条所列上市公司与其控股股东、实际控制人、董事、高级管理人员之间的潜在重大利益冲突事项进行监督，促使董事会决策符合上市公司整体利益，保护中小股东合法权益；（三）对上市公司经营发展提供专业、客观的建议，促进提升董事会决策水平；（四）法律、行政法规、中国证监会规定和公司章程规定的其他职责。

——独立董事行使下列特别职权：（一）独立聘请中介机构，对上市公司具体事项进行审计、咨询或者核查；（二）向董事会提议召开临时股东大会；（三）提议召开董事会会议；（四）依法公开向股东征集股东权利；（五）对可能损害上市公司或者中小股东权益的事项发表独立意见；（六）法律、行政法规、中国证监会规定和公司章程规定的其他职权。独立董事行使前款第一项至第三项所列职权的，应当经全体独立董事过半数同意。独立董事行使第一款所列职权的，上市公司应当及时披露。上述职权不能正常行使的，上市公司应当披露具体情况和理由。

New York Stock Exchange〔2013〕NYSE Listed Company Manual 303A.01：

——Effective boards of directors exercise independent judgment in carrying out their responsibilities. Requiring a majority of independent directors will increase the quality of board oversight and lessen the possibility of damaging conflicts of interest.

——有效的董事会在履行职责时进行独立的判断。要求独立董事占多数将提高董事会监督的质量，并降低出现破坏性利益冲突的可能性。

Singapore Exchange〔2018〕Code of Corporate Governance Board Matters 2.5：

——Non-executive directors and/or independent directors, led by the independent Chairman or other independent director as appropriate, meet regularly without the presence of Management. The chairman of such meetings provides feedback to the Board and/or Chairman as appropriate.

——由独立主席或其他独立董事领导的非执行董事或独立董事定期举行不包括管理层的会议。此类会议的主席需酌情向董事会和/或主席提供反馈。

National Association of Securities Dealers Automated Quotations〔2019〕ESG Reporting Guide 2.0　G2：

——Does company prohibit CEO from serving as board chair? Yes/No

Percentage：Total board seats occupied by independents

——公司是否禁止首席执行官担任董事会主席？是/否

百分比：独立董事所占董事会席位总数

Global Reporting Initiative〔2022〕Consolidated Set of the GRI Standards　2-9：

——The organization shall：a. describe its governance structure, including committees of the highest governance body; b. list the committees of the highest governance body that are responsible for decision-making on and overseeing the management of the organization's impacts on the economy, environment, and people; c. describe the composition of the highest governance body and its committees by：i. executive and non-executive members; ii. independence; iii. tenure of members on the governance body; iv. number of other significant positions and commitments held by each member, and the nature of the commitments; v. gender; vi. under-represented social groups; vii. competencies relevant to the impacts of the organization; viii. stakeholder representation.

——组织应：a. 说明其治理架构，包括最高治理机构下设的委员会。b. 列出在管理组织对经济、环境和人的影响方面，最高治理机构中负责决策和监督的委员会。c. 说明最高治理机构及其委员会的组成，包括：i. 执行成员和非执行成员；ii. 独立性；iii. 治理机构成员的任期；iv. 每个成员所担任的其他重要职务和承诺的数量，以及承诺的性质；v. 性别；vi. 未被充分代表的社会群体；vii. 与组织的影响有关的胜任能力；viii. 利益相关方的代表性。

本指标披露等级及主要适用范围

【基础披露】适用于设立董事会的企业。

G1.2.2.6　董事培训情况

什么是董事培训情况

董事培训情况（director training），一般被认为是监管机构组织的董事培训和企业自发组织的董事培训。其中，企业自发组织的董事培训包括新任董事的入门培训、董事的后续教育。一般而言，董事培训需求往往会在董事会绩效评价后，商业、法律环境变化时，以及新董事加入时产生。面对这些需求，企业既可对全体董事进行集体培训，也可对单个董事提供单独培训。

为什么要考察董事培训情况

董事应当积极参加有关培训，以了解作为董事的权利、义务和责任，熟悉有关法律法规，掌握作为董事应具备的相关知识。

怎样披露董事培训情况

【定性】 企业披露董事培训情况，包括董事是否接受中国证监会组织的持续教育培训，并取得培训合格证书；除监管机构组织的培训外，企业是否为董事提供其他的相关培训等内容。

为什么要披露董事培训情况

董事培训工作的目的是使上市公司董事在认真掌握有关法律法规和规范的基础上，强化自律意识，完善上市公司治理结构，推动上市公司规范运作，促进资本市场的健康发展。

与董事培训情况相关的主要指导机构及法律法规、政策规范

中国证券监督管理委员会〔2022〕《上市公司投资者关系管理工作指引》第二十七条：

——上市公司可以定期对董事、监事、高级管理人员和工作人员开展投资者关系管理工作的系统性培训。鼓励参加中国证监会及其派出机构和证券交易所、证券登记结算机构、上市公司协会等举办的相关培训。

上海证券交易所〔2023〕《上海证券交易所股票上市规则》4.4.2：

——董事会秘书对上市公司和董事会负责，履行如下职责：……（六）组织公司董事、监事和高级管理人员就相关法律法规、本所相关规定进行培训，协助前述人员了解各自在信息披露中的职责；……

深圳证券交易所〔2023〕《深圳证券交易所股票上市规则》4.4.2：

——董事会秘书对上市公司和董事会负责，履行如下职责：……（六）组织董事、监事和高级管理人员进行相关法律法规、本规则及本所其他规定要求的培训，协助前述人员了解各自在信息披露中的职责；……

香港交易所〔2023〕《环境、社会及管治报告指引》B3：

——一般披露有关提升雇员履行工作职责的知识及技能的政策。描述培训活动。注：培训指职业培训，可包括由雇主付费的内外部课程。

London Stock Exchange〔2019〕ESG Disclosure Score 8.19：

——Hours spent on employee development training to enhance knowledge or individual skills. This can be total hours as a company, or average hours per employee. It should not include training time on company policies (e.g. safety, code of conduct) as it intended to reflect your company's investment in developing human capital, particularly through training that expands the knowledge base of employees.

——用于提高知识或个人技能的员工发展培训时间。这可以是公司的总小时

数，也可以是每位员工的平均小时数。它不应包括关于公司政策（如安全、行为准则）的培训时间，仅反映贵公司在开发人力资本方面的投资，特别是通过扩大员工知识库的培训。

Global Reporting Initiative〔2022〕Consolidated Set of the GRI Standards 404-1：

——The reporting organization shall report the following information：Average hours of training that the organization's employees have undertaken during the reporting period，by：i. gender；ii. employee category.

——组织应报告以下信息：组织员工在报告期内接受的平均培训时数，按照以下类别分列：i. 性别；ii. 员工类别。

European Financial Reporting Advisory Group〔2022〕ESRS S1 Own Workforce S1-9，57：

——The disclosures detailed below shall be provided for employees and non-employees separately. For employees，the information shall be disaggregated at the level of granularity required by data points described below for（a)-(c）and，for non-employees，no further disaggregation shall be required. The information to be disclosed shall include：（a）the percentage of own workers that participated in regular performance and career development reviews for each employee category；（b）the average number of training hours per person in own workforce by employee category and gender；and（c）average expenses on training per full-time equivalent（FTE）for the reporting year. In addition，the undertaking shall reconcile the total expenses included in the numerator of this ratio with the most representative amount recorded in the financial statements.

——以下详细披露应分别提供给员工和非员工。对于员工，信息应按照以下（a)-(c）数据点所需的粒度进行分类，对于非员工，不需要进一步分类。披露的信息应包括：（a）对于每个员工类别，参加定期绩效和职业发展审查的员工比例；（b）按员工类别和性别划分的所有员工中每人的平均培训小时数；以及（c）报告年度每全职当量的平均培训费用。此外，企业应将该比率分子中包含的总费用与财务报表中记录的最具代表性的金额进行对账。

本指标披露等级及主要适用范围

【基础披露】适用于设立董事会的企业。

G1.2.3 董事会下辖专门委员会

什么是董事会下辖专门委员会

专门委员会（board committee），是董事会下设的对专门领域问题进行研究、评判，提供咨询和决策建议的委员会。依照《上市公司治理准则》第三十八条、第四十三条的规定，上市公司董事会应当设立审计委员会，并可以根据需要设立战略、提名、薪酬与考核等相关专门委员会。专门委员会对董事会负责，依照公司章程和董事会授权履行职责，专门委员会的提案应当提交董事会审议决定。专门委员会成员全部由董事组成，其中审计委员会、提名委员会、薪酬与考核委员会中独立董事应当占多数并担任召集人，审计委员会的召集人应当为会计专业人士。专门委员会可以聘请中介机构提供专业意见。专门委员会履行职责的有关费用由上市公司承担。

什么是审计委员会

审计委员会（audit committee），一般被认为是企业董事会中的一个专门委员会。依照《上市公司治理准则》第三十九条的规定，审计委员会的主要职责包括：监督及评估外部审计工作，提议聘请或者更换外部审计机构；监督及评估内部审计工作，负责内部审计与外部审计的协调；审核公司的财务信息及其披露；监督及评估公司的内部控制；负责法律法规、公司章程和董事会授权的其他事项。

什么是战略委员会

战略委员会（strategic committee），一般被认为是企业董事会中的一个专门委员会。依照《上市公司治理准则》第四十条的规定，战略委员会的主要职责是对公司长期发展战略和重大投资决策进行研究并提出建议。

什么是提名委员会

提名委员会（nomination committee），一般被认为是企业董事会中的一个专门委员会。依照《上市公司治理准则》第四十一条的规定，提名委员会的主要职责包括：研究董事、高级管理人员的选择标准和程序并提出建议；遴选合格的董事人选和高级管理人员人选；对董事人选和高级管理人员人选进行审核并提出建议。

什么是薪酬与考核委员会

薪酬与考核委员会（remuneration and evaluation committee），一般被认为是企业董事会中的一个专门委员会。依照《上市公司治理准则》第四十二条的规定，薪酬与考核委员会的主要职责包括：研究董事与高级管理人员考核的标准，进行考核并提出建议；研究和审查董事、高级管理人员的薪酬政策与方案。

G1.2.3.1 审计委员会设立情况

什么是审计委员会设立情况

审计委员会设立情况（establishment of audit committee），一般被认为是企业董事会中审计委员会建立、成员构成、职能范围等情况。

为什么要考察审计委员会设立情况

董事会行使重大决策和监督权决定的事项具有相当的专业性，企业内部的审计工作需要相关人员具备一定的专业技能。在董事会内部设立相应的委员会，既可以通过审计委员会制度加强对上市公司高层的管理，又可以充分发挥监事会的作用，便于董事之间的分工，提高董事的素质和经验，也更容易明确董事的义务和责任，切实保障企业会计信息披露的质量。

怎样披露审计委员会设立情况

【定性】 企业披露是否设立审计委员会。

为什么要披露审计委员会设立情况

审计委员会通过提升财务报告信息披露的透明度和完整性，显著提升审计报告的及时性，进而缓解信息不对称给投资者带来的影响，增强投资者对资本市场的信心。

与审计委员会设立情况相关的主要指导机构及法律法规、政策规范

国务院国有资产监督管理委员会〔2023〕《央企控股上市公司 ESG 专项报告参考指标体系》G1.2.2：

——董事会、监事会和管理层组织结构与职能

指标性质：定性/定量

披露等级：基础披露

指标说明：描述公司通过董事会及下设专业委员会、监事会和管理层所构成的公司组织结构与职能划分情况，包括但不限于董事、监事、高级管理人员的任职情况，对企业战略指导和运营监督的职能、权力分配与制衡关系的制度安排，以及 ESG 管治架构、工作机制与职责分工等，可参照《中华人民共和国公司法》、中国证监会《上市公司治理准则》、《证券法》，GB/T 36000—2015《社会责任指南》-7.2，GRI 披露项 2-13、2-15 等相关政策准则

中国证券监督管理委员会〔2018〕《上市公司治理准则》第三十八条：

——上市公司董事会应当设立审计委员会，并可以根据需要设立战略、提名、薪酬与考核等相关专门委员会。专门委员会对董事会负责，依照公司章程和董事会授权履行职责，专门委员会的提案应当提交董事会审议决定。专门委员会成员全部由董事组成，其中审计委员会、提名委员会、薪酬与考核委员会中独立董事应当占多数并担任召集人，审计委员会的召集人应当为会计专业人士。

上海证券交易所〔2023〕《上海证券交易所上市公司自律监管指引第 1 号——规范运作》2.2.6、2.2.7：

——上市公司应当为审计委员会提供必要的工作条件，配备专门人员或者机构承担审计委员会的工作联络、会议组织、材料准备和档案管理等日常工作。审计委员会履行职责时，上市公司管理层及相关部门须给予配合。审计委员会认为必要的，可以聘请中介机构提供专业意见，有关费用由公司承担。

——上市公司审计委员会由董事会任命三名或者以上董事会成员组成。审计委员会成员应当勤勉尽责，切实有效地监督、评估上市公司内外部审计工作，促

进公司建立有效的内部控制并提供真实、准确、完整的财务报告。审计委员会成员应当具备履行审计委员会工作职责的专业知识和经验。

深圳证券交易所〔2023〕《深圳证券交易所上市公司自律监管指引第1号——主板上市公司规范运作》2.2.6、2.2.7：

——上市公司应当为审计委员会提供必要的工作条件，配备专门人员或者机构承担审计委员会的工作联络、会议组织、材料准备和档案管理等日常工作。审计委员会履行职责时，上市公司管理层及相关部门须给予配合。审计委员会认为必要的，可以聘请中介机构提供专业意见，有关费用由公司承担。

——上市公司审计委员会由董事会任命三名或者以上董事会成员组成。审计委员会成员应当勤勉尽责，切实有效地监督、评估上市公司内外部审计工作，促进公司建立有效的内部控制并提供真实、准确、完整的财务报告。审计委员会成员应当具备履行审计委员会工作职责的专业知识和经验。

New York Stock Exchange〔2013〕NYSE Listed Company Manual 303A.06：

——Listed companies must have an audit committee that satisfies the requirements of Rule 10A-3 under the Exchange Act.

——上市公司必须有一个满足《交易法》第10A-3条要求的审计委员会。

Singapore Exchange〔2018〕Code of Corporate Governance Accountability and Audit Principle 10：

——The Board has an Audit Committee（"AC"）which discharges its duties objectively.

——董事会设有审计委员会（"AC"），客观履行其职责。

Global Reporting Initiative〔2022〕Consolidated Set of the GRI Standards 2-9：

——The organization shall：a. describe its governance structure, including committees of the highest governance body; b. list the committees of the highest governance body that are responsible for decision-making on and overseeing the management of the organization's impacts on the economy, environment, and people; c. describe the composition of the highest governance body and its committees by: i. executive and non-executive members; ii. independence; iii. tenure of members on the governance body; iv. number of other significant positions and commitments held by each member, and the nature of the commitments; v. gender; vi. under-represented social groups; vii. competencies relevant to the impacts of the organization; viii. stakeholder representation.

——组织应：a. 说明其治理架构，包括最高治理机构下设的委员会。b. 列出在管理组织对经济、环境和人的影响方面，最高治理机构中负责决策和监督的委员会。c. 说明最高治理机构及其委员会的组成，包括：i. 执行成员和非执行成员；ii. 独立性；iii. 治理机构成员的任期；iv. 每个成员所担任的其他重要职务和承诺的数量，以及承诺的性质；v. 性别；vi. 未被充分代表的社会群体；vii. 与组织的影响有关的胜任能力；viii. 利益相关方的代表性。

本指标披露等级及主要适用范围

【基础披露】 适用于设立董事会的企业。

G1.2.3.2　专门委员会成员构成

什么是专门委员会成员构成

专门委员会成员构成（membership of board committee），是指专门委员会的成员构成情况。

为什么要考察专门委员会成员构成

专门委员会对董事会负责，依照公司章程和董事会授权履行职责，董事会内部委员会的设立和运行是确保董事会有效发挥其功能的重要内容。董事会行使重大决策和监督权决定的事项具有相当的专业性，无论是董事和候选人的挑选、薪酬方案的制定，还是公司内部的审计都需要相关人员具备一定的专业技能。

怎样披露专门委员会成员构成

【定性】 企业披露董事会下设专门委员会的成员情况，包括人员的构成、专业背景、五年内从业经历以及各专门委员会人员变动情况等内容。

为什么要披露专门委员会成员构成

合理任命专门委员会成员能提升企业的专业性，披露专业委员会成员构成有助于利益相关者对公司治理水平进行更全面的评价，增强投资者对该企业的信心。

与专门委员会成员构成相关的主要指导机构及法律法规、政策规范

国务院国有资产监督管理委员会〔2023〕《央企控股上市公司ESG专项报告参考指标体系》G1.2.2：

——董事会、监事会和管理层组织结构与职能

指标性质：定性/定量

披露等级：基础披露

指标说明：描述公司通过董事会及下设专业委员会、监事会和管理层所构成的公司组织结构与职能划分情况，包括但不限于董事、监事、高级管理人员的任职情况，对企业战略指导和运营监督的职能、权力分配与制衡关系的制度安排，以及ESG管治架构、工作机制与职责分工等，可参照《中华人民共和国公司法》、中国证监会《上市公司治理准则》、《证券法》，GB/T 36000—2015《社会责任指南》-7.2，GRI披露项2-13、2-15等相关政策准则

中国证券监督管理委员会〔2018〕《上市公司治理准则》第三十八条：

——上市公司董事会应当设立审计委员会，并可以根据需要设立战略、提名、薪酬与考核等相关专门委员会。专门委员会对董事会负责，依照公司章程和董事会授权履行职责，专门委员会的提案应当提交董事会审议决定。专门委员会成员全部由董事组成，其中审计委员会、提名委员会、薪酬与考核委员会中独立董事应当占多数并担任召集人，审计委员会的召集人应当为会计专业人士。

上海证券交易所〔2023〕《上海证券交易所上市公司自律监管指引第1号——规范运作》2.2.5：

——董事会应当设置审计委员会，并可以根据需要设置战略、提名、薪酬与考核等专门委员会。专门委员会对董事会负责，依照公司章程和董事会授权履行职责，专门委员会的提案应当提交董事会审议决定。专门委员会成员全部由董事组成，其中审计委员会成员应当为不在上市公司担任高级管理人员的董事。审计委员会、提名委员会、薪酬与考核委员会中独立董事应当过半数并担任召集人，审计委员会的召集人应当为会计专业人士。上市公司应当在章程中对专门委员会的组成、职责等作出规定，并应当制定专门委员会工作规程，明确专门委员会的人员构成、委员任期、职责范围、议事规则和档案保存等相关事项。国务院有关主管部门对专门委员会的召集人另有规定的，从其规定。

深圳证券交易所〔2023〕《深圳证券交易所上市公司自律监管指引第1号——主板上市公司规范运作》2.2.5：

——董事会应当设置审计委员会，并可以根据需要设置战略、提名、薪酬与考核等专门委员会。专门委员会对董事会负责，依照公司章程和董事会授权履行职责，专门委员会的提案应当提交董事会审议决定。专门委员会成员全部由董事组成，其中审计委员会成员应当为不在上市公司担任高级管理人员的董事。审计委员会、提名委员会、薪酬与考核委员会中独立董事应当过半数并担任召集人，审计委员会的召集人应当为会计专业人士。上市公司应当在章程中对专门委员会的组成、职责等作出规定，并应当制定专门委员会工作规程，明确专门委员会的人员构成、委员任期、职责范围、议事规则和档案保存等相关事项。国务院有关主管部门对专门委员会的召集人另有规定的，从其规定。

New York Stock Exchange〔2013〕NYSE Listed Company Manual 303A.04、303A.05、303A.06：

——Listed companies must have a nominating/corporate governance committee composed entirely of independent directors.

——Listed companies must have a compensation committee composed entirely of independent directors. Compensation committee members must satisfy the additional independence requirements specific to compensation committee membership set forth in Section 303A.02（a）（ii）.

——The audit committee must have a minimum of three members. All audit committee members must satisfy the requirements for independence set out in Section 303A.02 and，in the absence of an applicable exemption，Rule 10A-3（b）（1）.

——Commentary：Each member of the audit committee must be financially literate，as such qualification is interpreted by the listed company's board in its business judgment，or must become financially literate within a reasonable period of time after his or her appointment to the audit committee. In addition，at least one member of the audit committee must have accounting or related financial management expertise，as the listed company's board interprets such qualification in its business judgment.

——上市公司必须有一个完全由独立董事组成的提名/公司治理委员会。

——上市公司必须有一个完全由独立董事组成的薪酬委员会。薪酬委员会成员必须满足第303A.02（a）（ii）节中关于薪酬委员会成员的额外独立性要求。

——审计委员会必须至少有三名成员。所有审计委员会成员必须满足第303A.02节规定的独立性要求。如无适用豁免，则适用规则10A-3（b）（1）。

——评注：审计委员会的每一名成员都必须具备财务知识（上市公司董事会在其业务判断中会解释该资格），或必须在被任命为审计委员会成员后的合理时间内具备财务知识。此外，审计委员会至少有一名成员必须具有会计或相关财务管理专业知识，上市公司董事会在其业务判断中解释该资格。

Singapore Exchange〔2018〕Code of Corporate Governance Board Matters 1.4、4.2：

——Board committees，including Executive Committees（if any），are formed with clear written terms of reference setting out their compositions，authorities and duties，including reporting back to the Board. The names of the committee members，the terms of reference，any delegation of the Board's authority to make decisions，and a summary of each committee's activities，are disclosed in the company's annual report.

——The NC comprises at least three directors，the majority of whom，including the NC Chairman，are independent. The lead independent director，if any，is a member of the NC.

——董事会委员会［包括执行委员会（如有）］的组成应有明确的书面职权范围，列出其组成、权力和职责，包括向董事会汇报。委员会成员的姓名、职权范围、董事会决策权的任何授权以及每个委员会的活动摘要都在公司的年度报告中披露。

——提名委员会至少由三名董事组成，其中大部分董事（包括委员会主席）为独立董事。首席独立董事（如果有的话）是提名委员会的成员。

Global Reporting Initiative〔2022〕Consolidated Set of the GRI Standards 2-9：

——The organization shall：a. describe its governance structure，including committees of the highest governance body；b. list the committees of the highest governance body that are responsible for decision-making on and overseeing the management of the organization's impacts on the economy，environment，and people；c. describe the composition of the highest governance body and its committees by：i. executive and non-executive members；ii. independence；iii. tenure of members on the governance body；iv. number of other significant positions and commitments held by each member，and the nature of the commitments；v. gender；vi. under-represented social groups；vii. competencies relevant to the impacts of the organization；viii. stakeholder representation.

——组织应：a. 说明其治理架构，包括最高治理机构下设的委员会。b. 列出在管理组织对经济、环境和人的影响方面，最高治理机构中负责决策和监督的委员会。c. 说明最高治理机构及其委员会的组成，包括：i. 执行成员和非执行成员；ii. 独立性；iii. 治理机构成员的任期；iv. 每个成员所担任的其他重要职务和承诺的数量，以及承诺的性质；v. 性别；vi. 未被充分代表的社会群体；vii. 与组织的影响有关的胜任能力；viii. 利益相关方的代表性。

本指标披露等级及主要适用范围

【基础披露】适用于设立董事会的企业。

G1.2.3.3 专门委员会运作情况

什么是专门委员会运作情况

专门委员会运作情况（operation of board committee），一般被认为是包括专业委员会职权行使、职责履行、责任承担、专业委员会会议召开等规程在内的运作情况。

为什么要考察专门委员会运作情况

专门委员会对董事会负责，依照公司章程和董事会授权履行职责，董事会内部委员会的设立和运行是确保董事会有效发挥其功能的重要内容。

怎样披露专门委员会运作情况

【定性】企业披露董事会下设专门委员会的运作情况，包括报告期内召开会议次数、召开日期、会议内容、提出的重要意见和建议，以及其他履行职责的情况。存在异议事项的，应当披露具体情况。

为什么要披露专门委员会运作情况

披露专门委员会运作情况，可以让投资者更充分地了解企业董事会的专门委员会的定位，判断专门委员会有没有充分发挥其独立性、专业性的判断能力。

与专门委员会运作情况相关的主要指导机构及法律法规、政策规范

国务院国有资产监督管理委员会〔2023〕《央企控股上市公司 ESG 专项报告参考指标体系》G1.2.2：

——董事会、监事会和管理层组织结构与职能

指标性质：定性/定量

披露等级：基础披露

指标说明：描述公司通过董事会及下设专业委员会、监事会和管理层所构成的公司组织结构与职能划分情况，包括但不限于董事、监事、高级管理人员的任职情况，对企业战略指导和运营监督的职能、权力分配与制衡关系的制度安排，以及 ESG 管治架构、工作机制与职责分工等，可参照《中华人民共和国公司法》、中国证监会《上市公司治理准则》、《证券法》，GB/T 36000—2015《社会责任指南》-7.2，GRI 披露项 2-13、2-15 等相关政策准则

中国证券监督管理委员会〔2018〕《上市公司治理准则》第三十八条：

——上市公司董事会应当设立审计委员会，并可以根据需要设立战略、提名、薪酬与考核等相关专门委员会。专门委员会对董事会负责，依照公司章程和董事会授权履行职责，专门委员会的提案应当提交董事会审议决定。专门委员会成员全部由董事组成，其中审计委员会、提名委员会、薪酬与考核委员会中独立董事应当占多数并担任召集人，审计委员会的召集人应当为会计专业人士。

中国证券监督管理委员会〔2021〕《公开发行证券的公司信息披露内容与格式准则第 2 号—年度报告的内容与格式》第三十三条：

——公司应当披露董事会下设专门委员会的成员情况，报告期内召开会议次数、召开日期、会议内容、提出的重要意见和建议，以及其他履行职责的情况。存在异议事项的，应当披露具体情况。

上海证券交易所〔2023〕《上海证券交易所上市公司自律监管指引第 1 号——规范运作》2.2.5：

——董事会应当设置审计委员会，并可以根据需要设置战略、提名、薪酬与考核等专门委员会。专门委员会对董事会负责，依照公司章程和董事会授权履行职责，专门委员会的提案应当提交董事会审议决定。专门委员会成员全部由董事组成，其中审计委员会成员应当为不在上市公司担任高级管理人员的董事。审计委员会、提名委员会、薪酬与考核委员会中独立董事应当过半数并担任召集人，审计委员会的召集人应当为会计专业人士。上市公司应当在章程中对专门委员会

的组成、职责等作出规定，并应当制定专门委员会工作规程，明确专门委员会的人员构成、委员任期、职责范围、议事规则和档案保存等相关事项。国务院有关主管部门对专门委员会的召集人另有规定的，从其规定。

深圳证券交易所〔2023〕《深圳证券交易所上市公司自律监管指引第1号——主板上市公司规范运作》2.2.5：

——董事会应当设置审计委员会，并可以根据需要设置战略、提名、薪酬与考核等专门委员会。专门委员会对董事会负责，依照公司章程和董事会授权履行职责，专门委员会的提案应当提交董事会审议决定。专门委员会成员全部由董事组成，其中审计委员会成员应当为不在上市公司担任高级管理人员的董事。审计委员会、提名委员会、薪酬与考核委员会中独立董事应当过半数并担任召集人，审计委员会的召集人应当为会计专业人士。上市公司应当在章程中对专门委员会的组成、职责等作出规定，并应当制定专门委员会工作规程，明确专门委员会的人员构成、委员任期、职责范围、议事规则和档案保存等相关事项。国务院有关主管部门对专门委员会的召集人另有规定的，从其规定。

New York Stock Exchange〔2013〕NYSE Listed Company Manual 303A.04、303A.05、303A.06：

——Website Posting Requirement：A listed company must make its nominating/corporate governance committee charter available on or through its website. If any function of the nominating/corporate governance committee has been delegated to another committee, the charter of that committee must also be made available on or through the listed company's website.

——Website Posting Requirement：A listed company must make its compensation committee charter available on or through its website. If any function of the compensation committee has been delegated to another committee, the charter of that committee must also be made available on or through the listed company's website.

——Website Posting Requirement：A listed company must make its audit committee charter available on or through its website. A closed-end fund is not required to comply with this website posting requirement.

——网站公布要求：上市公司必须在其网站或通过其网站公布其提名/公司治理委员会章程。如提名/公司治理委员会的任何职能已授权其他委员会行使，该委员会的章程亦须于上市公司网页或通过该网站提供。

——网站公布要求：上市公司必须在其网站或通过其网站公布其薪酬委员会章程。如薪酬委员会的任何职能已授权其他委员会行使，该委员会的章程亦须于上市公司网页或通过上市公司网页提供。

——网站公布要求：上市公司必须在其网站或通过其网站公布其审计委员会章程。封闭式基金无须遵守此网站公告规定。

Singapore Exchange〔2018〕Code of Corporate Governance　Board Matters 1.4：

——Board committees, including Executive Committees (if any), are formed with clear written terms of reference setting out their compositions, authorities and duties, including reporting back to the Board. The names of the committee members, the terms of reference, any delegation of the Board's authority to make decisions, and a summary of each committee's activities, are disclosed in the company's annual report.

——董事会委员会［包括执行委员会（如有）］的组成应有明确的书面职权范围，列出其组成、权力和职责，包括向董事会汇报。委员会成员的姓名、职权范围、董事会决策权的任何授权以及每个委员会的活动摘要都在公司的年度报告中披露。

Global Reporting Initiative〔2022〕Consolidated Set of the GRI Standards　2-9：

——The organization shall: a. describe its governance structure, including committees of the highest governance body; b. list the committees of the highest governance body that are responsible for decision-making on and overseeing the management of the organization's impacts on the economy, environment, and people; c. describe the composition of the highest governance body and its committees by: i. executive and non-executive members; ii. independence; iii. tenure of members on the governance body; iv. number of other significant positions and commitments held by each member, and the nature of the commitments; v. gender; vi. under-represented social groups; vii. competencies relevant to the impacts of the organization; viii. stakeholder representation.

——组织应：a. 说明其治理架构，包括最高治理机构下设的委员会。b. 列出在管理组织对经济、环境和人的影响方面，最高治理机构中负责决策和监督的委员会。c. 说明最高治理机构及其委员会的组成，包括：i. 执行成员和非执行成员；ii. 独立性；iii. 治理机构成员的任期；iv. 每个成员所担任的其他重要职务和承诺的数量，以及承诺的性质；v. 性别；vi. 未被充分代表的社会群体；vii. 与组织的影响有关的胜任能力；viii. 利益相关方的代表性。

本指标披露等级及主要适用范围

【基础披露】 适用于设立董事会的企业。

G1.3 监事会

什么是监事会

监事会（supervisory board），一般被认为是由股东会选举的监事以及由公司职工民主选举的监事组成，对公司的业务活动进行监督和检查的法定必设和常设机构。依照《中华人民共和国公司法》第七十八条的规定，监事会行使下列职权：（一）检查公司财务；（二）对董事、高级管理人员执行职务的行为进行监督，对违反法律、行政法规、公司章程或者股东会决议的董事、高级管理人员提出罢免的建议；（三）当董事、高级管理人员的行为损害公司的利益时，要求董事、高级管理人员予以纠正；（四）提议召开临时股东会会议，在董事会不履行本法规定的召集和主持股东会会议职责时召集和主持股东会会议；（五）向股东会会议提出提案；（六）依照本法第一百八十九条的规定，对董事、高级管理人员提起诉讼；（七）公司章程规定的其他职权。依照《中华人民共和国公司法》第七十九条的规定，监事可以列席董事会会议，并对董事会决议事项提出质询或者建议。监事会发现公司经营情况异常，可以进行调查；必要时，可以聘请会计师事务所等协助其工作，费用由公司承担。依照《中华人民共和国公司法》第一百三十一条的规定，本法第七十八条至第八十条的规定适用于股份有限公司监事会。监事会行使职权所必需的费用，由公司承担。

G1.3.1 监事会成员构成

什么是监事会成员构成

监事会成员（supervisors），依照《中华人民共和国公司法》的规定，由股东代表和适当比例的公司职工代表组成。依照《中华人民共和国公司法》第七十六条的规定，有限责任公司设监事会，其成员为三人以上。监事会成员应当包括股东代表和适当比例的公司职工代表，其中职工代表的比例不得低于三分之一，具体比例由公司章程规定。董事、高级管理人员不得兼任监事。依照《中华人民共和国公司法》第一百三十条的规定，股份有限公司设监事会，其成员为三人以上。监事会成员应当包括股东代表和适当比例的公司职工代表，其中职工代表的比例不得低于三分之一，具体比例由公司章程规定。监事会中的职工代表由公司职工通过职工代表大会、职工大会或者其他形式民主选举产生。监事会设主席一人，可以设副主席。监事会主席和副主席由全体监事过半数选举产生。监事会主席召集和主持监事会会议；监事会主席不能履行职务或者不履行职务的，由监事会副主席召集和主持监事会会议；监事会副主席不能履行职务或者不履行职务的，由半数以上监事共同推举一名监事召集和主持监事会会议。董事、高级管理人员不得兼任监事。

G1.3.1.1 监事会成员产生方式

什么是监事会成员产生方式

监事会成员产生方式（selection method of supervisors），包括选举、任命等。依

照《中华人民共和国公司法》第五十九条的规定，有限责任公司股东会行使下列职权：（一）选举和更换董事、监事，决定有关董事、监事的报酬事项；……依照《中华人民共和国公司法》第一百一十二条的规定，本法第五十九条第一款、第二款关于有限责任公司股东会职权的规定，适用于股份有限公司股东会。依照《中华人民共和国公司法》第七十六条和第一百三十条的规定，有限责任公司和股份有限公司监事会中的职工代表由公司职工通过职工代表大会、职工大会或者其他形式民主选举产生。监事会设主席一人，由全体监事过半数选举产生。监事会主席召集和主持监事会会议；监事会主席不能履行职务或者不履行职务的，由半数以上监事共同推举一名监事召集和主持监事会会议。

为什么要考察监事会成员产生方式

监事会是企业治理架构中重要的一环，它不仅监督企业制定计划，实施决策，秉持公司愿景，执行任务，担负责任，而且也是企业以及其员工之间监督、约束和协调关系的重要组成部分。监事会的产生有利于保护股东利益，防止董事会独断专行，维护企业及其股东的财产安全等合法权益。

怎样披露监事会成员产生方式

【定性】企业披露监事会成员产生方式，包括监事会会议届次和召开的时间、地点，监事会会议出席情况，监事会选举流程，监事会选举表决方式和表决结果等。

与监事会成员产生方式相关的主要指导机构及法律法规、政策规范

全国人民代表大会常务委员会〔2009〕《中华人民共和国企业国有资产法》第二十二条：

——履行出资人职责的机构依照法律、行政法规以及企业章程的规定，任免或者建议任免国家出资企业的下列人员：（一）任免国有独资企业的经理、副经理、财务负责人和其他高级管理人员；（二）任免国有独资公司的董事长、副董事长、董事、监事会主席和监事；（三）向国有资本控股公司、国有资本参股公司的股东会、股东大会提出董事、监事人选。国家出资企业中应当由职工代表出任的董事、监事，依照有关法律、行政法规的规定由职工民主选举产生。

全国人民代表大会常务委员会〔2024〕《中华人民共和国公司法》第五十九条、第七十六条、第一百一十七条：

——股东会行使下列职权：（一）选举和更换董事、监事，决定有关董事、监事的报酬事项；……

——有限责任公司设监事会，本法第六十九条、第八十三条另有规定的除外。监事会成员为三人以上。监事会成员应当包括股东代表和适当比例的公司职工代表，其中职工代表的比例不得低于三分之一，具体比例由公司章程规定。监事会中的职工代表由公司职工通过职工代表大会、职工大会或者其他形式民主选举产生。监事会设主席一人，由全体监事过半数选举产生。监事会主席召集和主持监事会会议；监事会主席不能履行职务或者不履行职务的，由过半数的监事共同推举一名监事召集和主持监事会会议。董事、高级管理人员不得兼任监事。

——股份有限公司设监事会，本法第一百二十一条第一款、第一百三十三条另有规定的除外。监事会成员为三人以上。监事会成员应当包括股东代表和适当比例的公司职工代表，其中职工代表的比例不得低于三分之一，具体比例由公司章程规定。监事会中的职工代表由公司职工通过职工代表大会、职工大会或者其他形式民主选举产生。监事会设主席一人，可以设副主席。监事会主席和副主席由全体监事过半数选举产生。监事会主席召集和主持监事会会议；监事会主席不能履行职务或者不履行职务的，由过半数的监事共同推举一名监事召集和主持监事会会议。董事、高级管理人员不得兼任监事。

国务院国有资产监督管理委员会〔2023〕《央企控股上市公司 ESG 专项报告参考指标体系》G1.2.3：

——董事会、监事会和管理层的任命程序及构成

指标性质：定性/定量

披露等级：基础披露

指标说明：描述公司董事会、监事会和管理层的任命程序，以及公司董事会和管理层多元化构成情况，包括但不限于董事会成员性别组成、年龄分布、平均年任期、专业背景以及公司执行董事、外部监事和独立董事的比例等，以及管理层人员的性别组成、年龄分布、平均年任期、专业背景等，可参照《中华人民共和国公司法》、中国证监会《上市公司治理准则》、《证券法》，GB/T 36000—2015《社会责任指南》-7.2，GRI 披露项 2-13、2-15 等相关政策准则

International Integrated Reporting Committee〔2021〕International Integrated Reporting Framework 1.20：

——In applying paragraph 1.20, the organization will take into account its own governance structure, which is a function of its jurisdiction, cultural and legal context, size and ownership characteristics. For example, some jurisdictions require a single-tier board, while others require the separation of supervisory and executive/management functions within a two-tier board.

——在适用于第 1.20 款时，组织将考虑到其自身的治理结构，这是其管辖权、文化和法律背景、规模和所有权特征的函数。例如，有些司法管辖区要求设立一个单层董事会，而另一些司法管辖区则要求在一个双层董事会内分离监督和执行/管理职能（设立监事会）。

本指标披露等级及主要适用范围

【基础披露】适用于设立监事会的企业。

G1.3.1.2　女性监事占比

什么是女性监事占比

女性监事占比（the percentage of female supervisors），一般被认为是企业监事会成员中女性所占的比例。

为什么要考察女性监事占比

监事会性别多样性能够为企业带来多元化的思想和经验，更好地保护股东权益，防止董事会独断专行。在风险监管方面，女性监事的审慎态度有助于加强对董事会的监督，为企业带来更稳健的资本结构，能够有效帮助企业规避风险，防范一些投机行为。长期来看，具有性别多样性的监事会有利于企业获得长期回报。

怎样披露女性监事占比

【定量】企业披露女性监事占比。

【计算方式】女性监事占比＝企业中女性监事总人数÷企业监事会总人数。单位：％。

为什么要披露女性监事占比

女性监事占比的提升可在企业经营管理、风险规避等多方面带来正向预期，对于资本市场评估企业未来发展趋势具有一定的参考意义。

与女性监事占比相关的主要指导机构及法律法规、政策规范

国务院国有资产监督管理委员会〔2023〕《央企控股上市公司 ESG 专项报告参考指标体系》G1.2.3：

——董事会、监事会和管理层的任命程序及构成

指标性质：定性/定量

披露等级：基础披露

指标说明：描述公司董事会、监事会和管理层的任命程序，以及公司董事会和管理层多元化构成情况，包括但不限于董事会成员性别组成、年龄分布、平均年任期、专业背景以及公司执行董事、外部监事和独立董事的比例等，以及管理层人员的性别组成、年龄分布、平均年任期、专业背景等，可参照《中华人民共和国公司法》、中国证监会《上市公司治理准则》、《证券法》，GB/T 36000—2015《社会责任指南》-7.2，GRI 披露项 2-13、2-15 等相关政策准则

香港交易所〔2023〕《环境、社会及管治报告指引》B1.1：

——按性别、雇佣类型（如全职或兼职）、年龄组别及地区划分的雇员总数。

Singapore Exchange〔2023〕Starting with a Common Set of Core ESG Metrics　3：

——Metric：Women in the management team

Unit: Percentage (%)

Framework Alignment: GRI 2-9, GRI 405-1, WEF core metrics, SASB 330

Description: The number of female senior management as a percentage of senior management. Each organisation defines which employees are part of its senior management team.

——指标名称：管理团队中的女性

单位：百分比（%）

框架体系：GRI 2-9、GRI 405-1、WEF 核心指标、SASB 330

描述：女性高级管理人员人数在高级管理人员总人数中所占的百分比。每个组织都定义了哪些员工是其高级管理团队的一部分。

Global Reporting Initiative〔2022〕Consolidated Set of the GRI Standards 405-1:

——The reporting organization shall report the following information: a. Percentage of individuals within the organization's governance bodies in each of the following diversity categories: i. Gender; ii. Age group: under 30 years old, 30～50 years old, over 50 years old; iii. Other indicators of diversity where relevant (such as minority or vulnerable groups). b. Percentage of employees per employee category in each of the following diversity categories: i. Gender; ii. Age group: under 30 years old, 30～50 years old, over 50 years old; iii. Other indicators of diversity where relevant (such as minority or vulnerable groups).

——组织应报告以下信息：a. 组织治理机构中不同员工的百分比，按以下多元化类别分类：i. 性别；ii. 年龄组：30 岁以下、30～50 岁、50 岁以上；iii. 其他相关的多元化指标（例如少数群体或弱势群体）。b. 每种员工类别的员工百分比，按以下多元化类别分类：i. 性别；ii. 年龄组：30 岁以下、30～50 岁、50 岁以上；iii. 其他相关的多元化指标（例如少数群体或弱势群体）。

European Financial Reporting Advisory Group〔2022〕ESRS G1 Governance, Risk Management and Internal Control G1-4, 22、24:

——The undertaking shall provide information on the diversity policy applied in relation to its adminstrative, management and supervisory bodies.

——The disclosure required by paragraph 22 shall include the following information: (a) A discription of the diversity policy applied in relation to the undertaking's its administrative, management and supervisory bodies with regard to each of the following: i. gender, ii. age, iii. minority or vulnerable groups, iv. educational and professional backgrounds, and v. other aspects where relevant.

(b) The objectives of that diversity policy. (c) How the diversity policy has been implemented.

——企业应提供关于其行政、管理和监督机构所适用的多元化政策的信息。

——第 22 款要求的披露应包括以下信息：（a）对企业行政、管理和监督机构适用的多元化政策的说明，涉及以下各方面：i. 性别，ii. 年龄，iii. 少数群体或弱势群体，iv. 教育和专业背景，以及 v. 其他相关方面。(b) 多元化政策的目标。(c) 多元化政策是如何实施的。

本指标披露等级及主要适用范围

【基础披露】适用于设立监事会的企业。

G1.3.1.3　监事会成员平均任期

什么是监事会成员平均任期

监事会成员平均任期（average tenure of supervisors），一般被认为是企业监事会成员实际在企业担任监事的平均年限。依照《中华人民共和国公司法》第七十七条的规定，监事的任期每届为三年。监事任期届满，连选可以连任。监事任期届满未及时改选，或者监事在任期内辞职导致监事会成员低于法定人数的，在改选出的监事就任前，原监事仍应当依照法律、行政法规和公司章程的规定，履行监事职务。

为什么要考察监事会成员平均任期

监事的任期由《中华人民共和国公司法》直接规定，目的在于使担任这项职务的人员可以相对稳定地工作，行使监督权的机构也需要有较为稳定的组成人员。任期三年，意味着担任监事的人员每三年要接受一次考核评价，决定其是否继续担任这项职务，如果是新选的，则表明也需要进行新的更替与补充，这样有利于保证和提高监事的素质。监事的任职在一届届满之后，仍然可以连选连任，对保持监事工作的稳定性、连续性是有益的。

怎样披露监事会成员平均任期

【定量】企业披露监事会成员平均任期。

【计算方式】监事会成员平均任期＝企业监事会成员实际在企业监事会任职的年数合计÷企业监事会总人数。单位：年。

为什么要披露监事会成员平均任期

过长的任期将对企业业绩起抑制作用。监事会成员的任命和董事会、经理层有密切关系，监事任期过长容易出现监事会成员消极履行监督责任的情形，然而一味缩短监事的任期又不利于监事人员了解企业状况。因此，资本市场和投资者可以通过企业监事会成员的平均任期，对企业内部监督职能的履行和未来业绩发展产生一个较为合理的预期，更有利于做出决策。

与监事会成员平均任期相关的主要指导机构及法律法规、政策规范

全国人民代表大会常务委员会〔2024〕《中华人民共和国公司法》第七十七条、第一百三十条：

——监事的任期每届为三年。监事任期届满，连选可以连任。监事任期届满未及时改选，或者监事在任期内辞任导致监事会成员低于法定人数的，在改选出的监事就任前，原监事仍应当依照法律、行政法规和公司章程的规定，履行监事职务。

——……本法第七十七条关于有限责任公司监事任期的规定，适用于股份有限公司监事。

国务院国有资产监督管理委员会〔2023〕《央企控股上市公司ESG专项报告参考指标体系》G1.2.3：

——董事会、监事会和管理层的任命程序及构成

指标性质：定性/定量

披露等级：基础披露

指标说明：描述公司董事会、监事会和管理层的任命程序，以及公司董事会和管理层多元化构成情况，包括但不限于董事会成员性别组成、年龄分布、平均年任期、专业背景以及公司执行董事、外部监事和独立董事的比例等，以及管理层人员的性别组成、年龄分布、平均年任期、专业背景等，可参照《中华人民共和国公司法》、中国证监会《上市公司治理准则》、《证券法》，GB/T 36000—2015《社会责任指南》-7.2，GRI披露项2-13、2-15等相关政策准则

中国证券监督管理委员会〔2021〕《公开发行证券的公司信息披露内容与格式准则第2号—年度报告的内容与格式》第三十一条：

——公司应当披露董事、监事和高级管理人员的情况，包括：（一）基本情况。现任及报告期内离任董事、监事、高级管理人员的姓名、性别、年龄、任期起止日期（连任的从首次聘任日起算）、年初和年末持有本公司股份、股票期权、被授予的限制性股票数量、年度内股份增减变动量及增减变动的原因。如为独立董事，需单独注明。报告期如存在任期内董事、监事离任和高级管理人员解聘，应当说明原因。（二）现任董事、监事、高级管理人员专业背景、主要工作经历，目前在公司的主要职责。董事、监事、高级管理人员如在股东单位任职，应当说明其职务及任职期间，以及在除股东单位外的其他单位的任职或兼职情况。公司应当披露现任及报告期内离任董事、监事和高级管理人员近三年受证券监管机构处罚的情况。（三）年度报酬情况。董事、监事和高级管理人员报酬的决策程序、报酬确定依据以及实际支付情况。披露每一位现任及报告期内离任董事、监事和高级管理人员在报告期内从公司获得的税前报酬总额（包括基本工资、奖金、津

贴、补贴、职工福利费和各项保险费、公积金、年金以及以其他形式从公司获得的报酬）及其全体合计金额，并说明是否在公司关联方获取报酬。

Global Reporting Initiative〔2022〕Consolidated Set of the GRI Standards 2-9：

——The organization shall：a. describe its governance structure，including committees of the highest governance body；b. list the committees of the highest governance body that are responsible for decision-making on and overseeing the management of the organization's impacts on the economy，environment，and people；c. describe the composition of the highest governance body and its committees by：i. executive and non-executive members；ii. independence；iii. tenure of members on the governance body；iv. number of other significant positions and commitments held by each member，and the nature of the commitments；v. gender；vi. under-represented social groups；vii. competencies relevant to the impacts of the organization；viii. stakeholder representation.

——组织应：a. 说明其治理架构，包括最高治理机构下设的委员会。b. 列出在管理组织对经济、环境和人的影响方面，最高治理机构中负责决策和监督的委员会。c. 说明最高治理机构及其委员会的组成，包括：i. 执行成员和非执行成员；ii. 独立性；iii. 治理机构成员的任期；iv. 每个成员所担任的其他重要职务和承诺的数量，以及承诺的性质；v. 性别；vi. 未被充分代表的社会群体；vii. 与组织的影响有关的胜任能力；viii. 利益相关方的代表性。

本指标披露等级及主要适用范围

【建议披露】适用于设立监事会的企业。

G1.3.1.4 监事离职率

什么是监事离职率

监事离职率（turnover rate of supervisors），一般被认为是企业监事会成员在一定期间内离职人数占企业监事会成员总人数的比例，周期通常为1年。

为什么要考察监事离职率

监事任期届满，可连选连任或离职改选，正常的监事离职率往往稳定在一个较为合理的数值区间，但突发性或长期的过高监事离职率可能代表企业内部经营管理、风险监督等方面发生较大变化，或企业发展战略产生较大调整等，会对企业未来发展产生一定影响。

怎样披露监事离职率

【定量】企业披露监事离职率。

【计算方式】监事离职率＝一定期间内监事会成员离职人数÷[（期初企业监事会成员人数＋期末企业监事会成员人数）÷2]×100%。单位：%。

为什么要披露监事离职率

监事离职率在一定程度上反映了企业的经营管理波动情况、企业战略变更情况等，与企业内部监督、风险管理、业绩预期和稳定发展等存在较为密切的关系，所以其往往会受到投资者、资本市场的关注，为其决策提供一定的借鉴和依据。此外，监事会应当包括股东代表和适当比例的公司职工代表，其中股东担任的监事由股东会选举或更换，在公司内所有权和经营权分离的情形下，监事会作为管理层应当承担对股东的受托责任，其在上市公司中发挥重要作用，相关事项对投资者决策具有重要影响。

与监事离职率相关的主要指导机构及法律法规、政策规范

全国人民代表大会常务委员会〔2024〕《中华人民共和国公司法》第七十七条：

——监事的任期每届为三年。监事任期届满，连选可以连任。监事任期届满未及时改选，或者监事在任期内辞任导致监事会成员低于法定人数的，在改选出的监事就任前，原监事仍应当依照法律、行政法规和公司章程的规定，履行监事职务。

上海证券交易所〔2023〕《上海证券交易所上市公司自律监管指引第 1 号——规范运作》3.2.6、3.2.7：

——董事、监事和高级管理人员辞职应当提交书面辞职报告。高级管理人员的辞职自辞职报告送达董事会时生效。除下列情形外，董事和监事的辞职自辞职报告送达董事会或者监事会时生效：（一）董事、监事辞职导致董事会、监事会成员低于法定最低人数；（二）职工代表监事辞职导致职工代表监事人数少于监事会成员的三分之一；（三）独立董事辞职导致董事会或其专门委员会中独立董事所占比例不符合法律法规或公司章程规定，或者独立董事中欠缺会计专业人士。在上述情形下，辞职报告应当在下任董事或者监事填补因其辞职产生的空缺后方能生效。在辞职报告生效之前，拟辞职董事或者监事仍应当按照有关法律法规和公司章程的规定继续履行职责，但存在本指引另有规定的除外。董事、监事提出辞职的，上市公司应当在 60 日内完成补选，确保董事会及其专门委员会、监事会构成符合法律法规和公司章程的规定。

——董事、监事和高级管理人员应当在辞职报告中说明辞职时间、辞职的具体原因、辞去的职务、辞职后是否继续在上市公司及其控股子公司任职（如继续任职，说明继续任职的情况）等情况，移交所承担的工作。董事、监事和高级管理人员非因任期届满离职的，除应当遵循前款要求外，还应当将离职报告报上市公司监事会备案。离职原因可能涉及上市公司违法违规或者不规范运作的，应当具体说明相关事项，并及时向本所及其他相关监管机构报告。

深圳证券交易所〔2023〕《深圳证券交易所上市公司自律监管指引第 1 号——主板上市公司规范运作》3.2.8、3.2.9：

——董事、监事和高级管理人员辞职应当提交书面辞职报告。高级管理人员的辞职自辞职报告送达董事会时生效。除下列情形外，董事和监事的辞职自辞职报告送达董事会或者监事会时生效：（一）董事、监事辞职将导致董事会、监事会成员低于法定最低人数；（二）职工代表监事辞职将导致职工代表监事人数少于监事会成员的三分之一；（三）独立董事辞职将导致上市公司董事会或者其专门委员会中独立董事所占比例不符合法律法规或者公司章程的规定，或者独立董事中欠缺会计专业人士。在上述情形下，辞职应当在下任董事或者监事填补因其辞职产生的空缺后方能生效。在辞职生效之前，拟辞职董事或者监事仍应当按照有关法律法规和公司章程的规定继续履行职责，但存在本指引第 3.2.2 条第一款规定情形的除外。董事、监事提出辞职的，上市公司应当在提出辞职之日起六十日内完成补选，确保董事会及其专门委员会、监事会构成符合法律法规和公司章程的规定。

——董事、监事和高级管理人员应当在辞职报告中说明辞职时间、辞职原因、辞去的职务、辞职后是否继续在上市公司及其控股子公司任职（如继续任职，说明继续任职的情况）等情况。

London Stock Exchange〔2019〕ESG Disclosure Score 8.17：

——Full time staff voluntary turnover rate calculated against the average number of Full Time Employees during the year to create a consistently comparable figure year on year. The figure should not include retirements and deaths, though these can be reported separately.

——全职员工自愿离职率，以全年全职员工的平均人数计算，以建立一个全年一致的可比数字。这一数字不应包括退休人数和死亡人数，尽管这两项可以分别报告。

National Association of Securities Dealers Automated Quotations〔2019〕ESG Reporting Guide 2.0 S3：

——A high rate of employee turnover can indicate levels of uncertainty and dissatisfaction among employees, or may signal a fundamental change in the structure of the organization's core operations. Turnover has direct cost and value implications either in terms of reduced payroll or greater expenses for recruitment of workers.

——员工流动率高可能表明员工的不确定性和不满程度，也可能标志着组织核心运营结构的根本变化。无论是由于减少工资还是增加招聘工人的费用，营业额都会直接影响成本和价值。

本指标披露等级及主要适用范围

【基础披露】 适用于设立监事会的企业。

G1.3.1.5　外部监事占比

什么是外部监事占比

外部监事占比（the percentage of outside supervisors），一般被认为是由企业外部人员充任的监事在企业监事会成员中所占的比例。

为什么要考察外部监事占比

外部监事的任用有利于加强监事会的独立性和监督力量。外部监事制度的优势在于被选任的外部监事与企业经营管理层之间不存在利害关系，其对董事、经理的制约不会出于私利，可以大胆、独立地行使监督权，从而增强监事会的客观性和独立性。

怎样披露外部监事占比

【定量】 企业披露外部监事占比。

【计算方式】 外部监事占比＝企业外部监事人数÷企业监事会成员总人数×100%。单位：%。

为什么要披露外部监事占比

《中华人民共和国公司法》对外部监事没有做出明确规定，仅规定有限责任公司和股份有限公司的监事会应当包括股东代表和适当比例的公司职工代表。实践中企业的监事会由上述两类人士担任带来的问题是，监事会的独立性不足，很难对企业的经营管理进行有效的监督。而外部监事往往具有更高的独立性，能够更大胆地行使监督职能。因此，外部监事占比更高的企业，其监事会的客观性和独立性可能更强，内部监督力度也会更大，这为资本市场和投资者的决策提供了一定借鉴。

与外部监事占比相关的主要指导机构及法律法规、政策规范

国务院国有资产监督管理委员会〔2023〕《央企控股上市公司 ESG 专项报告参考指标体系》G1.2.3：

——董事会、监事会和管理层的任命程序及构成

指标性质：定性/定量

披露等级：基础披露

指标说明：描述公司董事会、监事会和管理层的任命程序，以及公司董事会和管理层多元化构成情况，包括但不限于董事会成员性别组成、年龄分布、平均年任期、专业背景以及公司执行董事、外部监事和独立董事的比例等，以及管理层人员的性别组成、年龄分布、平均年任期、专业背景等，可参照《中华人民共和国公司法》、中国证监会《上市公司治理准则》、《证券法》，GB/T 36000—2015《社会责任指南》-7.2，GRI 披露项 2-13、2-15 等相关政策准则

中国银行保险监督管理委员会[①]〔2019〕《关于推动银行业和保险业高质量发展的指导意见》（二十三）：

——……做实监事会功能，提高专职监事占比，提升外部监事效能，改进监督方式，充分借助内外审计力量开展监督检查。规范高管层遴选，增加选聘手段和渠道，完善机构内部相互制衡机制，强化市场约束，严防内部人控制。完善对董事会、监事会和高管层履职能力的考核评价、监督检查及专业培训，加强对失职或不当履职的责任追究。

中国银行保险监督管理委员会〔2021〕《银行保险机构公司治理准则》第六十七条：

——银行保险机构监事会成员不得少于三人，其中职工监事的比例不得低于三分之一，外部监事的比例不得低于三分之一。银行保险机构应当在公司章程中明确规定监事会构成，包括股权监事、外部监事、职工监事的人数。监事会人数应当具体、确定。

New York Stock Exchange〔2013〕**NYSE Listed Company Manual　303A. C. 3. B**：

——A relationship that would impair independence under Section 303A. 02 (b) does not exist for purposes of that section until a company that employs the director merges with, or becomes a parent or subsidiary of, a listed company. For example, a director who was an employee of a company not listing equity securities on the NYSE following a merger or acquisition transaction would be independent under Section 303A. 02 (b) if his or her employment relationship ended prior to, or concurrent with, the transaction.

——在雇佣监事的公司与上市公司合并或成为上市公司的母公司或子公司之前，根据第 303A. 02 (b) 节的规定，不存在损害独立性的关系。例如，如果监事是一家在合并或收购交易后未在纽约证券交易所上市的公司的员工，则根据第 303A. 02 (b) 节，如果其雇佣关系在交易之前或同时终止，则该监事将是独立的。

本指标披露等级及主要适用范围

【基础披露】适用于设立监事会的企业。

G1.3.2　监事会运作

什么是监事会运作

监事会运作（operation of supervisory board），一般被认为是包括监事会职权行使、职责履行、责任承担、监事会会议召开等规程在内的运作方法。依照《中华人民

[①] 2023 年 3 月，中共中央、国务院印发《党和国家机构改革方案》，在中国银行保险监督管理委员会基础上组建国家金融监督管理总局。2023 年 5 月 18 日，国家金融监督管理总局正式成立。

共和国公司法》第七十八条的规定，监事会行使下列职权：检查公司财务；对董事、高级管理人员执行职务的行为进行监督，对违反法律、行政法规、公司章程或者股东会决议的董事、高级管理人员提出解任的建议；当董事、高级管理人员的行为损害公司的利益时，要求董事、高级管理人员予以纠正；提议召开临时股东会会议，在董事会不履行本法规定的召集和主持股东会会议职责时召集和主持股东会会议；向股东会会议提出提案；依照本法第一百八十九条的规定，对董事、高级管理人员提起诉讼；公司章程规定的其他职权。

G1.3.2.1 监事会建设情况

什么是监事会建设情况

监事会建设情况（formation of supervisory board），一般被认为是企业通过采取措施，强化监事会的功能、明确监事会的职责和权限、制定监事会的具体工作规则和议事程序等，取得的一系列建设成果。

为什么要考察监事会建设情况

监事会建设情况在一定程度上反映了企业的公司治理能力和水平。加强监事会建设有利于完善监事人选安排，提高人岗匹配度；有利于监事会成员更好地履行职责，高质量完成监督工作；有利于完善公司治理结构、提升治理能力。

怎样披露监事会建设情况

【定性】 企业披露监事会建设情况，包括监事会及其成员的履职情况、经营管理情况、监事会的内部制度建设及完善情况、监督体系及风险防控体系等。

为什么要披露监事会建设情况

监事会作为对企业业务活动进行检查监督的机构，对股东直接负责，其设立的目的是防止企业的高级管理人员、董事做出对企业或者股东不利的行为。监事会建设情况反映着监事的履职状况和履职能力，在一定程度上反映了企业内部监督状况和公司治理能力，其在公司监督、财务检查、风险防范等方面发挥着重要作用，相关事项对投资者决策具有重要影响。

与监事会建设情况相关的主要指导机构及法律法规、政策规范

全国人民代表大会〔2021〕《中华人民共和国民法典》第八十二条：

——营利法人设监事会或者监事等监督机构的，监督机构依法行使检查法人财务，监督执行机构成员、高级管理人员执行法人职务的行为，以及法人章程规定的其他职权。

全国人民代表大会常务委员会〔2009〕《中华人民共和国企业国有资产法》第十九条：

——国有独资公司、国有资本控股公司和国有资本参股公司依照《中华人民共和国公司法》的规定设立监事会。国有独资企业由履行出资人职责的机构按照

国务院的规定委派监事组成监事会。国家出资企业的监事会依照法律、行政法规以及企业章程的规定，对董事、高级管理人员执行职务的行为进行监督，对企业财务进行监督检查。

全国人民代表大会常务委员会〔2024〕《中华人民共和国公司法》第七十九条：

——监事可以列席董事会会议，并对董事会决议事项提出质询或者建议。监事会发现公司经营情况异常，可以进行调查；必要时，可以聘请会计师事务所等协助其工作，费用由公司承担。

国务院国有资产监督管理委员会〔2023〕《央企控股上市公司 ESG 专项报告参考指标体系》G1.2.2：

——董事会、监事会和管理层组织结构与职能

指标性质：定性/定量

披露等级：基础披露

指标说明：描述公司通过董事会及下设专业委员会、监事会和管理层所构成的公司组织结构与职能划分情况，包括但不限于董事、监事、高级管理人员的任职情况，对企业战略指导和运营监督的职能、权力分配与制衡关系的制度安排，以及 ESG 管治架构、工作机制与职责分工等，可参照《中华人民共和国公司法》、中国证监会《上市公司治理准则》、《证券法》、GB/T 36000—2015《社会责任指南》-7.2，GRI 披露项 2-13、2-15 等相关政策准则

中国证券监督管理委员会〔2018〕《上市公司治理准则》第四十四条、第四十五条、第四十七条：

——监事选任程序、监事会议事规则制定、监事会会议参照本准则对董事、董事会的有关规定执行。职工监事依照法律法规选举产生。

——监事会的人员和结构应当确保监事会能够独立有效地履行职责。监事应当具有相应的专业知识或者工作经验，具备有效履职能力。上市公司董事、高级管理人员不得兼任监事。上市公司可以依照公司章程的规定设立外部监事。

——监事会依法检查公司财务，监督董事、高级管理人员履职的合法合规性，行使公司章程规定的其他职权，维护上市公司及股东的合法权益。监事会可以独立聘请中介机构提供专业意见。

香港交易所〔2022〕《环境、社会及管治报告指引》B7.2：

——描述防范措施及举报程序，以及相关执行及监察方法。

Global Reporting Initiative〔2022〕Consolidated Set of the GRI Standards 2-9、2-12：

——The organization shall: a. describe its governance structure, including committees of the highest governance body; b. list the committees of the highest governance body that are responsible for decision-making on and overseeing the management of the organization's impacts on the economy, environment, and people; c. describe the composition of the highest governance body and its committees by: i. executive and non-executive members; ii. independence; iii. tenure of members on the governance body; iv. number of other significant positions and commitments held by each member, and the nature of the commitments; v. gender; vi. under-represented social groups; vii. competencies relevant to the impacts of the organization; viii. stakeholder representation.

——The organization shall: a. describe the role of the highest governance body and of senior executives in developing, approving, and updating the organization's purpose, value or mission statements, strategies, policies, and goals related to sustainable development; b. describe the role of the highest governance body in overseeing the organization's due diligence and other processes to identify and manage the organization's impacts on the economy, environment, and people, including: i. whether and how the highest governance body engages with stakeholders to support these processes; ii. how the highest governance body considers the outcomes of these processes; c. describe the role of the highest governance body in reviewing the effectiveness of the organization's processes as described in 2-12-b, and report the frequency of this review.

——组织应：a. 说明其治理架构，包括最高治理机构下设的委员会。b. 列出在管理组织对经济、环境和人的影响方面，最高治理机构中负责决策和监督的委员会。c. 说明最高治理机构及其委员会的组成，包括：i. 执行成员和非执行成员；ii. 独立性；iii. 治理机构成员的任期；iv. 每个成员所担任的其他重要职务和承诺的数量，以及承诺的性质；v. 性别；vi. 未被充分代表的社会群体；vii. 与组织的影响有关的胜任能力；viii. 利益相关方的代表性。

——组织应：a. 说明最高治理机构和高管在制定、批准和更新组织的宗旨、价值观或使命陈述、战略、政策以及与可持续发展相关的目标方面的作用。b. 说明在为识别和管理组织对经济、环境和人的影响而采取的尽职调查和其他程序方面，最高治理机构的监督作用，包括：i. 最高治理机构是否以及如何与利益相关方沟通，以支持这些流程；ii. 最高治理机构如何考虑这些流程的结果。c. 说明最高治理机构在审核 2-12-b 所述组织流程的有效性方面的作用，并说明审核的频率。

European Financial Reporting Advisory Group〔2022〕ESRS G2 Business Conduct G2-3,24：

——The disclosure required under paragraph 22 shall include the following information：(a) an overview of the procedures in place to prevent，detect and address allegations or incidents of corruption or bribery；(b) whether the investigators or investigating committee are separate from the chain of management involved in the matter；(c) the number of reported allegations of corruption or bribery received through whistle blowing channels；(d) the number of internal investigations launched in response to allegations or incidents relating to corruption or bribery；and (e) the system to report outcomes to senior management and the administrative，management and supervisory bodies where relevant.

——第 22 款规定的披露应包括以下信息：(a) 预防、侦查和处理腐败、贿赂指控的现行程序概述；(b) 调查人员或调查委员会是否独立于涉及该事项的管理链；(c) 通过举报渠道接获贪污或贿赂指控的个案数目；(d) 针对与腐败或贿赂有关的指控或事件展开的内部调查的次数；(e) 向高级管理层及相关的行政、管理和监察机构报告结果的制度。

本指标披露等级及主要适用范围

【基础披露】适用于设立监事会的企业。

G1.3.2.2　监事会议事规则

什么是监事会议事规则

监事会议事规则（rules and procedures of supervisory board meetings），一般被认为是监事会开会议事应遵守的规程和准则。依照《中华人民共和国公司法》第八十一条的规定，监事会每年度至少召开一次会议，监事可以提议召开临时监事会会议。监事会的议事方式和表决程序，除本法有规定的外，由公司章程规定。监事会决议应当经全体监事的过半数通过。监事会决议的表决，应当一人一票。监事会应当对所议事项的决定作成会议记录，出席会议的监事应当在会议记录上签名。

为什么要考察监事会议事规则

监事会议事规则的制定，有利于明确企业监事会的职责权限，充分发挥监事会的监督管理作用，有利于提高监事会工作效率、规范企业运作。

怎样披露监事会议事规则

【定性】企业披露监事会议事规则。

为什么要披露监事会议事规则

监事会议事规则的作用是监事会对股东会负责，对企业财务人员以及企业董事、高级管理人员履行职责的合法性进行监督，监事会发现董事、经理和其他高级管理人员存在违反法律、法规或公司章程的行为，可以向董事会、股东会反映，维护企业及股东的合法权益，其相关事项对投资者有重要影响。

与监事会议事规则相关的主要指导机构及法律法规、政策规范

全国人民代表大会常务委员会〔2024〕《中华人民共和国公司法》第九十五条、第一百三十二条：

——股份有限公司章程应当载明下列事项：……（九）监事会的组成、职权和议事规则；（十）公司利润分配办法；……

——监事会每六个月至少召开一次会议。监事可以提议召开临时监事会会议。监事会的议事方式和表决程序，除本法有规定的外，由公司章程规定。监事会决议应当经全体监事的过半数通过。监事会决议的表决，应当一人一票。监事会应当对所议事项的决定作成会议记录，出席会议的监事应当在会议记录上签名。

国务院国有资产监督管理委员会〔2023〕《央企控股上市公司ESG专项报告参考指标体系》G1.2.2：

——董事会、监事会和管理层组织结构与职能

指标性质：定性/定量

披露等级：基础披露

指标说明：描述公司通过董事会及下设专业委员会、监事会和管理层所构成的公司组织结构与职能划分情况，包括但不限于董事、监事、高级管理人员的任职情况，对企业战略指导和运营监督的职能、权力分配与制衡关系的制度安排，以及ESG管治架构、工作机制与职责分工等，可参照《中华人民共和国公司法》、中国证监会《上市公司治理准则》、《证券法》，GB/T 36000—2015《社会责任指南》-7.2，GRI披露项2-13、2-15等相关政策准则

中国证券监督管理委员会〔2018〕《上市公司治理准则》第四十四条：

——监事选任程序、监事会议事规则制定、监事会会议参照本准则对董事、董事会的有关规定执行。职工监事依照法律法规选举产生。

上海证券交易所〔2023〕《上海证券交易所上市公司自律监管指引第1号——规范运作》2.3.2：

——上市公司应当制定监事会议事规则，并列入公司章程或者作为章程附件，报股东大会批准，确保监事会有效履行职责。

深圳证券交易所〔2023〕《深圳证券交易所上市公司自律监管指引第1号——主板上市公司规范运作》2.3.2：

——上市公司应当制定监事会议事规则，并列入公司章程或者作为章程附件，报股东大会批准，确保监事会有效履行职责。

Global Reporting Initiative〔2022〕Consolidated Set of the GRI Standards 2-9、2-12:

——The organization shall: a. describe its governance structure, including committees of the highest governance body; b. list the committees of the highest governance body that are responsible for decision-making on and overseeing the management of the organization's impacts on the economy, environment, and people; c. describe the composition of the highest governance body and its committees by: i. executive and non-executive members; ii. independence; iii. tenure of members on the governance body; iv. number of other significant positions and commitments held by each member, and the nature of the commitments; v. gender; vi. under-represented social groups; vii. competencies relevant to the impacts of the organization; viii. stakeholder representation.

——The organization shall: a. describe the role of the highest governance body and of senior executives in developing, approving, and updating the organization's purpose, value or mission statements, strategies, policies, and goals related to sustainable development; b. describe the role of the highest governance body in overseeing the organization's due diligence and other processes to identify and manage the organization's impacts on the economy, environment, and people, including: i. whether and how the highest governance body engages with stakeholders to support these processes; ii. how the highest governance body considers the outcomes of these processes; c. describe the role of the highest governance body in reviewing the effectiveness of the organization's processes as described in 2-12-b, and report the frequency of this review.

——组织应：a. 说明其治理架构，包括最高治理机构下设的委员会。b. 列出在管理组织对经济、环境和人的影响方面，最高治理机构中负责决策和监督的委员会。c. 说明最高治理机构及其委员会的组成，包括：i. 执行成员和非执行成员；ii. 独立性；iii. 治理机构成员的任期；iv. 每个成员所担任的其他重要职务和承诺的数量，以及承诺的性质；v. 性别；vi. 未被充分代表的社会群体；vii. 与组织的影响有关的胜任能力；viii. 利益相关方的代表性。

——组织应：a. 说明最高治理机构和高管在制定、批准和更新组织的宗旨、价值观或使命陈述、战略、政策以及与可持续发展相关的目标方面的作用。b. 说明在为识别和管理组织对经济、环境和人的影响而采取的尽职调查和其他程序方面，最高治理机构的监督作用，包括：i. 最高治理机构是否以及如何与利益相关方沟通，以支持这些流程；ii. 最高治理机构如何考虑这些流程的结果。c. 说明最高治理机构在审核 2-12-b 所述组织流程的有效性方面的作用，并说明审核的频率。

本指标披露等级及主要适用范围

【建议披露】适用于设立监事会的企业。

G1.3.2.3 监事会召开情况说明

什么是监事会召开情况说明

监事会召开情况说明（minutes of supervisory board meetings），一般被认为是报告期内企业监事会召开会议的有关情况说明，依照《公开发行证券的公司信息披露内容与格式准则第 2 号——年度报告的内容与格式》第三十四条的规定，包括监事会会议召开日期、会议届次、参会监事以及临时报告披露网站的查询索引等信息。

为什么要考察监事会召开情况说明

监事作为由股东和职工选举产生、参加监事会决议的成员，对于维护企业和股东利益、保障职工合法权益负有重要责任，并对选举他的股东会、职代会等负责。定期召开监事会会议，有利于监事认真履行职责，规范企业运作，提高公司治理能力和治理水平。

怎样披露监事会召开情况说明

【定性】企业披露监事会召开情况说明，监事会在报告期内的监督活动中发现企业存在风险的，企业应当披露监事会就有关风险的简要意见、监事会会议召开日期、会议届次、参会监事以及临时报告披露网站的查询索引等信息；若未发现企业存在风险，企业应当披露监事会对报告期内的监督事项无异议。

为什么要披露监事会召开情况说明

监事会作为对企业业务活动进行检查监督的机构，对股东直接负责，其设立的目的是防止企业的高级管理人员、董事做出对企业或者股东不利的行为，监事会召开情况说明反映了企业报告期内监事会的运作和履职情况，其相关事项对投资者和资本市场的决策有着重要影响。

与监事会召开情况说明相关的主要指导机构及法律法规、政策规范

全国人民代表大会常务委员会〔2024〕《中华人民共和国公司法》第七十六条、第八十一条、第一百三十二条：

——……监事会设主席一人，由全体监事过半数选举产生。监事会主席召集和主持监事会会议；监事会主席不能履行职务或者不履行职务的，由过半数的监事共同推举一名监事召集和主持监事会会议。

——监事会每年度至少召开一次会议，监事可以提议召开临时监事会会议。监事会的议事方式和表决程序，除本法有规定的外，由公司章程规定。监事会决议应当经全体监事的过半数通过。监事会决议的表决，应当一人一票。监事会应

当对所议事项的决定作成会议记录，出席会议的监事应当在会议记录上签名。

——监事会每六个月至少召开一次会议。监事可以提议召开临时监事会会议。监事会的议事方式和表决程序，除本法有规定的外，由公司章程规定。监事会决议应当经全体监事的过半数通过。监事会决议的表决，应当一人一票。监事会应当对所议事项的决定作成会议记录，出席会议的监事应当在会议记录上签名。

上海证券交易所〔2023〕《上海证券交易所上市公司自律监管指引第 1 号——规范运作》2.3.4：

——监事会会议记录应当真实、准确、完整，充分反映与会人员对所审议事项提出的意见，出席会议的监事和记录人员应当在会议记录上签字。监事会会议记录应当妥善保存。

深圳证券交易所〔2023〕《深圳证券交易所上市公司自律监管指引第 1 号——主板上市公司规范运作》2.3.4：

——监事会会议记录应当真实、准确、完整，充分反映与会人员对所审议事项提出的意见，出席会议的监事和记录人员应当在会议记录上签字。监事会会议记录应当妥善保存。

Global Reporting Initiative〔2022〕Consolidated Set of the GRI Standards 2-12：

——The organization shall：a. describe the role of the highest governance body and of senior executives in developing, approving, and updating the organization's purpose, value or mission statements, strategies, policies, and goals related to sustainable development；b. describe the role of the highest governance body in overseeing the organization's due diligence and other processes to identify and manage the organization's impacts on the economy, environment, and people, including：i. whether and how the highest governance body engages with stakeholders to support these processes；ii. how the highest governance body considers the outcomes of these processes；c. describe the role of the highest governance body in reviewing the effectiveness of the organization's processes as described in 2-12-b, and report the frequency of this review.

——组织应：a. 说明最高治理机构和高管在制定、批准和更新组织的宗旨、价值观或使命陈述、战略、政策以及与可持续发展相关的目标方面的作用。b. 说明在为识别和管理组织对经济、环境和人的影响而采取的尽职调查和其他程序方面，最高治理机构的监督作用，包括：i. 最高治理机构是否以及如何与利益相关方沟通，以支持这些流程；ii. 最高治理机构如何考虑这些流程的结果。c. 说明最高治理机构在审核 2-12-b 所述组织流程的有效性方面的作用，并说明审核的频率。

本指标披露等级及主要适用范围

【基础披露】适用于设立监事会的企业。

G1.3.2.4 监事会意见采纳率

什么是监事会意见采纳率

监事会意见采纳率（adoption rate of supervisory opinions），一般被认为是监事会提出的所有意见中，通过表决程序并被采纳的意见占比。

为什么要考察监事会意见采纳率

依照《中华人民共和国公司法》第八十一条的规定，监事会决议应当经全体监事的过半数通过。对于监事会的建议，董事会应当认真研究，该采纳的及时采纳。监事会意见采纳率一方面体现了监事会的履职能力和情况，另一方面也反映了董事会受到监事会监督的情况。通过考察企业的监事会意见采纳率，利益相关者和投资者能够更好地了解到企业内部监督的效果和运营状况。

怎样披露监事会意见采纳率

【定量】企业披露监事会意见采纳率。

【计算方式】监事会意见采纳率＝通过表决程序并被采纳的意见数量÷监事会提出的所有意见数量。单位：％。

为什么要披露监事会意见采纳率

监事会意见采纳率在一定程度上反映了监事会对董事会的监督作用，监事会意见采纳率高的企业，其内部监事会所起的监督作用更强。由于监事会对股东会负责，维护企业及股东的合法权益，所以对资本市场和投资者的决策有较大参考意义。

与监事会意见采纳率相关的主要指导机构及法律法规、政策规范

全国人民代表大会常务委员会〔2020〕《中华人民共和国证券法》第八十二条：

——发行人的董事、高级管理人员应当对证券发行文件和定期报告签署书面确认意见。发行人的监事会应当对董事会编制的证券发行文件和定期报告进行审核并提出书面审核意见。监事应当签署书面确认意见。发行人的董事、监事和高级管理人员应当保证发行人及时、公平地披露信息，所披露的信息真实、准确、完整。董事、监事和高级管理人员无法保证证券发行文件和定期报告内容的真实性、准确性、完整性或者有异议的，应当在书面确认意见中发表意见并陈述理由，发行人应当披露。发行人不予披露的，董事、监事和高级管理人员可以直接申请披露。

上海证券交易所〔2023〕《上海证券交易所上市公司自律监管指引第1号——规范运作》2.3.5：

——监事会应当对董事会编制的定期报告进行审核并提出书面审核意见，书面审核意见应当说明报告编制和审核程序是否符合相关规定，内容是否真实、准

确、完整。监事会依法检查公司财务,监督董事、高级管理人员在财务会计报告编制过程中的行为,必要时可以聘请中介机构提供专业意见。董事、高级管理人员应当如实向监事会提供有关情况和资料,不得妨碍监事会行使职权。监事发现上市公司或者董事、监事、高级管理人员、股东、实际控制人等存在与财务会计报告相关的欺诈、舞弊行为及其他可能导致重大错报的情形时,应当要求相关方立即纠正或者停止,并及时向董事会、监事会报告,提请董事会、监事会进行核查,必要时应当向本所报告。

深圳证券交易所〔2023〕《深圳证券交易所上市公司自律监管指引第 1 号——主板上市公司规范运作》2.3.5：

——监事会应当对董事会编制的财务会计报告进行审核并提出书面审核意见,书面审核意见应当说明报告编制和审核程序是否符合相关规定,内容是否真实、准确、完整。监事会依法检查公司财务,监督董事、高级管理人员在财务会计报告编制过程中的行为,必要时可以聘请中介机构提供专业意见。董事、高级管理人员应当如实向监事会提供有关情况和资料,不得妨碍监事会行使职权。监事发现上市公司或者董事、监事、高级管理人员、股东、实际控制人等存在与财务会计报告相关的欺诈、舞弊行为及其他可能导致重大错报的情形时,应当要求相关方立即纠正或者停止,并及时向董事会、监事会报告,提请董事会、监事会进行核查,必要时应当向本所报告。

European Financial Reporting Advisory Group〔2022〕ESRS G2 Business Conduct G2 – 3, 24：

——The disclosure required under paragraph 22 shall include the following information: (a) an overview of the procedures in place to prevent, detect and address allegations or incidents of corruption or bribery; (b) whether the investigators or investigating committee are separate from the chain of management involved in the matter; (c) the number of reported allegations of corruption or bribery received through whistleblowing channels; (d) the number of internal investigations launched in response to allegations or incidents relating to corruption or bribery; and (e) the system to report outcomes to senior management and the administrative, management and supervisory bodies where relevant.

——第 22 款规定的披露应包括以下信息:(a) 预防、侦查和处理腐败、贿赂指控的现行程序概述;(b) 调查人员或调查委员会是否独立于涉及该事项的管理链;(c) 通过举报渠道接获贪污或贿赂指控的个案数目;(d) 针对与腐败或贿赂有关的指控或事件展开的内部调查的次数;(e) 向高级管理层及相关的行政、管理和监察机构报告结果的制度。

Global Reporting Initiative〔2022〕Consolidated Set of the GRI Standards 2-12：

——The organization shall：a. describe the role of the highest governance body and of senior executives in developing, approving, and updating the organization's purpose, value or mission statements, strategies, policies, and goals related to sustainable development; b. describe the role of the highest governance body in overseeing the organization's due diligence and other processes to identify and manage the organization's impacts on the economy, environment, and people, including：i. whether and how the highest governance body engages with stakeholders to support these processes; ii. how the highest governance body considers the outcomes of these processes; c. describe the role of the highest governance body in reviewing the effectiveness of the organization's processes as described in 2-12-b, and report the frequency of this review.

——组织应：a. 说明最高治理机构和高管在制定、批准和更新组织的宗旨、价值观或使命陈述、战略、政策以及与可持续发展相关的目标方面的作用；b. 说明在为识别和管理组织对经济、环境和人的影响而采取的尽职调查和其他程序方面，最高治理机构的监督作用，包括：i. 最高治理机构是否以及如何与利益相关方沟通，以支持这些流程；ii. 最高治理机构如何考虑这些流程的结果；c. 说明最高治理机构在审核 2-12-b 所述组织流程的有效性方面的作用，并说明审核的频率。

本指标披露等级及主要适用范围

【建议披露】适用于设立监事会的企业。

G1.3.2.5 监事会质询与提议次数

什么是监事会质询与提议次数

监事会质询与提议次数（number of supervisory inquiries and proposals），一般被认为是监事在列席董事会会议时，对董事会决议事项提出质询或者建议的次数。依照《中华人民共和国公司法》第七十九条的规定，监事可以列席董事会会议，并对董事会决议事项提出质询或者建议。

为什么要考察监事会质询与提议次数

监事会质询与提议次数反映了监事会质询权和建议权的行使状况和效果。监事对董事会会议不仅有列席权，还可有质询权或建议权，这意味着，监事列席董事会会议，在了解董事会会议决议情况的基础上，如果认为董事会会议决议的事项存在问题，有权提出质询或者建议。对于监事的质询，董事会应当认真对待，给予答复，做出说明或者解释；对于监事的建议，应当认真研究，该采纳的及时采纳。

怎样披露监事会质询与提议次数

【定性】企业披露监事会质询与提议次数。

【计算方式】监事会质询与提议次数＝监事会对董事会决议事项提出质疑的次数＋监事会对董事会决议事项提出建议的次数。单位：次。

为什么要披露监事会质询与提议次数

监事会质询与提议次数反映了监事会行使职权的情况，以及董事会会议决议事项存在问题的情况。监事会就决议事项提出质询或者建议，可以起到事前监督的作用。由于监事会对股东会负责，且应向股东会报告监事履职情况等，并由上市公司予以披露，所以其相关事项可以为资本市场和投资者的决策提供一定的借鉴和参考。

与监事会质询与提议次数相关的主要指导机构及法律法规、政策规范

全国人民代表大会常务委员会〔2024〕《中华人民共和国公司法》第七十九条：

——监事可以列席董事会会议，并对董事会决议事项提出质询或者建议。监事会发现公司经营情况异常，可以进行调查；必要时，可以聘请会计师事务所等协助其工作，费用由公司承担。

中国证券监督管理委员会〔2018〕《上市公司治理准则》第四十八条、第五十条：

——监事会可以要求董事、高级管理人员、内部及外部审计人员等列席监事会会议，回答所关注的问题。

——监事会发现董事、高级管理人员违反法律法规或者公司章程的，应当履行监督职责，并向董事会通报或者向股东大会报告，也可以直接向中国证监会及其派出机构、证券交易所或者其他部门报告。

上海证券交易所〔2023〕《上海证券交易所上市公司自律监管指引第1号——规范运作》2.3.5：

——监事会应当对董事会编制的定期报告进行审核并提出书面审核意见，书面审核意见应当说明报告编制和审核程序是否符合相关规定，内容是否真实、准确、完整。监事会依法检查公司财务，监督董事、高级管理人员在财务会计报告编制过程中的行为，必要时可以聘请中介机构提供专业意见。董事、高级管理人员应当如实向监事会提供有关情况和资料，不得妨碍监事会行使职权。监事发现上市公司或者董事、监事、高级管理人员、股东、实际控制人等存在与财务会计报告相关的欺诈、舞弊行为及其他可能导致重大错报的情形时，应当要求相关方立即纠正或者停止，并及时向董事会、监事会报告，提请董事会、监事会进行核查，必要时应当向本所报告。

深圳证券交易所〔2023〕《深圳证券交易所上市公司自律监管指引第1号——主板上市公司规范运作》2.3.5：

——监事会应当对董事会编制的财务会计报告进行审核并提出书面审核意

见,书面审核意见应当说明报告编制和审核程序是否符合相关规定,内容是否真实、准确、完整。监事会依法检查公司财务,监督董事、高级管理人员在财务会计报告编制过程中的行为,必要时可以聘请中介机构提供专业意见。董事、高级管理人员应当如实向监事会提供有关情况和资料,不得妨碍监事会行使职权。监事发现上市公司或者董事、监事、高级管理人员、股东、实际控制人等存在与财务会计报告相关的欺诈、舞弊行为及其他可能导致重大错报的情形时,应当要求相关方立即纠正或者停止,并及时向董事会、监事会报告,提请董事会、监事会进行核查,必要时应当向本所报告。

New York Stock Exchange〔2013〕NYSE Listed Company Manual 303A. Section C 12:

——The appropriate inquiry under Section 303A. 02 (b) (ii) is whether a director or his or her immediate family member has received, during any twelve-month period within the last three years, more than \$120,000 in direct compensation from the listed company (other than director fees and pension or deferred compensation as specified in the rule).

——第303A. 02 (b) (ii) 节规定的适当质询是,董事或其直系亲属在过去三年内的任何十二个月内是否从上市公司获得了超过120 000美元的直接补偿(董事费、养老金或规则规定的递延补偿除外)。

Global Reporting Initiative〔2022〕Consolidated Set of the GRI Standards 2-12:

——The organization shall: a. describe the role of the highest governance body and of senior executives in developing, approving, and updating the organization's purpose, value or mission statements, strategies, policies, and goals related to sustainable development; b. describe the role of the highest governance body in overseeing the organization's due diligence and other processes to identify and manage the organization's impacts on the economy, environment, and people, including: i. whether and how the highest governance body engages with stakeholders to support these processes; ii. how the highest governance body considers the outcomes of these processes; c. describe the role of the highest governance body in reviewing the effectiveness of the organization's processes as described in 2-12-b, and report the frequency of this review.

——组织应:a. 说明最高治理机构和高管在制定、批准和更新组织的宗旨、价值观或使命陈述、战略、政策以及与可持续发展相关的目标方面的作用。b. 说明在为识别和管理组织对经济、环境和人的影响而采取的尽职调查和其他程序方面,最高治理机构的监督作用,包括:i. 最高治理机构是否以及如何与利益相关方沟通,以支持这些流程；ii. 最高治理机构如何考虑这些流程的结果。c. 说明最高治理机构在审核 2-12-b 所述组织流程的有效性方面的作用，并说明审核的频率。

本指标披露等级及主要适用范围

【建议披露】适用于设立监事会的企业。

G1.4　高级管理层

什么是高级管理人员

高级管理人员（senior executives），依照《中华人民共和国公司法》中的释义，是指公司的经理、副经理、财务负责人，上市公司董事会秘书和公司章程规定的其他人员。广义的高级管理人员还包括公司的董事和监事人员。

G1.4.1　高级管理层人员构成

什么是高级管理层人员构成

高级管理层人员构成（composition of senior management），一般被认为是高级管理层人员的人数、具体职务及占比情况。

G1.4.1.1　女性高管占比

什么是女性高管占比

女性高管占比（the percentage of female senior executives），一般被认为是企业所有高级管理人员中女性所占的比例。

为什么要考察女性高管占比

女性高管占比的提升，将有助于企业内部治理和财务规范化的提升，推动企业逐渐从侧重于并购的知识购买战略转变为侧重于内部研发的知识构建战略，同时在高管团队的风险承受能力和变革接受能力方面均有助益。

怎样披露女性高管占比

【定量】企业披露女性高管占比的情况，包括但不限于：女性高管人数、职务、占比等。

【计算方式】女性高管占比＝企业中女性高管总人数÷企业高管总人数。单位：％。

为什么要披露女性高管占比

女性高管占比的提升可在企业经营的众多方面带来正向预期，有利于加强对企业的监督，为决策提供不同观点和视角，并且在一定程度上有助于提升企业财务绩效与市场绩效，为股东创造更高价值，对于资本市场评估企业未来发展趋势具备一定的参考意义。

与女性高管占比相关的主要指导机构及法律法规、政策规范

国务院国有资产监督管理委员会〔2023〕《央企控股上市公司 ESG 专项报告参考指标体系》G1.2.3：

——董事会、监事会和管理层的任命程序及构成

指标性质：定性/定量

披露等级：基础披露

指标说明：描述公司董事会、监事会和管理层的任命程序，以及公司董事会和管理层多元化构成情况，包括但不限于董事会成员性别组成、年龄分布、平均年任期、专业背景以及公司执行董事、外部监事和独立董事的比例等，以及管理层人员的性别组成、年龄分布、平均年任期、专业背景等

香港交易所〔2023〕《环境、社会及管治报告指引》B1.1：

——按性别、雇佣类型（如全职或兼职）、年龄组别及地区划分的雇员总数。

Singapore Exchange〔2023〕Starting with a Common Set of Core ESG Metrics 3：

——Metric：Women in the management team

Unit：Percentage（%）

Framework Alignment：GRI 2-9，GRI 405-1，WEF core metrics，SASB 330

Description：The number of female senior management as a percentage of senior management. Each organisation defines which employees are part of its senior management team.

——指标名称：管理团队中的女性

单位：百分比（%）

框架体系：GRI 2-9、GRI 405-1、WEF 核心指标、SASB 330

描述：女性高级管理人员人数在高级管理人员总人数中所占的百分比。每个组织都定义了哪些员工是其高级管理团队的一部分。

Global Reporting Initiative〔2022〕Consolidated Set of the GRI Standards 405-1：

——The reporting organization shall report the following information：a. Percentage of individuals within the organization's governance bodies in each of the following diversity categories：i. Gender；ii. Age group：under 30 years old，30～50 years old，over 50 years old；iii. Other indicators of diversity where relevant（such as minority or vulnerable groups）. b. Percentage of employees per employee category in each of the following diversity categories：i. Gender；ii. Age group：under 30 years old，30～50 years old，over 50 years old；iii. Other indicators of diversity where relevant（such as minority or vulnerable groups）.

——组织应报告以下信息：a. 组织治理机构不同员工的百分比，按以下多元化类别分类：i. 性别；ii. 年龄组：30 岁以下、30～50 岁、50 岁以上；iii. 其他相关的多元化指标（例如少数群体或弱势群体）。b. 每个员工类别的员工百分比，按以下多元化类别分类：i. 性别；ii. 年龄组：30 岁以下、30～50 岁、50 岁以上；iii. 其他相关的多元化指标（例如少数群体或弱势群体）。

European Financial Reporting Advisory Group〔2022〕ESRS G1 Governance, Risk Management and Internal Control G1-4, 22、24:

——The undertaking shall provide information on the diversity policy applied in relation to its administrative, management and supervisory bodies.

——The disclosure required by paragraph 22 shall include the following information: (a) A description of the diversity policy applied in relation to the undertaking's its administrative, management and supervisory bodies with regard to each of the following: i. gender, ii. age, iii. minority or vulnerable groups, iv. educational and professional backgrounds, and v. other aspects where relevant. (b) The objectives of that diversity policy. (c) How the diversity policy has been implemented.

——企业应提供关于其行政、管理和监督机构所适用的多元化政策的信息。

——第22款要求的披露应包括以下信息：(a) 对企业行政、管理和监督机构适用的多元化政策的说明，涉及以下各方面：i. 性别，ii. 年龄，iii. 少数群体或弱势群体，iv. 教育和专业背景，v. 其他相关方面。(b) 多元化政策的目标。(c) 多元化政策是如何实施的。

本指标披露等级及主要适用范围

【基础披露】适用于所有行业企业。

G1.4.1.2　高管平均任期

什么是高管平均任期

高管平均任期（the average tenure of senior executives），一般被认为是企业高级管理人员实际在企业担任高级管理职务的平均年限。关于高管的任期法律法规虽未作具体的年限规定，但由于高管聘任或解聘由董事会决定，一般情况下高管的任期与董事、监事的任期保持一致。

为什么要考察高管平均任期

企业高级管理人员的平均任期对企业业绩、战略决策等有重要影响。随着任期的延长，高管团队的知识水平、社会经验等也随之提高，经理自主权逐渐增强，对企业的控制力也增强，从而对企业的经营管理、战略决策、业绩发展等产生重要影响。

怎样披露高管平均任期

【定量】企业披露高管平均任期的情况，包括但不限于：高管人员结构、高管数量、高管任期平均年限等。

【计算方式】高管平均任期＝(高级管理人员任期总月数÷12)÷高级管理人员人数。其中，任期不足一月的按一月处理。单位：年。

为什么要披露高管平均任期

企业高管作为企业经营的管理者，其平均任期在一定程度上可以反映企业业绩的走向，合适的高管平均任期与较为稳定的企业战略、投入和发展更为相关，其相关事项对于投资者具有重要意义。

与高管平均任期相关的主要指导机构及法律法规、政策规范

中国证券监督管理委员会〔2021〕《公开发行证券的公司信息披露内容与格式准则第 2 号—年度报告的内容与格式》第三十一条：

——公司应当披露董事、监事和高级管理人员的情况，包括：（一）基本情况。现任及报告期内离任董事、监事、高级管理人员的姓名、性别、年龄、任期起止日期（连任的从首次聘任日起算）、年初和年末持有本公司股份、股票期权、被授予的限制性股票数量、年度内股份增减变动量及增减变动的原因。如为独立董事，需单独注明。报告期如存在任期内董事、监事离任和高级管理人员解聘，应当说明原因。……

上海证券交易所〔2023〕《上海证券交易所上市公司自律监管指引第 1 号——规范运作》3.2.7：

——……董事、监事和高级管理人员非因任期届满离职的，除应当遵循前款要求外，还应当将离职报告报上市公司监事会备案。离职原因可能涉及上市公司违法违规或者不规范运作的，应当具体说明相关事项，并及时向本所及其他相关监管机构报告。

深圳证券交易所〔2023〕《深圳证券交易所上市公司自律监管指引第 1 号——主板上市公司规范运作》3.2.9：

——董事、监事和高级管理人员应当在辞职报告中说明辞职时间、辞职原因、辞去的职务、辞职后是否继续在上市公司及其控股子公司任职（如继续任职，说明继续任职的情况）等情况。

国务院国有资产监督管理委员会〔2023〕《央企控股上市公司 ESG 专项报告参考指标体系》G1.2.3：

——董事会、监事会和管理层的任命程序及构成

指标性质：定性/定量

披露等级：基础披露

指标说明：描述公司董事会、监事会和管理层的任命程序，以及公司董事会和管理层多元化构成情况，包括但不限于董事会成员性别组成、年龄分布、平均年任期、专业背景以及公司执行董事、外部监事和独立董事的比例等，以及管理层人员的性别组成、年龄分布、平均年任期、专业背景等

Global Reporting Initiative〔2022〕Consolidated Set of the GRI Standards 2-9：

——The organization shall: a. describe its governance structure, including committees of the highest governance body; b. list the committees of the highest governance body that are responsible for decision making on and overseeing the management of the organization's impacts on the economy, environment, and people; c. describe the composition of the highest governance body and its committees by: i. executive and non-executive members; ii. independence; iii. tenure of members on the governance body; iv. number of other significant positions and commitments held by each member, and the nature of the commitments; v. gender; vi. under-represented social groups; vii. competencies relevant to the impacts of the organization; viii. stakeholder representation.

——组织应：a. 说明其治理结构，包括最高治理机构下设的委员会。b. 列出在组织管理对经济、环境和人员影响方面，最高治理机构中负责决策和监督的委员会。c. 说明最高治理机构及其委员会的组成，包括：i. 执行成员和非执行成员；ii. 独立性；iii. 治理机构成员的任期；iv. 每个成员所担任的其他重要职务和承诺的数量，以及承诺的性质；v. 性别；vi. 未被充分代表的社会群体；vii. 与组织的影响有关的胜任能力；viii. 利益相关方的代表性。

本指标披露等级及主要适用范围

【基础披露】适用于所有行业企业。

G1.4.1.3 高管离职率

什么是高管离职率

高管离职率（the turnover rate of senior executives），一般被认为是某个时段内企业高级管理人员离职人数在企业高级管理人员总人数中的占比。

为什么要考察高管离职率

高管离职对企业的经营管理、治理运行、战略决策等都会产生较大影响，高管离职率在一定程度上反映了企业经营管理水平产生的波动，或企业发展战略出现的较大调整等，可能对企业长远发展产生影响。

怎样披露高管离职率的信息

【定量】企业披露高管离职率。

【计算公式】高管离职率＝当期高级管理人员离职人数÷[（期初企业高级管理人员人数＋期末企业高级管理人员人数）÷2]×100%。单位：%。

为什么要披露高管离职率的信息

高管离职率从侧面反映了企业的经营管理波动情况、企业战略变更的影响等情况，过高的高管离职率可能预示着企业形象受损、存在危机，从而对企业未来发展产生一定影响，往往会受到投资者、资本市场的高度关注。

与高管离职率相关的主要指导机构及法律法规、政策规范

全国人民代表大会常务委员会〔2024〕《中华人民共和国公司法》第一百七十八条：

——有下列情形之一的，不得担任公司的董事、监事、高级管理人员：（一）无民事行为能力或者限制民事行为能力；（二）因贪污、贿赂、侵占财产、挪用财产或者破坏社会主义市场经济秩序，被判处刑罚，或者因犯罪被剥夺政治权利，执行期满未逾五年，被宣告缓刑的，自缓刑考验期满之日起未逾二年；（三）担任破产清算的公司、企业的董事或者厂长、经理，对该公司、企业的破产负有个人责任的，自该公司、企业破产清算完结之日起未逾三年；（四）担任因违法被吊销营业执照、责令关闭的公司、企业的法定代表人，并负有个人责任的，自该公司、企业被吊销营业执照、责令关闭之日起未逾三年；（五）个人因所负数额较大债务到期未清偿被人民法院列为失信被执行人。违反前款规定选举、委派董事、监事或者聘任高级管理人员的，该选举、委派或者聘任无效。董事、监事、高级管理人员在任职期间出现本条第一款所列情形的，公司应当解除其职务。

中国证券监督管理委员会〔2021〕《上市公司信息披露管理办法》第十四条：

——年度报告应当记载以下内容：……（五）董事、监事、高级管理人员的任职情况、持股变动情况、年度报酬情况；……

中国证券监督管理委员会〔2021〕《公开发行证券的公司信息披露内容与格式准则第 2 号—年度报告的内容与格式》第三十一条：

——公司应当披露董事、监事和高级管理人员的情况，包括：（一）基本情况。现任及报告期内离任董事、监事、高级管理人员的姓名、性别、年龄、任期起止日期（连任的从首次聘任日起算）、年初和年末持有本公司股份、股票期权、被授予的限制性股票数量、年度内股份增减变动量及增减变动的原因。如为独立董事，需单独注明。报告期如存在任期内董事、监事离任和高级管理人员解聘，应当说明原因。……

本指标披露等级及主要适用范围

【基础披露】 适用于所有行业企业。

G1.4.2　高管工作与高管绩效

什么是高管绩效

高管绩效（senior executive performance），一般被认为是高级管理人员在履行其职责和管理责任时所取得的业绩和表现。它是评估高级管理层成员能力和贡献的重要指标，用于衡量他们在实现企业战略目标和创造股东价值方面的成果。

G1.4.2.1　高管培训情况

什么是高管培训情况

高管培训情况（senior executive training situation），一般被认为是企业针对高级管理人员的培训情况，其中包括但不限于年度参与高管培训的人数、频次、培训内容及方式等情况。

为什么要考察高管培训情况

规范的高管培训通常会给企业的正常经营带来帮助，通过培训企业高级管理人员在管理、法律以及财务等方面的专业技能，可强化高级管理人员的自律意识，提升社会责任意识。总结高管培训情况有助于企业提升高管培训质量，完善企业的治理结构，推动企业规范运作。

怎样披露高管培训情况

【定性】 企业披露高管培训情况，包括但不限于：年度高管培训频次、培训主题、培训方式、参与人次、具体培训时间及地点等相关信息。

为什么要披露高管培训情况

通过披露高管培训情况，利益相关者可以在一定程度上了解企业的经营管理水平和商业道德，评估企业未来发展趋势；定期进行高管培训可以推动企业的规范运作，提升投资者信心，促进资本市场健康发展；规范高管培训可提升客户服务质量、促进员工职业发展以及与供应链上下游合作中的企业社会责任履行。

与高管培训情况相关的主要指导机构及法律法规、政策规范

中国证券监督管理委员会〔2022〕《上市公司投资者关系管理工作指引》第二十七条：

——上市公司可以定期对董事、监事、高级管理人员和工作人员开展投资者关系管理工作的系统性培训。鼓励参加中国证监会及其派出机构和证券交易所、证券登记结算机构、上市公司协会等举办的相关培训。

上海证券交易所〔2024〕《上海证券交易所股票上市规则》4.4.2：

——董事会秘书对上市公司和董事会负责，履行如下职责：……（六）组织公司董事、监事和高级管理人员就相关法律法规、本所相关规定进行培训，协助前述人员了解各自在信息披露中的职责；……

深圳证券交易所〔2024〕《深圳证券交易所股票上市规则》4.4.2：

——董事会秘书对上市公司和董事会负责，履行如下职责：……（六）组织董事、监事和高级管理人员进行相关法律法规、本规则及本所其他规定要求的培训，协助前述人员了解各自在信息披露中的职责；……

香港交易所〔2023〕《环境、社会及管治报告指引》B3：

——一般披露有关提升雇员履行工作职责的知识及技能的政策。描述培训活

动。注：培训指职业培训，可包括由雇主付费的内外部课程。

London Stock Exchange〔2019〕ESG Disclosure Score　8.19：

——Hours spent on employee development training to enhance knowledge or individual skills. This can be total hours as a company, or average hours per employee. It should not include training time on company policies (e.g. safety, code of conduct) as it intended to reflect your company's investment in developing human capital, particularly through training that expands the knowledge base of employees.

——用于扩展知识或提高个人技能的员工发展培训时间。这可以是公司的总小时数，也可以是每位员工的平均小时数。它不应包括关于公司政策（如安全、行为准则）的培训时间，仅反映贵公司在开发人力资本方面的投资，特别是通过扩大员工知识库的培训。

Global Reporting Initiative〔2022〕Consolidated Set of the GRI Standards　404-1：

——The reporting organization shall report the following information：Average hours of training that the organization's employees have undertaken during the reporting period, by：i. gender；ii. employee category.

——组织应报告以下信息：组织员工在报告期内接受的平均培训时数，按照以下类别分列：i. 性别；ii. 员工类别。

European Financial Reporting Advisory Group〔2022〕ESRS S1 Own Workforce S1-9, 57：

——The disclosures detailed below shall be provided for employees and non-employees separately. For employees, the information shall be disaggregated at the level of granularity required by data points described below for (a)-(c) and, for non-employees, no further disaggregation shall be required. The information to be disclosed shall include：(a) the percentage of own workers that participated in regular performance and career development reviews for each employee category；(b) the average number of training hours per person in own workforce by employee category and gender；and (c) average expenses on training per full-time equivalent (FTE) for the reporting year. In addition, the undertaking shall reconcile the total expenses included in the numerator of this ratio with the most representative amount recorded in the financial statements.

——以下详细披露应分别提供给员工和非员工。对于员工，信息应按照以下(a)~(c)数据点所需的粒度进行分类，对于非员工，不需要进一步分类。披露的信息应包括：(a) 对于每个员工类别，参加定期绩效和职业发展审查的员工比例；

(b) 按员工类别和性别划分的所有员工中每人的平均培训小时数；(c) 报告年度每全职当量的平均培训费用。此外，企业应将该比率分子中包含的总费用与财务报表中记录的最具代表性的金额进行对账。

本指标披露等级及主要适用范围

【基础披露】 适用于所有行业企业。

G1.4.2.2 高管工作情况

什么是高管工作情况

高管工作情况（senior executive work status），一般被认为是在企业日常运营中高级管理人员的日常履职情况，包括高管会议决策情况、年度绩效评估等内容。

为什么要考察高管工作情况

高管工作情况是反映企业日常经营情况的重要观察手段，考察高级管理人员工作情况有助于评估高管的工作绩效，改进企业管理的运作，更好地发挥高管在公司治理中的领导作用。

怎样披露高管工作情况

【定性】 企业披露高管工作情况，包括但不限于：高管会议决策情况、高管工作职责履行情况以及年度绩效评估等内容。

为什么要披露高管工作情况

高管工作情况可以从侧面反映出企业日常经营现状、公司治理效率，为投资者和资本市场提供额外的参考维度。

与高管工作情况相关的主要指导机构及法律法规、政策规范

全国人民代表大会常务委员会〔2024〕《中华人民共和国公司法》第一百七十九条：

——董事、监事、高级管理人员应当遵守法律、行政法规和公司章程。

中国证券监督管理委员会〔2018〕《上市公司治理准则》第五十三条：

——上市公司应当在公司章程或者公司其他制度中明确高级管理人员的职责。高级管理人员应当遵守法律法规和公司章程，忠实、勤勉、谨慎地履行职责。

中国证券监督管理委员会〔2021〕《上市公司信息披露管理办法》第三十条、第三十七条：

——上市公司应当制定信息披露事务管理制度。信息披露事务管理制度应当包括：……（四）董事和董事会、监事和监事会、高级管理人员等的报告、审议和披露的职责；（五）董事、监事、高级管理人员履行职责的记录和保管制度；……

——高级管理人员应当及时向董事会报告有关公司经营或者财务方面出现的重大事件、已披露的事件的进展或者变化情况及其他相关信息。

香港交易所〔2023〕《环境、社会及管治报告指引》B1：

——一般披露有关薪酬及解雇、招聘及晋升、工作时数、假期、平等机会、多元化、反歧视以及其他待遇及福利的：(a) 政策；及 (b) 遵守对发行人有重大影响的相关法律及规例的资料。

本指标披露等级及主要适用范围

【建议披露】适用于所有行业企业。

G1.4.2.3　高管绩效评价体系

什么是高管绩效评价体系

高管绩效评价体系（senior executive performance evaluation system），一般被认为是企业针对高级管理人员于某一时段内的履职情况和工作业绩进行考核的评价体系，其中包括但不限于年度考核与任期考核评价体系。

为什么要考察高管绩效评价体系

高管绩效评价体系是考核高管履职情况和工作业绩的重要工具，是企业高管薪酬激励与约束设定的主要依据。确立与企业战略目标相适应的高管绩效评价体系，有利于了解公司治理情况，及时调整高管薪酬激励与约束机制，提高企业管理系统的运作效率，实现企业目标和长远发展。

怎样披露高管绩效评价体系

【定性】企业披露高管绩效评价体系的情况，包括但不限于：评价体系的指标构成、指标类型、指标内容以及采用的评价方法等内容。

为什么要披露高管绩效评价体系

通过披露高管绩效评价体系，利益相关者可以通过了解企业的激励和约束机制，评估企业发展潜力，做出投资决策，促进资本市场发展。将高管绩效评价体系与企业可持续发展战略挂钩，可以促进企业管理系统的社会责任履行。

与高管绩效评价体系相关的主要指导机构及法律法规、政策规范

国务院国有资产监督管理委员会〔2019〕《中央企业负责人经营业绩考核办法》第三十六条：

——落实董事会对经理层的经营业绩考核职权。……（三）董事会根据国资委确定的经营业绩考核结果，结合经理层个人履职绩效，确定经理层业绩考核结果和薪酬分配方案。

国务院国有资产监督管理委员会〔2023〕《央企控股上市公司 ESG 专项报告参考指标体系》G1.1.2：

——治理策略监督流程

指标性质：定性

披露等级：建议披露

指标说明：描述公司监督治理策略的流程以及对管理层实施策略和绩效管理的情况

中国证券监督管理委员会〔2018〕《上市公司治理准则》第五十五条、第五十六条：

——上市公司应当建立公正透明的董事、监事和高级管理人员绩效与履职评价标准和程序。

——董事和高级管理人员的绩效评价由董事会或者其下设的薪酬与考核委员会负责组织，上市公司可以委托第三方开展绩效评价。独立董事、监事的履职评价采取自我评价、相互评价等方式进行。

中国证券监督管理委员会〔2021〕《公开发行证券的公司信息披露内容与格式准则第 2 号—年度报告的内容与格式》第三十七条：

——……鼓励公司详细披露报告期内对高级管理人员的考评机制，以及激励机制的建立、实施情况。

Global Reporting Initiative〔2022〕Consolidated Set of the GRI Standards 2‑18：

——The organization shall：a. describe the processes for evaluating the performance of the highest governance body in overseeing the management of the organization's impacts on the economy, environment, and people；b. report whether the evaluations are independent or not, and the frequency of the evaluations；c. describe actions taken in response to the evaluations, including changes to the composition of the highest governance body and organizational practices.

——组织应：a. 描述最高治理机构在监督组织对经济、环境和人员影响的管理方面的绩效评估过程；b. 报告评估是否独立，以及评估频率；c. 描述为回应评估而采取的行动，包括改变最高治理机构的组成和组织做法。

European Financial Reporting Advisory Group〔2022〕ESRS G1 Governance, Risk Management and Internal Control G1‑5，27、29：

——The undertaking shall describe the process, if any, followed for evaluating the performance of its administrative, management and supervisory bodies in overseeing the management of the undertaking.

——The disclosure required by paragraph 27 shall include a description of：(a) the process followed for evaluating the performance of its administrative, management and supervisory bodies；(b) whether the evaluation is independent or not, and its frequency；and (c) the actions taken in response to the evaluation of the performance of the administrative, management and supervisory bodies.

——企业应说明评估其行政、管理和监督机构在监督企业管理方面的表现所遵循的程序（如有）。

——第 27 款要求的披露应包括以下内容的说明：(a) 评估其行政、管理和监督机构业绩所遵循的程序；(b) 评估是否独立，以及评估频率；(c) 为回应对行政、管理和监督机构业绩的评估而采取的行动。

本指标披露等级及主要适用范围

【建议披露】 适用于所有行业企业。

G1.4.3 高管激励

什么是高管激励

高管激励（senior executive incentives），一般被认为是在公司治理中，为使企业的高级管理人员的利益与企业发展目标一致，激发其动力和积极性而实施的各种奖励和激励措施。它旨在激励高级管理层成员为企业的长期增长和股东价值创造做出贡献，提高其绩效表现，并与企业的目标和利益保持一致。

G1.4.3.1 高管薪酬办法

什么是高管薪酬办法

高管薪酬办法（senior executive compensation policy），一般被认为是企业高级管理人员薪酬的制定规则，通常包括高级管理人员的薪酬结构、激励触发条件等。

为什么要考察高管薪酬办法

高管薪酬办法的健全与否通常影响着企业的内部治理水平和效率，清晰的高管薪酬办法可以降低企业内部治理成本，从而提升企业整体治理效率。

怎样披露高管薪酬办法

【定性】 企业披露高管薪酬办法的情况，包括但不限于：董事、监事、高级管理人员的薪酬结构、奖金设置及发放标准、薪酬支付方式等内容。

为什么要披露高管薪酬办法

高管薪酬办法是否公平、透明是衡量企业内部治理成本的一项参考指标，通常高管薪酬办法公平性、透明度越好，企业内部治理成本越低，越受投资者和资本市场青睐。

与高管薪酬办法相关的主要指导机构及法律法规、政策规范

国务院国有资产监督管理委员会〔2019〕《中央企业负责人经营业绩考核办法》第三十六条、第四十条：

——落实董事会对经理层的经营业绩考核职权。……（三）董事会根据国资委确定的经营业绩考核结果，结合经理层个人履职绩效，确定经理层业绩考核结果和薪酬分配方案。

——企业负责人的薪酬由基本年薪、绩效年薪、任期激励收入三部分构成。

国务院国有资产监督管理委员会〔2023〕《央企控股上市公司ESG专项报告参考指标体系》G1.3.3：

——管理层薪酬合理性

指标性质：定性

披露等级：建议披露

指标说明：描述公司管理层薪水和与业绩挂钩部分的额度及业绩评估方法，包括但不限于将公司ESG实践绩效按一定比例纳入管理层的薪酬考评和奖励计划中

中国证券监督管理委员会〔2018〕《上市公司治理准则》第五十八条、第五十九条、第六十条：

——上市公司应当建立薪酬与公司绩效、个人业绩相联系的机制，以吸引人才，保持高级管理人员和核心员工的稳定。

——上市公司对高级管理人员的绩效评价应当作为确定高级管理人员薪酬以及其他激励的重要依据。

——董事、监事报酬事项由股东大会决定。在董事会或者薪酬与考核委员会对董事个人进行评价或者讨论其报酬时，该董事应当回避。高级管理人员的薪酬分配方案应当经董事会批准，向股东大会说明，并予以充分披露。

中国证券监督管理委员会〔2021〕《公开发行证券的公司信息披露内容与格式准则第2号——年度报告的内容与格式》第三十一条：

——公司应当披露董事、监事和高级管理人员的情况，包括：……（三）年度报酬情况。董事、监事和高级管理人员报酬的决策程序、报酬确定依据以及实际支付情况。披露每一位现任及报告期内离任董事、监事和高级管理人员在报告期内从公司获得的税前报酬总额（包括基本工资、奖金、津贴、补贴、职工福利费和各项保险费、公积金、年金以及以其他形式从公司获得的报酬）及其全体合计金额，并说明是否在公司关联方获取报酬。

香港交易所〔2023〕《环境、社会及管治报告指引》B1：

——一般披露有关薪酬及解雇、招聘及晋升、工作时数、假期、平等机会、多元化、反歧视以及其他待遇及福利的：(a) 政策；及 (b) 遵守对发行人有重大影响的相关法律及规例的资料。

Tokyo Stock Exchange〔2021〕Japan's Corporate Governance Code 3.1：

——In addition to making information disclosure in compliance with relevant laws and regulations, companies should disclose and proactively provide the information listed below (along with the disclosures specified by the principles of the Code) in order to enhance transparency and fairness in decision-making and ensure effective corporate governance: i) Company objectives (e. g., business principles), business strategies and business plans; ii) Basic views and guidelines on corporate governance based on each of the principles of the Code; iii) Board policies and procedures in determining the remuneration of the senior management and directors; iv) Board policies and procedures in the appointment/dismissal of the senior management and the nomination of directors and kansayaku candidates; and v) Explanations with respect to the individual appointments/dismissals and nominations based on iv).

——除按照相关法律法规进行信息披露外,公司应披露并主动提供以下信息(以及《准则》原则规定的披露),以提高决策的透明度和公平性,并确保有效的公司治理:i) 公司目标(如商业原则)、商业战略和商业计划;ii) 基于《准则》各项原则的关于公司治理的基本观点和准则;iii) 董事会决定高级管理人员和董事薪酬的政策和程序;iv) 高级管理人员的任命/解聘以及董事和监事候选人的提名的董事会政策和程序;v) 根据 iv) 对个人任命/解聘和提名的解释。

National Association of Securities Dealers Automated Quotations〔2019〕ESG Reporting Guide 2.0　G3:

——Are executives formally incentivized to perform on sustainability? Yes/No

——高管们是否被正式激励以在可持续发展方面有所作为？是/否

Global Reporting Initiative〔2022〕Consolidated Set of the GRI Standards　2-19:

——The organization shall: a. describe the remuneration policies for members of the highest governance body and senior executives, including: i. fixed pay and variable pay; ii. sign-on bonuses or recruitment incentive payments; iii. termination payments; iv. claw backs; v. retirement benefits; b. describe how the remuneration policies for members of the highest governance body and senior executives relate to their objectives and performance in relation to the management of the organization's impacts on the economy, environment, and people.

——组织应：a. 描述最高治理机构成员和高级管理人员的薪酬政策,包括：i. 固定薪酬和可变薪酬；ii. 签约奖金或招聘激励金；iii. 退职金；iv. 弥补性收入；v. 退休福利。b. 描述最高治理机构成员和高级管理人员的薪酬政策如何与他们在管理组织对经济、环境和人员的影响方面的目标和绩效相关联。

European Financial Reporting Advisory Group〔2022〕ESRS G1 Governance, Risk Management and Internal Control　G1-6, 30、32、33:

——The undertaking shall describe the policy used for the remuneration of its administrative, management and supervisory bodies.

——The disclosure required by paragraph 30 shall include information regarding the process followed in determining the policy and proposals for the remuneration of the undertaking's administrative, management and supervisory bodies, in particular: (a) the assigned roles and responsibilities for the process, including whether the process is overseen by independent members of the undertaking's governance body or an independent remuneration committee; (b) whether external consultants are involved; (c) whether stakeholders' views (including shareholders) are sought and taken into account, together with any corresponding voting results.

——The disclosure required by paragraph 32 shall address specifically the following types of remuneration: (a) fixed pay and variable pay, including performance-based pay, equity-based pay, bonuses, and deferred or vested shares; (b) sign-on bonuses or recruitment incentive payments; (c) termination payments; (d) claw backs; and (e) retirement benefits.

——企业应说明其行政、管理和监督机构的薪酬政策。

——第 30 款要求披露的信息应包括关于确定企业行政、管理和监督机构薪酬政策和建议所遵循的程序的信息，特别是：(a) 该程序的角色和责任，包括该程序是否受企业治理机构的独立成员或独立薪酬委员会监督；(b) 是否涉及外部顾问；(c) 是否征求并考虑了利益相关者（包括股东）的意见，以及任何相应的投票结果。

——第 32 款要求的披露应具体涉及以下类型的薪酬：(a) 固定薪酬和可变薪酬，包括基于绩效的薪酬、基于股权的薪酬、奖金以及递延或既得股份；(b) 签约奖金或招聘激励金；(c) 退职金；(d) 弥补性收入；(e) 退休福利。

本指标披露等级及主要适用范围

【建议披露】适用于所有行业企业。

G1.4.3.2 高管平均薪酬

什么是高管平均薪酬

高管平均薪酬（average compensation for senior executives），一般被认为是企业高级管理层人员每年度的人均薪酬，其中通常包括基本年薪、绩效年薪以及任职激励等。

为什么要考察高管平均薪酬

高管平均薪酬是衡量企业经营现状的参考性指标之一，高管薪酬与其对企业的贡献程度是匹配的，高管薪酬的提升有利于促进整个市场的有效发展。

怎样披露高管平均薪酬

【定量】企业披露高管平均薪酬的情况，包含董事、监事、高级管理人员。

【计算方式】高管平均薪酬＝企业董监高总薪酬支出÷[(期初企业董监高人数＋期末企业董监高人数)÷2]×100%。单位：万元。

为什么要披露高管平均薪酬

高管平均薪酬是侧面反映企业经营情况的指标之一，通常认为高管平均薪酬越高，企业经营现状越好，所以高管平均薪酬是投资者及资本市场决策的参考指标之一。高管薪酬水平可以结合企业运营状况，用于评估企业薪酬激励政策和约束政策的实施，了解企业的运营效益和发展趋势。

与高管平均薪酬相关的主要指导机构及法律法规、政策规范

国务院国有资产监督管理委员会〔2023〕《央企控股上市公司 ESG 专项报告参考指标体系》G1.3.3：

——管理层薪酬合理性

指标性质：定性

披露等级：建议披露

指标说明：描述公司管理层薪水和与业绩挂钩部分的额度及业绩评估方法，包括但不限于将公司 ESG 实践绩效按一定比例纳入管理层的薪酬考评和奖励计划中

中国证券监督管理委员会〔2018〕《上市公司治理准则》第五十八条、第五十九条、第六十条：

——上市公司应当建立薪酬与公司绩效、个人业绩相联系的机制，以吸引人才，保持高级管理人员和核心员工的稳定。

——上市公司对高级管理人员的绩效评价应当作为确定高级管理人员薪酬以及其他激励的重要依据。

——董事、监事报酬事项由股东大会决定。在董事会或者薪酬与考核委员会对董事个人进行评价或者讨论其报酬时，该董事应当回避。高级管理人员的薪酬分配方案应当经董事会批准，向股东大会说明，并予以充分披露。

中国证券监督管理委员会〔2021〕《上市公司信息披露管理办法》第十三条：

——年度报告应当记载以下内容：……（五）董事、监事、高级管理人员的任职情况、持股变动情况、年度报酬情况；……

中国证券监督管理委员会〔2021〕《公开发行证券的公司信息披露内容与格式准则第 2 号—年度报告的内容与格式》第三十一条：

——公司应当披露董事、监事和高级管理人员的情况，包括：……（三）年度报酬情况。董事、监事和高级管理人员报酬的决策程序、报酬确定依据以及实际支付情况。披露每一位现任及报告期内离任董事、监事和高级管理人员在报告期内从公司获得的税前报酬总额（包括基本工资、奖金、津贴、补贴、职工福利费和各项保险费、公积金、年金以及其他形式从公司获得的报酬）及其全体合

计金额，并说明是否在公司关联方获取报酬。

香港交易所〔2023〕《环境、社会及管治报告指引》B1：

——一般披露有关薪酬及解雇、招聘及晋升、工作时数、假期、平等机会、多元化、反歧视以及其他待遇及福利的：（a）政策；及（b）遵守对发行人有重大影响的相关法律及规例的资料。

Tokyo Stock Exchange〔2021〕Japan's Corporate Governance Code 3.1：

——In addition to making information disclosure in compliance with relevant laws and regulations, companies should disclose and proactively provide the information listed below (along with the disclosures specified by the principles of the Code) in order to enhance transparency and fairness in decision-making and ensure effective corporate governance：i) Company objectives (e.g., business principles), business strategies and business plans; ii) Basic views and guidelines on corporate governance based on each of the principles of the Code; iii) Board policies and procedures in determining the remuneration of the senior management and directors; iv) Board policies and procedures in the appointment/dismissal of the senior management and the nomination of directors and kansayaku candidates; and v) Explanations with respect to the individual appointments/dismissals and nominations based on iv).

——除按照相关法律法规进行信息披露外，公司应披露并主动提供以下信息（以及《准则》原则规定的披露），以提高决策的透明度和公平性，并确保有效的公司治理：i) 公司目标（如商业原则）、商业战略和商业计划；ii) 基于《准则》各项原则的关于公司治理的基本观点和准则；iii) 董事会决定高级管理人员和董事薪酬的政策和程序；iv) 高级管理人员的任命/解聘以及董事和监事候选人的提名的董事会政策和程序；v) 根据 iv) 对个人任命/解聘和提名的解释。

National Association of Securities Dealers Automated Quotations〔2019〕ESG Reporting Guide 2.0 G3：

——Are executives formally incentivized to perform on sustainability? Yes/No

——高管们是否被正式激励以在可持续发展方面有所作为？是/否

Global Reporting Initiative〔2022〕Consolidated Set of the GRI Standards 2-19：

——The organization shall：a. describe the remuneration policies for members of the highest governance body and senior executives, including：i. fixed pay and variable pay; ii. sign-on bonuses or recruitment incentive payments; iii. termination payments; iv. claw backs; v. retirement benefits; b. describe how the remuneration policies for members of the highest governance body and senior executives relate to their objectives and performance in relation to the management of the organization's impacts on the economy, environment, and people.

——该组织应：a. 描述最高治理机构成员和高级管理人员的薪酬政策，包括：i. 固定薪酬和可变薪酬；ii. 签约奖金或招聘激励金；iii. 退职金；iv. 弥补性收入；v. 退休福利。b. 描述最高治理机构成员和高级管理人员的薪酬政策如何与他们在管理组织对经济、环境和人员的影响方面的目标和绩效相关联。

European Financial Reporting Advisory Group〔2022〕ESRS G1 Governance, Risk Management and Internal Control G1－6，30、32、33：

——The undertaking shall describe the policy used for the remuneration of its administrative, management and supervisory bodies.

——The disclosure required by paragraph 30 shall include information regarding the process followed in determining the policy and proposals for the remuneration of the undertaking's administrative, management and supervisory bodies, in particular：(a) the assigned roles and responsibilities for the process, including whether the process is overseen by independent members of the undertaking's governance body or an independent remuneration committee；(b) whether external consultants are involved；(c) whether stakeholders' views (including shareholders) are sought and taken into account, together with any corresponding voting results.

——The disclosure required by paragraph 32 shall address specifically the following types of remuneration：(a) fixed pay and variable pay, including performance-based pay, equity-based pay, bonuses, and deferred or vested shares；(b) sign-on bonuses or recruitment incentive payments；(c) termination payments；(d) claw backs；and (e) retirement benefits.

——企业应说明其行政、管理和监督机构的薪酬政策。

——第 30 款要求披露的信息应包括关于确定企业行政、管理和监督机构薪酬政策和建议所遵循的程序的信息，特别是：(a) 该程序的角色和责任，包括该程序是否受企业治理机构的独立成员或独立薪酬委员会监督；(b) 是否涉及外部顾问；(c) 是否征求并考虑了利益相关者（包括股东）的意见，以及任何相应的投票结果。

——第 32 款要求的披露应具体涉及以下类型的薪酬：(a) 固定薪酬和可变薪酬，包括基于绩效的薪酬、基于股权的薪酬、奖金以及递延或既得股份；(b) 签约奖金或招聘激励金；(c) 退职金；(d) 弥补性收入；(e) 退休福利。

本指标披露等级及主要适用范围

【基础披露】适用于所有行业企业。

G1.4.3.3 高管持股情况

什么是高管持股情况

高管持股情况（senior executives shareholdings），依照《上市公司董事、监事和高级管理人员所持本公司股份及其变动管理规则》，是指登记在其名下和利用他人账户持有的所有本公司股份。高管从事融资融券交易的，还包括记载在其信用账户内的本公司股份。企业需对高管任职期间持有该公司的股份金额、股份数量、持股比例、变动前后持股情况等进行公布。

为什么要考察高管持股情况

高管持股情况反映了企业的治理结构和股权激励机制。研究表明，高管持股比例与企业经营业绩呈现非线性关系，确立合理的高管持股比例有助于提升企业经营业绩。完善企业内部治理机制、成立相对独立的薪酬与考核委员会，可以规范高管在股权激励机制下的行为，保障股东利益。

怎样披露高管持股情况

【**定量**】企业披露高管持股情况，即董事、监事、高级管理人员及核心技术人员持有本公司股份变动情况，包括但不限于高管姓名、职务、持股比例、变动前持股数、变动数等内容。

为什么要披露高管持股情况

通过披露高管持股情况，利益相关者可以了解企业的治理结构和股权激励机制，了解企业经营情况和研判发展趋势，及时调整投资决策。定期披露高管持股情况可以规范企业经营行为，保障投资者权益，促进资本市场健康发展。

与高管持股情况相关的主要指导机构及法律法规、政策规范

全国人民代表大会常务委员会〔2024〕《中华人民共和国公司法》第一百六十条：

——……公司董事、监事、高级管理人员应当向公司申报所持有的本公司的股份及其变动情况，在就任时确定的任职期间每年转让的股份不得超过其所持有本公司股份总数的百分之二十五；所持本公司股份自公司股票上市交易之日起一年内不得转让。上述人员离职后半年内，不得转让其所持有的本公司股份。公司章程可以对公司董事、监事、高级管理人员转让其所持有的本公司股份作出其他限制性规定。……

中国证券监督管理委员会〔2021〕《上市公司信息披露管理办法》第十三条：

——年度报告应当记载以下内容：……（五）董事、监事、高级管理人员的任职情况、持股变动情况、年度报酬情况；……

中国证券监督管理委员会〔2021〕《公开发行证券的公司信息披露内容与格式准则第2号—年度报告的内容与格式》第三十一条：

——公司应当披露董事、监事和高级管理人员的情况，包括：（一）基本情况。现任及报告期内离任董事、监事、高级管理人员的姓名、性别、年龄、任期起止日期（连任的从首次聘任日起算）、年初和年末持有本公司股份、股票期权、被授予的限制性股票数量、年度内股份增减变动量及增减变动的原因。如为独立董事，需单独注明。报告期如存在任期内董事、监事离任和高级管理人员解聘，应当说明原因。……

中国证券监督管理委员会〔2024〕《上市公司董事、监事和高级管理人员所持本公司股份及其变动管理规则》第五条、第十二条：

——上市公司董事、监事和高级管理人员在就任时确定的任职期间，每年通过集中竞价、大宗交易、协议转让等方式转让的股份，不得超过其所持本公司股份总数的百分之二十五，因司法强制执行、继承、遗赠、依法分割财产等导致股份变动的除外。上市公司董事、监事和高级管理人员所持股份不超过一千股的，可一次全部转让，不受前款转让比例的限制。

——上市公司董事、监事和高级管理人员所持本公司股份发生变动的，应当自该事实发生之日起二个交易日内，向上市公司报告并通过上市公司在证券交易所网站进行公告。公告内容应当包括：（一）本次变动前持股数量；（二）本次股份变动的日期、数量、价格；（三）本次变动后的持股数量；（四）证券交易所要求披露的其他事项。

上海证券交易所〔2024〕《上海证券交易所股票上市规则》3.2.6：

——上市公司向本所申请向不特定对象发行的股票上市，应当提交下列文件：……（五）董事、监事和高级管理人员持股情况变动的报告；……

上海证券交易所〔2023〕《上海证券交易所上市公司自律监管指引第1号——规范运作》3.1.3：

——董事、监事和高级管理人员应当在《董事（监事、高级管理人员）声明及承诺书》中声明：（一）持有本公司股票的情况；……

深圳证券交易所〔2024〕《深圳证券交易所股票上市规则》3.2.6：

——上市公司向本所申请新股上市，应当提交下列文件：……（五）董事、监事和高级管理人员持股情况变动的报告（如适用）；……

深圳证券交易所〔2023〕《深圳证券交易所上市公司自律监管指引第1号——主板上市公司规范运作》3.1.3：

——上市公司董事、监事和高级管理人员应当在《董事（监事、高级管理人员）声明及承诺书》中声明：（一）持有本公司股票的情况；……

本指标披露等级及主要适用范围

【建议披露】 适用于所有行业企业。

G2 治理机制

什么是治理机制

治理机制（governance mechanism），一般被认为是用于规定董事的投票选举权、董事会议事制度以及企业激励约束机制的完整体系，为解决一个组织或系统内部的决策、控制、管理、监督等问题而建立的规则、制度、程序、机构和流程的集合，旨在确保组织或系统的高效运作和合法合规，促进组织或系统内部的合作、协调和共同发展。治理机制一般包括决策权、权力分配、风险管理、内部控制、监督机制等方面的安排，以及相应的执行和监督程序。治理机制的健全与否，对组织或系统的长期发展和稳定性具有重要影响。治理机制是一种制度安排，用以支配特定的企业交易，从而降低交易成本。

G2.1 合规管理

什么是合规管理

合规管理（compliance management），依照《中央企业合规管理办法》，是指企业以有效防控合规风险为目的，以提升依法合规经营管理水平为导向，以企业经营管理行为和员工履职行为为对象，开展的包括建立合规制度、完善运行机制、培育合规文化、强化监督问责等有组织、有计划的管理活动。

G2.1.1 合规管理体系建设

G2.1.1.1 合规经营制度

什么是合规经营制度

合规经营制度（compliance operation system），一般被认为是企业为遵守法律、法规、制度、规范等规章制度进行经营，并督促其工作人员、合作企业同样依法依规行事，避免在经营过程中因违反法律的惩罚性规定而遭受到更大的经济、商誉等损失而制定的内部治理制度。

为什么要考察合规经营制度

合规经营蕴含尊重知识产权、保护环境、反对商业贿赂、履行商业责任等原则，是企业持续健康发展的基石。企业间除了进行技术、产品、服务竞争，还要进行以公司责任理念与文化价值为内核的合规管理能力竞争，通过考察企业一整套具有较强执行力、程序化的管理制度和流程，可以更为清晰地界定企业运营过程中的尽职、问责和免责标准，从而提升管理效率、降低企业运营成本和经营风险。

怎样披露合规经营制度

【定性】企业披露是否制定经营过程中规范化、程序化的制度和流程安排。

为什么要披露合规经营制度

建立健全成熟的合规经营制度，能够在一定程度上规避企业发生重大的违法违规经营操作，稳定市场经济环境，降低企业运营风险，从而保障利益相关者应有的权利。

与合规经营制度相关的主要指导机构及法律法规、政策规范

全国人民代表大会常务委员会〔2024〕《中华人民共和国公司法》第十九条：

——公司从事经营活动，应当遵守法律法规，遵守社会公德、商业道德，诚实守信，接受政府和社会公众的监督。

中华人民共和国国家发展和改革委员会〔2018〕《企业境外经营合规管理指引》第四条　合规管理框架：

——企业应以倡导合规经营价值观为导向，明确合规管理工作内容，健全合规管理架构，制定合规管理制度，完善合规运行机制，加强合规风险识别、评估与处置，开展合规评审与改进，培育合规文化，形成重视合规经营的企业氛围。

国务院国有资产监督管理委员会〔2023〕《央企控股上市公司 ESG 专项报告参考指标体系》G5.1.1：

——合规经营制度

指标性质：定性

披露等级：基础披露

指标说明：描述公司合规经营规章制度

本指标披露等级及主要适用范围

【基础披露】适用于所有行业企业。

G2.1.1.2　合规管理体系

什么是合规管理体系

合规管理体系（compliance management system），一般被认为是为了符合法律法规的要求，帮助企业遵守法律、规章、政策等要求，从而确保企业和员工能够遵守相关规定并减少违规风险的标准化管理体系。

为什么要考察合规管理体系

合规管理体系的制定为各类组织提升自身合规管理能力提供了系统化的方法。建立健全合规管理体系能够防范企业的违规风险，是企业稳健经营运行的有利保障。合规管理体系能够规范企业、员工行为，在一定程度上避免违规风险。此外，通过约束高层领导人员的相关行为能够最大限度地减少决策失误带来的经营风险。

怎样披露合规管理体系

【定性】企业披露合规管理体系情况，包括合规行为准则、合规制度规范、合规专项管理办法、合规管理流程、合规管理表单等。同时，披露的合规管理体系应该以书

面形式记载企业管理层和员工的合规职责。

为什么要披露合规管理体系

建立健全成熟的合规管理体系，能够在一定程度上规避企业发生重大的违法违规经营操作，稳定市场经济环境，从而保障利益相关者应有的权利。

与合规管理体系相关的主要指导机构及法律法规、政策规范

全国人民代表大会常务委员会〔2024〕《中华人民共和国公司法》第十九条：

——公司从事经营活动，应当遵守法律法规，遵守社会公德、商业道德，诚实守信，接受政府和社会公众的监督。

全国人民代表大会常务委员会〔2020〕《中华人民共和国证券法》第一百三十条：

——证券公司应当依法审慎经营，勤勉尽责，诚实守信。证券公司的业务活动，应当与其治理结构、内部控制、合规管理、风险管理以及风险控制指标、从业人员构成等情况相适应，符合审慎监管和保护投资者合法权益的要求。证券公司依法享有自主经营的权利，其合法经营不受干涉。

国务院国有资产监督管理委员会〔2018〕《中央企业合规管理指引（试行）》第十七条：

——建立健全合规管理制度，制定全员普遍遵守的合规行为规范，针对重点领域制定专项合规管理制度，并根据法律法规变化和监管动态，及时将外部有关合规要求转化为内部规章制度。

国务院国有资产监督管理委员会〔2022〕《中央企业合规管理办法》第十六条、第十七条、第十八条：

——中央企业应当建立健全合规管理制度，根据适用范围、效力层级等，构建分级分类的合规管理制度体系。

——中央企业应当制定合规管理基本制度，明确总体目标、机构职责、运行机制、考核评价、监督问责等内容。

——中央企业应当针对反垄断、反商业贿赂、生态环保、安全生产、劳动用工、税务管理、数据保护等重点领域，以及合规风险较高的业务，制定合规管理具体制度或者专项指南。中央企业应当针对涉外业务重要领域，根据所在国家（地区）法律法规等，结合实际制定专项合规管理制度。

国务院国有资产监督管理委员会〔2023〕《央企控股上市公司 ESG 专项报告参考指标体系》G5.1.2：

——合规体系建设情况

指标性质：定性

披露等级：基础披露

指标说明：描述公司的合规水平，包括但不限于构建切合公司实际的合规管理体系以及对合规管理机制的运行情况加以评估等

London Stock Exchange〔2019〕ESG Disclosure Score 8.24.1：

——Disclosure of the individual and total cost of fines, penalties or settlements in relation to corruption. Reporting of no fines or incidents should be clear and specific, for example: "There were no legal actions, fines or sanctions relating to anti-corruption, anti-bribery, anti-competitive behaviour or antitrust or monopoly laws or regulations."

——披露与腐败有关的罚款、处罚或和解的单项成本和总成本。没有罚款或事件的报告应明确具体，例如："没有与反腐败、反贿赂、反竞争行为或反垄断或垄断法律法规有关的法律行动、罚款或制裁。"

Tokyo Stock Exchange〔2021〕Japan's Corporate Governance Code 3：

——Companies should appropriately make information disclosure in compliance with the relevant laws and regulations, but should also strive to actively provide information beyond that required by law. This includes both financial information, such as financial standing and operating results, and non-financial information, such as business strategies and business issues, risk and governance. The board should recognize that disclosed information will serve as the basis for constructive dialogue with shareholders, and therefore ensure that such information, particularly non-financial information, is accurate, clear and useful.

——公司应根据相关法律法规适当披露信息，但也应努力主动提供法律要求之外的信息。这既包括财务信息，如财务状况和经营成果，也包括非财务信息，如业务战略和业务问题、风险和治理。董事会应认识到，披露的信息将成为与股东进行建设性对话的基础，因此应确保此类信息，特别是非财务信息，准确、清晰和有用。

Global Reporting Initiative〔2022〕Consolidated Set of the GRI Standards 206-1：

——The reporting organization shall report the following information: a. Number of legal actions pending or completed during the reporting period regarding anti-competitive behavior and violations of anti-trust and monopoly legislation in which the organization has been identified as a participant. b. Main outcomes of completed legal actions, including any decisions or judgements.

——组织应报告以下信息：a. 在报告期内，有关反竞争行为和违反反垄断法的未决或已完成的法律诉讼数量，其中该组织已被确定为参与方。b. 已完成的法律行动的主要结果，包括任何决定或判决。

European Financial Reporting Advisory Group〔2022〕ESRS G2 Business Conduct G2-4,27;G2-7,40:

——The undertaking shall provide information about its system to prevent and detect, investigate, and respond to allegations or incidents relating to anti-competitive behaviour.

——The undertaking shall provide information on any publicly announced investigation into or litigation concerning possible anti-competitive behaviour it is facing during the reporting period.

——企业应提供有关其系统的信息,以防止和侦查、调查和应对与反竞争行为有关的指控或事件。

——企业应提供报告期内对其可能面临的反竞争行为进行的任何公开调查或诉讼的信息。

本指标披露等级及主要适用范围

【基础披露】适用于所有行业企业。

G2.1.1.3　合规管理培训

什么是合规管理培训

合规管理培训（compliance management training）,一般被认为是企业为了使员工能够满足上岗需求,并防止员工出现违规操作产生经营性风险而进行的企业管理活动。

为什么要考察合规管理培训

企业拥有成熟的合规管理培训体系可以提高企业员工对经营操作的相关法律、法规的认知水平,通过培训,在未来的企业运作过程中,在一定程度上防范企业因员工出现违规违法操作,导致发生重大违法、违规事件,从而给企业带来损失甚至终止经营的风险。

怎样披露合规管理培训

【定性】企业披露合规管理培训情况,包括培训计划、培训内容、培训活动的开展以及培训评估等内容。

为什么要披露合规管理培训

企业拥有成熟的、系统的合规管理培训体系,可以使企业在合规框架内运行、在一定程度上避免违规的风险,为投资者提供决策参考。

与合规管理培训相关的主要指导机构及法律法规、政策规范

国务院国有资产监督管理委员会〔2018〕《中央企业合规管理指引（试行）》第十七条：

——建立健全合规管理制度,制定全员普遍遵守的合规行为规范,针对重点

领域制定专项合规管理制度，并根据法律法规变化和监管动态，及时将外部有关合规要求转化为内部规章制度。

国务院国有资产监督管理委员会〔2022〕《中央企业合规管理办法》第十六条、第十七条、第十八条：

——中央企业应当建立健全合规管理制度，根据适用范围、效力层级等，构建分级分类的合规管理制度体系。

——中央企业应当制定合规管理基本制度，明确总体目标、机构职责、运行机制、考核评价、监督问责等内容。

——中央企业应当针对反垄断、反商业贿赂、生态环保、安全生产、劳动用工、税务管理、数据保护等重点领域，以及合规风险较高的业务，制定合规管理具体制度或者专项指南。中央企业应当针对涉外业务重要领域，根据所在国家（地区）法律法规等，结合实际制定专项合规管理制度。

上海证券交易所〔2024〕《上海证券交易所股票上市规则》4.1.1：

——……公司应当确保股东大会、董事会、监事会等机构合法运作和科学决策，明确股东、董事、监事和高级管理人员的权利和义务，保障股东充分行使其合法权利，尊重利益相关者的基本权益，保证公司经营管理合法合规、资金资产安全、信息披露真实、准确、完整，切实防范财务造假、资金占用、违规担保等违法违规行为，维护公司及股东的合法权益。

深圳证券交易所〔2024〕《深圳证券交易所股票上市规则》4.1.1：

——……公司应当确保股东大会、董事会、监事会等机构合法运作和科学决策，明确股东、董事、监事和高级管理人员的权利和义务，保障股东充分行使其合法权利，尊重利益相关者的基本权益，保证公司经营管理合法合规、资金资产安全、信息披露真实、准确、完整，切实防范财务造假、资金占用、违规担保等违法违规行为，维护公司及股东的合法权益。

本指标披露等级及主要适用范围

【基础披露】适用于所有行业企业。

G2.1.1.4　合规管理有效性评估

什么是合规管理有效性评估

合规管理有效性评估（evaluation of compliance management effectiveness），一般被认为是以合规管理体系效果评估为目的，根据相关外部监管要求，对已经建立的合规管理体系在识别、防范和管理合规风险中所发挥的实际效果进行评估的行为并最终达到合规管理的目的。

为什么要考察合规管理有效性评估

合规管理有效性评估对促进企业形成合规管理的长效机制和推动行业监管机制转

变发挥着重要的保障作用，通过定期的重复评估风险、控制风险、效果评价等流程，可以找出日常合规体系的漏洞，纠正不合规的行为，不断提升企业的风险防范能力和合规管理水平，保障企业经营发展行稳致远。

怎样披露合规管理有效性评估

【定性】企业披露合规管理有效性评估情况，包含对合规管理机构设置和职责配置、合规风险识别、合规风险应对和持续改进、合规文化建设等方面的评价。

为什么要披露合规管理有效性评估

外部利益相关者需要了解企业的合规管理有效性，以评估企业在管理风险和遵守法规方面的能力。披露评估信息可以为他们提供更准确的决策依据，帮助他们判断是否与企业建立合作关系、投资企业或购买其产品和服务。

与合规管理有效性评估相关的主要指导机构及法律法规、政策规范

国务院国有资产监督管理委员会〔2018〕《中央企业合规管理指引（试行）》第二十二条：

——开展合规管理评估，定期对合规管理体系的有效性进行分析，对重大或反复出现的合规风险和违规问题，深入查找根源，完善相关制度，堵塞管理漏洞，强化过程管控，持续改进提升。

国务院国有资产监督管理委员会〔2022〕《中央企业合规管理办法》第二十条、第二十七条：

——中央企业应当建立合规风险识别评估预警机制，全面梳理经营管理活动中的合规风险，建立并定期更新合规风险数据库，对风险发生的可能性、影响程度、潜在后果等进行分析，对典型性、普遍性或者可能产生严重后果的风险及时预警。

——中央企业应当定期开展合规管理体系有效性评价，针对重点业务合规管理情况适时开展专项评价，强化评价结果运用。

国务院国有资产监督管理委员会〔2023〕《央企控股上市公司ESG专项报告参考指标体系》G5.1.3：

——合规审查具体流程

指标性质：定性

披露等级：基础披露

指标说明：描述公司合规审查的具体流程，对公司有关经营管理行为、流程和文件等内容进行合法性、程序性、严密性、适用性和风险性等方面评价，并提出合规审核意见的管理活动

中华人民共和国国家发展和改革委员会〔2018〕《企业境外经营合规管理指引》第二十七条 合规管理体系评价：

——企业应定期对合规管理体系进行系统全面的评价，发现和纠正合规管理

贯彻执行中存在的问题，促进合规体系的不断完善。合规管理体系评价可由企业合规管理相关部门组织开展或委托外部专业机构开展。企业在开展效果评价时，应考虑企业面临的合规要求变化情况，不断调整合规管理目标，更新合规风险管理措施，以满足内外部合规管理要求。

本指标披露等级及主要适用范围

【基础披露】适用于所有行业企业。

G2.1.1.5 合规改进与纠正

什么是合规改进与纠正

合规改进与纠正（compliance improvement and correction），一般被认为是企业在日常经营中出现或者可能出现违法违规事件时，为了能够继续依法合规开展经营活动，有针对性地及时做出补救措施。

为什么要考察合规改进与纠正

企业开展日常经营活动时，出现违法违规操作，及时恰当的合规改进与纠正措施能够有效地挽回企业声誉，维护企业利益，为企业树立正面的社会形象，利于企业长远发展。

怎样披露合规改进与纠正

【定性】企业披露其合规改进与纠正情况，包括发现已经发生或潜在可能发生的违法违规经营事件、合规改进与纠正措施等内容。

为什么要披露合规改进与纠正

企业已经发生或潜在可能发生违法违规经营事件时，极有可能对外部市场环境造成动荡，损害个人投资者和消费者，不利于正常有序的市场经营。及时有效的合规改进与纠正能够尽可能地弥补不良影响，补偿对利益相关者和社会公众造成的损失。

与合规改进与纠正相关的主要指导机构及法律法规、政策规范

国务院国有资产监督管理委员会〔2018〕《中央企业合规管理指引（试行）》第十九条：

——加强合规风险应对，针对发现的风险制定预案，采取有效措施，及时应对处置。对于重大合规风险事件，合规委员会统筹领导，合规管理负责人牵头，相关部门协同配合，最大限度化解风险、降低损失。

国务院国有资产监督管理委员会〔2022〕《中央企业合规管理办法》第三十七条：

——中央企业违反本办法规定，因合规管理不到位引发违规行为的，国资委可以约谈相关企业并责成整改；造成损失或者不良影响的，国资委根据相关规定开展责任追究。

中华人民共和国国家发展和改革委员会〔2018〕《企业境外经营合规管理指引》第十七条　合规汇报：

——合规负责人和合规管理部门应享有通畅的合规汇报渠道。合规管理部门应当定期向决策层和高级管理层汇报合规管理情况。汇报内容一般包括但不限于合规风险评估情况，合规培训的组织情况和效果评估，发现的违规行为以及处理情况，违规行为可能给组织带来的合规风险，已识别的合规漏洞或缺陷，建议采取的纠正措施，合规管理工作的整体评价和分析等。如发生性质严重或可能给企业带来重大合规风险的违规行为，合规负责人或合规管理部门应当及时向决策层和高级管理层汇报，提出风险警示，并采取纠正措施。

本指标披露等级及主要适用范围

【基础披露】适用于所有行业企业。

G2.1.2　合规风险识别与应对

什么是合规风险

合规风险（compliance risk），依照《企业合规管理体系实务指南》（第二版）[①]，是指企业或其员工因违规行为遭受法律制裁、监管处罚、重大财产损失或声誉损失以及其他负面影响的可能性。

G2.1.2.1　合规风险识别与评估

什么是合规风险识别与评估

合规风险识别与评估（compliance risk identification and assessment），一般被认为是对企业内部合规风险存在或者发生的可能性以及合规风险产生的原因进行分析判断，同时应用一定的方法估计和测定合规风险可能导致的法律制裁、监管处罚、财务损失和声誉损失等相关风险损失概率。

为什么要考察合规风险识别与评估

基于有效的合规风险识别与评估的结果，企业将及时采取必要的措施管控合规风险以使企业合规经营，提升企业内部员工合规风险意识，帮助组织及时制定风险应对措施，从而实现企业的战略目标，提升企业品牌形象，规避、减少监管机构的处罚，最终实现企业长期可持续发展。

怎样披露合规风险识别与评估

【定性】企业披露合规风险识别与评估情况，包括但不限于合规风险识别与评估的程序、识别的合规风险及其原因、预计后果、风险等级等内容。

为什么要披露合规风险识别与评估

企业潜在的违法违规行为将损害投资者和消费者利益，影响市场正常有序运行。

---

① 郭青红. 企业合规管理体系实务指南. 2版. 北京：人民法院出版社，2020.

因此，企业拥有行之有效的合规风险识别与评估机制，有助于其及时识别相关风险，有效控制合规风险，为利益相关者提供有效参考。

与合规风险识别与评估相关的主要指导机构及法律法规、政策规范

国务院国有资产监督管理委员会〔2018〕《中央企业合规管理指引（试行）》第十八条、第二十二条：

——建立合规风险识别预警机制，全面系统梳理经营管理活动中存在的合规风险，对风险发生的可能性、影响程度、潜在后果等进行系统分析，对于典型性、普遍性和可能产生较严重后果的风险及时发布预警。

——开展合规管理评估，定期对合规管理体系的有效性进行分析，对重大或反复出现的合规风险和违规问题，深入查找根源，完善相关制度，堵塞管理漏洞，强化过程管控，持续改进提升。

国务院国有资产监督管理委员会〔2022〕《中央企业合规管理办法》第二十条、第二十一条：

——中央企业应当建立合规风险识别评估预警机制，全面梳理经营管理活动中的合规风险，建立并定期更新合规风险数据库，对风险发生的可能性、影响程度、潜在后果等进行分析，对典型性、普遍性或者可能产生严重后果的风险及时预警。

——中央企业应当将合规审查作为必经程序嵌入经营管理流程，重大决策事项的合规审查意见应当由首席合规官签字，对决策事项的合规性提出明确意见。业务及职能部门、合规管理部门依据职责权限完善审查标准、流程、重点等，定期对审查情况开展后评估。

国务院国有资产监督管理委员会〔2023〕《央企控股上市公司 ESG 专项报告参考指标体系》G5.2.1：

——风险识别与预警

指标性质：定性

披露等级：基础披露

指标说明：描述公司在风险识别、风险预警等环节上所采取的措施，并对实施情况加以监督

中华人民共和国国家发展和改革委员会〔2018〕《企业境外经营合规管理指引》第四条　合规管理框架、第二十三条　合规风险识别、第二十四条　合规风险评估：

——企业应以倡导合规经营价值观为导向，明确合规管理工作内容，健全合规管理架构，制定合规管理制度，完善合规运行机制，加强合规风险识别、评估与处置，开展合规评审与改进，培育合规文化，形成重视合规经营的企业氛围。

——企业应当建立必要的制度和流程，识别新的和变更的合规要求。企业可围

绕关键岗位或者核心业务流程，通过合规咨询、审核、考核和违规查处等内部途径识别合规风险，也可通过外部法律顾问咨询、持续跟踪监管机构有关信息、参加行业组织研讨等方式获悉外部监管要求的变化，识别合规风险。企业境外分支机构可通过聘请法律顾问、梳理行业合规案例等方式动态了解掌握业务所涉国家（地区）政治经济和法律环境的变化，及时采取应对措施，有效识别各类合规风险。

——企业可通过分析违规或可能造成违规的原因、来源、发生的可能性、后果的严重性等进行合规风险评估。企业可根据企业的规模、目标、市场环境及风险状况确定合规风险评估的标准和合规风险管理的优先级。企业进行合规风险评估后应形成评估报告，供决策层、高级管理层和业务部门等使用。评估报告内容包括风险评估实施概况、合规风险基本评价、原因机制、可能的损失、处置建议、应对措施等。

The International Sustainability Standards Board〔2023〕IFRS S1 General Requirements for Disclosure of Sustainability-related Financial Information 26：

——The objective of sustainability-related financial disclosures on governance is to enable users of general purpose financial reports to understand the governance processes, controls and procedures an entity uses to monitor, manage and oversee sustainability-related risks and opportunities.

——与可持续发展相关的治理方面的财务披露，目的是让通用财务报告的用户了解一个实体用来监测、管理和监督与可持续发展相关的风险和机遇的治理过程、控制和程序。

European Financial Reporting Advisory Group〔2022〕ESRS G1 Governance, Risk Management and Internal Control G1-7，34、37：

——The undertaking shall provide information on its risk management processes, with regards to risk arising for the undertaking and for the stakeholders.

——The disclosure required by paragraph 34 shall include information on the risk management process, in terms of：(a) the undertaking's risk assessment approach；(b) the risk prioritization methodology；(c) the scope, main features and components of its risk management processes, including a description of how the undertaking integrates the findings of its risk assessment for the key risks into relevant internal functions and processes；(d) a description of the periodic reporting on risk management to the administrative, management and supervisory body.

——企业应提供其风险管理流程的信息，涉及对企业和利益相关者造成的风险。

——第 34 款要求的披露应包括风险管理过程的信息,包括:(a)企业的风险评估方法;(b)风险优先排序方法;(c)风险管理流程的范围、主要特征和组成部分,包括说明企业如何将关键风险的风险评估结果纳入相关内部职能和流程;(d)向行政、管理和监督机构定期报告风险管理情况的说明。

本指标披露等级及主要适用范围

【基础披露】适用于所有行业企业。

G2.1.2.2 合规风险应对机制

什么是合规风险应对机制

合规风险应对机制(compliance risk response mechanism),一般被认为是当企业发生违规违法活动或企业员工发生违规违法操作时,企业能够启动行之有效的措施,处理已经发生或有可能发生的合规风险事件的机制。

为什么要考察合规风险应对机制

有效的合规风险应对机制可以帮助企业及时有效地采取必要的措施管控合规风险事件,降低因违规违法事件而造成的不良影响,维护企业公众形象,规避、减少监管机构的处罚,实现企业合规经营和可持续发展。

怎样披露合规风险应对机制

【定性】企业披露合规风险应对机制情况,包括合规风险应对计划、应对措施,评价合规风险应对措施的有效性等内容。

为什么要披露合规风险应对机制

企业潜在的违法违规行为将损害投资者和消费者利益,影响市场正常有序运行。因此,企业应建立健全合规风险应对机制,以便及时发现并处理企业发生的合规风险,做到将负外部性的影响降至最低。

与合规风险应对机制相关的主要指导机构及法律法规、政策规范

国务院国有资产监督管理委员会〔2018〕《中央企业合规管理指引(试行)》第十九条:

——加强合规风险应对,针对发现的风险制定预案,采取有效措施,及时应对处置。对于重大合规风险事件,合规委员会统筹领导,合规管理负责人牵头,相关部门协同配合,最大限度化解风险、降低损失。

国务院国有资产监督管理委员会〔2022〕《中央企业合规管理办法》第二十二条、第三十六条:

——中央企业发生合规风险,相关业务及职能部门应当及时采取应对措施,并按照规定向合规管理部门报告。……

——中央企业应当利用大数据等技术,加强对重点领域、关键节点的实时动

态监测，实现合规风险即时预警、快速处置。

国务院国有资产监督管理委员会〔2023〕《央企控股上市公司 ESG 专项报告参考指标体系》G5.2.2：

——风险控制与追踪

指标性质：定性

披露等级：基础披露

指标说明：描述公司在风险追踪、风险控制等环节上所采取的措施，并对实施情况加以监督

中华人民共和国国家发展和改革委员会〔2018〕《企业境外经营合规管理指引》第二十五条 合规风险处置：

——企业应建立健全合规风险应对机制，对识别评估的各类合规风险采取恰当的控制和处置措施。发生重大合规风险时，企业合规管理机构和其他相关部门应协同配合，依法及时采取补救措施，最大程度降低损失。必要时，应及时报告有关监管机构。

The International Sustainability Standards Board〔2023〕IFRS S1 General Requirements for Disclosure of Sustainability-related Financial Information 26：

——The objective of sustainability-related financial disclosures on governance is to enable users of general purpose financial reports to understand the governance processes, controls and procedures an entity uses to monitor, manage and oversee sustainability-related risks and opportunities.

——与可持续发展相关的治理方面的财务披露，目的是让通用财务报告的用户了解一个实体用来监测、管理和监督与可持续发展相关的风险和机遇的治理过程、控制和程序。

European Financial Reporting Advisory Group〔2022〕ESRS G1 Governance, Risk Management and Internal Control G1-7，34、37：

——The undertaking shall provide information on its risk management processes, with regards to risk arising for the undertaking and for the stakeholders.

——The disclosure required by paragraph 34 shall include information on the risk management process, in terms of：(a) the undertaking's risk assessment approach；(b) the risk prioritization methodology；(c) the scope, main features and components of its risk management processes, including a description of how the undertaking integrates the findings of its risk assessment for the key risks into relevant internal functions and processes；(d) a description of the periodic reporting on risk management to the administrative, management and supervisory body.

——企业应提供其风险管理流程的信息，涉及对企业和利益相关者造成的风险。

——第 34 款要求的披露应包括风险管理过程的信息，包括：(a) 企业的风险评估方法；(b) 风险优先排序方法；(c) 风险管理流程的范围、主要特征和组成部分，包括说明企业如何将关键风险的风险评估结果纳入相关内部职能和流程；(d) 向行政、管理和监督机构定期报告风险管理情况的说明。

Global Reporting Initiative〔2022〕Consolidated Set of the GRI Standards 2-25：

——The organization shall：a. describe its commitments to provide for or co-operate in the remediation of negative impacts that the organization identifies it has caused or contributed to；b. describe its approach to identify and address grievances，including the grievance mechanisms that the organization has established or participates in；c. describe other processes by which the organization provides for or cooperates in there mediation of negative impacts that it identifies it has caused or contributed to；d. describe how the stakeholders who are the intended users of the grievance mechanisms are involved in the design，review，operation，and improvement of these mechanisms；e. describe how the organization tracks the effectiveness of the grievance mechanisms and other remediation processes，and report examples of their effectiveness，including stakeholder feedback.

——组织应：a. 描述其承诺提供或合作补救组织认定其造成或促成的负面影响；b. 描述其识别和解决申诉的方法，包括组织建立或参与的申诉机制；c. 描述组织提供或合作调解其确定已造成或促成的负面影响的其他过程；d. 描述作为申诉机制预期用户的利益相关者如何参与这些机制的设计、审查、运行和改进；e. 描述组织如何跟踪申诉机制和其他补救过程的有效性，并报告其有效性的示例，包括利益相关者的反馈。

本指标披露等级及主要适用范围

【基础披露】适用于所有行业企业。

G2.1.2.3 合规风险引致的损失情况

什么是合规风险引致的损失情况

合规风险引致的损失情况（losses caused by compliance risk），一般被认为是由于企业的管理层或员工未能遵循法律法规、监管要求、自律性组织制定的有关准则以及行为准则进行非法经营活动，而遭受到监管机构处罚，对企业造成重大的财物损失和声誉损失，同时对社会造成不良影响的情况。

为什么要考察合规风险引致的损失情况

及时、定期披露企业的合规风险引致的损失情况，能够及时审视企业在过去的生产经营活动中是否出现合规风险事件，定期回顾企业一段时间内是否暴露在合规风险中，重新评估现有的合规制度设计和运行是否有效，进而做出改进，规避合规风险，实现合规目标与可持续发展。

怎样披露合规风险引致的损失情况

【定性】企业披露合规风险引致的损失情况，即在过去的某一段时间内企业是否遭受到合规风险，如有产生损失则应当披露其相关内容，主要包括导致损失的原因、涉事人员、合规风险引致的损失（即财物损失、企业声誉损失、社会损失、潜在经营损失）以及整改方案等内容。

为什么要披露合规风险引致的损失情况

及时、定期地披露企业的合规风险引致的损失情况，能够让公众了解企业对合规风险的识别、应对以及采取的纠正措施，有助于公众对企业产生信任感、提升公众的预期判断。

与合规风险引致的损失情况相关的主要指导机构及法律法规、政策规范

国务院国有资产监督管理委员会〔2022〕《中央企业合规管理办法》第三十七条、第三十八条：

——中央企业违反本办法规定，因合规管理不到位引发违规行为的，国资委可以约谈相关企业并责成整改；造成损失或者不良影响的，国资委根据相关规定开展责任追究。

——中央企业应当对在履职过程中因故意或者重大过失应当发现而未发现违规问题，或者发现违规问题存在失职渎职行为，给企业造成损失或者不良影响的单位和人员开展责任追究。

国务院国有资产监督管理委员会〔2023〕《央企控股上市公司 ESG 专项报告参考指标体系》G5.2.3：

——风险报告与管理

指标性质：定性/定量

披露等级：基础披露

指标说明：描述公司针对风险信息报告所制定的制度及流程，公开披露重大治理风险信息，例如所涉重大诉讼、仲裁事项等风险事件数量，所涉违规处罚次数及所支付的罚款总金额，或本级及法人代表严重违法失信行为等；并对相关风险所造成或促成的负面影响的补救或合作补救的承诺以及说明确认和处理申诉的方法，包括但不限于建立或参与的申诉机制等

中华人民共和国国家发展和改革委员会〔2018〕《企业境外经营合规管理指引》第二十四条 合规风险评估、第二十五条 合规风险处置：

——企业进行合规风险评估后应形成评估报告，供决策层、高级管理层和业

务部门等使用。评估报告内容包括风险评估实施概况、合规风险基本评价、原因机制、可能的损失、处置建议、应对措施等。

企业应建立健全合规风险应对机制，对识别评估的各类合规风险采取恰当的控制和处置措施。发生重大合规风险时，企业合规管理机构和其他相关部门应协同配合，依法及时采取补救措施，最大程度降低损失。必要时，应及时报告有关监管机构。

Global Reporting Initiative〔2022〕Consolidated Set of the GRI Standards 2-25：

——The organization shall：a. describe its commitments to provide for or cooperate in the remediation of negative impacts that the organization identifies it has caused or contributed to；b. describe its approach to identify and address grievances，including the grievance mechanisms that the organization has established or participates in；c. describe other processes by which the organization provides for or cooperates in there mediation of negative impacts that it identifies it has caused or contributed to；d. describe how the stakeholders who are the intended users of the grievance mechanisms are involved in the design，review，operation，and improvement of these mechanisms；e. describe how the organization tracks the effectiveness of the grievance mechanisms and other remediation processes，and report examples of their effectiveness，including stakeholder feedback.

——组织应：a. 描述其承诺提供或合作补救组织认定其造成或促成的负面影响；b. 描述其识别和解决申诉的方法，包括组织建立或参与的申诉机制；c. 描述组织提供或合作调解其确定已造成或促成的负面影响的其他过程；d. 描述作为申诉机制预期用户的利益相关者如何参与这些机制的设计、审查、运行和改进；e. 描述组织如何跟踪申诉机制和其他补救过程的有效性，并报告其有效性的示例，包括利益相关者的反馈。

本指标披露等级及主要适用范围

【基础披露】适用于所有行业企业。

G2.1.3 客户隐私保护

什么是客户隐私保护

客户隐私保护（customer privacy protection），一般被认为是保护客户信息的安全性和私密性的一系列规定和措施。客户隐私保护旨在保护客户在使用产品或服务时提供的个人信息，如姓名、地址、电话号码、电子邮件、银行账户和信用卡信息等。这些信息是客户的私人财产，应受到保护，以避免被非法获取、使用、泄露或滥用。根据《中华人民共和国个人信息保护法》，自然人的个人信息受法律保护，任何组织、个人不得侵害自然人的个人信息权益。

G2.1.3.1 企业保护客户隐私的管理办法体系

什么是企业保护客户隐私的管理办法体系

企业保护客户隐私的管理办法体系（institutional system for enterprises to protect customer privacy），一般被认为是指为确保客户个人信息得到合法、安全和保密的处理，企业制定的一系列政策和程序的框架体系，涉及客户数据的收集、使用、储存、传输和处理等方面。企业保护客户隐私的管理办法体系通常包括内部控制、安全管理、员工培训、合规审查等方面，以保障客户隐私得到最大程度的保护和尊重。

为什么要考察企业保护客户隐私的管理办法体系

企业保护客户隐私的管理办法体系旨在确保客户的隐私得到保护。考察企业保护客户隐私的管理办法体系是为了确保法律合规性、建立客户信任和声誉、保证数据安全与风险防控、减少法律责任与赔偿风险，并展示企业的伦理责任与社会责任。这可以增强企业的竞争力和可持续发展能力。

怎样披露企业保护客户隐私的管理办法体系

【定性】企业披露保护客户隐私的管理办法体系情况，包括隐私政策、隐私声明、隐私保护规则等内容。

为什么要披露企业保护客户隐私的管理办法体系

企业保护客户隐私的管理办法体系是企业遵守相关法律法规的必要条件之一。披露企业保护客户隐私的管理办法体系可以提高透明度，让客户和其他利益相关者更加清楚地了解企业的保护措施，避免因误解和争议导致的声誉和财务风险，从而增强客户和投资者信心。

与企业保护客户隐私的管理办法体系相关的主要指导机构及法律法规、政策规范

全国人民代表大会〔2021〕《中华人民共和国民法典》第一百一十一条、第一千零三十八条：

——自然人的个人信息受法律保护。任何组织或者个人需要获取他人个人信息的，应当依法取得并确保信息安全，不得非法收集、使用、加工、传输他人个人信息，不得非法买卖、提供或者公开他人个人信息。

——信息处理者不得泄露或者篡改其收集、存储的个人信息；未经自然人同意，不得向他人非法提供其个人信息，但是经过加工无法识别特定个人且不能复原的除外。信息处理者应当采取技术措施和其他必要措施，确保其收集、存储的个人信息安全，防止信息泄露、篡改、丢失；发生或者可能发生个人信息泄露、篡改、丢失的，应当及时采取补救措施，按照规定告知自然人并向有关主管部门报告。

全国人民代表大会常务委员会〔2017〕《中华人民共和国网络安全法》第四十条：

——网络运营者应当对其收集的用户信息严格保密，并建立健全用户信息保护制度。

全国人民代表大会常务委员会〔2021〕《中华人民共和国个人信息保护法》第二条、第九条：

——自然人的个人信息受法律保护，任何组织、个人不得侵害自然人的个人信息权益。

——个人信息处理者应当对其个人信息处理活动负责，并采取必要措施保障所处理的个人信息的安全。

上海证券交易所〔2024〕《上海证券交易所上市公司自律监管指引第14号——可持续发展报告（试行）》第四十八条：

——披露主体应当披露报告期内数据安全与客户隐私保护的基本情况，包括但不限于下列内容：……（三）客户隐私保护制度体系建设与运行情况；……

深圳证券交易所〔2024〕《深圳证券交易所上市公司自律监管指引第17号——可持续发展报告（试行）》第四十八条：

——披露主体应当披露报告期内数据安全与客户隐私保护的基本情况，包括但不限于下列内容：……（三）客户隐私保护制度体系建设与运行情况；……

National Association of Securities Dealers Automated Quotations〔2019〕ESG Reporting Guide 2.0　G7：

——Does your company follow a Data Privacy policy? Yes/No

Has your company taken steps to comply with GDPR rules? Yes/No

——贵公司是否遵守数据隐私政策？是/否

贵公司是否已采取措施遵守《通用数据保护条例》规则？是/否

European Financial Reporting Advisory Group〔2022〕ESRS S4 Consumers and End-users　S4-3, 31, AG34：

——The undertaking may explain whether these various mechanisms treat grievances confidentially and with respect to the rights of privacy and data protection and whether they allow for consumer and end-users to use them anonymously (for example, through representation by a third party).

——企业可以解释这些不同的机制是否以保密的方式处理申诉，以及是否允许客户和最终用户匿名使用申诉（例如，通过第三方代表）。

本指标披露等级及主要适用范围

【基础披露】适用于所有行业企业。

G2.1.3.2　发生客户隐私泄露情况

什么是发生客户隐私泄露情况

发生客户隐私泄露情况（customer privacy disclosure），一般被认为是客户的敏感信息被未经授权的个人或组织访问、泄露、共享或滥用的情况。客户隐私泄露事件可能发生在企业或组织的系统或网络被黑客攻击、内部失误、第三方失误或泄露，或者数据被不当地处置等情况下。企业或组织应该及时采取措施，包括但不限于通知受影响的客户、制定安全措施、追查事件来源等来应对和解决客户隐私泄露事件。

为什么要考察发生客户隐私泄露情况

通过考察发生客户隐私泄露情况，可以评估企业在隐私保护方面的实力和能力，有助于企业更好地保护客户隐私，防范隐私泄露事件的发生，从而提高企业的安全性和稳定性。

怎样披露发生客户隐私泄露情况

【定性】企业披露发生客户隐私泄露情况，即在过去的某一段时间内，是否发生客户隐私泄露情况，如有，披露事件的基本信息，包括时间、地点、原因、范围、受影响的客户数量等；泄露的个人信息类型、数量、受影响的客户类别、受影响的客户身份等信息；事件可能产生的安全风险、经济风险、声誉损失等影响和后果；企业的应对措施；受影响客户的权利、企业提供的保护措施等；企业的道歉和承诺，以及未来加强隐私保护的措施等内容。

为什么要披露发生客户隐私泄露情况

企业是否发生客户隐私泄露情况对于利益相关者而言，是保护客户利益、维护企业声誉、建立透明度与信任、评估风险管理与法律合规性以及关注社会责任和道德经营的重要依据。这有助于利益相关者做出明智的决策，选择与合规和可信赖的企业合作。

与发生客户隐私泄露情况相关的主要指导机构及法律法规、政策规范

全国人民代表大会〔2021〕《中华人民共和国民法典》第一千零三十八条：

——信息处理者不得泄露或者篡改其收集、存储的个人信息；未经自然人同意，不得向他人非法提供其个人信息，但是经过加工无法识别特定个人且不能复原的除外。信息处理者应当采取技术措施和其他必要措施，确保其收集、存储的个人信息安全，防止信息泄露、篡改、丢失；发生或者可能发生个人信息泄露、篡改、丢失的，应当及时采取补救措施，按照规定告知自然人并向有关主管部门报告。

全国人民代表大会常务委员会〔2017〕《中华人民共和国网络安全法》第四十二条：

——网络运营者不得泄露、篡改、毁损其收集的个人信息；未经被收集者同意，不得向他人提供个人信息。但是，经过处理无法识别特定个人且不能复原的除外。网络运营者应当采取技术措施和其他必要措施，确保其收集的个人信息安全，防止信息泄露、毁损、丢失。在发生或者可能发生个人信息泄露、毁损、丢失的情况时，应当立即采取补救措施，按照规定及时告知用户并向有关主管部门报告。

全国人民代表大会常务委员会〔2021〕《中华人民共和国个人信息保护法》第五十七条：

——发生或者可能发生个人信息泄露、篡改、丢失的，个人信息处理者应当立即采取补救措施，并通知履行个人信息保护职责的部门和个人。……

上海证券交易所〔2024〕《上海证券交易所上市公司自律监管指引第 14 号——可持续发展报告（试行）》第四十八条：

——披露主体应当披露报告期内数据安全与客户隐私保护的基本情况，包括但不限于下列内容：……（四）报告期内发生的泄露客户隐私事件的具体情况，包括造成的影响、涉及的金额、采取的应对措施及进展（如有）。

深圳证券交易所〔2024〕《深圳证券交易所上市公司自律监管指引第 17 号——可持续发展报告（试行）》第四十八条：

——披露主体应当披露报告期内数据安全与客户隐私保护的基本情况，包括但不限于下列内容：……（四）报告期内发生的泄露客户隐私事件的具体情况，包括造成的影响、涉及的金额、采取的应对措施及进展（如有）。

Global Reporting Initiative〔2022〕Consolidated Set of the GRI Standards 418-1：

——The reporting organization shall report the following information: a. Total number of substantiated complaints received concerning breaches of customer privacy, categorized by: i. complaints received from outside parties and substantiated by the organization; ii. complaints from regulatory bodies. b. Total number of identified leaks, thefts, or losses of customer data. c. If the organization has not identified any substantiated complaints, a brief statement of this fact is sufficient.

——组织应报告以下信息：a. 收到的关于侵犯客户隐私的投诉总数，按以下类别分类：i. 从外部收到并由组织证实的投诉；ii. 监管机构的投诉。b. 已识别的客户数据泄露、盗窃或丢失事件的总数。c. 如果该组织没有发现任何有根据的投诉，只需简要说明这一事实即可。

本指标披露等级及主要适用范围

【基础披露】适用于所有行业企业。

G2.1.4　数据安全

什么是数据

数据（data），依照《中华人民共和国数据安全法》，是指任何以电子或者其他方式对信息的记录。

什么是数据安全

数据安全（data security），根据《中华人民共和国数据安全法》，是指通过采取必要措施，确保数据处于有效保护和合法利用的状态，以及具备保障持续安全状态的能力。数据安全包括数据的收集、存储、使用、加工、传输、提供、公开等全过程的安全。

G2.1.4.1 企业保护数据安全管理办法体系

什么是企业保护数据安全管理办法体系

企业保护数据安全管理办法体系（institutional system for enterprises to protect data security），一般被认为是企业旨在保护数据安全的一套管理办法体系。

为什么要考察企业保护数据安全管理办法体系

企业保护数据安全管理办法体系界定企业的权利边界与行为空间，对数据处理、数据保存以及数据传递行为提供约束，从而保障数据安全，提升企业社会声誉，符合企业可持续发展战略。

怎样披露企业保护数据安全管理办法体系

【定性】 企业披露其保护数据安全管理办法体系的情况，包括负责各类数据安全保护的部门及权责划分、数据安全保障相关制度、涵盖数据安全保障各环节的全面性体系，以及是否定期对现有保护数据安全管理办法体系的有效性进行评估与完善等内容。

为什么要披露企业保护数据安全管理办法体系

通过披露企业保护数据安全管理办法体系的情况，利益相关者可以评价企业保护数据安全管理办法体系的科学性与完备性，从而对企业的数据安全风险形成正确评估，以做出投资决策。相关法律法规对涉及数据处理活动的企业有建立数据安全制度体系的要求，披露企业保护数据安全管理办法体系及运行情况能够减少有关部门的监管成本。

与企业保护数据安全管理办法体系相关的主要指导机构及法律法规、政策规范

全国人民代表大会常务委员会〔2017〕《中华人民共和国网络安全法》第二十一条：

——国家实行网络安全等级保护制度。网络运营者应当按照网络安全等级保护制度的要求，履行下列安全保护义务，保障网络免受干扰、破坏或者未经授权的访问，防止网络数据泄露或者被窃取、篡改：（一）制定内部安全管理制度和操作规程，确定网络安全负责人，落实网络安全保护责任；……

全国人民代表大会常务委员会〔2021〕《中华人民共和国数据安全法》第二十七条：

——开展数据处理活动应当依照法律、法规的规定，建立健全全流程数据安全管理制度，组织开展数据安全教育培训，采取相应的技术措施和其他必要措施，保障数据安全。利用互联网等信息网络开展数据处理活动，应当在网络安全等级保护制度的基础上，履行上述数据安全保护义务。重要数据的处理者应当明确数据安全负责人和管理机构，落实数据安全保护责任。

上海证券交易所〔2024〕《上海证券交易所上市公司自律监管指引第 14 号——可持续发展报告（试行）》第四十八条：

——披露主体应当披露报告期内数据安全与客户隐私保护的基本情况，包括但不限于下列内容：（一）数据安全管理制度体系建立与运行情况及具体措施，获得的认证情况（如有）；……

深圳证券交易所〔2024〕《深圳证券交易所上市公司自律监管指引第 17 号——可持续发展报告（试行）》第四十八条：

——披露主体应当披露报告期内数据安全与客户隐私保护的基本情况，包括但不限于下列内容：（一）数据安全管理制度体系建立与运行情况及具体措施，获得的认证情况（如有）；……

National Association of Securities Dealers Automated Quotations〔2019〕ESG Reporting Guide 2.0 G7：

——Does your company follow a Data Privacy policy? Yes/No

Has your company taken steps to comply with GDPR rules? Yes/No

——贵公司是否遵守数据隐私政策？是/否

贵公司是否已采取措施遵守《通用数据保护条例》规则？是/否

本指标披露等级及主要适用范围

【基础披露】适用于所有行业企业。

G2.1.4.2 数据安全培训

什么是数据安全培训

数据安全培训（data security training），一般被认为是企业为了保障数据安全而对其员工展开的培训。

为什么要考察数据安全培训

数据安全对企业生存发展举足轻重，数据的泄露、破坏都会导致无可挽回的经济损失和削弱企业的核心竞争力。然而，员工并不天然了解自身的数据安全职责和潜在的数据安全威胁，数据安全培训可以帮助员工了解数据安全的基础概念，正确识别潜在的数据安全威胁，进而胜任他们各自应当担负的数据安全工作。

怎样披露数据安全培训

【定性】企业披露数据安全培训情况，包括对员工进行数据安全培训的内容、参加培训员工百分比、参加培训的员工类别、每名员工平均培训小时数和培训效果等内容。

为什么要披露数据安全培训

数据安全培训能够培养员工的数据安全意识和责任感，从而能够推动企业数据安全目标的达成。披露数据安全培训的信息可以让投资者了解到企业数据安全风险的等级，增强投资者对企业数据安全的信心，并基于企业的数据安全状况进行投资。

与数据安全培训相关的主要指导机构及法律法规、政策规范

全国人民代表大会常务委员会〔2017〕《中华人民共和国网络安全法》第三十四条：

——除本法第二十一条的规定外，关键信息基础设施的运营者还应当履行下列安全保护义务：……（二）定期对从业人员进行网络安全教育、技术培训和技能考核；……

全国人民代表大会常务委员会〔2021〕《中华人民共和国数据安全法》第二十七条：

——开展数据处理活动应当依照法律、法规的规定，建立健全全流程数据安全管理制度，组织开展数据安全教育培训，采取相应的技术措施和其他必要措施，保障数据安全。利用互联网等信息网络开展数据处理活动，应当在网络安全等级保护制度的基础上，履行上述数据安全保护义务。重要数据的处理者应当明确数据安全负责人和管理机构，落实数据安全保护责任。

上海证券交易所〔2024〕《上海证券交易所上市公司自律监管指引第 14 号——可持续发展报告（试行）》第四十八条：

——披露主体应当披露报告期内数据安全与客户隐私保护的基本情况，包括但不限于下列内容：（一）数据安全管理制度体系建立与运行情况及具体措施，获得的认证情况（如有）；……

深圳证券交易所〔2024〕《深圳证券交易所上市公司自律监管指引第 17 号——可持续发展报告（试行）》第四十八条：

——披露主体应当披露报告期内数据安全与客户隐私保护的基本情况，包括但不限于下列内容：（一）数据安全管理制度体系建立与运行情况及具体措施，获得的认证情况（如有）；……

London Stock Exchange〔2019〕ESG Disclosure Score 8.19：

——Hours spent on employee development training to enhance knowledge or individual skills. This can be total hours as a company, or average hours per employee. It should not include training time on company policies (e.g. safety, code of conduct) as it intended to reflect your company's investment in developing human capital, particularly through training that expands the knowledge base of employees.

——用于提高知识或个人技能的员工发展培训时间。这可以是公司的总小时数，也可以是每位员工的平均小时数。它不应包括关于公司政策（如安全、行为准则）的培训时间，仅反映贵公司在开发人力资本方面的投资，特别是通过扩大员工知识库的培训。

本指标披露等级及主要适用范围

【建议披露】适用于所有行业企业。

G2.1.4.3 发生数据泄露情况

什么是数据泄露

数据泄露（data breach），一般被认为是数据在未经同意或授权的情况下遭遇访问、更改、损毁及公开。数据泄露主要由网络罪犯的恶意攻击、相关人员的人为错误以及企业设备的系统故障等原因导致。

为什么要考察发生数据泄露情况

企业发生数据泄露情况反映出企业的数据安全等级，同时暴露出企业数据安全保障体系的疏漏与薄弱之处，考察发生数据泄露情况可以帮助企业定期回顾自身一段时间是否暴露在数据泄露风险中，重新评估现有的企业保护数据安全制度体系能否有效地制约企业管理层和员工，进而优化自身的数据安全保障体系。

怎样披露发生数据泄露情况

【定性】企业披露发生数据泄露情况，即在过去的某一段时间内是否发生过数据泄露情况，如发生数据泄露情况则应当披露：导致数据泄露的原因，数据泄露事件涉及的人员，数据泄露引致的损失（包括财物损失、企业声誉损失、社会损失、潜在经营损失），以及数据泄露问题的整改方案。

为什么要披露发生数据泄露情况

及时、定期地披露企业发生数据泄露情况，能够让外界社会公众对企业的数据泄露风险等级有相对清晰的认知，有助于外界公众对企业产生信任感、提升公众的预期判断。同时，披露数据泄露情况可以让投资者了解到该企业数据安全风险的等级，增强投资者对该企业数据安全的信心，并基于该企业的数据安全状况进行投资。

与发生数据泄露情况相关的主要指导机构及法律法规、政策规范

全国人民代表大会常务委员会〔2017〕《中华人民共和国网络安全法》第四十二条：

——网络运营者不得泄露、篡改、毁损其收集的个人信息；未经被收集者同意，不得向他人提供个人信息。但是，经过处理无法识别特定个人且不能复原的除外。网络运营者应当采取技术措施和其他必要措施，确保其收集的个人信息安全，防止信息泄露、毁损、丢失。在发生或者可能发生个人信息泄露、毁损、丢失的情况时，应当立即采取补救措施，按照规定及时告知用户并向有关主管部门报告。

全国人民代表大会常务委员会〔2021〕《中华人民共和国数据安全法》第二十九条：

——开展数据处理活动应当加强风险监测，发现数据安全缺陷、漏洞等风险时，应当立即采取补救措施；发生数据安全事件时，应当立即采取处置措施，按

照规定及时告知用户并向有关主管部门报告。

上海证券交易所〔2024〕《上海证券交易所上市公司自律监管指引第 14 号——可持续发展报告（试行）》第四十八条：

——披露主体应当披露报告期内数据安全与客户隐私保护的基本情况，包括但不限于下列内容：……（二）报告期内发生的数据安全事件的具体情况，包括造成的影响、涉及的金额、采取的应对措施及进展（如有）；……

深圳证券交易所〔2024〕《深圳证券交易所上市公司自律监管指引第 17 号——可持续发展报告（试行）》第四十八条：

——披露主体应当披露报告期内数据安全与客户隐私保护的基本情况，包括但不限于下列内容：……（二）报告期内发生的数据安全事件的具体情况，包括造成的影响、涉及的金额、采取的应对措施及进展（如有）；……

本指标披露等级及主要适用范围

【基础披露】适用于所有行业企业。

G2.2　风险管理

什么是风险管理

风险管理（risk management），依照《中央企业全面风险管理指引》，是指企业围绕总体经营目标，通过在企业管理的各个环节和经营过程中执行风险管理的基本流程，培育良好的风险管理文化，建立健全全面风险管理体系，包括风险管理策略、风险理财措施、风险管理的组织职能体系、风险管理信息系统和内部控制系统，从而为实现风险管理的总体目标提供合理保证的过程和方法。

什么是风险控制

风险控制（risk control），一般被认为是风险管理者采取各种措施和方法，消灭或减少风险事件发生的各种可能性，或者减少风险事件发生时造成的损失。

G2.2.1　风险管理与控制体系

什么是风险管理与控制体系

风险管理与控制体系（risk management and control system），一般被认为是管理和控制风险的一系列组织结构、策略、过程和控制措施的集合，以识别、评估、监控和应对潜在风险，从而确保组织能够达到其目标并有效应对不确定性和风险。

G2.2.1.1　风险管理与控制办法

什么是风险管理与控制办法

风险管理与控制办法（risk management and control measures），一般被认为是企业以提高风险管理的有效性并且增强企业员工的自我约束能力，从而达到企业平稳运营和持续发展为目的，结合企业的自身实际状况，通过基础性的设施建设，加强流程管理、合规把关并执行监督，最终形成防范风险的规章文件。

为什么要考察风险管理与控制办法

合适的风险管理与控制办法能够有效约束企业的管理层和员工行为，对管理层和员工起到指导性作用，尽可能降低甚至避免企业员工和管理层发生违法违规事件，从而保证企业在日常经营中尽可能规避发生风险性事件，实现企业风险管控的目标，最终实现企业长期可持续发展。

怎样披露风险管理与控制办法

【定性】企业披露风险管理与控制办法情况，包括是否已经就风险管理与控制制定了相关的制度与政策，具体包括：健全的风险管理制度、风险管理组织架构、风险管理责任、风险管理体系。

为什么要披露风险管理与控制办法

有效的风险管理与控制办法能够帮助企业规避发生可能的重大资产损失或者严重不良影响的各类生产经营管理风险事件，规避损害投资者和消费者利益，降低对正常有序的市场环境和经济秩序的影响。

与风险管理与控制办法相关的主要指导机构及法律法规、政策规范

中华人民共和国财政部〔2009〕《企业内部控制基本规范》第六条：

——企业应当根据有关法律法规、本规范及其配套办法，制定本企业的内部控制制度并组织实施。

国务院国有资产监督管理委员会〔2006〕《中央企业全面风险管理指引》第八条、第九条：

——企业开展全面风险管理工作，应注重防范和控制风险可能给企业造成损失和危害，也应把机会风险视为企业的特殊资源，通过对其管理，为企业创造价值，促进经营目标的实现。

——企业应本着从实际出发，务求实效的原则，以对重大风险、重大事件（指重大风险发生后的事实）的管理和重要流程的内部控制为重点，积极开展全面风险管理工作。具备条件的企业应全面推进，尽快建立全面风险管理体系；其他企业应制定开展全面风险管理的总体规划，分步实施，可先选择发展战略、投资收购、财务报告、内部审计、衍生产品交易、法律事务、安全生产、应收账款管理等一项或多项业务开展风险管理工作，建立单项或多项内部控制子系统。通过积累经验，培养人才，逐步建立健全全面风险管理体系。

国务院国有资产监督管理委员会〔2023〕《央企控股上市公司 ESG 专项报告参考指标体系》G2.1.2：

——内控控制结构、机制和流程

指标性质：定性

披露等级：基础披露

指标说明：描述公司内部控制结构、机制和流程，包括但不限于公司为保证业务活动的有效性，保护资产的安全和完整，防止、发现、纠正错误与舞弊，保证会计资料的真实、合法、完整而制定和实施的政策和程序

The International Sustainability Standards Board〔2023〕IFRS S1 General Requirements for Disclosure of Sustainability-related Financial Information 26：

——The objective of sustainability-related financial disclosures on governance is to enable users of general purpose financial reports to understand the governance processes, controls and procedures an entity uses to monitor, manage and oversee sustainability-related risks and opportunities.

——与可持续发展相关的治理方面的财务披露，目的是让通用财务报告的用户了解一个实体用来监测、管理和监督与可持续发展相关的风险和机遇的治理过程、控制和程序。

European Financial Reporting Advisory Group〔2022〕ESRS G1 Governance, Risk Management and Internal Control G1-7，34、37：

——The undertaking shall provide information on its risk management processes, with regards to risk arising for the undertaking and for the stakeholders.

——The disclosure required by paragraph 34 shall include information on the risk management process, in terms of：(a) the undertaking's risk assessment approach；(b) the risk prioritization methodology；(c) the scope, main features and components of its risk management processes, including a description of how the undertaking integrates the findings of its risk assessment for the key risks into relevant internal functions and processes；(d) a description of the periodic reporting on risk management to the administrative, management and supervisory body.

——企业应提供其风险管理流程的信息，涉及对企业和利益相关者造成的风险。

——第34款要求的披露应包括风险管理过程的信息，包括：(a) 企业的风险评估方法；(b) 风险优先排序方法；(c) 风险管理流程的范围、主要特征和组成部分，包括说明企业如何将关键风险的风险评估结果纳入相关内部职能和流程；(d) 向行政、管理和监督机构定期报告风险管理情况的说明。

本指标披露等级及主要适用范围

【基础披露】适用于所有行业企业。

G2.2.1.2 风险管理与控制部门设置

什么是风险管理与控制部门设置

风险管理与控制部门设置（risk management and control department setup），一般被认为是组织为了有效进行风险管理和控制而设置的专门部门或职能团队，主要职责是研究、评估和监控组织面临的各类风险，提供风险管理的建议和支持，制定并执行风险管理策略，以确保组织能够有效地应对风险，并保护组织的利益和资源。

为什么要考察风险管理与控制部门设置

有效的风险管理与控制部门设置以及有效运转，能够在一定程度上减小风险甚至防止合规风险的发生，保证企业长期的经营稳定。

怎样披露风险管理与控制部门设置

【定性】企业披露风险管理与控制部门设置情况，需要具体披露的内容有：风险管理控制员工和管理层的岗位职责；相关的风险管理制度和操作规范；风险识别、风险评估和衡量、风险应对、风险监测、风险报告的处理及反馈流程；部门各岗位以及相关合规风险管理的业务流程。

为什么要披露风险管理与控制部门设置

高效、透明运转的风险管理与控制部门是企业合法合规经营与长期利益的重要保障，有利于保障利益相关者的合法权益，提升投资者对企业未来的信心。

与风险管理与控制部门设置相关的主要指导机构及法律法规、政策规范

国务院国有资产监督管理委员会〔2018〕《中央企业合规管理指引（试行）》第四条：

——中央企业应当按照以下原则加快建立健全合规管理体系：……（三）推动合规管理与法律风险防范、监察、审计、内控、风险管理等工作相统筹、相衔接，确保合规管理体系有效运行。……

国务院国有资产监督管理委员会〔2022〕《中央企业合规管理办法》第十三条：

——中央企业业务及职能部门承担合规管理主体责任，主要履行以下职责：（一）建立健全本部门业务合规管理制度和流程，开展合规风险识别评估，编制风险清单和应对预案。……中央企业应当在业务及职能部门设置合规管理员，由业务骨干担任，接受合规管理部门业务指导和培训。

中华人民共和国国家发展和改革委员会〔2018〕《企业境外经营合规管理指引》第十一条 合规管理机构、第二十七条 合规管理体系评价：

——企业可根据业务性质、地域范围、监管要求等设置相应的合规管理机构。……建立和完善企业合规管理体系，审批合规管理制度、程序和重大合规风险管理方案。……

——……企业在开展效果评价时，应考虑企业面临的合规要求变化情况，不断调整合规管理目标，更新合规风险管理措施，以满足内外部合规管理要求。

本指标披露等级及主要适用范围

【基础披露】 适用于所有行业企业。

G2.2.1.3 重大风险识别与防范机制

什么是重大风险识别与防范机制

重大风险识别与防范机制（major risk identification and prevention mechanism），一般被认为是企业为了能够保证该企业的长期稳定合规经营，以防止企业管理层和基层员工进行违规操作为目的，建立的一套能够有效识别并防范合规风险的运行制度。

为什么要考察重大风险识别与防范机制

建立行之有效的风险识别与防范机制，能够在爆发重大的合规风险事件前将其识别并及时处理，从制度上尽可能消除合规风险事件的发生，保证企业长期的经营稳定。

怎样披露重大风险识别与防范机制

【定性】 企业披露完善的重大风险识别与防范机制情况，包括但不限于：负责各类重大风险识别与防范的部门及权责划分、重大风险识别与防范相关制度、涵盖风险识别与防范各环节的全面性体系等。此外，企业需披露是否依据企业内外部经济社会政策定期对现有风险识别与防范机制的有效性进行评估与完善。

为什么要披露重大风险识别与防范机制

重大风险识别与防范机制有利于企业最大限度识别出可能的风险事件并及时预防、纠正，防止合规风险进一步扩大，在保证企业长期经营稳定的同时维护利益相关者的合法权益。

与重大风险识别与防范机制相关的主要指导机构及法律法规、政策规范

国务院国有资产监督管理委员会〔2018〕《中央企业合规管理指引（试行）》第十条、第十八条：

——法律事务机构或其他相关机构为合规管理牵头部门，组织、协调和监督合规管理工作，为其他部门提供合规支持，主要职责包括：……（二）持续关注法律法规等规则变化，组织开展合规风险识别和预警，参与企业重大事项合规审查和风险应对；……

——建立合规风险识别预警机制，全面系统梳理经营管理活动中存在的合规风险，对风险发生的可能性、影响程度、潜在后果等进行系统分析，对于典型性、普遍性和可能产生较严重后果的风险及时发布预警。

国务院国有资产监督管理委员会〔2022〕《中央企业合规管理办法》第二十条：

——中央企业应当建立合规风险识别评估预警机制，全面梳理经营管理活动中的合规风险，建立并定期更新合规风险数据库，对风险发生的可能性、影响程度、潜在后果等进行分析，对典型性、普遍性或者可能产生严重后果的风险及时预警。

中华人民共和国国家发展和改革委员会〔2018〕《企业境外经营合规管理指引》第四条　合规管理框架、第二十三条　合规风险识别：

——企业应以倡导合规经营价值观为导向，明确合规管理工作内容，健全合规管理架构，制定合规管理制度，完善合规运行机制，加强合规风险识别、评估与处置，开展合规评审与改进，培育合规文化，形成重视合规经营的企业氛围。

——企业应当建立必要的制度和流程，识别新的和变更的合规要求。企业可围绕关键岗位或者核心业务流程，通过合规咨询、审核、考核和违规查处等内部途径识别合规风险，也可通过外部法律顾问咨询、持续跟踪监管机构有关信息、参加行业组织研讨等方式获悉外部监管要求的变化，识别合规风险。企业境外分支机构可通过聘请法律顾问、梳理行业合规案例等方式动态了解掌握业务所涉国家（地区）政治经济和法律环境的变化，及时采取应对措施，有效识别各类合规风险。

本指标披露等级及主要适用范围

【**基础披露**】适用于所有行业企业。

G2.2.2　关联交易风险

什么是关联交易风险

关联交易风险（related transaction risk），一般被认为是企业在关联交易控制过程中，由关联方界定不准确、关联交易定价不合理以及关联交易活动中断等原因导致的各种风险。关联交易就是企业关联方之间的交易，关联交易是企业运作中经常出现而又易于发生不公平结果的交易。

什么是关联交易

关联交易（related transaction），依照《企业会计准则第 36 号——关联方披露》，是指关联方之间转移资源、劳务或义务的行为，而不论是否收取价款。关联交易的类型通常包括下列各项：购买或销售商品，购买或销售商品以外的其他资产，提供或接受劳务，担保，提供资金（贷款或股权投资），租赁，代理，研究与开发项目的转移，许可协议，代表企业或由企业代表另一方进行债务结算。

关联交易通常需要进行特别审查，以确保它们是在公平、透明和公正的基础上进行的，而不是为了操纵财务结果或损害其他利益相关者的利益而进行的。因此，许多企业和监管机构都会制定关联交易政策和程序，以确保这些交易符合法律法规和伦理标准。

G2.2.2.1 关联交易情况

什么是关联交易情况

关联交易情况（related transaction situation），一般被认为是企业与关联方之间发生的转移资源、劳务或义务等相关情况。

为什么要考察关联交易情况

关联交易情况是企业运作中经常出现而又易于发生舞弊行为的交易。关联交易方可以通过实控人撮合交易的进行，从而有可能使交易的价格、方式等在非竞争的条件下出现不公正情况。上市公司因影响较大，故而在认定关联交易正当性时，对其关联交易情况的核查也较为全面和严格。

怎样披露关联交易情况

【定性】 企业披露所有关联交易情况，包括但不限于：关联交易人、交易内容、交易金额、关联方资金占用、是否存在关联担保等。对外提供合并财务报表的，对于已经包括在合并范围内各企业之间的交易不予披露，但应当披露与合并范围外各关联方的关系及其交易。

为什么要披露关联交易情况

未进行充分信息披露的关联交易情况，可能存在不公正的隐患，容易形成大股东侵占小股东利益，也易导致债权人利益受到损害。

与关联交易情况相关的主要指导机构及法律法规、政策规范

全国人民代表大会〔2021〕《中华人民共和国民法典》第八十四条：

——营利法人的控股出资人、实际控制人、董事、监事、高级管理人员不得利用其关联关系损害法人的利益；利用关联关系造成法人损失的，应当承担赔偿责任。

全国人民代表大会常务委员会〔2024〕《中华人民共和国公司法》第二十二条：

——公司的控股股东、实际控制人、董事、监事、高级管理人员不得利用其关联关系损害公司利益。违反前款规定，给公司造成损失的，应当承担赔偿责任。

中国证券监督管理委员会〔2018〕《上市公司治理准则》第七十四条、第七十七条：

——上市公司关联交易应当依照有关规定严格履行决策程序和信息披露义务。

——上市公司及其关联方不得利用关联交易输送利益或者调节利润，不得以任何方式隐瞒关联关系。

中国证券监督管理委员会〔2021〕《上市公司信息披露管理办法》第四十一条：

——……上市公司应当履行关联交易的审议程序，并严格执行关联交易回避

表决制度。交易各方不得通过隐瞒关联关系或者采取其他手段，规避上市公司的关联交易审议程序和信息披露义务。

上海证券交易所〔2023〕《上海证券交易所上市公司自律监管指引第 5 号——交易与关联交易》第三条、第四条：

——上市公司应当建立健全交易与关联交易的内部控制制度，明确交易与关联交易的决策权限和审议程序，并在关联交易审议过程中严格实施关联董事和关联股东回避表决制度。公司交易与关联交易行为应当定价公允、审议程序合规、信息披露规范。

——上市公司交易与关联交易行为应当合法合规，不得隐瞒关联关系，不得通过将关联交易非关联化规避相关审议程序和信息披露义务。相关交易不得存在导致或者可能导致上市公司出现被控股股东、实际控制人及其他关联人非经营性资金占用、为关联人违规提供担保或者其他被关联人侵占利益的情形。

深圳证券交易所〔2023〕《深圳证券交易所上市公司自律监管指引第 7 号——交易与关联交易》第三条、第四条：

——上市公司应当建立健全交易与关联交易的内部控制制度，明确交易与关联交易的决策权限和审议程序，并在关联交易审议过程中严格实施关联董事和关联股东回避表决制度。上市公司交易与关联交易行为应当定价公允、审议程序合规、信息披露规范。

——上市公司交易与关联交易行为应当合法合规，不得隐瞒关联关系，不得通过将关联交易非关联化规避相关审议程序和信息披露义务。相关交易不得存在导致或者可能导致上市公司出现被控股股东、实际控制人及其他关联人非经营性资金占用、为关联人违规提供担保或者其他被关联人侵占利益的情形。

本指标披露等级及主要适用范围

【基础披露】适用于所有行业企业。

G2.2.2.2　关联交易风险识别机制

什么是关联交易风险识别机制

关联交易风险识别机制（related transaction risk identification mechanism），一般被认为是识别和管理关联交易风险的相关制度和流程。这种机制通常包括建立关联交易管理制度，规定关联交易的范围、标准、程序和审批权限等；建立关联交易信息披露制度，公开关联交易的相关信息；建立风险评估机制，制定相应的控制措施；加强内部控制和审计，确保关联交易的合规性、透明度和公允性。

为什么要考察关联交易风险识别机制

企业的关联交易风险识别机制是企业治理的重要组成部分。通过考察企业的关联交易风险识别机制，可以评估企业的公司治理水平，了解企业是否具有透明度、公正性、合规性等方面的优势。

怎样披露关联交易风险识别机制

【定性】企业披露关联交易风险识别机制情况，包括但不限于：关联交易的审批程序和内部控制措施、对关联交易的监督与评估情况、关联交易内容与性质、关联交易对经营业绩和财务状况影响的分析与测算等信息。

为什么要披露关联交易风险识别机制

通过披露企业的关联交易风险识别机制信息，可以展示企业在关联交易方面的合法合规性，增强投资者和其他利益相关者对其的信心和信任。披露关联交易风险识别机制的信息，可以帮助投资者更好地理解企业的关联交易情况和风险控制能力，从而更加理性地做出投资决策。

与关联交易风险识别机制相关的主要指导机构及法律法规、政策规范

全国人民代表大会常务委员会〔2024〕《中华人民共和国公司法》第二十二条：

——公司的控股股东、实际控制人、董事、监事、高级管理人员不得利用其关联关系损害公司利益。违反前款规定，给公司造成损失的，应当承担赔偿责任。

中国证券监督管理委员会〔2018〕《上市公司治理准则》第七十五条：

——上市公司应当与关联方就关联交易签订书面协议。协议的签订应当遵循平等、自愿、等价、有偿的原则，协议内容应当明确、具体、可执行。

上海证券交易所〔2023〕《上海证券交易所上市公司自律监管指引第5号——交易与关联交易》第五条：

——上市公司在审议交易与关联交易事项时，应当详细了解交易标的真实状况和交易对方诚信记录、资信状况、履约能力等，审慎评估相关交易的必要性、合理性和对上市公司的影响，根据充分的定价依据确定交易价格。重点关注是否存在交易标的权属不清、交易对方履约能力不明、交易价格不公允等问题，并按照《股票上市规则》的要求聘请中介机构对交易标的进行审计或者评估。交易对方应当配合上市公司履行相应的审议程序和信息披露义务。

深圳证券交易所〔2023〕《深圳证券交易所上市公司自律监管指引第7号——交易与关联交易》第六条：

——上市公司在审议交易或关联交易事项时，应当详细了解交易标的真实状况和交易对方诚信记录、资信状况、履约能力等，审慎评估相关交易的必要性与合理性、定价依据的充分性、交易价格的公允性和对上市公司的影响，重点关注是否存在交易标的权属不清、交易对方履约能力不明、交易价格不明确等问题，并按照《股票上市规则》的要求聘请中介机构对交易标的进行审计或者评估。交易对方应当配合上市公司履行相应的审议程序和信息披露义务。

本指标披露等级及主要适用范围

【基础披露】适用于所有行业企业。

G2.2.2.3 防范不当关联交易的程序与管理办法

什么是防范不当关联交易的程序与管理办法

防范不当关联交易的程序与管理办法（procedures and management methods for preventing improper related transactions），一般被认为是企业为了防范不当关联交易，确保关联交易的合法性、公正性和透明度，而建立的一系列程序和管理办法。

为什么要考察防范不当关联交易的程序与管理办法

防范不当关联交易的程序与管理办法是企业内部控制的重要方面，往往涉及企业内部不同部门、子公司、关联方等之间的交易，因此容易出现信息不对称和利益冲突等问题，从而影响交易的公正性和公平性。如果企业没有建立健全的防范不当关联交易的程序和制度安排，将会面临由于关联交易而导致的资产流失、利益损失等经济风险，可能会因为关联交易涉及的信息不对称而损害企业的声誉和信誉，影响企业的市场竞争力，也可能会因为关联交易的不公正性而触犯相关法律法规，面临法律风险和法律责任。

怎样披露防范不当关联交易的程序与管理办法

【定性】企业披露防范不当关联交易的程序与管理办法情况，包括防范不当关联交易的程序与制度安排的审批程序和内外部控制措施、对不当关联交易的监督与评估、不当关联交易的程序与制度对经营业绩和财务状况影响的分析与测算等内容。

为什么要披露防范不当关联交易的程序与管理办法

披露防范不当关联交易的程序与管理办法是企业应尽的信息披露义务之一，可以提高企业的治理质量，保护投资者和社会公众的利益，使投资者和社会公众更加了解企业内部控制的情况，可以帮助企业识别和减少不当关联交易的风险，保护企业和股东的利益。

与防范不当关联交易的程序与管理办法相关的主要指导机构及法律法规、政策规范

全国人民代表大会〔2021〕《中华人民共和国民法典》第八十四条：

——营利法人的控股出资人、实际控制人、董事、监事、高级管理人员不得利用其关联关系损害法人的利益；利用关联关系造成法人损失的，应当承担赔偿责任。

全国人民代表大会常务委员会〔2024〕《中华人民共和国公司法》第一百三十九条：

——上市公司董事与董事会会议决议事项所涉及的企业或者个人有关联关系的，该董事应当及时向董事会书面报告。有关联关系的董事不得对该项决议行使表决权，也不得代理其他董事行使表决权。该董事会会议由过半数的无关联关系董事出席即可举行，董事会会议所作决议须经无关联关系董事过半数通过。出席董事会会议的无关联关系董事人数不足三人的，应将该事项提交上市公司股东会审议。

中国证券监督管理委员会〔2018〕《上市公司治理准则》第七十四条、第七十五条、第七十六条、第七十七条：

——上市公司关联交易应当依照有关规定严格履行决策程序和信息披露义务。

——上市公司应当与关联方就关联交易签订书面协议。协议的签订应当遵循平等、自愿、等价、有偿的原则，协议内容应当明确、具体、可执行。

——上市公司应当采取有效措施防止关联方以垄断采购或者销售渠道等方式干预公司的经营，损害公司利益。关联交易应当具有商业实质，价格应当公允，原则上不偏离市场独立第三方的价格或者收费标准等交易条件。

——上市公司及其关联方不得利用关联交易输送利益或者调节利润，不得以任何方式隐瞒关联关系。

上海证券交易所〔2023〕《上海证券交易所上市公司自律监管指引第 5 号——交易与关联交易》第三条：

——上市公司应当建立健全交易与关联交易的内部控制制度，明确交易与关联交易的决策权限和审议程序，并在关联交易审议过程中严格实施关联董事和关联股东回避表决制度。公司交易与关联交易行为应当定价公允、审议程序合规、信息披露规范。

深圳证券交易所〔2023〕《深圳证券交易所上市公司自律监管指引第 7 号——交易与关联交易》第三条：

——上市公司应当建立健全交易与关联交易的内部控制制度，明确交易与关联交易的决策权限和审议程序，并在关联交易审议过程中严格实施关联董事和关联股东回避表决制度。上市公司交易与关联交易行为应当定价公允、审议程序合规、信息披露规范。

本指标披露等级及主要适用范围

【基础披露】适用于所有行业企业。

G2.2.3　投资决策风险

什么是投资决策风险

投资决策风险（risk of investment decision），一般被认为是在进行投资过程中，由于不确定性因素的存在，而可能导致预期收益与实际结果之间的差距，以及投资本金的损失的潜在风险。

G2.2.3.1 投资决策风险识别机制

什么是投资决策风险识别机制

投资决策风险识别机制（investment decision risk identification mechanism），一般被认为是为了识别投资决策过程中可能出现的风险，采取一系列的措施和方法，以减轻风险并提高投资回报率的系统化方法。包括建立风险意识、评估风险、制定风险管理策略、监控投资风险、持续改进投资决策风险管理策略。

为什么要考察投资决策风险识别机制

企业投资是一项风险较高的活动，需要通过有效的风险管理措施来降低投资风险。建立健全投资决策风险识别机制，企业可以及时发现和应对潜在的风险因素，避免或减少风险对企业造成的损害。

怎样披露投资决策风险识别机制

【定性】 企业披露投资决策风险识别机制情况，应包括：审批程序和内部控制措施、对投资决策的监督与评估情况、识别机制对经营业绩和财务状况影响的分析与测算等信息。

为什么要披露投资决策风险识别机制

通过披露投资决策风险识别机制，投资者可以了解投资项目的风险评估情况，更好地了解市场风险，从而做出更加明智的投资决策。

与投资决策风险识别机制相关的主要指导机构及法律法规、政策规范

上海证券交易所〔2023〕《上海证券交易所上市公司自律监管指引第 1 号——规范运作》5.6：

——上市公司应当加强对关联交易、提供担保、募集资金使用、重大投资、信息披露等活动的控制，按照本所相关规定的要求建立相应控制政策和程序。

深圳证券交易所〔2023〕《深圳证券交易所上市公司自律监管指引第 1 号——主板上市公司规范运作》5.6：

——上市公司应当加强对关联交易、提供担保、募集资金使用、重大投资、信息披露等活动的控制，按照本所有关规定的要求建立相应控制政策和程序。

本指标披露等级及主要适用范围

【基础披露】 适用于所有行业企业。

G2.2.3.2 防范投资决策风险的程序与制度安排

什么是防范投资决策风险的程序与制度安排

防范投资决策风险的程序与制度安排（procedures and institutional arrangements for preventing investment decision-making risks），一般被认为是在进行投资决策过程中，通过一系列的程序和管理办法，对投资的风险进行识别、评估、分散和管理，以

确保投资活动的风险在可承受范围内，保障投资的安全和回报。这些程序和管理办法包括风险识别、风险评估、风险分散、保障投资决策的科学性、适度分散化投资、对投资项目进行可行性评估、加强对外投资管理、建立健全组织机构和明确职责权限，以及建立风险控制机制等的程序和方法。

为什么要考察防范投资决策风险的程序与制度安排

了解企业的防范投资决策风险的程序与制度安排，可以判断企业在投资决策和风险管理方面的能力和水平，有助于评估企业的投资决策是否科学、合理和有效，避免投资活动带来的损失。

怎样披露防范投资决策风险的程序与制度安排

【定性】企业披露防范投资决策风险的程序与制度安排情况，披露内容包括但不限于：该程序的流程与控制措施、投资决策流程、对投资决策风险的监督与评估情况、对经营业绩和财务状况影响的分析与测算以及风险文化建设情况等信息。

为什么要披露防范投资决策风险的程序与制度安排

披露防范投资决策风险的程序与制度安排的信息可以为投资者提供更全面、客观的企业评估信息，有利于增强投资者和利益相关者对企业的信任度，增强投资者对企业的信任，从而更有利于投资者决策。

与防范投资决策风险的程序与制度安排相关的主要指导机构及法律法规、政策规范

上海证券交易所〔2023〕《上海证券交易所上市公司自律监管指引第 1 号——规范运作》5.6：

——上市公司应当加强对关联交易、提供担保、募集资金使用、重大投资、信息披露等活动的控制，按照本所相关规定的要求建立相应控制政策和程序。

深圳证券交易所〔2023〕《深圳证券交易所上市公司自律监管指引第 1 号——主板上市公司规范运作》5.6：

——上市公司应当加强对关联交易、提供担保、募集资金使用、重大投资、信息披露等活动的控制，按照本所有关规定的要求建立相应控制政策和程序。

本指标披露等级及主要适用范围

【基础披露】适用于所有行业企业。

G2.2.4 转型风险

什么是转型风险

转型风险（transformation risk），一般被认为是企业在进行战略性转型或变革过程中，由于变化引发的不确定性和潜在风险。这种转型可能涉及组织结构、业务模式、市场定位等方面的重大变化。

什么是信息化转型风险

信息化转型风险（informatization transformation risk），一般被认为是企业在实行信息化项目过程中，由于外部环境和信息本身的原因，企业不能有效地保护自身重要信息或不能充分地获取、利用外部信息或影响了企业内外部信息的传递、交流等，以至造成企业难以确保其所拥有的信息的完整性、安全性、真实性、及时性和有效性，进而对企业的正常经营活动带来的风险。信息化转型风险包括网络攻击、动态员工、云转换、第三方、合规、数据治理和隐私、流程自动化、业务弹性等八大风险。

什么是市场转型风险

市场转型风险（market transformation risk），一般被认为是企业长期经营方向、运营模式及其相应的组织方式、资源配置方式发生整体性转变，即企业重塑竞争优势、提升社会价值，达到新的企业形态的过程中面临的风险。市场转型可能遇到政策法律（转型战略能否成功在一定程度上取决于国家的相关法律和政策）、企业定位（其转型前后的业务无论是在内涵上还是在外延上都有一定差异）、转型刚度把握（转型业务有回报周期的问题，需要传统业务加以支持，但是如果转型的步伐小，无法达到转型的目标，在未来新的环境下，经营和竞争就会滞后）、观念转变（如果大多数员工在理念上不能适应转型的要求，那么转型的实践不可避免地会受到影响）、人力资源配置（绝大多数员工面临技术、观念、思维等方面的挑战）等方面的风险。

G2.2.4.1 转型风险识别机制

什么是转型风险识别机制

转型风险识别机制（transition risks identification mechanism），一般被认为是在企业或组织进行转型时，通过分析和评估可能面临的风险，制定相应的预防和应对措施，以保障转型的顺利进行和风险最小化。

为什么要考察转型风险识别机制

企业在进行转型时，面临着各种潜在的风险和挑战。通过考察转型风险识别机制，可以了解企业的风险管理能力和水平，有助于评估企业的整体竞争力和可持续发展能力；及时发现和应对潜在的转型风险，从而保障企业的持续发展和稳定经营；可以评估企业的转型战略是否合理、可行，是否能够应对外部环境的变化和市场的竞争压力；有助于企业提高风险管理水平，增强抵御风险的能力；可以为投资者提供参考，帮助他们更好地了解和评估企业的价值和风险。如果企业无法有效地识别和管理这些风险，就可能导致转型失败、发生经济损失、员工流失等问题。

怎样披露转型风险识别机制

【**定性**】企业披露转型风险识别机制情况，披露内容包括但不限于：是否具有转型过程中识别风险的程序以及相应制度安排、该程序的流程与控制措施、对转型风险的监督与评估情况、对经营业绩和财务状况影响的分析与测算以及风险管理文化建设情况等信息。

为什么要披露转型风险识别机制

披露转型风险识别机制可以增加企业的透明度和信任度，让投资者、股东和其他利益相关者更好地了解企业的转型风险识别和管理情况，增加投资者对企业的信任度，从而吸引更多的投资和资源；让利益相关者更好地了解企业在转型过程中可能面临的风险和挑战及应对措施，有助于评估企业的稳定性和可持续性；向公众展示企业的透明度和诚信度，提高企业的声誉和形象。

与转型风险识别机制相关的主要指导机构及法律法规、政策规范

国务院国有资产监督管理委员会〔2006〕《中央企业全面风险管理指引》第八条、第十一条：

——企业开展全面风险管理工作，应注重防范和控制风险可能给企业造成损失和危害，也应把机会风险视为企业的特殊资源，通过对其管理，为企业创造价值，促进经营目标的实现。

——实施全面风险管理，企业应广泛、持续不断地收集与本企业风险和风险管理相关的内部、外部初始信息，包括历史数据和未来预测。应把收集初始信息的职责分工落实到各有关职能部门和业务单位。

中国证券监督管理委员会〔2023〕《首次公开发行股票注册管理办法》第四十条：

——发行人应当以投资者需求为导向，精准清晰充分地披露可能对公司经营业绩、核心竞争力、业务稳定性以及未来发展产生重大不利影响的各种风险因素。

中国证券监督管理委员会〔2021〕《公开发行证券的公司信息披露内容与格式准则第 2 号—年度报告的内容与格式》第二十六条：

——……（四）可能面对的风险公司应当针对自身特点，遵循关联性原则和重要性原则披露可能对公司未来发展战略和经营目标的实现产生不利影响的风险因素（例如政策性风险、行业特有风险、业务模式风险、经营风险、环保风险、汇率风险、利率风险、技术风险、产品价格风险、原材料价格及供应风险、财务风险、单一客户依赖风险、商誉等资产的减值风险，以及因设备或技术升级换代、核心技术人员辞职、特许经营权丧失等导致公司核心竞争能力受到严重影响等），披露的内容应当充分、准确、具体，应当尽量采取定量的方式分析各风险因素对公司当期及未来经营业绩的影响，并介绍已经或计划采取的应对措施。……

上海证券交易所〔2024〕《上海证券交易所上市公司自律监管指引第 14 号——可持续发展报告（试行）》第十四条：

——披露主体应当识别并充分评估可能在短期、中期或长期内对公司商业模式、业务运营、发展战略、财务状况、经营成果、现金流、融资方式及成本等产生重大影响的可持续发展相关风险和机遇，并披露下列内容：（一）公司识别出的与可持续发展有关的风险（如气候变化相关物理风险、转型风险）和机遇，以及相关风险和机遇对公司造成重大影响的时间范围；……

深圳证券交易所〔2024〕《深圳证券交易所上市公司自律监管指引第 17 号——可持续发展报告（试行）》第十四条：

——披露主体应当识别并充分评估可能在短期、中期或长期内对公司商业模式、业务运营、发展战略、财务状况、经营成果、现金流、融资方式及成本等产生重大影响的可持续发展相关风险和机遇，并披露下列内容：（一）公司识别出的与可持续发展有关的风险（如气候变化相关物理风险、转型风险）和机遇，以及相关风险和机遇对公司造成重大影响的时间范围；……

本指标披露等级及主要适用范围

【基础披露】适用于所有行业企业。

G2.2.4.2 防范转型风险的程序与制度安排

什么是防范转型风险的程序与制度安排

防范转型风险的程序与制度安排（procedures and institutional arrangements for preventing transition risks），一般被认为是企业在进行转型过程中采取的一系列制度安排和程序措施。

为什么要考察防范转型风险的程序与制度安排

转型是企业发展的必然要求，但转型过程中可能会面临各种风险，可能会导致企业的可持续发展受到影响，建立有效的防范转型风险的程序与制度安排，对于提高企业的风险管理水平、规范企业运作、降低经营风险都有着重要的意义。

怎样披露防范转型风险的程序与制度安排

【定性】企业披露防范转型风险的程序与制度安排情况，包括但不限于：管理制度、风险评估与识别机制、风险控制和管理办法、监督与审核办法、信息披露机制等。

为什么要披露防范转型风险的程序与制度安排

披露防范转型风险的程序与制度安排可以让投资者和利益相关方更全面地了解企业的风险管理情况，降低信息不对称的情况，从而减少相应的风险。

与防范转型风险的程序与制度安排相关的主要指导机构及法律法规、政策规范

国务院国有资产监督管理委员会〔2006〕《中央企业全面风险管理指引》第九条：

——企业应本着从实际出发，务求实效的原则，以对重大风险、重大事件（指重大风险发生后的事实）的管理和重要流程的内部控制为重点，积极开展全面

风险管理工作。……

中国证券监督管理委员会〔2021〕《公开发行证券的公司信息披露内容与格式准则第 2 号—年度报告的内容与格式》第二十六条：

——……（四）可能面对的风险。公司应当针对自身特点，遵循关联性原则和重要性原则披露可能对公司未来发展战略和经营目标的实现产生不利影响的风险因素（例如政策性风险、行业特有风险、业务模式风险、经营风险、环保风险、汇率风险、利率风险、技术风险、产品价格风险、原材料价格及供应风险、财务风险、单一客户依赖风险、商誉等资产的减值风险，以及因设备或技术升级换代、核心技术人员辞职、特许经营权丧失等导致公司核心竞争能力受到严重影响等），披露的内容应当充分、准确、具体，应当尽量采取定量的方式分析各风险因素对公司当期及未来经营业绩的影响，并介绍已经或计划采取的应对措施。……

中国证券监督管理委员会〔2023〕《首次公开发行股票注册管理办法》第四十条：

——发行人应当以投资者需求为导向，精准清晰充分地披露可能对公司经营业绩、核心竞争力、业务稳定性以及未来发展产生重大不利影响的各种风险因素。

上海证券交易所〔2024〕《上海证券交易所上市公司自律监管指引第 14 号——可持续发展报告（试行）》第十四条：

——披露主体应当识别并充分评估可能在短期、中期或长期内对公司商业模式、业务运营、发展战略、财务状况、经营成果、现金流、融资方式及成本等产生重大影响的可持续发展相关风险和机遇，并披露下列内容：（一）公司识别出的与可持续发展有关的风险（如气候变化相关物理风险、转型风险）和机遇，以及相关风险和机遇对公司造成重大影响的时间范围；……

深圳证券交易所〔2024〕《深圳证券交易所上市公司自律监管指引第 17 号——可持续发展报告（试行）》第十四条：

——披露主体应当识别并充分评估可能在短期、中期或长期内对公司商业模式、业务运营、发展战略、财务状况、经营成果、现金流、融资方式及成本等产生重大影响的可持续发展相关风险和机遇，并披露下列内容：（一）公司识别出的与可持续发展有关的风险（如气候变化相关物理风险、转型风险）和机遇，以及相关风险和机遇对公司造成重大影响的时间范围；……

本指标披露等级及主要适用范围

【基础披露】适用于所有行业企业。

G2.2.5　ESG 风险

什么是 ESG 风险

ESG 风险（ESG risk），一般被认为是企业在环境、社会、治理层面发生的，可能会影响企业正常经营与可持续发展，影响其在产品市场与金融市场的收益与表现，导致消费者、客户、投资者等利益相关者蒙受一定损失，甚至对社会产生负面影响与危害的风险。ESG 风险包括环境处罚、产品召回、不合格产品、就业歧视、安全事故、工作罢工、重大税务违规、消费者隐私泄露、不规范审计费等方面的风险。

G2.2.5.1　ESG 风险识别机制

什么是 ESG 风险识别机制

ESG 风险识别机制（ESG risk identification mechanism），一般被认为是企业在经营过程中，针对环境、社会和治理方面的风险进行识别和管理的一套机制。ESG 风险识别机制包括对企业的环境、社会和治理风险进行评估，制定相关政策和措施，以降低或避免潜在风险的影响，提高企业的可持续性发展能力。

为什么要考察 ESG 风险识别机制

ESG 风险识别机制可以帮助企业在经营过程中识别和管理与环境、社会和治理相关的风险，从而提高企业的可持续性发展能力，降低经营风险，增强企业的信誉度和竞争力。

怎样披露 ESG 风险识别机制

【定性】企业披露 ESG 风险识别机制情况，包括但不限于：ESG 风险管理文化与组织架构、识别 ESG 风险的标准和指标、数据来源和分析方法，以及评估和管理 ESG 风险的过程等。

为什么要披露 ESG 风险识别机制

企业披露 ESG 风险识别机制可以表明企业对环境、社会和治理问题的重视程度，展示企业的社会责任和可持续发展理念，提升企业在公众中的形象和信誉，帮助投资者更好地了解企业的环境、社会和治理表现，从而做出更明智的投资决策。

与 ESG 风险识别机制相关的主要指导机构及法律法规、政策规范

中华人民共和国生态环境部〔2021〕《环境信息依法披露制度改革方案》二、主要任务：

——（一）建立健全环境信息依法强制性披露规范要求。1. 明确环境信息强制性披露主体。依据有关法律法规等规定，下列企业应当开展环境信息强制性披露：重点排污单位；实施强制性清洁生产审核的企业；因生态环境违法行为被追究刑事责任或者受到重大行政处罚的上市公司、发债企业；法律法规等规定应当开展环境信息强制性披露的其他企业事业单位。……

中国证券监督管理委员会〔2018〕《上市公司治理准则》第八十三条、第八十七条：

——上市公司应当尊重银行及其他债权人、员工、客户、供应商、社区等利益相关者的合法权利，与利益相关者进行有效的交流与合作，共同推动公司持续健康发展。

——上市公司在保持公司持续发展、提升经营业绩、保障股东利益的同时，应当在社区福利、救灾助困、公益事业等方面，积极履行社会责任。……

中国证券监督管理委员会〔2021〕《公开发行证券的公司信息披露内容与格式准则第 2 号——年度报告的内容与格式》第四十一条、第四十二条、第四十三条：

——属于环境保护部门公布的重点排污单位的公司或其主要子公司，应当根据法律、行政法规、部门规章及规范性文件的规定披露以下主要环境信息：（一）排污信息。包括但不限于主要污染物及特征污染物的名称、排放方式、排放口数量和分布情况、排放浓度和总量、超标排放情况、执行的污染物排放标准、核定的排放总量。（二）防治污染设施的建设和运行情况。（三）建设项目环境影响评价及其他环境保护行政许可情况。（四）突发环境事件应急预案。（五）环境自行监测方案。（六）报告期内因环境问题受到行政处罚的情况。（七）其他应当公开的环境信息。重点排污单位之外的公司应当披露报告期内因环境问题受到行政处罚的情况，并可以参照上述要求披露其他环境信息，若不披露其他环境信息，应当充分说明原因。鼓励公司自愿披露有利于保护生态、防治污染、履行环境责任的相关信息。环境信息核查机构、鉴证机构、评价机构、指数公司等第三方机构对公司环境信息存在核查、鉴定、评价的，鼓励公司披露相关信息。鼓励公司自愿披露在报告期内为减少其碳排放所采取的措施及效果。

——鼓励公司结合行业特点，主动披露积极履行社会责任的工作情况，包括但不限于：公司履行社会责任的宗旨和理念，股东和债权人权益保护、职工权益保护、供应商、客户和消费者权益保护、环境保护与可持续发展、公共关系、社会公益事业等方面情况。公司已披露社会责任报告全文的，仅需提供相关的查询索引。

——鼓励公司积极披露报告期内巩固拓展脱贫攻坚成果、乡村振兴等工作具体情况。

上海证券交易所〔2024〕《上海证券交易所股票上市规则》4.1.4：

——……公司应当按规定编制和披露社会责任报告等非财务报告。出现违背社会责任等重大事项时，公司应当充分评估潜在影响并及时披露，说明原因和解决方案。

上海证券交易所〔2023〕《上海证券交易所上市公司自律监管指引第 1 号——规范运作》8.1：

——上市公司应当在追求经济效益、保护股东利益的同时，积极保护债权人和职工的合法权益，诚信对待供应商、客户和消费者，践行绿色发展理念，积极从事环境保护、社区建设等公益事业，从而促进公司本身与全社会的协调、和谐发展。

深圳证券交易所〔2024〕《深圳证券交易所股票上市规则》4.1.4：

——……公司应当按规定编制和披露社会责任报告等文件。出现违背社会责任等重大事项时，公司应当充分评估潜在影响并及时披露，说明原因和解决方案。

深圳证券交易所〔2023〕《深圳证券交易所上市公司自律监管指引第 1 号——主板上市公司规范运作》8.1：

——上市公司应当在追求经济效益、保护股东利益的同时，积极保护债权人和职工的合法权益，诚信对待供应商、客户和消费者，践行绿色发展理念，积极从事环境保护、社区建设等公益事业，从而促进公司本身与全社会的协调、和谐发展。

上海证券交易所〔2024〕《上海证券交易所上市公司自律监管指引第 14 号——可持续发展报告（试行）》第十四条：

——披露主体应当识别并充分评估可能在短期、中期或长期内对公司商业模式、业务运营、发展战略、财务状况、经营成果、现金流、融资方式及成本等产生重大影响的可持续发展相关风险和机遇，并披露下列内容：（一）公司识别出的与可持续发展有关的风险（如气候变化相关物理风险、转型风险）和机遇，以及相关风险和机遇对公司造成重大影响的时间范围；……

深圳证券交易所〔2024〕《深圳证券交易所上市公司自律监管指引第 17 号——可持续发展报告（试行）》第十四条：

——披露主体应当识别并充分评估可能在短期、中期或长期内对公司商业模式、业务运营、发展战略、财务状况、经营成果、现金流、融资方式及成本等产生重大影响的可持续发展相关风险和机遇，并披露下列内容：（一）公司识别出的与可持续发展有关的风险（如气候变化相关物理风险、转型风险）和机遇，以及相关风险和机遇对公司造成重大影响的时间范围；……

本指标披露等级及主要适用范围

【基础披露】适用于所有行业企业。

G2.2.5.2　防范 ESG 风险的程序与制度安排

什么是防范 ESG 风险的程序与制度安排

防范 ESG 风险的程序与制度安排（procedures and institutional arrangements for preventing ESG risks），一般被认为是企业采取的一系列程序和制度安排，以减轻或避免与 ESG 相关的风险，包括 ESG 风险识别和评估、内部控制、信息披露、供应链管理、人权保护、社会责任、环境保护等方面的程序和管理办法，形成一个完整的 ESG 风险管理体系，以确保企业在运营中符合 ESG 原则，并降低与 ESG 相关的风险。

为什么要考察防范 ESG 风险的程序与制度安排

ESG 风险可能会对企业的长期价值和业务运营产生负面影响。通过制定有效的防范 ESG 风险的程序与制度安排,可以帮助企业及时发现和应对潜在的 ESG 风险,提高企业的风险管理水平,避免或减轻风险对企业造成的负面影响,提升企业的品牌形象和声誉,为企业保持业务的连续性和稳定性,实现可持续发展提供更强的保障。

怎样披露防范 ESG 风险的程序与制度安排

【定性】企业披露防范 ESG 风险的程序与制度安排情况,包括但不限于:ESG 风险防范的部门及权责划分、ESG 风险防范的相关制度、ESG 风险防范的相关流程、ESG 表现的评估和分析等内容。

为什么要披露防范 ESG 风险的程序与制度安排

披露防范 ESG 风险的程序与制度安排可以增加企业的透明度,让利益相关方了解企业在 ESG 方面的表现和管理方式。这可以建立投资者、客户和其他利益相关方对企业的信任和信心,提高企业的声誉和市场竞争力,增加他们对企业的投资和支持。

与防范 ESG 风险的程序与制度安排相关的主要指导机构及法律法规、政策规范

全国人民代表大会常务委员会〔2024〕《中华人民共和国公司法》第十九条:

——公司从事经营活动,应当遵守法律法规,遵守社会公德、商业道德,诚实守信,接受政府和社会公众的监督。

中华人民共和国生态环境部〔2021〕《环境信息依法披露制度改革方案》二、主要任务:

——(一)建立健全环境信息依法强制性披露规范要求。……2. 确定环境信息强制性披露内容。依据有关法律法规等规定,明确企业环境信息强制性披露内容和范围,全面反映企业遵守生态环境法律法规和环境治理情况。建立动态调整机制,根据改革实践和工作需要,及时完善环境信息强制性披露内容。……

中国证券监督管理委员会〔2018〕《上市公司治理准则》第九十五条:

——上市公司应当依照法律法规和有关部门的要求,披露环境信息以及履行扶贫等社会责任相关情况。

上海证券交易所〔2023〕《上海证券交易所上市公司自律监管指引第 1 号——规范运作》8.3:

——上市公司应当根据所处行业及自身经营特点,形成符合本公司实际的社会责任战略规划及工作机制。公司的社会责任战略规划至少应当包括公司的商业伦理准则、员工保障计划及职业发展支持计划、合理利用资源及有效保护环境的技术投入及研发计划、社会发展资助计划以及对社会责任规划进行落实管理及监督的机制安排等内容。

深圳证券交易所〔2023〕《深圳证券交易所上市公司自律监管指引第 1 号——主板上市公司规范运作》8.3:

——上市公司应当根据所处行业及自身经营特点,形成符合本公司实际的社

会责任战略规划及工作机制。上市公司的社会责任战略规划至少应当包括公司的商业伦理准则、员工保障计划及职业发展支持计划、合理利用资源及有效保护环境的技术投入及研发计划、社会发展资助计划以及对社会责任规划进行落实管理及监督的机制安排等内容。

上海证券交易所〔2024〕《上海证券交易所上市公司自律监管指引第 14 号——可持续发展报告（试行）》第十四条：

——披露主体应当识别并充分评估可能在短期、中期或长期内对公司商业模式、业务运营、发展战略、财务状况、经营成果、现金流、融资方式及成本等产生重大影响的可持续发展相关风险和机遇，并披露下列内容：（一）公司识别出的与可持续发展有关的风险（如气候变化相关物理风险、转型风险）和机遇，以及相关风险和机遇对公司造成重大影响的时间范围；……

深圳证券交易所〔2024〕《深圳证券交易所上市公司自律监管指引第 17 号——可持续发展报告（试行）》第十四条：

——披露主体应当识别并充分评估可能在短期、中期或长期内对公司商业模式、业务运营、发展战略、财务状况、经营成果、现金流、融资方式及成本等产生重大影响的可持续发展相关风险和机遇，并披露下列内容：（一）公司识别出的与可持续发展有关的风险（如气候变化相关物理风险、转型风险）和机遇，以及相关风险和机遇对公司造成重大影响的时间范围；……

本指标披露等级及主要适用范围

【基础披露】适用于所有行业企业。

G2.3 监督管理

什么是企业监督管理

企业监督管理（enterprise supervision），一般被认为是对企业行为进行监督、管理和指导的一系列措施和机制。它旨在确保企业遵守法律法规、遵守商业道德、保护消费者权益、促进公平竞争和维护社会稳定。企业监督管理是企业治理的重要环节。狭义来说，企业监督管理是公司治理过程中对行权过程及结果的监督管理，包括董事（会）、经理层的行权。广义来说，企业监督管理是指对企业目标实现过程及结果的遵从性、真实性、合规性进行稽查、评鉴和干预的行为，对象包括企业所有人员及其行权情况。企业目标包含业务目标、合规目标、社会责任等所有与企业成长有关的事项。

G2.3.1 审计制度

什么是内部审计

内部审计（internal audit），依照《管理学：原理与实务》（第三版）[①]，是指由部

---

① 李海峰，张莹. 管理学：原理与实务. 3 版. 北京：人民邮电出版社，2023.

门、单位内部的审计机构或财务部门的专职审计人员对本单位及所属单位财政收支、财务收支、经济活动的真实性、合法性和效益性的独立监督和评价行为，目的是促进经济管理和经济目标的实现。内部审计的主体是单位设立的内部审计机构或专职审计人员。

什么是外部审计

外部审计（outside audit/external audit），依照《中华人民共和国审计法》，是指由审计机关派去的审计人员或社会审计机构对被审计单位的经济业务活动的合理性、合法性、准确性、真实性和效益性所进行的审查，并对审查结果做出客观公正的评价。它包括由国家审计机关对被审计单位的审计和社会审计组织中的审计师或注册会计师接受委托对被审计单位的审计，即国家审计和社会审计。

G2.3.1.1 内外部审计制度

什么是内外部审计制度

内外部审计制度（internal and external audit system），一般被认为是内外部审计机构和人员必须共同遵守并应严格执行的规范化的各项规定。根据《中华人民共和国审计法》的规定，依法属于审计机关审计监督对象的单位，应当按照国家有关规定建立健全内部审计制度；其内部审计工作应当接受审计机关的业务指导和监督。依照《审计署关于内部审计工作的规定》第四条，单位应当依照有关法律法规、本规定和内部审计职业规范，结合本单位实际情况，建立健全内部审计制度，明确内部审计工作的领导体制、职责权限、人员配备、经费保障、审计结果运用和责任追究等。外部审计制度一般包括外部审计的分类和特点，外部审计机构的聘请，外部审计工作的基本原则、一般程序、范畴权限，外部审计人员的职责等。

为什么要考察内外部审计制度

考察内外部审计制度的目的在于保障单位或企业内部各部门相互牵制、相互监督，并与外部审计工作相辅相成，以确保企业外部审计工作的真实性以及可靠性。内外部审计制度有较强的经济监督、评价、鉴证和促进作用，有利于加强企业的管理和审计监督，维护企业合法权益，保障企业经营活动健康发展。

怎样披露内外部审计制度

【定性】企业披露内部审计制度情况，包括但不限于：内部审计部门负责人的学历、职称、工作经历、与公司控股股东及实际控制人是否存在关联关系，审计工作计划与内部审计报告等。

【定性】企业披露外部审计制度情况，包括但不限于外部审计报告，外部审计报告包括公司财务报告、审计意见等。

为什么要披露内外部审计制度

内外部审计制度在公司治理和风险管理方面发挥着重要作用。建立并执行较为完善的内外部审计制度的企业，在内部经营管理、法律法规遵守、财务舞弊等风险防范方面的实践更为良好，能够有效扼制企业违法乱纪行为，对企业产生更强的制约作用，有利于维护市场经济秩序，提升投资者和资本市场的投资信心。

与内外部审计制度相关的主要指导机构及法律法规、政策规范

全国人民代表大会常务委员会〔2017〕《中华人民共和国会计法》第二十条：

——……财务会计报告由会计报表、会计报表附注和财务情况说明书组成。向不同的会计资料使用者提供的财务会计报告，其编制依据应当一致。有关法律、行政法规规定会计报表、会计报表附注和财务情况说明书须经注册会计师审计的，注册会计师及其所在的会计师事务所出具的审计报告应当随同财务会计报告一并提供。

全国人民代表大会常务委员会〔2024〕《中华人民共和国公司法》第二百零八条：

——公司应当在每一会计年度终了时编制财务会计报告，并依法经会计师事务所审计。财务会计报告应当依照法律、行政法规和国务院财政部门的规定制作。

全国人民代表大会常务委员会〔2021〕《中华人民共和国审计法》第三十二条：

——被审计单位应当加强对内部审计工作的领导，按照国家有关规定建立健全内部审计制度。审计机关应当对被审计单位的内部审计工作进行业务指导和监督。

中华人民共和国审计署〔2018〕《审计署关于内部审计工作的规定》第四条、第二十三条、第二十六条：

——单位应当依照有关法律法规、本规定和内部审计职业规范，结合本单位实际情况，建立健全内部审计制度，明确内部审计工作的领导体制、职责权限、人员配备、经费保障、审计结果运用和责任追究等。

——审计机关应当依法对内部审计工作进行业务指导和监督，明确内部职能机构和专职人员，并履行下列职责：……（三）推动单位建立健全内部审计制度；……

——……对内部审计制度建设和内部审计工作质量存在问题的，审计机关应当督促单位内部审计机构及时进行整改并书面报告整改情况；情节严重的，应当通报批评并视情况抄送有关主管部门。

国务院国有资产监督管理委员会〔2023〕《央企控股上市公司 ESG 专项报告参考指标体系》G2.1.1：

——内部审计

指标性质：定性

披露等级：基础披露

指标说明：描述公司设置内部审计系统以提供客观、独立的评估的情况

中国证券监督管理委员会〔2021〕《上市公司信息披露管理办法》第十二条：

——……年度报告中的财务会计报告应当经符合《证券法》规定的会计师事务所审计。

上海证券交易所〔2023〕《上海证券交易所上市公司自律监管指引第1号——规范运作》5.7：

——上市公司应当设立内部审计部门，对内部控制制度的建立和实施、财务信息的真实性和完整性等情况进行检查监督。……

深圳证券交易所〔2023〕《深圳证券交易所上市公司自律监管指引第1号——主板上市公司规范运作》5.7：

——上市公司应当设立内部审计部门，对公司内部控制制度的建立和实施、公司财务信息的真实性和完整性等情况进行检查监督。上市公司各内部机构或者职能部门、控股子公司以及对上市公司具有重大影响的参股公司应当配合内部审计部门依法履行职责，不得妨碍内部审计部门的工作。……

Tokyo Stock Exchange〔2021〕Japan's Corporate Governance Code 3.2.1、3.2.2：

——The kansayaku board should, at minimum, ensure the following: i) Establish standards for the appropriate selection of external auditor candidates and proper evaluation of external auditors; and ii) Verify whether external auditors possess necessary independence and expertise to fulfill their responsibilities.

——The board and the kansayaku board should, at minimum, ensure the following: i) Give adequate time to ensure high quality audits; ii) Ensure that external auditors have access, such as via interviews, to the senior management including the CEO and the CFO; iii) Ensure adequate coordination between external auditors and audit department and outside directors; and iv) Ensure that the company is constituted in the way that it can adequately respond to any misconduct, inadequacies or concerns identified by the external auditors.

——监事会至少应确保以下事项：i) 建立适当选择外部审计师候选人和适当评估外部审计师的标准；ii) 验证外部审计师是否具备履行职责所需的独立性和专业知识。

——董事会和监事会至少应确保以下事项：i) 提供足够的时间以确保高质量的审计；ii) 确保外部审计师可以通过面谈等方式接触包括首席执行官和首席财务官在内的高级管理层；iii) 确保外部审计师、内部审计部门和外部董事之间的充分协调；iv) 确保公司的构成方式能够充分应对外部审计师发现的任何不当行为、不足之处或担忧。

National Association of Securities Dealers Automated Quotations〔2019〕ESG Reporting Guide 2.0　G10：

——Are your sustainability disclosures assured or validated by a third party? Yes/No

——您的可持续性披露是否得到第三方的保证或验证？是/否

本指标披露等级及主要适用范围

【基础披露】适用于所有行业企业。

G2.3.1.2　内外部年度审计次数

什么是内外部年度审计次数

内外部年度审计次数（number of internal and external annual audits），一般被认为是企业一年中进行内部审计和外部审计的次数。依照《上市公司信息披露管理办法》，上市公司年度报告中的财务会计报告应当经符合《中华人民共和国证券法》规定的会计师事务所审计。一般来说，内部审计半年一次，外部审计一年一次。对于上市公司来说，其审计次数一年至少两次。但由于各个上市公司经营实际不同，所需开展审计业务存在差异，因此具体审计次数各个公司也有一定的差别。

为什么要考察内外部年度审计次数

企业进行内外部年度审计，有利于企业及时发现会计活动存在的问题，保障会计资料的真实性以及会计活动的合法合规性，保障企业资产安全，促进企业良性发展。企业外部年度审计次数反映了企业接受外部监督、保持内控制度有效性和持续改进的相关要求，有利于企业展示良好的社会形象。

怎样披露内外部年度审计次数

【定性】企业披露年度内部审计次数情况。单位：次。

【定性】企业披露年度外部审计次数情况。单位：次。

为什么要披露内外部年度审计次数

企业内部年度审计次数反映了企业在自我监督、改善内部控制环境、控制会计活动和控制企业风险方面的重视程度，有利于市场和投资者了解企业资金安全性和会计活动合法合规性；外部年度审计次数反映企业接受更独立审计工作的情况，外部审计报告的披露有利于市场和投资者了解企业财务报告的准确性和风险控制的稳健性，相关事项对投资者的选择有重要意义。

与内外部年度审计次数相关的主要指导机构及法律法规、政策规范

全国人民代表大会常务委员会〔2024〕《中华人民共和国公司法》第二百零八条：

——公司应当在每一会计年度终了时编制财务会计报告，并依法经会计师事

务所审计。财务会计报告应当依照法律、行政法规和国务院财政部门的规定制作。

中国证券监督管理委员会〔2021〕《上市公司信息披露管理办法》第十二条：

——……年度报告中的财务会计报告应当经符合《证券法》规定的会计师事务所审计。

中国证券监督管理委员会〔2021〕《公开发行证券的公司信息披露内容与格式准则第 2 号—年度报告的内容与格式》第四十八条：

——公司应当披露年度财务报告审计聘任、解聘会计师事务所的情况，报告期内支付给聘任会计师事务所的报酬情况，及目前的审计机构和签字会计师已为公司提供审计服务的连续年限，年限从审计机构与公司首次签订审计业务约定书之日起始计算。……

上海证券交易所〔2023〕《上海证券交易所上市公司自律监管指引第 1 号——规范运作》5.12：

——除法律法规另有规定外，董事会审计委员会应当督导内部审计部门至少每半年对下列事项进行一次检查，出具检查报告并提交审计委员会。……

深圳证券交易所〔2023〕《深圳证券交易所上市公司自律监管指引第 1 号——主板上市公司规范运作》5.13：

——审计委员会应当督导内部审计部门至少每半年对下列事项进行一次检查，出具检查报告并提交审计委员会。……

Singapore Exchange〔2022〕Practice Note 7.6 Sustainability Reporting Guide 5.3：

——The identified processes relating to sustainability reporting should be incorporated into the internal audit plan, which should cover key aspects of the sustainability report; the review may take place over an audit cycle, which may span one or a few years in accordance with risk-based planning, as approved by the Audit Committee.

——与可持续性报告相关的已确定流程应纳入内部审计计划，该计划应涵盖可持续性报告的关键方面；根据审计委员会批准的基于风险的规划，审查可能会在一个审计周期内进行，该周期可能会持续一年或几年。

本指标披露等级及主要适用范围

【基础披露】适用于所有行业企业。

G2.3.1.3　内外部审计意见

什么是内外部审计意见

审计意见（audit opinion），一般被认为是注册会计师根据审计准则的规定，在执行审计工作的基础上，就财务报表是否在所有重大方面按照适用的财务报告编制基础的规定编制并实现公允反映所发表的意见。按照审计准则相关的规定，审计意见类型分为标准无保留意见、带强调事项段的无保留意见、保留意见、否定意见与无法表示意见。

为什么要考察内外部审计意见

审计意见可以有效增强财务信息的可信性、相关性和决策有用性，同时还能有效提高审计报告的沟通价值，增强审计工作的透明度，强化审计人员的主体责任。审计意见是信息生成链条上关键的一环，对最终审计报告的出具至关重要，可有效发挥审计报告的鉴证、保护和证明三大作用。

怎样披露内外部审计意见

【定性】 企业披露内部审计意见情况，包括但不限于：审计机构、审计范围、审计期间、审计意见等。

【定性】 企业披露外部审计意见情况，包括但不限于：审计机构、审计范围、审计期间、审计意见、审计报告等。

为什么要披露内外部审计意见

内外部审计意见的出具，对于督促企业按照适用的财务报告编制基础规定，真实、准确、合规地编制财务报表，为投资者提供真实、可靠的决策信息具有重大意义。

与内外部审计意见相关的主要指导机构及法律法规、政策规范

全国人民代表大会常务委员会〔2017〕《中华人民共和国会计法》第二十条：

——……财务会计报告由会计报表、会计报表附注和财务情况说明书组成。向不同的会计资料使用者提供的财务会计报告，其编制依据应当一致。有关法律、行政法规规定会计报表、会计报表附注和财务情况说明书须经注册会计师审计的，注册会计师及其所在的会计师事务所出具的审计报告应当随同财务会计报告一并提供。

全国人民代表大会常务委员会〔2024〕《中华人民共和国公司法》第二百零八条：

——公司应当在每一会计年度终了时编制财务会计报告，并依法经会计师事务所审计。财务会计报告应当依照法律、行政法规和国务院财政部门的规定制作。

中国证券监督管理委员会〔2021〕《上市公司信息披露管理办法》第十二条：

——……年度报告中的财务会计报告应当经符合《证券法》规定的会计师事务所审计。

上海证券交易所〔2023〕《上海证券交易所上市公司自律监管指引第 1 号——规范运作》5.12：

——除法律法规另有规定外，董事会审计委员会应当督导内部审计部门至少每半年对下列事项进行一次检查，出具检查报告并提交审计委员会。……

深圳证券交易所〔2023〕《深圳证券交易所上市公司自律监管指引第 1 号——主板上市公司规范运作》5.13：

——审计委员会应当督导内部审计部门至少每半年对下列事项进行一次检查，出具检查报告并提交审计委员会。……

本指标披露等级及主要适用范围

【基础披露】适用于所有行业企业。

G2.3.1.4 内外部审计发现的问题及整改情况

什么是内外部审计发现的问题及整改情况

内外部审计发现的问题及整改情况（problems found in internal and external audits and rectification），一般被认为是审计单位在进行内部审计和接受外部审计过程中，发现自身存在的问题并进行审计整改的相关情况。审计发现，一般被认为是那些根据审计执行主管的判断，可能对机构产生不利影响的情况。审计整改，一般被认为是在进行内部或外部审计后，组织或机构根据审计结果和建议，采取一系列措施来纠正、改进或解决审计中发现的问题、不符合规定或不合规的情况。

为什么要考察内外部审计发现的问题及整改情况

内外部审计发现问题并整改是审计监督工作的重要组成部分，是保障实现审计工作目标、发挥审计监督作用的重要环节，有利于被审单位自查自纠，自我完善，是企业可持续发展的有力抓手。

怎样披露内外部审计发现的问题及整改情况

【定性】企业披露内外部审计发现的问题及整改情况，包括对问题的具体描述、已实施或拟实施的整改措施、整改时间、整改责任人及整改效果等。

为什么要披露内外部审计发现的问题及整改情况

通过内外部审计发现问题并整改问题，能够发挥审计预警防控效能和监督效能，有利于维护审计监督权威，维持市场秩序，有利于投资者深入了解企业在风险防范、财务舞弊、问题整改等方面的信息，以便做出更科学可靠的决策。

与内外部审计发现的问题及整改情况相关的主要指导机构及法律法规、政策规范

全国人民代表大会常务委员会〔2022〕《中华人民共和国审计法》第五十二条：

——被审计单位应当按照规定时间整改审计查出的问题，将整改情况报告审计机关，同时向本级人民政府或者有关主管机关、单位报告，并按照规定向社会公布。各级人民政府和有关主管机关、单位应当督促被审计单位整改审计查出的问题。审计机关应当对被审计单位整改情况进行跟踪检查。审计结果以及整改情况应当作为考核、任免、奖惩领导干部和制定政策、完善制度的重要参考；拒不

整改或者整改时弄虚作假的，依法追究法律责任。

中华人民共和国审计署〔2018〕《审计署关于内部审计工作的规定》第十八条：

——单位应当建立健全审计发现问题整改机制，明确被审计单位主要负责人为整改第一责任人。对审计发现的问题和提出的建议，被审计单位应当及时整改，并将整改结果书面告知内部审计机构。

中国证券监督管理委员会〔2021〕《上市公司信息披露管理办法》第十九条：

——定期报告中财务会计报告被出具非标准审计意见的，上市公司董事会应当针对该审计意见涉及事项作出专项说明。……

中国证券监督管理委员会〔2021〕《公开发行证券的公司信息披露内容与格式准则第2号—年度报告的内容与格式》第四十七条：

——公司年度财务报告被会计师事务所出具非标准意见审计报告的，公司董事会应当按照《公开发行证券的公司信息披露编报规则第14号—非标准审计意见及其涉及事项的处理》规定，针对非标准意见涉及的事项作出专项说明。……

上海证券交易所〔2023〕《上海证券交易所上市公司自律监管指引第1号——规范运作》5.15：

——如会计师事务所对上市公司内部控制有效性出具非标准审计报告，或者指出公司非财务报告内部控制存在重大缺陷的，公司董事会、监事会应当针对所涉及事项作出专项说明，专项说明至少应当包括下列内容：（一）所涉及事项的基本情况；（二）该事项对公司内部控制有效性的影响程度；（三）公司董事会、监事会对该事项的意见；（四）消除该事项及其影响的具体措施。

深圳证券交易所〔2023〕《深圳证券交易所上市公司自律监管指引第1号——主板上市公司规范运作》5.16：

——如会计师事务所对上市公司内部控制有效性出具非标准审计报告、保留结论或者否定结论的鉴证报告（如有），或者指出公司非财务报告内部控制存在重大缺陷的，公司董事会、监事会应当针对所涉及事项作出专项说明，专项说明至少应当包括下列内容：（一）所涉及事项的基本情况；（二）该事项对公司内部控制有效性的影响程度；（三）公司董事会、监事会对该事项的意见；（四）消除该事项及其影响的具体措施。

本指标披露等级及主要适用范围

【基础披露】 适用于所有行业企业。

G2.3.1.5 财务报告审计费用

什么是财务报告审计费用

财务报告审计费用（financial report audit fees），一般被认为是审计机构在提供财务报告审计服务后，向被审计单位收取的一定数额的费用。

为什么要考察财务报告审计费用

财务报告审计费用可以反映企业的内部控制和风险管理情况，可以强化公司治理的透明度和审计师的独立性，这对企业的长期健康发展具有重要意义。

怎样披露财务报告审计费用

【定量】企业披露财务报告审计费用。单位：万元。

为什么要披露财务报告审计费用

披露财务报告审计费用可以增强审计信息的透明度，减少信息不对称性，有利于帮助利益相关方有效率地判断企业是否存在舞弊行为。

与财务报告审计费用相关的主要指导机构及法律法规、政策规范

中国证券监督管理委员会〔2021〕《公开发行证券的公司信息披露内容与格式准则第 2 号—年度报告的内容与格式》第四十八条：

——公司应当披露年度财务报告审计聘任、解聘会计师事务所的情况，报告期内支付给聘任会计师事务所的报酬情况，及目前的审计机构和签字会计师已为公司提供审计服务的连续年限，年限从审计机构与公司首次签订审计业务约定书之日起开始计算。公司报告期内若聘请了内部控制审计会计师事务所、财务顾问或保荐人，应当披露聘任内部控制审计会计师事务所、财务顾问或保荐人的情况，报告期内支付给内部控制审计会计师事务所、财务顾问或保荐人的报酬情况。

本指标披露等级及主要适用范围

【基础披露】适用于所有行业企业。

G2.3.1.6 非财务报告审计费用

什么是非财务报告审计费用

非财务报告审计费用（non-financial report audit fees），一般被认为是审计机构在提供非财务报告审计或鉴证后，向被审计单位收取的一定数额的费用，包括注册会计师为企业提供社会责任报告、企业 ESG 报告、验资报告等服务而收取的费用。非财务报告审计费用一般包括管理咨询费用、税务服务费用、资产评估费用和会计服务费用等。

为什么要考察非财务报告审计费用

非财务报告审计费用能够反映企业与审计第三方在非财务报告审计服务方面的关系，以及企业的内部控制和风险管理情况，有利于强化公司治理的透明度和审计师的独立性，这对企业的长期健康发展具有重要意义。

怎样披露非财务报告审计费用

【定量】企业披露非财务报告审计费用及其细分服务金额。单位：万元。

为什么要披露非财务报告审计费用

披露非财务报告审计费用有利于增强包括非财务报告审计在内的审计信息透明

度，减少信息不对称性，有利于帮助利益相关方有效率地判断企业是否存在舞弊行为。

与非财务报告审计费用相关的主要指导机构及法律法规、政策规范

中国证券监督管理委员会〔2021〕《公开发行证券的公司信息披露内容与格式准则第 2 号—年度报告的内容与格式》第四十八条：

——公司应当披露年度财务报告审计聘任、解聘会计师事务所的情况，报告期内支付给聘任会计师事务所的报酬情况，及目前的审计机构和签字会计师已为公司提供审计服务的连续年限，年限从审计机构与公司首次签订审计业务约定书之日起开始计算。公司报告期内若聘请了内部控制审计会计师事务所、财务顾问或保荐人，应当披露聘任内部控制审计会计师事务所、财务顾问或保荐人的情况，报告期内支付给内部控制审计会计师事务所、财务顾问或保荐人的报酬情况。

本指标披露等级及主要适用范围

【基础披露】适用于所有行业企业。

G2.3.2 问责

什么是问责

问责（accountability），一般被认为是对责任主体在职责履行中的不当行为、错误决策或不到位的结果负责并进行追究的过程。它是一种管理和监督机制，用于确保组织或机构的职能有效履行和维护公共利益。

G2.3.2.1 问责制度规范

什么是问责制度

问责制度（accountability system），一般被认为是问责主体对其管辖范围内各级组织和成员承担职责和义务的履行情况，实施并要求其承担否定性后果的一种责任追究制度。

什么是问责制度规范

问责制度规范（code of accountability system），一般被认为是企业根据法律法规与公司章程制定的问责规范。

为什么要考察问责制度规范

强化问责制度规范有助于提高组织管理水平、责任意识和内部控制水平，进而提升企业的效率和声誉，确保企业的正常运作和可持续发展。

怎样披露问责制度规范

【定性】企业披露问责制度规范的情况，包括但不限于：权责划分范围、责任管理制度、责任追究制度等内容。

为什么要披露问责制度规范

强化企业问责制度规范的披露，能够让利益相关者更加了解企业的职权安排与责

任制度，从而形成对企业工作人员的外部监督机制。这不仅能够减少企业内外的信息差，有助于利益相关者对企业从严治企、依法行企的履行情况做出评价，还能够促使企业完善责任制度、追求社会效益、履行社会责任。

与问责制度规范相关的主要指导机构及法律法规、政策规范

国务院国有资产监督管理委员会〔2006〕《中央企业全面风险管理指引》第三十四条：

——企业制定内控措施，一般至少包括以下内容：……（四）建立内控责任制度。按照权利、义务和责任相统一的原则，明确规定各有关部门和业务单位、岗位、人员应负的责任和奖惩制度；……

国务院国有资产监督管理委员会〔2022〕《中央企业合规管理办法》第十七条：

——中央企业应当制定合规管理基本制度，明确总体目标、机构职责、运行机制、考核评价、监督问责等内容。

中国证券监督管理委员会〔2018〕《上市公司治理准则》第五十四条：

——高级管理人员违反法律法规和公司章程规定，致使上市公司遭受损失的，公司董事会应当采取措施追究其法律责任。

中国证券监督管理委员会〔2021〕《上市公司信息披露管理办法》第五十一条：

——上市公司董事、监事、高级管理人员应当对公司信息披露的真实性、准确性、完整性、及时性、公平性负责，但有充分证据表明其已经履行勤勉尽责义务的除外。上市公司董事长、经理、董事会秘书，应当对公司临时报告信息披露的真实性、准确性、完整性、及时性、公平性承担主要责任。上市公司董事长、经理、财务负责人应当对公司财务会计报告的真实性、准确性、完整性、及时性、公平性承担主要责任。

上海证券交易所〔2023〕《上海证券交易所上市公司自律监管指引第1号——规范运作》6.1.2：

——上市公司应当建立健全有关财务资助的内部控制制度，在公司章程或者公司其他规章制度中明确股东大会、董事会审批提供财务资助的审批权限、审议程序以及违反审批权限、审议程序的责任追究机制，采取充分、有效的风险防范措施。

深圳证券交易所〔2023〕《深圳证券交易所上市公司自律监管指引第1号——主板上市公司规范运作》6.1.2：

——上市公司应当建立健全有关财务资助的内部控制制度，在公司章程或者公司其他规章制度中明确股东大会、董事会审批提供财务资助的审批权限、审议

程序以及违反审批权限、审议程序的责任追究机制，采取充分、有效的风险防范措施。

Singapore Exchange〔2022〕Practice Note 7.6 Sustainability Reporting Guide 3.1：

——The Code states as its preamble that sustainability, together with accountability and transparency, is a tenet of good governance. It provides that the Board is collectively responsible for the long-term success of the issuer, and the Board's role includes setting strategic objectives which should include appropriate focus on sustainability. The Board has ultimate responsibility for the issuer's sustainability reporting. Consistent with its role, the Board should determine the ESG factors identified as material to the business and see to it that they are monitored and managed. Management has responsibility to ensure that the ESG factors are monitored on an ongoing basis and properly managed. The Board's close interaction with management will enable the Board to satisfy itself on the way sustainability governance is structured and functioning through the various levels of management. If any question is raised regarding the issuer's sustainability reporting, the Board and management should make sure it is addressed.

——该文件在序言中指出，可持续性以及问责制和透明度是善政的一项原则。它规定董事会集体对发行人的长期成功负责，董事会的角色包括制定战略目标，其中应适当关注可持续性。董事会对发行人的可持续发展报告负有最终责任。根据其作用，董事会应确定对业务重要的 ESG 因素，并确保对其进行监测和管理。管理层有责任确保持续监测和妥善管理 ESG 因素。董事会与管理部门的密切互动将使董事会对可持续管理的结构和通过各级管理运作的方式感到满意。如对发行人的可持续发展报告有任何疑问，董事会及管理层应确保有关问题得到解决。

本指标披露等级及主要适用范围

【基础披露】适用于所有行业企业。

G2.3.2.2 问责数量

什么是问责数量

问责数量（number of accountability），一般被认为是在一段时间内，在问责制度下出现责任追究事件的数量、被追究责任的人数或组织个数等。

为什么要考察问责数量

问责数量的总结有利于促进企业强化内部监督机制，并提高管理层的责任意识与合规意识，促进企业长期发展。

怎样披露问责数量

【定量】 企业披露问责数量的情况，并补充说明被问责的对象和问责内容等。单位：人、个。

为什么要披露问责数量

强化企业问责数量的披露，能够让利益相关者更加了解企业对法律法规及企业规章制度的遵从度，从而形成对企业工作人员的外部监督机制。

与问责数量相关的主要指导机构及法律法规、政策规范

国务院国有资产监督管理委员会〔2006〕《中央企业全面风险管理指引》第三十四条：

——企业制定内控措施，一般至少包括以下内容：……（四）建立内控责任制度。按照权利、义务和责任相统一的原则，明确规定各有关部门和业务单位、岗位、人员应负的责任和奖惩制度；……

国务院国有资产监督管理委员会〔2022〕《中央企业合规管理办法》第十七条：

——中央企业应当制定合规管理基本制度，明确总体目标、机构职责、运行机制、考核评价、监督问责等内容。

中国证券监督管理委员会〔2018〕《上市公司治理准则》第五十四条：

——高级管理人员违反法律法规和公司章程规定，致使上市公司遭受损失的，公司董事会应当采取措施追究其法律责任。

中国证券监督管理委员会〔2021〕《上市公司信息披露管理办法》第五十一条：

——上市公司董事、监事、高级管理人员应当对公司信息披露的真实性、准确性、完整性、及时性、公平性负责，但有充分证据表明其已经履行勤勉尽责义务的除外。上市公司董事长、经理、董事会秘书，应当对公司临时报告信息披露的真实性、准确性、完整性、及时性、公平性承担主要责任。上市公司董事长、经理、财务负责人应当对公司财务会计报告的真实性、准确性、完整性、及时性、公平性承担主要责任。

上海证券交易所〔2023〕《上海证券交易所上市公司自律监管指引第1号——规范运作》6.1.2：

——上市公司应当建立健全有关财务资助的内部控制制度，在公司章程或者公司其他规章制度中明确股东大会、董事会审批提供财务资助的审批权限、审议程序以及违反审批权限、审议程序的责任追究机制，采取充分、有效的风险防范措施。

深圳证券交易所〔2023〕《深圳证券交易所上市公司自律监管指引第 1 号——主板上市公司规范运作》6.1.2：

——上市公司应当建立健全有关财务资助的内部控制制度，在公司章程或者公司其他规章制度中明确股东大会、董事会审批提供财务资助的审批权限、审议程序以及违反审批权限、审议程序的责任追究机制，采取充分、有效的风险防范措施。

本指标披露等级及主要适用范围

【基础披露】适用于所有行业企业。

G2.3.3　投诉与举报

什么是投诉

投诉（complaints），一般被认为是权益被侵害者本人对涉案组织侵犯其合法权益的违法犯罪事实，向有关国家机关主张自身权利的行为。根据《中华人民共和国消费者权益保护法》，消费者和经营者发生消费者权益争议的，可以向有关行政部门投诉；根据《劳动保障监察条例》，劳动者认为用人单位侵犯其劳动保障合法权益的，有权向劳动保障行政部门投诉。

什么是举报

举报（reports），一般被认为是对涉嫌不道德、违法、犯罪等行为通过来人来访、寄送信函、拨打电话等方式向国家机关或其他部门、有关组织进行检举和报告的行为。根据《劳动保障监察条例》，任何组织或者个人对违反劳动保障法律、法规或者规章的行为，有权向劳动保障行政部门举报。根据《中央企业合规管理办法》，中央企业应当设立违规举报平台，公布举报电话、邮箱或者信箱，相关部门按照职责权限受理违规举报，并就举报问题进行调查和处理，对造成资产损失或者严重不良后果的，移交责任追究部门；对涉嫌违纪违法的，按照规定移交纪检监察等相关部门或者机构。

G2.3.3.1　员工投诉举报办法

什么是员工投诉举报办法

员工投诉举报办法（employee complaint and report system），一般被认为是企业或组织为处理员工对企业内部不当行为、违规事项或其他问题的投诉和举报而建立的一套规范和程序。该办法旨在为员工提供一个安全、透明和公正的渠道，使他们能够有机会匿名或实名地反映问题，并帮助企业及时采取适当的调查和纠正措施。员工投诉举报办法包括举报范围、举报受理部门、举报方式、举报处理程序等安排。

为什么要考察员工投诉举报办法

员工投诉举报办法是一种企业内部员工之间相互监督的机制，是企业内部控制制度的重要部分，它能够激励企业员工作为社会公众的代表监管企业行为，以有效保护股东利益，防范企业经营风险，提高内部控制制度的有效性，对企业的长期稳健发展起到促进作用。

怎样披露员工投诉举报办法

【定性】 企业披露员工投诉举报办法的情况，包括但不限于：举报范围、受理举报部门、举报方式、举报处理程序等内容。

为什么要披露员工投诉举报办法

披露员工投诉举报办法，将举报范围、举报处理方式及处理结果等事项公开，有助于利益相关者判断企业领导决策的合理性、企业对员工利益的保护程度与工作人员行为的合规情况，从而做出投资决策。

与员工投诉举报办法相关的主要指导机构及法律法规、政策规范

全国人民代表大会常务委员会〔2013〕《中华人民共和国劳动合同法》第七十九条：

——任何组织或者个人对违反本法的行为都有权举报，县级以上人民政府劳动行政部门应当及时核实、处理，并对举报有功人员给予奖励。

全国人民代表大会常务委员会〔2018〕《中华人民共和国劳动法》第八十八条：

——各级工会依法维护劳动者的合法权益，对用人单位遵守劳动法律、法规的情况进行监督。任何组织和个人对于违反劳动法律、法规的行为有权检举和控告。

中华人民共和国国务院〔2004〕《劳动保障监察条例》第九条：

——任何组织或者个人对违反劳动保障法律、法规或者规章的行为，有权向劳动保障行政部门举报。劳动者认为用人单位侵犯其劳动保障合法权益的，有权向劳动保障行政部门投诉。劳动保障行政部门应当为举报人保密；对举报属实，为查处重大违反劳动保障法律、法规或者规章的行为提供主要线索和证据的举报人，给予奖励。

中华人民共和国财政部〔2009〕《企业内部控制基本规范》第四十三条：

——企业应当建立举报投诉制度和举报人保护制度，设置举报专线，明确举报投诉处理程序、办理时限和办结要求，确保举报、投诉成为企业有效掌握信息的重要途径。举报投诉制度和举报人保护办法应当及时传达至全体员工。

国务院国有资产监督管理委员会〔2022〕《中央企业合规管理办法》第二十四条：

——中央企业应当设立违规举报平台，公布举报电话、邮箱或者信箱，相关部门按照职责权限受理违规举报，并就举报问题进行调查和处理，对造成资产损失或者严重不良后果的，移交责任追究部门；对涉嫌违纪违法的，按照规定移交纪检监察等相关部门或者机构。中央企业应当对举报人的身份和举报事项严格保密，对举报属实的举报人可以给予适当奖励。任何单位和个人不得以任何形式对举报人进行打击报复。

本指标披露等级及主要适用范围

【基础披露】 适用于所有行业企业。

G2.3.3.2 举报人保护办法

什么是举报人保护办法

举报人保护办法（whistleblower protection system），一般被认为是为了保护举报人的合法权益，防止举报人受到打击报复而设立的一套保护措施和机制。举报人保护办法一般包括三个方面：一是健全保密制度，防止泄密；二是严肃处理泄密案件，严肃处理泄密人员；三是防止举报人受到打击，严厉查处打击举报人案件。

为什么要考察举报人保护办法

企业设计举报人保护办法，不仅有利于维护举报者的合法权益，鼓励个人和单位依法举报职务犯罪，还可以强化投诉举报制度的监督机制，能够防范企业经营风险，提高内部控制制度的有效性。

怎样披露举报人保护办法

【定性】 企业披露举报人保护办法的情况，包括但不限于：举报材料保密机制、材料审核程序、对符合要求的举报人的奖励机制等内容。

为什么要披露举报人保护办法

强化企业举报人保护办法的披露，能够向社会公众展示企业对举报人合法权益的维护情况，有助于利益相关者了解并判断内部控制的有效性，根据其社会责任的履行情况做出投资决策。

与举报人保护办法相关的主要指导机构及法律法规、政策规范

全国人民代表大会常务委员会〔2018〕《中华人民共和国劳动法》第一百零一条：

——用人单位无理阻挠劳动行政部门、有关部门及其工作人员行使监督检查权，打击报复举报人员的，由劳动行政部门或者有关部门处以罚款；构成犯罪的，对责任人员依法追究刑事责任。

中华人民共和国国务院〔2004〕《劳动保障监察条例》第九条：

——……劳动保障行政部门应当为举报人保密；对举报属实，为查处重大违反劳动保障法律、法规或者规章的行为提供主要线索和证据的举报人，给予奖励。

中华人民共和国财政部〔2009〕《企业内部控制基本规范》第四十三条：

——企业应当建立举报投诉制度和举报人保护制度，设置举报专线，明确举报投诉处理程序、办理时限和办结要求，确保举报、投诉成为企业有效掌握信息

的重要途径。举报投诉制度和举报人保护办法应当及时传达至全体员工。

国务院国有资产监督管理委员会〔2022〕《中央企业合规管理办法》第二十四条：

——……中央企业应当对举报人的身份和举报事项严格保密，对举报属实的举报人可以给予适当奖励。任何单位和个人不得以任何形式对举报人进行打击报复。

本指标披露等级及主要适用范围

【基础披露】适用于所有行业企业。

G2.4　商业道德

什么是商业道德

商业道德（business ethics），依照《商业伦理学》[①]，是指在商业活动中，企业和企业家应当遵循的道德准则和规范。这些准则和规范包括诚实守信、公平交易、尊重他人、承担社会责任等，旨在保证公平、透明、诚实的商业行为，以维护市场秩序、保护消费者权益，以及促进可持续发展。

G2.4.1　商业道德遵守情况

什么是商业道德遵守情况

商业道德遵守情况（compliance with business ethics），一般被认为是企业或组织在实践中对商业道德准则和行为规范的遵守程度和表现。根据《中华人民共和国民法典》，营利法人从事经营活动，应当遵守商业道德，维护交易安全，接受政府和社会的监督，承担社会责任。

G2.4.1.1　商业道德准则和行为规范

什么是商业道德准则和行为规范

商业道德准则和行为规范（code of business ethics and conduct），一般被认为是在商业活动中，为了规范和指导商业行为，制定的一系列道德标准和行为准则。根据《中华人民共和国公司法》，公司从事经营活动，必须遵守法律法规，遵守社会公德、商业道德，诚实守信，接受政府和社会公众的监督。

为什么要考察商业道德准则和行为规范

商业道德准则和行为规范旨在确保商业行为符合道德和法律要求，有利于维护公正竞争秩序，促进企业创新和发展、推动社会可持续发展。

怎样披露商业道德准则和行为规范

【定性】企业披露商业道德准则和行为规范的情况，包括但不限于：适用范围、规范内容、责任追究制度等内容。

---

① 纪良纲. 商业伦理学. 北京：中国人民大学出版社，2011.

为什么要披露商业道德准则和行为规范

披露商业道德准则和行为规范，有助于保护消费者和其他利益相关者的权益，可以促进市场的透明度和公正性、增强消费者和投资者信心。

与商业道德准则和行为规范相关的主要指导机构及法律法规、政策规范

全国人民代表大会〔2021〕《中华人民共和国民法典》第八十六条：

——营利法人从事经营活动，应当遵守商业道德，维护交易安全，接受政府和社会的监督，承担社会责任。

全国人民代表大会常务委员会〔2024〕《中华人民共和国公司法》第十九条：

——公司从事经营活动，必须遵守法律法规，遵守社会公德、商业道德，诚实守信，接受政府和社会公众的监督。

全国人民代表大会常务委员会〔2019〕《中华人民共和国反不正当竞争法》第二条：

——经营者在生产经营活动中，应当遵循自愿、平等、公平、诚信的原则，遵守法律和商业道德。……

上海证券交易所〔2023〕《上海证券交易所上市公司自律监管指引第1号——规范运作》8.2：

——上市公司在经营活动中，应当遵循自愿、公平、等价有偿、诚实信用的原则，遵守社会公德、商业道德，接受政府和社会公众的监督，不得依靠夸大宣传、虚假广告等不当方式牟利，不得通过贿赂、走私等非法活动牟取不正当利益，不得侵犯他人的商标权、专利权和著作权等知识产权，不得从事不正当竞争。

深圳证券交易所〔2023〕《深圳证券交易所上市公司自律监管指引第1号——主板上市公司规范运作》8.2：

——上市公司在经营活动中，应当遵循自愿、公平、等价有偿、诚实信用的原则，遵守社会公德、商业道德，接受政府和社会公众的监督，不得依靠夸大宣传、虚假广告等不当方式牟利，不得通过贿赂、走私等非法活动牟取不正当利益，不得侵犯他人的商标权、专利权和著作权等知识产权，不得从事不正当竞争行为。

上海证券交易所〔2024〕《上海证券交易所上市公司自律监管指引第14号——可持续发展报告（试行）》第五十四条：

——披露主体在经营活动中，应当遵循自愿、公平、等价有偿、诚实信用的原则，遵守社会公德、商业道德，不得通过贿赂等非法活动谋取不正当利益，不得侵犯他人的商标权、专利权和著作权等知识产权，不得从事不正当竞争行为。

深圳证券交易所〔2024〕《深圳证券交易所上市公司自律监管指引第 17 号——可持续发展报告（试行）》第五十四条：

——披露主体在经营活动中，应当遵循自愿、公平、等价有偿、诚实信用的原则，遵守社会公德、商业道德，不得通过贿赂等非法活动谋取不正当利益，不得侵犯他人的商标权、专利权和著作权等知识产权，不得从事不正当竞争行为。

European Financial Reporting Advisory Group〔2022〕ESRS G2 Business Conduct G2-1, 14、15、16、17：

——The undertaking shall disclose its initiatives to establish, develop and promote a business conduct culture.

——The principle to be followed under this Disclosure Requirement is to provide an understanding of how the administrative, management and supervisory bodies are involved in forming, monitoring, promoting and assessing the business conduct culture.

——The disclosure required under paragraph 14 shall cover the strategy to foster the business conduct, how this strategy is implemented and how the outcome is evaluated.

——The undertaking shall consider the following aspects when determining its disclosure under paragraph 16: (a) the business conduct subjects that are taken into consideration and discussed by the administrative, management and supervisory bodies and with which frequency; (b) how the undertaking's leadership provide direction to promote a business conduct culture (i.e., "tone from the top" and "tone from the middle"); (c) the business conducts topics that are promoted within the business conduct culture; (d) specific incentives for its employees to foster and encourage its business conduct culture; (e) the communication of the business conduct culture and/or values; and (f) whether the undertaking has specific contractual clauses with its value chain on business conduct.

——企业应披露其建立、发展和推广商业行为文化的举措。

——本披露要求所遵循的原则是，让人们了解行政、管理和监督机构如何参与商业行为文化的形成、监督、促进和评估。

——第 14 段所要求的披露应包括促进商业行为的策略、如何实施该策略以及如何评估结果。

——企业在根据第 16 段确定其披露时，应考虑以下方面：(a) 行政、管理和监督机构考虑和讨论的商业行为主题及其频率；(b) 企业领导层如何为促进商业行为文化提供方向（如"高层管理者的语气"和"中层管理者的语气"）；（c）商业行为文化中提倡的商业行为主题；（d）企业员工培育和鼓励商业行为文化的具体激励措施；（e）商业行为文化和/或价值观的传播；（f）企业是否与其价值链就商业行为订立了具体的合同条款。

本指标披露等级及主要适用范围

【基础披露】适用于所有行业企业。

G2.4.1.2　商业道德培训

什么是商业道德培训

商业道德培训（business ethics training），一般被认为是向企业员工、管理人员等提供的一种教育培训，旨在帮助他们了解商业道德规范、遵守商业道德标准和法律法规，增强员工的道德意识和责任感。商业道德培训形式可以多样化，包括讲座、案例分析、角色扮演、小组讨论等，以达到深入浅出、全面覆盖的效果。

为什么要考察商业道德培训

商业道德培训是一种提升员工商业道德素质的重要措施，有助于确保企业行为符合道德规范，避免可能严重损害企业声誉的行为或决策，促进企业的长期健康发展。

怎样披露商业道德培训

【定性】企业披露商业道德培训的情况，包括但不限于：培训频次、培训主题、培训方式、参与人次、具体培训时间及地点等相关信息。

为什么要披露商业道德培训

披露商业道德培训的信息能加强投资者和客户对企业商业道德和治理水平的了解，增强投资者对企业的信心。

与商业道德培训相关的主要指导机构及法律法规、政策规范

全国人民代表大会〔2021〕《中华人民共和国民法典》第八十六条：

——营利法人从事经营活动，应当遵守商业道德，维护交易安全，接受政府和社会的监督，承担社会责任。

全国人民代表大会常务委员会〔2024〕《中华人民共和国公司法》第十九条：

——公司从事经营活动，必须遵守法律法规，遵守社会公德、商业道德，诚实守信，接受政府和社会公众的监督。

全国人民代表大会常务委员会〔2019〕《中华人民共和国反不正当竞争法》第二条：

——经营者在生产经营活动中，应当遵循自愿、平等、公平、诚信的原则，遵守法律和商业道德。……

上海证券交易所〔2023〕《上海证券交易所上市公司自律监管指引第 1 号——规范运作》8.2：

——上市公司在经营活动中，应当遵循自愿、公平、等价有偿、诚实信用的原则，遵守社会公德、商业道德，接受政府和社会公众的监督，不得依靠夸大宣传、虚假广告等不当方式牟利，不得通过贿赂、走私等非法活动牟取不正当利益，不得侵犯他人的商标权、专利权和著作权等知识产权，不得从事不正当竞争。

深圳证券交易所〔2023〕《深圳证券交易所上市公司自律监管指引第 1 号——主板上市公司规范运作》8.2：

——上市公司在经营活动中，应当遵循自愿、公平、等价有偿、诚实信用的原则，遵守社会公德、商业道德，接受政府和社会公众的监督，不得依靠夸大宣传、虚假广告等不当方式牟利，不得通过贿赂、走私等非法活动牟取不正当利益，不得侵犯他人的商标权、专利权和著作权等知识产权，不得从事不正当竞争行为。

本指标披露等级及主要适用范围

【建议披露】 适用于所有行业企业。

G2.4.1.3　因违反商业道德所受处罚

什么是因违反商业道德所受处罚

因违反商业道德所受处罚（penalty in relation to violating business ethics），一般被认为是对违反商业道德的行为，根据行为的性质、情节、危害程度等因素进行裁决并给予相应的处罚。

为什么要考察因违反商业道德所受处罚

企业违反商业道德会对其形象和信誉造成严重影响，失去消费者的信任和忠诚，进而影响销售业绩和市场份额。考察因违反商业道德所受处罚，有助于加强企业对商业道德的重视，维护自身名誉，促进企业合法合规经营。

怎样披露因违反商业道德所受处罚

【定性】 企业披露因违反商业道德所受处罚的情况，包括但不限于：企业违反商业道德具体事项描述、企业受到针对商业道德处罚的性质描述（刑事处罚、行政处罚、民事赔偿责任）、针对商业道德的处罚（赔偿）金额、针对商业道德的处罚整改方案、企业整改的评估与跟踪等。

为什么要披露因违反商业道德所受处罚

披露因违反商业道德所受处罚可以提供关于企业行为的透明度，让利益相关者了解企业的商业道德状况。这有助于建立信任，使投资者、客户、员工等利益相关者能够更好地评估和选择与企业合作的风险和机会。

与因违反商业道德所受处罚相关的主要指导机构及法律法规、政策规范

中国证券监督管理委员会〔2021〕《上市公司信息披露管理办法》第二十二条：

——发生可能对上市公司证券及其衍生品种交易价格产生较大影响的重大事件，投资者尚未得知时，上市公司应当立即披露，说明事件的起因、目前的状态和可能产生的影响。前款所称重大事件包括：……（十六）公司或者其控股股东、实际控制人、董事、监事、高级管理人员受到刑事处罚，涉嫌违法违规被中国证监会立案调查或者受到中国证监会行政处罚，或者受到其他有权机关重大行政处罚；……

中国证券监督管理委员会〔2021〕《公开发行证券的公司信息披露内容与格式准则第 2 号—年度报告的内容与格式》第五十二条：

——报告期内公司存在以下情形的，应当说明原因或结论：……（二）公司或者公司的控股股东、实际控制人、董事、监事、高级管理人员受到刑事处罚，涉嫌违法违规被中国证监会立案调查或者受到中国证监会行政处罚，或者受到其他有权机关重大行政处罚。……

Global Reporting Initiative〔2022〕Consolidated Set of the GRI Standards 2-27：

——The organization shall：a. report the total number of significant instances of non-compliance with laws and regulations during the reporting period, and a breakdown of this total by: i. instances for which fines were incurred; ii. instances for which non-monetary sanctions were incurred; b. report the total number and the monetary value of fines for instances of non-compliance with laws and regulations that were paid during the reporting period, and a breakdown of this total by: i. fines for instances of non-compliance with laws and regulations that occurred in the current reporting period; ii. fines for instances of non-compliance with laws and regulations that occurred in previous reporting periods; c. describe the significant instances of non-compliance; d. describe how it has determined significant instances of non-compliance.

——组织应：a. 说明报告期内重大违规事例的总次数，并按以下分类：i. 导致罚款的事例；ii. 导致非经济处罚的事例。b. 说明因违规而在报告期内支付的罚款总次数和货币价值，并按以下分类：i. 对当前报告期内发生的违规事例的罚款；ii. 对先前报告期内发生的违规事例的罚款。c. 说明重大违规事例。d. 说明组织是如何确定重大违规事例的。

本指标披露等级及主要适用范围

【基础披露】 适用于所有行业企业。

G2.4.2 公平竞争

G2.4.2.1 公平竞争制度规范

什么是公平竞争制度规范

公平竞争制度规范（norms for fair competition），一般被认为是企业自行制定和执行的规则和准则，旨在确保企业内部的竞争环境公平、透明和合规。这些规范通常包括企业内部各个部门和员工之间在商业活动中的行为准则，以及与外部供应商、合作伙伴和竞争对手之间的行为规范。

为什么要考察公平竞争制度规范

考察企业公平竞争制度规范，有助于建立公平竞争的企业文化，增强企业的声誉和信誉，并确保企业在商业活动中遵循法律法规和道德准则。

怎样披露公平竞争制度规范

【定性】企业披露是否制定公平竞争管理制度和规范及制定情况。

为什么要披露公平竞争制度规范

企业披露公平竞争制度规范有助于建立透明、合规和可信赖的企业形象，增强内外部利益相关者对企业的信任，促进良好的商业实践和持续发展。同时，披露也能够为企业提供指导和参考，确保其在商业活动中遵循公平竞争原则，遵守法律法规，并与利益相关者实现有效的沟通和互动。

与公平竞争制度规范相关的主要指导机构及法律法规、政策规范

全国人民代表大会〔2021〕《中华人民共和国民法典》第八十六条：

——营利法人从事经营活动，应当遵守商业道德，维护交易安全，接受政府和社会的监督，承担社会责任。

全国人民代表大会常务委员会〔2024〕《中华人民共和国公司法》第十九条：

——公司从事经营活动，必须遵守法律法规，遵守社会公德、商业道德，诚实守信，接受政府和社会公众的监督。

全国人民代表大会常务委员会〔2019〕《中华人民共和国反不正当竞争法》第二条：

——经营者在生产经营活动中，应当遵循自愿、平等、公平、诚信的原则，遵守法律和商业道德。……

上海证券交易所〔2023〕《上海证券交易所上市公司自律监管指引第1号——规范运作》8.2：

——上市公司在经营活动中，应当遵循自愿、公平、等价有偿、诚实信用的原则，遵守社会公德、商业道德，接受政府和社会公众的监督，不得依靠夸大宣传、虚假广告等不当方式牟利，不得通过贿赂、走私等非法活动牟取不正当利益，不得侵犯他人的商标权、专利权和著作权等知识产权，不得从事不正当竞争。

深圳证券交易所〔2023〕《深圳证券交易所上市公司自律监管指引第 1 号——主板上市公司规范运作》8.2：

——上市公司在经营活动中，应当遵循自愿、公平、等价有偿、诚实信用的原则，遵守社会公德、商业道德，接受政府和社会公众的监督，不得依靠夸大宣传、虚假广告等不当方式牟利，不得通过贿赂、走私等非法活动牟取不正当利益，不得侵犯他人的商标权、专利权和著作权等知识产权，不得从事不正当竞争行为。

国务院国有资产监督管理委员会〔2023〕《央企控股上市公司 ESG 专项报告参考指标体系》G2.3.1：

——公平竞争制度规范

指标性质：定性

披露等级：基础披露

指标说明：描述公司所制定的公平竞争管理制度及规范，包括但不限于举报受理机制、处罚机制等

上海证券交易所〔2024〕《上海证券交易所上市公司自律监管指引第 14 号——可持续发展报告（试行）》第五十六条：

——披露主体应当披露报告期内反不正当竞争工作的具体情况，包括但不限于下列内容：（一）防范不正当竞争行为（如虚假宣传、实施垄断行为、侵犯商业秘密等）管理制度体系建立与运作情况及具体措施；……

深圳证券交易所〔2024〕《深圳证券交易所上市公司自律监管指引第 17 号——可持续发展报告（试行）》第五十六条：

——披露主体应当披露报告期内反不正当竞争工作的具体情况，包括但不限于下列内容：（一）防范不正当竞争行为（如虚假宣传、实施垄断行为、侵犯商业秘密等）管理制度体系建立与运作情况及具体措施；……

London Stock Exchange〔2019〕ESG Disclosure Score 8.24.1：

——Disclosure of the individual and total cost of fines, penalties or settlements in relation to corruption. Reporting of no fines or incidents should be clear and specific, for example："There were no legal actions, fines or sanctions relating to anti-corruption, anti-bribery, anti-competitive behaviour or antitrust or monopoly laws or regulations."

——披露与腐败有关的罚款、处罚或和解的单项成本和总成本。没有罚款或事件的报告应明确具体。例如："没有与反腐败、反贿赂、反竞争行为或反垄断或垄断法律法规有关的法律行动、罚款或制裁。"

本指标披露等级及主要适用范围

【基础披露】适用于所有行业企业。

G2.4.2.2 公平竞争措施成效

什么是公平竞争措施成效

公平竞争措施成效（effectiveness of fair competition measures），一般被认为是企业通过公平竞争环境的创建、不正当竞争行为的预防和处理、内部和外部反馈等措施所获得的效果。

为什么要考察公平竞争措施成效

考察公平竞争措施成效对企业法律合规性、社会责任、经济效益、声誉和信任、持续发展等方面具有多重意义。通过评估成效，企业可以发现问题并改进，确保自身在商业活动中遵守公平竞争原则，促进企业和社会的可持续发展。

怎样披露公平竞争措施成效

【定性】企业披露限制滥用市场优势地位进行竞争，禁止混淆行为、商业贿赂行为、虚假宣传行为、侵犯商业秘密行为、虚假有奖销售行为等不正当竞争行为方面所采取的措施，以及认真落实、严密监督和广泛宣传的具体成效等。

为什么要披露公平竞争措施成效

披露公平竞争措施成效有助于企业与各利益相关者建立信任、促进参与和监督，有利于维护企业形象和声誉，加强与利益相关者的互动和合作，从而实现可持续发展和共赢的目标。

与公平竞争措施成效相关的主要指导机构及法律法规、政策规范

国务院国有资产监督管理委员会〔2023〕《央企控股上市公司 ESG 专项报告参考指标体系》G2.3.2：

——公平竞争措施成效

指标性质：定性

披露等级：基础披露

指标说明：描述公司限制滥用市场优势地位进行竞争，禁止混淆行为、商业贿赂行为、虚假宣传行为、侵犯商业秘密行为、虚假有奖销售行为等不正当竞争行为方面所采取的措施，以及认真落实、严密监督和广泛宣传的具体成效等

London Stock Exchange〔2019〕ESG Disclosure Score 8.24.1：

——Disclosure of the individual and total cost of fines, penalties or settlements in relation to corruption. Reporting of no fines or incidents should be clear and specific, for example: "There were no legal actions, fines or sanctions relating to anti-corruption, anti-bribery, anti-competitive behaviour or antitrust or monopoly laws or regulations."

——披露与腐败有关的罚款、处罚或和解的单项成本和总成本。没有罚款或事件的报告应明确具体。例如："没有与反腐败、反贿赂、反竞争行为或反垄断或

垄断法律法规有关的法律行动、罚款或制裁。"

Global Reporting Initiative〔2022〕Consolidated Set of the GRI Standards 2-27：

——The organization shall：a. report the total number of significant instances of non-compliance with laws and regulations during the reporting period，and a breakdown of this total by：i. instances for which fines were incurred；ii. instances for which non-monetary sanctions were incurred；b. report the total number and the monetary value of fines for instances of non-compliance with laws and regulations that were paid during the reporting period，and a breakdown of this total by：i. fines for instances of non-compliance with laws and regulations that occurred in the current reporting period；ii. fines for instances of non-compliance with laws and regulations that occurred in previous reporting periods；c. describe the significant instances of non-compliance；d. describe how it has determined significant instances of non-compliance.

——组织应：a. 说明报告期内重大违规事例的总次数，并按以下分类：i. 导致罚款的事例；ii. 导致非经济处罚的事例。b. 说明因违规而在报告期内支付的罚款总次数和货币价值，并按以下分类：i. 对当前报告期内发生的违规事例的罚款；ii. 对先前报告期内发生的违规事例的罚款。c. 说明重大违规事例。d. 说明组织是如何确定重大违规事例的。

本指标披露等级及主要适用范围

【基础披露】适用于所有行业企业。

G2.4.3　廉洁建设践行情况

G2.4.3.1　廉洁建设制度规范

什么是廉洁建设制度规范

廉洁建设制度规范（code of integrity construction），一般被认为是企业内部建立起的一套反腐败制度和措施，旨在预防和打击高级管理人员参与腐败行为，并提高企业的道德和廉洁水平。根据《中央企业全面风险管理指引》，企业应大力加强员工法律素质教育，制定员工道德诚信准则，形成人人讲道德诚信、合法合规经营的风险管理文化。对于不遵守国家法律法规和企业规章制度、弄虚作假、徇私舞弊等违法及违反道德诚信准则的行为，企业应严肃查处。

为什么要考察廉洁建设制度规范

廉洁建设制度规范的建立和实施对于维护企业的声誉和形象、减少腐败风险、提高公司治理水平具有重要意义。有效的廉洁建设制度规范有助于确保高级管理层以身作则、传递积极的企业文化和价值观，为企业的可持续发展和社会责任贡献力量。

怎样披露廉洁建设制度规范

【定性】企业披露所制定的反贪污、反欺诈、反腐败等管理制度及规范，包括但不限于举报受理机制、处罚机制、预防原则等。

为什么要披露廉洁建设制度规范

建立廉洁建设制度规范可以提高企业的声誉和公信力，提升企业的管理水平和效率，增加消费者和合作伙伴对企业的信任和认可，为企业带来更多的商业机会和市场份额。

与廉洁建设制度规范相关的主要指导机构及法律法规、政策规范

全国人民代表大会常务委员会〔2024〕《中华人民共和国公司法》第一百七十九条、第一百八十条：

——董事、监事、高级管理人员应当遵守法律、行政法规和公司章程。

——董事、监事、高级管理人员对公司负有忠实义务，应当采取措施避免自身利益与公司利益冲突，不得利用职权牟取不正当利益。董事、监事、高级管理人员对公司负有勤勉义务，执行职务应当为公司的最大利益尽到管理者通常应有的合理注意。公司的控股股东、实际控制人不担任公司董事但实际执行公司事务的，适用前两款规定。

中华人民共和国财政部〔2009〕《企业内部控制基本规范》第四十二条：

——企业应当建立反舞弊机制，坚持惩防并举、重在预防的原则，明确反舞弊工作的重点领域、关键环节和有关机构在反舞弊工作中的职责权限，规范舞弊案件的举报、调查、处理、报告和补救程序。企业至少应当将下列情形作为反舞弊工作的重点：（一）未经授权或者采取其他不法方式侵占、挪用企业资产，牟取不当利益。（二）在财务会计报告和信息披露等方面存在的虚假记载、误导性陈述或者重大遗漏等。（三）董事、监事、经理及其他高级管理人员滥用职权。（四）相关机构或人员串通舞弊。

国务院国有资产监督管理委员会〔2006〕《中央企业全面风险管理指引》第六十二条：

——企业应大力加强员工法律素质教育，制定员工道德诚信准则，形成人人讲道德诚信、合法合规经营的风险管理文化。对于不遵守国家法律法规和企业规章制度、弄虚作假、徇私舞弊等违法及违反道德诚信准则的行为，企业应严肃查处。

国务院国有资产监督管理委员会〔2023〕《央企控股上市公司ESG专项报告参考指标体系》G2.2.1：

——廉洁建设制度规范

指标性质：定性

披露等级：基础披露

指标说明：描述公司所制定的反贪污、反欺诈、反腐败等管理制度及规范，

包括但不限于举报受理机制、处罚机制、预防原则等

中国证券监督管理委员会〔2018〕《上市公司治理准则》第九十四条：

——上市公司应当建立内部控制及风险管理制度，并设立专职部门或者指定内设部门负责对公司的重要营运行为、下属公司管控、财务信息披露和法律法规遵守执行情况进行检查和监督。上市公司依照有关规定定期披露内部控制制度建设及实施情况，以及会计师事务所对上市公司内部控制有效性的审计意见。

上海证券交易所〔2024〕《上海证券交易所上市公司自律监管指引第14号——可持续发展报告（试行）》第五十五条：

——披露主体应当披露报告期内反商业贿赂及反贪污工作的具体情况，包括但不限于下列内容：（一）反商业贿赂及反贪污风险管理制度体系建立与运行情况、是否建立举报者保护政策；……

深圳证券交易所〔2024〕《深圳证券交易所上市公司自律监管指引第17号——可持续发展报告（试行）》第五十五条：

——披露主体应当披露报告期内反商业贿赂及反贪污工作的具体情况，包括但不限于下列内容：（一）反商业贿赂及反贪污风险管理制度体系建立与运行情况、是否建立举报者保护政策；……

香港交易所〔2023〕《环境、社会及管治报告指引》B7：

——一般披露有关防止贿赂、勒索、欺诈及洗黑钱的：(a) 政策；及 (b) 遵守对发行人有重大影响的相关法律及规例的数据。

Singapore Exchange〔2023〕Starting with a Common Set of Core ESG Metrics 3：

——Metric：Anti-corruption disclosures

Unit：Discussion and number of standards

Framework Alignment：GRI 205-1, GRI 205-2 and GRI 205-3

Description：Disclosures based on GRI's anti-corruption standards of 205-1, 205-2 and 205-3.

——指标名称：反腐败披露

单位：讨论及标准数量

框架体系：GRI 205-1、GRI 205-2 和 GRI 205-3

描述：根据 GRI 的反腐败标准 205-1、205-2 和 205-3 进行披露。

National Association of Securities Dealers Automated Quotations〔2019〕ESG Reporting Guide 2.0 G6：

——Does your company follow an Ethics and/or Anti-Corruption policy? Yes/No

If yes, what percentage of your workforce has formally certified its compliance with the policy?

——贵公司是否遵循道德和/或反腐败政策？是/否

如果是，您的员工中有多少百分比已正式证明其符合该政策？

Global Reporting Initiative〔2022〕Consolidated Set of the GRI Standards 205-2：

——The reporting organization shall report the following information：a. Total number and percentage of governance body members that the organization's anti-corruption policies and procedures have been communicated to，broken down by region. b. Total number and percentage of employees that the organization's anti-corruption policies and procedures have been communicated to，broken down by employee category and region. c. Total number and percentage of business partners that the organization's anti-corruption policies and procedures have been communicated to，broken down by type of business partner and region. Describe if the organization's anti-corruption policies and procedures have been communicated to any other persons or organizations. d. Total number and percentage of governance body members that have received training on anti-corruption，broken down by region. e. Total number and percentage of employees that have received training on anti-corruption，broken down by employee category and region.

——组织应报告以下信息：a. 组织的反腐败政策和程序传达给治理机构成员的总数及百分比（按地区细分）。b. 组织的反腐败政策和程序传达给员工的总数及百分比（按员工类别和地区细分）。c. 组织的反腐败政策和程序传达给业务伙伴的总数及百分比（按业务伙伴类别和地区细分）。说明组织的反腐败政策和程序是否已传达给任何其他人员或组织。d. 已接受反腐败培训的治理机构成员的总数和百分比（按地区细分）。e. 已接受反腐败培训的员工的总数和百分比（按员工类别细分）。

European Financial Reporting Advisory Group〔2022〕ESRS G2 Business Conduct G2-3，22、24：

——The undertaking shall provide information about its system to prevent and detect，investigate，and respond to allegations or incidents relating to corruption and bribery.

——The disclosure required under paragraph 22 shall include the following information：(a) an overview of the procedures in place to prevent，detect and address allegations or incidents of corruption or bribery；(b) whether the investigators or investigating committee are separate from the chain of management involved in the matter；(c) the number of reported allegations of corruption or bribery received through whistleblowing channels；(d) the number of internal investigations launched in response to allegations or incidents relating to corruption or bribery; and (e) the system to report outcomes to senior management and the administrative, management and supervisory bodies where relevant.

——企业应提供有关其系统的信息，以预防和发现、调查以及应对与腐败和贿赂有关的指控或事件。

——第 22 款规定的披露应包括以下信息：(a) 为预防、发现和处理腐败或贿赂的指控或事件而制定的程序概述；(b) 调查人员或调查委员会是否与涉及该事项的管理链分开；(c) 通过举报渠道收到的贪污或贿赂指控的举报数量；(d) 因应有关贪污或贿赂的指控或事件而展开的内部调查的次数；及 (e) 向高级管理层及行政、管理和监督机构（如适用）报告结果的制度。

本指标披露等级及主要适用范围

【基础披露】适用于所有行业企业。

G2.4.3.2 廉洁建设措施及成效

什么是廉洁建设措施及成效

廉洁建设措施及成效（measures and effects of integrity construction），一般被认为是为了促进和维护组织内部的诚信、透明和责任感而采取的各种措施以及所带来的正面结果。这些措施通常旨在防止腐败、滥用职权、贪污和不正当行为，同时提高组织的道德标准和诚信水平。

为什么要考察廉洁建设措施及成效

考察企业廉洁建设措施及成效，有助于企业减少贪污、欺诈、腐败行为，维护企业声誉和形象，保障企业财产安全，提高员工素质和职业道德水平，促进企业健康发展，同时也有利于构建公平竞争的市场环境。

怎样披露廉洁建设措施及成效

【定性】企业披露针对贪污、欺诈、腐败等事件所采取的措施，以及认真落实、严密监督和广泛宣传的具体成效等。

为什么要披露廉洁建设措施及成效

披露廉洁建设措施及成效的信息，可以体现企业社会责任，为企业形象增添更多的正面因素，增强投资者的信任。

与廉洁建设措施及成效相关的主要指导机构及法律法规、政策规范

中华人民共和国国务院〔2016〕《"十三五"国家信息化规划》"四、重大任务和重点工程"下第（五）点：

——支持善治高效的国家治理体系构建。服务党的建设工作。推动"互联网+党建"，支持统筹建设全国党员信息库和党员管理信息系统、党员教育信息化平

台，提高党组织建设、党员教育管理服务工作网络化、智能化水平。推动整合基层党建信息化工作平台和网上民生服务，促进基层服务型党组织建设。支持建设监督执纪问责信息化平台，完善群众监督和宣传平台，丰富党风廉洁建设和反腐败工作数据资源，助力全面从严治党。……

中华人民共和国财政部〔2008〕《企业内部控制基本规范》第四十二条：

——企业应当建立反舞弊机制，坚持惩防并举、重在预防的原则，明确反舞弊工作的重点领域、关键环节和有关机构在反舞弊工作中的职责权限，规范舞弊案件的举报、调查、处理、报告和补救程序。企业至少应当将下列情形作为反舞弊工作的重点：（一）未经授权或者采取其他不法方式侵占、挪用企业资产，牟取不当利益。（二）在财务会计报告和信息披露等方面存在的虚假记载、误导性陈述或者重大遗漏等。（三）董事、监事、经理及其他高级管理人员滥用职权。（四）相关机构或人员串通舞弊。

国务院国有资产监督管理委员会〔2006〕《中央企业全面风险管理指引》第六十二条：

——企业应大力加强员工法律素质教育，制定员工道德诚信准则，形成人人讲道德诚信、合法合规经营的风险管理文化。对于不遵守国家法律法规和企业规章制度、弄虚作假、徇私舞弊等违法及违反道德诚信准则的行为，企业应严肃查处。

国务院国有资产监督管理委员会〔2023〕《央企控股上市公司ESG专项报告参考指标体系》G2.2.2：

——廉洁建设措施成效

指标性质：定性

披露等级：基础披露

指标说明：描述公司针对贪污、欺诈、腐败等事件所采取的措施，以及认真落实、严密监督和广泛宣传的具体成效等

Singapore Exchange〔2023〕Starting with a Common Set of Core ESG Metrics 3：

——Metric：Anti-corruption for employees

Unit：Number and Percentage（%）

Framework Alignment：GRI 205-2，WEF core metrics

Description：Number and percentage of employees that received anti-corruption training during reporting period.

——指标名称：员工反腐败

单位：数量和百分比（%）

框架体系：GRI 205-2、WEF核心指标

描述：在报告期内接受过反腐败培训的员工人数和百分比。

Global Reporting Initiative〔2022〕Consolidated Set of the GRI Standards 205－2：

——The reporting organization shall report the following information：a. Total number and percentage of governance body members that the organization's anti-corruption policies and procedures have been communicated to，broken down by region. b. Total number and percentage of employees that the organization's anti-corruption policies and procedures have been communicated to，broken down by employee category and region. c. Total number and percentage of business partners that the organization's anti-corruption policies and procedures have been communicated to，broken down by type of business partner and region. Describe if the organization's anti-corruption policies and procedures have been communicated to any other persons or organizations. d. Total number and percentage of governance body members that have received training on anti-corruption，broken down by region. e. Total number and percentage of employees that have received training on anti-corruption，broken down by employee category and region.

——组织应报告以下信息：a. 组织的反腐败政策和程序传达给治理机构成员的总数及百分比（按地区细分）。b. 组织的反腐败政策和程序传达给员工的总数及百分比（按员工类别和地区细分）。c. 组织的反腐败政策和程序传达给业务伙伴的总数及百分比（按业务伙伴类别和地区细分）。说明组织的反腐败政策和程序是否已传达给任何其他人员或组织。d. 已接受反腐败培训的治理机构成员的总数和百分比（按地区细分）。e. 已接受反腐败培训的员工的总数和百分比（按员工类别细分）。

European Financial Reporting Advisory Group〔2022〕ESRS G2 Business Conduct G2－5，30、32：

——The undertaking shall provide information about any anti-corruption and anti-bribery training programs offered.

——The disclosure required by paragraph 30 shall include information about the following：(a) identification or definition of the persons within the undertaking who are most at risk in respect of corruption/bribery；(b) the nature and scope (including location and staff included) of anti-corruption/anti-bribery training programs offered or required by the undertaking；(c) the scope and depth covered by the training programs provided；(d) the percentage of persons who are most at risk covered by training programs；(e) the assessment methodology to ascertain whether the target audience acquired the necessary knowledge.

——企业应提供有关所提供的任何反腐败和反贿赂培训计划的信息。

——第 30 款要求的披露应包括以下信息：(a) 确定或界定企业内在腐败/贿赂方面风险最大的人员；(b) 企业提供或要求的反腐败/反贿赂培训计划的性质和范围（包括地点和工作人员）；(c) 所提供的培训计划所涵盖的范围和深度；(d) 培训方案所涵盖的风险最大的人的百分比；(e) 确定目标受众是否获得所需知识的评估方法。

本指标披露等级及主要适用范围

【基础披露】适用于所有行业企业。

G2.4.3.3　因贪污、欺诈、腐败所受处罚

什么是因贪污、欺诈、腐败所受处罚

因贪污、欺诈、腐败所受处罚（penalty in relation to corruption and fraud），一般被认为是对贪污、欺诈、腐败行为的惩戒措施，包括法律制裁、道德谴责、组织内部处理等多种手段。这些措施旨在通过惩罚和制约贪污、欺诈、腐败行为，保护公共利益和社会公正，维护社会良好风气，促进社会廉洁和稳定。贪污、欺诈、腐败处罚不仅是对违法行为的惩罚，更是对其他人的警示和教育，具有重要意义。

为什么要考察因贪污、欺诈、腐败所受处罚

考察企业因贪污、欺诈、腐败所受处罚有助于推动企业建立积极的企业文化，强调廉洁、诚信和社会责任意识的重要性，促进诚信经营和可持续发展的价值观的普及和实践。

怎样披露因贪污、欺诈、腐败所受处罚

【定量】企业披露因贪污、欺诈、腐败所受处罚的情况，包括但不限于：企业因贪污、欺诈、腐败所受处罚的人员名单，企业因贪污、欺诈、腐败所受处罚所产生的经济损失，针对员工因腐败问题将采取何种处罚，企业受到的具体处罚内容，企业针对贪污、欺诈、腐败的处罚整改方案，企业整改的评估与跟踪。

为什么要披露因贪污、欺诈、腐败所受处罚

考察企业因贪污、欺诈、腐败所受处罚可以提升企业信息透明度和建立信任。透明度是企业赢得利益相关方信任的基础，公开企业因贪污、欺诈、腐败所受处罚信息可以让利益相关方了解企业的贪污、欺诈、腐败风险和对贪污、欺诈、腐败行为的态度，为其未来决策提供重要参考。

与因贪污、欺诈、腐败所受处罚相关的主要指导机构及法律法规、政策规范

国务院国有资产监督管理委员会〔2006〕《中央企业全面风险管理指引》第六十二条：

——企业应大力加强员工法律素质教育，制定员工道德诚信准则，形成人人

讲道德诚信、合法合规经营的风险管理文化。对于不遵守国家法律法规和企业规章制度、弄虚作假、徇私舞弊等违法及违反道德诚信准则的行为，企业应严肃查处。

中国证券监督管理委员会〔2018〕《上市公司治理准则》第九十四条：

——上市公司应当建立内部控制及风险管理制度，并设立专职部门或者指定内设部门负责对公司的重要营运行为、下属公司管控、财务信息披露和法律法规遵守执行情况进行检查和监督。上市公司依照有关规定定期披露内部控制制度建设及实施情况，以及会计师事务所对上市公司内部控制有效性的审计意见。

上海证券交易所〔2024〕《上海证券交易所上市公司自律监管指引第14号——可持续发展报告（试行）》第五十五条：

——披露主体应当披露报告期内反商业贿赂及反贪污工作的具体情况，包括但不限于下列内容：……（四）报告期内发生的商业贿赂及贪污事件的具体情况，包括董事、管理层人员、员工由于商业贿赂或贪污行为而被解雇或受到处分、被有权部门调查、与业务合作伙伴的合同被终止或未续约以及针对公司或其董事、管理层人员、员工商业贿赂或贪污行为的诉讼案件具体情况（如有）。

深圳证券交易所〔2024〕《深圳证券交易所上市公司自律监管指引第17号——可持续发展报告（试行）》第五十五条：

——披露主体应当披露报告期内反商业贿赂及反贪污工作的具体情况，包括但不限于下列内容：……（四）报告期内发生的商业贿赂及贪污事件的具体情况，包括董事、管理层人员、员工由于商业贿赂或贪污行为而被解雇或受到处分、被有权部门调查、与业务合作伙伴的合同被终止或未续约以及针对公司或其董事、管理层人员、员工商业贿赂或贪污行为的诉讼案件具体情况（如有）。

London Stock Exchange〔2019〕ESG Disclosure Score 8.24.1：

——Disclosure of the individual and total cost of fines, penalties or settlements in relation to corruption. Reporting of no fines or incidents should be clear and specific, for example："There were no legal actions, fines or sanctions relating to anti-corruption, anti-bribery, anti-competitive behaviour or antitrust or monopoly laws or regulations."

——披露与腐败有关的罚款、处罚或和解的单项成本和总成本。没有罚款或事件的报告应明确具体。例如："没有与反腐败、反贿赂、反竞争行为或反垄断或垄断法律法规有关的法律行动、罚款或制裁。"

Global Reporting Initiative〔2022〕Consolidated Set of the GRI Standards 205-3：

——The reporting organization shall report the following information：a. Total number and nature of confirmed incidents of corruption. b. Total number of confirmed incidents in which employees were dismissed or disciplined for corruption. c. Total number of confirmed incidents when contracts with business partners were terminated or not renewed due to violations related to corruption. d. Public legal cases regarding corruption brought against the organization or its employees during the reporting period and the outcomes of such cases.

——组织应报告以下信息：a. 经确认的腐败事件的总数和性质。b. 经确认的员工由于腐败被开除或受到纪律处分的事件总数。c. 经确认的由于与腐败有关的违规事件，与业务伙伴的合同终止或未续签的事件总数。d. 报告期内，对组织或其员工的腐败行为的公开诉讼案件及审理结果。

European Financial Reporting Advisory Group〔2022〕ESRS G2 Business Conduct G2-6，36、38：

——The undertaking shall provide information on legal proceedings related to corruption or bribery during the reporting period.

——The disclosure required by paragraph 36 shall include information about the following：(a) the main outcomes of legal proceedings related to corruption or bribery against the undertaking or its employees, concluded during the reporting period, including sanctions and fines. This shall include the number of convictions and the amount of fines for violation of anti-corruption and anti-bribery laws; (b) details of ongoing legal proceedings against the undertaking and its employees related to corruption or bribery; (c) the number of investigations into and decisions in which employees were dismissed or disciplined for corruption or bribery-related incidents; and (d) the number of investigations into and decisions relating to contracts with business partners that were terminated or not renewed due to violations related to corruption or bribery.

——企业应提供报告期内与腐败或贿赂有关的法律诉讼信息。

——第36段所要求的披露应包括以下信息：(a) 报告期内完成的针对企业或其雇员的与腐败或贿赂有关的法律诉讼的主要结果，包括制裁和罚款。这应包括因违反反腐败和反贿赂法而被定罪的数量和罚款金额。(b) 正在进行的针对企业及其员工的与腐败或贿赂有关的法律诉讼的详细情况。(c) 因与腐败或贿赂有关的事件而解雇或处分员工的调查和决定的数量。(d) 因与腐败或贿赂有关的违规行为而终止或不再续签与商业伙伴的合同的调查和决定的数量。

本指标披露等级及主要适用范围

【基础披露】 适用于所有行业企业。

G2.5 ESG 管理

什么是 ESG 管理

ESG 管理（ESG management），一般被认为是企业在环境、社会和治理方面的管理和实践。一般包括在公司治理体系中嵌入 ESG 治理架构，明确自上而下各治理机构的管理职责，包括董事会、管理层、部门、下属单位。ESG 管理包含以下几个方面：(1) 建立 ESG 管理团队。企业可以建立一支专门的 ESG 管理团队，负责制定和执行企业的 ESG 战略、政策和计划。(2) 制定 ESG 管理政策：企业应制定明确的 ESG 管理政策和目标，这包括环境政策、社会责任政策、治理政策等。(3) 进行 ESG 风险评估：企业应该对自身的 ESG 风险进行评估，以了解自身在环境、社会和治理方面的潜在风险，并为每种风险制定相应的应对策略。(4) 将 ESG 融入业务决策：企业应该将 ESG 因素融入业务决策的全过程，比如在投资、生产、采购等环节充分考虑 ESG 因素。这可以提高企业的可持续发展能力，同时降低企业的风险。(5) 与利益相关者合作：企业应该与利益相关者建立合作关系，共同推动企业的 ESG 管理和可持续发展。(6) 公开透明地进行 ESG 信息披露：企业应该公开透明地进行 ESG 信息披露，向公众传达企业的 ESG 战略、政策、实践和绩效。综合以上方式，企业可加强 ESG 管理，提高企业的可持续发展能力，实现企业与社会共同发展。根据国务院国有资产监督管理委员会《提高央企控股上市公司质量工作方案》，中央企业集团公司要统筹推动上市公司完整、准确、全面贯彻新发展理念，进一步完善环境、社会责任和公司治理（ESG）工作机制，提升 ESG 绩效，在资本市场中发挥带头示范作用；立足国有企业实际，积极参与构建具有中国特色的 ESG 信息披露规则、ESG 绩效评级和 ESG 投资指引，为中国 ESG 发展贡献力量。推动央企控股上市公司 ESG 专业治理能力、风险管理能力不断提高；推动更多央企控股上市公司披露 ESG 专项报告，力争到 2023 年相关专项报告披露"全覆盖"。

G2.5.1 ESG 能力提升

G2.5.1.1 ESG 治理架构

什么是 ESG 治理架构

ESG 治理架构（ESG governance structure），一般被认为是将 ESG 事项提升至公司治理的重要位置，建立覆盖决策层、监督层、执行层各个层级，且分工负责、权责清晰的治理架构。依照《全球医疗健康企业 ESG 合规》[①] 的定义，ESG 中的公司治理架构是传统公司治理架构的有益补充，将 ESG 事项提升至公司治理的重要位置，实现有关各方利益协调，提升公司综合治理水平。ESG 治理架构通常包括以下几种形式：(1) 改变原有的公司治理架构，由董事会负责 ESG 事项审议、决策，并在董事会下设

---

① 周万里，沈艳蓉. 全球医疗健康企业 ESG 合规. 北京：中国法制出版社，2023.

ESG委员会，或者在董事会专业委员会下设置ESG委员会，负责企业ESG相关事项的监督、指导，下设ESG工作小组负责具体ESG工作的推进执行。（2）不改变公司治理架构，但对企业ESG治理具有监督管理作用，在集团层面设立独立于董事会和专业委员会的ESG委员会，委员会下设秘书处或工作小组，推动集团内部各个单位开展ESG实践。（3）设置功能性ESG治理架构，即不在董事会设立专门的ESG委员会，也没有专业的ESG委员会，但有专门的程序或机制将ESG因素纳入企业决策和活动中。

为什么要考察ESG治理架构

ESG治理架构通过提供组织保障、促进战略融入、强化风险管理、优化决策支持、提升透明度和报告质量等关键方面，能够促进企业更好地实施ESG管理，提升管理水平，实现可持续发展目标。

怎样披露ESG治理架构

【定性】企业披露ESG治理架构及相关架构细节的情况，包括但不限于：ESG治理架构的管理层、执行层与各职能部门逐层人员安排。

为什么要披露ESG治理架构

ESG治理架构提高了企业对外披露ESG信息的透明度和质量，增强了投资者、利益相关方和社会公众对企业的信任和认可，从而提升了企业的形象和声誉。

与ESG治理架构相关的主要指导机构及法律法规、政策规范

国务院国有资产监督管理委员会〔2022〕《提高央企控股上市公司质量工作方案》"三、工作内容"下第（二）点：

——促进上市公司完善治理和规范运作。……4. 贯彻落实新发展理念，探索建立健全ESG体系。中央企业集团公司要统筹推动上市公司完整、准确、全面贯彻新发展理念，进一步完善环境、社会责任和公司治理（ESG）工作机制，提升ESG绩效，在资本市场中发挥带头示范作用；立足国有企业实际，积极参与构建具有中国特色的ESG信息披露规则、ESG绩效评级和ESG投资指引，为中国ESG发展贡献力量。推动央企控股上市公司ESG专业治理能力、风险管理能力不断提高；推动更多央企控股上市公司披露ESG专项报告，力争到2023年相关专项报告披露"全覆盖"。……

国务院国有资产监督管理委员会〔2023〕《央企控股上市公司ESG专项报告参考指标体系》G1.2.2：

——董事会、监事会和管理层组织结构与职能

指标性质：定性/定量

披露等级：基础披露

指标说明：描述公司通过董事会及下设专业委员会、监事会和管理层所构成

的公司组织结构与职能划分情况，包括但不限于董事、监事、高级管理人员的任职情况，对企业战略指导和运营监督的职能、权力分配与制衡关系的制度安排，以及 ESG 管治架构、工作机制与职责分工等

中国证券监督管理委员会〔2018〕《上市公司治理准则》第八十六条、第八十七条：

——上市公司应当积极践行绿色发展理念，将生态环保要求融入发展战略和公司治理过程，主动参与生态文明建设，在污染防治、资源节约、生态保护等方面发挥示范引领作用。

——上市公司在保持公司持续发展、提升经营业绩、保障股东利益的同时，应当在社区福利、救灾助困、公益事业等方面，积极履行社会责任。……

中国证券监督管理委员会〔2021〕《公开发行证券的公司信息披露内容与格式准则第 2 号—年度报告的内容与格式》第四十二条：

——鼓励公司结合行业特点，主动披露积极履行社会责任的工作情况，包括但不限于：公司履行社会责任的宗旨和理念，股东和债权人权益保护、职工权益保护、供应商、客户和消费者权益保护、环境保护与可持续发展、公共关系、社会公益事业等方面情况。公司已披露社会责任报告全文的，仅需提供相关的查询索引。

上海证券交易所〔2023〕《上海证券交易所上市公司自律监管指引第 1 号——规范运作》8.5：

——在本所上市的"上证公司治理板块"样本公司、境内外同时上市的公司及金融类公司，应当在年度报告披露的同时披露公司履行社会责任的报告（以下简称社会责任报告）。本所鼓励其他有条件的上市公司，在年度报告披露的同时披露社会责任报告等非财务报告。公司披露社会责任报告的，董事会应当单独进行审议，并在本所网站披露。

深圳证券交易所〔2023〕《深圳证券交易所上市公司自律监管指引第 1 号——主板上市公司规范运作》第 1 号——规范运作》8.4：

——上市公司应当积极履行社会责任，定期评估公司社会责任的履行情况。"深证100"样本公司应当在年度报告披露的同时披露公司履行社会责任的报告（以下简称社会责任报告）。本所鼓励其他有条件的上市公司，在年度报告披露的同时披露社会责任报告。

上海证券交易所〔2024〕《上海证券交易所上市公司自律监管指引第 14 号——可持续发展报告（试行）》第五十一条：

——披露主体应当结合公司实际情况以及本指引的要求，积极将可持续发展理念融入公司治理的各项制度和流程，进一步健全和完善公司治理机制，推动公

司可持续发展。

深圳证券交易所〔2024〕《深圳证券交易所上市公司自律监管指引第 17 号——可持续发展报告（试行）》第五十一条：

——披露主体应当结合公司实际情况以及本指引的要求，积极将可持续发展理念融入公司治理的各项制度和流程，进一步健全和完善公司治理机制，推动公司可持续发展。

香港交易所〔2023〕《环境、社会及管治报告指引》13：

——由董事会发出的声明，当中载有下列内容：（i）披露董事会对环境、社会及管治事宜的监管；（ii）董事会的环境、社会及管治管理方针及策略，包括评估、优次排列及管理重要的环境、社会及管治相关事宜（包括对发行人业务的风险）的过程；及（iii）董事会如何按环境、社会及管治相关目标检讨进度，并解释它们如何与发行人业务有关联。

Global Reporting Initiative〔2022〕Consolidated Set of the GRI Standards 2-13、2-14：

——The organization shall：a. describe its governance structure, including committees of the highest governance body; b. list the committees of the highest governance body that are responsible for decision-making on and overseeing the management of the organization's impacts on the economy, environment, and people; c. describe the composition of the highest governance body and its committees by：i. executive and non-executive members; ii. independence; iii. tenure of members on the governance body; iv. number of other significant positions and commitments held by each member, and the nature of the commitments; v. gender; vi. under-represented social groups; vii. competencies relevant to the impacts of the organization; viii. stakeholder representation.

——The organization shall：a. report whether the highest governance body is responsible for reviewing and approving the reported information, including the organization's material topics, and if so, describe the process for reviewing and approving the information; b. if the highest governance body is not responsible for reviewing and approving the reported information, including the organization's material topics, explain the reason for this.

——组织应：a. 说明其治理架构，包括最高治理机构下设的委员会。b. 列出在组织管理对经济、环境和人的影响方面，最高治理机构中负责决策和监督的委员会。c. 说明最高治理机构及其委员会的组成，包括：i. 执行成员和非执行成员；ii. 独立性；iii. 治理机构成员的任期；iv. 每个成员所担任的其他重要职务和承诺的数量，以及承诺的性质；v. 性别；vi. 未被充分代表的社会群体；vii. 与组织的影响有关的胜任能力；viii. 利益相关方的代表性。

——组织应：a. 说明最高治理机构是否负责审核和批准所报告的信息，包括组织的实质性议题，如果是，说明审核和批准信息的程序；b. 如果最高治理机构不负责审核和批准所报告的信息，包括组织的实质性议题，请解释原因。

本指标披露等级及主要适用范围

【基础披露】适用于所有行业企业。

G2.5.1.2　ESG 工作评价和绩效考核机制

什么是 ESG 工作评价和绩效考核机制

ESG 工作评价和绩效考核机制（ESG-related performance appraisal system），一般被认为是企业对自身在环境、社会和治理维度的目标、行动、结果以及风险应变能力等方面进行的评估活动，并在环境、社会和治理方面的整体表现设定一些关键绩效指标。企业 ESG 自评通常包括以下几个步骤：确定评价方法和评价期间；进行数据采集、处理与评价；形成评价报告；对评价结果进行解读、应用和追踪等。

为什么要考察 ESG 工作评价和绩效考核机制

建立 ESG 工作评价和绩效考核机制不仅可以提高企业的治理水平和社会责任感，推动企业实现可持续发展，还能够帮助企业更好地管理和规避风险，做出更具有可持续性的投资决策，对于企业实现长期可持续发展具有重要意义。

怎样披露 ESG 工作评价和绩效考核机制

【定性】企业披露 ESG 工作评价和绩效考核机制的情况，包括但不限于：评价方法、评价指标和计算方法、评价时间、评价报告等。

为什么要披露 ESG 工作评价和绩效考核机制

企业披露 ESG 工作评价和绩效考核机制可以帮助投资者更全面地了解企业的整体运营情况和未来发展潜力，以更好地评估企业的可持续性和风险状况。同时，这种披露也有利于提高企业的透明度和公信力，从而增强投资者对企业的信任，对于投资者的决策具有重要价值。

与 ESG 工作评价和绩效考核机制相关的主要指导机构及法律法规、政策规范

国务院国有资产监督管理委员会〔2022〕《提高央企控股上市公司质量工作方案》"三、工作内容"下第（二）点：

——促进上市公司完善治理和规范运作。……4. 贯彻落实新发展理念，探索建立健全 ESG 体系。中央企业集团公司要统筹推动上市公司完整、准确、全面贯彻新发展理念，进一步完善环境、社会责任和公司治理（ESG）工作机制，提升 ESG 绩效，在资本市场中发挥带头示范作用；立足国有企业实际，积极参与构建

具有中国特色的 ESG 信息披露规则、ESG 绩效评级和 ESG 投资指引，为中国 ESG 发展贡献力量。推动央企控股上市公司 ESG 专业治理能力、风险管理能力不断提高；推动更多央企控股上市公司披露 ESG 专项报告，力争到 2023 年相关专项报告披露"全覆盖"。……

国务院国有资产监督管理委员会〔2023〕《央企控股上市公司 ESG 专项报告参考指标体系》G1.3.3：

——管理层薪酬合理性

指标性质：定性

披露等级：建议披露

指标说明：描述公司管理层薪水和与业绩挂钩部分的额度及业绩评估方法，包括但不限于将公司 ESG 实践绩效按一定比例纳入管理层的薪酬考评和奖励计划中

中国证券监督管理委员会〔2018〕《上市公司治理准则》第八十六条、第八十七条：

——上市公司应当积极践行绿色发展理念，将生态环保要求融入发展战略和公司治理过程，主动参与生态文明建设，在污染防治、资源节约、生态保护等方面发挥示范引领作用。

——上市公司在保持公司持续发展、提升经营业绩、保障股东利益的同时，应当在社区福利、救灾助困、公益事业等方面，积极履行社会责任。……

中国证券监督管理委员会〔2021〕《公开发行证券的公司信息披露内容与格式准则第 2 号—年度报告的内容与格式》第四十二条：

——鼓励公司结合行业特点，主动披露积极履行社会责任的工作情况，包括但不限于：公司履行社会责任的宗旨和理念，股东和债权人权益保护、职工权益保护、供应商、客户和消费者权益保护、环境保护与可持续发展、公共关系、社会公益事业等方面情况。公司已披露社会责任报告全文的，仅需提供相关的查询索引。

香港交易所〔2023〕《环境、社会及管治报告指引》13：

——由董事会发出的声明，当中载有下列内容：(i) 披露董事会对环境、社会及管治事宜的监管；(ii) 董事会的环境、社会及管治管理方针及策略，包括评估、优次排列及管理重要的环境、社会及管治相关事宜（包括对发行人业务的风险）的过程；及 (iii) 董事会如何按环境、社会及管治相关目标检讨进度，并解释它们如何与发行人业务有关连。

Global Reporting Initiative〔2022〕Consolidated Set of the GRI Standards 2-18：

——The organization shall: a. describe the processes for evaluating the performance of the highest governance body in overseeing the management of the organization's impacts on the economy, environment, and people; b. report whether the evaluations are independent or not, and the frequency of the evaluations; c. describe actions taken in response to the evaluations, including changes to the composition of the highest governance body and organizational practices.

——组织应：a. 描述最高治理机构在监督组织管理对经济、环境和人员的影响方面的绩效评估流程；b. 报告评估是否独立，以及评估频率；c. 描述为回应评估而采取的行动，包括改变最高治理机构的组成和组织做法。

本指标披露等级及主要适用范围

【基础披露】适用于所有行业企业。

G2.5.1.3　ESG 培训

什么是 ESG 培训

ESG 培训（ESG training），一般被认为是企业针对 ESG 方面知识和技能的综合性培训课程，其目的是提升员工在可持续发展、企业社会责任和公司治理方面的意识和能力。通过培训，员工可以了解如何评估企业的环境、社会和治理绩效，并学习如何将这些因素纳入投资组合管理过程。企业 ESG 培训通常是由企业内部的培训部门或者外部的专业机构设计和提供的，其内容包括但不限于 ESG 投资理论和实践、ESG 评估和评级标准、ESG 投资组合管理，以及 ESG 与金融业务的关系和有关 ESG 监管的国家和国际法律法规等。

为什么要考察 ESG 培训

ESG 培训可以让员工更加深入地了解 ESG 因素对企业发展和可持续性的重要性，提高员工的 ESG 意识和知识水平，增强企业的社会责任和治理水平，降低企业的风险和成本，提升企业的可持续性和长期竞争力。

怎样披露 ESG 培训

【定性】企业披露 ESG 培训的情况，包括但不限于：每名员工平均培训小时数、培训内容、参加培训员工百分比和参加培训的员工类别等。

为什么要披露 ESG 培训

披露 ESG 培训的信息可以让投资者了解到该企业发展的可持续性和社会责任状况，吸引更多关注 ESG 的投资者，增强投资者对该企业环境、社会、治理三方面的信心，并基于该企业的 ESG 状况进行投资。

与 ESG 培训相关的主要指导机构及法律法规、政策规范

国务院国有资产监督管理委员会〔2022〕《提高央企控股上市公司质量工作方案》"三、工作内容"下第（二）点：

——促进上市公司完善治理和规范运作。……4. 贯彻落实新发展理念，探索

建立健全ESG体系。中央企业集团公司要统筹推动上市公司完整、准确、全面贯彻新发展理念，进一步完善环境、社会责任和公司治理（ESG）工作机制，提升ESG绩效，在资本市场中发挥带头示范作用；立足国有企业实际，积极参与构建具有中国特色的ESG信息披露规则、ESG绩效评级和ESG投资指引，为中国ESG发展贡献力量。推动央企控股上市公司ESG专业治理能力、风险管理能力不断提高；推动更多央企控股上市公司披露ESG专项报告，力争到2023年相关专项报告披露"全覆盖"。……

中国证券监督管理委员会〔2018〕《上市公司治理准则》第八十六条、第八十七条：

——上市公司应当积极践行绿色发展理念，将生态环保要求融入发展战略和公司治理过程，主动参与生态文明建设，在污染防治、资源节约、生态保护等方面发挥示范引领作用。

——上市公司在保持公司持续发展、提升经营业绩、保障股东利益的同时，应当在社区福利、救灾助困、公益事业等方面，积极履行社会责任。……

中国证券监督管理委员会〔2021〕《公开发行证券的公司信息披露内容与格式准则第2号—年度报告的内容与格式》第四十二条：

——鼓励公司结合行业特点，主动披露积极履行社会责任的工作情况，包括但不限于：公司履行社会责任的宗旨和理念，股东和债权人权益保护、职工权益保护、供应商、客户和消费者权益保护、环境保护与可持续发展、公共关系、社会公益事业等方面情况。公司已披露社会责任报告全文的，仅需提供相关的查询索引。

本指标披露等级及主要适用范围

【基础披露】适用于所有行业企业。

G2.6 组织建设与先进性教育

什么是组织建设

组织建设（organizational construction），一般被认为是指企业的组织制度、组织类型、组织纪律及纪律检查机制等内容，主要包括民主制建设、基层组织建设、领导层组织建设、党员队伍建设等。企业的组织建设应以公司章程为依据。

什么是先进性教育

先进性教育（advancement education），一般被认为是以加强共产党的先进性建设为目的、以共产党组织为核心领导而对共产党员开展的马克思主义教育活动。其中，先进性一般被认为是中国共产党的本质属性，也是马克思主义政党的生命所系、力量所在。

G2.6.1 党建

什么是党建

党建（party building），或称党的建设，一般被认为是共产党为保持自己的性质而从事的一系列自我完善的活动，主要包括党的政治建设、思想建设、组织建设、作风建设、纪律建设和制度建设、反腐倡廉建设、纯洁性建设等。企业内部的党建，一般被认为是企业党组织员工为宣传并深化党的思想政治状况而从事的一系列自我完善活动。

G2.6.1.1 党支部建设情况

什么是党支部

党支部（party branch），根据《中国共产党组织工作条例》，是党的基础组织，是党组织开展工作的基本单元。企业的党支部，一般被认为是企业内部共产党的基础组织，是企业党组织开展工作的基本单元。

什么是党支部建设情况

党支部建设情况（party branch building），一般被认为是党支部在思想建设、组织建设、作风建设、制度建设等方面的实际情况和工作成效。党支部是中国共产党的基本组织，是党组织开展工作的基本单元，也是党员参与组织生活、发挥先锋模范作用的重要平台。企业党支部建设情况，主要包括民主集中制建设情况、党支部基层组织建设情况、党支部干部队伍建设情况等内容。

为什么要考察党支部建设情况

党支部建设情况能够反映企业的精神文化建设以及社会价值创造的水平。党支部的建设与发展能够有效带动企业内部的精神文化建设，对企业成长有重要的推动作用。

怎样披露党支部建设情况

【定性】企业披露党支部建设情况，包括但不限于：民主集中制建设情况、党支部基层组织建设情况、党支部干部队伍建设情况等内容。

为什么要披露党支部建设情况

披露党支部建设情况，有助于利益相关者了解企业履行社会责任的意愿，并在社会价值创造的层面上维持利益相关者与企业的关系。

与党支部建设情况相关的主要指导机构及法律法规、政策规范

全国人民代表大会常务委员会〔2024〕《中华人民共和国公司法》第十八条：

——在公司中，根据中国共产党章程的规定，设立中国共产党的组织，开展党的活动。公司应当为党组织的活动提供必要条件。

中国共产党中央政治局〔2019〕《中国共产党国有企业基层组织工作条例（试行）》第十三条：

——国有企业应当将党建工作要求写入公司章程，写明党组织的职责权限、机构设置、运行机制、基础保障等重要事项，明确党组织研究讨论是董事会、经理层决策重大问题的前置程序，落实党组织在公司治理结构中的法定地位。

国务院国有资产监督管理委员会〔2023〕《央企控股上市公司 ESG 专项报告参考指标体系》G1.1.4：

——党建引领

指标性质：定性

披露等级：建议披露

指标说明：描述公司将党的领导融入公司治理，党委充分发挥领导作用的情况以及公司为党组织活动提供的基础条件

中国证券监督管理委员会〔2018〕《上市公司治理准则》第五条：

——在上市公司中，根据《公司法》的规定，设立中国共产党的组织，开展党的活动。上市公司应当为党组织的活动提供必要条件。国有控股上市公司根据《公司法》和有关规定，结合企业股权结构、经营管理等实际，把党建工作有关要求写入公司章程。

本指标披露等级及主要适用范围

【建议披露】适用于设有基层党组织的企业。

G2.6.1.2 党建工作会召开情况

什么是党建工作会召开情况

党建工作会召开情况（conference on party building），一般被认为是党组织定期或不定期召开会议，讨论和总结党建工作的情况、问题和措施的情况。党建工作会是党内组织的一种常见形式，旨在加强组织的领导和党员干部的思想政治建设，推动党内先进性和纯洁性建设。

为什么要考察党建工作会召开情况

企业开展党建工作，不仅能够为其建设核心文化、提高创新能力与凝聚力、统一思想形成合力，还有利于为企业提供以人为本的管理模式。企业召开党建工作会，宣传党建精神、部署党建工作，是党建事业推动企业平稳健康成长的重要事项。

怎样披露党建工作会召开情况

【定性】企业披露党建工作会召开情况，包括但不限于：党建工作会的召开时间、召开地点、党员参会情况、主要内容、会议精神等。

为什么要披露党建工作会召开情况

建立完善的党建工作会召开情况披露机制，有助于外界了解企业的党建情况、组织能力和管理水平、文化和价值观、社会责任和公众形象以及员工思想政治状况等方面的实际情况和工作成效，为评估企业价值做出正向参考。

与党建工作会召开情况相关的主要指导机构及法律法规、政策规范

全国人民代表大会常务委员会〔2024〕《中华人民共和国公司法》第十八条：

——在公司中，根据中国共产党章程的规定，设立中国共产党的组织，开展党的活动。公司应当为党组织的活动提供必要条件。

中国共产党中央政治局〔2019〕《中国共产党国有企业基层组织工作条例（试行）》第三十四条：

——……企业党组织每年年初向上级党组织全面报告上年度党建工作情况，党组织领导班子成员定期向本企业党组织报告抓党建工作情况。

国务院国有资产监督管理委员会〔2023〕《央企控股上市公司 ESG 专项报告参考指标体系》G1.1.4：

——党建引领

指标性质：定性

披露等级：建议披露

指标说明：描述公司将党的领导融入公司治理，党委充分发挥领导作用的情况以及公司为党组织活动提供的基础条件

中国证券监督管理委员会〔2018〕《上市公司治理准则》第五条：

——在上市公司中，根据《公司法》的规定，设立中国共产党的组织，开展党的活动。上市公司应当为党组织的活动提供必要条件。国有控股上市公司根据《公司法》和有关规定，结合企业股权结构、经营管理等实际，把党建工作有关要求写入公司章程。

本指标披露等级及主要适用范围

【建议披露】适用于设有基层党组织的企业。

G2.6.1.3　党委理论学习情况

什么是党委

党委（party committee），或称党的各级委员会，一般被认为是党的中央和地方各级委员会为了加强对同级党和国家机关或某行业（系统）、某地区的领导而派出的领导机构。

什么是党委理论学习情况

党委理论学习情况（party committee theory learning status），一般被认为是企业内部党的各级委员会对马克思列宁主义、毛泽东思想、邓小平理论、"三个代表"重要思想、科学发展观、习近平新时代中国特色社会主义思想理论相关内容的学习情况，主要包括学习形式、学习内容、学习管理、考核及问责等内容。

为什么要考察党委理论学习情况

企业党委开展理论学习，不仅有助于提高领导干部的理论水平和工作能力、加强领

导班子思想政治建设，还把企业党员提高理论素质与增强党性修养、提升工作本领结合起来，坚定其理想信念，提高精神境界。考察企业党委理论学习情况，可以强化企业对理论学习内容、学习管理等方式的重视，进而促进企业建设核心文化、提升整体效益。

怎样披露党委理论学习情况

【定性】 企业披露党委理论学习情况，包括但不限于：学习形式、学习主体与内容、学习管理、考核及问责等内容。

为什么要披露党委理论学习情况

建立完善的党委理论学习情况披露机制，可以使社会公众全面了解企业党委理论的学习形式、学习内容、精神主旨等信息，深化利益相关者对企业领导班子思想政治建设水平的认知。这有助于外界对企业价值做出更加全面、客观的评估，同时也是坚持党的领导的具体体现。

与党委理论学习情况相关的主要指导机构及法律法规、政策规范

中国共产党中央委员会办公厅〔2017〕《中国共产党党委（党组）理论学习中心组学习规则》第三条、第五条、第六条、第八条：

——党委（党组）理论学习中心组学习以政治学习为根本，以深入学习中国特色社会主义理论体系为首要任务，以深入学习贯彻习近平总书记系列重要讲话精神为重点，以掌握和运用马克思主义立场、观点、方法为目的，坚持围绕中心、服务大局，坚持知行合一、学以致用，坚持问题导向、注重实效，坚持依规管理、从严治学。

——党委（党组）理论学习中心组主要由党委（党组）领导班子成员组成，可以根据学习需要适当吸收有关人员参加。

——各级党委（党组）对本级理论学习中心组学习负主体责任，对本地区本部门本单位的理论学习中心组学习负领导责任。……

——党委（党组）理论学习中心组学习内容包括：（一）马克思列宁主义、毛泽东思想、邓小平理论、"三个代表"重要思想、科学发展观，习近平总书记系列重要讲话和治国理政新理念新思想新战略。（二）党章党规党纪和党的基本知识。（三）党的路线、方针、政策和决议。（四）国家法律法规。（五）社会主义核心价值观。（六）党的历史、中国历史、世界历史和科学社会主义发展史。（七）推进中国特色社会主义事业所需要的经济、政治、文化、社会、生态、科技、军事、外交、民族、宗教等方面知识。（八）改革发展实践中的重点、难点问题。（九）党中央和上级党组织要求学习的其他重要内容。

本指标披露等级及主要适用范围

【建议披露】 适用于设有基层党组织的企业。

G2.6.1.4　特色支部创建情况

什么是特色支部

特色支部（characteristic party branch），一般被认为是在新时期党建思想的指导下，从企业的实际出发，通过对党建工作的改进、创新，形成了独特稳定、取得了优秀创建成果的、促进中心工作任务完成更加有力的支部党建工作模式的党支部。

什么是特色支部创建情况

特色支部创建情况（establishment of characteristic party branch），一般被认为是在党组织中创建出具有鲜明特色和创新性的党支部的情况。

为什么要考察特色支部创建情况

考察企业特色支部创建情况，可以促进企业经营的持续与稳定、适应市场需求的变化、加强与政府部门和社会组织的合作、提高企业的社会声誉和影响力。

怎样披露特色支部创建情况

【定性】企业披露特色支部创建情况，包括但不限于：特色支部的创建目标、创建形式、工作内容、实践任务、实践成果等内容。

为什么要披露特色支部创建情况

建立完善的特色支部创建情况披露机制，能够帮助利益相关者了解企业党建工作的特色文化、支部党员的知识化和专业化水平、支部党员的创新能力与凝聚力、支部党建管理建设水平等，进而对企业组织管理、企业文化、企业核心竞争力以及企业价值做出更为全面客观的评估。

与特色支部创建情况相关的主要指导机构及法律法规、政策规范

中国共产党中央政治局〔2021〕《中国共产党组织工作条例》第十三条：

——……党支部是党的基础组织，是党组织开展工作的基本单元。全面推进党支部标准化规范化建设，加强基础工作，完善基本制度，提升基本能力，落实基本保障，充分发挥党支部直接教育党员、管理党员、监督党员和组织群众、宣传群众、凝聚群众、服务群众的职责作用。党员人数较多或者党员工作地、居住地比较分散的党支部，应当按照便于组织开展活动原则，划分若干党小组。

国务院国有资产监督管理委员会〔2023〕《央企控股上市公司 ESG 专项报告参考指标体系》G1.1.4：

——党建引领

指标性质：定性

披露等级：建议披露

指标说明：描述公司将党的领导融入公司治理，党委充分发挥领导作用的情况以及公司为党组织活动提供的基础条件

本指标披露等级及主要适用范围

【建议披露】适用于设有基层党组织的企业。

G2.6.2 理论学习

什么是理论学习

理论学习（theoretical learning），一般被认为是通过对党的理论和思想进行系统学习、深入研究和广泛宣传，以提高党员干部的理论水平和思想素养的过程。习近平总书记在2019年7月9日中央和国家机关党的建设工作会议上表示，理论学习有"四点要求"，分别为："自觉主动学""及时跟进学""联系实际学""笃信笃行学"。随着社会的发展、信息化时代的到来，利用全媒体技术直观、形象地呈现理论学习的内容，也成为理论学习方式创新的重要方面。企业中常见的理论学习主要以学习研讨、参观教育、线上党课等形式进行，例如党组织开展学习"两会""党的二十大"等重要会议的精神、开设"数字党建"线上专栏等。

G2.6.2.1 国家大政方针与地方政府产业政策等学习情况

什么是国家大政方针与地方政府产业政策等学习情况

国家大政方针与地方政府产业政策等学习情况（learning on national policies and local government industrial policies），一般被认为是企业组织开展的、聚焦国家政策方针、地方政府产业政策等内容的学习情况，主要包括是否组织开展学习、学习主题、学习内容、学习形式、学习参与情况、学习次数、学习成果等。例如，组织党员召开"党的二十大"精神研讨会、学习新时代新征程党和国家事业发展的大政方针等。

为什么要考察国家大政方针与地方政府产业政策等学习情况

企业组织开展国家大政方针与地方政府产业政策等学习情况，有助于提高职工的思想政治觉悟，引导领导干部发扬奋斗精神，将国家政策方针深入融于业务经营的过程中，为企业的长期稳健发展护航。

怎样披露国家大政方针与地方政府产业政策等学习情况

【定性】企业披露其国家大政方针与地方政府产业政策等学习情况，包括但不限于：是否组织开展学习、学习主题内容、学习形式、学习参与情况、学习次数、学习成果等。

为什么要披露国家大政方针与地方政府产业政策等学习情况

企业披露国家大政方针与地方政府产业政策等学习情况，能够向社会公众展示其对国家政策导向和产业政策的深化程度，进而便于利益相关者据此做出投资决策。

与国家大政方针与地方政府产业政策等学习情况相关的主要指导机构及法律法规、政策规范

全国人民代表大会〔2021〕《中华人民共和国民法典》第八十六条：

——营利法人从事经营活动，应当遵守商业道德，维护交易安全，接受政府

和社会的监督，承担社会责任。

全国人民代表大会常务委员会〔2024〕《中华人民共和国公司法》第十九条：

——公司从事经营活动，必须遵守法律法规，遵守社会公德、商业道德，诚实守信，接受政府和社会公众的监督。

全国人民代表大会常务委员会〔2019〕《中华人民共和国反不正当竞争法》第二条：

——经营者在生产经营活动中，应当遵循自愿、平等、公平、诚信的原则，遵守法律和商业道德。……

中国共产党中央委员会办公厅〔2022〕《关于推动党史学习教育常态化长效化的意见》五：

——着眼激发昂扬斗志，坚持不懈弘扬伟大建党精神。坚持把弘扬伟大建党精神作为推进党史学习教育常态化长效化的重要任务，作为培育党内政治文化的重要内容，作为践行社会主义核心价值观的重要抓手，融入党员、干部学习教育的日常，体现在干事创业的平常，做到见人见事见精神。加强革命传统教育，用好中国共产党历史展览馆这个精神殿堂，用好革命遗址遗迹、纪念馆、博物馆等红色资源，发挥革命英烈、时代楷模示范引领作用，以重大节日和纪念日为契机开展主题活动，引导广大党员、干部深刻领悟中国共产党人精神谱系的丰富内涵和时代意义，传承红色基因，赓续红色血脉。加强党的光荣传统和优良作风教育，完善作风建设长效机制，把好传统带进新征程，将好作风弘扬在新时代。加强形势政策教育，利用专题培训、集中宣讲、媒体传播等多种形式，及时深入解读国际国内形势，解读党和政府的政策措施，引导广大党员、干部准确认识和把握我国社会主要矛盾和中心任务，把思想统一到党中央科学判断上来，增强继续前行的信心。加强斗争精神教育，注重从党的历史中汲取战胜风险挑战的智慧和力量，在新时代的伟大实践中不断锤炼斗争精神和斗争本领，激励广大党员、干部发扬历史主动精神、敢于直面矛盾问题和困难挑战，积极履职尽责、勇于担当作为，保持踔厉奋发、笃行不怠的坚定意志，为党和人民事业赤诚奉献。

本指标披露等级及主要适用范围

【建议披露】 适用于所有行业企业。

G2.7 利益相关方的参与及沟通

什么是利益相关方

利益相关方（stakeholder），一般被认为是组织、项目或决策会使其受到影响并具有相关利益的个人、群体或组织。

什么是利益相关方的参与及沟通

利益相关方的参与及沟通（stakeholder participation and communication），一般被

认为是与项目或组织相关的个人、群体、机构或组织之间的互动和交流，旨在促进相互理解和合作，实现企业与各利益相关方的共赢发展。这些利益相关方可能会受到项目或组织的影响，也可能会影响项目或组织的利益，因此与他们的沟通和参与是项目或组织成功的关键因素之一。

G2.7.1 投资者与股东权益

什么是投资者与股东权益

投资者与股东权益（investors' and shareholders' equity），一般被认为包括投资者权益和股东权益。投资者是指为了获取财务回报而投资于某个企业的自然人或实体，其权益包括买卖股票、获取信息、参加股东会并投票等等。而股东即企业的出资人或投资者，可以是自然人或实体，其权益包括知情权、召集权、提案权、人事权、优先权诉讼、分红权、收购权、继承权、转让权等等。

G2.7.1.1 股东与债权人利益保护机制

什么是股东与债权人利益保护机制

股东与债权人利益保护机制（protection mechanism of shareholders' and creditors' interests），一般被认为是企业为保障股东和债权人的利益而采取的各种措施和机制，保障股东和债权人在企业运营和发展中的合法权益，以确保企业的稳健经营和持续发展。

为什么要考察股东与债权人利益保护机制

完善的股东与债权人利益保护机制有助于加强企业治理，推进公司治理结构的建立和完善，可以吸引更多的股东和债权人参与企业投资和融资，增强企业的融资能力，提高公司治理水平，并且在遵守法律法规等方面也具有重要意义。

怎样披露股东与债权人利益保护机制

【定性】 企业披露股东与债权人利益保护机制的情况，包括但不限于：企业内部的股东与债权人权益保护管理制度、股东与债权人投诉处理机制、股东与债权人权益保护的基本原则和方针、股东与债权人权益保护措施的执行情况、对投诉的处理情况等内容。

为什么要披露股东与债权人利益保护机制

披露股东与债权人利益保护机制可以增强企业的透明度，让投资者和其他利益相关方更好地了解企业治理结构和风险控制措施，增加对企业的信任和认可，愿意与企业建立长期稳定的合作关系。

与股东与债权人利益保护机制相关的主要指导机构及法律法规、政策规范

全国人民代表大会〔2021〕《中华人民共和国民法典》第八十三条：

——营利法人的出资人不得滥用出资人权利损害法人或者其他出资人的利益；滥用出资人权利造成法人或者其他出资人损失的，应当依法承担民事责任。

营利法人的出资人不得滥用法人独立地位和出资人有限责任损害法人债权人的利益；滥用法人独立地位和出资人有限责任，逃避债务，严重损害法人债权人的利益的，应当对法人债务承担连带责任。

全国人民代表大会常务委员会〔2024〕《中华人民共和国公司法》第二十一条：

——公司股东应当遵守法律、行政法规和公司章程，依法行使股东权利，不得滥用股东权利损害公司或者其他股东的利益。公司股东滥用股东权利给公司或者其他股东造成损失的，应当承担赔偿责任。

全国人民代表大会常务委员会〔2020〕《中华人民共和国证券法》第十九条：

——发行人报送的证券发行申请文件，应当充分披露投资者作出价值判断和投资决策所必需的信息，内容应当真实、准确、完整。为证券发行出具有关文件的证券服务机构和人员，必须严格履行法定职责，保证所出具文件的真实性、准确性和完整性。

国务院国有资产监督管理委员会〔2023〕《央企控股上市公司 ESG 专项报告参考指标体系》G3.2.3：

——股东知情权和参与决定权

指标性质：定性

披露等级：基础披露

指标说明：描述公司在支持中小股东和其他股东获得对于知情投资决策而言必要的所有信息上所采取的措施，确保股东对法律、行政法规所规定的公司重大事项享有知情权和参与决定权

中国证券监督管理委员会〔2018〕《上市公司治理准则》第八条：

——在上市公司治理中，应当依法保障股东权利，注重保护中小股东合法权益。

上海证券交易所〔2023〕《上海证券交易所上市公司自律监管指引第 1 号——规范运作》8.1：

——上市公司应当在追求经济效益、保护股东利益的同时，积极保护债权人和职工的合法权益，诚信对待供应商、客户和消费者，践行绿色发展理念，积极从事环境保护、社区建设等公益事业，从而促进公司本身与全社会的协调、和谐发展。

深圳证券交易所〔2023〕《深圳证券交易所上市公司自律监管指引第 1 号——主板上市公司规范运作》8.1：

——上市公司应当在追求经济效益、保护股东利益的同时，积极保护债权人和职工的合法权益，诚信对待供应商、客户和消费者，践行绿色发展理念，积极从事环境保护、社区建设等公益事业，从而促进公司本身与全社会的协调、和谐发展。

上海证券交易所〔2024〕《上海证券交易所上市公司自律监管指引第 14 号——可持续发展报告（试行）》第四十一条：

——本所鼓励披露主体积极践行创新驱动发展战略，持续提升创新能力和竞争力，在创新决策和实践中遵守科学伦理规范，尊重科学精神，发挥科学技术的正面效应。

深圳证券交易所〔2024〕《深圳证券交易所上市公司自律监管指引第 17 号——可持续发展报告（试行）》第四十一条：

——本所鼓励披露主体积极践行创新驱动发展战略，持续提升创新能力和竞争力，在创新决策和实践中遵守科学伦理规范，尊重科学精神，发挥科学技术的正面效应。

本指标披露等级及主要适用范围

【基础披露】适用于所有行业企业。

G2.7.1.2 中小股东利益保护机制

什么是中小股东利益保护机制

中小股东利益保护机制（mechanism for protecting minority shareholders' interests），一般被认为是针对企业中小股东而制定的保护措施，旨在维护中小股东的合法权益，加强公司治理，促进企业的健康发展。中小股东是相对于大股东而言的，在企业的投资占比较小，通常对公司治理和业务决策的影响力较弱。因此，为了保障中小股东的利益，相关的利益保护机制就显得尤为重要。

为什么要考察中小股东利益保护机制

中小股东是企业的投资者之一，他们对企业的经营和发展具有一定的影响力，但往往对公司治理结构、财务状况、业务运营等方面缺乏决策权，容易受到大股东的控制和影响。考察中小股东利益保护机制，可以评估企业信息披露的透明度，有利于加强对中小股东权益的保护。

怎样披露中小股东利益保护机制

【定性】企业披露中小股东利益保护机制的情况，包括但不限于：中小股东在公司治理结构中的地位和作用、中小股东权益保护的管理制度、中小股东能够参与的企业重大决策和管理机制等内容。

为什么要披露中小股东利益保护机制

披露中小股东利益保护机制的信息可以增强企业的透明度和信任度、提升企业的社会形象和声誉、吸引更多的投资者和债权人向企业提供资金和支持。

与中小股东利益保护机制相关的主要指导机构及法律法规、政策规范

全国人民代表大会〔2021〕《中华人民共和国民法典》第八十三条：

——营利法人的出资人不得滥用出资人权利损害法人或者其他出资人的利

益；滥用出资人权利造成法人或者其他出资人损失的，应当依法承担民事责任。营利法人的出资人不得滥用法人独立地位和出资人有限责任损害法人债权人的利益；滥用法人独立地位和出资人有限责任，逃避债务，严重损害法人债权人的利益的，应当对法人债务承担连带责任。

全国人民代表大会常务委员会〔2024〕《中华人民共和国公司法》第二十一条：

——公司股东应当遵守法律、行政法规和公司章程，依法行使股东权利，不得滥用股东权利损害公司或者其他股东的利益。公司股东滥用股东权利给公司和其他股东造成损失的，应当承担赔偿责任。

国务院国有资产监督管理委员会〔2023〕《央企控股上市公司 ESG 专项报告参考指标体系》G3.2.3：

——股东知情权和参与决定权

指标性质：定性

披露等级：基础披露

指标说明：描述公司在支持中小股东和其他股东获得对于知情投资决策而言必要的所有信息上所采取的措施，确保股东对法律、行政法规所规定的公司重大事项享有知情权和参与决定权

中国证券监督管理委员会〔2018〕《上市公司治理准则》第八条：

——在上市公司治理中，应当依法保障股东权利，注重保护中小股东合法权益。

上海证券交易所〔2024〕《上海证券交易所股票上市规则》4.2.8：

——……股东大会审议影响中小投资者利益的重大事项时，应当对除上市公司董事、监事和高级管理人员以及单独或者合计持有公司 5％以上股份的股东以外的其他股东的表决单独计票并披露。……

上海证券交易所〔2023〕《上海证券交易所上市公司自律监管指引第 1 号——规范运作》1.3：

——上市公司应当根据法律法规、本指引、本所其他规定及公司章程，建立有效的公司治理结构，完善股东大会、董事会、监事会议事规则，规范董事、监事和高级管理人员的任职管理及履职行为，完善内部控制制度，履行信息披露义务，积极承担社会责任，采取有效措施保护投资者特别是中小投资者的合法权益。

深圳证券交易所〔2024〕《深圳证券交易所股票上市规则》4.2.8：

——……股东大会审议影响中小投资者利益的重大事项时，应当对除上市公司董事、监事、高级管理人员以及单独或者合计持有上市公司 5％以上股份的股东以外的其他股东的表决单独计票并披露。……

深圳证券交易所〔2023〕《深圳证券交易所上市公司自律监管指引第 1 号——主板上市公司规范运作》1.3：

——上市公司应当根据法律法规、本指引、本所其他规定和公司章程，建立规范的公司治理结构和健全的内部控制制度，完善股东大会、董事会、监事会议事规则和权力制衡机制，规范董事、监事、高级管理人员的任职管理及履职行为，履行信息披露义务，积极承担社会责任，采取有效措施保护投资者特别是中小投资者的合法权益。

本指标披露等级及主要适用范围

【基础披露】适用于所有行业企业。

G2.7.2 利益相关方识别

什么是利益相关方识别

利益相关方识别（stakeholder identification），一般被认为是识别与一个特定的项目、组织或决策相关的个人、群体、机构或组织，他们可能会受到该项目、组织或决策的影响或对其产生影响。这些利益相关方可能会有不同的利益、需求和期望，因此需要对他们进行识别、分析和管理，以确保他们的利益得到合理的平衡和满足，并提高项目或组织的成功率和影响力。

G2.7.2.1 利益相关方识别机制

什么是利益相关方识别机制

利益相关方识别机制（stakeholder identification mechanism），一般被认为是一个组织或企业为了确定和识别其所涉及的各种利益相关方而制定的一种系统性流程。主要目的是确保所有与组织或企业有关的利益相关方都能够被认可、被纳入考虑，并得到适当的处理和回应。

为什么要考察利益相关方识别机制

考察利益相关方识别机制有助于提升企业的战略决策质量、促进企业与各利益相关方的合作、增强企业的社会责任感和声誉、降低企业的运营风险以及提高企业的创新能力。

怎样披露利益相关方识别机制

【定性】企业披露利益相关方识别机制的情况，包括但不限于：利益相关方的定义和分类、利益相关方的识别方式与工具、利益相关方的信息收集和分析、利益相关方的监测和评估以及利益相关方管理计划和措施等。

为什么要披露利益相关方识别机制

投资者越来越关注企业的治理和社会责任，披露利益相关方识别机制可以满足投资者对企业治理透明度和社会责任履行情况的需求，提高企业的投资价值和吸引力。

与利益相关方识别机制相关的主要指导机构及法律法规、政策规范

中国证券监督管理委员会〔2018〕《上市公司治理准则》第八十三条：

——上市公司应当尊重银行及其他债权人、员工、客户、供应商、社区等利益相关者的合法权利，与利益相关者进行有效的交流与合作，共同推动公司持续健康发展。

中国证券监督管理委员会〔2021〕《上市公司信息披露管理办法》第四十一条：

——上市公司董事、监事、高级管理人员、持股百分之五以上的股东及其一致行动人、实际控制人应当及时向上市公司董事会报送上市公司关联人名单及关联关系的说明。上市公司应当履行关联交易的审议程序，并严格执行关联交易回避表决制度。交易各方不得通过隐瞒关联关系或者采取其他手段，规避上市公司的关联交易审议程序和信息披露义务。

中国证券监督管理委员会〔2022〕《上市公司监管指引第 5 号——上市公司内幕信息知情人登记管理制度》第七条：

——上市公司董事会应当按照本指引以及证券交易所相关规则要求及时登记和报送内幕信息知情人档案，并保证内幕信息知情人档案真实、准确和完整，董事长为主要责任人。董事会秘书负责办理上市公司内幕信息知情人的登记入档和报送事宜。董事长与董事会秘书应当对内幕信息知情人档案的真实、准确和完整签署书面确认意见。上市公司监事会应当对内幕信息知情人登记管理制度实施情况进行监督。

本指标披露等级及主要适用范围

【基础披露】适用于所有行业企业。

G2.7.2.2　利益相关方筛选机制

什么是利益相关方筛选机制

利益相关方筛选机制（stakeholder screening mechanism），一般被认为是企业在管理和决策过程中对利益相关方进行识别、评估和筛选的一系列方法和工具。这个机制旨在帮助企业识别出对其影响较大、利益关联较紧密的利益相关方，并制定相应的沟通、合作和管理策略。

为什么要考察利益相关方筛选机制

建立利益相关方筛选机制可以帮助企业识别和管理那些对企业长期发展和业务运营有最大影响的利益相关方，使企业能够更好地满足其需求和期望，同时降低管理成本和提升管理效率。

怎样披露利益相关方筛选机制

【定性】企业披露建立利益相关方筛选机制的情况，包括但不限于：筛选机制的标

准和原则、筛选出的主要利益相关方、主要利益相关方的管理策略和措施、筛选机制的实施效果以及利益相关方筛选机制的改进和完善等内容。

为什么要披露利益相关方筛选机制

企业披露利益相关方筛选机制可以展示企业与各利益相关方的合作方式和决策过程，进而改善与利益相关方的关系；同时，使外部利益相关方更加了解企业的管理方式和决策过程，增加企业的透明度。

与利益相关方筛选机制相关的主要指导机构及法律法规、政策规范

中国证券监督管理委员会〔2018〕《上市公司治理准则》第八十三条：

——上市公司应当尊重银行及其他债权人、员工、客户、供应商、社区等利益相关者的合法权利，与利益相关者进行有效的交流与合作，共同推动公司持续健康发展。

中国证券监督管理委员会〔2021〕《上市公司信息披露管理办法》第四十一条：

——上市公司董事、监事、高级管理人员、持股百分之五以上的股东及其一致行动人、实际控制人应当及时向上市公司董事会报送上市公司关联人名单及关联关系的说明。上市公司应当履行关联交易的审议程序，并严格执行关联交易回避表决制度。交易各方不得通过隐瞒关联关系或者采取其他手段，规避上市公司的关联交易审议程序和信息披露义务。

中国证券监督管理委员会〔2022〕《上市公司监管指引第 5 号——上市公司内幕信息知情人登记管理制度》第七条：

——上市公司董事会应当按照本指引以及证券交易所相关规则要求及时登记和报送内幕信息知情人档案，并保证内幕信息知情人档案真实、准确和完整，董事长为主要责任人。董事会秘书负责办理上市公司内幕信息知情人的登记入档和报送事宜。董事长与董事会秘书应当对内幕信息知情人档案的真实、准确和完整签署书面确认意见。上市公司监事会应当对内幕信息知情人登记管理制度实施情况进行监督。

Global Reporting Initiative〔2022〕Consolidated Set of the GRI Standards 308 - 1、414 - 1：

——The reporting organization shall report the following information：a. Percentage of new suppliers that were screened using environmental criteria.

——The reporting organization shall report the following information：a. Percentage of new suppliers that were screened using social criteria.

——组织应报告以下信息：a. 使用环境评价维度筛选的新供应商百分比。

——组织应报告以下信息：a. 使用社会评价维度筛选的新供应商百分比。

本指标披露等级及主要适用范围

【基础披露】适用于所有行业企业。

G2.7.3 利益相关方维护

什么是利益相关方维护

利益相关方维护（stakeholder maintenance），一般被认为是组织、项目或决策者积极采取措施，以满足利益相关方的合理需求和利益，保护其权益，并促进与利益相关方关系的良好发展和可持续合作。利益相关方维护的目的是确保组织与利益相关方之间的良好沟通、合作和互利共赢。

G2.7.3.1 利益相关方关切问题回应机制

什么是利益相关方关切问题回应机制

利益相关方关切问题回应机制（stakeholder concern response mechanism），一般被认为是企业建立和完善一套有效的问题回应机制，及时回应和处理利益相关方关切的问题，以维护企业与各利益相关方的关系，保障企业的稳健发展。

为什么要考察利益相关方关切问题回应机制

当企业在存续期发生重大事项变化时，及时有效的利益相关方关切问题回应机制能快速做出反应，将相关事件对外进行披露，并对企业该事件的利益相关方做出积极响应，有助于提升企业在市场上的积极形象和声誉。

怎样披露利益相关方关切问题回应机制

【定性】企业披露利益相关方关切问题回应机制的情况，包括但不限于：利益相关具体事件以及时间、利益相关方名单、利益相关方关切问题的通告方式、利益相关方关切问题的应对处理办法等。

为什么要披露利益相关方关切问题回应机制

披露利益相关方关切问题回应机制的信息有助于企业建立积极的与利益相关者之间的关系，增加透明度和信任，保护利益相关者权益，并促进问题的解决和企业的持续改善。这样的信息披露可以为企业与利益相关者之间的良好互动和共赢合作提供基础和保障，有利于利益相关方做出决策，积极应对突发利益相关事件的发生。

与利益相关方关切问题回应机制相关的主要指导机构及法律法规、政策规范

中国证券监督管理委员会〔2018〕《上市公司治理准则》第八十四条：

——上市公司应当为维护利益相关者的权益提供必要的条件，当其合法权益受到侵害时，利益相关者应当有机会和途径依法获得救济。

上海证券交易所〔2024〕《上海证券交易所股票上市规则》4.1.1：

——……公司应当确保股东大会、董事会、监事会等机构合法运作和科学决策，明确股东、董事、监事和高级管理人员的权利和义务，保障股东充分行使其合法权利，尊重利益相关者的基本权益，保证公司经营管理合法合规、资金资产

安全、信息披露真实、准确、完整，切实防范财务造假、资金占用、违规担保等违法违规行为，维护公司及股东的合法权益。

深圳证券交易所〔2024〕《深圳证券交易所股票上市规则》4.1.1：

——……公司应当确保股东大会、董事会、监事会等机构合法运作和科学决策，明确股东、董事、监事和高级管理人员的权利和义务，保障股东充分行使其合法权利，尊重利益相关者的基本权益，保证公司经营管理合法合规、资金资产安全、信息披露真实、准确、完整，切实防范财务造假、资金占用、违规担保等违法违规行为，维护公司及股东的合法权益。

Global Reporting Initiative〔2022〕Consolidated Set of the GRI Standards 2-29：

——The organization shall: a. describe its approach to engaging with stakeholders, including: i. the categories of stakeholders it engages with, and how they are identified; ii. the purpose of the stakeholder engagement; iii. how the organization seeks to ensure meaningful engagement with stakeholders.

——组织应：a. 说明其利益相关方参与的方法，包括：i. 所沟通的利益相关方的类别，以及如何识别这些利益相关方；ii. 利益相关方参与的目的；iii. 组织如何确保与利益相关方进行有意义的沟通。

本指标披露等级及主要适用范围

【基础披露】适用于所有行业企业。

G2.7.3.2 运营变更的提前通知期

什么是运营变更的提前通知期

运营变更的提前通知期（advance notice period regarding operational changes），一般被认为是在进行业务或运营方面的重大变更或调整之前，向利益相关方提前一定时间通知的期限。这个提前通知期的长短可以根据具体情况而定，通常是为了给利益相关方足够的时间来了解和适应即将发生的变更，以减少带给他们的不便和影响。

为什么要考察运营变更的提前通知期

企业能够适时、有效地通知利益相关方关于运营变更的情况，可以减少由变更引起的不确定性和不稳定因素，保持业务的顺利运营。这有助于维持企业的持续发展，并提高市场信誉和竞争力。

怎样披露运营变更的提前通知期

【定性】企业披露运营变更的提前通知期的情况，包括但不限于：企业运营变更的事项、企业运营变更的原因、企业运营变更的时间、企业运营变更涉及的利益相关方以及变更的影响。

为什么要披露运营变更的提前通知期

企业披露运营变更的提前通知期，有利于合作伙伴在选择合作对象时，充分评估企业的管理和沟通能力、客户服务质量、供应链管理能力以及风险管理能力等，形成稳定的产业供应链，维护经济秩序平稳运行。

与运营变更的提前通知期相关的主要指导机构及法律法规、政策规范

全国人民代表大会常务委员会〔2024〕《中华人民共和国公司法》第三十六条、第十二条：

——公司营业执照记载的事项发生变更的，公司办理变更登记后，由公司登记机关换发营业执照。

——公司的经营范围由公司章程规定。公司可以修改公司章程，变更经营范围。公司的经营范围中属于法律、行政法规规定须经批准的项目，应当依法经过批准。

中国证券监督管理委员会〔2018〕《上市公司治理准则》第九十条：

——持股达到规定比例的股东、实际控制人以及收购人、交易对方等信息披露义务人应当依照相关规定进行信息披露，并配合上市公司的信息披露工作，及时告知上市公司控制权变更、权益变动、与其他单位和个人的关联关系及其变化等重大事项，答复上市公司的问询，保证所提供的信息真实、准确、完整。

中国证券监督管理委员会〔2021〕《上市公司信息披露管理办法》第十七条：

——上市公司预计经营业绩发生亏损或者发生大幅变动的，应当及时进行业绩预告。

Global Reporting Initiative〔2022〕Consolidated Set of the GRI Standards 402-1：

——The reporting organization shall report the following information: a. Minimum number of weeks' notice typically provided to employees and their representatives prior to the implementation of significant operational changes that could substantially affect them. b. For organizations with collective bargaining agreements, report whether the notice period and provisions for consultation and negotiation are specified in collective agreements.

——组织应报告以下信息：a. 实施可能对员工及其代表产生重大影响的重大运营变更之前，提前通知员工及其代表的最短周数。b. 对于签订了集体谈判协议的组织，报告是否在集体协议中规定了意见征询和谈判的通知期及相关条款。

本指标披露等级及主要适用范围

【基础披露】适用于所有行业企业。

G2.7.4 信息披露

什么是信息披露

信息披露（information disclosure），一般被认为是公众公司以招股说明书、上市公告书以及定期报告和临时报告等形式，把公司及与公司相关的信息向投资者和社会

公众公开披露的行为。上市公司信息披露是公众公司向投资者和社会公众全面沟通信息的桥梁。投资者和社会公众主要是通过大众媒体阅读各类临时公告和定期报告来获取上市公司信息。根据《上市公司信息披露管理办法》，信息披露义务人应当及时依法履行信息披露义务，披露的信息应当真实、准确、完整，简明清晰、通俗易懂，不得有虚假记载、误导性陈述或者重大遗漏。信息披露文件包括定期报告、临时报告、招股说明书、募集说明书、上市公告书、收购报告书等。

G2.7.4.1 公司重大事件披露情况

什么是公司重大事件披露情况

公司重大事件披露情况（disclosure of major events of the company），一般被认为是上市公司或其他公开发行公司对在经营过程中发生的可能对公司股票价格产生重大影响但投资者尚未得知的事项，向公众披露的情况。

为什么要考察公司重大事件披露情况

考察公司重大事件披露情况有助于公司合规经营、提高投资者关系管理水平、及时发现和应对风险、提升市场信任度和改进公司内部管理，有利于公司的长期发展。

怎样披露公司重大事件披露情况

【定性】公司披露重大事件披露情况，包括但不限于：事件的名称、时间、地点、主要当事人等基本情况，以及披露事件对公司的业务、财务状况、经营成果、现金流量、市场地位等方面的影响程度。

为什么要披露公司重大事件披露情况

披露公司重大事件披露情况可以提高公司经营管理的透明度，让投资者和公众更清晰地了解公司的经营状况和风险状况。及时、准确、公正地披露公司重大事件披露情况可以提高公司的信任度和公信力，既是对投资者和公众负责的表现，更是遵循法律法规的要求。

与公司重大事件披露情况相关的主要指导机构及法律法规、政策规范

全国人民代表大会常务委员会〔2020〕《中华人民共和国证券法》第七十八条：

——发行人及法律、行政法规和国务院证券监督管理机构规定的其他信息披露义务人，应当及时依法履行信息披露义务。信息披露义务人披露的信息，应当真实、准确、完整，简明清晰，通俗易懂，不得有虚假记载、误导性陈述或者重大遗漏。证券同时在境内境外公开发行、交易的，其信息披露义务人在境外披露的信息，应当在境内同时披露。

国务院国有资产监督管理委员会〔2023〕《央企控股上市公司 ESG 专项报告参考指标体系》G4.1.1、G4.1.2：

——财务信息披露

指标性质：定性

披露等级：基础披露

指标说明：描述公司建立财务报告制度及信息披露政策，明确公开披露的信息范围、适当的披露渠道以及确保信息质量的机制，并对信息公开披露时间及频率进行说明；如需对财务信息披露进行更新或修订，或是调整披露时间，应公开解释说明

——非财务信息披露

指标性质：定性

披露等级：基础披露

指标说明：描述公司建立非财务信息报告制度及信息披露政策，明确公开披露的信息范围、适当的披露渠道以及确保信息质量的机制，并对信息公开披露时间及频率进行说明；如需对非财务信息披露内容进行更新或修订，或是调整披露时间，应公开解释说明

中国证券监督管理委员会〔2021〕《上市公司信息披露管理办法》第三条、第四十一条：

——信息披露义务人应当及时依法履行信息披露义务，披露的信息应当真实、准确、完整，简明清晰、通俗易懂，不得有虚假记载、误导性陈述或者重大遗漏。信息披露义务人披露的信息应当同时向所有投资者披露，不得提前向任何单位和个人泄露。但是，法律、行政法规另有规定的除外。在内幕信息依法披露前，内幕信息的知情人和非法获取内幕信息的人不得公开或者泄露该信息，不得利用该信息进行内幕交易。任何单位和个人不得非法要求信息披露义务人提供依法需要披露但尚未披露的信息。证券及其衍生品种同时在境内境外公开发行、交易的，其信息披露义务人在境外市场披露的信息，应当同时在境内市场披露。

——上市公司董事、监事、高级管理人员、持股百分之五以上的股东及其一致行动人、实际控制人应当及时向上市公司董事会报送上市公司关联人名单及关联关系的说明。上市公司应当履行关联交易的审议程序，并严格执行关联交易回避表决制度。交易各方不得通过隐瞒关联关系或者采取其他手段，规避上市公司的关联交易审议程序和信息披露义务。

中国证券监督管理委员会〔2018〕《上市公司治理准则》第八十八条：

——上市公司应当建立并执行信息披露事务管理制度。上市公司及其他信息披露义务人应当严格依照法律法规、自律规则和公司章程的规定，真实、准确、完整、及时、公平地披露信息，不得有虚假记载、误导性陈述、重大遗漏或者其他不正当披露。信息披露事项涉及国家秘密、商业机密的，依照相关规定办理。

上海证券交易所〔2024〕《上海证券交易所股票上市规则》2.1.1：

——上市公司及相关信息披露义务人应当按照法律法规、本规则以及本所其

他规定，及时、公平地披露信息，并保证所披露的信息真实、准确、完整，简明清晰、通俗易懂，不得有虚假记载、误导性陈述或者重大遗漏。……

上海证券交易所〔2023〕《上海证券交易所上市公司自律监管指引第 1 号——规范运作》1.3：

——上市公司应当根据法律法规、本指引、本所其他规定及公司章程，建立有效的公司治理结构，完善股东大会、董事会、监事会议事规则，规范董事、监事和高级管理人员的任职管理及履职行为，完善内部控制制度，履行信息披露义务，积极承担社会责任，采取有效措施保护投资者特别是中小投资者的合法权益。

深圳证券交易所〔2024〕《深圳证券交易所股票上市规则》2.1.1：

——上市公司及相关信息披露义务人应当根据法律法规、本规则及本所其他规定，及时、公平地披露信息，并保证所披露的信息真实、准确、完整，简明清晰、通俗易懂，不得有虚假记载、误导性陈述或者重大遗漏。……

深圳证券交易所〔2023〕《深圳证券交易所上市公司自律监管指引第 1 号——主板上市公司规范运作》1.3：

——上市公司应当根据法律法规、本指引、本所其他规定和公司章程，建立规范的公司治理结构和健全的内部控制制度，完善股东大会、董事会、监事会议事规则和权力制衡机制，规范董事、监事、高级管理人员的任职管理及履职行为，履行信息披露义务，积极承担社会责任，采取有效措施保护投资者特别是中小投资者的合法权益。

本指标披露等级及主要适用范围

【基础披露】适用于所有行业企业。

G2.7.4.2 ESG 信息披露情况

什么是 ESG 信息披露情况

ESG 信息披露情况（ESG information disclosure），一般被认为是企业在环境、社会和治理方面的相关信息的披露情况。这些信息可以包括企业在环境保护、社会责任和治理结构等方面的政策、实践、目标和成果等。

为什么要考察 ESG 信息披露情况

通过考察企业 ESG 信息披露情况，可以了解企业在环境、社会和治理方面的实践和表现，帮助企业发现并解决可能存在的 ESG 问题，提升企业声誉，改进内部管理，推动实现可持续发展。

怎样披露 ESG 信息披露情况

【定性】企业披露 ESG 信息披露情况，包括但不限于：ESG 信息披露时间、范围、参照标准、编制机构等内容。

为什么要披露 ESG 信息披露情况

企业的 ESG 表现越来越受到投资者、客户、员工、供应商等利益相关者的关注，披露 ESG 信息可以满足利益相关者对了解企业 ESG 表现的需求，增强对企业的信任度和忠诚度。ESG 信息披露可以帮助投资者更全面地了解企业的 ESG 表现，并将其作为评估企业价值和可持续发展的重要指标，从而提升投资者的投资信心和促进投资者做出高效的投资决策。

与 ESG 信息披露情况相关的主要指导机构及法律法规、政策规范

中华人民共和国生态环境部〔2021〕《环境信息依法披露制度改革方案》"二、主要任务"下第（一）点：

——建立健全环境信息依法强制性披露规范要求。1.明确环境信息强制性披露主体。依据有关法律法规等规定，下列企业应当开展环境信息强制性披露：重点排污单位；实施强制性清洁生产审核的企业；因生态环境违法行为被追究刑事责任或者受到重大行政处罚的上市公司、发债企业；法律法规等规定应当开展环境信息强制性披露的其他企业事业单位。……

国务院国有资产监督管理委员会〔2022〕《提高央企控股上市公司质量工作方案》"三、工作内容"下第（二）点：

——促进上市公司完善治理和规范运作。……4.贯彻落实新发展理念，探索建立健全 ESG 体系。中央企业集团公司要统筹推动上市公司完整、准确、全面贯彻新发展理念，进一步完善环境、社会责任和公司治理（ESG）工作机制，提升 ESG 绩效，在资本市场中发挥带头示范作用；立足国有企业实际，积极参与构建具有中国特色的 ESG 信息披露规则、ESG 绩效评级和 ESG 投资指引，为中国 ESG 发展贡献力量。推动央企控股上市公司 ESG 专业治理能力、风险管理能力不断提高；推动更多央企控股上市公司披露 ESG 专项报告，力争到 2023 年相关专项报告披露"全覆盖"。……

中国证券监督管理委员会〔2018〕《上市公司治理准则》第八十六条、第八十七条：

——上市公司应当积极践行绿色发展理念，将生态环保要求融入发展战略和公司治理过程，主动参与生态文明建设，在污染防治、资源节约、生态保护等方面发挥示范引领作用。

——上市公司在保持公司持续发展、提升经营业绩、保障股东利益的同时，应当在社区福利、救灾助困、公益事业等方面，积极履行社会责任。……

中国证券监督管理委员会〔2021〕《公开发行证券的公司信息披露内容与格式准则第 2 号—年度报告的内容与格式》第四十二条：

——鼓励公司结合行业特点，主动披露积极履行社会责任的工作情况，包括

但不限于：公司履行社会责任的宗旨和理念、股东和债权人权益保护、职工权益保护、供应商、客户和消费者权益保护、环境保护与可持续发展、公共关系、社会公益事业等方面情况。公司已披露社会责任报告全文的，仅需提供相关的查询索引。

上海证券交易所〔2024〕《上海证券交易所股票上市规则》4.1.4：

——……公司应当按规定编制和披露社会责任报告等非财务报告。出现违背社会责任等重大事项时，公司应当充分评估潜在影响并及时披露，说明原因和解决方案。

上海证券交易所〔2023〕《上海证券交易所上市公司自律监管指引第1号——规范运作》8.5：

——在本所上市的"上证公司治理板块"样本公司、境内外同时上市的公司及金融类公司，应当在年度报告披露的同时披露公司履行社会责任的报告（以下简称社会责任报告）。本所鼓励其他有条件的上市公司，在年度报告披露的同时披露社会责任报告等非财务报告。公司披露社会责任报告的，董事会应当单独进行审议，并在本所网站披露。

深圳证券交易所〔2024〕《深圳证券交易所股票上市规则》4.1.4：

——……公司应当按规定编制和披露社会责任报告等文件。出现违背社会责任等重大事项时，公司应当充分评估潜在影响并及时披露，说明原因和解决方案。

深圳证券交易所〔2023〕《深圳证券交易所上市公司自律监管指引第1号——主板上市公司规范运作》8.4：

——上市公司应当积极履行社会责任，定期评估公司社会责任的履行情况。"深证100"样本公司应当在年度报告披露的同时披露公司履行社会责任的报告（以下简称社会责任报告）。本所鼓励其他有条件的上市公司，在年度报告披露的同时披露社会责任报告。

National Association of Securities Dealers Automated Quotations〔2019〕ESG Reporting Guide 2.0 G8：

——Does your company publish a sustainability report? Yes/No

Is sustainability data included in your regulatory filings? Yes/No

——贵公司是否发布可持续性报告？是/否

可持续性数据是否包含在贵公司的监管文件中？是/否

Global Reporting Initiative〔2022〕Consolidated Set of the GRI Standards 2-3：

——The organization shall：a. specify the reporting period for, and the frequency of, its sustainability reporting; b. specify the reporting period for its financial reporting and, if it does not align with the period for its sustainability reporting, explain the reason for this; c. report the publication date of the report or reported information; d. specify the contact point for questions about the report or reported information.

——组织应：a. 说明可持续性报告的报告期和报告频率；b. 说明财务报告的报告期，如果与可持续性报告的报告期不一致，应解释原因；c. 说明报告或报告信息的发布日期；d. 说明能回答报告或报告信息相关问题的联系人。

本指标披露等级及主要适用范围

【基础披露】适用于所有行业企业。

G2.7.4.3　信息披露真实性承诺与外部鉴证情况

什么是信息披露真实性承诺与外部鉴证情况

信息披露真实性承诺与外部鉴证情况（information disclosure authenticity commitment and external authentication），一般被认为是企业或组织在信息披露中对其披露内容的真实性做出的声明，并通过第三方进行核查或鉴证，以保证信息的真实性和准确性。一般来说，企业或组织在信息披露中会提供自己的一些承诺和承诺实现情况，为了增加这些承诺和信息的可信度，企业或组织会委托第三方进行鉴证或核查，以证明其信息的真实性。

为什么要考察信息披露真实性承诺与外部鉴证情况

考察信息披露真实性承诺与外部鉴证情况可以有效地促进企业履行社会责任，提高投资者信心、满足合规要求、降低风险、提高企业内部管理水平和实现企业的可持续发展战略。通过公开披露信息、接受第三方核查和鉴证，企业可以更好地管理和规避风险，满足各方监管需求。

怎样披露信息披露真实性承诺与外部鉴证情况

【定性】企业披露信息披露真实性承诺与外部鉴证情况，包括但不限于：所选择的第三方鉴证机构的名称、资质、出具的鉴证意见，以及付给鉴证机构的报酬、鉴证机构和企业之间的合作协议等内容。

为什么要披露信息披露真实性承诺与外部鉴证情况

披露信息披露真实性承诺与外部鉴证情况的信息能够满足监管要求、提高投资者信心、促进市场透明度和公正性、降低投资风险并吸引投资。

与信息披露真实性承诺与外部鉴证情况相关的主要指导机构及法律法规、政策规范

全国人民代表大会常务委员会〔2020〕《中华人民共和国证券法》第十九条：

——发行人报送的证券发行申请文件，应当充分披露投资者作出价值判断和投资决策所必需的信息，内容应当真实、准确、完整。……

国务院国有资产监督管理委员会〔2023〕《央企控股上市公司 ESG 专项报告参考指标体系》G4.2.1：
——所有披露信息定期监督、审计和评估
指标性质：定性
披露等级：基础披露
指标说明：描述公司在法律体系和国资权限允许的情况下，与外部审计机构和国家监察机构保持持续对话，并允许其对公司所披露的信息进行定期监督、审计和评估的情况

中国证券监督管理委员会〔2018〕《上市公司治理准则》第八十八条：
——上市公司应当建立并执行信息披露事务管理制度。上市公司及其他信息披露义务人应当严格依照法律法规、自律规则和公司章程的规定，真实、准确、完整、及时、公平地披露信息，不得有虚假记载、误导性陈述、重大遗漏或者其他不正当披露。信息披露事项涉及国家秘密、商业机密的，依照相关规定办理。

中国证券监督管理委员会〔2021〕《上市公司信息披露管理办法》第五十一条：
——上市公司董事、监事、高级管理人员应当对公司信息披露的真实性、准确性、完整性、及时性、公平性负责，但有充分证据表明其已经履行勤勉尽责义务的除外。上市公司董事长、经理、董事会秘书，应当对公司临时报告信息披露的真实性、准确性、完整性、及时性、公平性承担主要责任。上市公司董事长、经理、财务负责人应当对公司财务会计报告的真实性、准确性、完整性、及时性、公平性承担主要责任。

上海证券交易所〔2024〕《上海证券交易所股票上市规则》2.1.1：
——上市公司及相关信息披露义务人应当按照法律法规、本规则以及本所其他规定，及时、公平地披露信息，并保证所披露的信息真实、准确、完整，简明清晰、通俗易懂，不得有虚假记载、误导性陈述或者重大遗漏。……

深圳证券交易所〔2024〕《深圳证券交易所股票上市规则》2.1.1：
——上市公司及相关信息披露义务人应当根据法律法规、本规则及本所其他规定，及时、公平地披露信息，并保证所披露的信息真实、准确、完整，简明清晰、通俗易懂，不得有虚假记载、误导性陈述或者重大遗漏。……

National Association of Securities Dealers Automated Quotations〔2019〕ESG Reporting Guide 2.0　G10：
——Are your sustainability disclosures assured or validated by a third party? Yes/No
——贵公司披露的可持续性信息是否得到第三方的保证或验证？是/否

Singapore Exchange〔2023〕Starting with a Common Set of Core ESG Metrics 3：

——Metric：Assurance of sustainability report

Unit：Internal/External/None

Framework Alignment：GRI 2-5，SGX-ST Listing Rules（Mainboard）711A and 711B，Practice Note 7.6；SGX-ST Listing Rules（Catalist）711A and 711B，Practice Note 7F

Description：Disclose whether sustainability report has undertaken：(a) external independent assurance，(b) internal assurance or (c) no assurance. Provide scope of assurance if organisation has undertaken external or internal assurance.

——指标名称：可持续性报告的保证

单位：内部/外部/无

框架体系：GRI 2-5，SGX-ST 上市规则（主板）711A 和 711B 以及应用指引 7.6；SGX-ST 上市规则（凯利板）711A 和 711B 以及应用指引 7F

描述：披露可持续性报告是否进行了：(a) 外部独立鉴证、(b) 内部鉴证或 (c) 无鉴证。如果组织已进行外部或内部鉴证，请提供鉴证范围。

Global Reporting Initiative〔2022〕Consolidated Set of the GRI Standards 2-5：

The organization shall：a. describe its policy and practice for seeking external assurance，including whether and how the highest governance body and senior executives are involved；b. if the organization's sustainability reporting has been externally assured：i. provide a link or reference to the external assurance report(s) or assurance statement(s)；ii. describe what has been assured and on what basis，including the assurance standards used，the level of assurance obtained，and any limitations of the assurance process；iii. describe the relationship between the organization and the assurance provider.

——组织应：a. 说明其寻求外部鉴证的政策和做法，包括最高治理机构和高管是否以及如何参与。b. 如果组织的可持续性报告经过外部鉴证：i. 提供外部鉴证报告或鉴证声明的链接或引用；ii. 说明经鉴证的内容和依据，包括使用的鉴证标准、获得的鉴证等级以及鉴证过程的任何局限；iii. 说明组织与鉴证机构之间的关系。

本指标披露等级及主要适用范围

【基础披露】适用于所有行业企业。

治理（G）参考资料

书籍

[1] 郭青红. 企业合规管理体系实务指南. 2版. 北京：人民法院出版社，2020.

[2] 胡晓明，许婷，刘小峰. 公司治理与内部控制. 2 版. 北京：人民邮电出版社，2018.
[3] 纪良纲. 商业伦理学. 2 版. 北京：中国人民大学出版社，2011.
[4] 姜付秀. 公司治理：基本原理及中国特色. 北京：中国人民大学出版社，2022.
[5] 李海峰，张莹. 管理学：原理与实务. 3 版. 北京：人民邮电出版社，2018.
[6] 周万里，沈艳蓉. 全球医疗健康企业 ESG 合规. 北京：中国法制出版社，2023.

法律法规及政策规范

[1] 中华人民共和国国务院办公厅. 关于上市公司独立董事制度改革的意见. 2023-04-14.
[2] 中国共产党中央委员会办公厅. 关于推动党史学习教育常态化长效化的意见. 2023-03-21.
[3] 中国银行保险监督管理委员会. 关于推动银行业和保险业高质量发展的指导意见. 2019-12-30.
[4] 中华人民共和国国务院. 关于印发"十三五"国家信息化规划的通知. 2016-12-15.
[5] 国务院国有资产监督管理委员会. 国资委履行出资人职责的多元投资主体公司利润分配管理暂行办法. 2021-07-09.
[6] 中华人民共和国生态环境部. 环境信息依法披露制度改革方案. 2021-05-24.
[7] 中国证券监督管理委员会. 劳动保障监察条例. 2015-10-30.
[8] 中国证券监督管理委员会. 上市公司独立董事管理办法. 2023-08-01.
[9] 中国证券监督管理委员会. 上市公司股东大会规则. 2006-03-16.
[10] 中国证券监督管理委员会. 上市公司信息披露管理办法. 2021-03-18.
[11] 中国证券监督管理委员会. 上市公司治理准则. 2018-09-30.
[12] 中国证券监督管理委员会. 证券投资者保护基金管理办法. 2016-04-19.
[13] 中华人民共和国审计署. 审计署关于内部审计工作的规定. 2019-04-26.
[14] 中国证券监督管理委员会. 首次公开发行股票注册管理办法. 2023-02-17.
[15] 国务院国有资产监督管理委员会. 提高央企控股上市公司质量工作方案. 2022-05-27.
[16] 国务院国有资产监督管理委员会办公厅. 关于转发《央企控股上市公司 ESG 专项报告编制研究》的通知. 2023-07-25.
[17] 中国银行保险监督管理委员会. 银行保险机构公司治理准则. 2021-01-06.
[18] 中国证券监督管理委员会，中华人民共和国财政部，中国人民银行. 证券投资者保护基金管理办法. 2016-06-01.
[19] 中国共产党中央委员会办公厅. 中国共产党党委（党组）理论学习中心组学习规则. 2017-01-30.

［20］中国共产党中央政治局. 中国共产党国有企业基层组织工作条例（试行）. 2020 - 01 - 05.

［21］中国共产党中央政治局. 中国共产党组织工作条例. 2021 - 06 - 02.

［22］中华人民共和国反不正当竞争法.

［23］中华人民共和国个人信息保护法.

［24］中华人民共和国公司法.

［25］中华人民共和国会计法.

［26］中华人民共和国劳动法.

［27］中华人民共和国劳动合同法.

［28］中华人民共和国民法典.

［29］中华人民共和国企业国有资产法.

［30］中华人民共和国审计法.

［31］中华人民共和国数据安全法.

［32］中华人民共和国网络安全法.

［33］中华人民共和国消费者权益保护法.

［34］中华人民共和国证券法.

［35］国务院国有资产监督管理委员会. 中央企业负责人经营业绩考核办法. 2019 - 03 - 01.

［36］国务院国有资产监督管理委员会. 中央企业合规管理办法. 2022 - 08 - 23.

标准及指引

［1］中国证券监督管理委员会. 公开发行证券的公司信息披露内容与格式准则第 2 号——年度报告的内容与格式. 2021 - 06 - 28.

［2］中国证券监督管理委员会. 公开发行证券的公司信息披露内容与格式准则第 57 号——招股说明书. 2023 - 02 - 17.

［3］中华人民共和国财务部. 企业会计准则第 36 号——关联方披露. 2006 - 03 - 09.

［4］中华人民共和国国家发展和改革委员会. 企业境外经营合规管理指引. 2018 - 12 - 29.

［5］中国证券监督管理委员会. 上市公司监管指引第 5 号——上市公司内幕信息知情人登记管理制度. 2022 - 01 - 05.

［6］中国证券监督管理委员会. 上市公司投资者关系管理指引. 2021 - 02 - 05.

［7］国务院国有资产监督管理委员会. 中央企业合规管理指引（试行）. 2018 - 11 - 02.

［8］国务院国有资产监督管理委员会. 中央企业全面风险管理指引. 2006 - 06 - 06.

［9］上海证券交易所. 关于发布《上海证券交易所上市公司自律监管指引第 1 号——规范运作（2023 年 12 月修订）》的通知. 2023 - 12 - 15.

［10］深圳证券交易所. 关于发布《深圳证券交易所上市公司自律监管指引第 1 号——

[11] 上海证券交易所. 关于发布《上海证券交易所上市公司自律监管指引第 5 号——交易与关联交易（2023 年 1 月修订）》的通知. 2023-01-13.

[12] 深圳证券交易所. 关于发布《深圳证券交易所上市公司自律监管指引第 7 号——交易与关联交易（2023 年修订）》的通知. 2023-01-13.

[13] 上海证券交易所. 关于发布《上海证券交易所上市公司自律监管指引第 14 号——可持续发展报告（试行）》的通知. 2024-04-12.

[14] 深圳证券交易所. 关于发布《深圳证券交易所上市公司自律监管指引第 17 号——可持续发展报告（试行）》的通知. 2024-04-12.

[15] 香港交易所. 环境、社会及管治报告指引. 2023-12-31.

[16] 上海证券交易所. 关于发布《上海证券交易所股票上市规则（2024 年 4 月修订）》的通知. 2024-04-30.

[17] 深圳证券交易所. 关于发布《深圳证券交易所股票上市规则（2024 年修订）》的通知. 2024-04-30.

[18] The International Sustainability Standards Board. IFRS S1 General Requirements for Disclosure of Sustainability-related Financial Information. June 2023.

[19] The International Sustainability Standards Board. IFRS S2 Climate-related Disclosures. June 2023.

[20] European Financial Reporting Advisory Group. ESRS S4 Consumers and End-users. November 2022.

[21] Singapore Exchange. Code of Corporate Governance. 2018.

[22] Global Reporting Initiative. Consolidated Set of the GRI Standards. 2022.

[23] London Stock Exchange. ESG Disclosure Score. October 2019.

[24] National Association of Securities Dealers Automated Quotations. ESG Reporting Guide 2.0. May 2019.

[25] European Financial Reporting Advisory Group. ESRS 2 General, Strategy, Governance and Materialily Assessment. April 2022.

[26] European Financial Reporting Advisory Group. ESRS G1 Governance, Risk Management and Internal Control. April 2022.

[27] European Financial Reporting Advisory Group. ESRS G2 Business Conduct. April 2022.

[28] European Financial Reporting Advisory Group. ESRS S1 Own Workforce. November 2022.

[29] European Financial Reporting Advisory Group. ESRS S2 Workers in the Value Chain. November 2022.

[30] The International Sustainability Standards Board. International Integrated Reporting Framework. January 2021.

[31] Tokyo Stock Exchange. Japan's Corporate Governance Code. 11 June 2021.

[32] New York Stock Exchange. NYSE Listed Company Manual. 2013.

[33] Singapore Exchange. Practice Note 7.6 Sustainability Reporting Guide. 2016.

[34] Singapore Exchange. Starting with a Common Set of Core ESG Metrics. April 2023.

图书在版编目（CIP）数据

环境、社会、治理（ESG）信息披露操作手册/北京ESG研究院主编．－－北京：中国人民大学出版社，2024.10．－－ISBN 978-7-300-32928-4

Ⅰ.F272-62

中国国家版本馆CIP数据核字第202417HX26号

环境、社会、治理（ESG）信息披露操作手册
北京ESG研究院　主编
Huanjing、Shehui、Zhili（ESG）Xinxi Pilu Caozuo Shouce

出版发行	中国人民大学出版社		
社　　址	北京中关村大街31号	邮政编码	100080
电　　话	010-62511242（总编室）	010-62511770（质管部）	
	010-82501766（邮购部）	010-62514148（门市部）	
	010-62515195（发行公司）	010-62515275（盗版举报）	
网　　址	http://www.crup.com.cn		
经　　销	新华书店		
印　　刷	涿州市星河印刷有限公司		
开　　本	787 mm×1092 mm　1/16	版　次	2024年10月第1版
印　　张	40.75 插页2	印　次	2024年10月第1次印刷
字　　数	810 000	定　价	238.00元

版权所有　　侵权必究　　印装差错　　负责调换